U0336859

实用市场调研

原书第7版

[美] 纳雷希·K. 马尔霍特拉（Naresh K. Malhotra）著

赵占波 张语涵 王奕菲 译

Malhotra

Marketing Research

An Applied Orientation,7th Edition

机械工业出版社
CHINA MACHINE PRESS

《实用市场调研》（原书第7版）是国际经典的营销调研著作，被翻译成多国语言，为全球众多高校广泛选用。"营销界传奇人物"纳雷希·K. 马尔霍特拉教授在书中系统地介绍了市场调研的方法和步骤，反映了国际上市场调研过程、方法及应用方面的最新趋势，并结合大量的调研实例、综合性案例等，充分展现了市场调研的实践性。市场调研最好是在干中学，本书强调了自己动手、实际操作的方法，不仅帮助读者理解市场调研的基本原理，而且能将其运用到真实的营销场景中，将理论、实践和深思熟虑的建议相结合，以实现最大价值。

图书在版编目（CIP）数据

实用市场调研：原书第7版／（美）纳雷希·K. 马尔霍特拉（Naresh K. Malhotra）著；赵占波，张语涵，王奕菲译. -- 北京：机械工业出版社，2024. 12.
ISBN 978-7-111-76943-9

Ⅰ. F713.52

中国国家版本馆 CIP 数据核字第 202492PE60 号

机械工业出版社（北京市百万庄大街22 号 邮政编码100037）
策划编辑：李新妞 戴思杨 责任编辑：李新妞 戴思杨 刘林澍
责任校对：郑 婕 张昕妍 责任印制：张 博
北京联兴盛业印刷股份有限公司印刷
2025 年2 月第1 版第1 次印刷
180mm×250mm · 36.75 印张 · 2 插页 · 775 千字
标准书号：ISBN 978-7-111-76943-9
定价：188.00 元

电话服务 网络服务
客服电话：010-88361066 机 工 官 网：www.cmpbook.com
          010-88379833 机 工 官 博：weibo.com/cmp1952
          010-68326294 金 书 网：www.golden-book.com
封底无防伪标均为盗版 机工教育服务网：www.cmpedu.com

谨以此书献给我的父亲 Mr. H. N. Malhotra

我的母亲 Mrs. Satya Malhotra

我的妻子 Veena

和孩子们 Ruth 和 Paul

推荐语

Simon Chadwick

在一个充斥着廉价行为数据的世界里，人们很容易相信有关消费者行为的问题都可以通过分析来回答。此外，廉价的、自动化的调查研究平台的出现不仅诱导了研究人员，也诱导了每个人，让人们在不真正了解调查背后的科学原理的情况下，就立即把调查结果放到网上。一旦产生这些就"足够好了"的想法，你就会犯下灾难性和代价惨重的错误。正是这一点使得《实用市场调研》（原书第7版）这本书成为研究人员和营销人员非常重要和必不可少的伙伴。市场调研既是科学也是艺术，本书为追求准确和有影响的见解的应用提供了可靠的基础，以推动商业决策。

西蒙·查德威克（Simon Chadwick）

坎比亚咨询（Cambiar Consulting）公司管理合伙人

洞察力协会（Insights Association）主席

《研究世界》（*Research World*）主编

译者序

当今世界正处在飞速发展与变化之中，互联网、信息技术、人工智能等前沿技术正在深刻重塑着商业世界，也必将给市场营销学科的发展带来无尽的可能性。营销学相关理论与实践不断丰富，营销的重要性不仅没有丝毫减弱，反而愈发凸显。值此背景下，我们有幸将市场营销领域大师的四部经典著作翻译成中文，呈现给广大专业读者。这些书均经过多次修订，其内容经久不衰，在国际上广受赞誉，由于其富含的深刻见解以及对实践的有益指导，多年来始终是市场营销学者与专业人士的必读之选。

《营销的原则》（原书第5版）是由被誉为"现代营销学之父"的菲利普·科特勒教授与合作者共同编写的经典教材。这本书以其独特的亚洲视角，强调了营销的创造性、顾客关系和品牌的重要性，以及企业社会责任和在线营销的新兴趋势。书中丰富的亚洲企业案例，尤其是中国公司的营销实践，能够帮助读者全方位地理解市场营销的精髓。

《营销的真相》（原书第11版）由营销学界世界级权威迈克尔·R.所罗门教授等所著，以真实案例和从业者视角，向读者展示了市场营销决策的真实面貌。书中不仅提供了营销人员需要了解的核心问题，还通过真实新鲜的例子，帮助读者把握市场营销的最新动态。

《实用市场调研》（原书第7版）是"营销界传奇人物"纳雷希·K.马尔霍特拉教授的经典代表作，系统地介绍了营销调研的各个步骤，反映了国际上营销调研的最新趋势。书中大量的真实案例能够帮助读者理解营销调研，并将其运用到真实的营销场景中。

《全球营销》（原书第10版）是国际营销学者马克·C.格林和沃伦·J.基根教授的代表作。这本书不仅概览了全球商务环境，还详细阐述了企业的全球营销策略和方式，能够帮助读者形成全局观和系统思维，在全球营销中更好地把握发展机会。

若干年前，作为译者的我们在专业学习的过程中深受大师们的影响，对大师著作的拜读使我们受益匪浅。曾经，这些书籍被更多地作为高等学校专业教材使用，只有学习相关专业的本科生和研究生能够深入了解营销大师们的思想与理论。如今，我们希望让更广泛的从业者阅读并理解这些市场营销的相关理论，并将这些知识付诸于实践，促进个人与企业的共同成长。

在翻译这一系列大师著作的过程中，我们深感肩负重任，在力保准确性的基础上，尽可能增强译文的可读性。我们希望这些翻译作品能够帮助中文读者更好地理解大师们在原著中所倾注的深层含义，同时又能略微感知大师们在表达上的精妙。

在此，我们要感谢机械工业出版社，感谢杜晓梦博士，张语涵博士，张璇博士，李世豪博士，谢毅博士，操群博士，赵捷博士，以及北京林业大学的王奕菲女士等，是他们的辛勤工作才使营销大师系列丛书得以顺利出版。当然我们也深知自己的翻译工作仍有许多不足之处，对于大师们独到而深刻的见解尚未完美呈现，请读者海涵，也欢迎读者们通过各种方式与我们进行交流、批评指正。

赵占波

甲辰秋月　燕园

序　言

Jeff Miller

当今的商业世界正以前所未有的速度发展，在管理业务的过程中智慧地运用研究成果是跟上时代发展步伐的关键。毫无疑问，最成功的人将有广博的教育基础、高水平的沟通技能和创造性地利用机遇的办法。马尔霍特拉所著的这本教材是一项重大成就，它将课堂变为这些技能的源泉，并极大地提高了学生的就业能力。

本书已被证明是领域内最成功的著作之一，已被美国140多所大学采用，翻译成8种语言和多种不同的英语版本。在使学生成为研究者以及聪明的实践者方面，没有其他教材能够超越这本书。书中生动的案例让读者更靠近商业人士每天面对的真实世界。如今社交媒体、移动市场调研、市场调研伦理和国际市场调研受到广泛关注。本书把握研究前沿，将互联网、计算机分析软件等现代化研究工具与先进的管理实践相结合。

伯克（Burke）公司对于能够应邀为新版书贡献专业经验感到非常荣幸，我们愿与大家共享经验以及哲学、技能和对未来研究的思考。《实用市场调研》（原书第7版）提供了每个学生都应当具备的基础知识。我们确信读者会发现将理论、实践和深思熟虑的建议相结合的巨大价值。

杰夫·米勒（Jeff Miller）博士

Burke 公司总裁、首席执行官

前　言

　　写此书的目的是提供一本全面、实用并适当兼顾定量和定性研究的市场调研教科书。本书是从市场调研使用者的角度撰写的，反映了国际营销、社交媒体、移动市场调研、市场调研伦理、互联网和计算机方面的最新趋势。全书各章节均关注各类营销公司和研究机构中的市场调研实践。以下特点使本书显得与众不同：

　　本书具有独特的应用和管理导向，阐述了市场调研决策和营销管理决策之间的关系。此外，书中强调的是自己动手实践的方法，借助真实研究、案例以及大量问题回顾、互联网和计算机练习、角色扮演、实地工作和小组讨论等工具，为读者提供多种机会来体验教学互动。

　　读者对前6版的反映令人非常欣慰，在美国有超过144所大学采用了这本教材。本书已被翻译成8种语言：中文、俄文、西班牙文、葡萄牙文、法文、匈牙利文、印尼文和日文。此外还有不同的英语版本，包括北美版、国际版、欧洲版、阿拉伯版、印度版、澳大利亚版以及新西兰版。我想向那些作为使用者、评阅人、反馈和鼓励的提供者，从而对本书的成功做出了贡献的教授和学生表示衷心的感谢。第7版努力在已有成功的基础上，使本书内容更新、更现代、更生动、更符合读者的需要。

关于第7版

　　本书按照市场调研的6大步骤分为3篇。第1篇对市场调研进行了概述，并讨论了问题的定义，这是第1步也是最重要的一步。第2步是了解研究的性质和范围，制定解决问题的方法。第2篇介绍了研究设计（第3步），详细描述了探索性研究、描述性研究和因果关系研究，描述了市场调研所需的信息类型以及获得信息采用的合适的测量尺度，提出了设计问卷的若干准则，并解释了抽样的程序、技术和统计考虑。第3篇对实地工作（第4步）进行了实用的、管理导向的讨论，介绍了数据准备与分析（第5步），还详细讨论了基本的和高级的统计方法，重点强调方法流程、分析结果的解读和管理意义，而不是仅追求统计上的精致。

　　具体来说，第7版包含以下内容：

　　1. 社交媒体的整合。第7版以创新和广泛的社交媒体整合为特色。除数据分析章节外，几乎每章都有一个单独的小节题为"市场调研与社交媒体"。本书将社交媒体视为市场调研的应用及进行市场调研的一部分。虽然不期望社交媒体研究取代传统的市场调研，但预测社交媒体将成为一个日益重要的领域，与传统市场调研相辅相成。

2. 移动市场调研的整合。第 7 版开创地、普遍地整合了移动市场调研（MMR）。除数据分析章节外，几乎每章都有一个单独的小节题为"移动市场调研"。

3. 更加强调 SPSS 和 SAS。相关的章节中包含关于 SPSS Windows 的特别章节以及 SAS 企业指南，说明了相关程序以及运行它们所需的步骤，详见本书配套网络资源：

致　谢

很多人在本书写作中给予了极大的帮助，我想感谢已故的阿伦·K.贾恩教授（纽约州立大学布法罗分校），他以一种令人终生难忘的方式教导我进行市场调研。我的学生，尤其是曾经的博士生詹姆斯·阿加瓦尔、伊马德·巴贝吉、阿舒托什·迪克西特、丹·麦科特、里克·麦克法兰、查拉·马斯威克、吉娜·米勒、马克·彼得森、杰米·普莱森特、卡桑德拉·威尔斯和阿斯托什·帕蒂尔，以及其他博士生马克·利奇和泰拉·米切尔，他们在很多方面都提供了非常多的帮助。

我想特别地感谢马克·里奇和吉娜·米勒在撰写伦理章节方面的帮助，马克·彼得森在撰写计算机应用程序方面的帮助，以及詹姆斯·阿加瓦尔在早期版本的国际市场调研案例方面的帮助。MBA学生大卫·鲍尔、约书亚·皮茨和马哈维·阿克拉为本书提供了有益的研究帮助。本书经过了几年的课堂测试，学生在我的市场调研课程中也提供了有用的反馈。

我在佐治亚理工学院的同事们，特别是弗雷德·阿尔维恩，一直非常支持我。感谢伯克公司前董事长罗纳德·L.塔塔姆，及现任总裁兼首席执行官杰夫·米勒对我的鼓励和支持。SDR公司的创始人兼高级执行官员威廉·D.尼尔多年来提供了非常多的帮助和支持。2017年1月1日，由MRA和CASRO合并而成的洞察力协会对本书非常有帮助，特别感谢黛安·鲍尔斯在行业案例方面的帮助。许多行业从业者也为本书做出了贡献。感谢帕梅拉·普伦蒂斯在第7版中对SAS公司的新增部分提供了很多帮助。

培生的团队提供了重要的支持。特别感谢主编斯蒂芬妮·沃尔、内容制作人米歇尔·曾、项目经理苏珊·麦克纳利、权限经理玛雅兰、总制作人阿什利·桑托拉、产品营销贝基·罗兰、区域营销妮可·普莱斯，当然还有那些表现出色的商务代表和销售人员。

感谢我敬爱的母亲萨蒂亚·马尔霍特拉，以及我已故的父亲H.N.马尔霍特拉。他们的爱、鼓励、支持和奉献自我的精神都堪称典范。衷心感激我的妻子维娜、孩子露丝和保罗，感谢他们身上的信仰、希望和爱。

纳雷希·K.马尔霍特拉

作者简介

Naresh K. Malhotra

　　纳雷希·K. 马尔霍特拉（Naresh K. Malhotra）是佐治亚理工学院 CIBER（国际商业教育研究中心）高级研究员和谢勒商学院 Regents 名誉教授。2010 年当选"营销界传奇人物"（Marketing Legend），在期刊上所发表的文章被世界领先的学术出版商 Sage 出版了九卷，并得到领域内权威学者的赞誉。自 1997 年第 51 期以来连续入选马奎斯"美国名人录"（Marquis Who's Who in America），自 2000 年以来连续入选"世界名人录"（Who's Who in the World），2017 年获得"世界名人录"颁发的"终身成就奖"。2015 年获得了印度瓜廖尔 Prestige 管理学院颁发的"终身成就奖"。2005 年获得美国市场营销协会（AMA）CUTCO/Vector 杰出营销教育家奖（CUTCO/Vector Distinguished Marketing Educator Award）。2011 年获得亚洲最佳商学院最佳营销管理教授奖（the Best Professor in Marketing Management，Asia Best B-School Award）。

　　美国市场营销协会 1989 年教育工作者会议论文集统计了 1980—1985 年在 Journal of Marketing Research 上的论文发表数量，马尔霍特拉教授位列第一。他迄今为止保有在 Journal of Health Care Marketing 上发表论文数量最多的纪录。统计 Journal of the Academy of Marketing Science（JAMS）创刊至 1995 年第 23 卷发表的论文数量，他名列第一，他也是 1986—1995 年 10 年间在 JAMS 上发表论文最多的学者。根据施勒格尔米尔希发表的社论，马尔霍特拉教授 1992—2002 年在 International Marketing Review 上发表的论文数量名列第一，且自 1983 年杂志创刊至 2003 年，他发表的文章数量名列第一。自 1996 年至 2006 年，他发表的文章数量同样名列第一。福特等人（2010 年）进行的一项具有里程碑意义的研究表明，在 1977 —2002 年 25 年间，在四大营销期刊 [Journal of Marketing，Journal of Marketing Research（JMR），Journal of Consumer Research，Journal of the Academy of Marketing Science（JAMS）] 上所发表的文章中，马尔霍特拉教授有三次排名前三，分别是在四大期刊中总排名第三，在 JMR 上发表了共 10 篇论文排名第三，在 JAMS 期刊上论文发表数量排名第一。

　　他在一系列重要期刊上共发表了 140 余篇论文，包括 Journal of Marketing Research，Journal of Consumer Research，Marketing Science，Management Science，Journal of Marketing，

Journal of Academy of Marketing Science，*Organizational Research Methods*，*Journal of Retailing*，*Journal of Advertising*，*Journal of Health Care Marketing*，以及统计学、管理科学、信息系统和心理学领域的重要期刊。此外，他还在许多美国和国际会议中发表了多篇论文，其中数篇获得最佳论义研究奖。

他是新兴市场会议委员会主席，也是该委员会组织的年度会议的牵头项目联席主席。曾任营销科学基金会的主席（1996—1998）、营销科学学院院长（1994—1996）和董事会主席（1990—1992）；他是美国科学院杰出院士和决策科学学院院士；他是 *Review of Marketing Research* 的创始主编，担任 *Decision Sciences Journal* 副主编18年，曾担任 *Health Care Marketing Abstracts*、*Journal of Health Care Marketing* 杂志编委。此外，他还担任8个学术期刊的编委。

马尔霍特拉教授担任过美国和他国的许多商业性、非营利性和政府机构的顾问，也曾在一些司法和立法过程中担任过专家证人。他在调查设计、数据分析和统计方法领域造谐很高。他曾获得过许多研究、教学和专业服务的奖励与荣誉，在2003年，他被营销科学研究院授予杰出营销教学奖。

马尔霍特拉教授与妻子维娜结婚已经超过了37年，他们有两个成年孩子露丝和保罗。

案例目录

MARKETING RESEARCH
AN APPLIED ORIENTATION 实用市场调研（原书第 7 版）

目　录

第 1 篇　市场调研介绍及早期阶段

第2篇 市场调研设计

目

录

MARKETING RESEARCH AN APPLIED ORIENTATION 实用市场调研（原书第7版）

目 录

第3篇　市场调研的实施

MARKETING RESEARCH AN APPLIED ORIENTATION 实用市场调研（原书第 7 版）

实用市场调研
（原书第7版）

MARKETING RESEARCH

第 1 篇
市场调研介绍及早期阶段

本篇对市场调研进行定义和分类，提出市场调研的 6 个步骤，讨论市场调研的性质和范围，并解释其在营销决策中的作用。对营销决策者和研究人员都很有价值。

MARKETING RESEARCH

实用市场调研｜（原书第7版）

第 1 章　市场调研概述

　　市场调研人员必须具备咨询技能、专业技术和商业意识。他们工作的重心是为识别和解决营销问题提供信息和见解，以便采取行动。

　　　　　　　——Burke 公司总裁兼首席执行官　Jeff Miller

Jeff Miller 供图

本章概要

————

　　市场调研是市场营销中最重要、最令人着迷的一个部分。本章介绍了市场调研的正式定义并将之划分为两类：识别问题的调研和解决问题的调研，并提供多个案例说明市场调研的基本概念；本章描述了市场调研的过程及开展市场调研的 6 个步骤，讨论了市场调研的性质，强调其在为营销决策提供信息方面所起的作用；概括介绍了构成市场调研行业的服务提供商以及如何选择这些服务提供商；介绍了高质量市场调研需求催生的许多令人兴奋的工作机会。

　　本书各个章节通过一些现实生活中的案例对不同概念进行说明。本书以作者亲自主持的市场调研项目——百货商店顾客调查项目作为一个主要案例贯穿始终。第 7 版对该项目进行了扩展，增加了一些问题，还提供了有关数据供分析使用。本章还讨论了当今市场调研环境中一些重要的议题，如国际市场调研、社交媒体、移动市场调研和调研伦理。第 7 版增加了新的内容，强调将社交媒体作为一个市场调研领域以及移动市场调研的应用对象。

案例 1.1
波音：翱翔蓝天

波音公司（www.boeing.com）是领先的商用喷气式客机制造商，为 150 个国家的客户提供产品和服务。波音商用飞机（BCA）是波音公司负责商用飞机开发和销售的分部。该分部注重持续地监测动态的市场，理解其客户（航空公司）及客户的客户（乘坐飞机的旅客）的需求和关注点。为实现这一目的，BCA 定期开展市场调研。

波音公司近期委托 Harris Poll 进行市场调研。Harris Poll 是全球最大的市场调研公司之一，于 2014 年 2 月被 Nielsen 收购。波音公司委托 Harris Poll 开展调研，确定旅客对飞机的偏好。调研发现，乘坐长途航班的旅客通常更喜欢小型飞机提供的更便利、更灵活的飞行体验。

该项调研通过社交媒体、焦点小组和深度访谈的形式开展，对英国伦敦、日本东京和中国香港等地 18 岁以上且近期至少乘坐过一次 8 小时以上航班的乘客进行调查。该调查访问采用两阶段方法。首先对调查对象进行筛选并对合格对象进行电话访问或面访，然后邀请他们在家、工作单位或指定的地点完成在线调查。Harris Poll 在每个地区调查了相同数量的头等舱、商务舱和经济舱乘客。

主要结果如下：

- 对于直飞航班，60% 以上的乘客更喜欢单层、250 座的客机，而不是双层、550 座的飞机。
- 70% 的乘客更喜欢乘坐单层、250 座客机的直飞航班，而不是双层、550 座、带中转休息室的航班。
- 三个地区各舱位的旅客一致认为小一些的客机能够提供比 550 座客机更好的办理登机手续、登机、下飞机、取行李、报关和过境体验。

波音公司认为这些结论非常重要，并通过改进产品对此进行回应。根据这些发现和后续对航空公司的深度访谈调查，BCA 研发了波音 737 的新版本——737 MAX。该机型的设计理念在于为航空公司提供更经济的解决方案，为旅客提供更佳的飞行体验，让地球环境更加美好。

Niall Ferguson/Alamy Stock Photo

以上案例说明了在设计和实施成功的营销方案中调研具有关键性作用。值得注意的是，各种类型的组织都在使用市场调研，比如波音公司、NBC 和快餐连锁餐厅（麦当劳、Wendy's、IHOP）。此外，市场调研具有全球性（Harris Poll/Nielsen）和实时性（Satmetrix），并用于营销和产品开发（麦当劳、Wendy's、IHOP）。这些案例仅展示了一部分开展市场调研的方法：固定电话、移动电话、个人调查、在线调查、焦点小组、深度访谈和使用互联网查询信息。本书将全面介绍市场调研技术及其在制定有效营销策略方面的应用。通过其定义也许能更好地理解市场调研的作用。

市场调研的定义

1.1

美国营销学会（American Marketing Association，AMA）将市场调研正式定义为：

市场调研是营销人员通过信息联系消费者、顾客和公众的一种职能。这些信息用于识别和定义营销机会和问题，制定、完善和评估营销活动，监测营销绩效，改善对营销过程的理解。市场调研明确提出解决问题所需的信息，设计信息收集方法，管理和实施数据收集过程，分析结果，就调研结论及其意义进行沟通。

截至 2017 年，美国营销学会的网站（www.ama.org）向营销专业人员提供营销职业信息、最佳营销实践和行业趋势等方面的信息。本书强调决策需要信息的支持，将市场调研定义为：

市场调研（marketing research）是系统、客观地识别、收集、分析、传播和运用信息，以发现营销问题和机会，改善相关营销决策。

这一定义中以下几方面值得注意。首先，市场调研是系统的，因此在市场调研过程中的所有阶段都需要制订系统的计划，每个阶段所遵循的程序在方法上都应是合理的，有充分的记录，并尽可能提前规划。市场调研使用科学的方法收集和分析数据，检验先前提出的假设。

市场调研是客观公正的，努力提供反映真实情况的准确信息。尽管调研经常受到调研人员思想观念的影响，但不应当被调研人员和管理层的个人或政治偏见所左右。那些出于个人或政治利益所进行的调研是违反职业道德的。这样的调研存在偏见，并且有意得出预设的结论。每个调研人员的座右铭都应该是"实事求是，如实告知"。

市场调研包括识别、收集、分析、传播和运用信息，每一个步骤都很重要。首先识别或定义市场调研问题或机会，然后决定需要调查哪些信息。由于每个营销机会都可以转化成需要开展的调研问题，本书将互换使用"问题"与"机会"这两个概念。接着，需要寻找相关的信息来源，并评估各种复杂的数据收集方法的适用性，选择最合适的方法来收集、分析、解释数据，并进行推论。最后，得出发现、进行解释并提出建议，使营销人员可以直接运用这些信息进行营销决策。下一节通过对市场调研进行分类，进一步说明市场调研的定义。

市场调研的分类

根据定义，企业开展市场调研出于两种原因：①识别营销问题；②解决营销问题。基于此，将市场调研分为两类：识别问题的调研和解决问题的调研，如图 1 - 1 所示。

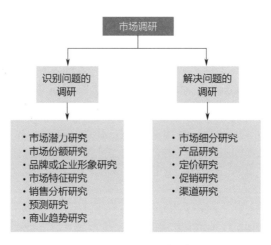

图 1 - 1 市场调研的分类

识别问题的调研（problem-identification research） 帮助识别那些表面上可能不太明显但仍然存在或未来可能出现的营销问题。例如，市场潜力、市场份额、品牌或企业形象、市场特征、销售分析、短期预测、长期预测、商业趋势等。一项有关企业开展市场调研的调查表明，97% 的企业进行了市场潜力、市场份额和市场特征调研，约 90% 的企业开展了识别其他问题的调研。这类调研提供营销环境相关信息，帮助企业诊断问题。例如，市场潜力下降意味着企业可能难以实现其增长目标，如果市场潜力上升，但企业市场份额下降，同样也表明存在问题。识别经济、社会、文化趋势，例如消费者行为变化，可能有助于发现潜在的问题和机会。

一旦发现了问题或机会，就需要进行**解决问题的调研（problem-solving research）**，找到解决问题的对策。这类调研结果用于制定特定营销问题的决策，多数企业都进行过解决问题的调研。表 1 - 1 列出了这类调研所涉及的各种问题，包括市场细分、产品、定价、促销和渠道。

表 1-1　解决问题的调研

市场细分调研	产品调研	定价调研	促销调研	渠道调研
• 确定市场细分标准 • 估算不同细分市场的潜力及其反应 • 选择目标市场,并描述其生活方式及人口、媒体和产品形象特征	• 概念测试 • 确定最佳产品设计 • 包装测试 • 产品改进 • 品牌定位与再定位 • 试销 • 控制商店试销	• 价格对品牌选择的影响 • 价格决策 • 产品线定价 • 需求的价格弹性 • 对价格变动的反应	• 促销预算优化 • 销售促进关系 • 促销组合优化 • 文案决策 • 媒体决策 • 广告创意测试 • 赠券兑现确认 • 广告效果评估	• 确定渠道方式 • 渠道成员态度 • 批发、零售渠道强度 • 渠道利润率 • 批发、零售点选址

　　将市场调研分为两类,在理论上和实践上都具有意义。然而,识别问题的调研和解决问题的调研密不可分,某一特定的市场调研项目可能同时结合了两类调研。波音公司的案例就说明了这一点。通过开展消费者调查确定了对小型飞机的潜在需求(问题识别),后续的产品调研导致了新机型波音 737MAX 的推出,满足了 100-215 个座位市场的需求(问题对策调研)。家乐氏(Kellogg's)的案例佐证了上述观点。

> 实用市场调研
>
> **案例1.2**　　　　　　　　　　家乐氏通过市场调研提升销售额
>
> 　　截至 2017 年,家乐氏(www.kelloggs.com)的商品已经销往 180 多个国家和地区,在经历了市场低迷后,家乐氏亟须重振谷物食品业务。借助识别问题的调研,家乐氏能够发现问题,并通过解决问题的调研制定多种解决方案以提升谷物食品销售量。
>
> 　　家乐氏通过几项任务来识别问题,调研人员与企业内部决策者进行沟通,采访行业专家,分析可用数据,分析社交媒体数据,开展定性调研,调研消费者对谷物食品的认知和偏好。通过此次调研,家乐氏发现了一些重要的问题:目前的产品的目标市场是儿童,百吉饼和松饼是目前最受欢迎的早餐食品,高价格正迫使一些消费者转向其他普通品牌。调研还发现了一些其他信息:成年消费者想要尽可能少准备或不需要准备就能食用的快餐。这些结果帮助家乐氏发现问题的关键:企业在推出满足成人市场需求的新产品方面缺乏创意。
>
> 　　确定问题后,家乐氏开始着手调研解决方案。通过对成年消费者进行随机拦访,开发和测试了几款全新口味的新产品。根据访问结果,家乐氏推出了几款适合成年消费者口味的新产品,使成人产品不再是过去无味道的品类。例如,家乐氏在 2016 年通过广告活动和店内促销推出名为 Special K Nourish 的谷物和坚果棒,产品含有藜麦、有益健康的格兰诺拉麦片、杏仁片、美味的苹果和覆盆子等成分。
>
> 　　通过创造性的识别问题的调研和后来的解决问题的调研,家乐氏不仅增加了销售额,还提高了除早餐食品外的其他谷物食品的销售量。

如家乐氏的案例所示，识别问题的调研和解决问题的调研不仅相辅相成，而且遵循同样的市场调研过程。

市场调研的 6 个步骤

整个**市场调研过程（marketing research process）**包括 6 个步骤，后续各章会对每个步骤进行详细讨论，本部分只进行简要介绍。

第 1 步　定义调研问题

任何市场调研的第 1 步都是定义调研问题。调研人员应当考虑调研的目的、相关背景信息、信息需求以及这些信息在决策中的用途。定义问题需要与决策者进行讨论，访谈业内专家，分析二手数据，可能的话还需要进行定性调研，如焦点小组。一旦确定了调研问题，就能够正确地设计和开展调研（见第 2 章）。

第 2 步　拟定调研方法

拟定调研方法包括确定调研目的、理论框架、分析模型、调研问题、假设、识别信息需求。这个过程需要同管理层和行业专家讨论、分析二手数据、开展定性调研，并考虑一些其他实际问题（见第 2 章）。

第 3 步　制定调研设计

调研设计是开展某一市场调研时所要遵循的框架或蓝图。调研设计详细描述所需信息的程序，其目的是设计一项能够检验有关假设、确定调研问题的可能答案和提供决策所需信息的调研。开展探索性调研、准确地定义变量和设计合适的测量方法也是调研设计的一部分。调研设计中还必须考虑如何从调查对象获取信息（如通过开展抽样调查或实验）、设计问卷和抽样方案。制定调研设计包括如下步骤：①确定所需信息；②二手数据分析；③定性调研；④收集数据的定量方法（调查、观察和实验）；⑤测量与量表；⑥问卷设计；⑦抽样过程与样本量；⑧数据分析计划。

上述步骤将在第 3 – 12 章中讨论。

第 4 步　实地调研与数据收集

数据收集涉及有关实地执行人员。这些人员通过实地访谈（例如，在进行入户人员访谈、随机拦访和电脑辅助人员访谈时），在办公室进行电话访谈（传统电话访谈和电脑辅助电话访谈）、邮件（传统的邮件访谈和邮寄式固定样本），或利用电子手段（电子邮件和互联网）开展工作。实地执行人员的适当挑选、培训、督导和考核有助于减小数据收集误差（见第 13 章）。

第 5 步　数据准备与分析

数据准备包括数据的编辑、编码、录入和核实。必须审阅和编辑每份调查表或观察表，并做出必要的更正。问卷中每个问题的每一回答都用数字或字母代码来表示，这些数据通过键盘录入到磁带、磁盘或直接输入计算机。数据分析是为了获得与市场调研问题有关的各个组成部分的信息，提供管理决策所需的支持（见第14－21章）。

第6步　报告准备与演示

整个调研项目应当有完整的书面报告，内容包括具体的调研问题、调研框架与设计、数据收集与分析、展示结果与主要结论。调研结果应当以容易理解的方式展示，以便在决策过程中充分发挥作用。另外，应当借助图表向管理层做口头报告，使报告清晰有效（见第23章）。除此之外，也可以把调研结果和报告在网上发布，使全球范围的管理人员都可以获取。

尽管我们将市场调研过程描述为一系列的步骤，但是应当注意，这些步骤是相互依赖和不断重复的。因此，调研人员在执行每一个步骤时，不仅需要回顾前面的步骤，还需要考虑后面的步骤。如万豪国际集团案例所示，以上对市场调研过程的描述，也是大公司开展市场调研的典型过程。

实用市场调研

案例 1.3　　　　　万豪国际集团的市场调研

万豪国际集团（www.marriott.com）是一家全球领先的酒店公司，它的历史可以追溯至 1927 年由 J. Willard 和 Alice S. Marriott 在华盛顿特区开设的啤酒摊。截至 2017 年，万豪国际集团在全球 87 个国家和地区拥有 4 500 家酒店，旗下品牌包括 Marriott、Renaissance、Courtyard、Residence Inn、Fairfield Inn、Towneplace Suites、Springhill Suites 和 Ritz-Carlton。

万豪国际集团通过集团市场调研服务部（CMS）开展市场调研。CMS 的目标是为万豪管理人员提供了解市场和客户所需的信息。CMS 开展许多不同类型的调研。它利用电话、网络和邮寄问卷调查，焦点小组和顾客随机拦访等定量和定性的方法，收集有关市场细分、产品测试、顾客价值敏感度、顾客满意度等方面的信息。

RosaBetancourt 00 people images/Alamy Stock Pho

万豪国际集团的调研过程是一个逐步渐进的过程。第一步是更好地定义要解决的问题和客户单位的目标，并制定解决问题的方法；接着是通过制订正式的调研方案来确定调研设计；CMS 要决定是自己进行调研还是从外部购买，若是后者，还要决定是否用多家公司；一旦确定了调研的执行者，就要开始收集和分析数据；然后 CMS 以正式报告的形式将调研结果提供给客户单位；最后一步是保持与客户单位的持续对话，帮助解释调研结果、决策或提出进一步调研的建议。

1.4

市场调研在营销决策中的作用

图1-2所示的是市场调研的基本范式，有助于更好地理解市场调研的性质和作用。

市场调研的重点在于识别和满足顾客的需求。为了确定顾客需求，实施以满足顾客需求为目的的营销策略与计划，营销经理需要关于顾客、竞争对手以及市场上其他方面的信息。近年来，企业获取更多、更好信息的需求增加了。随着企业经营的全国化和国际化，它们需要了解更广阔的市场和远方市场的信息；当消费者变得更加富裕和复杂，营销经理需要更好地了解消费者会对产品和其他营销策略做出什么反应；随着竞争的加剧，营销经理需要有关营销工具的有效性信息；由于经营环境的快速变化，营销经理需要时效性更强的信息。

市场调研的任务是评估信息需求，为管理层提供相关、准确、可靠、有效、及时和可操作的信息。当今竞争激烈的营销环境以及由于决策失误而导致的成本不断增加，需要市场调研提供可靠的信息。正确的决策不是基于感觉、直觉，甚至是单纯的判断。缺乏可靠信息可能会导致错误的管理决策，如强生婴儿阿司匹林的案例所示。

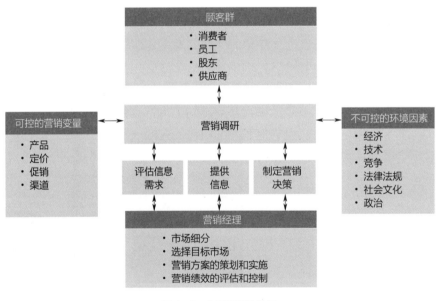

图1-2 市场调研的作用

案例1.4 强生公司的产品温和但不能止痛

强生公司（www.jnj.com）被认为是全球产品线最宽的医疗保健产品制造商，截至2018年，其在60个国家拥有超过250家公司。尽管强生公司在行业中取得了成功，但它试图推广强生牌婴儿阿司匹林却没有成功。因为强生婴儿产品给人们的感觉是温和的，但人们使用婴儿阿司匹林时想要的效果不是温和。虽然婴儿阿司匹林应该是安全的，但温和本身并不是人们想要的特征，一些人认为温和的阿司匹林的止痛效果不佳。本例说明，直观上一个自然的举动，如果没有适当的市场调研，可能会导致一个错误的决策。

正如强生公司的案例所示，营销经理在识别和满足顾客需求的过程中要做许多战略和战术决策。如图 1-2 所示，他们需要就潜在的机遇、目标市场的选择、市场细分、营销方案的制订与实施、营销绩效的评估与控制等问题做一系列的决策。可控的产品、定价、促销与渠道等营销变量之间的相互作用使得这些决策变得非常复杂，而一般经济、技术、公共政策、法律、政治、竞争以及社会文化等不可控的环境因素使得这些决策更加复杂化。此外，另一个重要因素就是顾客群的构成复杂，包括消费者、员工、股东和供应商等。市场调研是让营销经理与营销变量、环境因素和顾客群联系的纽带，它通过提供营销变量、环境和顾客的有关信息减少决策风险。没有这些信息，将无法准确预测消费者对营销活动的反应。持续的市场调研能够及时提供有关可控的和不可控的因素以及消费者的信息，从而提高营销经理决策的有效性。

过去，市场调研人员负责判断信息需求并提供有关信息，经理们做出有关营销决策。但是，这一传统分工正在改变，市场调研人员越来越多地参与决策过程，而营销经理也越来越多地参与市场调研。这一趋势是对营销经理更好地培训、互联网和其他方面的技术进步以及市场调研范式变化的结果。现在越来越多的市场调研是作为日常工作进行的，而不是对某些营销问题或机遇的被动反应，市场调研正越来越成为营销的一个有机组成部分。

从本质上讲，市场调研必须为决策甚至是整个组织提供价值。应该强调的是，营销经理的工作不是独立于组织内其他职能部门而展开的。相反，营销导向体现的是一个满足消费者需求并实现长期利益的跨职能视角。因此，市场调研应该与组织中其他职能相联系，如制造、研发、财务、会计和其他与项目相关的职能领域。

营销和市场调研正联系得越来越紧密。市场调研可以极大地增强管理层的可用信息并改进决策。通过市场调研获得的信息成为企业**营销信息系统（marketing information system，MIS）**和**决策支持系统（decision support system，DSS）**的组成部分。市场调研在获取竞争情报方面发也挥着重要作用。

1.5

市场调研和竞争性
情报

竞争性情报工作（competitive intelligence，CI）可定义为通过更好地了解竞争对手和竞争环境提升市场竞争力的过程。这一过程必须是合乎商业伦理的，通过利用数据库和公开信息源，开展合乎伦理的调研活动，合法地收集并分析竞争对手的能力、弱点、业务动向等信息。

市场调研在 CI 的信息收集、分析和发布方面发挥了核心作用，CI 已经演变为一个独立的专业。竞争信息专业协会（SCIP）由为各种企业开展 CI 工作、为管理层提供竞争环境预警的专业成员组成。可以登录其网站（www. scip. com）了解有关 CI 的详细信息。

做出市场调研决策

在许多情形下市场调研是有用的，但是不能马上做出开展调研的决定。相反，在做出某项调研决定的时候还需要考虑其性价比、用于实施调研的资源以及管理层对调研的态度。只有当预期调研产生的信息价值超出调研的成本时，才可以考虑开展调研。一般来说，管理层要做的决策越重要，面临的不确定性越大，所获得的信息的价值也越大。一些方法可以用于估计市场调研项目的预期价值和成本。尽管在许多情况下，信息的价值超过了调研的成本，但相反的情况也可能存在。例如，一家蛋糕制造商想要了解消费者在便利店的购买行为。我们建议不要进行大规模调研，因为便利店蛋糕的销量只占蛋糕总销量的 1%，而这一情形在未来 5 年都不会有很大改变。

资源总是有限的，尤其是时间和经费。如果没有足够的时间或经费进行某项调研的话，就最好不要勉强。与其在缺乏足够资源的情况下做一个不合格的项目，还不如不做。另外，公司也可能没有足够的资源去实施调研提出的策略建议。在这种情况下，花费资源开展调研也没有意义。如果管理层对调研没有一个积极的态度，调研报告很可能在项目完成后被束之高阁。但也有例外情况，我们曾经为一个大型连锁零售企业做过一项调研，管理层对项目很不友好，但是调研是由其母公司委托并资助的。尽管调研结果反映了一些负面的情况，管理层持反对态度，但母公司还是采纳了我们的策略建议。

还有一些情况，可能不必进行市场调研。如果组织内部已经拥有了所需要的信息，或者项目所涉及的决策已经敲定，或者是为了某种政治目的进行一项调研，信息的价值将大大降低，调研项目通常也没有什么意义。但是，一旦决定开展市场调研，管理层可能需要依靠专业的市场调研机构去获得信息。

市场调研行业

市场调研行业由提供市场调研服务的机构组成。市场调研服务供应商提供营销决策所需的大量信息。多数大型市场调研服务机构有许多负责不同领域市场调研的子公司和部门。但是有必要对市场调研机构及其服务进行划分。广泛地讲，市场调研机构可以分为内部和外部两大类（见图 1-3）。**内部机构（internal supplier）**是企业内部的市场调研部。许多公司，尤其是大公司，从汽车制造商（通用、福特和戴姆勒－克莱斯勒）到消费品制造商（宝洁、高露洁和可口可乐），再到银行（花旗银行和美洲银行），都设有市场调研部。在不同公司之间，市场调研部在公司内部的位置可能有很大差别。一个极端情况是调研职能高度集中并属于总部；另一个极端情况是分散结构，市场调研职能按不同分支部门组织，这些分支部门可能是按产品、顾客或地区划分的。在后一种情况下，调研人员向分支部门经理而不是总部管理层报告。此外，在两个极端情况之间还有其他不同类型的组织。尽管近年来有精简市场调研部门、逐步集中化的趋势，但最佳的组织方式仍取决于企业市场调研的需求，以及企业的营销结构和其他职能。内部机构通常依靠外部机构来完成某些专门的市场调研任务。

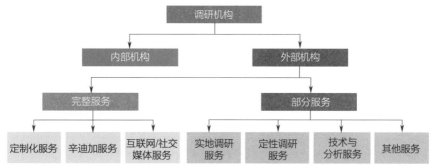

图 1-3 市场调研机构及其服务

外部机构（external supplier）通常是独立于客户组织，受雇提供市场调研服务的外部公司。这些机构，从几人的小公司到大型的跨国公司，共同构成了市场调研行业（marketing research industry）。表 1-2 列举了世界排名前 25 的调研供应商。外部供应商又可以进一步分为完整服务供应商和部分服务供应商。完整服务供应商（full-service suppliers）提供全程市场调研服务，从问题的定义、调研方法的确定、问卷设计、抽样、数据收集、数据分析和解释，到报告撰写和演示。提供的服务可以进一步分为定制化服务、辛迪加服务以及互联网/社交媒体服务（见图 1-3）。

表 1-2　世界排名前 25 的调研供应商

全球排名 2016	全球排名 2015	组织	母国	设有办事处或全资子公司的国家总数	全球调研收入/百万美元	来自母国外的收入占比
1	1	Nielsen Holdings N.V.	U.S.	106	6,172.0	41.6%
2	2	Kantar	United Kingdom	100	3,710.0	79.7%
3	3	IMS Health Inc.	U.S.	105	2,921.0	61.4%
4	4	Ipsos SA	Francs	87	1,980.9	93.1%
5	5	GfK SE	Germany	74	1,712.6	75.3%
6	6	IRI	U.S.	9	981.0	38.3%

全球排名 2016	全球排名 2015	组织	母国	设有办事处或全资子公司的国家总数	全球调研收入/百万美元	来自母国外的收入占比
7	8	dunnhumby	United Kingdom	29	970.5	61.7%
8	7	Westat	U.S.	6	509.6	3.6%
9	9	INTAGE Holdings Inc.	Japan	8	375.7	8.2%
10	11	comScore	U.S.	24	368.8	27.3%
11	10	Wood MacKenzie	United Kingdom	20	364.7	58.1%
12	12	The NPD Group	U.S.	15	307.7	24.9%
13	13	MACROMILL Inc.	Japan	13	296.0	30.7%
14	14	J.D.Power	U.S.	9	273.5	33.8%
15	16	ICF International	U.S.	7	219.4	29.5%
16	17	Video Research Ltd.	Japan	3	182.2	0.0%
17	19	Decision Resources Group	U.S.	5	167.6	28.1%
18	18	MaritzCX	U.S.	5	151.6	26.5%
19	20	Abt SRBI	U.S.	3	124.4	4.1%
20	24	YouGov	United Kingdom	21	122.9	71.8%
21	21	ORC International	U.S.	8	122.3	31.8%
22	25	Lieberman Research Wordwide	U.S.	3	119.8	30.9%
23	–	Rentrak	U.S.	6	116.3	15.0%
24	23	Mediametrie	France	1	104.9	10.1%
25	–	Cello Health	United Kingdom	3	97.2	42.0%
					22,472.6	55.3%

定制化服务（customized services）是根据某一客户的具体需要专门进行的各种市场调研服务。每项调研都是单独受理和进行的。提供这些市场调研服务的机构包括：Burke（www. burke. com）和 MaritzCX（www. maritzcx. com）。开篇案例中由 Harris Poll 为波音公司做的调研就属于定制化服务调研。本章后续将讨论一类专注于移动市场调研的特殊客户化服务。

辛迪加服务（syndicated services）收集具有商业价值的信息，可供多个客户订阅。主要通过抽样调查、购买固定样本、扫描仪和审计等收集信息。例如，Nielsen（www. nielsen. com）提供收看某一特定节目的家庭观众规模和人口统计特征信息。该公司还提供超市收银台电子扫描产生的扫描仪销量跟踪数据。NPD Group（www. npd. com）拥有美国最大的消费者固定样本。本书第 4 章将会更详细地讨论辛迪加服务。

互联网/社交媒体服务（internet/social media services）由众多市场调研公司提供，包括一些专门在互联网上进行市场调研的公司。例如，Toluna（www. toluna-group. com）

是一家领先的数据洞察公司，在 59 个国家拥有 1 000 万名成员，是全球最大的社会投票社区。该公司的 Toluna Panel Portal™ 使客户可以开发自己的定制面板。联网服务的一个特殊类别侧重于社交媒体调研，本章后续将会讨论这类服务。

部分服务提供商（limited - service suppliers） 专门从事市场调研项目中的某一部分或几部分工作。这样的服务商提供的服务可以分为实地调研服务、定性调研服务、技术与分析服务以及其他服务。

实地调研服务（field services） 通过邮寄问卷调查、面对面访谈、电话或电子访谈等方法收集数据，而专门从事访问的公司叫做实地调研机构。这类公司既包括只在当地运营的小公司，也包括大型跨国公司。有些公司在全国各地设有许多访谈设施，可以在购物中心开展消费者访谈。其中一个提供现场服务的公司为 Field Work（www.fieldwork.com）。

定性调研服务（qualitative services） 为焦点小组和其他形式的定性调研（例如一对一深度访谈）提供设施，招募受访者。一些公司可能会提供附加服务，例如主持人和准备焦点小组报告。此类公司有 Jackson Associates（www.jacksonassociate.com）和 First In Focus Research（www.firstinfocus.com）。

技术与分析服务（technical and analytical services） 专门从事问题设计和对从大型调查中获得的定量数据进行计算机分析。例如，亚特兰大 SDR 公司（www.sdr-consulting.com）运用先进的统计技术提供复杂的数据分析服务。Sawtooth Technologies 公司（www.sawtooth.com）提供数据收集和分析软件。借助计算机和统计软件，企业可以自行进行数据分析，但外部供应商的专业数据分析技能仍有市场需求。

其他服务包括品牌化的市场调研产品和服务，帮助解决特定类型的市场调研问题。例如，Survey Sampling International 公司（www.surveysampling.com）专门从事抽样设计和实施。还有些公司专门展开民族市场（西班牙裔、非洲裔和多元文化群体）调研。例如，Multicultural Insights 公司（www.multicultural-insights.com）。

无论是完整服务供应商还是部分服务供应商，都需要遵循一定准则。

实用市场调研

1.8 选择调研供应商

企业如果不能在内部完成所有市场调研任务，就必须选择外部机构开展调研项目的部分工作。应当根据行业出版物、目录、口碑和互联网的信息，编制一个备选调研公司清单。在决定选择外部供应商的标准时，首先要明确寻求外部调研支持的原因和目的。例如，需要进行一项调研的小公司可能发现请外部专业公司调研在经济上更划算；有的公司可能由于缺乏技术力量或有利益冲突而无法自己进行某些调研工作，因此需要请外部供应商来做。

当制定外部市场调研公司的选择标准时，应当注意一些基本问题：公司的声誉如何？能否按时完成项目？是否有职业道德？是否有灵活性？调研项目的质量高不高？有哪些项目经验？是否做过类似的项目？公司人员是否具备技术和非技术方面的专业能力？也就是说，除了技术技能以外，承担项目的人员是否理解客户的需求，能否认同客户的调研理念？他们能否很好地与客户沟通？可以在著名的市场调研协会的网站上（例如，www.esomar.org）找到有资质的市场调研供应商名单。

在选择外部供应商，特别是实施大项目时，经常采用竞争性招标的方式。通常，委托外部供应商调研的组织会发布方案征集书（request for proposal，RFP）、信息征集书（request for information，RFI）、申请书（request for application，RFA）、投标邀请书（invitation to bid，ITB）或电话邀请供应商投标。在 Google 上采用高级搜索"RFP"和"marketing research"可以找到真实的方案征集书。在决定外部供应商时，不能只考虑谁价格最低，需要考虑调研方案的完整性以及前面讨论过的各项标准。另外，与调研供应商签署长期合同比逐个项目选择供应商更加可取。请记住，报价最低的并不总是最好的。竞争性投标理应同时对质量和价格进行权衡。在项目开始之前最好签订标书或合同。选择市场调研供应商的决策与其他管理决策一样，都需要基于可靠的信息。

互联网在寻找能够提供特定调研服务的市场调研公司方面非常有效。使用 Google 这样的搜索引擎，能够很容易地找到一些市场调研公司，并在其网站上获得其他相关信息。很多公司网站上都有公司历史、产品、客户和员工的信息。例如，www.greenbook.org 列举了数千个市场调研公司，可以很方便地搜索到其中特定的公司。与营销咨询和广告公司一样，市场调研公司也提供就业机会。

实用市场调研

1.9 市场调研的就业情况

市场调研公司，如 Nielsen、Burke、Kantar 等，可以提供很多有前途的工作机会；如宝洁公司、可口可乐、通用汽车公司、美国联邦贸易委员会、美国普查局等组织内部的市场调研部门也可以提供同样有吸引力的工作；广告公司，如 BBDO 国际、J. Walter Thompson、威雅（Young & Rubicam），也开展许多市场调研并雇用这一领域的专业人员。市场调研的有关职位包括市场调研副总裁、调研总监、助理调研总监、项目经理、统计师/数据处理专家、高级分析师、分析师、初级分析师、实地调研经理和运作督导。

大学本科毕业生（如工商管理学士）最常见的工作起点是运作督导，负责有关工作（如实地调研、数据编辑、编码）的监督与指导工作，有时也参与编程和数据分析。然而，市场调研行业越来越倾向于雇佣具有硕士学位的人员。具有工商管理硕士或同等学位的人一般被聘为项目经理。项目经理与客户经理一起负责某项市场调研项目的日常工作。在商业性公司，学士的初始职位通常是初级调研分析师，硕士是调研分析师。初级调研分析师和调研分析师要熟悉某一行业并接受高级人员，通常是市场调研经理的培训。初级调研分析师通常要接受一段专门训练，为承担调研分析师的工作

（包括与营销部和销售部的协调、确定产品宣传目标）做好准备。调研分析师的工作包括核对数据是否准确，将新的调研与现有的标准进行比较，为市场预测分析原始数据和二手数据。

正如职务名称所示，市场调研需要各种不同背景和技能的人。统计师这样的技术专家显然需要很强的统计学和数据分析背景；调研总监这类人员需要管理其他人，因此要有更多一般性的技能。有关其他市场调研职位和当前薪资水平的描述，请访问www. marketresearchcareers. com。市场调研是一个蓬勃发展的行业，提供许多激动人心的就业机会。

为给在市场调研行业中就业做准备，应当：

1. 尽量选修所有的市场营销课程。
2. 选修统计学和定量分析方法的有关课程，如本书中教授的 SPSS 和 SAS 的知识就很有价值。
3. 掌握本书中强调的互联网、社交媒体和计算机技术。编程语言方面的知识也非常重要。
4. 选修一些心理学和消费者行为学相关的课程。
5. 掌握良好的书面和口头沟通技能。
6. 掌握创造性思维的能力，创造力与常识将使你在市场调研领域位居上游。

市场调研人员应当接受通识教育，以便可以理解管理者的问题并从广阔的角度解决这些问题。现在普遍认为，想要成为一名优秀的市场调研员，必须成为一名优秀的营销经理，反之亦然。

实用市场调研

1.10 百货商店顾客调查项目

本书以作者亲自主持的一项百货商店顾客调查项目作为一个滚动案例，说明有关概念和数据分析技术。本调研的目的是评估某一大型百货商店与其主要的直接和间接竞争对手相比的优劣势。在本书中我们将该店称为 Wal - Mart，而没有使用其真实的名称。调研的最终目的是制定营销方案，以扭转 Wal - Mart 不断下滑的销售额，并提高利润。本调研考虑的 10 个商店包括高档的百货商店（如 Saks Fifth Avenue、Neiman-Marcus）、全国性连锁店（如 J. C. Penney）、折扣店（如 Kmart）和一些区域性连锁店（如 Kohl's）。本调研采用非隐蔽性问卷，通过入户调查方法对某一城市地区抽取的 271户便捷样本进行调查。需要打分时，一律采用 6 级量表（要求调查对象从 1 到 6 的数字中选取某一数字画勾）。

收集的信息如下：

1. 对 10 家商店的熟悉程度。
2. 家庭成员在每个商店购物的频率。
3. 在选择百货商店时考虑的 8 个因素中，每个因素的相对重要程度。这 8 个因素是商品质量、种类、退赔条款、人员服务、价格、店址的便利程度、商店布局、信用与收款政策。

4. 对 10 个商店的上述 8 项指标进行评估。

5. 对每个商店的偏好评分。

6. 对 10 个商店的偏好进行排序（从最喜欢到最不喜欢）。

7. 对 21 项生活方式陈述语句的认同程度。

8. 标准的人口统计特征（年龄、教育程度等）。

9. 姓名、地址和电话号码。

本调研使委托单位了解顾客对百货商店的认知与偏好，找出在影响顾客选择的因素和产品种类方面的弱点，制定克服这些弱点的营销方案，最后提出获得理想商店形象的定位策略。

国际市场调研

美国的市场调研支出占全球该类支出的 40%，欧洲的市场调研大多数是在英国、德国、法国、意大利和西班牙进行的，日本、中国（大陆）和澳大利亚是亚太地区市场调研支出领先的国家和地区，巴西和墨西哥则在中南美市场上处于领先。随着市场的全球化，市场调研越来越具有真正的国际性特点，这一趋势将会继续下去。多家美国公司开展国际市场调研，包括 Nielsen、IMS Health、IRI 和 comScore；主要的他国公司包括 Kantar（英国）、Ipsos（法国）和 GfK（德国）。

开展国际市场调研（为真正的国际化产品进行的调研）、国外调研（在调研委托方所在国以外的国家进行的调研）和多国调研（在跨国公司有业务代表的全部或主要国家进行的调研），比国内的市场调研要复杂得多。所有这类调研（包括跨文化调研）将在国际市场调研这一部分讨论。开篇的波音公司案例说明了开展此类调研的复杂性。所有调研的国家、文化单位或国际市场的环境会影响市场调研 6 个步骤的进行方式。以后各章将详细讨论这些环境因素，以及它们对市场调研过程的影响。

公司全球化是当前的趋势。无论通过在线方式还是在国外建立运营实体都要开展调研，以便适当考虑在向全球扩张时所面临的有关环境因素。许多公司因为没有充分考虑所在国和目标国之间的差异而导致全球性的灾难。

在网上开展业务的公司也可能遇到问题。网页上的内容经常被错误地理解，就像墨西哥汽车制造商的例子那样：网页上显示汽车旁边站了一个徒步越野的人，但在墨西哥徒步的是穷人，他们没有汽车。在像印度这样的地方，网页的内容还要适应多种语言的情况，印度某些地方有多达 20 种的不同语言。为了获得市场和顾客，公司一定要考虑这些环境因素。

尽管国际市场调研非常复杂，但预计其增长速度将快于美国国内，主要原因是美国很多产品的市场已经趋于饱和，这些产品在其他国家的市场上还处于发展初期，而市场调研可以在渗透这些市场时发挥关键作用，麦当劳在印度的成功就说明了这一点。

案例1.5　　　　　麦当劳：以全球形象适应地方文化

麦当劳在全球市场上尊重地方文化，根据当地消费者的偏好来调整菜单和用餐体验。市场调研表明，印度的食物消费受人们宗教信仰的影响。因此，麦当劳将牛肉和猪肉从菜单上移除，以符合占印度人口大部分的印度教徒和穆斯林的宗教信仰。相反，它拥有许多美国经典菜品的素食版本，比如 McVeggie 汉堡、McSpicy Paneer 和鸡肉产品。在超值菜单上，由土豆馅饼制作的 McAloo Tikki 汉堡是最畅销的，占麦当劳餐厅在印度总销售额的 25%。

市场调研还表明，印度的素食者严格遵守饮食习惯和行为。因此，印度麦当劳的厨房被分成不同的区域，分别用来烹饪素食和非素食食物。2012 年 9 月，这家快餐业巨头宣布，其在印度部分朝圣区的新餐厅将只提供素食，以迎合当地顾客的偏好。2017 年，它在印度推出新的早餐菜单，其中包括当地最受欢迎的 "Masala Dosa Brioche" 和 "Masala Scrambled Eggs"，以及熟知的华夫饼、热蛋糕和土豆煎饼。

麦当劳在全球的成功在一定程度上归功于其适应当地文化和偏好，同时保持其全球品牌形象的能力，而这得益于其市场调研。截至 2017 年，麦当劳是世界领先的全球餐饮服务零售商，在 100 多个国家/地区拥有 36 000 家餐厅。全球超过 80% 的麦当劳餐厅由本地商人拥有和经营。

1.12　　　　　　　市场调研与社交媒体

社交媒体通常被称为 Web2.0。社交媒体上的网络应用程序以用户为中心进行设计，促进交互式信息共享并在互联网上协作运行。社交媒体包含社交网站（如 Facebook）、视频分享（如 YouTube）、照片分享（如 Flickr）、音乐分享（如 Last FM）、社交书签（如 Delicious）、语音网络（如 Skype）、维基（如 Wikipedia）、产品和服务评论（如 TripAdvisor）、虚拟世界（如 Second Life）、多人游戏（如 Farmville）、网络社区（如 Homeschool）、博客（如 Direct2Dell）和微博（如 Twitter）。Web2.0 站点允许其用户之间进行交互或更改网站内容，而非交互 Web 站点的用户仅限于被动地查看网站提供的信息。优秀的社交网站可以使用所有可用的工具，如讨论、聊天、网络广播、照片、视频、博客、动画、调查、游戏和虚拟世界工具。因为人们的交互方式不同，所以社交网站应为用户提供尽可能多的工具。此外，提供这些工具的成本已经变得合理。

所有社交媒体都有一些共同特征，这些特征使它们可以作为市场调研的一个有价值的领域。社交媒体以用户生成内容为标志，模糊了专业内容和业余内容的界限。

关键的社交互动围绕用户生成内容展开，用户可以对全新的媒体世界进行评分、排名、评论、评价和回复，这是推动社交媒体成功的因素之一。人们通过一对一（如电子邮件和即时消息）、一对多（如网页和博客）和多对多（维基）的通信模式构建在线社区。

市场调研人员可以运用这些新型社交网络和构建它们的开源社交计算工具来扩展调研范围。这些社区为理解、解释、影响和预测市场中消费者的行为开辟了新途径。因此，它们可以用在各种市场调研中，包括市场细分、创意生成、概念测试、产品开发、品牌发布、定价以及整合营销传播。

社交媒体并非没有局限性。虽然新闻工作者的客观性标准很高，但博主和其他社交媒体用户对客观性的要求较低。在许多市场调研应用中，社交媒体用户可能无法代表目标群体。作为样本来源，社交媒体可能存在两种偏差：首先，样本来自于自我选择，因为受访者可以自己选择成为样本；其次，样本来自于倡导。然而，只要了解这些限制，就可以从社交媒体分析中发现有用的信息，从而支持营销决策。本书提倡使用社交媒体来进行市场调研的补充完善，而不是取代传统的调研方式。

目前已有少数专门从事社交媒体对话挖掘服务的市场调研公司。它们倾听社交媒体的在线对话，报告活动并评估影响。这些服务每月收费从几百美元到几千美元不等，提供的服务各不相同。本书通篇讨论了一些社交媒体调研公司的服务。在这里，我们将说明星巴克是如何使用社交媒体获取信息并与目标消费者建立联系的。

实用市场调研

案例 1.6　　　　　　　　　星巴克：社交媒体之星

星巴克的博客 My Starbucks Idea（mystarbucksidea. force. com），不仅建立起与顾客的联系，还与他们共同开创公司的未来。顾客可以分享创意、给其他创意投票、与其他顾客讨论创意以及查看星巴克官宣的创意。来自星巴克内部不同部门的创意合作伙伴参与回答问题并为讨论提供见解。然后，星巴克可以获得有关如何改进产品以满足客户需求的想法和反馈。星巴克认真地对待网站上发布的建议，并公布已经付诸实践的建议。它通过提供虚拟代金券或购买积分的形式提供在线奖励以鼓励客户进行反馈，这使得星巴克可以与它的忠实客户进行互动。星巴克还在博客旁以民意调查的形式发布定性和定量的调查问题，从而征求市场调研数据。"我的星巴克"理念影响深远：平均而言，三分之一的建议将得到采纳；所有的建议会在上传一小时内得到确认和评论；客户平均每小时提出四个建议。

星巴克在 Facebook（www.facebook. com/starbucks）上拥有超过 3 600 万粉丝，这一数字还在不断增长。公司利用该网站推广新产品并获得客户反馈。它还利用 Facebook 的技术邀请用户参加其组织的活动。它收集了许多其产品和活动的照片，以及粉丝上传的照片。星巴克大约每两天更新一次其 Facebook 页面，每次更新都会引起成千上万的用户响应。该公司积极评论和回复粉丝的帖子或附带的照片,从而增加其在社交媒体上的影响力。星巴克还使用其 Facebook 页面来获取目标市场的信息。

星巴克还使用 Twitter (www. twitter. com/starbucks) 来推广产品并建立与顾客的联系。它使用 Twitter 发布短信,问顾客更新有关新产品和新服务的信息。转发等工具让用户可以将星巴克发布的消息推送给其他人。星巴克的 Twitter 账户经常将其粉丝引导至 MSI 进行民意调查或发表意见。

星巴克还使用许多其他形式的社交媒体。当顾客不断请求提供无线网络时,星巴克通过为顾客提供免费无线网络来改善其服务。同样,当 MSI 社区的一些成员想要星巴克提供新鲜水果时,作为回应,星巴克开始生产一种新的果味饮料以及新的冰咖啡饮料,以抵御夏日的炎热。从巴哈马的热带地区到北京的紫禁城,社交媒体帮助星巴克在满足顾客需求的同时展现其品牌商标并提供现煮咖啡。截至 2018 年,星巴克的门店已经覆盖了 70 多个国家或地区,这一数字还在持续增长。

实用市场调研

1.13　移动市场调研

移动市场调研 (mobile marketing research , MMR) 是指在潜在受访者的移动设备上开展或管理的市场调研。智能手机、平板电脑和物联网 (IoT) 等移动设备的快速发展和广泛使用为市场调研创造了巨大的机遇。人们在社交媒体上 80% 的时间都在使用手机,MMR 的前景远大。移动设备的用户群体庞大且将持续增长。在美国,近 60% 的人以手机作为主要的通信方式。在全球范围内,超过 20 亿的智能手机用户将大部分时间花在手机应用程序上。移动互联网的使用使台式电脑黯然失色。MMR 可以通过 Confirmit (www. confirmit. com) 等国际调查平台开展,也可以通过 Research Now (www. researchnow. com) 等访问面板的移动服务或 Mobile Measure (mobile-measure. com)、Locately (locately. com) 等专业服务提供商开展。

通过移动设备触达消费者进行市场调研有很多优点。MMR 和传统调研一样,具有覆盖面、规模和可负担性。但 MMR 可能拥有更广泛的受众、更快速的结果、更低的成本和更高质量的反馈。受访者可以在方便的时候参与问答,由于调查简洁且界面易于使用,受访者参与度相对更高。利用全球定位系统 (GPS) 和其他定位技术,可以根据目标受众当前或过去的地理位置推送调查问卷。因此,可以在商店内 (或发现顾客的其他时刻) 从顾客处获得反馈,从而最大限度地缩短获得顾客反馈意见的时间,并提高反馈质量。MMR 对许多发展中国家很有吸引力,在这些国家手机通常是消费者和企业最常用的信息收集、计算和通信设备。

MMR 同样有一些缺点。首先是要求问卷简洁明了,通常情况下不超过 15 个问题,时间不超过 15 分钟,一些公共调查 (advocate surveys) 则不超过 3 分钟。其次,许多调查不适合在移动设备上推送或查看。调查的设计以及让受访者在移动设备上保持专注可能存在一些问题。相比通过个人电脑访问网站或其他调查方式,MMR 可以提出的问题肯定更有限。另外，由于不良媒体的渲染，在移动调查中使用视频受到局限。最后，样本的代表性可能也是一个严重问题。在针对普通人群的调查中，没有手机等移动设备的人将会被排除在样本之外。MMR 还面临着其他的困难。一方面，激励措施和密集招募受访者的成本很高；另一方面，受访者需要支付手机等设备的上网费用。此外，还可能出现一些技术问题，比如软件不兼容、数据传输效率低等。尽管手机号码使用、数据保护和缺乏匿名性等问题限制了 MMR 的使用，但由于技术的进步和手机使用群体规模的扩大，这些问题的影响正在不断减小。本书的观点是：MMR 不太可能取代传统的市场调研方法，但在很多项目中，MMR 可以补充通过传统技术获得的调研发现。

案例 1.7　　　　　移动平台助力欧莱雅推出新产品

欧莱雅推出采用独特包装的新配方产品，想要了解消费者对其使用的意见。Mobile Measure（mobile – measure.com）使用其移动调查平台收集消费者四天内的居家使用行为信息。消费者实际使用产品的数据和其他数据以非入侵方式获得。作为移动调查的一部分，受访者需要上传照片和视频以记录他们对新产品的使用情况。受访者还被要求每天记录产品的使用情况。欧莱雅能够了解消费者对其产品的真实使用情况，并获得消费者的真实反馈。除了定量调查结果，公司还获得了丰富的定性反馈。根据这项调研的结果，欧莱雅可以成功地将新产品推向市场。

1.14 # 市场调研中的商业伦理

市场调研的许多方面涉及重要的职业道德问题。如前所述，市场调研常由商业（营利）公司进行，这些公司可能是独立的调研机构（外部机构），或者是企业内部的一个部门（内部机构）。多数的市场调研是为商业性公司进行的，获取利润的动机有时可能会导致调研人员和客户在调研过程中失去客观性和职业精神。

市场调研通常涉及四类利益相关者：市场调研人员、客户、调查对象和公众。这些利益相关者相互之间负有一定的责任，同时对调研项目也负有一定的责任，当他们有利益冲突或者其中一方未尽其责任时，就产生了职业道德问题。例如，如果调研人员不按合适的市场调研程序工作，或者客户在其广告宣传中歪曲了调研结果，职业道德规范就遭到了破坏。市场调研过程的每一步都可能出现职业道德问题，见表 1 - 3。这些问题将会在后续章节中详细讨论。职业道德问题的最佳解决途径是每一个利益相关者都按照诚信原则行事。职业准则，如美国营销学会的职业准则，可以作为行动指南并帮助解决有关职业道德方面的问题。

表 1-3　市场调研中的伦理问题概述

Ⅰ. 定义调研问题

- 名为调研，实为销售或筹款。
- 调研人员或客户的私人安排。
- 开展没有必要的调研。

Ⅱ. 确定调研方法

- 将为特定客户或项目开发的模型和结果用于其他项目。
- 征求建议以免费获得专业调研知识。

Ⅲ. 制定调研设计

- 制定更适合调研人员而非客户需求的调研设计。
- 使用不适用或不恰当的方式收集的二手数据。
- 掩盖调研目的。
- 不公平地要求调研人员让步。
- 受访者不具匿名性。
- 不尊重受访者的隐私。
- 误导受访者。
- 对受访者的伪装观察。
- 让受访者感到尴尬或对其施加压力。
- 使用信度和效度有问题的测量量表。
- 设计过长的问卷、过于敏感的问题及捎带问题。
- 使用不适当的抽样程序和样本量。

Ⅳ. 现场工作与数据收集

- 降低/增加受访者的舒适度。
- 遵循可接受/不可接受的实地工作程序。

Ⅴ. 数据准备与分析

- 识别和排除不合意的受访者。
- 在违背基本假设的情况下使用统计技术。
- 解释结果时做出不正确的结论和建议。

Ⅵ. 撰写与提交报告

- 不完整的报告。
- 有偏见的报告。
- 不准确的报告。

　　互联网对市场调研人员有很多用处。通过常用的搜索引擎（如 www. google. com）可以收集到与客户公司、竞争对手、所在行业以及营销、经济、政府和环境相关的各种信息。KnowThis（www. knowthis. com）是一个虚拟营销图书馆的专业搜索引擎。公告板、新闻组和博客都是网上市场调研重要的信息来源。可以在新闻组（如group. google. com）上阅读和发布与特定主题相关的信息。博客或网络日志可用于获取各种主题的信息并招募受访者进行调查。尽管通过大多数搜索引擎都可以找到博客，但 Blog Search Engine（www. blogsearchengine. com）这样的引擎是专门用于搜索博客的。

　　互联网正迅速成为识别、收集、分析和传播与市场调研相关的信息的有用工具。本书展示了互联网如何促进市场调研的 6 个步骤。

小结

市场调研涉及信息的识别、收集、分析、传播和使用，是识别和帮助解决市场调研问题的一个系统和客观的过程，因此可以分为识别问题的调研和解决问题的调研。市场调研过程包括6个应当遵循的步骤，其作用是通过评估信息需求和提供有关信息而改进营销决策。但是，要在认真考虑之后再做出进行市场调研的决定。

市场调研可由公司自己进行或向外部供应商购买，后者构成市场调研行业。完整服务供应商提供从问题的定义到报告的准备、演示的全部市场调研服务，这类服务商提供的服务可以分为定制化服务、辛迪加服务和互联网/社交媒体服务。部分服务供应商专门从事市场调研过程中的某一个或几个阶段的工作，这类服务商提供的服务可以分为实地调研服务、定性调研服务、技术与分析服务和其他服务。

由于对市场调研的需求，市场调研公司、商业性和非商业性公司与机构、广告公司等提供许多有吸引力的职业发展机会。国际市场调研比国内市场调研更为复杂，因此调研人员必须考虑所调研的国际市场环境。社交媒体和互联网可以在市场调研6个步骤的任何一步中使用。移动市场调研已经具有合法性，其使用可能会持续增长。市场调研中的道德问题涉及4种利益相关者：①市场调研人员；②客户；③调查对象；④公众。

MARKETING RESEARCH

实用市场调研（原书第7版）

第2章　定义市场调研问题与确定调研方法

　　要想成功，就必须了解成功。定义调研问题往往看似困难却尤为重要。

——美国家庭人寿保险公司高级经理　Dan Womack

Dan Womack 供图

本章概要

————

  本章将讨论第 1 章所描述的市场调研 6 个步骤中的前两步：定义调研问题和根据调研问题设计调研框架。定义调研问题是最重要的一步，因为只有当问题被清楚且精确地定义出来时，整个调研项目才可能正确进行。不仅如此，定义调研问题还能给整个调研项目定出方向。在这一章中，除了通过定义出任务所包含的和必须考虑的因素，让读者去感受定义调研问题的复杂性，我们还详细讨论了设计调研框架的各个部分：客观/理论框架、分析模型、调研问题、假设、所需信息。接着探讨了国际市场调研、社交媒体和移动调查中定义调查问题和设计调研框架时需要特别注意的问题。最后，本章提及了市场调研过程中需要考虑的几个商业伦理问题。

案例2.1

哈雷开足了马力

摩托车生产商哈雷公司（www.harleydavison.com）在21世纪初重新崛起，顾客甚至需要等待很久才能取到车。2015年，哈雷公司的收入达到60亿美元，在大排量摩托车市场中占有约50%的份额。尽管分销商鼓动哈雷公司提高产量，但它却对投资新的生产设备举棋不定。

销售下降的那段日子让公司的高层管理者学会了规避风险而不是偏好风险。哈雷公司现在的经营日渐起色，但投资新设备意味着要冒风险。市场需求能否长期维持？还是在下一时尚潮流到来之时顾客会离它而去？因公司业务迅速增长而导致的摩托车质量下降曾让哈雷公司付出了惨痛的代价。一方面，公司高层担心投资决策为时过早。另一方面，投资将有可能帮助哈雷公司扩张业务并成为大排量摩托车市场的绝对领导者。与业内专业人士的讨论表明，品牌忠诚度是影响初购和复购的重要因素；二手数据表明，绝大部分摩托车主同时也拥有汽车（轿车、运动休闲车和卡车）；针对摩托车主的焦点小组访谈进一步显示，摩托车主要用于休闲娱乐，而不是作为基本的交通工具，结果也凸显了品牌忠诚度对摩托车的购买所起的作用。

预测表明消费者在休闲娱乐方面支出的增长将持续至2010年。由于互联网的作用，21世纪的消费者变得更复杂，对价值更敏感。但是，对于那些仍保持溢价的知名品牌，品牌形象与品牌忠诚度对于购买行为仍有显著影响。显然，哈雷公司拥有成为全球性的摩托车领导品牌所需的资源、营销和技术能力。

J. IRWIN/ClassicStock/Alamy Stock Photo

焦点小组访谈有助于定义管理决策问题和市场调研问题。管理决策问题是：哈雷公司是否应该投资生产更多的摩托车？市场调研问题是：哈雷公司的顾客是否是长期的忠实购买者？具体地说，调研需要回答以下问题：

1. 谁是顾客？他们的人口统计特征和心理特征是什么？
2. 能否区分不同类型的顾客群体？是否可能进行有效的市场细分？
3. 顾客对他们所拥有的哈雷摩托车感觉如何？所有的顾客都是被同一诉求所吸引的吗？
4. 顾客对哈雷公司是否忠诚？他们的品牌忠诚度如何？

其中一个调研问题及其假设如下。

调研问题：摩托车购买者能否按照心理特征进行细分？

假设 1（H1）：摩托车购买者中存在不同的细分群体。

假设 2（H2）：每一细分群体因不同的原因而购买哈雷摩托车。

假设 3（H3）：所有细分群体中哈雷公司顾客的品牌忠诚度都较高。

这一调研的理论基础是：品牌忠诚度是顾客对某一品牌的信任和正面态度。调研采取了定性调研和定量调研。首先，召集摩托车拥有者、潜在拥有者和其他品牌摩托车拥有者开展焦点小组访谈，以了解顾客对哈雷公司的态度。然后，寄出16 000份调查问卷，通过这些问卷了解顾客的心理、社会和人口统计概况，以及他们对哈雷公司的主观评价。

下面是一些主要的调研结果。

- 顾客可以分为以下 7 类：①爱冒险的传统主义者；②敏感的实用主义者；③时尚追逐者；④休闲的露营者；⑤有品位的资本主义者；⑥头脑冷静的独行者；⑦自大的不合群者。 由此，H1 得到支持。

- 但是，哈雷对所有的顾客具有相同的吸引力：它是独立、自由和力量的象征（不同类型的顾客在这一点上表现出惊人的一致，于是拒绝 H2）。

- 所有顾客都是哈雷公司的长期忠诚者，H3 得到支持。

基于这些调研结果，哈雷公司决定投资扩大产能。

这个例子说明了正确定义调研问题和采用恰当的调研方法的重要性。

实用市场调研

2.1　定义问题的重要性

尽管一个市场调研项目的各个步骤都很重要，但定义调研问题是其中最重要的。诚如第 1 章所提到的，对于市场调研来说，问题和机遇是相通的。**问题定义（problem definition）**包括对市场调研问题的宽泛陈述和描述问题的具体组成部分。只有当市场调研问题被清楚地定义时，调研才能正确地设计和运行。一个市场调研项目的所有任务当中，没有哪一个比定义一个正确的调研问题在满足顾客的需求中表现得更加重要。如果调研问题被误解或错误定义，则此后花费的所有努力、时间和金钱都将白费。彼得·德鲁克说过，那些严重的错误不是由一个错误的答案造成的，而是因为问了一个错误的问题。应该牢牢记住这一点，不正确地定义问题是市场调研项目失败的一个主要原因。更进一步地说，更好的沟通和在问题定义中更多的投入是最常用于增强调研效果的方法。这些都指向一个结论，即明确定义市场调研问题的重要性不容忽视。

定义调研问题和设计
调研框架的过程

如图 2 - 1 所示，定义调研问题的相关任务包括与决策者讨论、对行业专业人士（和其他知识丰富的人）进行访谈、分析二手数据，有时还需要进行定性调研。这些任务帮助调研人员通过分析环境背景来了解问题的背景。某些关键的环境因素应该被评估。以调研问题的定义为基础，就可以设计出正确的调研框架了。一个调研框架包括客观/理论框架、分析模型、调研问题、假设和所需信息。我们先讨论相关的任务。

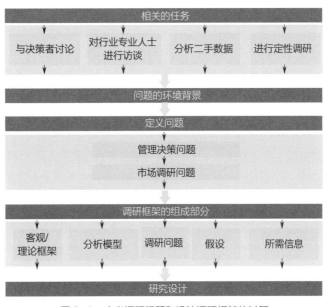

图2-1 定义调研问题和设计调研框架的过程

相关工作

2.3.1 与决策者讨论

与决策者讨论是很重要的。决策者需要理解调研的可能性和局限性。调研给管理决策提供了相关信息，但是它无法提供解决方案，因为还需要管理者的判断。调研人员需要去理解做决策的管理者所面对的问题的本质以及他们想要从调研中得到的信息。为了定义调研问题，调研人员必须拥有相当的技巧来与管理决策者互动。一些因素会使互动变得复杂。例如，有时和决策者接触可能会比较困难，一些组织对会见管理高层设置了很复杂的程序。项目前期调研人员或者调研部门所处的地位可能会让他们和关键决策者的见面很困难。除此之外，项目还可能拥有不止一位关键决策者，而与他们一一见面或者集体见面都会很难。尽管存在这些问题，调研人员直接和关键决策者接触还是非常有必要的。

问题审查（problem audit） 为调研人员与决策者互动和识别出问题的潜在原因提供了一个非常有用的框架。问题审查是为了了解营销问题本质和根源的全面性检查，它包含跟决策者讨论以下问题，我们以麦当劳为例：

1. 跟决策有关的事件，或者说问题的历史。快餐行业的长期领导者麦当劳，2013 年和 2014 年在一些关键市场的份额开始被竞争对手蚕食，比如汉堡王、温迪和赛百味。当这些竞争者开始开发新产品和开展强势的促销活动时，这一问题变得越来越明显，而恰恰这个时候，麦当劳的营销活动也表现不佳。

2. 向决策者提供可选择的行动方案。在这个阶段，可供选择的方案可能并不完备，定性调研能发现更多的新的备选方案。可供麦当劳管理者选择的行动方案有：引进新的三明治和菜式、降价、开设更多的餐厅、开展特别的促销活动和增加广告投放量。

3. 用来评估可选择的行动方案的标准。比如，新产品可以用销售量、市场份额、利润率、投资报酬率等进行衡量。麦当劳则会以对市场占有率和利润的贡献大小作为评估备选方案的标准。

4. 调研后可能得到的、潜在的方案。调研结果可能是麦当劳需要采取一个战略性的营销反应。

5. 回答决策者问题所需的信息。所需的信息包含麦当劳和主要竞争对手的营销组合（产品、价格、促销和分销）之间的比较，主要是为了得出麦当劳的相对优势和劣势。

6. 在决策过程中，决策者使用这些信息的方法。关键决策者会根据调研结果和他们的直觉判断为麦当劳制定战略。

7. 与决策有关的企业文化。在一些公司中，决策过程十分重要；而在另一些公司中，决策者的个人性格则更加重要。是否意识到企业文化的区别可能会成为决定调研人员能否影响营销战略决策的重要因素。麦当劳的企业文化遵从的是委员会式的决策方法：重要的决策应该由所有的关键决策者一起完成。

在大多数情况下，决策者只对问题有一个模糊的概念，所以实施问题审查是很有必要的。比如，决策者知道公司在丧失市场份额，但是不知道为什么，因为决策者倾向于了解表面症状而非原因。无法完成销售预期、市场份额和利润减少这些都是症状。调研人员应该论述潜在的原因，而不仅仅是陈述表面的症状。如市场份额的减少有可能是竞争对手绝妙的促销活动、公司产品的分销渠道不足或者其他因素所致。只有当这些潜在的原因被识别出来，问题才能被成功地定义。

案例2.2 是谁在抢 Levi's 的市场份额

长期以来，青少年一直认为商店的标签牛仔裤"不酷"。尽管 JCPenney 的 Arizona 品牌的牛仔裤或 Gap 的自有品牌的牛仔裤一直吸引着注重价值的爸爸妈妈们，但青少年更喜欢 Levi's、Lee 和 Wrangler 等大品牌。因此，这些大品牌一直占据着牛仔裤市场的主要地位。通过问题审查，自有品牌牛仔裤市场份额低的真正原因是缺乏形象建设。因此，调研问题被定义为：改善品牌在利润可期的青少年市场中的形象。

Arizona 和 Gap 的自有品牌在改变形象方面处于领先地位。这些自有品牌采取"尖端"广告瞄准青少年市场。它们以 Aerosmith 等摇滚乐队、高科技形象为特色，并且将它们的网站设计得更"酷"，来吸引青少年的注意。

Gap 选择的策略是保持自有品牌牛仔裤与商店的距离感，也取得了傲人的成绩。年轻消费者认为只有老年人才会选择在 Gap 购物。Gap 于是采取与传统相反的策略，选择将牛仔裤产品与自有品牌分隔开。根据调研服务公司 Kantar TNS（www. tnsglobal. com）的调查结果，青少年并没有将 Gap 牛仔裤视为自有品牌。

自有品牌牛仔裤改变形象的策略非常成功，其市场份额从 2005 年到 2015 年一直在增加，而市场主导者 Levi's 的市场份额则有所下降。这种引人注目的结果促使自由品牌牛仔裤退出市场，从而攫取更大的青少年市场份额。

确定根本原因可以大大便于定义问题。可以由客户组织中的一个或多个人作为调研人员和决策者之间的联络者，为了取得成果，决策者和调研人员应该做到七个 C：

1. 沟通（communication）：调研人员与决策者之间自由的思想交流是必不可少的。
2. 合作（cooperation）：市场调研是一个团队项目，双方（决策者和调研人员）必须进行合作。
3. 信任（confidence）：决策者和调研人员应遵循相互信任的原则。
4. 真诚（candor）：不应有任何隐藏的议程，提倡积极、开放的态度。
5. 亲密（closeness）：调研人员和决策者之间的关系应该是温暖亲密的。
6. 持续（continuity）：决策者和调研人员必须不断互动，而不是偶尔互动。
7. 创新（creativity）：决策者和调研人员之间的相互作用应具有创造性，而不是程式化的。

2.3.2 对行业专业人士进行访谈

除了跟决策者进行讨论，跟行业专业人士、在公司和行业方面有丰富知识的其他人进行探讨对定义调研问题也有帮助。这些专业人士既可以是公司内部的也可以是公司外部的。如果把专业的定义放宽一些，还包括那些十分了解需要调查的问题的人，这些访谈称为**经验调查（experience survey）**或者**关键报告人技术（key-informant technique）**。这种工具的一个变化形式是**关键用户调查（lead-user survey）**：从技术的关键用户处获得信息。一般来说，专业人士的信息往往通过非结构化的个人访谈，而不是正式的问卷来获得。需要访谈的话题的顺序、应该询问的问题不应该事先就决定好，而是在访谈时视情况而定。这样访谈会更有灵活性，也能更好地获得专业人士的见解。对专业人士进行访谈的目的是定义调研问题，而不是得出结论。在向专业人士征求意见时，可能会有两个困难：一些声称知识渊博、想要积极参加的人可能根本就不具备专业素质。可能很难找到那些不在客户组织内部的专业人士并获得他们的帮助。

由于这些原因，对专业人士的访谈对工业公司或者有科技背景的产品的调研更有帮助，因为这些公司或者产品比较容易发现和接触到专业人士。当信息很难从其他地方获得时，对专业人士进行访谈的方法也非常有用，比如那些全新推出的产品。通过行业网站和网络群组（比如 groups. google. com）能够接触到知识丰富的专业人士。还可以寻找相关的帖子，探究新闻群组的信息和问答。专业人士在改变和重新定位现有产品方面能够提供有价值的见解，就像健怡樱桃可乐（Diet Cherry Coke）的重新定位所展示的那样。

实用市场调研

案例2.3　　　　　　　　健怡樱桃可乐的重新定位

可口可乐（www. cocacola. com）是世界领先的非酒精饮料制造商、营销商和分销商，在 200 多个国家和地区拥有 2 800 多种饮料产品。但健怡樱桃可乐的销量逐渐下降，远低于销售高峰期超过 800 万瓶的规模。可口可乐灌装系统已开始削减健怡樱桃可乐的配额。面对这个问题，可口可乐必须确定销量下降的原因。咨询过行业专业人士以后，真正的问题被确定了：健怡樱桃可乐没有正确定位。这些专业人士强调，品牌形象是一个影响软饮料销量的关键因素，但健怡樱桃可乐被认为是传统的、守旧的，与樱桃可乐的形象不一致。因此，市场调研的问题被确定为衡量形象和定位健怡樱桃可乐。随后进行的调研证实了行业专业人士的判断，并提供了一些有益的见解。根据调研结果，该产品被重新定位，以使其更契合樱桃可乐的形象。其目标市场是年轻人，产品包装变得更加符合他们的审美，以大胆、前卫的设计吸引年轻人群。最后，健怡樱桃可乐与普通可乐放在一起，作为针对年轻人的宣传赠品。健怡樱桃可乐定位为年轻人的软饮料，瞄准青少年市场后，销量大增。销售报告显示的上升趋势应归功于行业专业人士帮助确定了真正的问题。

健怡樱桃可乐的例子显示了行业专业人士的关键作用。然而，从决策者处获得的信息和行业专业人士的观点应与现有的二手数据相互补充。

2.3.3　分析二手数据

二手数据（secondary data）是出于手头的问题以外的原因收集的数据。**原始数据（primary data）**则是调研人员为了手头的问题专门收集的数据。二手数据包括来自商业和政府的信息、来自商业市场调研公司的信息和来自计算机信息数据库的信息。二手数据很便宜，而且能够很快地获得背景信息。对现有的二手数据进行分析是定义营销问题的一个关键步骤：充分分析过二手数据之后才开始收集原始数据。考虑到二手数据的重要性，第 4 章会详细讨论，二手数据和原始数据之间的差别也会进一步探讨。用二手数据分析来补充定性调研是非常有帮助的。

MARKETING RESEARCH
AN APPLIED ORIENTATION　实用市场调研（原书第7版）

2.3.4　进行定性调研

仅从决策者、行业专业人士处以及二手数据中获得信息，对定义调研问题来说还不够充分。有些时候，定性调研对了解问题及其潜在的因素是很必要的。**定性调研**（**qualitative research**）是非结构化、探索性的，以小样本为基础，能够充分利用最新的定性调研工具，比如焦点小组（小组讨论）、文字联想（要求被采访者回答看到刺激文字的第一反应）和深度访谈（一对一采访，为了探查出被采访者最细致的想法）。其他的探索性调研工具，比如试点调查和案例分析，也可以用来获得问题的见解。跟大范围的调查比起来，**试点调查**（**pilot survey**）没那么结构化，包括更多的开放性问题，样本容量也小得多。**案例分析**（**case study**）是指对精选出的与问题有关的案例进行透彻分析。案例对象可以是消费者、商店、公司或者一些单位，比如超市、网站等。这些数据可以从公司、外部的二手数据源和对感兴趣的人开展篇幅较长的非结构化的会谈中得到。在百货商店项目中，通过比较 5 个最差的商店和 5 个最好的商店，可以得出影响商店业绩的很有价值的见解。探索性调研会在第 3 章详细描述，而定性调研则会在第 5 章讲解。

> 实用市场调研
>
> **案例2.4**　　　　　　　　宝洁：窥探消费者的隐私

宝洁公司是汰渍洗衣粉、帮宝适纸尿裤、佳洁士牙膏的制造商，曾派遣摄制组进入世界各地的 80 个家庭，希望能捕捉到沉闷的日常事务和工作中的亮点。宝洁公司认为，此举将产生很多宝贵的见解，而这可能是以往较为传统的方法——焦点小组、面谈、登门调查——无法得到的。人们和市场调研人员交谈时往往出现选择性记忆的现象。例如，他们可能会说，他们每天早上都刷牙或者每天只吃几片薯片，而事实上他们常常忘了刷牙、整包整包地吃薯片。宝洁公司希望录像能帮它获得全部真相。该调研在英国、意大利、德国和中国的家庭开展。家庭同意参加后，一两个工作人员在早上起床时会到达家里，一直待到晚上睡觉，通常为期 4 天。为了尽可能不引人注目，摄制组人员可能在某些时段离开房间，让摄像机单独在房间或让被访者自拍。当然也有基本规则。如果朋友过来，主人必须告诉他们正在拍摄。拍摄的主题和内容也事先洽谈好；大多数卧室和浴室活动不会录像。宝洁公司根据这种调研获得的信息开发了迎合市场的创新产品。例如，顾客家中的一些影像显示，职场妈妈面临的最大挑战之一是忙碌的早晨。不仅要帮孩子做好上学准备，完成其他零碎的事情，还要确保出门时自己的状态良好。因此，宝洁公司将市场调研问题定义为确定多功能产品的潜力，即通过简化化妆程序帮助这部分客户。随后的调研导致许多多功能产品出现，诸如封面女郎（CoverGirl）遮瑕霜，它是保湿、粉底、防晒多效合一的产品定性调研所得到的见解，跟与决策者和行业专业人士的访谈以及二手数据相结合，能够很好地帮助调研人员了解问题的环境背景。

问题的环境背景

2.4

要想了解市场调研问题的背景，调研人员必须了解客户的公司和所在行业。特别要指出的是，调研人员还要分析那些影响市场调研问题的因素。这些因素即**问题的环境背景（environmental context of the problem）**，包含过去的信息和对未来的预测、资源和限制、目标、购买者行为、法律环境、经济环境、营销和技术水平，如图2-2所示。下面我们简略地讨论每个因素。

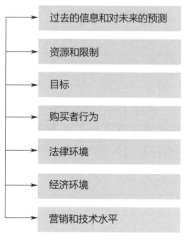

过去的信息和对未来的预测

资源和限制

目标

购买者行为

法律环境

经济环境

营销和技术水平

图2-2　问题的环境背景

2.4.1　过去的信息和对未来的预测

掌握关于销售额、市场份额、利润率、科技、人口、人口统计学数据和生活方式的过去的信息和对未来的预测可以帮助调研人员了解潜在的市场调研问题。这样的分析会上升到公司和行业的高度。比如，如果一个公司的销量下降，但是行业的销量上升，那么这个问题会比行业的销量也下降的情况更复杂。在前一种情况下，问题的原因很可能主要来源于公司。过去的信息和对未来的预测在发现潜在的机遇和问题方面是很有价值的。

2.4.2　资源和限制

为了将市场调研问题界定在一个正确的范围，把可以使用的资源（比如资金、调研技巧）和组织限制（比如预算和时间）纳入考虑是很有必要的。一个大范围的项目可能要花费10万美元，如果预算只有4万美元，该项目肯定无法得到管理层的同意。很多情况下，市场调研问题的范围会被缩减到预算的限制之内。因此，在百货商店的案例中只能把调研限制在地理上的大市场，而不是全国范围。

经常出现这样的情况，预算的一点增加就可以很大地扩大项目的范围。这样能够在相当程度上增加项目的实用性，同时增加获得管理层认同的可能性。当需要很快做出决策的时候，时间限制也很重要。玩具生产商费雪必须在六周内完成六个主要城市（芝加哥、弗雷斯诺、堪萨斯城、纽约、费城、圣迭戈）的商场拦截调查。为什么这么着急？因为结果必须赶在即将召开的董事会之前出来，董事会将对一个新产品推介做出重要决定。

其他限制，比如客户公司的员工、组织的结构和文化或者决策的类型，在决定调研项目的范围时也需要考虑。但是，这些限制不能够削弱调研对决策者的价值或者牺牲整个调研过程的完整性。如果调研项目值得去做，那么它就值得去做好。在一些资源太有限以至于无法做出高质量调研项目的情况下，公司最好不要展开正式的市场调研。出于这个原因，确认好资源和限制是很有必要的，当仔细检查组织和决策者的目标后，任务就能够更好地被理解。

2.4.3　目标

决策是为了实现**目标（objectives）**。管理决策问题的形成源于对两种目标的清楚了解：①组织目标；②决策者的个人目标。项目要想获得成功，就必须同时满足组织和决策者的目标。但这不是个容易完成的任务。

决策者很少精确地表述个人或者组织的目标。相反，很多目标会以缺乏可操作性的语言表述出来，比如"提高公司形象"。直接询问决策者也不太可能揭示出所有的相关目标。调研人员需要运用技巧提取这些目标。一个非常有效的方法是向决策者提出很多关于问题的可能的解决方案，然后询问他们是否会遵循这些行动方案。如果他们说"不"，那么就需要进一步去探查没有被提到的目标。

2.4.4　购买者行为

购买者行为（buyer behavior）是环境背景的核心组成部分。在大多数的营销决策中，问题最终会回到营销人员预测购买者对特定行动的反应上。对潜在购买者行为的理解，可以对定义市场调研问题提供很好的见解。应该考虑的购买者行为因素包括：

1. 购买者和非购买者的数量和地理位置。
2. 人口统计学特征和心理学特征。
3. 产品消费习惯和对相关产品的消费情况。
4. 媒体消费行为和对促销的反应。
5. 对价格的敏感程度。
6. 零售渠道。
7. 购买者偏好。

下面的案例展示了了解购买者行为如何帮助调研人员找到问题的潜在原因。

实用市场调研

案例 2.5　　　　　　　　　　"Milk Life"：妈妈最了解

著名的"Got Milk？"活动在历经 20 年的持续影响后，被乳制品行业的美国营销机构"牛奶加工商教育计划"于 2014 年取消了，取而代之的是"Milk Life"（milklife.com）。"Got Milk？"活动中，名人们留着牛奶胡子支持喝牛奶。尽管这场运动在 20 世纪 90 年代和 21 世纪初无处不在，但美国的牛奶消费量仍在持续下降。新的宣传运动避开了名人，转而采用普通人的日常生活形象。市场调研促使牛奶公司做出这一改变。

二手数据显示，在 1977 年至 1978 年和 2007 年至 2008 年期间，一天当中不喝牛奶的美国儿童数量从 12% 上升至 24%。30 年前，21% 的美国成年人在晚餐时间饮用牛奶，到了 2008 年，这一比例已降至 9%。此外，定性调研揭示了人们使用牛奶的方式、原因、食物搭配以及缺乏牛奶时的反应。调研结果表明，牛奶在人们的日常生活中并不受关注。调研发现，88% 的牛奶是在家中饮用的，而且牛奶通常不是主要饮品，而是与某些食物（如谷类食品、蛋糕、糕点等）搭配。因此，营销问题的框架是确定消费者对牛奶的看法和消费量。随后的调研证实了牛奶常被作为主食。新的"Milk Life"宣传运动强调牛奶富含营养物质，每 8 盎司的牛奶含有 8 克天然优质蛋白质和其他 8 种必须营养元素。它利用了"妈妈最了解"这一古老格言，成为搭配早餐和其他食物的完美饮品。妈妈们给孩子喝牛奶将有助于帮助孩子从小建立健康的饮食模式。

牛奶消费量的下降可归因于社会文化环境的变化，其中包括人口趋势和消费者的口味。此外，法律环境和经济环境也会对消费者的行为和市场调研问题的定义产生影响。

2.4.5　法律环境

法律环境（legal environment） 包括公共政策、法律、政府部门以及那些可以影响和控制组织与个人的团体。法律的主要领域包括专利、商标、版权、贸易合同、税收和关税等。美国联邦法律对营销组合的每个元素都有影响。除此之外，法律还规范具体的行业。法律环境对定义市场调研问题有重要影响，经济环境同样也是。

2.4.6　经济环境

调研问题的环境背景另一个重要内容就是**经济环境（economic environment）**，包括购买力、总收入、可支配收入、可自由支配收入、价格、储蓄、信用额度，以及经济的总体情况（高增长、低增长、衰退或滞涨），影响消费者的购买意愿，也影响公司是否愿意贷款而投资大型项目的意愿。所以，经济环境对于定义市场调研问题有很大的潜在影响。

2.4.7　营销和技术水平

公司在营销组合每个方面的专业水平以及公司营销和技术的总体水平，都将影响到市场调研项目的性质和范围。例如，如果公司没有能力生产和营销一项新产品，那么引入需要复杂技术的新产品对公司而言就是不可取的。

公司的营销和技术水平在很大程度上影响到营销项目和策略的实施。在更宽泛的层面上，技术环境的其他方面也应考虑在内。技术进步，不断发展的计算机技术，对市场调研产生了巨大影响。例如，超市里的电子收款系统可以监测每天消费者对产品的需求，并且为调研人员提供有用的数据。这种数据获得方式速度快、准确度高，能够在促销阶段随时监测市场份额的变化。

环境方面的许多因素可以通过互联网进行调研。通过搜索引擎可以找到过去的资

MARKETING RESEARCH AN APPLIED ORIENTATION　实用市场调研（原书第 7 版）

料和趋势预测的信息；通过公司主页可以获取客户的特定信息。投资者通信解决方案（Investor Communication Solutions，www.broadridge.com）是一种有效的调研公司的途径，在该网站上可以找到财务报告、公司新闻、公司简介和年度报告。最后，还可以去一些网站，如雅虎商业、雅虎金融或 www.quicken.com 找到分析师对各公司的评价。当然还有邓白氏（www.dnb.com）创建的公司信息库，企业可以通过订阅，也可以通过一次性购买报告书来访问。

在掌握了调研问题的环境背景，并对其有足够了解之后，调研人员就可以定义管理决策问题和市场调研问题了。在互联网的悉心培育下，消费者在 21 世纪越来越见多识广，价值意识也越来越强。品牌形象和品牌忠诚度将对购买行为产生重大影响，知名品牌将继续获得超额利润和消费者的青睐。

实用市场调研

2.5

管理决策问题和市场调研问题

管理决策问题（management decision problem）询问的是决策者需要做什么，**市场调研问题**（marketing research problem）则询问需要什么信息以及如何能够最好地获得信息（见表 2 – 1）。调研可以提供必要的信息，以得到一个有理有据的决策。管理决策问题是行动导向的。它包括决策者能够采取的所有可能的行动。比如，如何应对市场份额的流失问题？是否应该对市场进行不同的细分？是否应该推出一个新产品？是否应该增加促销预算？市场调研问题则是信息导向的。它包含确定需要哪些信息以及如何有效和高效地获得信息。总而言之，管理决策问题以症状为主，市场调研问题重点关注的则是根本原因。

表 2-1　管理决策问题与市场调研问题

管理决策问题	市场调研问题
决策者需要做什么	需要什么信息、信息如何获得
行动导向	信息导向
注重表面症状	注重根本原因

举个例子，面对某一产品线市场份额流失的情况，决策者的决策问题是如何弥补这方面的损失。备选行动方案包括改进现有产品、推出新产品、改变营销组合的其他要素和调整细分市场。假设决策者和调研人员认为这个问题是由于不适当的市场细分导致的，希望在这个问题上获得有关信息，调研问题便成为识别和评估另外一种细分市场的方法。请注意，此过程是互动的。表 2 – 2 进一步说明了管理决策问题和市场调研问题的区别。

表 2-2 管理决策问题和市场调研问题的区别

管理决策问题	市场调研问题
是否应该引进新产品	针对提议的新产品确定消费者偏好和购买倾向
是否应该改变广告活动	确定现有广告活动的有效性
这种品牌的价格是否应该提高	确定需求的价格弹性以及在不同水平上价格变化对销售额和盈利的影响

虽然管理决策问题和市场调研问题存在差异，但二者紧密相连。管理决策问题和市场调研问题之间的这种区别和联系，有助于我们理解应该如何定义市场调研问题。

实用市场调研

2.6

定义市场调研问题

定义市场调研问题的通常准则是：①允许调研人员取得所有需要解决的管理决策问题的信息；②指导调研人员对项目进行调研。

第一类错误是在调研问题时定义过于宽泛。一个宽泛的定义无法为项目的后续步骤提供明确的指导方针。过于宽泛地定义调研问题的例子，比如：①制定品牌营销策略；②提高公司的竞争地位；③提高公司的形象。这些关于问题或调研设计的建议方法不够具体。

第二类错误正好相反，调研问题定义过窄。狭窄的焦点可能会对某些措施造成障碍，尤其是那些并不明显或富有创意的措施。它也可能会妨碍调研人员发现管理决策问题的重要成分。例如，一个大型消费品公司开展了一个项目，管理决策问题是如何应对竞争对手发起的降价。最初由该公司调研人员确定了行动的备选方案：①以同样幅度降低公司产品的价格；②维持价格，但大量增加广告；③适当降低价格，幅度小于竞争对手，并适当增加广告。这些备选方案似乎都没有什么希望。外部市场调研专业人士认为，问题应被重新定义为提高市场占有率和产品的盈利能力。定性调研显示，在盲测中，消费者无法区分不同品牌的产品。此外，消费者依靠价格作为衡量产品质量的指标。这些调查结果催生了创造性的方案：提高现有品牌的价格，推出两个新品牌，一个在价格上匹配竞争对手，另一个在定价上低于竞争对手。这项战略的实施直接带来市场份额和利润的增加。

先对市场调研问题做宽泛的、一般化的陈述，再确定问题的具体组成部分，有助于减少犯上述两类错误的可能性（见图 2-3）。宽泛的陈述（broad statement）可以提供看待问题的视角，能很好地防范第二类错误。**具**

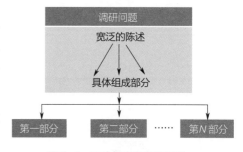

图 2-3　正确地定义调研问题

MARKETING RESEARCH
AN APPLIED ORIENTATION　实用市场调研（原书第 7 版）

038

体组成部分（specific components）则聚焦于问题的关键方面，并就如何进一步开展工作提出明确指引，从而减少了犯第一类错误的可能性。

案例2.6　　　　　　　　　　美国职业棒球大联盟调研

美国职业棒球大联盟（MLB，www.mlb.com）希望评估其非价格促销活动对 MLB 比赛的规模和频率的影响。管理决策问题是：美国职业棒球大联盟球队应该继续进行非价格促销吗？宽泛的市场调研问题被定义为确定非价格促销对参加 MLB 比赛的影响。具体来说，这项调研应该回答以下问题。

1. 非价格促销活动对上座率的总体影响是什么？
2. 额外促销日对出席率的边际影响是什么？
3. 非价格促销对建立长期忠诚度是否有效？
4. 非价格促销的反应者的人口统计和心理特征是什么？

对包含 1 500 个观察值的数据集的分析表明，非价格促销使单场比赛的上座率提高了约14%。此外，增加促销次数对促销具有负的边际影响。然而，这种"淡化"效应所带来的损失被额外的促销日所带来的收益所抵消。促销活动对偶尔参加的人影响最大，但不会使他们产生长期忠诚度。

基于调研结果，公司制定了战略决策，通过继续实施非价格促销来提高整体收入，尤其是在淡季和销售预测不高的比赛期间。此外，还决定将促销活动分散开以减少"淡化"效应。正确定义问题之后，产生了有效的调研结果，促进了收入的增加。

在 MLB 的例子中，问题的宽泛陈述侧重于收集有关非价格促销效果的信息，而问题的具体组成部分则确定了应获取的特定信息。在哈雷公司的案例中也是如此，在该案例中，对市场调研问题进行宽泛陈述之后是四个具体组成部分。

一旦对市场调研问题进行了宽泛陈述并确定了具体组成部分，调研人员就能制定合适的调研方法。

2.7　　　　　　　　　　　　　　　　　　**调研框架的组成部分**

在设计调研框架的过程中，我们绝不能忽视目标——产出。产出的框架应包括以下组成部分：客观/理论框架、分析模型、调研问题、假设，以及所需信息（见图 2-1）。下面分别讨论这些组成部分。

2.7.1　客观/理论框架

一般而言，市场调研应有客观证据及理论支持。**理论（theory）**是一个概念框架，建立在假定正确并指导数据收集的基本陈述的基础上。通过二手来源的信息，可以收集**客观证据（objective evidence）**（不含偏见的证据，并有实证调研结果支持）。通过查阅书籍、期刊、专著中的学术资料，可能会发现可用于指导调研的适当理论。调研人员应依靠理论来确定需要调研哪些变量。此外，理论还应说明如何操作和测量变量，以及如何设计和选择调研样本。理论也可以作为调研人员组织和解释结果的基础，"任何东西都没有一个好理论来得实在"。

理论也对基础调研的程序有重要影响。然而，在调研问题中使用某种理论会对调研人员提出创造力的要求。理论可能无法充分说明其抽象组成（变量）如何体现在现实世界中。此外，理论是不完整的。它们处理的只是现实世界中变量的一部分。因此，调研人员还必须确定和审查其他非理论变量。

百货商店的案例可以说明理论是如何用于设计框架的。对零售业文献的回顾显示，基于选择标准得出的百货商店客流量模型得到了相当多的支持。此外，多达 42 个选择标准已经收录在文献中，运用这些变量的准则也已确立。这为确定最终列入调查表的 8 个特征提供了最初的选择范围。理论上的考虑还提示，可以通过调查熟悉百货商店购物方式的受访者来得出购买者行为。客观/理论框架可为制定一个适当的分析模型打下基础。

2.7.2　分析模型

分析模型（analytical models）是一组以特定方式相互关联的变量，用于表示某些实际系统或过程的整体或局部。模型可以有许多不同的形式，最常见的是语言、图像和数学模型。在**语言模型（verbal models）**中，变量和它们的关系表现为文字形式。这种模式可能只是一个理论的主要原则的复述。**图像模型（graphical models）**是可视化的。它们被用来区分变量，并显示关系的方向，但无法提供数值结果。它们是合乎逻辑的建立数学模型的基础。**数学模型（mathematical models）**通常以方程的形式明确指出变量之间的关系。这些模型可作为调研设计的指南，并具有操作性强的优点。

2.7.3　调研问题

调研问题（research questions，RQ）是关于问题的具体组成部分的精练陈述。虽然这一问题的各个组成部分能够具体地定义问题，但设计框架还需要进一步的细节。每个组成部分的问题要向下分解成子组成部分或调研问题。调研问题旨在寻求解决每个组成部分时所需的具体信息。如果调研问题能够成功阐明问题组成部分，之后得到的信息应该对决策者很有帮助。调研问题的确定不仅要以问题定义为指导，还要以采用的客观/理论框架和分析模型为指导。

2.7.4　假设

假设（hypothesis，H）是关于调研人员所感兴趣的某个要素或现象的未经证实的论述或建议。例如，假设可以是依据理论框架或分析模型推出的关于两个或多个变量之间关系的初步论述。假设通常是调研问题的一个可能的答案。假设不仅仅是对探求的问题进行回答，还是对关系或主题的论述，所以超越了调研问题。调研问题是疑问性的，而假设却是陈述性的，并可以由实证检验（见第15章）。假设的一个重要作用是为调研设计所要包含的变量提供参考。图2-4描述了市场调研问题组成部分、调研问题和假设之间的关系，以及客观/理论框架和分析模型的影响。

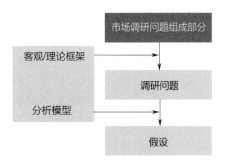

图2-4　调研问题和假设的形成

假设是解决问题方案中重要的一部分，就像百货商店项目中的H1、H2一样。当假设以可操作的术语描述时，就为收集和分析什么数据、怎样收集和分析数据提供了指导。当使用符号标记可操作的假设时，它们就是通常所说的统计假设。在接下来的这个例子中我们可以看到，与一个调研问题相关的假设可能不止一种。

舒适的味道

在不稳定的全球环境之中，没有什么比熟悉的、让人信任的食物更加使人舒服了。对于生活状态不尽相同的人们，食物都能提供舒适感吗？比如，鸡汤会使人们在下雨天或者感冒时觉得更加舒服吗？如果会，部分原因可能是他们在成长的过程中可能在类似的情况下喝过鸡汤。对舒适食物进行市场调研，具体的调研问题和相关假设如下：

问题1（RQ1）：哪些食物被认为是舒适的食物？

假设1（H1）：土豆片被认为是舒适的食物。

假设2（H2）：冰激凌被认为是舒适的食物。

问题2（RQ2）：人们什么时候吃舒适的食物？

假设3（H3）：人们在心情好的时候会吃舒适的食物。

假设4（H4）：人们在心情不好的时候会吃舒适的食物。

问题3（RQ3）：人们为什么会对舒适的食物产生喜爱？

假设5（H5）：人们喜爱与他们个性一致的舒适食物。

假设6（H6）：人们喜爱舒适的食物是因为过去的联想。

为了找出什么是最受喜爱的舒适食物以及为什么这些食物会成为舒适食物，我们进行了一个覆盖全美、有411个人参加的深度电话采访。根据定性的答案，我们又发起了一个更大规模的有 1 005 人参加的电话调查。

结果显示，美国人最喜爱的舒适食物是土豆片，接下来是冰激凌、饼干和糖果。因此，H1 和 H2 都是正确的。很多调查对象同时认为像肉、汤和蔬菜这些自然、家常以及"健康"的食物也是舒适食物。这些食物给人们提供的心理上的舒适感对人们选择食物具有非常大的影响，就像快餐。

人们心情好时比心情差时更倾向于选择吃舒适的食物：喜悦（86%）、庆祝（74%）、忧郁（39%）、厌烦（52%）、孤独（39%）。因此，H3 比 H4 更准确。

同时结果也显示，产品过去的关联记忆和个性证明是食物为什么会成为舒适食物的两个主要原因，因此 H5 和 H6 都正确。食物经常使人们记起生活中一些特殊的事件，这也是他们感到舒适的原因。同时，有些食物跟人们的个性相符，这有助于彰显他们的身份。例如，强壮的男人主要吃肉和土豆，这也解释了为什么大部分男人不喜欢吃更健康的豆制品。

营销人员对食品背后的心理学，包括联想和个性层面了解得越多，他们就能越好地建立新品牌，越好地对已考虑舒适食物并且有着品牌个性的现存品牌进行包装和推广。例如，Frito - Lay 的低脂薯片就非常成功。Frito - Lay 将薯片的食用乐趣与美国人的健康意识浪潮相结合，这种有趣的产品让人感到舒适，同时通过降低薯片的脂肪含量以减少人们的负罪感。

2.7.5　所需信息

通过仔细考虑问题的具体组成部分、分析框架和模型、调研问题和假设，调研人员可以确定在市场调研项目中应该收集哪些信息。对问题的组成部分执行上述操作，并列出需要收集的所有信息的清单是非常有用的。

实用市场调研

2.8

国际市场调研

要精确定义市场调研问题，国际市场调研比国内市场调研更难。由于对开展调研的国家的环境因素不熟悉，理解问题的环境背景及揭示问题产生的原因将变得很困难。

实用市场调研

案例2.8　　　　　亨氏番茄酱在巴西出师不利

2017 年，亨氏公司（Kraft Heinz, www. kraftheinzcompany. com）在 200 多个国家销售产品，销售额达 270 亿美元，其中约 60% 来自海外市场。尽管亨氏公司在国内市场和海外市场有着良好的销售记录，但它在 2016 年奥运会主办国巴西却惨遭失败。亨氏与一家大型的橙汁出口商 Citrosuco Paulista 成立了一家合资公司，以便后续收购这家公司。然而，它的产品，包括番茄酱的销售情况都不理想。问题出在哪里？问题审查表明，原因在于公司缺乏高效的本地配送系统。亨氏因为采用寄售方式而无法控制分销渠道，不能达到25%的渗透率。此外，亨氏采取了在墨西哥成功实施的社区商店集中销售模式。而问题审查却显示，在圣保罗，75%的食品购买发生在超市而不是在小商店。虽然墨西哥和巴西表面上具有相似的文化和人口统计特征，但消费者行为却相差甚远。仔细调研巴西的食品分销系统和消费者行为就可以避免这样的失败。然而，亨氏公司正在更密切地关注亚洲市场，尤其是中国，该公司在亚洲销售婴儿食品，那里每年约有2 000万婴儿出生。

如亨氏公司的例子所示，很多国际营销失败不是因为没有进行调研，而是因为没有考虑到相关环境因素。一般来说，这会导致问题定义得太过狭窄，如饮料的消费。在印度，水是在就餐时饮用的，软饮料一般是在有客人时或者特定场合时准备的。因此，在印度增加某软饮料品牌的市场份额这个管理决策问题将会转化为一个不同于美国的市场调研问题。在定义问题之前，调研人员必须检查并分离出**自我参照标准（self-reference criterion，SRC）**的影响。接下来的几个步骤会帮助调研人员在国际营销背景下处理好环境和文化差异对定义问题的影响。

第1步：根据国内环境和文化因素定义市场调研问题，包括识别本国的某些特征、经济状况、价值观、需求或习惯。

第2步：根据国外环境和文化因素定义市场调研问题，不做任何判断，包括识别目标市场文化相关的特性、经济状况、价值观、需求或习惯。这些工作需要那些熟悉国外环境的调研人员来做。

第3步：提出自我参照标准对问题的影响，并且仔细检查它如何使问题更加复杂。检查第1步和第2步的差异，自我参照标准是造成这些差异的原因。

第4步：提出自我参照标准的影响后重新定义市场调研问题，并且按国外市场的状况来描述。如果第3步中的区别是显著的，则应当严格考察、认真考虑自我参照标准的影响。

以可口可乐公司试图增加在印度软饮料市场上的渗透力这一宽泛的问题为例。第1步，考虑可口可乐在美国增加市场渗透力的问题。在美国，实际上每个家庭都消费软饮料，问题就是增加现有消费者对软饮料的消费。此外，软饮料也经常在用餐和解渴时饮用，故增加市场渗透力的问题应包括让消费者在用餐和其他时间更多地饮用软饮料。在印度（第2步），只有非常少的一部分家庭饮用软饮料，而且在用餐时不饮用软饮料。所以第3步中自我参照标准可以识别为：在美国，软饮料是通用的、适用于任何就餐场合。第4步，在印度的背景下定义的问题应该是如何让更多的印度消费者消费软饮料（可口可乐的产品），以及如何让他们更加频繁地消费软饮料。

在开发客观/理论框架、模型、调研问题和假设的时候，一定要记得环境因素带来的差异。尤其是社会文化环境的差异，它可能导致感觉、态度、偏好和选择行为产生差异。例如，在不同的文化中时间观念有很明显的区别。在拉丁美洲和中东，人们不像西方人那样有较强的时间观念，这影响了他们对诸如冷冻食品和熟食之类的方便食物的偏好。在定义问题和设计调研框架时，调研人员需要考虑影响消费和购买行为的潜在因素。这对于识别正确的调研问题、假设和所需信息来说至关重要。

<table>
<tr><td>实用市场调研
2.9</td><td></td><td style="text-align:right"><h1>市场调研与社交媒体</h1></td></tr>
</table>

定义问题需要完成的任务可借助社交媒体帮助执行。如果决策者使用博客或Facebook，这些资源可以提供额外的信息来了解决策者和他的目标。还可以识别行业专家，分析他们的社交媒体网站，可以深入了解他们关于当前问题的想法。社交媒体是获取定性二手数据和进行定性调研的天然渠道，这一点将在第 4、5、6 章进一步讨论。

社交媒体还可以帮助人们了解问题的环境背景。围绕社会计算技术和开源思维建立的调研方法使我们能够全面了解环境因素，特别是消费者行为。我们可以分析消费者在社交网络中的各种关联行为，调研消费者彼此之间随时间推移的互动方式。此外，我们还可以调研他们互动的环境背景，以及环境变化如何导致他们的行为发生改变。采用适应性系统方法了解消费者行为是有用的，新的 Web2.0 工具为我们提供了用于分析自然产生的社交网络和创建特定社交网络来理解消费者的方法。

在定义市场调研问题时，对社交媒体内容的分析可以很好地了解问题的范围并有助于确定具体组成部分。例如，通过分析博客和 Facebook 的帖子，惠普公司（HP）发现许多购买其计算机的客户在获取服务支持方面存在问题。因此，惠普公司将其和竞争对手的服务支持评估确定为问题的一个重要组成部分。事实上，随后的调研证实了这一初步发现，导致惠普改善了其服务功能。

2.9.1　解决问题的方法

在制定问题的解决方法时，对社交媒体数据的分析也很有用。通过使用博客、Facebook 和 Twitter 等社交媒体，调研人员可以向消费者介绍正在进行的调研和已经采取的行动。因此，调研人员可以进一步使用这些媒体以获得消费者的反馈，从而确定调研是否在正确的轨道上。因为公司开发的分析模型和提出的调研问题需要与消费者的思维和见解保持一致，并基于消费者的思维和见解。例如，Sun Microsystems 为其客户和支持者建立了一个博客，以了解其营销工作怎样才能适应其重要客户。然后，调研人员可以评估其模型是否适用，并确定是否提出了正确的调研问题。此外，市场调研人员可以选择在封闭的社交媒体消费者小组中公开讨论他们得到的假设以获得反馈。正如哈雷公司的案例所示，确定所需信息的过程需要市场调研人员同时分析多个消费者群体。这一过程可以借助社交媒体工具，因为它们允许调研人员选择与不同消费群体交互的平台。例如，通过某个品牌的 Facebook 粉丝页面，营销人员能够通过分析在线注册用户的资料数据来征求不同群体的意见。因此，社交媒体的使用促进了问题的定义和方法的制定，戴尔公司的案例就说明了这一点。

实用市场调研

案例2.9　　　　　　　社交媒体帮助戴尔走出"地狱"

2005 年 6 月，戴尔产品的不良功能和安全缺陷（从网卡故障到电池爆炸）引发了公众的愤怒，导致戴尔的利润受到侵蚀，股价下跌。当时数码博主杰夫·贾维斯（Jeff Jarvis）创造了"戴尔地狱"一词，因为消费者认为使用戴尔产品是一种地狱般的体验。然而，这些问题只是冰山一角，是戴尔面临的潜在问题的症状。因此，对戴尔来说，确定问题并制定调研方法至关重要。

随着网上负面评论和帖子的激增，戴尔分析了社交媒体网站上的二手数据。分析表明，戴尔面临的问题是：①戴尔笔记本计算机的产品故障；②戴尔对消费者投诉的响应和支持不力。由于产品故障更多的是一个技术问题，市场调研人员决定把重点放在戴尔的另一个问题上。管理决策问题是戴尔应该如何应对消费者的投诉。宽泛的市场调研问题是确定传统媒体和社交媒体作为支持和回应消费者投诉平台的有效性。问题的具体组成部分确定为以下几点：

（1）现行制度在处理消费者投诉方面的有效性。
（2）社交媒体是否是一个可以解决消费者投诉的有效支持系统。
（3）社交媒体是否可以满足其他消费者的需求。

对社交媒体的分析以及来自传统来源的二手数据，帮助戴尔制定了以下分析模型（见图 2 - 5），解释了消费者为什么选择自己喜欢的媒体来解决他们的投诉。

在模型的基础上，提出了具体的调研问题和假设。这项调研的结果支持使用社交媒体，戴尔成立了在线技术支持团队，通过社交媒体为戴尔消费者提供帮助。2006 年 7 月，Direct2Dell 博客成立，倾听并与戴尔消费者建立联系。Direct2Dell 成为戴尔直接与消费者联系的媒介，听取他们的投诉，并以最快的速度向消费者提供反馈和支持。

随着 Direct2Dell 在收集反馈和控制负面评论方面的成功，IdeaStorm（www.ideastorm.com）于 2007 年 2 月创建，作为一个让消费者参与并发表想法和建议的社交媒体平台。到了 2008 年，戴尔使用社交媒体作为市场调研工具，成功地将负面在线评论占比从 49% 降低到了 20%，从而摆脱了 2005 年引起公愤的问题。2008 年初，戴尔表示，多达 27 项产品和

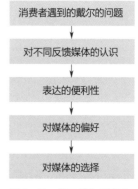

图 2-5　关于戴尔消费者选择媒体的分析模型

流程创新直接来自于消费者在 IdeaStorm 上提交的想法。例如，戴尔在其台式计算机上提供 Linux 操作系统的动机源于在 IdeaStorm 上发布的几条建议。到 2017 年，戴尔社区已经通过 IdeaStorm 贡献了超过 25 000 个想法，并实施了超过 550 个想法。

移动市场调研

移动市场调研（mobile marketing research，MMR）在定义问题和制定解决方法方面是有用的。在世界上大多数国家，移动电话已经成为一种重要的通信手段，特别是在商业环境中。因此，调研人员可以利用移动通信与决策者和行业专家进行互动。使用 MMR 分析二手数据将在第 4 章讨论，第 5 章将讨论如何进行定性调研。因此，MMR 可用于执行定义管理决策问题和市场调研问题所需的四项任务，以及制定解决问题的方法。

市场调研中的商业伦理

如果定义问题和确定调研方法的过程要妥协于客户（决策者）或调研人员的个人目的，就会产生伦理问题。当决策者怀有如得到升职或只为证实一个已经确定的决策这样的隐蔽目的时，上述过程将会受到负面影响。决策者应该是坦诚的，并且有义务向调研人员提供一切有助于正确定义市场调研问题的所有相关信息。同样，调研人员定义调研问题时也应该最大限度地考虑客户的利益，而不是调研公司的利益。有时候这意味着调研公司的利益要屈从于客户的利益，这将导致伦理困境。

讲道德还是要利润？

一家大型消费电子产品公司（如飞利浦）雇用一家市场调研公司，进行一项大规模的市场细分调研，目的是提高公司的市场份额。调研人员遵循本章的流程定义问题时发现，问题不是市场细分而是分销，委托公司似乎缺乏一个有效的分销系统，因此市场份额受到了限制。但是，分销问题需要采取的调研方法更加简单，因此会大大减少项目的成本和调研公司的利润。调研人员应当如何做？调研公司应当做客户想做的项目还是客户需要的项目？职业道德准则并没有要求调研公司向客户披露实际的问题。如果讨论了分销问题之后，客户仍然希望做细分调研，调研公司可以没有什么顾虑地开展这项调研。问题是调研人员不能确切地知道客户行为背后的真正动机是什么。

有些伦理问题与设定调研框架相关。当客户招标不是为了委托调研项目，而是为了获得调研公司的一些免费的专业意见时，违反伦理的情形就发生了。如果客户拒绝调研公司的提议，除非客户已经为方案付费，否则他就不应该实施其中具体的方案。同样，调研公司道德上有义务开发合适的解决方案。如果方案用到了另外一个背景下的模型，那么公司需要跟客户进行沟通。比如，如果调研人员在一个银行的项目中准备使用顾客满意度模型，而这个模型来自之前为一个保险公司做过的顾客满意度调查，那么这个信息应该告诉客户。调研公司开发的模型和解决方案归保险公司所有，没有其允许，客户不能使用。

正如之前所讨论的一样，如果客户和调研人员都能遵守 7C：沟通、合作、信任、真诚、亲密、持续和创新，那么这些伦理问题就可以得到圆满解决。这样就能建立相互信任的关系，也能发现任何不道德的行为趋势。

小结

调研项目最重要的一步就是定义调研问题，同时也是很困难的一步，因为管理层通常没有办法确定实际的问题，或者对这些问题只有一个很模糊的概念。调研人员就充当着帮助管理层识别和分解问题的角色。定义调研问题的工作有：与包括关键决策者在内的管理层讨论、访问行业专业人士、分析二手数据和进行定性调研。这些工作应该指向对问题环境背景的理解。我们应该分析问题的环境背景并评估一些必要因素，包括过去的信息和对未来的预测、资源和限制、目标、购买者行为、法律环境、经济环境，以及营销和技术水平。分析环境背景有助于识别管理决策问题，随后管理决策问题将转化为市场调研问题。管理决策问题是要解决决策者需要做什么，而市场调研问题是要解决需要一些什么信息以及怎样才能高效地获得这些信息。调研人员应该避免将市场调研问题定义得太宽或者太窄。一个合理的方法是先对问题做宽泛的陈述，再识别出它的具体组成部分。

市场调研过程的第二个步骤是对问题设计出一个调研框架。调研框架由客观/理论框架、分析模型、调研问题、假设和所需信息组成。调研框架的开发不仅要基于客观和经验证据，还要从理论出发。分析模型能很好地总结出相关变量以及它们之间的相互联系。其中，最常见的模型是语言模型、图像模型和数学模型。调研问题是有关问题具体部分的精练陈述，主要解决问题组成部分需要哪些具体的信息。调研问题进一步精练可以形成假设。最后，在给出问题定义、调研问题和假设的条件下，应当确认所需信息。

在国际市场调研定义问题时，调研人员必须分离出自我参照标准的影响。同样，在拟定调研方法时，应该仔细考虑国内市场和国外市场的环境差异。社交媒体分析可以促进问题的定义和方法的制定。移动市场调研可以用于定义问题以及通过促进待执行任务来开发解决方法。在这个阶段，将会出现一些影响客户和调研人员的道德伦理问题，但可以借助 7C 来解决：沟通、合作、信任、真诚、亲密、持续和创新。

实用市场调研
（原书第7版）

MARKETING RESEARCH

第 2 篇
市场调研设计

本篇详细介绍了探索性调研设计、描述性调研设计和因果调研设计。 探索性调研涉及二手数据和定性研究，而描述性调研则使用调查和观察方法。因果设计中使用的主要方法是实验。本篇介绍了设计问卷的几项指导原则，并解释了抽样所涉及的程序、技术和统计注意事项。对管理者和调研人员会很有帮助。

MARKETING RESEARCH

实用市场调研（原书第7版）

第 3 章　调研设计

　　调研设计是指导你完成调查调研，以及数据收集、分析和报告的路线图。

　　——RTi Research 首席执行官　David Rothstein

David Rothstein 供图

本章概要

————

第 2 章讨论了如何定义市场调研问题以及如何拟定恰当的调研方法。这两步对于整个市场调研项目的成功至关重要。

本章对调研设计进行定义与分类。描述两种主要的调研设计：探索性调研设计与结论性调研设计。进一步将结论性调研设计分为描述性调研设计与因果调研设计，并予以详细讨论。接着，考察两类描述性调研设计（横截面调研和纵向调研）之间的区别，并确定误差的来源。还讨论了调研项目的预算与进度安排，并提出撰写市场调研计划书的指导方针。又讨论了在国际市场调研中进行调研设计时所应考虑到的特殊问题。本章还介绍了社交媒体在调研设计制定中的作用以及调研设计在移动营销中的实施。在市场调研过程中所产生的一些伦理问题也在本章中有所涉及。请读者首先考虑下面关于探索性和结论性调研设计的案例，从而更好地理解本章中的概念。

案例 3.1   不仅仅是公益

在一项有关美国社会营销的调研中，通过二手数据分析和焦点小组的形式开展了探索性调研，以确定美国商界应当关心的社会公益事业。结果发现下列社会问题特别突出：公共教育、犯罪、环境、贫困、医学研究、饥饿、儿童照料和毒品滥用（见表 3-1）。

然后，以横截面的描述性调查的形式开展了结论性调研，以便定量分析社会营销如何影响消费者对公司和品牌的认知，确定探索性调研中发现的社会公益事业的相对重要性。对随机抽取的 2 000 名美国人进行了电话访问。大约有 61% 的受访者说，如果价格和质量一样，他们将改换商店或品牌，支持那些在当地和全国范围支持公益事业的公司。调查还表明，有 68% 的消费者愿意为积极参与公益事业的公司的产品支付更高的价格；66% 的受访者表示，公司对公益事业的支持可以树立一个更正面的公司形象，并赢得更大的信任。表 3-1 列出了企业必须考虑的各种社会公益事业的相对重要性。

表 3-1　商界应当最努力解决的社会问题

社会问题	主要关注问题的百分比（%）
公共教育	33
犯罪	32
环境	30
贫困	30
医学研究	23
饥饿	23
儿童照料	22
毒品滥用	18

根据这些调研结果，星巴克（www. starbucks. com）希望通过提供"生态友好"的咖啡杯、残渣处理和袋子回收来帮助保护环境。星巴克与国际专业咖啡组织，如哥伦比亚咖啡联合会和美国专业咖啡协会，一起为许多环保组织提供有关种植环保咖啡的建议，还建立了被称为"咖啡生产保护原则"的指南。星巴克还启动了帮助小咖啡种植者的项目、社区服务项目和慈善捐款。2015 年，星巴克宣布将为员工提供亚利桑那州立大学在线课程的全部学费，让他们有机会免费获得学士学位。为这些事业提供志愿服务的员工甚至可以获得奖励。最新的社会项目之一是匹配员工的志愿服务时间，给同一组织捐赠美元。因此，星巴克树立了单纯捐款所不能做到的品牌差异和形象。

正如这一案例所示，从广义上讲，市场调研主要采取两种调研设计：探索性调研设计和结论性调研设计。理解调研设计的基本原则和主要构成，有助于调研人员为所面临的问题设计合适的方案。

3.1

调研设计：定义

调研设计（research design）是开展某一市场调研项目时所要遵循的一个框架或计划，它详细描述获取、分析和解决市场调研问题所需信息的必要程序。解决问题的大致方法已经确定，调研设计负责将其具体化，详述执行这一方法的细节。调研设计是执行调研项目的基础。一个好的调研设计将为市场调研项目的效率和效果提供保证。一般而言，调研设计包括以下组成部分或任务：

1. 确定所需信息（见第 2 章）。
2. 确定探索性、描述性、因果调研设计（见第 3～7 章）。
3. 详细说明测量与设计量表的程序（见第 8 章和第 9 章）。
4. 设计调查问卷（访谈表）或合适的数据收集表格，并进行预调查（见第 10 章）。
5. 确定抽样过程和样本量（见第 11 章和第 12 章）。
6. 制定数据分析计划（见第 14 章）。

后面各章将详细讨论每个组成部分，让我们先从分类开始，进一步了解调研设计。

3.2

调研设计：分类

调研设计可大致分为探索性调研设计和结论性调研设计（见图 3－1）。表 3－2 概括了两者的不同之处。**探索性调研**（exploratory research）主要为需要解决问题的调研人员提供看法与见解。探索性调研用于更准确地定义问题、确定相关行动方案，或者是更周到地考虑提出调研方法。这一阶段对所需信息的界定不是很严格，采用的调研方法也是灵活且非结构化的。例如，通过对行业专业人士访谈进行调研；为了获得深入的见解而选取小且不具有代表性的样本；选取性质为定性数据的原始数据并用相应的定性方法进行分析。鉴于探索性调研的这些特征，其调研结果应当视为试探性的初步结果，或是进一步调研的参考。一般说来，这样的调研之后会有进一步的探索性调研或结论性调研。有时，所执行的整个调研就仅是探索性调研，甚至仅是定性调研。在这种情况下，应当谨慎地使用所得到的结果。

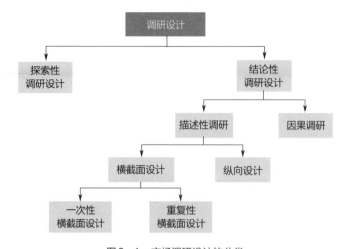

图3-1 市场调研设计的分类

表3-2 探索性调研与结论性调研的区别

项目	探索性调研	结论性调研
目标	提出看法与见解	检验特定的假设和验证关系
特征	所需信息的定义较宽泛；调研过程灵活且非结构化；样本小且不具有代表性；定性的原始数据分析	清晰地定义所需信息；调研过程正式且结构化；样本大且具有代表性；数据分析是定量的
成果	通常会有进一步的探索性调研或结论性调研	结果作为管理决策的依据

结论性调研可以验证探索性调研得到的观点。探索性调研发现了社会公益事业的重要性。抽样调查（结论性调研）确定了这一发现并表明公共教育是调查对象（占33%）最为关心的问题。结论性调研的目的是验证特定的假设和特定的相互关系，这就要求调研人员详细说明所需信息。**结论性调研（conclusive research）** 通常比探索性调研更加正式和结构化。它选取有代表性的大样本进行调研，对所得到的数据倾向于定量分析。从这一调研中得到的结果从性质上来说是结论性的，因此可以作为管理决策的依据。如图3-1所示，结论性调研可以是描述性调研或因果调研，描述性调研又可分为横截面设计或纵向设计。这些分类中的每一项都会有进一步的讨论，下面从探索性调研开始。

实用市场调研

3.3

探索性调研

顾名思义，探索性调研的目的是通过对某个问题/情况的探索而提出看法与见解（见表3-3）。探索性调研有以下目的：

- 阐明或更准确地定义一个问题。
- 确定备选的行动方案。
- 提出假设。
- 将主要变量及其相互关系分离以便进一步验证。
- 得到解决问题办法的思路。
- 确定进一步调研的重点。

表 3-3　几种调研设计的对比

项目	探索性调研	描述性调研	因果调研
目标	提出看法和见解	描述市场特征或功能	确定因果关系
特征	灵活，多变；通常在整个调研设计的起始端	以预先提出待定假设为特点；计划好的结构化设计	操纵一个或多个自变量来衡量对因变量的影响；控制其他变量
方法	专业人士调查；试点调查；案例分析；二手数据的定性分析；定性调研	二手数据定量分析；调查法；固定样本；观察数据和其他数据	实验法

　　开篇案例说明了如何运用探索性调研确认美国商界应当关心的社会问题。结果表明，下列问题是重要的：儿童照料、毒品滥用、公共教育、饥饿、犯罪、环境、医学研究和贫困。一般来说，在调研人员没有足够信息进行进一步调研的情况下，探索性调研是十分有意义的。探索性调研在方法运用上有着灵活多变的特征，这是由于其并不采用正式的调研方案和程序。它很少采用结构化问卷、大样本以及概率抽样方法。然而，在探索性调研的过程中，调研人员要善于捕捉新想法和新观点。一旦发现一个新想法或新观点，他们就会以此为方向继续探索。直到对所有的可能都进行了充分探索或发现了另一个方向，现有方向的探索才会停止。因此，随着新线索的发现，调研重点也会不断改变。由此可见，调研人员的创造性和智慧在探索性调研过程中起着极其重要的作用。但是好的探索性调研不仅取决于调研人员的能力，很大程度上还受益于以下方法的使用：

- 专业人士调查（见第 2 章）。
- 试点调查（见第 2 章）。
- 二手数据的定性分析（见第 4 章）。
- 定性调研（见第 5 章）。

　　我们已经讨论了探索性调研在定义问题和确定调研框架中的作用。与探索性调研优缺点相关的进一步讨论将在第 4 章和第 5 章中进行。为了帮助读者了解探索性调研的实际应用，我们仍以百货商店项目为例加以说明。此项目采用了以下探索性调研方法：

- 回顾学术文献和行业文献，以确定影响消费者光顾百货商店的相关的人口统计特征与心理因素。

- 访问零售专家以便确认发展趋势，如新的零售形式以及消费者新的购物模式（如网上购物）。
- 对同一连锁店中的 5 家最好、5 家最差的商店进行对照分析，而且得到影响商店业绩的因素。
- 进行焦点小组访谈来确定消费者认为哪些因素是选择商场时考虑的重要因素。

下面的案例进一步说明了探索性调研。

案例 3.2   银行开展的探索性调研

截至 2018 年，美国银行（www. bankofamerica.com）是全球最大的金融机构之一。它在欧洲、中东、非洲、亚太地区和美洲的 35 个国家或地区开展业务。为了增加其在竞争激烈的市场中的份额，美国银行使用现有和潜在客户的焦点小组访谈进行探索性调研，以了解新的分支机构应该设在哪里，以及应该推出哪些新产品。探索性调研中产生了许多新产品的创意，通过使用客户和非客户调查的描述性调研对这些创意进行了进一步的调查。该调研帮助美国银行成功推出新产品，例如创新支票、储蓄和机构账户，并提高了盈利能力。

焦点小组访谈和电话调查显示，很大一部分家庭希望银行能为他们的支票账户余额支付利息，但对支票账户费用却非常敏感。这些消费者在他们的支票账户中保持大量的余额，因此他们对合理的最低余额要求持开放态度。因此，美国银行推出了不收费的付息支票（每月或每张支票），最低余额要求为 10 000 美元。探索性调研和描述性调研帮助美国银行成为全球最大的银行之一，其品牌定位为"机会的银行"。

请注意，美国银行并不完全依赖探索性调研。一旦确定了新的产品创意，就通过以调查为形式的描述性调研进一步检验它们。

3.4   描述性调研

顾名思义，**描述性调研**（descriptive research）的主要目的是描述某些事物——通常是市场的特征或功能（见表 3-2）。进行描述性调研有以下目的：

1. 描述相关群体，如消费者、销售人员、组织、市场区域的特征。例如，我们可以描述诸如 Neiman Marcus 等豪华百货公司的"重度用户"（经常购物的人）的特征。
2. 估计在特定群体中有某一行为的人的比例。例如，经常在豪华商场购物的消费者中也经常光顾折扣店的比例。
3. 判断对产品特征的感知。例如，针对选择商场的标准中的重要因素，消费者是如何看待各个商场的？

4. 确定与营销变量相关的程度。例如，逛商场与在外面吃饭有多大的相关程度？

5. 进行特定的预测。例如达拉斯（特定的地区）Neiman Marcus（特定的商店）时尚服装（特定的产品种类）的零售额将是多少？

　　本章开篇的例子通过以调查为形式的描述性调研，定量评估不同社会问题对商界的重要性。正如这个例子所示，描述性调研有一个前提，即调研人员对于问题已有较多的知识。在进行描述性调研之前，相关的社会问题已经通过探索性调研找到了。事实上，探索性调研和描述性调研主要的区别就在于后者有预先表述特定假设的特征。在描述性调研中，所需的信息是被清晰界定的。因此，描述性调研具有预先计划性且是结构化的。它通常选取有代表性的大样本进行调研。正式的调研设计指定收集信息来源的方法以及从这些来源收集数据的方法。描述性调研要求明确界定调研中的6W——"谁（who）、什么（what）、何时（when）、何地（where）、为什么（why）、如何（way）"（有趣的是新闻记者采用同样的方法来描述情况）。

　　总之，与探索性调研相比，描述性调研的特征体现为清晰的问题陈述、特定假设以及所需的具体信息。包含人员访谈的百货商店项目就是描述性调研的一个例子。描述性调研的其他例子如下：

- 市场调研。描述市场规模、消费者购买力、可供选择的分销商以及消费者特征。
- 销售分析调研。根据地理区域、产品线、客户的类型与大小，描述销售情况。
- 形象调研。确定消费者对公司及其产品的认知。
- 产品使用调研。描述消费方式。
- 分销调研。确定物流类型以及分销商的数目与地理位置。
- 定价调研。描述价格变动的范围、频率以及消费者对价格变动的可能反应。
- 广告调研。描述媒体消费习惯以及特定电视节目与杂志的受众特征。

　　在开篇的例子中，以调查的形式进行描述性调研，以量化各种社会事业对美国企业的相对重要性：儿童照料、毒品滥用、公共教育、饥饿、犯罪、环境、医学研究和贫困。这些例子说明了描述性调研的范围与多样性。许多市场调研都涉及描述性调研，描述性调研有以下主要方法：

- 二手数据的定量调研（见第 4 章）。
- 调查法（见第 6 章）。
- 固定样本（见第 4 章和第 6 章）。
- 观察数据与其他数据（见第 6 章）。

　　表 3-2 所列的是常用方法，值得注意的是调研并不局限于这些方法。例如，调查法可以采用探索性的开放式问题，因果调研（实验法）有时也用调查法实施。用表 3-2 的方法进行的描述性调研可以进一步分为横截面调研与纵向调研（见图 3-1）。

3.4.1　横截面设计

横截面调研是市场调研中最常用的描述性调研设计。**横截面设计（cross-sectional design）**是指一次性地从特定的样本总体中收集信息，包括一次性横截面设计与重复性横截面设计（见图 3-1）。**一次性横截面设计（single cross-sectional design）**是指在目标总体中仅抽取一个调查对象样本，从这一样本只收集一次信息，这种设计也叫抽样调查调研设计。

案例3.3　　　　　　　　　　　互联网医疗保健服务

尼尔森旗下的 Harris Polls（www.theharrispoll.com）是一家使用互联网进行市场调查的全球市场调研和咨询公司。Harris Polls 开展了一项调研，以便确定对网上医疗保健服务的需求以及如何满足这样的需求。调研设计包括一个探索阶段，然后对 1 000 名 18 岁以上的美国医疗保健消费者的描述性横截面在线调查。

调查结果表明，对于多数消费者来说，看一次医生是不够的。医生花在每位病人身上的平均时间减少到 15 分钟，这减少了在医疗保健方面医患沟通的时间。调查显示，消费者要求有多种与医生、护士沟通的渠道，包括面对面、在线和电话沟通。

- 86％的调查对象希望能够通过人工接听的电话进行预约。
- 89％的调查对象希望下班后能够通过网络或电话与护士联系，处理慢性疾病问题。
- 40％的调查对象对为了得到简单问题的答案而不得不去看医生感到无奈。
- 86％的调查对象希望能够收到电子的医疗提醒信息。
- 83％的调查对象希望能够在网上查询实验室检查的程序和结果。
- 69％的调查对象希望能够用在线图表对慢性病进行监测。

针对上述结果，Kaiser Permanente（www.kaiserpermanente.org）在 2017 年重新设计了网页，使其会员能够在网上查阅药物和医学百科全书，进行预约，向护士和药剂师询问涉及隐私的问题，与其他会员、医生交流有关健康的问题。该网页还提供有关医疗保险计划的权益和选项、当地的健康教育课程、医生名录和设施位置等信息。Kaiser Permanente 的会员还可以方便地获得具体医生和医疗设施的信息。这种医疗保健沟通方式将改进医患关系，当消费者能够选择医生时，可以使医生和整个医疗保健组织更具有竞争力。

重复性横截面设计（multiple cross-sectional design）是指有两个或两个以上的调查对象样本，并且只从每一个样本中收集一次信息，不同样本的信息通常是在较长的时间间隔内获得的。重复性横截面调研可以在群体水平而不是在个体水平上进行比较，因为在不同的时点所抽取的样本不同，无法比较某一个体在不同调查时点的指标。重复性横截面调研中有特殊意义的一种是队列分析。

队列分析（cohort analysis）是指以恰当的时间间隔所进行的一系列调查，其中队列是分析的基本单位。一个队列是在相同的时期经历同一事件的一组调查对象。例如，出生（年龄）队列是指在同一时期内出生的一群人，如 1951 至 1960 年出生的人。队列分析是指在两个或两个以上的时点对一个或一个以上的队列进行测量的调研。另一种描述性设计是纵向设计。

3.4.2 纵向设计

纵向设计（longitudinal design）是指对目标总体中的固定样本的同一组变量进行重复测量。纵向设计与横截面设计不同，因为纵向设计中样本或样本组随时间保持不变，也就是说，随着时间的延续对同样的调查对象和同样的变量进行多次测量。典型的横截面设计是在某一时点上测量感兴趣的变量，而纵向调研是提供一系列的测量来深刻地描述情形以及随时间所发生的变化。例如，"对美国人来说，2018 年最重要的政治问题是什么？"这一问题就可以采用横截面设计。但是，纵向调研将提出这样的问题："美国人如何改变他们在 2017 年至 2018 年对最重要政治问题的看法？"

通常，固定样本一词与纵向设计一词是等同的。**固定样本（panel）**一般是由家庭作为调查对象而组成的样本，他们同意在特定的时间段内长期提供信息。辛迪加公司负责维持固定样本，向样本成员赠送礼物、优惠券、信息或现金作为对其参与调研的报酬。第 4 章将进一步讨论固定样本。

实用市场调研

案例 3.4　　　　　　　　　　*女子高尔夫服装市场如火如荼*

2017 年，美国约有 2 900 万高尔夫球员，其中女性占比为 22.5%，是长期停滞不前的高尔夫市场中少数几个不断增长的细分市场之一。根据女性体育基金会的数据，尽管女性在所有美国高尔夫球手中的比例低于男性，但除了高尔夫球杆外，她们购买的高尔夫产品比例高于男性。这一趋势促使传统高尔夫品牌在全美各地推出女性产品系列并开设专卖女性产品的高尔夫商店，以满足被忽视的女性高尔夫爱好者的需求。

为了满足这种不断增长的需求，Zorrel International（www.zorrel.com）旗下的 TimeOut 公司提供全系列的 LPGA（女子高尔夫比赛）授权的服装。为了确定这一大批女性高尔夫球手对高尔夫服装的期望和需求，TimeOut 创建了 Fairway 论坛，这是一个由女性高尔夫爱好者组成的小组，旨在深入了解女性的服装品位。被招募到该小组的女性将参加焦点小组访谈和调查。由于这些女性属于该小组，因此可以针对基本相同的变量，对同一组受访者进行多次测量，从而实施纵向设计。

TimeOut 公司了解到，随着时间的推移，女性越来越重视高尔夫运动，并希望有更多的 LPGA 赛事能进行电视直播。此外，TimeOut 公司还发现，女性更加青睐新品牌，因为传统品牌没有提供足够多的选择来满足她们的口味。这些女性不喜欢穿着重新设计的男士高尔夫服装，也不喜欢穿着"可爱"的衣服在球场上奔跑，还不喜欢和其他女性撞衫，她们渴望市场提供更多品种的服装。

这项调研进一步表明，女性高尔夫球员希望服装既实用又具有吸引力。例如，她们希望有足够深的口袋以便在球场的时候可以放球。该论坛还帮助确定了女性与服装相关的一些潜在心理因素。虽然这些女性希望被当作运动员对待，但她们也希望受到尊重，而且随着时间的推移，这种感觉变得更加强烈。TimeOut 公司的 Fairway 论坛小组在协助体育用品和服装制造商开展设计方面发挥了重要作用，以满足这一不断增长和变化的高尔夫细分市场的需求。预计 2015 至 2020 年期间，全球高尔夫服装市场每年将以 4.33% 的复合增长率增长。

从固定样本所获取的数据不仅提供了关于市场份额的长期信息，而且这些数据可以帮助调研人员来审视市场份额随时间的变化。正如下面所解释的那样，这些变化无法从横截面数据中得到。

3.4.3　纵向设计和横截面设计的相对优缺点

表 3-4 总结了纵向设计与横截面设计的相对优缺点。相对于横截面设计，纵向设计的主要优点在于其可以从个体层面（即个体调查对象）的角度来洞察变化。实现这一点的关键是纵向设计针对同一样本反复测量相同的变量。

表3-4　纵向设计和横截面设计的相对优缺点

评价标准	横截面设计	纵向设计
发现变化	−	+
收集大量数据	−	+
准确性	−	+
样本代表性	+	−
回答误差	+	−

注：+表示相对另一种设计具有优势，−则相反。

表 3-5 和表 3-6 说明横截面数据在有关时间变化方面如何误导调研人员。表 3-4 中的横截面数据显示，在时间段 1 和时间段 2 中，品牌 A、B、C 的购买情况相同。在每次调查中，都有 20% 的调查对象购买 A，30% 的调查对象购买 B，50% 的调查对象购买 C。表 3-5 中的纵向数据以品牌转换的形式，说明了在调研期间品牌购买的重要变化。例如，在时间段 1 购买品牌 A 的调查对象只有 50%（100/200）在时间段 2 仍然购买 A，而相应的重复购买品牌 B 与 C 的比例则分别是 33.3%（100/300）与 55%（275/500）。因此，在这一时段，C 的品牌忠诚度最高，而 B 的品牌忠诚度最低。表 3-5 提供了关于品牌忠诚度和品牌转换的有价值的信息。（这种表称为品牌转换矩阵。）

MARKETING RESEARCH AN APPLIED ORIENTATION　实用市场调研（原书第 7 版）

表 3-5　横截面数据不能反映变化

购买的品牌	时间段	
	调查时间段 1	调查时间段 2
A 品牌	200	200
B 品牌	300	300
C 品牌	500	500
合计	1 000	1 000

表 3-6　纵向数据可以反应变化

调查时间段 1 购买的品牌	调查时间段 2 购买的品牌			
	A 品牌	B 品牌	C 品牌	合计
A 品牌	100	50	50	200
B 品牌	25	100	175	300
C 品牌	75	150	275	500
合计	200	300	500	1 000

　　纵向数据使调研人员可以观察到个体行为的变化，并将其与营销变量联系起来，如广告、包装、定价和分销等方面的变化。由于反复测量的是相同的调查对象，因此可以排除样本变化引起的变动。这样一来，小的变化也很明显。

　　固定样本的另一个优点是可以收集到数量相对较多的数据。由于固定样本的成员通常可以因其参与获得一定的报酬，他们往往愿意参加时间长且费心的访谈。固定样本数据还有一个优点，就是它比横截面数据更加准确。典型的横截面数据需要调查对象回忆过去购买的商品和购买行为，但记忆的原因这些数据可能会不准确。固定样本数据依赖购买日记的连续记录，而较少依赖调查对象的回忆。固定样本与横截面数据对零售额估计的对比显示，前者数据估计得更加准确。

　　固定样本的主要缺点是调查对象可能会缺乏代表性，造成这一点的原因可能是：

1. 拒绝合作。许多个人或家庭不愿受固定样本运作的打扰，因而拒绝参与。消费者固定样本要求成员做好购买记录，它的合作率为 60% 或更低。
2. 退出。同意参加固定样本的成员也会因为他们搬家或者失去兴趣而退出，调查对象退出或减少的比率每年可高达 20%。
3. 报酬。报酬可能会吸引特定类型的人，从而使样本组失去总体代表性。

　　固定样本的另一个缺点是回答误差。在新成员的首次回答中往往有误差。他们倾向于增加被测量的行为，如购买食物。这一误差会随着调查对象对固定样本不再感到新奇而减少，所以除去新成员的首次数据可以减少这一误差。固定样本老成员的回答也会有误差。这是由于他们相信自己是专家或希望答案看起来好看或被认为是 "正确" 的答案。误差产生的原因还有厌烦、疲劳以及不完整的购物日记或问卷录入。

因果调研

因果调研（causal research） 用于获取因果关系的证据。营销经理总是依据所假定的因果关系来做出决策。这些假设可能未被证实，应当通过正式的调研对因果关系的有效性予以检验。例如，降低价格会引起销量和市场份额增加，这一常识性假设在特定的竞争环境下不一定正确。因果调研适用于以下目的：

（1）理解哪些变量是现象的原因（自变量），哪些变量是现象的结果（因变量）。

（2）确定原因变量和所预测的结果之间的关系。

同描述性调研一样，因果调研也需要预先确定结构化设计。虽然描述性调研可以确定变量间的关联程度，但它并不适合检验因果关系。因果调研设计可用于检验因果关系，但需要在一个相对可控的环境中对自变量或因变量进行操纵。相对可控的环境是指尽可能多地控制或抑制影响因变量的其他变量。这种操纵下对一个或更多因变量的影响会用于推断因果关系。因果调研的主要方法是实验法。

由于因果调研复杂而重要，我们将用单独的一章（第 7 章）对其进行讨论，但在此我们会给出一些案例。在百货商店的项目中，一名调研人员希望确定销售人员的存在和帮助（自变量）是否会影响厨房用具的销售（因变量），选择某一特定连锁店中可比的两个厨房用具柜台作为两组测试对象，即构成因果调研。连续 4 周，受过训练的销售人员只出现在两组中的一组，而不出现在另一组。对两组的销售额进行监测，同时控制其他变量。比较两组的销售额就可以看出销售人员对商场厨房用具销售额的影响。或者，调研人员可以选择一组在两个可比的时段中进行控制：销售人员出现在一个时段中而不出现在另一个时段中。我们来看一个例子——微软的调研。

微软：易用性实验

微软经常对其产品进行易用性调研，此举是为了改进和开发产品组合，使其更有利于客户的使用。易用性调研的目的是通过使产品更容易掌握和记忆，从而让用户在使用中感到更舒适。微软的易用性调研小组是这一努力的重要组成部分。这一小组组建于 1988 年，设立的目的是将用户的反馈融入产品设计流程和最终产品中。

Office 系列软件取得成功（高认知度和高销量）的关键在于此产品是由易用性调研小组精心设计和测试的。在一个受控实验中，一组计算机用户使用 Office 新版本，另两组匹配的小组使用以前的 Office 版本，让这三组用户对产品的使用容易度、功能和改善用户体验的能力进行打分。Office 新版本在所有指标上的得分都高于以前的版本，这样新版本才最终被推出。

在微软的实验中，自变量是 Office 软件套装，经操纵后它有 3 个水平，即 Office 的 3 个版本。因变量是使用容易度、功能和改善用户体验的能力。其他变量的影响，如用户的专业水平和 Office 的使用经验，是需要被控制的。虽然这个例子将因果调研区别于其他类型的调研，但我们不能孤立地看待因果调研。相反，探索性调研、描述性调研和因果调研常常是互补的。

探索性调研、描述性调研 与因果调研的关系

我们已经对探索性调研、描述性调研和因果调研这几个调研设计的主要类型进行了讨论，但它们之间的区别并不是绝对的。一个市场调研项目可能包括多个类型的调研设计，进而满足不同的目的。应当采用哪种调研设计组合取决于问题的性质。我们提供以下关于选择调研设计的指导方针。

1. 当对问题的情形几乎一无所知时，应该先使用探索性调研。当需要更加准确地定义问题、确定备选行动方案、提出调研问题或者假设、分离主要变量以及区分因变量与自变量时，应该进行探索性调研。

2. 探索性调研是整个调研设计框架的第一步。在大部分情况下，探索性调研后紧随的是描述性调研或因果调研。例如，通过探索性调研提出的假设应当采用描述性调研或因果调研进行统计检验。

3. 没有必要使每个调研设计都从探索性调研开始。这取决于问题定义的准确程度以及调研人员对于解决问题的方法的确定程度。一个调研设计可以从描述性调研或因果调研开始。例如，每季度的客户满意度调查既不需要每次都从探索性调研开始，也不需要每次都包括探索性调研。

4. 虽然探索性调研通常是调研设计的第一步，但并不总是如此。探索性调研也可能在描述性调研或者因果调研完成后进行。例如，描述性调研或因果调研的结果让经理们感到很难解释，那么探索性调研可以提供更多的见解来帮助他们理解。

互联网可以促进不同类型调研设计的实施。在调研的探索性阶段，论坛、聊天室或新闻组可以用于与任何访问聊天室的人讨论某个主题。新闻组专注于特定主题，其功能类似于公告板。互联网用户通过新闻组阅读其他人留下的信息并发表自己的回复或评论。新闻组或聊天室可用于与代表目标受众的专业人士或个人建立更正式的焦点小组，以获得有关某个专题的初始信息。在第 5 章，我们将更详细地讨论使用互联网展开焦点小组访谈。第 6 章介绍了使用互联网进行描述性调研，而第 7 章讨论了使用互联网进行因果调研。

无论使用哪种调研设计，调研人员都应当努力减少潜在的误差来源。

3.7

潜在的误差来源

一些潜在的误差来源会影响调研设计。一个好的调研设计会努力控制误差的各种来源。这些误差在以后各章中会有详细讨论，在此进行简要的介绍。

总误差（total error）是指目标变量的总体真实平均值与市场调研项目中观测到的平均值之间的差异。例如，人口普查显示，目标总体的平均年收入为 75 871 美元，而市场调研项目根据抽样调查估计出的数值为 67 157 美元。如图 3-2 所示，总误差由随机抽样误差和非抽样误差组成.

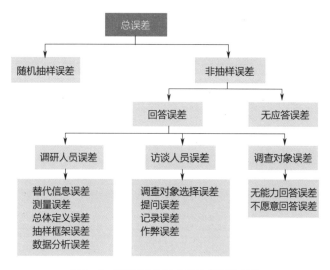

图 3-2　市场调研设计中潜在的误差来源

3.7.1　随机抽样误差

随机抽样误差（random sampling error）的存在是因为所选择的特定样本不能完全代表相应的总体。随机抽样误差是总体的真实平均值与样本的真实平均值之间的差异。例如，目标总体的平均年收入为 75 871 美元，但根据邮寄固定样本记录的、被认为是真实的平均值为 71 382 美元。随机抽样误差将在第 11 章和第 12 章中讨论。

3.7.2　非抽样误差

非抽样误差（nonsampling error）不是因抽样导致的，它可能是随机的或非随机的。导致非抽样误差的原因有很多，包括由问题定义、调研方法、测量尺度、问卷设计、访谈方法以及数据准备与分析等原因造成的误差。例如，调研人员设计了一份糟糕的问卷，其中的很多问题会引导调查对象做出有偏差的回答。非抽样误差包括无应答误差和回答误差。

无应答误差（nonresponse error） 产生于样本中的一些调查对象不回答问题。造成无应答的主要原因是拒绝回答或不在家（见第 12 章）。无应答将造成净样本或最终样本的规模或构成与原始样本不同。无应答误差的定义是原始样本中变量的真实平均值与净样本的真实平均值的差异。例如，原始样本的平均年收入为 71 382 美元，而净样本的数值为 69 467 美元，两个数据都是根据被认为是真实的邮件固定样本记录得到的。

回答误差（response error），当调查对象的答案不准确或者被错误地记录或分析时，就产生了回答误差。回答误差定义为最终样本的变量的真实平均值与市场调研项目所得到的观察平均值之间的差异。例如，最终样本的平均年收入为 69 467 美元，但市场调研项目得到的估计值为 67 157 美元。回答误差可能是由调研人员、访谈人员或者调查对象引起的。

调研人员所引起的误差包括替代信息、测量、总体定义、抽样框架以及数据分析等引起的误差。

替代信息误差（surrogate information error） 是指市场调研问题所需的信息与调研人员所收集到的信息之间的差异。例如，因为不容易观察选择过程，所以调研人员没有得到关于消费者选择某一新品牌的信息（市场调研项目需要的信息），而是得到了消费者偏好的信息。

测量误差（measurement error） 是指所寻求的信息与调研人员测量过程中所产生的信息之间的差异。例如，在测量消费者偏好时，调研人员却使用测量认知的量表而非偏好的量表。

总体定义误差（population definition error） 是指真正与调研问题相关的总体与调研人员所定义的总体之间的差异。恰当地定义总体远远不像人们所想的那样简单，富裕家庭的例子就说明了这一点。

实用市场调研

案例3.6   多富才算富裕

富裕家庭有以下 4 种不同的定义：①年收入 5 万美元或更多的家庭；②年收入排名前 20% 的家庭；③家庭净资产高于 25 万美元的家庭；④比对照家庭的可支配收入高出 30% 的家庭。富裕家庭的数量和特点因定义不同变化很大，这说明避免总体定义误差很有必要。可以推测，在对富裕家庭总体的不同定义下，此项调研的结果也会有显著的差异。

抽样框架误差（sampling frame error） 是指调研人员所定义的总体与所用的抽样框架（名单）代表的总体之间的差异。例如，利用电话名录产生的电话号码不能准确地代表潜在消费者的总体，因为未列在其中的、无法接通的以及新的号码都不在电话名录里。

数据分析误差（data analysis error） 是指在将问卷的原始数据转化为调研结果的过程中所产生的误差。例如，使用不恰当的统计方法会产生错误的解释与结论。

访谈人员引起的回答误差包括调查对象选择、提问、记录以及作弊等导致的误差。

调查对象选择误差（respondent selection error） 是指当调研人员选择的调查对象不是抽样设计所指定的，或者与抽样设计不一致时所产生的误差。例如，一个关于读者的调查，为了满足难以达到的定额要求，将一个非读者选入访谈对象中，并归入阅读《华尔街日报》15 至 19 年这一组中。

提问误差（questioning error） 是指在提问调查对象时或者在需要更多信息而没有进一步追问的情况下可能带来的误差。例如，访谈者在提问时没有采用问卷中所给定的确切用语。

记录误差（recording error） 是指在倾听、解释和记录调查对象的答案时所产生的误差。例如，调查对象的回答是中立的（未决定的），但是访谈者错误地解释为积极的回答（将购买新品牌）。

作弊（cheating error） 是指访谈者编造部分或者全部的访谈答案所引起的误差。例如，访谈者没有问与被调查对象债务相关的敏感问题，后来基于自己的估计填写答案。

调查对象所引起的误差包括无能力回答误差以及不愿意回答误差。

无能力回答误差（inability error） 是由于调查对象不能给出准确的答案而造成的误差。调查对象由于不熟悉、疲劳、厌倦、回忆错误、问题形式、问题内容以及其他因素可能给出不正确的答案。例如，调查对象不能想起 4 周前所买酸奶的品牌。

不愿意回答误差（unwillingness error） 是由于调查对象不愿意给出正确信息而造成的误差。由于调查对象可能想提供社会所接受的答案、避免尴尬或者取悦调查者，因而有意提供不真实的答案。例如，调查对象为了取悦调查者而有意谎称自己读过《时代》杂志。

这些误差在后面的章节会有详细讨论，此处强调的是这一事实——存在许多导致误差的来源。在拟定调研设计时，调研人员应当努力将总误差最小化，而不是仅考虑某一特定来源的误差。这一忠告尤其要说给那些通常用大样本来控制抽样误差的学生和没有经验的调研人员。增加样本容量的确可以减少抽样误差，但它也可能因增加访谈人员而增加非抽样误差。

非抽样误差可能比抽样误差问题更大。抽样误差可以计算，但许多非抽样误差很难估计。而且，人们发现非抽样误差往往是总误差的主要成分，而随机抽样误差的占比则相对较小。总误差是很重要的。而某一特定类型的误差只有当它会增加总误差时，才是重要的。

有时，调研人员会故意增加某类型的误差而减少其他类型的误差，以此达到减少总误差的目的。例如，假设正在进行一项邮件调查，内容是确定消费者在百货商店购

MARKETING RESEARCH AN APPLIED ORIENTATION 实用市场调研（原书第 7 版）

买时装的消费偏好。目前已经选择了大样本来减少抽样误差，期望的应答率是 30%。在给定的项目预算约束下，大样本的选择不允许对邮件进行追踪。然而，过去的经验表明，通过一次追踪应答率可以提高到 45%，两次则可以提高到 55%。在给定的调查主题下，在重要变量上未回答者可能和回答者的答案有较大差异。因此，减少样本容量使预算可以对邮件问卷进行追踪是可取的方案，虽然减少样本容量会增加随机抽样误差，但两次追踪所带来的无应答误差的减少可以弥补这一点。

一旦形成合适的调研设计，调研人员就应当准备项目的预算和排期，它们都是为客户提供的计划书中所必须涵盖的。

实用市场调研

3.8 项目预算与排期

在合理控制总误差的前提下确定了调研设计后，就应当制定项目预算与排期的决策。**预算与排期（budgeting and scheduling）**有助于确保市场调研项目在财务、时间、人力资源及其他资源允许的情况下完成。只有详细说明完成每项任务所需的时间以及成本，才能有效率地管理调研项目。**关键路径法（critical path method，CPM）**是一个有用的项目管理方法，它将调研项目分解为各项活动，确定这些活动的次序，并估计每项活动需要的时间，进而就可以确定关键路径。这些活动和所需时间的估计值可以列示在网状流程图中。所谓关键路径，即一旦耽搁就会使整个项目延迟的一系列活动。

关键路径法的改进版本是**计划评审技术（program evaluation and review technique，PERT）**，它是一种基于概率的确认和测量项目完成时间不确定性的进度安排方法。**图形评审技术（graphical evaluation and review technique，GERT）**是一种更高级的方法，此方法中完成任务的概率和活动成本都以网状图的形式表示。

实用市场调研

3.9 市场调研计划书

一旦调研设计形成，且项目的预算和排期已经完成，就应当准备调研计划书。**市场调研计划书（marketing research proposal）**包含项目的主要内容，它是调研人员与管理者之间的合同。调研计划书涵盖市场调研过程中的所有阶段，它描述了调研问题、调研方法、调研设计，以及如何收集、分析和报告数据。调研计划书还要估算完成项目的成本和时间进度。虽然调研计划书的形式有很多，但大多数会阐述市场调研过程的所有步骤并包括以下内容：

1. 执行摘要。计划书的开头应当说明其各部分的要点，概括整个调研计划。

2. 背景。应该讨论问题的背景，包括环境背景。

3. 问题定义/调研目的。一般来说，问题的陈述（包括问题的具体组成部分）应该包含在计划书中。如果还没有提出问题陈述（在确定问题的调研中），应当明确说明市场调研项目的目的。

4. 问题的调研方法。计划至少应该提供相关的学术上或者行业文献的回顾，以及某种分析模型。如果已经确认了调研问题、假设以及影响调研设计的因素，那么这些就应该包含在计划书中。

5. 调研设计。应该明确说明所采用的调研设计，无论是探索性、描述性或者因果调研都应如此。所提供的信息应该包含以下内容：所得到的信息的类型、问卷的填写方法（邮寄、电话、人员或电子访谈）、量表技术、问卷的性质（所问问题的类型、长度、平均访谈时间）、抽样计划和样本量。

6. 实地调研/数据收集。计划书应该说明如何收集数据以及由谁来收集数据。如果将实地调研转包给另一个公司，则应该予以说明。计划书应该描述确保数据收集质量的控制体系。

7. 数据分析。计划进行数据分析的类型（简单列联表、一元分析与多元分析）以及如何解释结果都应该在计划中予以说明。

8. 报告。计划书应该说明是否提交中期报告和在什么阶段提交，最终报告以何种形式提交，以及是否提供关于结果的正式汇报。

9. 成本和时间。计划书应该说明每阶段的成本和时间安排，应该包含关键路径法和项目评估技术，在大型项目中，报酬表也应该预先拟定出来。

10. 附录。任何统计信息或仅有一些人所感兴趣的其他信息应该包含在附录里。

准备一份调研计划书具有以下益处：它可以确保调研人员与管理层在项目性质上达成一致，并有助于向管理层推销调研计划。由于在准备计划书的同时细化了该计划，这也将有助于调研人员构思与执行市场调研项目。

实用市场调研

3.10

国际市场调研

在执行国际市场调研时，调研人员必须认识到由于环境差异（见第1章），对于一个国家适合的调研设计可能对另一个国家并不适合。例如，在美国与沙特阿拉伯确定家庭对主要家用电器的态度。在美国执行探索性调研时，可以将家庭的男士、女士组织在一起进行专题组访谈；然而，在沙特阿拉伯执行这样的专题组访谈就不合适了。考虑到特定的传统文化，对沙特阿拉伯家庭样本中的男士、女士进行一对一的深度访谈将更有用。

案例3.7   本地化才是王道

欧洲消费者市场调研公司 GfK（www.gfk.com）实施过一项耗时两年，分两部分进行的调研，以分析欧洲年轻人探寻文化发展的新趋势。这项调研主要调查欧洲年轻人关心什么，以及各国营销人员如何投其所好。探索性调研以访谈小组的形式开展，首先实施一项调研来确定欧洲年轻人最为关心的事物。在访谈小组中通过实施一项描述性的纵向设计调研来量化。调查通过两部分来完成，覆盖16个欧洲国家，包括丹麦、挪威、瑞典、英国、德国、意大利以及法国等。

在每个国家中，各选择四组回答者：14～16 岁女孩，14～16 岁男孩，17～20 岁女孩，17～20 岁男孩。这项描述性调研被设计为在私下面对面的情况下执行。这是因为对欧洲年轻人来说，私下访谈会让其感觉更为舒适，能够提供更多的有效回答。此项目总共 523 个年轻人参与。2 年后，其中的 305 人再次参与了调研。

结果显示，欧洲年轻人的品位及观念在过去几年中发生了明显改变，尤其是最近两年，而且发现年轻人并不信任大公司。家的概念也并不仅仅是家庭成员和住所，也包含财产以及社区，尤其是朋友。家象征着安逸和温暖。欧洲年轻人周一到周六并不能经常见到家人，朋友起到了家人的作用。除此之外，他们会在经常出现于身边的品牌上花费颇多，并认为存在越是久远的品牌越值得保留。

Peter Erik Forsberg/Prague/Alamy Stock Photo

麦当劳开发出的针对这一市场的国际化广告正得益于这一调研结果。麦当劳新的战略并不聚焦在其公司规模上，而是将广告本地化，使它的汉堡包看起来像欧洲本地的，更易被年轻人接受。麦当劳非常注重其品牌的持久性和稳定性。其一贯的主题就是营造一个可供年轻人聚会、价格低廉并非常有趣的环境。结果是其在欧洲年轻人市场中的占有率得到了提升，欧洲市场营业额已占其全球营业额的35%了。

在许多国家，尤其是发展中国家，消费者固定样本尚未形成，这给描述性的纵向设计调研带来了困难；同样，许多国家由于缺乏营销基础设施（如零售、批发、广告以及促销），无法执行包含现场实验的因果调研。在进行调研设计时，调研人员必须尽力确保从不同国家获取的二手数据和原始数据具有可比性。在收集原始数据的过程中，定性调研、调查法、量表技术、问卷设计以及抽样考虑等因素尤为重要。

市场调研与社交媒体

社交媒体适合进行探索性、描述性和因果调研。社交网络适合进行市场调研的原因之一是它们消除了构建和维护传统样本组的繁重成本。例如，Facebook 上有超过 10 万名不同星巴克社区的成员，而这家咖啡零售商并没有赞助他们。这种基于品牌社区的样本可能并不适合所有类型的市场调研，然而，它们对于调查许多市场调研问题很有帮助，比如开发针对品牌核心用户的新产品。问题的关键在于分析每个社交网络的特征，并选择最符合调研目标的网络。例如，MySpace（myspace.com）主要用户的年龄在 20 岁以下，相比之下，40% 的 Facebook（www.facebook.com）用户的年龄超过 35 岁，Facebook 社区的用户往往比 MySpace 用户更富裕、受教育程度更高。

这些网络社区可用于招募市场调研小组，并通过一些关键特征加以区分。社区成员是自愿参加的并可以通过赢得其他成员的信任来赢得声誉。社区的使命和治理由社区成员自己定义。因此，这些社交媒体社区与传统的市场调研小组形成了鲜明的对比。传统的市场调研小组中用户的角色由调研人员确定并受到明确规定的监管。受访者与调研人员是依赖关系，而受访者之间没有任何关系，受访者或小组成员与传统小组中的客户没有任何关系。

在线社区包括向公众开放的社区，如 Facebook 和 MySpace，也包括完全私人的、封闭的、仅限受邀者的私人社区。为调研而设立的私人社区被称为 MROC（Marketing Research Online Communities，即市场调研在线社区）。与没有成员数量限制的公共社区不同，MROC 中的成员资格通常有严格限制。营销人员可以组建一个功能类似于传统的市场调研小组或焦点小组的私人在线社区，但有一些关键区别。不同于焦点小组，MROC 营销人员不仅可以提出问题，而且可以观察正在发生的事以及小组成员如何互动并推动想法进展。私人小组在公开的互联网上的隐蔽性意味着调研见解不会受到竞争对手的窥视。此外，顾客形成的社区对企业而言具有忠诚度和可用性，通过一个小群体（如青少年）就可以发现最适合目标细分市场的营销方式。这就是营销界的一个术语：与顾客共同创造。在这个过程中，企业利用顾客的帮助产生创意，同时也获得了宝贵的调研信息。在线社区工具包括讨论/论坛、投票和调查、博客、在线聊天、上传图片和视频、协作工具、个性化会员、娱乐和离线活动。

迪士尼成立了 Walt Disney Moms 小组，由妈妈们回答潜在游客关于公司主题公园和度假胜地的问题。2008 年，迪士尼推出了米奇妈妈俱乐部，这是一个封闭社区，会员人数上限为 1 万。这个社区已经成为所有迪士尼网站中访问频率最高的网站之一。游客平均每次访问时间为 8 到 10 分钟，这比他们在任何迪士尼网站上花费的时间都多。

该网站的访客在迪士尼度假的花费也比非会员多。此外，迪士尼使用在该网站收集的信息，纵向监测游客对于其主题公园和度假胜地的反馈。加拿大3M公司展示了使用公众小组进行结论性调研的过程。

案例3.8　　　　　　加拿大3M公司：影响力稳步提升

3M公司的历史始于20世纪50年代，当时它推出了第一款名为"Scotch Tape"的透明胶带，这使得它成为该类产品的代名词。而且，透明胶带已经成为消费者日常生活中不可或缺的一部分。3M公司拥有市场，但问题是如何让消费者对产品充满热情。

3M推出了一款针对女性的新产品。这是一个名为"Scotch Shoe"的红色胶带分配器，看起来像是一只高跟玛丽珍鞋。预算限制促使该公司使用Facebook进行首次产品发布和测试，并使用Facebook进行全面宣传。Facebook是加拿大最大的社交网站，拥有超过2 000万活跃的加拿大用户，其中超过一半是女性，也是产品的目标群体。

3M进行了探索性调研，随后通过Facebook进行了结论性（描述性）调研。探索性调研的目的是找出产品的优势和劣势。描述性阶段的目的是量化探索性阶段的结果，并为"Scotch Shoe"制定广告策略。

探索性调研

通过使用Facebook，3M公司获得了消费者的人口统计和心理数据。3M公司以论坛帖子的形式举办了焦点小组讨论会，以吸引"鞋迷"。通过这些讨论板块，3M公司能够从发布的图像和视频中收集有关现有产品和新产品的意见。同时，3M公司还发起与选定用户的（一对一）对话，以进一步了解品牌的优势，这有助于提高用户对品牌的热情和忠诚度。

3M公司还发起了两项比赛：一项提供100美元的礼品卡，另一项有机会赢得全新的"Scotch Shoe"胶带分配器。为了获得参加比赛的机会，粉丝们必须发表关于新产品的正面或负面评论。通过此次比赛，3M公司对新产品的优缺点有了更深入的了解。

结论性（描述性）调研

从探索性调研中获得的见解被用来制作调查问卷。"Scotch Shoe"比赛要求用户在发表完评论后完成一个简短的调查，从而帮助3M收集定量的描述性数据。此外，3M公司在获得定性数据后，在Facebook上进行了调查，为所有用户生成定量反馈。

这次活动取得了成功：吸引了超过2 000名粉丝和近200条留言评论。3M公司使用调查结果设计了一个引人注目的广告活动，在收集反馈信息后设计的互动广告带来了超过150万次的阅读和300 000次点击量。新产品"Scotch Shoe"在推出后立即在商店售罄。除了在此次活动中使用消费者的数据，3M公司还保存了消费者的数据和兴趣爱好，以便在未来更好地举办有奖比赛并发起新的讨论话题。该活动的成功归功于3M公司使用Facebook等低成本平台进行了良好的探索性和描述性调研。

移动市场调研

移动市场调研（MMR）可以用来实现本章所讨论的各种基本调研设计，或者这些基本调研设计的组合。探索性调研的主要方法是二手数据分析和定性调研，第 4 章和第 5 章分别讨论了使用移动市场调研来实现这些方法。第 6 章介绍了使用移动市场调研来实施调查和观察调研，这是描述性调研的主要方法。最后，第 7 章介绍了使用移动市场调研进行实验，这是进行因果调研的主要方法。

市场调研中的商业伦理

调研设计阶段，不但要考虑调研人员和客户的利益，而且必须考虑调查对象的权利。虽然在调研设计中，通常调查对象和其他利益相关者（客户与调研人员）并没有直接签订合同，但在使用诸如隐蔽摄像或录音的过程中就产生了伦理冲突。

采用哪种调研设计类型（如描述性或因果调研、横截面设计或纵向设计）的基本问题也涉及伦理问题。例如，在调研牙膏购买的品牌转换问题时，纵向设计调研是正确评价调查对象品牌选择变化的唯一方法。某调研公司并没有执行足够的纵向设计调研，却试图证明横截面设计是可行的。这符合商业伦理吗？

调研人员必须确保所采用的调研设计能为已确认的市场调研问题提供所需信息。客户不应该曲解项目，应告知调研人员工作过程中必须面对的各种约束条件，并避免提出不合理要求。最后，客户不应当通过对未来的调研合同做出虚假承诺来诱使调研公司对目前的项目做出不合理的让步。

老大哥还是大恶霸？

由于市场调研公司强烈希望成为大型商业公司的供应商，而这些公司又大量使用市场调研，因此可能也会出现商业伦理问题。以 Visa、可口可乐或福特汽车公司为例，这些公司拥有大量的市场调研预算，并定期聘请外部市场调研供应商。外部市场调研供应商希望成为大公司的日常供应商，因而这些大客户可以操纵当前市场调研的价格，或要求外部营销供应商在未来的调研中做出不合理的让步。例如，检验更多的变量，更多的焦点小组，更多、更有针对性的调查样本或额外的数据分析。这可能被认为只是商业行为，但如果不打算在未来进行更大规模的调研或雇佣该调研公司，这就变得不符合商业伦理了。

同样重要的是，对调查对象的责任决不能忽视。调研人员设计调研时，应保证不侵犯调查对象的安全权利、隐私权利或选择权利。而且，客户决不能滥用权利危及调查对象的匿名权。这些与调查对象相关的问题将会在第 4 至第 7 章中有进一步的详细讨论。

小结

调研设计是执行市场调研项目的框架或蓝图，以具体说明如何执行调研项目。调研设计大体上可以分为探索性调研设计与结论性调研设计。探索性调研设计的主要目的是提供对问题的各种见解；结论性调研设计是为了验证特定的假设，检验特定的关系。结论性调研可以是描述性的，也可以是因果关系的，其结果可以作为制定管理决策的依据。

描述性调研的主要目的是描述市场的特征或功能。描述性调研设计要求明确"谁""什么""何时""何地""为什么"以及"如何"等一系列问题。描述性调研进一步分为横截面调研与纵向调研。横截面调研设计是指在某一时点上从目标总体中的样本单位收集信息，而纵向调研设计则在固定的样本中重复测量。因果调研主要是为了得到因果关系的证据。

调研设计中的误差可能来自多个方面。总误差包括随机抽样误差和非抽样误差。非抽样误差包括无应答误差和回答误差。回答误差来自调研人员、访谈者和调查对象。调研人员应当准备一份书面的市场调研计划，其中包括市场调研过程的所有组成部分。在国际市场调研中进行调研设计，需要确保从不同国家获取的二手数据和原始数据的等同性与可比性。社交媒体和互联网可以促进探索性、描述性或因果调研的实施。这些基本调研设计的任何组合都可以在移动市场调研中实施。

关于伦理问题，调研人员必须保证采用的调研设计能够提供所需信息，而且是客户需要的。客户应当具备不歪曲项目真实状况的诚实品质，应当告知调研人员必须面临的情况且不得提出不合理的要求。调研人员应当保证调查对象的安全权利、隐私权利和选择权利。

MARKETING RESEARCH

实用市场调研（原书第7版）

第4章 探索性调研设计：
二手数据和辛迪加数据

二手数据和辛迪加数据可能无法同定制化调研那样专门满足每一种信息需求，但是它们可以为许多业务问题提供有用的背景信息、维度和见解，并且经济有效。此外，聪明地利用二手和辛迪加数据，可以使定制的调研更有针对性和效率。

Rob Stone 供图

——洞察协会（The Insights Association）副主席、市场调研顾问 Rob Stone 博士

本章概要

————

前述章节介绍了互联网可以作为市场调研信息的来源（第 1 章），二手数据的分析有助于明确市场调研问题并拟定调研框架（第 2 章）。此外，在确定收集原始数据的调研设计（第 3 章）之前，调研人员应该分析相关的二手数据。在某些项目，尤其是那些预算有限的项目中，可能主要限于二手数据的分析，因为一些常规问题只需要二手数据就可以得到解决。

本章讨论原始数据和二手数据的区别，考察二手数据的优缺点，提出评价二手数据的标准，并且对二手数据进行分类。内部二手数据的重点是客户数据库、数据仓库、数据挖掘、客户关系管理（CRM）和数据库营销。外部二手数据的主要来源包括商业/非政府、政府和辛迪加服务。此外，还介绍了大数据及其应用，讨论在国际市场调研中有用的二手数据来源，介绍使用社交媒体作为二手数据的来源，以及与二手和辛迪加数据有关的移动市场调研。最后，确定了使用二手数据所产生的伦理道德问题。

本章首先通过案例让大家感受一下二手数据的魅力。

案例 4.1　　　　　　波士顿市场：像在家一样

根据二手数据，家庭替代餐（HMR）将会是 21 世纪的主要家庭食品。HMR 是一种便于携带的、高质量的外卖食品，在食品行业中发展最迅速，也最具商机。根据尼尔森（www. nielsen. com）的消费者固定样本数据，55% 的调查对象一个月内购买好几次居家食用的便餐。便捷和品类是购买 HMR 时最重要的两个影响因素。另外，77% 的调查对象更喜欢即食食品。

麦肯锡（www. mckinsey. com）所做的一项调研认为，食品销售的所有增长几乎都来自食品服务，这种服务可定义为食品至少处于半加工状态。预计 2020 年 HMR 的市场规模从 400 亿美元到 1 500 亿美元不等。这是继冷冻食品出现之后，对食品行业产生冲击的最重要的潮流。

大部分的行业专家认为这种潮流始于波士顿市场（Boston Market，www. bostonmarket. com）。它声称他们卖的食物就像妈妈亲手做的一样。波士顿市场目前是 HMR 市场的领导者，从二手数据中获取同 HMR 相关的数据，并将其运用到调研和营销项目中。波士顿市场运用二手数据测试新产品，包括便利午餐盒饭、配餐服务、驾车取餐服务、电话外卖和签名餐。

Kristoffer Tripplaar/Alamy Stock Photo

案例 4.2　　　　　　从"高接触"走向"高科技"

根据美国劳工部劳工统计局（www. bls. gov）的数据，2015 年，44.4% 的美国劳动力年龄在 44 岁以上，年龄中位数为 42.3 岁。未来，美国老年人在劳动力中的比例将进一步增加。可用于填补初级职位的年轻工人（16 ~ 24 岁）的数量也在减少。这种潜在的年轻工人短缺导致许多快餐店的服务方向从"高接触"转向"高科技"。消费者现在通过使用高科技设备来实现许多以前由人工提供的服务。触摸屏的使用正在成为一种流行趋势，它为削减劳动成本和增加客户服务提供了新途径。Taco Bell、Arby 和必胜客都在部署这项新技术。

正如上述例子所示，调研和咨询公司（尼尔森、麦肯锡公司）和政府部门（美国劳工部）只是获取二手数据的少数几个来源。当我们理解原始数据和二手数据的区别以后，对二手数据的性质和作用就会更加清楚。

原始数据和二手数据

原始数据（primary data）是调研人员为了解决面临的问题而专门收集的数据。原始数据的收集涉及市场调研步骤中所有的六个步骤（见第 1 章），既费钱又费时。

二手数据（secondary data）是为了某些目的已经收集的数据，并不是为了目前所面临的问题专门收集的。这些数据可以快速且低成本地获得。在百货商店项目中，有关家庭选择百货商店所用标准的二手数据是从营销杂志（如 *Journal of Retailing*，*Journal of Marketing*，*Journal of the Academy of Marketing Science* 和 *Journal of Marketing Research*）中获取的。前面的案例也提供了关于二手数据的一些例子。表 4-1 总结了原始数据和二手数据之间的区别。与原始数据相比，二手数据可以在短时间内迅速而便捷地收集到，并且成本相对较低。

表 4-1　原始数据与二手数据的比较

	原始数据	二手数据
收集目的	为了目前的问题	为了其他问题
收集过程	需要很多投入	快速而且容易
收集成本	高	相对较低
收集时间	长	短

原始数据和二手数据之间的这些区别使得二手数据具有明显的优势和劣势。

二手数据的优点和应用

从前面的讨论中可以看出，与原始数据相比，二手数据有几个优点：容易找到，成本相对较低，并且可以迅速获得。有些二手数据，如美国普查局（U. S. Bureau of the Census）的二手数据，提供了有关公司无法通过收集原始数据而获得的信息。虽然二手数据往往不能为非常规的调研问题提供所有的答案，但这些数据在许多方面都是有用的。二手数据有助于：

1. 确认问题。
2. 更好地定义问题。
3. 拟定问题的调研方法。
4. 阐述恰当的调研设计（例如，通过确定关键变量）。

5. 回答特定的调研问题，检验一些假设。

6. 更深刻地解释原始数据。

鉴于二手数据的这些优点和用途，可以得出如下原则：

对可以获得的二手数据的检验是收集原始数据的先决条件。从二手数据开始，直到二手数据来源已经得到完全使用或者可以获得的边际回报很小，再使用原始数据。

遵守这条规则可以得到丰厚的回报。本章的例子表明对二手数据的分析可以提供有价值的见解，并且为使用原始数据分析奠定基础。但是，调研人员在使用二手数据的时候应该谨慎，因为二手数据也有一些缺点。

实用市场调研

4.3 二手数据的缺点

因为二手数据是为了其他特定目的，而不是为了目前面临的问题收集的，所以其对于目前问题的有用性在一些重要方面可能会有局限，包括相关性和准确性。收集二手数据的目标、性质和方法可能不适合当前的情形。而且，二手数据可能缺乏准确性，或者不是完全及时和可靠的。在使用二手数据之前，对一些因素进行评估是很重要的。这些因素将在下面的部分详细讨论。

实用市场调研

4.4 评价二手数据的标准

可以用表 4-2 中的标准对二手数据的质量进行常规评价，这些标准将在后续章节进行讨论。

表 4-2 评价二手数据的标准

标准	要点	说明
规格和方法	数据收集方法 回答率 数据的质量 抽样技术 样本规模 问卷设计 现场工作 数据分析	数据应该可靠、有效、能够用于分析现在的问题
误差和精确度	检查存在于方法、研究设计、抽样、数据收集、数据分析和报告中的误差	通过比较不同来源的数据评价精确度

标准	要点	说明
及时性	收集数据和公开数据之间的时滞更新的频率	辛迪加服务公司定期更新普查数据
目的	为什么要收集这些数据	目的将决定数据的相关性
性质	定义关键变量 测量单位 所用分类方法 所检验的关系	如果可能的话，重组数据以增强其有用性
可靠性	信息来源的专业水平、可信度和声誉	应该从原始处而非间接的渠道获得数据

4.4.1 规范：收集数据所用的方法

收集数据所使用的规范或方法应该经过严格的审查以发现偏差的可能来源。这种方法的考虑因素包括样本的规模和性质、应答率和质量、问卷设计和管理、现场工作的流程、数据分析和报告程序。这些审查提供了有关数据可靠性和有效性的信息，可以帮助判断这些数据是否适合当前面临的问题。检验与二手数据相关的误差、及时性、目的、性质和可靠性可以进一步判断数据的有效性。

实用市场调研

案例 4.3 估计电视收视率

WTVJ – TV（NBC 在迈阿密的一家子公司）使用尼尔森（www.nielsen.com）提供的辛迪加服务，为其提供收视率和观众估计数据。但电视台认为由于所采用的方法有缺陷，数据存在偏差。具体地说，他们声称尼尔森在西班牙语的家庭中安装了太多的检测仪，从而低估了电视台的收视率。尽管这家电视台是英语电视台，但占观众数量46%的西班牙裔观众也能说英语。把过多的检测仪安装在不讲英语的家庭，所得到的信息并不能代表迈阿密的社区或电视台的观众。许多决策，如节目策划、广告和购买媒体都是根据尼尔森所提供的信息做出的。所以说，电视台拥有准确、可靠的市场信息是非常重要的。

其他地区的情况则可能正好相反。这家公司在洛杉矶引进了尼尔森的人员测量仪（LPM）。测量仪自动记录收看的节目及观众。有些电视网络和社团联盟抱怨尼尔森的受众样本中拉美和非洲裔的家庭比例偏低，导致出现有缺陷的结果。然而，尼尔森不仅是全球最大的市场调研公司，而且富有盛名。

尽管许多人支持尼尔森，觉得其数据对社区具有代表性，但这些抱怨指出了一个问题：公司能够确信其收到的信息是用合适的方法收集的吗？

4.4.2 误差：数据的准确性

调研人员必须判断数据对于目前的调研目的来说是否足够准确。二手数据可能不准确，或者有许多误差，包括在项目的调研方法、调研设计、抽样、数据收集、分析和报告阶段的误差。此外，评价二手数据的准确性是很困难的，因为调研人员没有参与调研。解决此问题的一种方式是寻找数据的多种来源，并且使用标准统计程序比较这些数据。

二手数据的准确性可能不同，特别是当它们和变化的现象相关时。此外，不同来源的数据可能相互之间是不一致的。在这些情况下，调研人员应该通过试点调查或者使用其他合适的方法来验证二手数据的准确性。通常情况下，如果能发挥创造力，这样做不需要太大的花费或付出太大的努力。

实用市场调研

案例 4.4　　　　　　　　　　准确预测零售业电子商务的收入

通过互联网搜索 2016 年第二季度美国零售电子商务销售额，从四个来源获得了相同的结果，即 972.5 亿美元。这些来源包括：美国人口普查局（www.census.gov）、Statista（www.statista.com）、圣路易斯联邦储备银行（fred.stlouisfed.org）和 YCharts（ycharts.com）。这些机构可能都利用了相同的原始数据来源，即美国人口普查局所在的美国商务部。

然而，这些机构对 2020 年美国电子商务零售额的预测差异很大。Statista 的预测结果为 6 842.4 亿美元，而 Grady Maguire 的预测结果为 16 613.6 亿美元。预测的差异之大可能是因为假设和预测方法的不同。

4.4.3　及时性：数据是什么时候收集的

二手数据可能不是最新的数据，数据收集和公布之间的时间间隔可能较长，许多人口普查数据就是这种情况。此外，为了解决手头的问题，数据更新的频率也可能不够快。市场调研需要及时的数据，如果过时了，二手数据的价值就会降低。例如，虽然 2010 年的人口普查数据内容全面，但是这样的数据对于一个在近两年中人口变化很快的大都市不适用。幸运的是，一些市场调研机构定期更新普查数据，并提供最新的信息供订阅。

4.4.4　目的：收集数据的目的

数据的收集是有特定目的的，我们提出的最基本问题就是了解当初收集这些数据的目的。收集数据的目的将决定这些信息的相关性和有用性，因特定的目的而收集的数据可能不适用于另一种情形。正如本章稍后会详细解释的那样，收集扫描仪销量追踪数据（scanner volume tracking data）的目的在于检查品牌的总体流量，包括市场份额的变化。例如，关于橙汁销售的数据可能对于理解家庭如何选择具体品牌的调研具有一定价值。

MARKETING RESEARCH AN APPLIED ORIENTATION 实用市场调研（原书第 7 版）

4.4.5 性质：数据的内容

应该对数据的性质或内容进行检验，并特别注意关键变量的定义、测量单位、使用的分类方法和所检验的关系。如果关键变量没有被定义或者调研人员对其定义前后不一致，数据的有用性就会下降，例如，考虑关于消费者对电视节目偏好的二手数据。为了使用这些信息，就需要知道消费者对电视节目的偏好是如何定义的，是最常看的节目、最需要看的节目、使人放松的娱乐节目、信息量最大的节目，还是为社区提供最好服务的节目。

同样，二手数据的测量单位可能不适合当前的问题。例如，收入可以有不同的测量方式（个人的、家族的、家庭的）或支出单位，还可以是总额或者税后的净额。收入应该根据调研的需要进行分类。如果调研人员对家庭收入总额超过 200 000 美元的高收入消费者感兴趣，那么按低于 15 000 美元、15 001～35 000 美元、35 001～50 000 美元以及 50 000 美元以上的二手数据就没有太大的用处。决定变量（如收入）的测量可能是一项复杂的任务。最后，在评价数据的性质时应考虑所检验的关系。例如，如果是对实际行为感兴趣，那么根据个人报告的态度而推断的行为数据的用处就有限了。有时也可能需要重新整理可用的数据，例如转换测量单位，这样形成的数据对所调研问题的用处更大。

4.4.6 可靠性：数据有多可靠

对数据可靠性的总体认识可能来自对数据来源的专业性、可信度、声誉和可靠度的检验。这些信息可以从使用过此来源信息的人处获得，应该带着怀疑的态度去看待为了促销、追求特定利益或进行宣传而发布的数据。而对于匿名的或者尝试隐藏数据收集方法和程序的细节而发布的数据也应该持同样的态度。而且，检验二手数据是来自原始来源（即产生数据的来源）还是来自可获得来源（即再次处理后生成的），是很有必要的。例如，《人口普查》（Census of Population）是一个原始来源，而美国商会（www.uschamber.com）则是一个可获得来源。一般来说，二手数据应该从原始来源中获得，而不是可获得来源。至少有两个理由支持这个原则。第一，原始来源详细地说明了数据收集方法的细节。第二，原始来源可能比可获得来源更准确和完整。

实用市场调研

案例4.5　　　　　　　　　　审视二手数据

CNN Money（money. cnn. com）公布了一项消费者认为最重要的航空公司特质的调研结果。按重要性排序，这些特质分别是安全性、价格、行李处理服务、准点率、客户服务、预约和购票的便捷性、舒适度、常客回馈计划以及食物。然后，该调研根据这些特征对美国最大的 10 家航空公司进行了排名。

这篇文章可能成为美国航空公司进行市场调研的有用的二手数据来源，以识别它们服务中需要改善的特质。然而，在用这些数据前，美国航空公司需要根据一些标准来评估它们。

首要问题是，文章中用来收集数据的方法需要检验。CNN Money 的这篇文章详细介绍了在该文章中使用的方法。该调研对 1 017 名常客进行民意调查来确定航空公司的重要特质，该调查的结果有 3% 的误差。美国航空公司需要确定 1 017 个个体是否可以概括总体，3% 的误差是否可接受。另外，美国航空公司还需要估计什么类型的回应或者不回应将会出现在数据收集或者分析的过程中。

这些数据的及时性和调研的目的可能会对美国航空公司决定是否利用这篇文章作为二手数据来源有重要意义。这项调研于 2016 年进行，或许从那时起，航空公司乘客的标准发生了变化，从而降低这项调研的有效性。调查的目的是一个流行的商业杂志将遵循这些标准来评估航空公司，其结果不可能对任何特定的航空公司有偏差，因为杂志没从任何航空公司获取既得利益。

航空公司还需要调研数据的性质和可靠性。例如，它需要调研每个选择标准是如何定义的。比如价格是以每英里票价来衡量，如果航空公司不想采取这种定价方法，那么该调研数据将失去作用。关于可靠性，航空公司需要调研 CNN Money 和 SSRS Research（ssrs. com）的声誉，后者是负责调查和开展调研的公司。航空公司还需要考虑 SSRS Research 在其调研中使用了一些二手数据。例如，它使用了美国国家运输安全委员会的航空事故数据和联邦航空管理局的事故报告对这 10 家航空公司的安全绩效进行排名。从原始来源获取信息将会更好。因此，美国航空公司可能会想从这些报告中获取信息然后自己进行安全性的排名，这可能会比从 CNN Money 的报告中获取信息更可靠。

CNN Money 的这篇文章可能会是美国航空公司市场调研方案的有用起始点。例如，它对清楚阐明问题的定义很有用处。然而，由于这篇文章在及时性、真实性和可靠性方面的局限，它的原始数据需要由其他调研的数据进行补充。

二手数据的分类

图 4-1 所示为二手数据的分类。二手数据可以分为内部数据与外部数据。**内部数据（internal data）**是指调研的委托方组织内部产生的数据。这种信息可能是现成的，以可直接使用的形式出现，如由管理决策支持系统提供的常规信息；另一方面，这种信息可能存在于组织内部，但需要经过一定的加工才对调研人员有用。例如，在销售发票中可以发现许多信息，但这些信息不容易被利用，需要进一步的摘录加工。如图 4-1 的内部二级数据分类所示，许多组织都在从事大型客户数据库的建设、数据仓库和数据挖掘、客户关系管理（CRM）和数据库营销。此外，它们还使用社交媒体来

获得内部二级数据。**外部数据（external data）** 产生于组织之外的来源，这些数据可以通过商业/非政府、政府来源，辛迪加服务和社交媒体等方式获得（见图4-1）。因此，社交媒体可以作为内部和外部二级数据的来源，后文将会对其进行讨论。在收集外部二手数据之前，分析内部二手数据会很有用处。

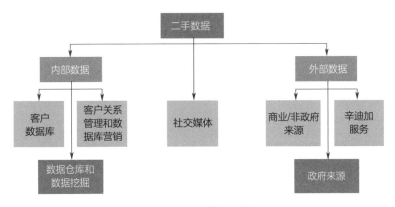

图4-1　二手数据的分类

内部二手数据

内部来源应该是二手数据调研的起点，因为大多数组织拥有完善的内部信息系统，所以有些数据可以随时获得并可能提供有用的观点。例如，销售和成本数据可以在日常的会计工作中收集到。可以通过收集汇总常规的销售数据，产生各种有用的信息。

内部二手数据有两个重要的优点：容易获得并且成本低廉。事实上，内部二手数据通常是成本最低的市场调研信息的来源，但这些数据往往得不到充分利用。许多机构正构建复杂的客户数据库，这种现象也在随之改变。

4.6.1　客户数据库

对许多公司而言，建立客户数据库的第一步是将原始的销售信息，如销售电话记录或发票信息传输到计算机上。客户信息也可以从其他来源获得，例如保修卡和顾客忠诚度计划（如航空公司的飞行常客计划）。并与通过外部二手数据来源获得的有关顾客的人口统计和心理统计信息。**心理统计（psychographics）** 是指个体的量化心理特征。Experian（www.experian.com）等从事这项业务的公司已经编制了顾客家庭名单，包括姓名、地址和大量个人特定数据。这些顾客数据库的规模可能是惊人的。例如，沃尔玛的客户数据库中拥有超过75%的美国家庭信息。这些顾客数据存储在企业数据仓库中。

4.6.2　数据仓库和数据挖掘

数据仓库（data warehouse）是一个集中式的数据库，用来整合来自各种业务系统的公司数据。对这种大型数据库的分析需要特殊的技能和资源，被称为数据挖掘。**数据挖掘（data mining）**使用强有力的计算机与先进的统计软件包和其他软件来分析大型数据库，以发现数据中的隐藏信息。这些挖掘出的信息对于目标营销工作非常有用。例如，数据挖掘显示，丈夫倾向于在第一个孩子出生后立即购买额外的人寿保险。因此，Allstate公司（www.allstate.com）长期以来使用的口号是"你会得到妥善的照顾"，这特别适用于针对首次当父亲的人推出人寿保险产品。数据库提供培育、扩展和保护客户关系所需的基本工具。

4.6.3　客户关系管理和数据库营销

客户数据库和数据挖掘是**客户关系管理系统（customer relationship management systems）**的基石。CRM系统是一种决策支持系统，用于管理组织与其客户之间的交互。**数据库营销（database marketing）**使用CRM数据库以建立与个人和客户群体的关系，实现其中高度针对性的营销工作。

CRM是一种独特的数据库驱动的营销方式。作为其CRM系统的一部分，克莱斯勒（www.chrysler.com）公司实施了所谓的个人信息中心（personal information centers，PIC）。这些PIC，正如他们所称，为车主提供了一个个性化的网站，与市场调研团队建立了直接的联系。这些PIC收集有关购买汽车的各个方面的数据，使该公司有能力进行精准的营销。如果一个潜在客户在网络调查中表示操作小汽车是一个问题，那么在发送给该潜在客户的小册子中将包含特定的数据。这些数据将显示克莱斯勒小货车是如何在小货车市场的竞争中获胜。公司认为，客户关系从潜在客户第一次与公司取得联系时建立，并且不会在买家购买车辆时终结。考虑到这一点，该公司使用其CRM系统不断跟踪买家和潜在客户的意愿。克莱斯勒的客户关系系统让它能够保持其在汽车市场上的重要地位。

数据库营销可用以制定非常复杂和有针对性的营销方案，如下例所示。

实用市场调研

案例4.6　　　　　　　　Caterpillar：数据库营销的顶梁柱

除了著名的挖掘机，Caterpillar（www.cat.com）还拥有每年20亿美元的大型卡车发动机领域的市场规模，这些卡车一般由卡车制造商定制。实际上，这些卡车制造商是组装商，如Peterbilt（www.peterbilt.com）。因为没有数据库，Caterpillar的高管时常发出疑问："我们没有调用哪些卡车车队？哪些车队应该测试我们的两款新发动机？如何才能制定可量化的营销策略？应该如何进行调整以适应即将到来的销售低迷？"

为了回答这些问题，艾伦·韦伯和弗兰克·韦弗斯，两位数据库营销资深人士，让 Caterpillar 营销部为项目筹集资金。他们用部分资金为 Caterpillar 销售团队的 260 名成员免费提供电脑，并附有以下条款："你可以得到销售报酬，但前提是将客户姓名和其他数据输入笔记本电脑数据库。"这种方法很有效。

Caterpillar 中有四个彼此不兼容的内部数据库。为了获得数据，该团队结合了内部数据库以及来自汽车运营商目录（motorcarrierdirectory.com）、Dun&Bradstreet（www.dnb.com）和贸易出版物列表的附加数据。历经两年的工作，数据库拥有了 110 000 名客户、8 000 个中型车车队和 34 000 个重型车车队的数据，可以称得上是"美国所有重型卡车的数据中心"。接下来，他们做了一些严格的建模工作。利用收集到的关于 SIC 代码、卡车所有者名称、发动机型号、卡车数量和卡车类别的数据，他们能够预测哪些潜在客户最有可能购买卡车。

利用现有数据，他们估算了客户的终身价值。将销售、服务、使用和发动机型号相结合，确定了客户的价值。潜在客户的价值由每个客户分配到的小组确定。他们从这一分析中确定了应该锁定的高价值客户和潜在客户。

韦伯和韦弗斯开发了一系列不同的信息，可以发送给每个客户和潜在客户。为了留住顾客的信息与为征服顾客而设计的信息不同。在使用新数据库的第一年，他们签下了 500 个合作车队，平均为每个车队售出 50 至 100 台发动机，每台发动机的价格约为 15 000 美元。可归因于新数据库系统的总销售额增长量约为 5 亿美元。他们还实现了原定目标中两种新发动机的推出。Caterpillar 的发动机市场份额在 2016 年增长至 41.04%。

大多数大型组织都有内部网络，这大大方便了内部二手数据的搜索和获取。例如，宝洁公司开发了功能强大的内联网应用程序，使其全球管理人员能够根据关键字搜索过去和当前的调研以及各种与营销相关的信息，并且可以在线获取这些信息。敏感信息可以通过用户名和密码进行保护。

外部二手数据

如前所述，外部二手数据可以分为商业/非政府、政府和辛迪加服务（见图 4-1）。外部二手数据，特别是来自商业/非政府来源的二手数据，在过去 20 年中急剧增长。办公场所使用的互联网和个人计算机促进了这种增长，使得员工可以很容易地访问商业数据库。以下概括了一些二手数据的商业/非政府来源。

4.7.1 商业/非政府数据

商业/非政府来源范围很广，包括非营利组织（如商会）、贸易和专业组织、商业出版机构、投资经纪公司和营利性公司。大多数此类数据都可以通过互联网方便地获取。企业以书籍、期刊、报纸、杂志、报告和贸易文献的形式发布大量的信息。穆迪（www. moodys. com）和标准普尔（www. spratings. com）提供关于美国和其他国家公司的信息。此外，可以从 www. secondarydata. com 上获取有价值的营销和市场调研信息（更多信息来源，可参见本书配套网站）。

4.7.2 政府数据

政府是世界上最大的二手数据来源。政府可以收集私营企业收集不到的数据。从用于制定销售预测和市场潜力评估到简单地定位特定的零售商、批发商或制造商，都具有很大的价值。政府数据的广泛性和准确性使其成为一个丰富的二手数据来源。政府数据可以进一步分为普查数据和其他政府数据。

普查数据

普查数据在各种市场调研项目中都很有用。美国人口普查局收集的人口统计数据包括关于家庭类型、性别、年龄、婚姻状况和种族的信息。与汽车所有权相关的消费细节、住房特征、工作状态和实践以及职业相关的消费细节只是可用信息中的几个类别。对营销人员而言，这些数据特别具有价值的原因之一是它可以按照不同的详细程度进行地理分类。

实用市场调研

案例4.7　　　　　　　　　　　美国市场的变化

根据 2010 年人口普查，美国总人口为 3.087 5 亿人。2010 年的人口普查揭示了美国人口的构成，其中 4.8% 是亚裔美国人，12.6% 是非裔美国人，16.3% 是西班牙裔美国人。这些少数群体的比例与 2000 年进行的上一次人口普查相比有所增加。2017 年，一些地区的少数民族群体占人口的大多数。2010 年到 2020 年，预计少数民族群体的增长速度将远远快于其他人口。

如此巨大的增长差异对零售业格局产生了巨大的冲击。营销公司必须适应这种变化，并确定如何最好地配置其营销组合，以满足不同文化群体的需求。将他们纳入调研过程和营销计划对于许多组织的长期成功至关重要。

马自达北美公司虽然一直努力以多元化为目标进行销售，但决定投入更多的资金和精力针对西班牙裔美国人、亚裔美国人和非裔美国人。西班牙裔电视网络（Univision）正利用这些结果向首席执行官们推销，以将更多的资金投入民族娱乐之中。明确亚裔美国人、非裔美国人和西班牙裔美国人市场不仅是不同的市场，而且是不同的文化，每种文化都有截然不同的历史，这将推动美国未来十年的增长。

其他政府数据

详见本书配套网站。

MARKETING RESEARCH AN APPLIED ORIENTATION 实用市场调研（原书第7版）

4.8 二手数据的辛迪加服务

除了出版的数据或者计算机数据库中的有关数据之外，辛迪加来源是外部二手数据的另一个主要来源。**辛迪加服务（syndicated services）**，也称辛迪加来源，是收集和出售共有数据，以满足许多客户的信息需求的公司（见第 1 章）。这些数据并不是为了某个特定的市场调研问题而收集的，但这些提供给客户公司的数据和报告可以定制以满足特定需求。例如，可以按客户的销售区域或产品线撰写报告。利用辛迪加服务通常比收集原始数据成本低。图 4-2 对辛迪加来源进行了分类。辛迪加来源可以在测量单位（家庭/消费者或者机构）的基础上进行分类。家庭/消费者数据可通过调查、购买和媒体固定样本组或者电子扫描仪服务来获得。调查包括心理测量和生活方式、广告评估，或者关于偏好、购买、消费等其他行为的一般性调查。固定样本重点收集关于购买或者媒体消费的信息。电子扫描仪服务可能只提供扫描仪数据，也可能提供与固定样本相链接的扫描仪数据，或同时与固定样本和有限电视固定样本相链接的扫描仪数据。当以机构作为测量单位时，可以从零售商、批发商或者工业品公司获得数据。表 4-3 是各种不同的辛迪加来源的概括。

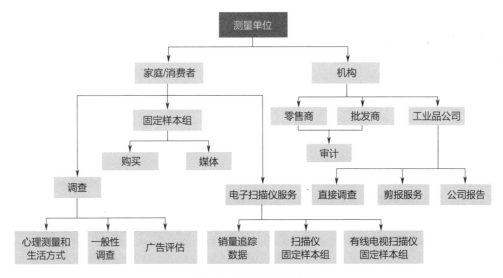

图 4-2 辛迪加服务的分类

表 4-3 部分辛迪加服务概括

类型	特点	优点	缺点	用途
调查	定期进行调查	是获取数据最灵活的方式，提供关于潜在动机的信息	访谈者误差，调查对象误差	市场细分、广告主题选择和广告效果评估

类型	特点	优点	缺点	用途
购买固定样本组	家庭在较长时期内定期提供特定信息；要求调查对象在特定行为发生时将其记录下来	所记录的购买行为能够与人口统计学/心理测量的特征相联系	可能缺乏代表性，调查对象的反应可能有偏差，调查对象参与时间过长	预测销售量、市场份额和趋势，描述消费者特征、品牌忠诚度和品牌转换行为，评价所测试的试销、广告和分销效果
媒体固定样本组	电子设备自动记录样本的行为，辅之以日记的补充	所记录的购买行为能够与人口统计学/心理测量的特征相联系	可能缺乏代表性，调查对象的反应可能有偏差，调查对象参与时间过长	确定广告收视率，选择媒体节目或播放时间，描述受众特征
销量追踪数据	通过超市的电子扫描仪记录家庭购买行为	数据反映了实际购买情况，及时，成本低	数据可能不具有代表性，在记录购买行为时可能出现误差，将购买行为同价格之外的营销组合联系起来可能有困难	价格追踪，建立模型，评价店内促销的有效性
有线电视扫描仪固定样本组	装有有线电视的家庭的扫描仪固定样本组	数据反映了实际购买情况，有利于样本控制，能够把固定样本组数据同家庭特征联系起来	数据可能不具有代表性，数据的质量受到限制	促销组合分析，文案测试，新产品测试及定位
审计服务	通过检查实物记录或进行存货分析来确定产品的流动情况	为零售和批发提供相对简洁的信息	覆盖面可能不完全，与竞争行为数据相匹配可能有困难	测量消费品销售量和市场份额、竞争行为，分析分销类型，追踪新产品
工业品公司辛迪加服务	关于工业品公司的资料库是通过直接询问公司、利用剪报和公司报告建立起来的	是工业品公司信息的重要来源，在项目的初始阶段尤其有用	就内容、数量和质量而言，还缺乏数据	确定不同地理区域的市场潜力，定义销售区域，分配广告预算

实用市场调研

4.9 来自家庭的辛迪加数据

4.9.1 调查

各种各样的辛迪加服务公司定期开展**调查**（surveys），包括使用预先设计的问卷对大量受访者进行访谈。这些调查通常从固定样本组中抽取样本，第 3 章在纵向调研设计的背景下讨论了固定样本组。固定样本组由受访者组成，他们在较长的时期内定期提供特定信息。这些受访者可能是组织、家庭或个人，但家庭样本是最常见的。当受访者被纳入固定样本组时，将全面地收集他们的人口统计、生活方式和所有产品相关的数据。固定样本组作为受访者库，调研机构可以根据成员的相关背景特征从中抽取具有代表性或有针对性的样本。固定样本组（包括邮件形式的固定样本组）的答复率比随机抽样过程有大幅度的提高，因为组内成员承诺参与调查。

辛迪加固定样本组调查（syndicated panel surveys） 在一段时期内对同一组调查对象的变量进行测量，但不一定是相同的变量。样本组招募了大量的调查对象参与调查。调查对象库可以为不同的调查抽取不同的调查对象子样本，并且可以使用任何一种调查技术，包括电话、个人访谈、邮件、移动或电子访谈。调查的内容和主题各不相同，涵盖的范围很广。这些固定样本组也被称为综合固定样本组，这些样本组用于在不同的时间点实现不同的横截面设计，通常用于不同的调查。例如，ORC 国际（orcinternational.com）提供 CARAVAN 综合调查。ORC 还提供许多专业固定样本组，包括西班牙裔综合调查、千禧一代综合调查、青年综合调查和父母综合调查。综合调查小组不同于第 3 章讨论的采用纵向设计的固定样本组。可以回顾一下，在纵向设计中，对同一样本进行相同变量的重复测量，这种小组被称为真实固定样本组，可以将其与综合固定样本组相区别。调查可以根据其内容大致分类为心理测量和生活方式、广告评估和一般性调查。

心理测量和生活方式

心理测量（psychographics） 是指对个人的心理特征和生活方式的测量。**生活方式（lifestyles）** 是指一个社会或者某一社会阶层独特的生活模式。这类测量指标一般被称为**行为（activity）**、**兴趣（interest）** 和**意见（opinion）**，简称 AIO。

Kantar Futures（thefuturescompany.com）提供涵盖全球生活方式、变化和趋势的全球订阅服务。同样地，Gfk（www.gfk.com）提供一个消费者固定样本组，提供消费者生活方式和购物行为的各个方面的数据。一些公司开展调查，在家庭和邮政编码层面汇编人口统计和心理特征信息，然后以订阅的方式提供。这些信息对于寻求增加内部生成的客户数据以进行数据库营销的客户公司特别有价值。

实用市场调研

案例4.8　　　　　　　　　　　金宝汤公司在系列产品中应用 AIO

Future 提供全美订阅的包含生活方式和社会趋势的数据。该调查每年在同一时间对全美 11 500 个 12 岁以上的可预测样本进行在线调查。广告公司利用扬克洛维奇监测来识别生活方式的变化，并依此设计广告。当监测报告显示人们非常关注解决现实生活中的问题时，金宝汤（www.campbells.com/campbell－）推出了一个主题为"为真实生活所创"的广告。例如，2016 年的一则广告展现了即将到来的暴风雪的危害：一位母亲和她的两个孩子在杂货店寻找汤品的货架。播音员谈论道路封锁和学校关闭的问题，与此同时，这位妈妈从货架上拿起几罐金宝番茄汤。

广告评估

广告评估调查的目的是评估使用印刷和广播媒体广告的效果。G&R 调研和咨询公司（www.gandrllc.com）是一家知名的公司，为包括电视、数字、移动、杂志和报纸在内的各种主流媒体提供现实的解决方案。这个系统通过灵活的设计选择来提供标准化的测量。测试广告可能是自然地在杂志中出现或是作为插页插入的。它提供了对于回忆、说服和广告反应的强大的、有效的测量。其结果对于大量做广告的客户，例如宝洁、通用汽车、西尔斯、百事、麦当劳等尤其重要。这些公司十分关心它们的广告支出效果。

一般性调查

通常，也会为了多种目的，包括了解购买和消费行为，开展**一般性调查**（general survey）。例如，哈里斯民意调查（www.theharrispoll.com）对政治、体育、商业和健康等广泛的主题进行调查。这些调查结果可以帮助像沃尔玛这样的销售商衡量它们的优势和劣势。例如，最近的一项调查结果显示，消费者更喜欢日常低价的商品，这使得沃尔玛加强了提供日常低价的策略，而不是经常对特殊产品进行促销。调研显示，沃尔玛比最接近竞争对手的价格低 3.8%。

调查的用途

由于调查数据的多样性，它们有许多用途。它们和心理测量、生活方式数据一样，可用于市场细分，也可以用来描述消费者的特征；对于确定产品形象、测量和定位，以及进行价格感知分析也很有用；其他用途包括广告主题选择和广告效果评估。

调查的优缺点

调查是从调查对象处获取数据的最灵活的方法。调研人员需要侧重于人口的某一部分，例如青少年、度假别墅主人、30～40 岁的主妇。调查是获得关于消费者的动机、态度和偏好信息的主要途径。在访谈中可以询问各种问题，也可以使用直观辅助手段、包裹、产品或其他小教具。经过恰当的分析，调查数据能够以多种方式被巧妙地处理，这样调研人员就能看到群体间的差异，检验诸如年龄或者收入等自变量的影响，甚至还能够预测未来的行为。

另一方面，调查数据也有一些显著的局限。调研人员不得不依赖调查对象的自述，而人们所说的和实际所做的之间经常会有差距。如果调查对象的记忆有误或者故意给出期望的结果，就会产生误差。此外，样本可能会有偏移，问题可能表述不当，访谈者可能介绍情况不恰当或者指导有误，这样都会导致结果的扭曲。

4.9.2 购买固定样本组和媒体固定样本组

通常情况下，调查数据可以用购买固定样本组和媒体固定样本组获取的数据进行补充。尽管保留样本组的目的是为了开展调查，但购买固定样本组和媒体固定样本组最显著的特点是调查对象在特定行为发生时就将之记录下来。以前，将发生的行为记录在日记本上，然后每隔1~4个星期将日常记录返还给调研机构。后来，纸质日记逐渐被电子日记所替代。现在，大部分固定样本组都是在线的，用电子手段（由调查对象录入或由电子设备自动录入）将行为记录下来。固定样本组的成员因为参加调查而收到礼物、优惠券、信息或者现金作为报酬。购买固定样本组和媒体固定样本组记录的信息内容有所不同。

购买固定样本组

在**购买固定样本组（purchase panels）**中，调查对象记录了他们对不同产品的购买情况。调查数据一般可以与购买固定样本组获取的数据互相补充。NPD 集团（www.npd.com）是一家领先的市场信息提供商，为众多行业和市场收集和提供在线信息。NPD 集团将调查获取的信息与调查对象记录的行为信息相结合，生成有关消费行为、行业销售、市场份额和主要人口趋势的报告。NPD 提供的信息被 Golgate – Palmolive 等消费品公司用于确定品牌忠诚度和品牌转换情况，并分析各种品牌的主要用户群体。

实用市场调研

案例4.9　　　　谷类食品：中国下一个早餐"新星"

Kantar Worldpanel 在中国的购买固定样本组的数据分析显示，中国下一个早餐的"新星"将会是麦片。在 2012 年以前，中国家庭很少购买这类食品。与其他许多传统的西方国家一样，中国家庭正逐渐接受早餐麦片。造成这一现象的因素有很多：年轻消费者的偏好、制造商的广告活动，以及通过在线和海外渠道增加的进口产品供应。根据 Kantar Worldpanel 的调研，早餐谷类食品的销售在 2012~2016 年间获得了巨大的增长。

媒体固定样本组

媒体固定样本组（media panels）用电子设备自动记录观看行为（称为被动测量），补充日记或在线样本组的信息。最知名的媒体固定样本组如尼尔森（www.nielsen.com）提供电视收视率和受众特征估计。尼尔森收视率服务的核心是一个称为尼尔森人员测量仪（Nielsen People Meter）的电子测量系统。在由尼尔森随机抽取的代表美国人口的家庭中安装测量仪。每个样本家庭的每台电视上都安装一个人员测量仪，测量两项指标：看什么节目和谁在看。

为了测量本地电视台的观众特征，尼尔森在美国的 65 个市场拥有一个由 35 000 多个家庭组成的电子测量固定样本组。对于较小的本地市场，尼尔森每年的 2 月、5 月、7 月和 11 月从全国各地的观众那里收集超过 200 万份纸质日志。日志要求观众不仅要记录谁看了电视，还要记录他们看过的节目和频道。一旦日志记录完毕，观众就会将它们寄回给尼尔森。这些信息会输入计算机中，以便计算收视率。尼尔森的收视率被 AT&T、Kellogg、福特和联合利华等公司用来选择播放广告的特定电视节目。

除电视之外，还有为广播、互联网、移动或社交媒体等其他媒体设立的固定样本组。尼尔森的在线固定样本组和电子商务活动提供访问属性、域和特定网站的访问次数，按网站和类别的排名，时间和频率统计，流量模式以及电子商务交易等信息。此外，尼尔森还使用广泛的测量工具来测量移动设备使用情况，分析了美国超过65 000名移动用户的手机账单，并部署了移动设备测量仪来测量智能手机行为。

购买和媒体固定样本组的用途

购买固定样本组提供的信息有助于预测销售，估计市场份额，评估品牌忠诚度和品牌转换行为，确定特定用户群的特征，测量促销效果以及进行控制试销。媒体固定样本组产生的信息有助于确定广播和电广告的资费，选择适当的节目，以及对观众或者听众人群进行描述。广告主、媒体计划人员和购买者会发现固定样本组信息特别有用。

购买和媒体固定样本组的优缺点

与抽样调查相比，购买和媒体固定样本组有其显著优点。固定样本组能够提供纵向数据（能够从同一调查对象处反复获得数据）。愿意参加固定样本组的人会比抽样调查对象提供数量更多、质量更高的数据。在购买固定样本组中，信息在购买时就被记录，排除了回忆可能产生的误差。因为排除了人为误差，因此电子设备记录的信息会更准确。

购买和媒体固定样本组的缺点包括缺乏代表性、调查对象参与过长，以及反应偏差。许多固定样本组并不能代表全体人口，某些群体，如少数民族和教育水平低的人群在样本中的比例经常偏低。拒答和样本组成员的流失常使这一问题进一步复杂化。调查对象参与时间过长，就必须更换样本组成员（见第7章），因为如果总是在同一固定样本组里，调查对象会改变他们的行为，这样就会产生反应偏差。手工输入的购买或者媒体数据有可能发生记录误差（见第3章）。

4.9.3 电子扫描仪服务

虽然调查和固定样本组提供的信息很有用，但电子扫描服务越来越受欢迎。**扫描仪数据（scanner data）** 反应了市场调研行业中技术的发展状况。商品通过激光扫描仪，扫描仪读取印刷在商品上的条形码，就可以收集到扫描仪数据。然后，条形码与存储在计算机里的商品现价相连接，从而形成一份销售小票，印在小票上的信息包括所有购买产品的描述和价格。如今许多零售商店使用的结账扫描仪，使包装商品的市场调研发生了彻底变革。

一共有3种类型的扫描仪：销量追踪数据、扫描仪固定样本组和有线电视扫描仪固定样本组。**销量追踪数据（volume tracking data）** 基于从结账扫描仪记录上收集的销售数据，提供关于购买品牌、规格、价格和种类的信息。这些信息是在全国范围内安装了扫描仪的超市样本中收集到的。提供销量追踪数据的扫描服务包括尼尔森的Scantrack。尼尔森通过结账扫描仪从商店收集电子销售点（POS）数据。尼尔森的零售测量提供了有关市场份额、竞争性销售量的信息，以及对分销、定价、销售和促销等

MARKETING RESEARCH AN APPLIED ORIENTATION 实用市场调研（原书第7版）

方面的洞察。

扫描仪固定样本组（scanner panels） 中的每个家庭成员得到一张可以被付款台的电子扫描仪识别的身份卡。每次购物时，固定样本组的成员在结账柜台出示身份卡，这样消费者的身份可以和购买的产品以及购物时间相匹配，公司可以建立其购物记录。此外，有些公司也给每个样本组家庭一个手持扫描仪。尼尔森从小组成员那里收集购买数据，这些小组成员在家里使用手持和移动扫描仪清点他们购买的产品。尼尔森能够准确识别和传输人们购买的产品信息。品牌商、零售商、制造商和营销人员可以利用这些数据来确定消费者在各零售店的主要消费行为。本章前面给出的波士顿市场就是一个典型的例子。根据尼尔森的消费者固定样本组的数据，55% 的调查对象每月多次购买居家消费的便餐食品。

扫描仪的另一种更为先进的应用——**有线电视扫描仪固定样本组（scanner panels with cable TV）**，将扫描仪固定样本组同有线电视业发展的新技术结合起来。这些固定样本组中的家庭处于有线电视系统中，利用有线电视"分割"的方法，调研人员把不同的广告分配至固定样本组成员家庭中。例如，一般的家庭在下午 6 点的新闻广播中看到试验广告 A，与此同时另一半家庭看到试验广告 B，使得调研人员能够在一种相对自然的环境中进行对照试验。

实用市场调研

案例 4.10　　　　　　通过看电视的家庭来测试广告

根据 2016 年开展的谷物消费调研，谷物食品是最受欢迎的早餐食品，3/4 的成年人经常食用谷物早餐。因此，General Mills（www.generalmills.com）一直在电视台宣传谷物食品，但对广告的有效性感到担忧。

现行技术允许在不使用有线电视系统的情况下将广告传输到参与的家庭。由于小组成员可以在所有参与的电视家庭中选择，而不仅仅是那些拥有有线电视的家庭，因此消除了有线电视测试的局限性。使用这种类型的系统，General Mills 可以测试麦片的四支广告中哪个能获得最高销售额。固定样本组被分为四组，每组成员接受不同的测试广告。这些家庭通过扫描仪进行监控，以确定哪组家庭购买了最多的麦片。

这个案例展示了扫描仪服务如何结合先进的市场调研技术，与调查和购买固定样本组相比，该技术具有一些优势。

扫描仪数据的用途

扫描仪数据可以用于许多方面。销量追踪数据能够用于追踪销售、定价、分销、建模、分析早期预警信号。有线电视扫描仪固定样本组能够用于测试新产品、重新定位产品、分析促销组合和进行广告决策（包括预算、文案、媒体和定价）。这些固定样本组为市场调研人员提供了独特的受控环境来控制营销变量。

扫描仪数据的优缺点

与调查和固定样本组相比，扫描仪数据有着显著的优点，因为它们反映的购买行为排除了访谈、记录、记忆和专家偏差的影响。通过扫描仪获取的购买记录是完整的，并且不因价格敏感度而偏倚，因为并不要求固定样本组成员关注价格水平及其变化。另外一个优点是诸如定价、促销和陈列等店内变量也是数据集的一部分。数据及时并可以迅速获得。最后，有线电视扫描仪固定样本组提供了一个高度可控的试销环境。

扫描仪数据的一个主要缺点是缺乏代表性。销量追踪数据可能不能对总人口进行推断，因为只有大的超市有扫描仪，有些渠道被排除在外了。同样，扫描仪的地域覆盖面也是有限的。

扫描仪的数据质量还会受到一些因素的限制。并不是所有的产品都能够被扫描。例如，店员可能会使用登记簿记录一件重物，以免将其举起。如果一件物品没有一次扫描成功，店员可能会键入价格而忽略条形码。有时，顾客购买了几种不同口味的同一种商品，但店员只是扫描了其中一件，然后键入购买数量，导致交易没有被准确记录。至于扫描仪固定样本组，系统提供的信息是关于使用中的电视机，而不是实际的观看行为。虽然扫描仪数据提供行为信息和销售信息，但它们并不提供关于特定选择背后的态度、偏好和原因信息。

来源于组织机构的辛迪加数据

4.10.1　零售商和批发商审计

如图 4-2 所示，辛迪加数据可用于零售商、批发商和工业品公司。从零售商和批发商获取数据的最常用的方法是审计。**审计（audit）**是指访问零售和批发点的审计员通过检查实物记录或者分析存货，对产品流通情况进行正式的检查和确认。参加审计的零售商和批发商从审计服务公司获取基本报告和现金报酬。如下面的例子所示，审计数据着重于销售渠道出售的产品或服务，或者着重于销售渠道本身的特点。随着扫描仪数据的发展，审计的需求大大下降。尽管仍然存在审计，但多数审计已不再用手工收集数据，而是利用计算机。

批发审计服务类似于零售审计，监测仓库货物的提取。参加审计的经营者包括连锁超市、批发商和冷冻食品仓库在内，通常占当地经营者总量的 80% 以上。

审计数据的用途

零售和批发审计数据的用途包括：①确定整个市场的规模以及销售额在不同类型销售渠道、地区或城市的分布；②评估品牌份额和竞争行为；③确定货架空间分配和存货问题；④分析分销问题；⑤估计市场容量和进行销售预测；⑥根据销售量、计划和监控促销费用的分配。因此，审计数据对于获取百货商店项目中有关问题的环境信息很有帮助。

审计数据的优缺点

审计提供了关于许多不同产品在批发和零售层次上流动情况的相对准确的信息。此外，可以按许多重要变量，例如品牌、销售渠道的类型和市场规模分别提供信息。

然而，审计的覆盖面也是有限的，并非所有的市场或者经营者都包括在内。此外，审计信息可能不够及时或不够新，尤其是同扫描仪数据相比而言。通常在审计周期结束和报告发布之间存在两个月的间隔。另一个缺点是，审计数据不像扫描仪数据那样能够同消费者特征相联系。实际上，将审计数据同广告费用和其他营销努力相联系甚至也成问题。电子和在线审计克服了某些局限，下面的例子说明了这一点。

实用市场调研

案例4.11　　　　　　追踪网络购物的在线审计

Ashford.com 提供大范围可选择的廉价的手表和饰品。很明显，对于网络零售商来说，假期是一个特别重要的时段，许多人会为了假期进行网上购物，销售额会很快上升。Ashford.com 能够使用消费者怎样购物，以及花费多少的电子审计数据。

尼尔森在线构建了一个假日电子商务指数，使用 8 种方法来测量网上购物。相比于从顾客那里收集关于顾客的描述性特征，尼尔森在线更倾向于从顾客光顾的商店处收集数据。因为所有的订单都放到了网上，所有商店的电脑都能够很容易地追踪已购买的情况。这种电脑追踪行为后来发展为从商店处收集采购信息，进而发展成了一种报告形式。这个调查表明 Ashford.com 的大部分顾客都是在上班时间从网站上购物。这种趋势适用于所有的网站，因为 46% 的假期在线购物是在上班时间进行的，同时 54% 的假期在线购物是在顾客家里进行的。尼尔森在线确定 Ashford.com 的顾客会在一天中的午餐时间，或者更短的 10~15 分钟的休息时间内购物。

此外，尼尔森还表明，随着假期的临近，整个网络的在线销售额在 12 月份的第一周大幅增长。Ashford.com 的销售额在此期间增长率 385%，与其他网络公司相比，表现得极为出色。这些信息告诉 Ashford.com 应该确保其网站在工作日期间正常运营。另外，该公司可能希望在网站上做广告，像《华尔街日报》和其他公司网站是登广告的好地方。类似的网上零售商必须利用电子审计和其他类型的市场调研的优势来为网上客户提供需要的产品。

4.10.2　行业服务

行业服务（industry service） 提供关于工业品公司、商业企业和其他机构的辛迪加数据。这些辛迪加调研公司还收集北美行业分类系统（NAICS）中几乎每个行业的财务、运营和雇员数据。这些数据是通过直接询问、利用剪报服务和公司报告而收集到的。与消费品公司相比，工业品公司可利用的辛迪加数据的范围和来源要少一些。现有的服务包括：Dun&Bradstreet（www. dnb. com），财富数据库包括《财富》500 强、《财富》1000 强、全球 500 强和最快速增长公司等数据库，以及提供公司概况数据的标准普尔信息服务。

行业服务的用途

行业服务提供的信息有助于销售管理决策，包括识别潜在顾客、定义销售范围、规定配额，以及按照地理区域估算市场潜力。它还能够帮助广告决策，如确定预期目标、分配广告预算、评估广告效果。这类信息还有助于细分市场，为重要的细分市场设计特定的产品和服务。

行业服务的优缺点

行业服务是工业公司二手信息的重要来源。它们提供的信息在营销项目的初始阶段很有价值。然而，行业服务在信息的性质、内容、数量和质量方面有一定的局限性。

实用市场调研

4.11

整合不同来源的信息：
单一来源数据

最好能将不同来源获取的二手信息整合起来，使得调研人员能够取一种方法之长补另一种方法之短。整合不同来源数据的结果就是**单一来源数据**（single-source data）。单一来源数据调研追踪个人看电视、阅读和购物的习惯。调研公司招募一个家庭试验固定样本组，给每个家庭的电视机装上测量仪，并定期调查家庭成员的观看情况，用条形码扫描仪记录他们日常用品的购买情况。为获得背景信息，大部分系统也追踪记录零售数据，如销售额、广告和促销数据。所以，单一来源数据提供关于家庭变量和市场变量的综合信息，其中家庭变量包括媒体消费者和购买、市场变量包括产品销售额、价格、广告、促销和店内营销措施。

实用市场调研

案例 4.12　　　　　　　NPD 的单一来源数据：最佳来源？

NPD 集团（www. npd. com）结合来自多个来源的信息，以确定什么在销售，谁在购买以及为什么购买。NPD 从多个来源，每年追踪美国超过 1 万亿美元的消费者支出数据。

- NPD 的 1 200 个零售合作伙伴，代表全球 165 000 家商店，提供扫描仪信息。
- 超过 5 万名消费者的信息通过 NPD 的数据收集手机应用收集，超过 200 万个活跃的收件箱的信息通过技术合作伙伴 Slice Intelligence 收集。
- NDP 每年都会进行 1 200 万次消费者访谈。

4.12

大数据

大数据（big data）一词是指大量的结构化、半结构化和非结构化的数据，从中可能挖掘出信息。它的含义在不断发生变化，现指非常庞大复杂以至于传统的数据处理应用程序都不足以处理的数据集。需要一套新型集成形式的技术才能揭示多样化、复杂和大规模数据集中蕴含的信息。

这些数据的特点如下：

- 巨量（Volume）：来自各种来源的大量数据，包括商业交易、社交媒体以及来自传感器或机器间传输的数据。
- 速度（Velocity）：数据流具有前所未有的速度，必须以近乎实时的方式及时处理。
- 多样性（Variety）：数据具有各种类型的格式，从传统数据库中的结构化数据到非结构化数据，如文本文件、电子邮件、视频、音频、股票行情数据、金融交易数据等。
- 可变性（Variability）：数据流可以是高度不一致的，有周期性的高峰期和低谷期。
- 复杂性（Complexity）：数据来自很多来源，使其难以在各系统之间进行链接、匹配、清洗和转换。

现如今，许多企业感兴趣的大数据集包括传统的库存、订单和客户信息的结构化数据库，以及来自网络、社交网站和智能设备的非结构化数据。

新的存储和分析数据的方法对数据架构和数据质量的依赖程度较低。相反，具有扩展元数据的原始数据被聚合在数据池中。机器学习和人工智能程序通过使用复杂的算法来从中获取有价值的信息。大数据的准确性可以帮助制定更自信的决策，而更好的决策可以带来更高的运营效率、更低的成本和更低的风险，如 Visa 的案例所示。

案例4.13　　　　　　　　Visa：大数据无处不在

Visa 面临的挑战是如何在打击欺诈活动的同时为客户提供无缝的服务。这些任务往往是互相冲突的。起初，该公司使用自动化业务规则软件来防止欺诈。但是根据客户反馈，度假或商务旅行时的付款被拒让人感到不舒服。用于减少欺诈的技术很难判断客户是在旅行还是信用卡失窃。

随后，Visa 利用 SAS 的大数据分析来解决这个问题。通过实施 SAS 大数据方法，Visa 可以实时分析多达 500 个特定变量。这种方法既减少了欺诈行为，还不会给客户带来不必要的付款被拒问题，每年可为 Visa 节约 20 亿美元的欺诈性付款。

Visa 是 2016 年里约奥运会的荣誉赞助商，其口号是"无处不在"。里约奥运村运动员使用的 Visa 非接触式支付环随后也面向公众推出。

国际市场调研

实用市场调研
4.13

有多种二手数据可用于国际市场调研。与国内市场调研一样，问题不是数据太少，而是可用的数据太多，因此需要将各种来源进行分类。美国国内的各种机构，包括官方和非官方来源，能够提供颇有价值的国际二手数据（见图4-3）。最重要的官方来源包括美国商务部（www.commerce.gov）、美国国际开发署（www.usaid.gov）、美国中小企业管理局（www.sba.gov）、美国进出口银行（www.exim.gov）、美国农业部（www.usda.gov）、美国国务院（www.state.gov）、美国劳工局（www.dol.gov）、纽约和新泽西港口管理局（www.panynj.gov）。美国商务部不仅提供大量的出版物，而且还提供多种其他的服务，如国外购买者项目、中介事务、贸易访问、出口合同清单服务、国外商务服务和出口商的海关统计服务。另一个非常有用的来源是中央情报局（www.cia.gov）。

非官方组织，包括位于美国的国际组织，能够提供关于国际市场的信息。这些组织包括联合国（www.un.org）、经济合作与发展组织（www.oecd.org）、国际货币基金组织（www.imf.org）、世界银行（www.world-bank.org）、国际商会（www.iccwbo.org）、欧盟驻美国办事处（www.euintheus.org）和日本对外贸易组织（www.jetro.org）。最后，可以从外国政府、位于国外的国际组织、贸易协会和私人服务机构（如辛迪加服务公司）获得源自当地的二手数据。

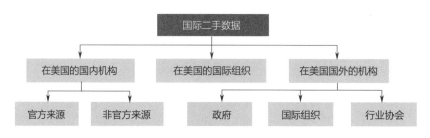

图 4-3 国际二手数据

对国际调研项目而言，二手数据的评估比对国内调研项目更为重要。对某一特定数据的统一计量，如 GDP，因为测量单位的定义不同，不同的来源可能给出不同的数值。各国的测量单位可能不同。例如在法国，工人每年自动获得第 13 个月的月薪作为奖金，因而其测量概念不同于其他国家。二手数据的准确性在各国之间也有差异，商业和收入的统计会受到税收结构和避税的影响。人口普查会因数据收集的频率和年份而变化。许多辛迪加公司正在开发大型国际二手数据来源。

案例 4.14   欧洲消费者追求消费高潮

　　盖洛普组织（www. gallup. com）专门从事获取生活方式和心理特征数据的调研，最近对欧洲共同体的 22 500 多名成年人进行了采访。调查结果表明，耐用消费品市场正在爆炸性增长，尤其是高清电视、微波炉和手机等便利商品。这一消费群体的教育水平和生活水平正在普遍提高。欧洲人也拥有更高的自由支配的购买力，表现在对旅行套餐的需求不断增长，这一需求在 2017 年继续保持强劲。在个人护理市场，使用香水的欧洲女性用户正在减少，但与除臭剂需求增长相抵消。

　　这类数据对苹果、AT&T 和三星等希望开发欧洲市场的营销人员很有帮助。例如，在德国租房时，租客必须安装所有的主要电器和照明装置。因此伊莱克斯开发了超值套餐，为公寓租户提供大幅优惠的家电产品。

4.14   市场调研与社交媒体

　　从图 4 – 1 可以看出，社交媒体可以作为内部和外部二手数据的丰富来源。公司的博客、脸书或推特账号可以生成丰富的内部二手数据。外部社交媒体和网站提供一个富有价值的数据库，调研人员可以利用它来分析相关的消费者信息。来自社交媒体（如博客或脸书）的信息和帖子提供了消费者对当前问题的看法和偏好的信息。虽然对于调研人员来说，分析来自典型和传统来源（如期刊、杂志和互联网）的二手数据很重要，但是鉴于社交媒体在代表消费者真实心声方面的重要性，对社交媒体的分析不容忽视。社交媒体中对各种问题的讨论提供了可靠的信息，市场调研人员在分析二手数据时应该充分考虑它们。

　　社交媒体与市场调研息息相关，因为可以在实时、可控的多媒体环境中接触到来自世界各地的调查对象。社交网络、博客和其他形式的社交媒体成为消费者讨论看法和偏好的论坛，也是他们对市场、公司及其产品发表意见的一个渠道。此外，由于这些网站通常根据人口特征和兴趣特征将用户进行区分，使得收集内部和外部数据变得很容易。公司还可以根据用户线上表达的情绪来挖掘潜在用户。

　　不仅企业建立了社交媒体网站来收集内部二手数据，从外部社交媒体网站挖掘有用信息，非营利组织和政府也在做同样的事情。IBM 提供了一个示例。

案例 4.15   IBM：利用 Twitter 作为竞争性情报来源

　　一般情况下，IBM 从各种外部来源获取二手数据，包括期刊、出版物、分析师的评论、公司年报和互联网。例如，它可以从各种技术和网络服务器相关杂志的外部专家和分析师那里获得专业的产品评论，如 PCMag、Linux 杂志、《计算机世界》和《网络世界》等。通过这些来源收集有关 IBM 产品的评论和意见信息，公司能够对其产品进行更好的评估。IBM 还使用从政府来源（如美国人口普查局）收集的统计数据和经济数据，包括从事销售电子产品和电器（电视、手机、计算机、收音机及其他电器设备）的零售企业的调查数据。

随着社交媒体的日益普及，IBM 在其不同的部门业务下设立了许多不同的 Twitter 账户。Twitter 是一个微博平台，允许用户上传简短的评论并关注其他用户。该平台是外部二手数据的宝贵来源，它降低了在线信息的搜索成本，许多业内人士，包括竞争对手和专家，都在使用 Twitter。

IBM 的 Twitter 账户之一是"ibmretail"。它是 IBM 的全球零售业务的 Twitter 账户，能提供更智能的解决方案，为零售商增加商业价值。正如我们从其 Twitter 账户中看到的那样，尽管拥有成千上万名粉丝，但"ibmretail"仅关注少数用户。与 IBM 的大多数 Twitter 账户一样，不同部门业务的 Twitter 账户是相互关注的。快速浏览一遍"ibmretail"关注的用户，就会发现甲骨文零售、Tomax 公司、斑马技术公司和 Epicor 零售等公司。甲骨文零售，如其 Twitter 简介所述，是面向零售商的创新和全面的软件解决方案领域的领先供应商。Tomax 公司通过商店运营和劳动力管理为营销和销售提供零售解决方案。一项快评显示，这些公司是 IBM 在零售解决方案业务中的竞争对手。作为竞争对手的关注者，IBM 可以收集竞争性情报，这是公司外部二手数据的一种形式。

IBM 零售还关注世界零售大会（WRC），这是一个供世界零售领导者会面和讨论有关其业务的关键问题的平台。WRC 就像零售行业协会一样，向零售领导者提供有关品牌、受众概况和行业新闻通讯的信息。因此，通过关注 WRC，"ibmretail"能够获取有关零售业的最新信息，并在其市场调研中使用 WRC 提供的二手数据，例如对参加 WRC 的零售商的目标市场进行分析和细分。

使用社交媒体收集竞争性情报和其他辅助数据使 IBM 富有竞争力并成为行业领导者。

社交媒体的出现使得辛迪加公司可以接触到曾经无法接触到的人，并超越地域和物理社交网络的限制，聆听他们的对话。技术的快速发展为尼尔森等公司创造了新的信息和对话来源。社交媒体上有丰富的定性和定量的数据，传统的方法可能无法收集到这些数据，或者需要花费更多的时间和成本。辛迪加服务公司利用来自社交媒体的信息来了解市场，回答客户的问题，与消费者和潜在用户建立联系，以及开展在线调研和广告宣传。

测定消费者生成媒体方面也取得了一定的进展。由于在线口碑的存在和扩散，它留下了"数字痕迹"，可以对社交内容进行定位、分类、分析。尼尔森的社交内容评级包括社交电视测定、广告解决方案和参与工具，以最大限度地提高跨平台项目营销和广告策略的影响。社交内容评级中提供的指标是跨社交网络的标准化指标。完整的社交活动被全面地测定，并细分为原始的"创作"内容，例如脸书上的帖子和推文，以及与该内容的"互动"，如评论和转发。

移动市场调研

如第 1 章所述，移动互联网的使用已经超过了桌面端。因此，可以通过移动设备获取二手数据。当然，与计算机相比，在移动设备（尤其是智能手机）上访问和存储大型文件具有局限性。

移动市场调研（MMR）已经成功用于提供基于调查的辛迪加服务，第 6 章中将详细介绍这个话题。同样，拥有移动固定样本组的调研公司有能力提供基于样本组的辛迪加服务。移动日志可以极大地补充纸质日志的内容。移动日志不要求调查对象根据他们的记忆记下发生的事情，而是跟随他们一起，以笔记、图像和录音的形式记下他们的所见所闻。在这里，我们重点讨论使用移动设备开展零售业的审计业务。

在发达市场，零售业的审计业务在很大程度上是自动化的，尽管在网点仍然有相当多的人工盘点工作。审计公司，如 Survey.com，将其员工派往零售商店收集有关产品储存、展示、促销和定价的信息。他们还收集有关库存、网点数量和销售点合规性的数据。这些数据与带有时间戳的全球定位系统（GPS）定位照片一起，以定制化仪表盘的形式展示给用户。因此，客户可以了解其战略在零售层面上的执行情况，从而增加他们的市场份额。基于这些信息，客户可以设定增长目标并跟踪增长进度。移动市场调研特别适用于对销售网点、货架陈设和促销材料开展审计工作，因为它可以捕捉视觉数据以支撑正在收集的其他参数。因此，移动设备可以在合规审计中发挥重要作用，用以确定零售商是否遵守制造商的规定。

同样地，移动设备也可以在购物审计中发挥作用。在一般性的购物审计中，调查对象在回家后记录他们的购买行为，这导致出现时滞和潜在的错误。在移动购物审计中，调查对象可以使用手机扫描、拍照以及使用应用程序或调查输入数据来记录"当下"的购买行为。

移动市场调研提高调查准确性

MMR 全球调研（www.mmr-research.com）对家庭主妇开展了一次在线调查。其中，她们上报的家庭储存的平均麦片包数（5 包）低于预期。为了检验在线调查结果的准确性，大约 150 名调查对象被要求拍摄她们谷物食品贮藏室的照片，并通过 MMS（多媒体消息服务）将其发送给 MMR 全球调研。后一项调研显示，平均而言，人们实际拥有的谷物食品数量（9 包）是在线调查得到的数量（5 包）的两倍。结果还表明，自有品牌的比例比在线调查要高得多（35% 对 20%）。照片的使用消除了调查的模糊性，只需要调查对象的简单输入就能提供准确的数据。这个例子说明了市场调研公司和专门从事于辛迪加服务的公司如何利用移动市场调研（MMR）来提高更为传统的调研方法的准确性。

实用市场调研

4.16

市场调研中的商业伦理

调研人员应在伦理上保证二手数据与现有问题是相关的，并且是有用的。应该用本章前面已经讨论过的标准对二手数据进行评估。只有在合适时才能使用这些数据。用符合伦理的程序收集数据同样重要。如果数据的收集伤害了调查对象或者侵犯了他们的隐私，就是不符合伦理的。如果二手数据的使用者对与其利益或者观点不一致的数据过于挑剔，同样也会产生伦理问题。

4.16.1 伦理苦果可能难以下咽

ABC、NBC、CBS 以及一些广告公司和主要的广告客户对尼尔森（www. nielsen. com）的电视收视率结果感到不满意。他们批评尼尔森的抽样工作和侵犯隐私的数据记录方法。批评尼尔森的一个关键问题是，电视网络的收视率正在不断下降。截至 2017 年，广播网络的黄金时段收视率有所下降。

与其接受广播网络观众规模正在缩小的观点，这些电视网络更愿意对他们的观众数量进行更为平滑的估计。收视率可以转化为广告收入，电视节目吸引的观众越多，电视台在该时段播放广告的收入就越高。不同时段的广告费用区别很大，因此准确地评估电视网络收视率非常重要。

为了保护电视网络，垄断者们趋向于抵制创新，因而缺乏改进工作的动力。只要财源不断，他们就会固步自封。但是，作为一个专业的市场调研服务供应商，尼尔森公司有义务尽其所能提供准确和有代表性的数据。用户也有道德责任，不能仅因为二手数据不支持自己的观点就批评它们。最终，电视广播公司的决策人员不得不吞下现实的苦果，即有线电视、卫星电视和互联网都在抢走广播电视的观众。

由于二手数据的局限性，为了获得解决管理决策问题所需的信息，常常需要收集原始数据。当所调研的问题需要收集原始数据时，如果只使用二手数据，就会引起伦理方面的问题。如果客户只为项目支付固定费用，而且所提交的项目建议书并没有很详细地描述数据收集的方法，那么这一问题就更严重了。另一方面，在某些情况下可能只需从二手来源获取所需信息，没必要收集原始数据。如果所调研的问题用二手数据就可以解决，却偏要进行价格昂贵的原始数据的收集，这样就不合乎伦理。如果调研公司的收费增加，成本由客户承担，这些伦理问题就会更加突出。

小结

与为调研人员现有的问题而专门收集的原始数据不同，二手数据最初是为了别的目的而收集的。二手数据可以迅速地获得，而且成本相对较低。但是它们也有局限性，应该仔细评估以确定其是否适用于现有的问题。评估标准包括规范、误差、及时性、目的、性质和可靠性。

有大量的信息存在于组织内部，这些信息构成了内部二手数据。外部二手数据是由组织之外的来源产生的。这些数据来源分为商业/非政府来源、政府来源和辛迪加服务。商业/非政府来源的二手数据包括指南、目录、索引和统计数据。政府来源大致分为普查数据和其他数据。

辛迪加服务或来源是收集和出售为多个客户服务的通用数据集的公司。辛迪加服务可以根据测量单位（家庭/消费者及机构）对来源进行分类。家庭/消费者数据可以通过调查、购买/媒体固定样本组或者电子扫描仪服务来获得。当以机构作为测量单位时，数据可以从零售商、批发商或者工业品公司获得，最好能将不同来源获取的二手数据整合起来。

大数据指任何大量的结构化、半结构化和非结构化的数据，可能从中挖掘出有用信息。这些数据的特点是规模大、速度快、种类多、变化大和复杂。

二手数据的几个专门来源可用于进行国际市场调研。但是，在此过程中对二手数据的评估变得更加重要。社交媒体可以作为内部和外部二手数据的来源，也可以用于收集原始数据。移动市场调研（MMR）可以用于获取二手数据，并提供基于调查的辛迪加服务。可能面临的伦理困境包括收集不必要的原始数据、当需要原始数据时只使用二手数据、使用不当的二手数据，以及利用在伦理上有争议的方法收集二手数据。

MARKETING RESEARCH

实用市场调研｜（原书第7版）

第5章 探索性调研设计：定性调研

定性调研的独特魅力在于可以拉近品牌与消费者之间的距离。我们可以采取多种方法了解人们的思维方式和决策过程，这推动了定性调研的发展，使之成为许多企业采用的首选调研方法。

——Burke 公司副总裁、高级顾问 Kendall Nash

Kendall Nash 供图

本章概要

————————

与二手数据分析（见第 4 章）一样，定性调研是探索性调研（见第 3 章）所用的一种主要方法。调研人员通过开展定性调研来提出问题或者开发一套理论方法（见第 2 章）。在开发理论方法的过程中，定性调研常常用于设立假设和确认调研中需要包括的变量。如果调研中没有进行结论性调研或者定量调研，那么定性调研和二手数据分析将成为调研项目的主要组成部分。本章讨论定性调研与定量调研的区别，以及各自在市场调研项目中的作用；对定性调研进行分类，详细讨论焦点小组与深度访谈；还介绍了一种称为影射法的间接定性调研方法，包括联想法、完成法、构筑法和表达法；讨论在国际市场和社交媒体中开展定性调研时应该考虑的因素；讨论移动市场调研应用于焦点小组、深度访谈和影射法的适当性；讨论执行定性调研时可能引发的伦理问题，以及互联网和计算机在定性调研中的应用。让我们从下面的案例感受一下定性调研以及其在营销中的应用。

案例 5.1　　　　焦点小组：讲述"婴儿潮一代"的价值观

"婴儿潮一代"是许多产品的核心目标用户，而"展示和讲述"焦点小组正在揭示他们的核心价值观。

"展示和讲述"焦点小组的工作内容如下：参与者被要求携带 3 ~ 4 件他们在特定情境下会携带的物品。这些物品可以是图片或纪念品，只要参与者可以解释选择这些物品的原因以及将如何使用它们。例如，一位父亲带了一个"好运鱼饵"，这是他父亲送给孙子孙女的礼物；一个小学老师带了一本她想要写的书。然后围绕这些物品开展小组讨论。定性调研发现，关于"婴儿潮一代"的特点可以用五个具体主题来概括：

1. 优质的家庭生活是一个重要关注点。能够对子女的生活产生积极影响以及一个相互扶持的亲密家庭关系是极为重要的。总而言之，家庭是非常重要的。
2. 长期的友谊有助于他们扮演好工作中和家庭之外的角色。与朋友保持联系是"婴儿潮一代"生活的一部分。
3. 与家人和朋友一起以"休闲度假"的形式摆脱日常生活中的烦恼，有助于保持对生活的热爱并给自己充电打气。
4. 身心健康对于完整、平衡的生活非常重要。
5. 根本不存在所谓的中年危机，生命过于短暂，不要纠结成功或是失败。

这种类型的调研在设计广告和促销活动方面十分具有价值。它为发掘"婴儿潮一代"的核心价值观以及最有可能刺激他们消费的价值观提供了必要的基础。例如，2017 年款本田领航 SUV 的营销口号是"现代家庭 SUV"。本田在车辆的内外结构上下足了功夫，让驾驶者在荒郊野地仍然能够享受家庭的舒适感。

Zoran Karapancev/Shutterstock

案例 5.2　　　　　　　　　感觉，仅仅是感觉

焦点小组和个人深度访谈形式的定性调研，一般用于发掘很难通过定量调研发现的消费者感受。深度访谈以一对一的方式进行，能够对访谈对象进行广泛、深入的询问，因此有可能发现他们内心深处的感受（以及价值观、信念和态度）。以下几个例子说明了识别消费者的感受对于产品设计是多么重要。

- 福特（Ford，www.ford.com）：福特决定重新设计金牛座轿车。他们重新设计了仪表盘按钮、后保险杠和其他部件，并决定更换车门栓。但是，关门时门栓发出两次拍打的怪声，让用户感觉哪里出现了问题。而事实上一切正常。
- 惠而浦（Whirlpool，www.whirlpool.com）：人们可能认为完美的产品不应该有任何噪声，但惠而浦的例子却正好相反。惠而浦推出了一款非常安静的冰箱，但顾客打电话抱怨该款冰箱会发出"轻柔的流水声"。尽管这是至今最安静的冰箱，但人们还是能感知到它的噪声。
- 雅诗兰黛（Estee Lauder，www.esteelauder.com）：化妆品行业提供了大量的定性调研的例子。例如，雅诗兰黛改变了其蓝色紧凑型化妆盒的形状，使之对女性更具吸引力。化妆盒的边缘被重新设计成弧形，展现了女性化的曲线并且显得更加柔美。

上述例子说明通过定性调研可以获得对消费者行为的丰富见解。

原始数据：定性调研与定量调研的对比

在第 4 章中提到，调研人员所获取的原始数据是为了解决手头的问题。如图 5 – 1 所示，原始数据可以是定性的或定量的。定性调研与定量调研的区别与第 3 章的探索性调研与描述性调研的区别相似。表 5 – 1 概括了这两种调研方法的区别。**定性调研**（**qualitative research**）提供了有关问题背景的见解，而**定量调研**（**quantitative research**）是通过某种形式的统计分析来提供定量数据。当一个新的市场调研问题出现时，在定量调

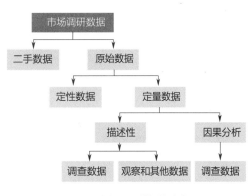

图 5-1　市场调研数据的分类

研之前必须进行适当的定性调研。有时，定性调研用于解释从定量调研中获得的结论。然而，当定性调研的结论被当作结论性的调研成果，或者用定性调研的结论来推断所调研的总体时，它就被错误地使用了。在市场调研中，一个正确的原则是：定性调研和定量调研应该相互补充，而不是相互对立。通过定性调研咨询组织（www. qrca. org）可以找到定性调研人员，这一机构是目前世界上最大的独立的定性调研咨询机构。

定量调研的坚定拥护者艾尔弗雷德·波利茨（Alfred Politz）和定性调研的坚定拥护者欧内斯特·迪希特（Ernest Dichter）一直在争论这两种方法的优劣。波利茨强调大样本容量的重要性，迪希特却回答说："但是，波利茨，10 000 乘 0 还是 0。"正如迪希特所说，当感兴趣的行为没有被很好地理解时，仅仅进行定量调研只能带来无意义的结果。定性调研和定量调研相结合能提供丰富的见解，能促进制定成功的营销战略。

表5-1 定性调研和定量调研的对比

项目	定性调研	定量调研
目的	获得有关潜在原因和动机的定性理解	获得定量数据并用定量分析结果推断总体
样本	少量的没有代表性的样本	大量有代表性的样本
数据收集	非结构化	结构化
数据分析	非统计分析	统计分析
结果	提供初步的理解	提供最后的行动方案

实用市场调研

案例5.3　　　　　　家乐氏：Pop-Tarts 新品取名大赛

　　家乐氏正在开发 Pop Tarts 系列产品的新品，并寻求 BuzzBack 的帮助来给新产品起个好名字。新产品含有酸奶成分，拥有四个可选名称。家乐氏希望通过调研了解妈妈和孩子们更喜欢哪个名称，以及喜欢的原因。BuzzBack（www.buzzback.com）是一家在线市场调研服务提供商。它对 175 名妈妈及她们的孩子开展了一项调查（根据 1998 年《儿童在线隐私保护法》的规定，13 岁以下的儿童必须获得父母许可才能参加在线调研项目）。该调查于一个周末进行。调查对象被问及他们所选择的产品名称以及对包装的偏好。调查收集了定性和定量的数据，从而让家乐氏了解调查对象最喜欢的名称，以便设计合适的营销活动。

　　调查结果显示，妈妈和孩子们都喜欢 "Pop-Tarts 酸奶爆" 作为该产品的新名称。定性数据还表明，新产品改变了口味和营养成份，所以妈妈和孩子们更喜欢它们。

　　该产品的推出取得了巨大的成功。这种产品有草莓和蓝莓两种口味，建议零售价为 2.09 美元每盒，每盒 8 个。这一年，尽管吐司蛋糕市场的竞争日益激烈，但 Pop - Tarts 仍是吐司蛋糕的头号品牌，也是家乐氏在美国最大的品牌之一。Pop Tarts 的风靡一直持续到 2016 年。市场调研让家乐氏可以不断推出新产品和新口味，如 2016 年推出的 "新碎橙 Pop Tarts"。

实用市场调研

5.2　　　　　　　　　　　　　**采取定性调研方法的原因**

　　采取定性调研方法的原因有很多。在现实中，通过完全结构化或者正式的方法从调查对象处获得信息，并不总是可行或者并不总是理想的（见第 3 章）。人们可能不愿意或者不能回答某些问题。人们对于涉及隐私、令人尴尬或对自尊、地位有负面影响的敏感问题，不愿意如实地回答。这些敏感问题包括："你最近购买卫生巾了吗？""你是否购买过缓解神经紧张的药？"此外，人们也许无法准确回答那些涉及其潜意识的问题。价值观、情感以及行为动机等潜意识中的东西会被外在世界的理性和其他自尊防御掩饰起来。例如，一个人也许是为了克服自卑感而购买一台昂贵的跑车。然而，如果问他"你为什么要买这辆跑车"，他也许会回答"我认为它值得买""我的旧车坏了""我需要给顾客和客户留下好印象"。在这样的情况下，通过定性调研能够很好地获得期望的数据。对于挖掘出哪种感觉对顾客最重要来说，定性调研很有用。

定性调研方法的分类

图5-2是定性调研方法的分类，根据调查对象是否了解项目的真正目的分为直接和间接法两大类。**直接法（direct approach）**对调研项目的目的不加掩饰，项目的目的对调查对象是公开的，或者从所问的问题中可以明显看出。焦点小组与深度访谈是主要

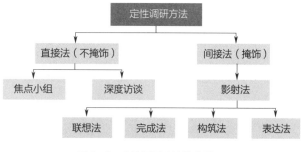

图5-2　定性调研方法的分类

的直接方法。与之对应的**间接法（indirect approach）**掩饰项目的真正目的。影射法是间接方法中最常用的，包括联想法、完成法、构筑法以及表达法。下面详细讨论每种方法。

焦点小组

焦点小组（focus group）是由经过训练的主持人以非结构化和自然的方式对一小群调查对象进行的访谈。主持人引导讨论，焦点小组的主要目的是从适当的目标市场抽取一组人，通过倾听他们讨论调研人员感兴趣的话题来获得相关见解。这一方法的价值在于通过这样一种自由的小组讨论得到一些意想不到的发现。

焦点小组是定性调研中最重要的方法。这种方法很受欢迎，很多市场调研人员将焦点小组当作定性调研的代名词。美国有成百上千的机构每周进行数次焦点小组访谈，一次典型的焦点小组访谈需要花费4 000美元。鉴于该种方法的重要性和普遍性，下面详细讲述焦点小组的特征。

5.4.1　焦点小组的特征

表5-2对焦点小组的特征进行了总结。一般来说，焦点小组的人数为8~12人。

少于 8 人的小组很难形成维持成功会议应有的动力和小组活力。同时，多于 12 人的小组可能会过分吵闹，难以形成紧凑和自然的讨论。

表 5-2　焦点小组的特征

小组规模	8~12 人
小组构成	同质的；筛选被试
访谈的物理环境	轻松、非正式的气氛
访谈持续的时间	1~3 小时
记录	使用录音带和录像带
主持人	富有洞察力、善于沟通的主持人

　　焦点小组的成员应该具有同质的人口统计学特征和社会经济特征。小组成员之间的同质性可以避免成员在枝节问题上发生冲突。因此，一个女性小组不应该同时包括有孩子的已婚家庭主妇、年轻的未婚白领女性和年长的离婚或丧偶女性，因为她们的生活方式有很大的不同。另外，应该仔细对参与者是否符合一定的标准进行审查。参与者必须对讨论的客观事物或问题有足够的经验。那些已多次参加焦点小组的人不应该被邀请进来，这些所谓的职业受访者是非典型的，他们的参与会导致严重的效度问题。

　　焦点小组的物理环境也非常重要。轻松的、非正式的氛围将促使大家自发地讨论。在会前和会议过程中应该提供少量的点心和饮料。尽管一场焦点小组访谈可能持续 1~3 小时，但是一般来说 1.5~2 小时最为典型。在这段时间里，应该让参与者和谐相处，并且深入发掘他们对有关主题的信念、感受、想法、态度和见解。焦点小组访谈的内容必须完整记录，为了能够回放、抄写和分析，一般会录像。录像的优点在于它能够将面部表情和肢体语言记录下来，但它也会增加成本。通常，客户会通过单面镜在相邻的房间进行观察也可以通过录像传输技术远程观察会议现场。

　　会议主持人在成功的焦点小组访谈中起着关键作用。主持人必须同参与者和睦相处，推动讨论不断进行，鼓励参与者发表自己的见解。另外，主持人应该有技巧、有经验，对相关的讨论主题有一定的了解，并且能够理解群体动力的本质。

实用市场调研

案例 5.4　　　　　　　对焦点小组主持人关键能力的要求

　　1. 和蔼、坚定。为了与调查对象充分互动，主持人必须保持热情和豁达。
　　2. 宽容。主持人必须对小组采取宽容的态度，但需要对小组热情降低的迹象保持警觉。
　　3. 参与。主持人必须激发调查对象的参与调研。
　　4. 不完全理解。主持人需要表现出不完全理解，进而鼓励调查对象进一步解释他们的回答。

5．鼓励。主持人应鼓励不积极的成员参加调研。

6．灵活性。主持人必须能在小组讨论出现偏离时修改原定提纲，并马上拟定新的提纲。

7．敏感性。主持人必须足够敏感，将小组讨论维持在既具理智又有激情的状态。

5.4.2 计划与召开焦点小组访谈

图5-3描述了计划和召开焦点小组访谈的步骤。首先，需要确定市场调研项目的目的。在很多案例中，问题在这一阶段之前就已经定义好了，如果是这样，就需要仔细调研问题的宽泛的陈述和具体组成部分。根据定义的问题，定性调研的目标就能够清晰详细地确定。

无论是焦点小组、深度访谈还是影射法，在执行任何定性调研之前，都必须确定目标。

下一步是确定焦点小组访谈目的的详细清单。这可以采取将调研人员想要知道的问题列表的形式。接下来，编写甄别问卷来筛选潜在的参与者。

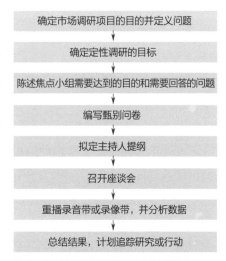

图5-3　计划和召开焦点小组访谈的步骤

通常，要从甄别问卷中获得的信息包括产品熟知度、产品知识、使用行为、对参加焦点小组的态度以及标准的人口统计学特征。

接着，需要拟定一份主持人在焦点小组访谈中使用的详细提纲。这需要调研人员、客户、主持人做深入讨论。主持人必须能够抓住参与者提及的重要观点，因此主持人必须了解客户的业务、焦点小组的目的以及焦点小组访谈结果如何被使用。使用主持人提纲能够减少焦点小组所固有的一些信度问题，例如，不同的主持人了解的不同内容所导致的信度问题。鉴于主持人提纲的重要性，我们通过"客户为什么更换手机"这一项目来说明如何拟定焦点小组提纲。

实用市场调研

案例5.5　　　　　　　　　　焦点小组提纲

前期准备（5分钟）：

- 欢迎和致谢。
- 培育小组感情（非正式、多向、兼容并蓄）。
- 可能询问显而易见的问题（有时是显而易见，有时并非如此）。
- 强调答案没有对错之分，只是发现人们的想法。
- 录音和录像。
- 自助点心和饮料。

- 说明讨论的话题是手机。
- 有无问题或顾虑？

介绍和热身（3分钟）：
- 名字。
- 拥有手机的最大好处。
- 拥有手机的最大坏处。

手机环境（5分钟）：
- 当你外出时都带什么？
- 让我们从你总是带着的东西开始。
- 你经常带着的东西是什么？

手机使用状况（10分钟）：
- 我希望了解你是如何使用手机的。
- 你一周大概打多少次电话？接多少次电话？
- 你最常打哪几类电话？
- 你最常接哪几类电话？
- 如果没有了手机，你的生活会有什么不同？

以往的手机购买情况（20分钟）：
- 回想一下你现在正在使用的手机，我将问你两个问题。
- 第一个问题是你选择手机的过程，第二个问题是选择手机的标准。

以往的手机选择过程
- 首先，想一下你选购手机的过程，暂不考虑你想要的任何功能，你是如何选择的？
- 探讨。

以往的手机选择标准
- 现在告诉我，你实际想要通过手机获得什么？
- 探讨。

手机功能使用情况（10分钟）：
- 想一想手机的功能有哪些。写下你能想到的所有手机功能——任何手机能做的事情以及任何你想要改变的设置等。
- 你曾经用过哪些功能，哪怕只有一次？
- 哪些设置你只改变过一次，并且很高兴你能够改变它？
- 为什么？
- 进行探讨。

希望有的功能（3分钟）：
- 有哪些你的手机没有、但你希望拥有的功能？
- 进行探讨。

换手机的动机（10分钟）：
- 你被邀请参加焦点小组是因为你至少换过一次手机，导致你换手机的原因是什么？

- 换手机和你换服务运营商或续约（你与移动通信服务供应商之间的合同）有关吗？
- 你能够想到的换手机的原因有哪些？

以往换手机的起因（10 分钟）：

- 你被邀请参加这个小组访谈是因为你至少换过一次手机，导致你换一个更好的手机的原因是什么？
- 做这一决定都考虑了哪些因素？
- 最重要的因素是什么？

以往换手机的障碍（5 分钟）：

- 你从第一次有换手机的念头（无论多么短暂）到你买新手机之间的时间有多长？
- 你没有立刻换手机的原因是什么？
- 暂时没换的主要原因是什么？

未来换手机的原因和障碍（20 分钟）：

- 未来的情况如何——你什么时候会再次更换你的手机？
- 促使你这样做的原因是什么？
- 有没有任何特别的功能使你立刻换手机？
- 你希望下一个手机有什么功能？

结束（10 分钟）：

- 最后，我想用几分钟时间充分发挥你们的想象力，提出新的观点。
- 不用担心你的观点好不好。
- 我唯一禁止的词就是"免费"！
- 假如有一家手机制造商希望你明天更新你的手机，他们需要做什么？
- 说出所有出现在你脑海中的东西——明显的、深层的、严肃的、可笑的。
- 向参与者致谢并结束座谈。

在拟定了详细的焦点小组访谈提纲之后，需要招募参与者并召开焦点小组访谈。在访谈中，主持人必须做到：①同参与者建立融洽的关系；②陈述小组讨论的规则；③设立目标；④探索答案并促使在相关领域形成激烈的讨论；⑤尝试总结小组的发言，并确定达成共识的程度。

在小组讨论之后，主持人或者分析员将回顾和分析结果。分析结果不仅包括报告特定的评论和结论，同时还要寻找一致的回答、新的观点、面部表情和肢体语言所表达的关注点，以及其他从所有的参与者身上能够或者不能得到肯定的假设。

由于参与者的人数很少，在焦点小组访谈的报告中并不常使用频率和百分比。报告中通常包括这样一些表达，例如"大多数参与者认为"或者"参与者在这个问题上存在分歧"。对焦点小组的细致调研和解释是下一步骤——"采取行动"的基础。

案例5.6　　　　　　　　亚特兰大购物中心报告

焦点小组访谈目标

亚特兰大购物中心的专题组旨在了解年轻人对购物中心的期待，了解他们近期造访购物中心时的意见，并根据他们的个人体验来确定购物中心的品牌形象。

方法和步骤

选取在劳动节周末到访购物中心的 60 名青年游客（30 名男性和 30 名女性）作为调查对象并征询他们对亚特兰大购物中心的看法。将他们分成 6 个焦点小组，每个小组包含 10 个调查对象。小组给每位青年调查对象分发 30 美元，并指示他们于 2016 年 9 月 3 日至 5 日造访购物中心，此外，并没有给他们任何指令或解释。当他们访问商场时，他们并不知道自己正在参与焦点小组活动。

调查结果摘要

商场购物体验

- 在娱乐方面，调查对象通常选择电影（影院和租赁）、体育（观众或亲身参与）、饮料或只与朋友"闲逛"。除非有特殊情况，他们通常只需要三四个小时就能逛完购物中心，并试图将成本控制在 30 美元以下。

- 特例包括晚餐、音乐会、剧院、博物馆和主题商场。在大多数情况下，主题商场是像乔治亚州购物中心、环球影城或海洋世界这样的地方。而且，许多人不止一次造访过亚特兰大购物中心，一些人是亚特兰大购物中心的忠实客户。

- 参观者非常喜欢商场的娱乐活动，比如儿童区娱乐活动、一流的魔术表演以及大型毛绒玩具。

- 当被要求描述这段经历的感受时，大多数人都表现得十分积极："非常高兴！""感觉童年又回来了。""觉得明天不应该去上班。""与同来的朋友们分享乐趣。"为数不多的负面的评价包括"累""热"和"恶心"。

- 另一方面，商场缺乏标牌和导引图。并且，商场某些区域干燥、肮脏的环境让游客感到非常不舒服。

- 游客认为商场必要的改变有：

    - 拥挤的人群　拥挤的人群可能会让人望而生畏，必须采取措施让顾客容易接受这样的环境，比如提供饮水机、长椅、喷雾器、吊扇或娱乐设施。与佐治亚州购物中心相比，调查对象认为该商场拥有更多的空间和更好的顾客。

    - 着装要求　调查对象抱怨很多人穿着暴露，但几乎没有人看起来像布兰妮·斯皮尔斯或者瑞奇·马丁。谁希望保龄球馆的人穿成这样？一些人认为应该有"不穿衬衫、不穿皮鞋，就不提供服务"的要求。

    - 信息　在购物中心的显眼位置放置地图将会改善购物体验。参观者一致认为，商场中很难找到地图，或许在商场入口处分发地图也会有所帮助。

与佐治亚州购物中心对比品牌识别度

个性特征

- 亚特兰大购物中心：主要顾客是中年或老年男性。他们的神态显得疲惫或者喜怒无常。他们主要是蓝领工人，穿着"gimme" T恤，戴着帽子，看起来呆呆的。或许是因为经济条件有限，他们开的车是美国老爷车。 这表明亚特兰大购物中心是一个追随者而不是领导者。

- 佐治亚州购物中心：顾客既包括男性也包括女性。 他们穿着经典的卡其色裤子和POLO衫，素质高，平易近人，富裕。 佐治亚州购物中心的顾客综合素质比亚特兰大购物中心更高。

  - 品牌价值 大多数人认为，亚特兰大购物中心只是简单集合了一群商店和游乐设施。而其他购物中心，比如佐治亚州购物中心则提供了完整的娱乐服务。一些"老顾客"或许还怀念亚特兰大购物中心的历史，但是它所独有的特征已经消失了。因此，人们普遍认为亚特兰大购物中心的品牌价值下降很多。

  - 影响 总而言之，这些专注于青少年调研的焦点小组的结果与非青年焦点小组的结果相似。调查对象认为，亚特兰大购物中心更适合于"上班族"。与佐治亚州购物中心相比，年轻调查对象对亚特兰大购物中心的看法明显比其他年龄段顾客更加消极。但是，由于年轻人看重口碑传播，还需要使用更大的样本开展进一步的调研。关于单个主题开展的焦点小组的次数取决于：①主题的本质；②不同细分市场的数目；③逐个增加的小组所产生的新观点的数目；④时间与成本。如果资源允许，应该进行另外的讨论直到主持人能够预期到小组将讨论到的内容。这通常要求关于同一主题进行3个或4个小组讨论，并且至少开展两个小组讨论。正确开展焦点小组访谈可以提出重要的假设，这些假设是定量调研的基础。

实用市场调研

案例5.7   让"Kool-Aid"饮料变酷

Kool-Aid（www.koolaid.com）是一种在美国家庭广为使用的饮料，备受妈妈们和孩子们喜爱。尽管如此，Kool-Aid的销售额已经开始下降。卡夫亨氏公司（Kraft Heinz）公司想要知道为什么重度用户会减少对该产品的消费，以及如何让Kool-Aid重新融入人们的生活之中。

Kool-Aid开展了焦点小组调研，按照产品使用情况（从重度用户到轻度用户）对小组进行了分类，并挖掘出大量关于不同类型用户的信息。重度用户一年四季都喜欢饮用Kool-Aid，并且所有家庭成员都喜欢喝，而不仅仅是孩子。重度用户不仅向混合饮料中添加水，还添加水果、果汁和苏打水等成分，并在家里饮用。另一方面，轻度用户将Kool-Aid饮料作为儿童的夏季饮料。据此，提出了以下假设：

H1：重度用户全年都喜欢喝Kool-Aid饮料。

H2：在重度用户中，所有家庭成员都喜欢喝 Kool-Aid 饮料。

H3：重度用户经常居家饮用 Kool-Aid 饮料。

H4：在轻度用户中，孩子们是主要的用户。

H5：轻度用户主要在家以外的地方饮用 Kool-Aid 饮料。

后续以电话访谈的形式开展的定量调查支持了这些假设。因此，Kool-Aid 为重度用户和轻度用户开发并测试了不同的广告策略。针对重度用户的广告场景是不同年龄段的用户在家里或者院子里一起品尝 Kool Aid 饮料。这就是"如何爱上 Kool Aid"口号的由来。针对轻度用户的广告展示了大人和孩子们在游乐场享受夏日乐趣时饮用 Kool Aid 饮料。这次广告宣传非常成功地扭转了 Kool Aid 销售下降的颓势。2017 年，Kool Aid 的年度消费总量超过 5.63 亿加仑，其中夏季消费量为 2.25 亿加仑。

5.4.3 焦点小组的其他形式

焦点小组可以采用其标准程序以外的一些其他形式，包括：

- 双向焦点小组（two-way focus group）。这种形式是让一个目标群体听取另一个相关群体的看法，并从中学习。例如，医生观察一组关节炎病人，听取他们对期望的治疗方式的讨论；然后这些医生组成一个专题组进行座谈。

- 双主持人焦点小组（dual-moderator group）。焦点小组由两个主持人来执行，其中一个负责会议的顺利进行，另外一个确保特定的问题得到讨论。

- 对立主持人焦点小组（dueling-moderator group）。这一形式中也有两个主持人，但他们有意针对所讨论的问题持相左的观点，这就允许调研人员探索争议问题的两个方面。

- 调查对象 - 主持人焦点小组（respondent-moderator group）。在这种形式中，主持人要求所选择的参与者暂时扮演主持人的角色来促进小组活力。

- 客户参与焦点小组（client-participant group）。有客户一方的人员参加的焦点小组。他们的主要目标是提供说明以使会议进程更为有效。

- 微型焦点小组（mini-group）。这些小组由一个主持人与仅有的 4~5 个调查对象组成。与标准的 8~12 人焦点小组相比，当调研人员需要更加深入地探究他们感兴趣的问题时，就宜采用此种形式。

- 电话焦点小组（telesession group）。使用电话会议技术，通过电话来执行的焦点小组。

- 在线焦点小组（electronic group interviewing，EGI）。使用键盘和其他电子设备来获取会议意见。

当主持人想就某一问题要求焦点小组参与者投票时，调查对象使用键盘以 0~10 或 0~100 的分值来表达他们的意见，结果会立即显示在大屏幕上。

在线焦点小组是焦点小组的一个重要形式，将在后面详细讨论。现在，我们讨论一下焦点小组的优缺点。

MARKETING RESEARCH AN APPLIED ORIENTATION 实用市场调研（原书第 7 版）

5.4.4　焦点小组的优缺点

焦点小组与其他数据收集方法相比有一些优点。这些优点可以用 10S 来概括。

（1）**协同（synergism）**。将一组人聚在一起，比个人单独回答产生更广泛的信息和观点。

（2）**滚雪球效应（snowballing）**。在焦点小组中常常发生从众效应，也就是说一个人的评价会引发其他参与者的一系列连锁反应。

（3）**刺激（stimulation）**。在简短的介绍之后，随着对于讨论话题热度的增加，调查对象想要表达自己的观点和感受。

（4）**安全（security）**。由于参与者的感受同其他小组成员相似，所以他们感到舒适并愿意表达自己的观点和感受。

（5）**自发（spontaneity）**。由于并不要求参与者回答特定的问题，回答是自发的、非常规的，能够准确地表达自己的观点。

（6）**意外（serendipity）**：与个人访谈相比，焦点小组中更可能产生意料之外的观点。

（7）**专业（specialization）**。由于参与者经过了一番筛选，通常受过良好训练，因而更加专业。

（8）**科学审视（scientific scrutiny）**。能够对焦点小组的数据收集过程进行严格的审查，观察者可以观看会议，并可以将其记录下来以备以后分析。

（9）**结构化（structure）**。焦点小组中，话题的覆盖范围和深度是灵活的。

（10）**速度（speed）**。可以同时访问很多参与者，数据的收集和分析过程相对较快。

焦点小组的缺点可以用 5M 来概括：

（1）**误用（misuse）**。当焦点小组被当作结论性调研而不是探索性调研时，它的结果将被误用和滥用。

（2）**误判（misjudge）**。相对于其他数据收集方法来说，焦点小组的结论更容易被错误判断。焦点小组的调研特别容易受到客户和调研人员偏见的影响。

（3）**控制（moderation）**。焦点小组很难控制。具备期望的技能的主持人很少，而访谈结果的质量又在很大程度上依赖于主持人的能力。

（4）**混乱（messy）**。参与者回答的非结构性特点使编码、分析和解释变得困难。焦点小组的数据较为混乱。

（5）**不具有代表性（misrepresentation）**。焦点小组的结论并不能代表总体特征，并且不可以进行推论。因此，焦点小组的结论不应该作为决策的唯一基础。

5.4.5　焦点小组的应用

焦点小组可以广泛地应用于营利性、非营利性等各种类型的组织，它几乎可以用于所有需要获得初步理解和见解的情况。

焦点小组能够用来说明以下实际问题：

（1）理解消费者关于某一产品种类的感知、偏好与行为。

（2）获得对新产品概念的印象。

（3）产生关于老产品的新观点。

（4）为广告发掘有创意的概念与文案素材。

（5）确定价格区间。

（6）获得消费者对特定营销项目的初步反应。

焦点小组在方法上的应用包括：

（1）更准确地定义调研问题。

（2）提出备选的行动方案。

（3）针对调研问题开发解决方案。

（4）获得能够帮助构思消费者问卷的信息。

（5）形成能够通过定量分析验证的假设。

（6）解释以前得到的定量分析结果。

5.4.6　在线焦点小组

在线焦点小组需凭邀请参与，从愿意参与的人员名单中招募调查对象。通过在线填写筛选问卷挑选合格的调查对象，邀请他们参加焦点小组。参与者通过电子邮件收到关于焦点小组的时间、网址、聊天室名称以及入会密码等信息。人数太多会使得讨论变得混乱。所以与面对面会议相比，在线焦点小组的人数比较少，一般为 4~6 人。

在焦点小组活动开始之前，参与者会收到关于焦点小组的信息，比如如何通过打字来表达自己的情感。例如，":)"表示笑脸，":（"表示哭丧着脸。在需要表达感情的时候，参与者可以通过打字来表达自己的感情，比如皱眉、笑容、尴尬、难过、热情等。还可以用不同的颜色来表达自己的感情。参与者还可以通过访问指定网址，下载信息或者视频到自己的电脑上，从而事先了解参与者的主题信息。

参与者可以访问指定的网址，输入用户名和密码，进入特定聊天室。在聊天室中，主持人与参与者实时地通过打字来彼此传达信息。主持人提问时所有的字母通常都大写，要求参与者回答时首字母大写其余小写，还要求参与者必须标明题号，这样主持人可以很快地将回答与对应的问题联系起来。这使得焦点小组的转录工作快且容易。小组间交互讨论持续大约 1 小时。焦点小组一结束，就可以得到原始记录稿，在 48 小时内可以得到一份编辑好的记录，整个过程比传统方法更快。提供焦点小组调研服务的公司有 Burke（www. burke. com）和 20 | 20 Research（www. 2020research. com）。

新形式的在线焦点小组不断出现，如在线公告板焦点小组涉及主持人和调查对象，时间从几天到几周不等。因此，调查对象可以在自己方便的时候思考和回应调查问题。更充裕的时间，让调查对象可以彼此交流自己的想法，这在一般持续两小时的焦点小组活动中是难以实现的。

5.4.7　在线焦点小组的优缺点

全国甚至全世界的人都可以参与在线焦点小组。地理限制不复存在，时间限制也

MARKETING RESEARCH
AN APPLIED ORIENTATION　实用市场调研（原书第 7 版）

放宽了。与传统的焦点小组不同，调研人员可以在调查后某个时间重新联系调查对象，或者重温旧问题，或者讨论修改后的材料。互联网让调研人员可以接触到难以调查的人群，如医生、律师、专业人员、在职的妈妈们，以及其他生活繁忙并且对传统焦点小组不感兴趣的人。调研人员可以分别与调查对象探讨他们感兴趣的领域。调查对象回答时往往较少隐瞒信息，更愿意表达自己的观点。许多在线焦点小组的回复太多，远远超过既定的调查时间。最后，因为不用使用录像机等设备，在线焦点小组的成本远远比传统焦点小组的成本低。

在线焦点小组也有缺点。只有拥有电脑的人才会参与网络调查。由于互联网上，人们的信息一般是保密的，因此核对某个调查对象是否属于目标群体比较困难。The New Yorker 的一幅漫画描绘了这样的场景：两只狗坐在电脑旁。其中一只狗对另外一只狗说："在网上，没有人知道你是一只狗！"为了克服在线焦点小组的这种局限性，可以用传统方法（电话）来招募和核实调查对象。此外，在线焦点小组也无法获得身体语言、面部表情、语调等信息。电子表情符号也无法代表调查对象全部的情绪变化。在线焦点小组的另一个缺点是缺乏对调查环境的全面控制，并且调查对象会受到各种干扰。在线焦点小组的调查对象可能遍及全球，而且调研人员或主持人不知道调查对象在参与焦点小组活动的时候在干什么事情。此外，调查对象不能够触及产品，比如触摸衣服或闻香水，仅能获取声像信息。见表 5-3。

表5-3 在线焦点小组和传统焦点小组的比较

特征	在线焦点小组	传统焦点小组
小组规模	4~6 人	8~12 人
小组构成	全球任何地方	来自当地
小组长度	1~1.5 小时	1~3 小时
物理环境	研究人员难以控制	研究人员能够控制
对象身份	很难核实	容易核实
对象的注意力	调查对象可能做别的事情	对象的注意力受到监控
对象招募	容易（在线、电子邮件或传统方法）	用传统方法（电话、邮件、邮件固定样本组）
小组互动	有限	充分
参与者的开放程度	由于不用面对面，很坦诚	除了敏感话题外，坦诚
非语言沟通	无法观察身体语言，用符号表示情绪	可以观察身体语言和情绪
物理刺激的使用	限于可以在网上展示的刺激	可以使用各种刺激
记录	可以即时获得	费时费线
观察员与主持人的沟通	可以在不同的屏幕上沟通	通过向主持人递纸条沟通
主持人独特的技能	打字、计算机使用、熟悉聊天室的规则和俚语	善于观察
所需时间	几天内完成	需要很多天
委托人的旅行费用	无	可能会很昂贵
焦点小组的基本成本	便宜	昂贵

5.4.8 在线焦点小组的用途

许多时候仍然需要采用传统的焦点小组方法。例如，你难以在线询问高度情绪化的问题或专业性强的问题。在线焦点小组仅限于可接触到互联网的人群，并不是在任何调研情况下都使用。然而，它们非常适合那些用互联网销售产品和服务，并且想增加市场份额或收集情报的公司。具体应用包括旗帜广告、文案测试、概念测试、使用测试、多媒体评估以及图标和图像对比。在线焦点小组的另一潜在用途是公司收集职工对于裁员、更换工作、多样化等工作问题的反应。雇员可以访问公司网站并与管理层匿名讨论问题。

实用市场调研

案例5.8　　　　　　　　　　　增加 SUV 车的实用性

利用在线焦点小组的一个行业是汽车行业，比如日产北美公司。在设计 Murano 运动型多功能车（SUV）时，日产开展了几次焦点小组调研，以获得用户对设计的反馈并了解目标市场的需求。该市场由年轻、充满活力、热爱运动的人组成，他们乐于参与焦点小组。他们希望以合理的价格获得一款可以在车内或车架上携带运动和露营设备的 SUV。焦点小组讨论了他们期望的功能，如 SUV 顶部和背部的车架、四车门设计、运动型设计、时尚的颜色以及车内大空间设计。日产在这些方面都取得了成功。2017 年，日产 Murano 获得了良好的评价，如 Edmunds 所说："如果您想要一辆高档的 V6 动力汽车，而不需要豪华品牌的溢价，这是一个明智的选择。"

实用市场调研

5.5　深度访谈

深度访谈（depth interview）是另一种获得定性数据的方法。下面将介绍执行深度访谈的一般过程，然后对一些特殊方法进行说明，除此之外，还会对深度访谈的优缺点和应用进行讨论。

5.5.1 深度访谈的特征

正如焦点小组一样，深度访谈是获取数据的非结构化的方法，但是和焦点小组不同的是，深度访谈是一对一进行的。深度访谈是一种非结构化的、直接的人员访谈，由具备熟练技能的访谈者对单个被访者进行提问，获得有关某一话题的潜在动机、信念、态度和感受。

深度访谈的时间一般为 30 分钟到 1 小时。在百货商店项目的案例中，访谈者首先

MARKETING RESEARCH 实用市场调研（原书第 7 版）

AN APPLIED ORIENTATION

从一个一般性问题开始,例如:"您到百货商店购物的感受如何?"然后,访谈者鼓励被访者自由谈论他对百货商店的感受。在问完第一个问题之后,访谈者转而使用非结构化的形式。接下来的访谈方向是由被访者的最初回答、访谈者的深入探究以及被访者的回答所决定的。假设被访者对第一个问题的回答是:"购物不再有趣了。"那么访谈者接下来可能会问:"为什么购物不再有趣了?"如果获得的回答("购物的乐趣已经消失了")并不能揭示原因,那么访谈者可能会问一个更加深入的问题,例如"以前为什么有趣,以及发生了什么变化?"

尽管访谈者试图遵循一个大致的提纲,但是问题的特定用词以及问题提出的顺序都受到被访者回答的影响。对于获得有意义的回答以及揭示隐藏的问题,追问很重要。追问可以通过询问这样的问题来完成,例如:"你为什么这么说?""那很有趣,你能告诉我更多一些吗?"或者是"你是否愿意再补充一些?"我们将在第13章进一步讨论追问。

实用市场调研

案例5.9   探讨"智能"信用卡

在一项旨在探讨信用卡新功能的调研中,受访者在以结构化的方式被询问时,仅仅是列举出信用卡的现有功能。随后,采用深度访谈的方法对调查对象开展了调查。例如,调查对象被要求问自己:"什么对自己来说最重要?""我有什么问题?""我希望自己怎样生活?""我的理想世界是什么样子的?"结果,消费者提供了以前未曾提供的信息,并且提出了一些信用卡的新功能。该调研发掘了对"智能"信用卡的需求,该信用卡具有诸如信用卡追踪、银行余额投资以及紧急电话号码等功能。信用卡存在的另一个问题是携带过多的信用卡让人烦恼。这项深度访谈的结果帮助信用卡公司设计新功能,既吸引了新客户又满足了现有客户的需求。智能卡联盟在2017年3月更名为安全技术联盟(www. securetechalliance. org)。名称变更是因为扩展了章程,不仅包括智能卡技术,还包括支持安全解决方案实施的嵌入式芯片技术。

5.5.2 深度访谈的方法

目前较为普遍的深度访谈法有三种:梯式提问、隐藏式提问和象征意义分析。在**梯式提问(laddering)**方法中,提问的线索是从产品特征到使用者特征。这种方法使调研人员能够了解消费者的意义网络。梯式提问为探索影响消费者购买决策的深层潜在心理和情绪原因提供了方法。当想要确定一个人购买某种商品的原因时,调研人员想要知道的不仅仅是简单的"质量"和"便宜"。因此,为了解深层的潜在动机,需要使用梯式提问方法。

梯式提问方法要求对访谈者的特殊追问技巧进行培训,以便能够描绘出被访者对目标产品有关观点的心理地图(mental map)。最终目标是将相似的被访者的心理地图结合在一起，以此了解人们购买特定产品的原因。追问用于发现被访者最初的回答没有透露的内容。当询问人们为什么喜欢一种产品时，最初的回答往往和属性相关，例如颜色、口味、价格、大小和产品名称。通过"爬梯"，能够发现每一种属性、结果以及潜在动机的价值，以此来揭示购买产品的真正原因。梯式提问的线索是从产品特征到使用者特征。根据被访者最初的回答，提出"为什么"的问题能够得到更多有用的信息。例如：

> **问题**："您为什么购买美宝莲化妆品？"
> **答**："我买美宝莲化妆品，因为它是一个好品牌而且价格合理。"
> **问题**："价格合理的化妆品为什么对你这么重要？"
> **答**："购买质量好且不贵的产品让我自我感觉很好，因为我花钱理智。"

隐藏式提问（hidden issue questioning）关注的焦点不是社会公认的价值观，而是个人的"痛点"；不是一般的生活方式，而是个人的深刻感受。**象征意义分析**（symbolic analysis）试图通过与对立面进行对比，来分析被访者的回答的象征性意义。为了解某事物是什么，调研人员试图了解它的反面是什么。被调查的产品的逻辑反面是该产品没有的功能、属性和其不属于的类型。下面的案例将对这三种方法加以说明。

实用市场调研

案例5.10　　　　　　　　航空旅行隐藏的问题和维度

在这项调研中，调研人员针对男性中层管理者对航空公司的态度进行调查。

梯式提问

针对每一航空公司的特性（例如宽敞的飞机）进行调查（为什么你喜欢选择宽敞的飞机旅行）以确定为什么重要（我能完成更多的工作），然后追问原因（我有更多的成就感，感觉良好）等。梯式提问表明，管理者喜欢先进的座位预订系统、宽敞的飞机和更舒适的头等舱座位（产品特征）。这使得他们能够在飞行中完成更多的工作，进而带来成就感和更强烈的自尊感（使用者特征）。这种方法表明像美国航空公司过去采取的增强管理者自尊的"你是老板"的广告活动是值得考虑的。2016年，美国航空公司利用里约奥运会的机会，打出"为飞翔的美国队感到骄傲"的广告语。

隐藏式提问

询问被访者有关梦想、工作和社会生活的问题来确定隐藏的生活问题。结果表明富有魅力的、有历史底蕴的、精英的、竞争性的活动，例如 Grand Prix 汽车赛、击剑等都是管理者感兴趣的。像德国汉莎航空公司以第一次世界大战的"红男爵"作为代言人的广告一样，这些兴趣能够通过类似形式得到强化。汉莎航空在2017年继续以"与你的家人一起享受德国"等口号宣传这一主题。

象征意义分析

这类问题包括："如果你不能再乘飞机，那会怎么样？"大多数回答都是："没有

MARKETING RESEARCH AN APPLIED ORIENTATION　实用市场调研（原书第7版）

了飞机，我只能依靠邮件、书信和电话。"这表明航空公司向管理者出售的是面对面的交流。因此，有效的广告可能是像联邦快递对每一个包裹的保证一样，航空公司也对管理者作出承诺。2016 年度，准点联盟调研公司于 2017 年发布夏威夷航空和阿拉斯加航空在北美航空公司前十名中名列前茅，平均准点率分别为 89.87% 和 86.05%，领先于达美航空的 84.29%（第三）、美联航的 80.01%（第六）、美国航空的 78.44%（第八）。因此，夏威夷航空在 2017 年的广告宣传中强调正宗的夏威夷风情和其最佳准点记录。

在深度访谈中，访谈者的角色至关重要。访谈者应该：①避免权威感，让被访者感到轻松；②客观公正，但不能个人主观化；③以一种寻求信息的方式提问；④不要接受简单的"是"或"否"的答案；⑤追问被访者。

5.5.3 深度访谈的优缺点

相比于焦点小组来说，深度访谈能够发掘更深层次的观点。另外，深度访谈能够将答案和回答者一一对应，而在焦点小组中，常常很难确定某一特定回答是由哪一位调查对象提出的。深度访谈能够产生信息的自由交换，这在焦点小组中不可能做到，因为在深度访谈中不存在社会压力使小组意见一致。

深度访谈也具有焦点小组的很多缺点，有时更加严重。能够实施深度访谈的熟练的访谈者要价高，并且很难找到。深度访谈的非结构化使得访谈结果易受到访谈者的影响，访谈结果的质量和完整性在很大程度上由访谈者的技巧所决定。获得的数据资料很难分析和解释，因此通常需要专业的心理学家的帮助。深度访谈的时间长度和高成本意味着一个项目中能够进行的深度访谈数目很少。表 5-4 对焦点小组和深度访谈进行了对比。虽然深度访谈有这些缺点，它仍然有一些应用。

表 5-4　焦点小组和深度访谈的比较

项目	焦点小组	深度访谈
小组协同与互动	+	-
同伴压力/小组影响	-	+
客户参与度	+	-
创新想法的产生	+	-
对个体的深入追问	-	+
发掘隐藏的动机	-	+
敏感话题的讨论	-	+
访问竞争对手	-	+
访问专业人士	-	+
日程安排	-	+
信息量	+	-
对主持人和解释的要求	+	-
每位被访者的成本	+	-
时间（访谈和分析）	+	-

注：+ 表示相对于另一种方法有优势，- 表示有劣势。

5.5.4　深度访谈的应用

与焦点小组相似，深度访谈的主要用途是进行探索性调研，以获得对相关问题的认识和理解。然而，和焦点小组不一样的是，深度访谈在市场调研中并不常见。但是，深度访谈能够有效地应用于特殊的问题，例如下列问题：

1. 对调查对象的细节追问（购买汽车）。
2. 对于秘密、敏感或者尴尬话题的讨论（如个人财务状况、松动的假牙）。
3. 针对已成型的社会规范的情景，或者调查对象很容易被小组回答所左右（大学生对于运动的态度）的情景。
4. 对于复杂行为的更详细的理解（百货商店购物）。
5. 面访专业人士（行为市场调研）。
6. 面对竞争者，竞争者不可能在小组中披露信息（旅行社对航空捆绑旅行项目的认知）。
7. 产品消费经历是感性的，受心情和情绪的影响（如香水、沐浴液）。

实用市场调研

案例5.11　　　　　　　　攀登通往 PlayStation 4 成功的阶梯

梯式提问方法用于确定消费者对索尼 PlayStation 4（www. palystation. com）的态度和购买动机。梯式提问结果如下所示：

- 我与朋友们花一晚上的时间一起玩游戏或互相对战。
- 具有挑战性的游戏需要更多的批判性思维和决策，感觉更像是一个谜题而不是游戏。
- 有些游戏只适合成年人，所以我不觉得自己在玩"儿童游戏"，而是在玩高质量的游戏。

索尼 PlayStation 4 基于此信息采用的营销措施如下：

- 在洛杉矶和纽约等大城市的夜总会设立游戏厅，以吸引成年人。
- 通过演员在情景剧中玩 PlayStation 4 来进行广告宣传。
- 对标《Wired》和《Sports Illustrated》等杂志来投放更成熟的广告。

由于对索尼产品的需求很高，索尼意识到必须继续了解消费者的行为模式。梯式提问的结果可以作为进一步调研和假设检验的出发点，有助于开发有关产品、分销、定价或促销等方面的新想法。

PlayStation 4 的例子说明了深度访谈在揭示隐藏在普通提问后面的答案方面的价值。使用深度访谈的一种特殊方式是**扎根理论（grounded theory）**。扎根理论使用归纳和更结构化的方法，在这种方法中，每一次后续深度访谈都会根据之前深度访谈的累积结果进行调整，目的是为了得出一般性的概念或结论。有时也会对历史记录进行分析。这种方法在设计新产品或迭代现有产品以及指定广告和促销策略时非常有用。深度访谈的另一个变种是**协议访谈（protocol interview）**。在协议访谈中，调查对象被置于决策情境中，并被要求用语言形式来表达其做出决策的过程。

实用市场调研

5.6

影射法

焦点小组和深度访谈都是直接法，在这两种方法中，被访者知道调研的真正目的或者调研目的对他们来说是显而易见的。影射法和这两种方法不同，它试图掩饰调研目的。

影射法（projective technique）是一种非结构化的、采取间接形式提问的方法，它鼓励被访者展现自己对所关注问题的潜在动机、信念、态度或感受。在影射法中，被访者被要求解释他人的行为而不是描述自己的行为。在解释他人行为时，被访者间接地反映出自身对该情形的动机、信念、态度或感受。因此，通过分析被访者对非结构化的模糊和不明确的场景的反应，可以发现被访者的态度。影射法是以临床心理学为基础的，调研表明场景越是不明确，被访者就越能反映出更多的情绪、需求、动机、态度和价值观。在心理学中，影射法被划分为联想法、完成法、构筑法和表达法。接下来将对每一种分类进行讨论。

5.6.1 联想法

联想法（association technique）是指给个人提供一个刺激，要求他们回答脑海里最先浮现的东西。**字词联想法（word association）**在这些方法中最有名。在字词联想法测试中，给调查对象一组词汇，每次一个，要求说出浮现在脑海里的第一个词。所感兴趣的词汇称为测试词汇，这些词汇中还包括一些中立的或过滤的词汇，用来掩饰调研目的。例如，在百货商店调研中，测试词可能是"位置""停车场""购物""质量"和"价格"。对于每个词的回答被逐字记录，并计时以便确认犹豫不决（定义为犹豫三秒钟以上才回答）的调查对象。由调查员而不是调查对象记录回答结果，这就控制了调查对象写出答案所需的时间。

这个方法潜在的假设是，联想可以让调查对象表达他们对于有关主题的内在感受。对答案的分析是通过以下计算进行的：①任何一词作为答案的频率；②给出答案之前的反应时间；③在一段合理的时间内，对测试根本没有反应的调查对象的数量。那些根本不回答的调查对象被认为是情绪涉入程度很高而阻止他对问题的反应。根据个人的回答模式和细节确定该个体对有关主题的潜在态度或者感情，如下例所示。

实用市场调研

案例5.12   宝洁：词汇联想

词汇联想法被用来调研女性对洗涤剂的态度。表5-5是一组刺激词汇和两个年龄、家庭地位相似的女性对这些词汇的反应。结果表明，对这些词的反应相当不同，表明女性的个性和对待家务的态度不同。M 女士的联想表明她已对污渍妥协了，认为污渍是不可避免的，不想做很多事来处理污渍，不努力做清洁，从家庭中也得不到快乐。C 女士也认为污渍是不可避免的，但她充满活力、务实，较少情绪化，她积极地准备与污渍做斗争，并且利用肥皂和水作为她的武器。

表 5-5　词汇联想

刺激词汇	M 女士	C 女士
清洁日	每天	熨烫
清新	甜的	干净的
纯净	空气	污染的
擦洗	不做，丈夫做	清洁
污秽	邻居	脏
泡沫	洗澡	肥皂和水
家庭	争吵	孩子
毛巾	脏	洗

这些发现表明洗涤剂市场能够以用户态度为基础进行细分。例如，2017 年，作为洗涤剂市场的领导者，宝洁公司拥有许多不同品牌。与此例类似的结果帮助宝洁公司对其不同的品牌进行了适当的定位，从而增加了其销售额。例如，通过专注于香水领域，宝洁将 2016 年 Gain 品牌年度销售额提高到 10 亿美元以上。这使得 Gain 品牌的销售额排名第二，仅次于宝洁的汰渍品牌，后者以超过 40% 的市场份额占据主导地位。

这里说明的标准字词联想法的程序也会有些变动。调查对象可能会被要求说出浮现在脑海里的前 2 个、3 个或 4 个词汇，而不仅仅是第 1 个。与自由联想不同，这种方法也可以用于控制测试。在控制测试中，可以问调查对象："当我提到高质量的产品时，你头脑里最先想到的是哪家百货商店？"更多的细节信息可以通过完成法得到，该法是联想法的自然延伸。

5.6.2　完成法

完成法（completion technique） 要求调查对象完成一个不完整的刺激情景。在市场调研中，常见的完成法包括句子完成法和故事完成法。

句子完成法（sentence completion）。句子完成法与字词联想法相似，给调查对象不完整的句子，要求补充完整。一般而言，要求他们使用浮现在脑海里第 1 个词或者短语。

句子完成法与字词联想法相比的优点是：可以提供给调查对象一个直接的刺激，句子完成法比字词联想法能提供更多的关于调查对象感受的信息。然而，句子完成法的掩饰程度较差。许多调查对象可以猜出调研的目的。句子完成法的变形是段落完成法，要求调查对象完成一个给定刺激短语开头的段落。句子完成法与段落完成法的延伸版本就是故事完成法。

故事完成法（story completion）。故事完成法是只给调查对象故事的一部分，仅仅

MARKETING RESEARCH AN APPLIED ORIENTATION　实用市场调研（原书第 7 版）

足以引导他们注意到某一特定的主题但猜不出结尾，要求调查对象用自己的语言给出结尾。故事的完成将反映他们的感觉与情绪。

案例5.13   连裤袜的恐怖故事

故事？恐怖故事？这是连裤袜制造商杜邦公司（www. dupont. com）开展调研以了解客户喜好的一个案例。杜邦公司开展了与其他公司一样的调研，包括焦点小组和调查法调研。但是，这些调研工作还不足以满足要求。

焦点小组的问题在于调查对象不愿意回答问题。有些人感到羞于回答，或者只是对该主题不感兴趣。在另外一些情形下，客户不愿意直接讨论感受和意见。于是，调研采用了故事完成法。

调查对象被要求以图片和讲述故事的形式来表达对穿连裤袜的感受、观点和反应。令人惊讶的是，许多妇女参加了调研，并且有很多话要说。她们更加开放地表达了自己的想法。一位女士带来了一张打翻了的冰淇淋的照片，以表示连裤袜出现破损时的愤怒。还有人带来了奔驰车和伊丽莎白女王的照片。

分析表明，这些女士在穿连裤袜时对男性更具吸引力并且更加性感。问题不一定是女性不喜欢穿连裤袜，而是她们讨厌一种感觉。当连裤袜出现破损、撕裂或其他问题时，女性便会丧失相关的特点（如魅力、性感）。所以，连裤袜需要更加耐用和持久，以便女性能整天穿着。

因此，杜邦公司了解了消费者对其产品的真实感受。当这些发现在电话调查中得到证实时，杜邦公司修改了其连裤袜的材料以满足消费者的需求。

此外，长袜制造商开始利用调研结果来设计广告。他们弱化了对办公室女性的角色塑造，而更多地强调她们性感的一面。截至2017年，杜邦公司仍然是最大的连裤袜材料制造商，其对定性调研进行了广泛应用并且事实证明其市场调研工作是成功的。

5.6.3 构筑法

构筑法（construction technique） 和完成法紧密相关。构筑法要求调查对象以故事、对话或描述的形式构筑一个回答。相对于完成法，在构筑法中，调研人员最初向调查对象提供的结构更少。两种主要的构筑法是：①图片法；②漫画测试。

图片法

图片法（picture response technique） 可以追溯到**主题统觉测试（thematic apperception test，TAT）**，它包括普通事件和不寻常事件的图片。在这些图片中，有一些图片中的人物或目标对象被清晰地描绘出来，另一些相对来说较模糊。调查对象被要求根据图片来讲故事。调查对象对图片的解释体现了个体的人格特征。例如，一个人可以用冲动的、创造性的、无想象力的等词汇来形容。将其称为"主题统觉测试"的原因是，主题是在调查对象对画片的感性解释的基础上引申出来的。

在市场调研中使用图片法时，向调查对象展示图片，并要求其通过故事描绘图片。所得描述用于评估调查对象对该话题的态度，并且对调查对象进行描述。在这种技术的变体中，例如 Zaltman 的隐喻启发法，调查对象被要求携带 12 ~ 15 张图片参加访谈，然后被要求描述每张图片的主要内容。图片描述揭示了调查对象的基本价值观、态度和信仰。在另一种称为照片分类（photo sort）的变体中，调查对象会获得一组描绘不同类型人物的照片，然后被要求对照片进行分类，以将照片中的人与他们会使用的品牌联系起来。例如，VISA 的照片分类表明信用卡使用者普遍是女性。因此，VISA 通过重新建立同足球的联系吸引了更多的男性顾客。第三种图片法的变体要求调查对象通过画图或绘画来表达自己对正在调查的某个品牌或客观对象的感受。

实用市场调研

案例5.14   "给我双层汉堡和大可乐"

对清淡和健康食品的狂热在某些人群中似乎正在消退。在直接询问时，调查对象不愿意表示自己喜欢不健康的食品。但是，在一项要求调查对象描述人们享用高脂肪、高热量食物的图片时，却有了新的发现。许多调查对象为图片辩护：不断增加的生活压力让人们厌恶清淡乏味的健康食品，转而喜欢重口味的食物。

许多商家从这一发现中获利，推出大量高脂肪、高热量的产品。Pepperidge Farm 近期推出了一款高热量软饼，其中40%的热量来自脂肪。这一新产品取得了全公司销量第三的好成绩。

像麦当劳这样的快餐店在其新菜单中推出了数种高脂肪、高热量的新产品，其中包括带奶酪、番茄酱的炸鸡三明治和加香肠的煎饼组成的便捷早餐。

漫画测试

在**漫画测试（cartoon test）**中，漫画里的人物是在一个与问题相关的特定场景中出现的。要求调查对象说明一个漫画人物对另一个漫画人物的评论有什么看法。回答可以揭示调查对象对于场景的感受、信仰以及态度。漫画测试比图片法更易管理和分析。图 5 - 4 是一个漫画测试的例子。

图 5-4　漫画测试

MARKETING RESEARCH AN APPLIED ORIENTATION 实用市场调研（原书第7版）

5.6.4 表达法

表达法（expressive technique）是指给调查对象提供一个语言或视觉场景，要求将场景与别人的感受和态度联系起来。调查对象表达的不是他们自己的感受或态度，而是别人的感受或态度。两个主要的表达法是角色扮演法与第三者法。

角色扮演

角色扮演（role playing）要求调查对象扮演某一角色或者采取某人的行为，调研人员假设调查对象会把他们自己的感受投射在角色中，通过分析回答来解释他们的感受。

实用市场调研

案例5.15　　　　　　　　　　何为隐私？

当焦点小组发现隐私是公寓居民的主要关注点时，公寓建筑商开始关注人们如何看待隐私。调研公司珂赛特通信集团（www.cossette.com）使用角色扮演法来获取所需信息。调查对象被要求扮演建筑师的角色，并使用提供的画板来设计自己的公寓住宅。房屋设计完成之后，提出了一系列的调研问题，这些问题涉及参与者对隐私的看法。例如，调查对象被问及房间需要多少空间以保证他们的隐私不受侵犯，以及隔墙的声音应该控制在什么水平。市场调研公司认为，让调查对象参与角色扮演活动，然后问他们为什么会这样做，比简单地询问他们在某些情景下会怎么做更有效。焦点小组调研让人们展示隐私对他们的意义，而不是以语言的形式来表达。调研结果帮助建筑公司设计和建造公寓，使得居住体验更加舒适，并且保护了居住者的隐私。卧室之间的墙壁可以吸收更多声音，这样噪声就不容易传播。此外，卧室相距更远，而不是直接相邻。卧室分布在公寓的两侧，这样室友就不会觉得他们的隐私受到损害。这家建筑公司从珂赛特的创造性调研方法中受益匪浅，使得其客户对保护隐私更具信心，从而提高了客户满意度。

第三者法

第三者法（third-person technique）给调查对象提供一个语言的或者视觉的情景，询问调查对象有关第三者的信念与态度，而不是直接表达个人的信念与态度。这个第三者可以是朋友、邻居、同事或者是一个"典型"的人。调研人员假设调查对象在描述第三者的反应时将揭示个人的信仰与态度，要求个人对第三者做出反应可以减轻对可接受答案的社会压力。

实用市场调研

案例5.16　　　　　　　　邻居会如何回答

为了了解为什么有些人不乘坐飞机，某航空公司委托开展了一项调研。当询问调查对象"你是否害怕乘坐飞机"时，很少人回答"是"。人们不乘飞机的主要原因是费用高、不方便和由于天气原因造成的延误。但是，调研人员怀疑调查对象提供这些回答是为了让社会认可。因此进行了一项后续调研。第二项调研询问调查对象："你认为你的邻居害怕乘飞机吗？"调查结果表明，多数用其他交通工具旅行的"邻居"害怕乘坐飞机。

由于全球恐怖主义的增加，人们对飞行的恐惧也随之增加。航空运输协会（ATA）报告说，乘客人数即登机的乘客数量并没有受到很大影响。这是因为达美航空等航空公司通过加强安全措施和提高客舱舒适度来解决飞行恐惧问题。

请注意，直接提问（"你害怕乘飞机吗？"）没有引出真实的回答。用第三者法来间接问同样的问题（"你认为你的邻居害怕乘飞机吗？"）降低了调查对象的自我防御意识，获得了真实的回答。第三人称方法的一个很常用的例子是：调研人员向调查对象出示购物清单，然后询问他们购物者具有哪些特征。

5.6.5　影射法的优缺点

相对于非结构化的直接法（焦点小组和深度访谈），影射法有一个主要优点：它能够得到在调查对象知道调研目的时不愿意或无法做出的回答。有时，在直接提问时，调查对象可能有意或无意地做出错误理解、错误解释或误导调研人员。此时，影射法能够通过掩饰调研目的来提升回答的有效性。当问题关乎私人或比较敏感时，影射法的效果更为显著。同样，当潜在动机、信念和态度处于潜意识层次时，影射法同样有用。

影射法具有很多非结构化直接法的缺点，甚至更为严重。这些方法一般要求访谈者训练有素，还需要经验丰富的解释人员对结果进行分析。因此，这些方法都较昂贵。另外，这些方法具有解释偏差等重大风险。除联想法之外，所有的方法都是开放式的，这使得分析和解释更加困难和主观化。一些影射法，例如角色扮演，要求调查对象参与到不寻常的行为中。在这些情境中，调研人员假设同意参与的调查对象本身在某些地方不同寻常，因此调查对象也许并不能代表调查样本。

5.6.6　影射法的应用

相对于非结构化直接法（焦点小组和深度访谈）来说，影射法的使用较少。联想法是个例外，它常常用于测试品牌名称，偶尔用于测量对特殊产品、品牌、包装或广告的态度。遵循下列建议将提高影射法的应用效果：

1. 当用直接方法不能准确地获取所需信息时，应当使用影射法。
2. 在探索性调研中，为了获得最初的看法与理解，应当使用影射法。
3. 由于影射法的复杂性，不能单独使用。

因此，应该将影射法获得的结果同使用其他更具有代表性样本的方法所得到的结果进行对比。表5-6对焦点小组、深度访谈和影射法进行了对比。根据对比结果，各种定性方法不应该看作互相排斥的。它们常常结合使用，以获得有价值的信息。

MARKETING RESEARCH AN APPLIED ORIENTATION 实用市场调研（原书第7版）

表5-6　焦点小组、深度访谈和影射法的对比

项目	焦点小组	深度访谈	影射法
结构化程度	相对较高	中等	相对较低
对调查对象的追问程度	低	高	中等
主持人偏见	中等	相对较高	相对较低
解释偏见	相对较低	中等	相对较高
对潜在信息的发掘程度	低	中高	高
对创新信息的发掘程度	高	中等	低
敏感信息的获得	低	中等	高
不寻常行为/提问	无	少	有
整体的有用性	非常有用	有用	部分有用

实用市场调研

5.7

定性数据的分析

定量调研以数字及其代表的意义为分析单位，与此相比，定性数据的分析以字词作为分析单位，并且只有极少的统一的规则与标准过程。定性调研的目标是破译、检查和解释数据中出现的有意义的模式或主题。模式和主题的意义取决于目前的调研问题。

在分析定性数据时，应当遵循三个步骤：

1. 数据压缩：调研人员选择强调、精简、放弃哪一方面的数据。
2. 数据展示：用图表或矩阵等工具直观地解释数据，这有利于阐明数据的模式和内在联系。
3. 总结并核实结论：考察所分析数据的含义及其对调研问题的意义。

实用市场调研

案例5.17　　　　定性分析：有效的校园新闻传播方式

假设调研人员以毕业大学生为样本，通过焦点小组就以下问题获得定性数据：你认为向大学生传播重要的校园新闻最有效的方式有哪些？根据之前所说的步骤，在收集了数据之后，调研人员首先希望选择数据的哪些方面与所调研的问题相关。为了达到这一目的，调研人员将突出强调关键词或在焦点小组记录中清晰阐明调研问题的关键部分。例如，调研人员决定要考虑：①焦点小组对过去接收重要新闻的方式的回顾；②焦点小组所认为的最有效的传播方式；③焦点小组为什么认为这是最有效的传播方式。调查记录将被编码以反映感兴趣问题的不同类别。在对数据进行编码之后，调研人员可以获得直观的数据展示，以获得更为清晰的结论，如表5-7所示。

表 5-7　调查记录表

调查对象	（1）过去的传播方式	（2）最有效的方式	（3）原因
A	邮件 非正式交换 电话	邮件	绝大多数新闻需要即时传播
B	邮件 学生报纸 校园网站	邮件 校园网站	容易保存，以后使用方便
C	非正式交换 电话 校园邮箱	校园邮箱	在校园内操作 在家无法上网

为了能从这些数据中得出结论，不仅需要知道调查对象所认为的最有效的传播方式，还需要知道原因。例如，通过询问为什么，我们看到对于为什么调查对象 C 不认为邮件是最有效的传播方式的原因符合逻辑。另外，即便调查对象 A 和 B 同时认为邮件是一种有效的传播信息的方式，原因却不一样。这类见解很难通过使用调查或实验的定性调研获得。

定性数据分析软件

定性分析软件可用于帮助对定性数据进行分析。它主要包括六种：文字处理软件、字词查询软件、文本管理软件、编码和查询软件、以编码为基础的理论构建软件和概念网络构建软件。需要记住的是，尽管这些分析软件能够帮助加工有关文本段落，但是它们不能决定有意义的编码分类或者定义重要的主题和因素；这些步骤应该由调研人员负责。另外，由于购买和学会如何使用软件需要花费大量的时间和金钱，调研人员应该根据项目的规模来决定是否需要购买分析软件。

实用市场调研

5.8 国际市场调研

由于调研人员对所要调查的国外产品市场通常不熟悉，因此定性调研在国际市场调研中很重要。在跨国调研的最初阶段，定性调研能够提供对有关问题的见解，并且通过形成相关的调研问题、假设、模型与特征来开发一种能够影响调研设计的方法。因此，定性调研能够揭示国外市场同国内市场的差别。焦点小组在很多情况下都能够使用，特别是在工业化国家。主持人不仅需要接受焦点小组方法的培训，还需要熟悉当地的语言、文化以及社会交往的模式。焦点小组的结果不仅来自语言内容，还应该来自非语言线索，比如语调的抑扬、表情和动作。

焦点小组的规模也有差异。例如，在亚洲，由7位调查对象组成的小组互动水平最高。在一些地区，例如中东或者远东，人们对于在组织环境中讨论自己的感受表示质疑。在其他国家，例如日本，人们认为在公开场合否定别人的观点是很不礼貌的。在一些情况下，需要使用深度访谈。另外，产生的定性数据需要在相应文化背景下进行解释。

<table>
<tr><td>实用市场调研

案例5.18</td><td>英国的虫子</td></tr>
</table>

文化是决定如何开展定性调研（焦点小组）的一个非常重要的决定因素。在英国的焦点小组讨论中，要想让一个家庭主妇承认她家有蟑螂并不容易。为此，主持人必须让她知道其他人也有这个问题。在法国的情形则恰恰相反：调查对象在坐下来的几秒钟内就开始喋喋不休地谈论蟑螂。这些文化态度很大程度上影响了应该采用哪种定性调研方法、如何应用该方法以及如何解释数据。

应该仔细考虑影射法在国际市场调研中的应用。联想法（字词联想法）、完成法（句子完成法、故事完成法）以及表达法（角色扮演、第三者法）都涉及语言线索。构筑法（图片法与漫画测试法）要采用非语言的刺激（图片）。无论使用语言刺激或是非语言刺激，都应该考虑到文化差异。如果开展调研的社会文化环境差异很大，这将是一个很困难的任务。

定性调研方法的一般局限性也存在于国际环境，甚至更严重。在许多国家通常很难找到训练有素的主持人和合格的调查对象。编码、分析和解释环节也存在诸多困难。

<table>
<tr><td>实用市场调研

5.9</td><td><h1>市场调研与社交媒体</h1></td></tr>
</table>

社交网络由成员间诸如朋友、追随者、联系等关系所定义。在一些社交网络中，这些关系由双方共同创建，如 Facebook 中的"朋友"或 LinkedIn 中的"连接"。其他的社交网络，如 Twitter，允许单方面的关系存在，除非被其他成员阻止建立关系。与朋友之间的联系是社交网络的主要特色。群组是许多社交网络的另一个元素，它们是早期在线论坛的演变，是具有共同兴趣的成员自我组织的集合。它们以论坛为特色，可能包括照片、视频和音乐分享等内容。Google 群组（www. groups. google. com）也简化了在线群组交流过程，使得人们可以更轻松地在此平台讨论问题。网站还拥有许多其他功能，比如上传文件。

市场调研人员可以利用这些社交网络开展定性调研。

5.9.1　焦点小组

社交网络中存在大量的希望免费交谈的用户。已经有很多公司非常明智地利用互联网，开发出焦点小组形式和其他形式的定性调研的方法。将调研作为不同类型的社交媒体的一部分，并分析用户谈论的内容，就可以对用户有基本的了解。但如果想从这些谈话中挖掘出具有建设性的信息，则必须倾听合适的用户。出于此原因，除了在各种社交网络扩展调研范围外，调研公司正在创建私人在线社区，这些社区可以发挥扩展焦点小组的作用。社区成员都是精心招募的，只有通过邀请才能获得会员资格。访员定期与社区成员互动以增加熟悉感，进而增加客户的归属感。社区还可以帮助用户参与到有价值的讨论之中。此外，社区还集成了可以从用户对话中挖掘信息的企业软件。

实用市场调研

案例 5.19　　　　　JCPenney：利用社交媒体设计内衣

JCPenney 是美国领先的零售商，推出了名为 Ambrielle Team 的私人在线社区。该社区针对 JCPenney 内衣系列的消费者，旨在更多地了解 Ambrielle 客户以及产品合身问题。它是一种通过组建私人社区开展的焦点小组，样本量较小，采用自然的和非结构化的方式收集信息。产品团队扮演主持人的角色，并引导对话向正确方向发展。社区成员都是精心挑选的，而且人数有限。JCPenney 还收集了有关成员的生活方式、人口统计和心理学信息，以确保对每个成员有全面的了解。Ambrielle 团队在社区开展了一系列在线讨论，以帮助 JCPenney 了解女性顾客的产品合身和质量问题。随后开展了"穿戴"测试，以便让用户更具体地反馈特定产品的问题。在"穿戴"测试后，社区成员再次被要求通过私人讨论板块、在线活动以及与产品团队的在线聊天来表达他们的观点。

基于这种客户联盟和消费者反馈，JCPenney 对内衣带子、肩带和整体尺寸做了实质性的产品更改，以便更好地满足客户需求。这些改变发布在社区中，使得社区成员意识到公司将他们的看法反馈到产品中。Ambrielle 产品的商店销售额很快就增加了。

开展焦点小组类型调研的另一种方式涉及参与者博客。一般的方法是定义一个特定的主题，然后招募调查对象来撰写有关该主题的博客。每个调查对象都需要维护他们自己的博客。调查对象的人数通常在 8～60 人之间，博客项目往往持续 1～4 周。对博客内容的定性分析挖掘出丰富的信息。

5.9.2　深度访谈

汉堡王利用社交媒体开展了一次深度访谈调研。汉堡王的顾客在被告知该公司的招牌 Whopper 三明治即将停产后被秘密拍摄。利用这一情节制作了一个 1 分钟的搞笑电视广告。然后，一个名为 Whopper Freakout 的 8 分钟视频被发布在网上。调研团队鼓励观看视频的观众发表他们的评论，并选定部分调查对象进行了一对一的跟踪采访。结果显示，当顾客面临无法订购 Whopper 的问题时，他们立即回忆起童年关于 Whopper 的点滴。团队获得了诸如"因为这些人小时候被爸妈领着去了汉堡王，所以他们还在汉堡王用餐"的评论。汉堡王依据顾客的童年记忆和怀旧情绪为 Whopper 开展营销活动。

5.9.3　影射法

利用社交媒体可以轻松实现一些影射法调研。社交媒体上非结构化和间接形式的提问让消费者愿意反馈他们对所关注问题的潜在想法、动机和感受。

句子完成法

GlaxoSmithKline 消费者保健公司利用 C Space（www.cspace.com）社交网络群组来定义其新系列 Alli 减肥产品的客户群。该调研公司在尝试调查超重人群的自我形象问题时，使用了句子完成法。社区成员被要求完成如下的句子："当你自我审视时，你把自己称为_____。"成员还被要求发布照片以显示他们对自己的肥胖最后悔的事情。对句子完成结果和照片的分析表明，超重人群对被排除在日常生活之外感到沮丧。然而，他们愿意为自己的减肥负责，而且愿意接受缓慢的减肥方式，只要最后能减肥成功。Alli 瞄准了这一细分市场，GlaxoSmithKline 在推出 Alli 后的前 6 周就获得了 1.55 亿美元的销售额。截至 2017 年，Alli（www.myalli.com）正作为 FDA（食品和药物管理局）批准的有效减肥辅助剂进行销售。

图片法

许多人使用照片交流比文字交流得更好。诸如美丽、色彩、美学、情感和感觉等概念可以通过分析照片共享网站来直观地捕捉和调研。在分析这些照片时，需要寻找标签，即摄影师对自己的作品和他人的作品所用的描述性标签。对标签的分析可以识别出具有启发性和相关性的看法、情感和信念。Tropicana 在其 Facebook 照片页面上发布了照片。该相册被命名为"Tropicana Juicy Rewards"，这是 Tropicana 广告活动的一部分。在 Facebook 上发布的图片帖子让消费者对 Tropicana 将使用的广告口号、包装和图片有全新的了解。该帖子收获了大量点赞，大多数消费者评论了"美味"。这些反馈和评论有助于塑造 Tropicana 的广告活动。联想法和表达法也可以在社交媒体中以类似的方式实现。

局限性

利用社交媒体开展定性调研并非没有缺点。通常情况下，社交媒体产生的信息量可能十分巨大，调研公司及其调研人员需要花费数周的时间对其进行分析。通用汽车的"雪佛兰"调研项目中，访问者向网站提交了大约 22 000 份视频剪辑片段，这使得调研团队需要查看和分析大量的视频。

移动市场调研

移动市场调研（MMR）适用于某些类型的定性调研，包括焦点小组、深度访谈和影射法调研。这些方法的在线版可以以类似的方式在移动互联网上实现。大多数在线焦点小组都是基于文本，对网络带宽的需求较小，这也使其适合采用 MMR。采用移动市场调研，调查对象可以从更广泛的范围参与其中。在异步讨论的情况下，他们可以选择合适自己的时间来参与调研。此外，移动设备可用于增加传统上开展定性调研的方式。此处重点讨论 MMR 的后一种用途。

在开展在线焦点小组调研时，移动设备可用于展示图片、视频或其他材料，或允许调查对象获取材料并参与照片分类或制作贴画等活动。调查对象可以使用手机或其他移动设备录制和发送有价值的照片、录音和视频以成为调研合作者。这些照片可能与他们自己的生活（例如，他们汽车的照片）或其他人的生活（例如，邻居的照片）相关。这些信息可以从调查对象那里实时获取，产生大量在传统定性调研中通常无法获得的观察数据。这种类型的定性调研促成了从简单地观察或询问调查对象到与他们合作的重大转变。招募调查对象是为了捕获信息和图像，并在某些情况下帮助解释这些信息。同样地，这些信息可以增强传统或在线深度访谈。移动设备也可以用于语音和视频深度访谈，并作为在计算机上开展的在线深度访谈的替代方案。通过类似的方式，本章中讨论的大多数影射方法都可以在移动设备上实现。

移动定性调研给数据分析领域带来了挑战，因为它产生了大量的数据，处理和分析起来可能耗时费力。对于图像和视频数据，这一挑战尤其艰巨。因此，有必要对收集的数据量加以限制。这可以通过限制项目的持续时间、样本量、要求调查对象上传的图片等数据量和视频长度（通常为 30 或 60 秒）来实现。一些伦理方面的问题包括确保调查对象的安全（例如，驾驶时不参与调研）、确保知情同意、确保调查对象不承担费用以及尊重调查对象和第三方的隐私和权利。总之，虽然 MMR 很少独立作为一种定性调研方法，但与一系列传统方法相结合，它可以对调研过程做出重大贡献。

市场调研中的商业伦理

当开展定性调研时，同调查对象和一般大众有关的伦理问题是最重要的。这些问题包括掩饰调研目的、使用欺骗性方法、对讨论进行录像和录音、调查对象的舒适程度和定性调研结果的误用。

所有间接法都要求至少在一定程度上掩饰调研目的。通常使用虚构的故事掩饰真正的目的。这将侵犯调查对象的知情权并且还会导致心理伤害。例如，在对完成法的一系列问题作答之后，调查对象发现他们将时间都花在了一些无关紧要的问题上，例如讨论一种新的橙汁饮料应该采取什么颜色的包装罐，而事实上他们是被招募参加一项营养调研项目的，此时，调查对象会感到沮丧。为了减少这种负面影响，应该告诉调查对象掩饰调研目的是避免回答偏见。在完成了调研任务之后，需要召开事后说明会，告知调查对象调研的真正目的并且提供评价或提问的机会。应当避免使用侵犯调查对象的隐私权以及知情权的欺骗性方法，例如，允许客户扮成帮忙的同事来观察焦点小组或深度访谈。对焦点小组或深度访谈进行录像或记录将涉及伦理问题。在调查对象不知情或者未经其允许的情况下进行录像或录音将引发伦理问题。指导方针是：必须事先告知调查对象，并在开始之前，最好是招募时，获得调查对象的同意。另外，在调研结束后，要求调查对象签订一份书面声明，明确表示同意使用录像或录音。这份声明需要表明调研的真正目的以及所有可以获得该录像或录音的人员名单。如果某一调查对象不同意，那么应该完全删除录像或录影带上此人的身份和评论。

另外一个需要关心的问题是调查对象的舒适程度。在定性调研中，特别是在深度访谈中，不应该在某一点上逼问调查对象，使其感到不舒服。要对主持人或访谈者进行部分限制以尊重调查对象。如果一名调查对象感到不舒服，并且不想回答有关某一特定话题的更多问题，访谈者不应该过分追问。最后一个方面与一般大众有关，涉及将定性调研结果用于可疑目的的伦理问题。

实用市场调研

案例 5.20　　　　　　　　总统竞选中的"负面广告"

负面或"攻击性"广告的伦理问题已经颇有争议。然而，重点已经从广告本身转移到采用市场调研技术来设计广告的伦理问题上。也许，这种现象在政治混乱的"总统竞选"中最为普遍，如布什对抗杜卡基斯的广告活动。在设计关于杜卡基斯的负面广告时，布什竞选团队在焦点小组中测试了关于杜卡基斯的负面信息，以深入了解美国公众对杜卡基斯的负面广告的反应。在焦点小组中引起极度负面情绪的负面信息被纳入布什的政治广告。结果是杜卡基斯被描述为一个无能、软弱、自由主义、缺乏常识的人。最后，杜卡基斯以很大的差距输掉了选举。在 1992 年和 1996 的总统选举中也观察到类似"误用"定性调研的情况，比尔·克林顿赢得选举的部分原因也在于对共和党的负面攻击。在 2000 年的总统选举中，戈尔攻击小布什缺乏经验，因为焦点小组发现经验是选民认为的重要标准。在 2004 年的总统选举中，两党都进行了负面攻击。特别是克里对小布什的负面攻击，同样是基于焦点小组和对伊拉克和经济等问题的调查结果。在 2008 年的总统选举中，奥巴马和麦凯恩基于焦点小组和其他定性调研确定对手弱点的负面攻击是无与伦比的。在 2012 年奥巴马和罗姆尼之间的选举中，情况也是如此。2016 年，希拉里·克林顿在负面攻击广告中的支出大大超过了唐纳德·特朗普，这种混乱局面达到历史之最。

小结

定性调研与定量调研应当看作是互补的。定性调研方法可以是直接的或间接的。对于直接的方法，调查对象可以知道调研的真正目的，而间接方法则掩饰调研的目的。主要的直接方法有焦点小组与深度访谈。焦点小组是以小组的形式进行的，而深度访谈是一对一的形式。焦点小组在定性调研中用得最多。

间接方法被称作影射法是因为它将投射出调查对象的动机、信仰、态度以及对模糊情景的感受。影射法可分为联想法（字词联想法）、完成法（句子完成法、故事完成法）、构筑法（图片法、漫画测试）和表达法（角色扮演、第三者方法）。当调查对象不愿意回答或者不能提供直接方法所需的信息时，影射法非常有用。

定性调研能够揭示国内市场与国外市场的显著差异。采用焦点小组还是深度访谈以及如何揭示结果，在很大程度上取决于文化差异。社交媒体是开展定性调研的广阔领域，可以轻松实施各种调研方法。移动市场调研可以适用于焦点小组、深度访谈和影射方法。在开展定性调研时，调研人员与客户必须尊重调查对象。这包括保护他们的匿名权、履行为了确保参与所做的所有陈述和承诺，在开展调研时不能使调查对象难堪或受到伤害。

MARKETING RESEARCH

实用市场调研 | （原书第7版）

第6章 描述性调研设计：
询问调查法与观察法

合适的调研方法应该考虑到任务、环境和调查对象等因素，这对市场调研项目的成功至关重要。

——Schlesinger Associates 副总裁 Scott Baker

Scott Baker 供图

本章概要

前文阐明一旦定义了调研问题（市场调研的第 1 步）， 设计了调研框架（市场调研的第 2 步），调研人员就需要进行调研设计（市场调研的第 3 步）。正如我们在第 3 章中所讨论的，调研设计的主要类型有探索性调研设计和结论性调研设计。探索性调研设计一般以利用二手数据分析（第 4 章）和定性调研（第 5 章）为主要方法。结论性调研设计又可以分为因果调研设计和描述性调研设计。我们将在第 7 章阐述因果调研设计。

在本章，我们着重阐述描述性调研设计所用到的主要方法：询问调查法与观察法。正如第 3 章所述，描述性调研的主要目的是描述事物（通常是一些市场特性和功能）。 询问调查法可以根据其实施的模式划分为如下几类：传统电话调查、电脑辅助电话调查、登门调查、商场拦截调查、电脑辅助人员调查、传统邮件调查、邮件固定样本组、电子邮件调查和网络调查。我们对这些调研方法进行了阐述，并且给出了关于所有调研方法的相对评价。接下来，我们要学习主要的观察法——人员观察、机械观察、审计、内容分析和追踪分析，并讨论各种观察法的相对优缺点，还要讨论在对国际市场实施各种询问调查法和观察法时需要考虑的问题。另外介绍了询问调查法和观察法在社交媒体和移动市场调研中的实施情况，以及在询问调查法和观察法中出现的一些商业伦理问题。

案例6.1　　　　　　　　　　　日本式市场调研

日本公司常常靠个人观察获取信息。当佳能相机（www. canon. com）在美国被美能达抢走市场份额时，佳能确信其分销商 Bell&Howell 没有给予足够的支持。但是，佳能并没有通过对消费者和零售商的广泛调查得出这一结论，而是根据个人观察派了三名经理去美国处理这一问题。

佳能的观察小组组长 Tatehiro Tsuruta 在美国待了近 6 个星期。他作为一个普通消费者去相机店购物，关注相机是如何摆放的，售货员如何为顾客服务。他观察到商家对佳能相机并不热心。他还观察到，利用其他日用品店和折扣店对佳能也没有特别的帮助，因此佳能建立了自己的销售分公司，结果销售额和市场份额都上升了。佳能自己的销售分公司在 21 世纪初对于数码相机的销售也起到了重要的作用。到 2018 年，佳能在 125 个国家直接或通过分销商销售产品，其中 75% 是在日本以外销售的。

电话、网络访谈以及其他调查方法在预测方面越来越受欢迎，还有很多其他的用途。观察法不太常用，但正如佳能的例子所示，它在市场调研中同样有着重要作用。

6.1　　　　　　　　　　　　　　　　　　　　　询问调查法

询问调查法（survey method） 是基于对调查对象的询问来获取信息。通常会向调查对象询问关于他们行为、倾向、态度、认知、动机、人口统计学和生活方式特征的问题。这些问题有可能以口头、书面或电子的方式给出，回答也可能是通过其中任何一种方式得到的。通常这些问题都是结构化的。结构化在此指的是数据收集过程的标准化程度。在**结构化的数据收集（structured data collection）** 中，需要预先设置好正式的问题和答题的顺序，因此属于直接法。调研是直接法还是间接法取决于调查对象是否知道调研的真实目的。正如第 5 章所述，因为调查对象知道或是可以从问题中看出调查的目的，所以直接法是不需要掩饰的。

结构化的直接调查这一最普遍的数据收集方法涉及问卷的使用。在一份典型的问卷中，大部分题都是**固定选项问题（fixed-alternative question）**，调查对象只需从中选出预设好的答案。例如，下列问题就是为了评测顾客对百货商店的态度而设计的：

	不赞成				赞成
在百货商店购物有乐趣	1	2	3	4	5

询问调查法有几个优点：第一，问卷简单易操作。第二，因为回答限于已有备选答案，所以所获数据是可靠的。采用固定选项可以减少由于调查对象本身差异引起的

不同结果。第三，编码、分析和理解这些数据相对简单。

其缺点在于调查对象可能不愿意或是没有能力提供想要的信息。以与激励因素相关的问题为例，调查对象自己没有意识到其选择某特定品牌或在某家特定百货商店购物的动机是什么，所以，他们就无法准确地回答激励是什么。当问及一些敏感或是私人的信息时，调查对象可能不愿意回答。同样，结构化的问题和固定选项可能对诸如信念和感觉之类的调查是无效的。最后，恰当地组织问题语言也并非易事（见第10章）。尽管存在以上缺陷，在市场调研收集原始数据方面，询问调查法仍然是最常用的。

询问调查法可以根据问卷的模式进行分类，这些分类模式有助于区分不同的调查方法。

实用市场调研

案例6.2　　　　　　　　　询问调查法提高客户支持度

SAP Ariba（www. ariba. com）是一家B2B软件供应商，利用互联网和复杂的计算机应用程序来收集调查数据。Ariba已将其Vantive Enterprise客户关系管理平台（一个专用软件系统）与CustomerSat. com的网络调查系统相集成。因此，Ariba可以获得客户的实时反馈、跟踪趋势并立即获得客户的意见。该系统另外的优点是能够充分利用积极的数据来激励员工，并依据数据实现企业的最佳运营。

该系统的工作原理是对每个请求服务的客户（调查对象）进行在线调查。该调查不仅收集客户所遇问题的细节，还收集可用于做出下一步决策的数据（例如，当前的产品需求、客户喜欢/不喜欢什么）。然后，系统会分析客户数据并将调查对象推送给合适的专家。客户可以在事件结束后24小时内对服务体验进行评分和评论。Ariba不仅可以使用此类调查数据来改善其客户服务系统，还可以利用这些数据对公司发展方向和产品做出决策。因为该系统，Ariba获得了惊人的增长。截至2017年，Ariba Network拥有近200万家企业，作为SAP大家族的一员，它得到了客户巨大的支持。

实用市场调研

6.2

以实施方式分类的询问调查法

询问调查可以通过以下五种方式来实现：①电话调查；②人员调查；③邮件调查；④电子调查；⑤移动调查（见图6-1）。电话调查又可进一步分为传统电话调查和以电脑为辅助的电话调查。人员调查可以在家里进行，也可以在商场拦截互动。邮件调查可以采用传统邮件调查的方式，也可以采用固定样本组的方式。电子调查可以通过发电子邮件和网络的形式来实现。移动调查通过移动设备进行。这些方法中最常用的是电话调查，其次是人员调查和邮件调查。电子调查的方法尤其是网络调查法正在快速发展中。下面逐一介绍这些方法。

MARKETING RESEARCH AN APPLIED ORIENTATION 实用市场调研（原书第7版）

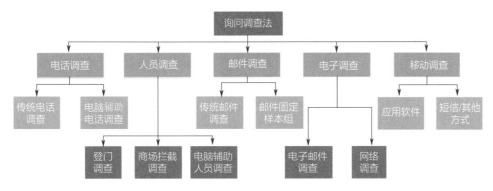

图 6-1 询问调查法的分类

6.2.1 电话调查

如上所述，电话调查可以分为传统型和电脑辅助型。

传统电话调查

传统电话访谈（traditional telephone interview） 就是打电话给样本中的调查对象，询问他们一系列问题。访谈者在纸质问卷上勾出答案。先进的远程交流技术使得在某一中心地点开展全国性的电话调查变得切实可行，所以近年来本地电话调查的使用量正在下降。

电脑辅助电话调查

目前从一个中心地点展开**电脑辅助电话访谈（computer-assisted telephone interview，CATI）** 比传统电话调查流行得多。电脑辅助电话调查用电子化的问卷对通过电话对调查对象实施询问调查。访谈者需要戴着耳麦坐在终端电脑前。电脑替代了纸笔，耳麦替代了电话。一发指令，电脑就会开始拨号。调查开始时，访谈者只需读电脑屏幕上的问题并直接将调查对象的回答存入电脑。

电脑会为访谈者提供系统性的指导。每次屏幕上只会出现一个问题。电脑会评测答案的一致性和准确性，然后根据这些答案生成个性化的问卷。整个数据采集的过程自然而顺利，调查的时间缩短了，数据的质量提高了，还取消了诸如问卷编码、数据录入这些数据收集步骤。因为直接将答案录入电脑，所以更新的数据报告或是分析结果也几乎可以同时出来。

实用市场调研

案例 6.3　　　　　　电话调查：Hallmark 的拿手戏

由于女性在家中掌控 50% 以上的购买决策，Hallmark（www.hallmark.com）开展了对这一目标群体的调研。定性调研揭示了女性朋友在女性生活中的重要性。他们进行了一项全国电话调查，询问 18 ~ 39 岁女性是如何结识其女性朋友的，以及与朋友联系的频率，并要求调查对象回答与朋友分享秘密、惊喜、与配偶的争执和个人信息（如怀孕）的可能性有多大。结果表明，45%的女性认为，有时候她们更愿意与一位女性而不是男性朋友分享信息。结果还显示，当与女性朋友意见不一致时，81%的女性会"冷静地讨论问题"。上述比例说明，女性之间分享信息和相互沟通的概率较高。

这项调研中42%的女性认为她们有一位最好的朋友，其中有33%居住在10英里（1英里=1.609公里）以内，有28%居住在100英里以外。根据这一信息，Hallmark推出了使女性能够与女性朋友保持联系的Hallmark Fresh Ink卡。了解了女性是其目标市场以及她们之间联系的频率，公司推出了一个成功的新产品线。电话调查是Hallmark市场调研的拿手戏，公司因此能够拟定成功的营销策略。2017年，Hallmark占有美国问候卡市场44.4%的份额，在4万多个零售网点销售产品。该公司还在100多个国家用30多种语言推出产品。

6.2.2 人员调查

人员调查可以分为登门调查、商场拦截调查和电脑辅助人员调查。

登门调查

进行**登门调查（personal in-home interview）**时，调查对象在自己家中接受面对面的调查。访谈者的任务就是接触调查对象，问他们问题并记录回答。近年来，由于登门调查的高成本，已经越来越少地采用这种方法了。但是这种方法还是会被使用，尤其是在辛迪加公司（见第4章）中。

实用市场调研

案例6.4　　　　　　　　　　GfK MRI：美国家庭的基准调查

GfK MRI（www.mri.gfk.com）是GfK（www.gfk.com）的子公司。GfK MRI的《美国消费者调查》是美国杂志受众评级的行业标准，被美国大多数媒体和营销项目采用。登门调查是该调查的核心内容。人员调查涵盖了调查中大部分媒体变量（特定电视节目除外）。人员调查所调查的媒体中，最突出的是杂志、全国性报纸、广播、电视（电视和电视时段的总体使用情况，以及有线网络，但不包括个别节目）和互联网。在此次访谈中，MRI获取了调查对象及其家庭成员的所有人口统计信息，此外还询问了B2B决策问题和公共活动。GfK MRI以本调查为基础，开发出许多创新的产品和服务。

商场拦截调查

进行**商场拦截调查（mall-intercept personal interview）**时，访谈者会拦截正在购物的调查对象，并将他带至商场内的调查设施处。然后填写与登门调查一样的问卷。商场拦截调查的优点在于，让调查对象接近访谈者会比访谈者去找调查对象更有效。这种方法日益流行，并且在商场内已设有数百个永久性调查点。

案例6.5　　　　　　　　　　　　　AT&T 的新形象

　　跨入 21 世纪，AT&T（www.att.com）从仅仅提供长途电话服务转向提供有线电视、移动电话和互联网服务。但是，多数人仍然把该公司看作一个老式、无趣的电话公司。因此该公司想创造一个有趣和时尚的新形象。AT&T 的广告公司 Young&Rubican（www.yr.com）想出了一个主意，利用公司蓝白相间的地球标志，作为广告中的动画代言人。为了确定该标志是否容易识别，AT&T 进行了一项调查。调研人员在 15 个市场进行了 500 例商场拦截调查。选择了商场拦截调查而不是其他调查方法，因为这样可以在回答前向调查对象展示 AT&T 标志的图片，询问消费者是否认识这个不带公司名称的标志。调查结果表明，总样本中 75% 的调查对象不需要任何帮助可以认出这个标志代表 AT&T 公司，而 18～24 岁组和"高价值、活跃的网络成员"的比例分别为 77% 和 80%。后者是移动或长途通信方面的花费每月超过 75 美元的消费者。

　　鉴于上述结果，公司制作了动画标志在屏幕跳来跳去的广告，表明 AT&T 的各种服务可以帮助个人和企业。从那以后，对 AT&T 服务的认知度一直保持在高水平。2016 年 10 月，AT&T 宣布将以 850 亿美元收购时代华纳以继续扩张。

电脑辅助人员调查 （CAPI）

　　在人员访谈的第三种方式——**电脑辅助人员调查中 （computer-assisted personal interview，CAPI）**，调查对象要坐在电脑终端前，用鼠标或键盘回答屏幕上的问题。目前有几种易于被调查对象理解的用户友好型电子软件包，这些软件包一般还设有帮助界面和错误提示。彩色的屏幕和屏幕内外的激励都有助于提高调查对象完成问卷的兴趣和投入度。因为在调查中，访谈者会像主持人一样给调查对象提供所需要的支持，所以将此方法归为人员调查法。此方法可用于在商场、产品鉴别会、会议及交易会展上收集信息。

Andrew Rubtsov/Alamy Stock Photo

6.2.3　邮件调查

可以通过传统的邮件和邮寄式固定样本组开展邮件调查。

传统邮件调查

在传统的**邮件调查**（**mail interview**）中，问卷被寄给预先选定的潜在调查对象。典型的调查包由外包信封、说明信、问卷、寄回信封和奖励组成。调查对象填完问卷并将其寄回。访谈者和调查对象之间没有交流。

但是，在开始收集数据前，至少需要广泛地识别调查对象，所以首要任务就是获取有效的邮寄名单。邮寄名单可以通过电话簿、客户名册、协会会员名单、公开发布的名单或是邮寄名单提供商等渠道获得。无论是何种名单，都要和目标人群密切相关。访谈者还需要对邮件调查包的各种要素做出决策（见表6-1）。邮件调查用途广泛，可用于测量顾客偏好。

表6-1　邮件调查包的相关决策

外包信封	
信封：规格，颜色，寄回地址	
邮资	
投寄方式	
说明信	
调查机构	签名
个性化定制	附言
需求类型	
问卷	
长度	布局
内容	颜色
尺寸	格式
复制品	调查对象匿名
寄回信封	
信封类型	
邮资	
激励	
金钱性的或非金钱性的	
预付的或承诺的	

邮寄固定样本组

在第3章和第4章中已经对**邮寄固定样本组**（**mail panel**）做了介绍。邮寄固定样本组由一个在全国范围内有代表性的大的家庭样本组成，样本组成员同意参加定期的邮件问卷调查和产品测试，通常给家庭成员们各种物质奖励作为报酬。固定样本组成员资料每年更新一次。由于样本组成员的事先承诺，回答率可以达到80%。包括Kantar TNS（www.tnsglobal.com）和益普索（www.ipsos.com）在内的许多市场调研公司维护邮寄固定样本组。近期的趋势是用互联网和多媒体取代邮寄固定样本组。

MARKETING RESEARCH AN APPLIED ORIENTATION 实用市场调研（原书第7版）

可以用邮寄固定样本组从相同的调查对象处重复获取信息，因此它们可以被用来开展一个纵向设计调研。

6.2.4 电子调研

如前所述，可以通过电子邮件和互联网进行调研。

电子邮件调查

实施电子邮件调查需要获取一份电子邮件地址名单。调查以电子邮件信息的形式写出，通过互联网发送出去。电子邮件调查以纯文本（ASCII）形式展示问卷，无论调查对象能否打开网页，都可以通过电子邮件地址来接收和回复问卷。调查对象通过在设计好的位置点击"回答"来回复开放式或封闭式的问题。调查对象同时也是数据录入者和表格编制者。

电子邮件调查也有其局限性。由于电子邮件系统技术上的限制，问卷不能运用跳过、逻辑检查和随机排列等程序。ASCII 纯文本的智能局限性表现在无法阻止调查对象在只能选一个答案处同时选"是"和"否"。跳转提示（例如："若第 5 题回答是，则跳至第 9 题"）必须有和纸质问卷一样有说明。这些因素会降低电子邮件调查数据的质量并要求之后清理调查信息。另一个限制就是有些软件系统会限制电子邮件的长度。

网络调查

与电子邮件调查相比，互联网或网页调查用**超文本标记语言（hypertext markup language，HTML）**写出并张贴在网站上。这种方法可以通过市场调研公司提供的潜在调查对象名单或是通过网络特定名单在网上招募调查对象，也可以通过传统方式（邮件、电话）招募。调查对象登录既定网站完成问卷。调查对象有时是碰巧登录到了有问卷的网站（或许是其他流行网站）然后被邀请参与。与邮件调查相比，网络调查有这样几个优点：不是用文本文件，而是用 HTML 来构建按钮、复选框和数据录入区的，避免了调查对象在单选题处选择多个答案，或是在无须作答处回答；跳转模式可以和电脑辅助电话调查与人员调查一样自动运行；即时确认输入答案的有效性；可以在调查中采用如图表、图像、动画和与别的网站链接等附加刺激物。答案会被采集到一个数据库，经过处理运用于图表或统计分析包。所有这些因素都会提高获取数据的质量。调研表明，网络调查的结果可以非常接近采用传统办法得到的结果。

网络固定样本组越来越受欢迎，是获取网络样本的有效来源。实际上，许多市场调研供应商和辛迪加服务公司已经开始用网络固定样本组替代传统的邮寄固定样本组。与邮寄固定样本组相比，网络固定样本组的构建和维护时间更短，成本更低。包括 SSI（www.surveysampling.com）和 Toluna（us. toluna.com）在内的几家公司提供网络固定样本组服务，其他调研人员可以通过支付适当的费用来获取其所需的样本信息。

电子邮件调查的局限包括：可能需要对回复的信息进行清理；用户需要遵循严格

的格式，以避免信息的再处理；不同电子邮件系统之间的兼容问题。通过招募浏览某一网页的调查对象或放置窗口广告的网络调查，面临固有的样本自我选择偏差问题。可以通过事先从电子邮件名单抽样发出邀请，减轻网上调查样本的自我选择性偏差。网络访谈比电子邮件调查具有一些优势：可以有图像和声音；可以通过安全的服务器发出；可以提供同步的反馈；当达到某些阈值时，网络调查还可以提供警示信息。例如，某一个酒店网站达到其服务评价的警戒值时，会及时通知管理层，使他们能够及时采取行动。网络调查的问题包括：调查对象多次回答可能产生偏差；对于未经确认样本，抽样框架的代表性可能有问题。

网络调查可以和传统的调查一样有效，尤其是随着网民的不断增长。正像传统的调查曾经并继续面临的情况一样，必须有效地解决通过互联网开展调研可能遇到的问题。

<table>
<tr><td>实用市场调研</td></tr>
<tr><td>案例6.6</td><td>索尼：网络调查确定音乐下载市场的份额</td></tr>
</table>

音乐产业的公司无法忽视在线音乐市场，这是一个增长、有活力的细分市场。索尼公司（www. sony. com）意识到了这一点，并采用创新性的方法去了解互联网用户的想法，把握这一市场的脉搏。

"我碰巧是索尼PS2（游戏机网站）精英之声的成员。"一位叫Josephy Laszlo的铁杆网民、游戏迷说。精英之声（VOTE）是索尼公司在其游戏机网站上运行的一项网络调查，调查参与者限于PS网站会员中的游戏迷们。

除了使用调查对象感知到自己的重要性之外，索尼的调查通常很有趣。他们与调查对象分享部分调查结果，并由此得到新的见解。索尼经常将过去调查的部分结果作为当前调查的一部分，对于这类持续的顾客忠诚/调研项目是一个很好的做法，因为每个人能够知道他的看法与固定样本组的看法有何异同。

最近一项调查的目的是从用户的角度理解在线音乐产业。索尼询问其忠实的PS2游戏迷："你去哪下载音乐？"结果如下：iTunes18.8%，Napster8.6%，MusicMatch7.8%，Phapsody2.9%，Buymusic2.2%，eMusic1.7%，其他（也许包括非法的盗版服务）31.4%。

索尼从合法下载音乐的版税中获得可观的收入，因此索尼的策略自然是鼓励合法的音乐下载，减少非法下载。为了达到这一目的，索尼公司在其官方网站（www. sonymusic. com）提供在线商店的链接。调查结果显示，对于互联网的老用户，iTunes具有很大优势，但没有预期的那么大，Napster作为相对的后来者在该细分市场中占据了第二的位置。索尼网站下载的选项设计在很大程度上由调查的结果决定，甚至网站的排列顺序反映了调查的结果，iTunes和Napster被排在前面。

MARKETING RESEARCH AN APPLIED ORIENTATION 实用市场调研（原书第7版）

6.3 调查方法的比较

表6-2围绕各种因素对不同的调查方法进行了比较。这些因素的重要性会因调查项目的特点而异，大致被归为任务因素、情境因素以及调查对象因素三类。

表6-2 询问调查法的比较

标准	CATI	入户访谈	商场拦截	CAPI	传统邮件	邮寄式固定样本组	电子邮件	互联网	移动设备
任务因素									
问题的多样性和灵活度	低~中	高	高	中~高	中	中	中	中~高	低
物质刺激的采用	低	中~高	高	高	中	中	低	中	低~中
样本控制	中~高	潜在的高	中	中	低	中~高	低	低~中	低~中
数据数量	低	高	中	中	中	高	中	中	中
应答率	中	高	高	高	低	高	中	非常低	中
情境因素									
对数据采集环境的控制	中	中~高	高	高	低	低	低	低	低
对实地调研人员的控制	中	低	中	中	高	高	高	高	高
访谈者潜在的偏差	中	高	高	低	无	无	无	无	无
速度	高	中	中~高	中~高	低	低~中	高	非常低	非常高
成本	中	高	中~高	中~高	低	低~中	低	低	低~中
调查对象因素									
调查对象感知到的匿名程度	中	低	低	低	高	高	中	高	中
符合社会期望	中	高	高	中~高	低	低	中	低	中
获取敏感信息	高	低	低	低~中	高	中~高	中	高	中~高
低发生率	高	低	低	低	中	中	中	高	高
调查对象控制度	低~中	低	低	低	高	高	高	中~高	高

6.3.1 任务因素

对调查对象开展调查任务以及数据采集过程会影响到对询问调查法的要求。任务的特点会影响到问题多样性和灵活度，以及物质刺激的采用、控制样本、数据数量以及应答率等指标。

问题的多样性和灵活度

询问调查法可以提出多种问题，而数据采集的灵活度取决于调查对象与访谈者和问卷之间的互动程度以及其真切理解问题的能力。在人员调查中，因为调查对象可以见到问题，并且访谈者能够当面阐明含糊之处，所以可以提出各类不同的问题。因为调查对象和访谈者是面对面的，所以可以提出一些复杂的问题，并解释疑难问题，甚至可以采用一些非结构化的调查技术。所以，登门调查、商场拦截调查以及电脑辅助人员调查等方法有着较强的多样性，灵活性也是较高的，尤其是登门调查和商场拦截调查。电脑辅助人员调查由于互动性受限，其灵活性有所下降。尽管在网络调查中没有访谈者的参与，但是所采用的多媒体使得在网络调查中问题多样性的程度相当高。一定程度的互动有助于提高问卷的灵活度。在传统邮件调查、邮寄固定样本组调查以及电子邮件调查中，因为调查过程基本上是调查对象自主完成的，而且也没有访谈者来给出阐释说明，所以这些询问调查法的问题多样性和灵活度不如前几种方法。但是，调查对象对问题的理解能力会对互动的缺少有调节作用。所以，这些方法的问题多样性和灵活度都比较适中。在传统电话调查和电脑辅助电话调查中，因为调查对象在作答时无法看到问卷从而限制了问题的多样性，例如，在电话调查或是电脑辅助电话调查中，访谈者不能要求调查对象将 15 个汽车品牌按照喜爱程度进行排序。但是，在电脑辅助电话调查中，访谈者可以将问卷个性化并且设置复杂的跳转模式（根据答案选择直接跳过一些问题），从而具有一定的灵活度。

人们常常容易忽视网络调查易于进行改良这一优点。例如，早期的反馈数据可以显示出需要添加的问题。在已经寄出的问卷上修改或添加问题几乎是不可能的，但是这些改动在网络调查系统上几分钟就能完成。

物质刺激的采用

在调查时，采用一些诸如产品、样品、广告及促销展示等物质刺激常常会有帮助或者说是必要的。最简单的例子就是，口味测试需要尝试产品。图片、地图或是其他视听提示也是有用的。该类情形下，在集中区域开展人员调查（商场拦截调查和电脑辅助人员调查）要比登门调查有效，因为可以邮寄辅助品或提供样品。传统邮寄调查和邮寄固定样本组调查在这一维度上处于适中水平。网络调查是基于网站的，问卷可以包括例如网页原型及广告之类的多媒体成分，所以也处于中等水平。在传统电话调查、电脑辅助电话调查及电子邮件调查中，物质刺激的采用都受到一定的限制。

样本控制

样本控制（sample control） 指的是调查方法能既有效果又有效率地掌控样本中每个特定单元的能力。从原则上说，登门调查有最好的样本控制力，能控制被调查的样本家庭、调查对象、家庭其他成员的参与程度以及其他各方面的数据。事实上，为了提高控制度，访谈者需要解决几个问题：大多数人白天都在外工作，所以很难在家里找到调查对象；安全性也是一个问题，访谈者不愿冒险进入某些社区，并且人们对陌生的敲门者有警惕性。

商场拦截调查和电脑辅助人员调查的样本控制度适中。尽管访谈者可以选择拦截的对象，但是选择也限于购物者，而这又导致"购物狂"更容易被选到。同样，潜在的调查对象可能会刻意地避开或积极与调查者接触。与商场拦截调查相比，因为可以

MARKETING RESEARCH AN APPLIED ORIENTATION 实用市场调研（原书第 7 版）

控制样本数量并随机自动挑选调查对象，所以电脑辅助人员调查的控制度略好。

电脑辅助电话调查与传统电话调查的样本控制度处于中等偏高的程度。通过电话，可以联系到在地理上分散的和一些难以接触到的调查对象。**抽样框（sampling frame）**即附有电话号码的人员名单在这类调查中很重要。

网络调查并非将所有的人都作为候选调查者。尽管可以通过筛选调查对象来达到定额数和满足条件，但是访问网站者的数量和特点限制了这一点。不过也有部分例外。例如，电脑的购买者和网络的使用者都属于理想人群。因为现在有90%以上的公司接入互联网，所以商业网络用户和办公网络用户都是开展网络调查的理想对象。因很难阻止调查对象重复参与同一调查，所以针对大众的网络调查的样本控制度也是中等偏下的。电子邮件调查也存在与邮件调查一样的问题，所以其对样本的控制程度也是较低的。

数据数量

访谈者可以通过人员调查收集到大量数据。家庭环境及调查对象与访谈者之间的社会关系会促使被调查者愿意在调查上多花时间。对于调查对象来说，完成人员调查要比接收邮件或电话调查更省力。访谈者会记录下开放式问题的答案，并对那些复杂和较长的问题做出协助解释。有些人员调查长达75分钟。与登门调查相比，商场拦截调查是在商场或一些集中区域展开的，所以调查对象的时间有限，这导致商场拦截调查和电脑辅助人员调查只能获得中等数量的数据。一般此类调查都不超过30分钟。例如通用食品（General Food）在商场拦截调查中限定的调查时间为25分钟。

传统邮件调查同样能采集到中等数量的数据。使用简短的问卷并不比使用长篇的问卷应答率更高，所以可以采用较长且有一定限制的问卷。尽管网络在此方面是个更好的媒体，但结果是网络调查和电子邮件调查的情况相似。因为邮寄固定样本组成员与发起组织的特定关系，邮寄固定样本组调查可以采集到相当多的数据。笔者有一次通过使用Kantar TNS的邮寄固定样本组，只花了一个多小时就完成了问卷调查。

传统电话调查和电脑辅助电话调查在收集数据方面所受到的局限最大。调查对象可在电话交谈过程中随意挂断电话，因此电话调查时间要短于其他方法。尽管当调查对象对调查主题感兴趣时有可能进行更长时间的调查，但是一般的调查时间都在15分钟左右。有调研显示，调查对象对电话调查的估计时间要比实际短50%，所以可以考虑延长些调查时间。

应答率

调查应答率（response rate）广义上指的是完成调查者占参与调查者的百分比。登门调查、商场拦截调查和电脑辅助调查都有较高的应答率（基本在60%~80%之间）。在其他时候打电话可解决调查对象不在家这一问题。传统和电脑辅助电话调查的应答率在40%~60%之间。这些方法也同样存在调查对象不在家和无人接听电话的问题。许多电话调查都要拨打号码三次以上。

传统邮件调查的应答率较低。在一项随机选择调查对象、没有任何事前或事后的邮件联系的邮件调查中，如果也没任何激励，那么应答率常常低于15%。由于调查对象是否回答问题取决于其是否对主题感兴趣，所以如此低的应答率会引起很大的偏差——**拒答偏差（nonresponse bias）**。但是，通过采用合适的回复引导程序，传统邮件调查的应答率可以达到80%左右。邮寄固定样本组调查的应答率较高，一般在60%～80%之间。

网络调查的应答率最低，甚至低于电子邮件调查。这是由于访问网站需要更多的技术和努力，许多人不愿意花精力去登录某一网站。

一篇文献综述显示，就应答率而言，人员调查、邮件调查和电话调查的加权平均值分别为81.7%，47.3%和47.3%。但是，近期应答率出现了下降。同一文章发现应答率会随着以下因素增长：

- 预付的或承诺的金钱激励。
- 提高金钱激励的数额。
- 非金钱的激励（钢笔、铅笔、书籍）。
- 预先通知。
- 得寸进尺策略。这是多次请求的策略：第一个要求相对较小，所有或大多数人都会同意合作；接着是更大的要求，即关键要求（critical request），也是调查的实际目标。
- 个性化（邮寄信件给指定的个体）。
- 追踪信件。

第12章对提高应答率有进一步的讨论。

6.3.2 情境因素

在特定的环境下，访谈者需要平衡好所收集信息的准确性和质量与预算及时间限制之间的关系。情境因素是较重要的，涉及对数据采集环境的控制、对实地调研人员的控制、访谈者潜在的偏差、速度和成本等。前三个因素会影响数据的准确度及质量，后两个因素反映所受到的限制。

对数据采集环境的控制

在调查对象回答问题时，访谈者对环境的控制程度可作为一个区分不同调查方法的因素。在集中区域开展的人员调查（如商场拦截调查或电脑辅助人员调查）对环境的控制程度最大。例如，访谈者可设立专门的设施来介绍产品。由于有人员的出现，登门调查的控制程度处于中等偏上。传统电话调查和电脑辅助电话调查的控制程度中等。虽然访谈者看不到调查环境，但是他们可以感觉到背景环境从而来鼓励调查对象更积极地参与其中。而在邮件调查、电子邮件调查、邮寄固定样本组调查和网络调查中，调查对象是在自己所选择的环境下回答问卷的，因此这些方法对环境几乎没有掌控能力。

对实地调研人员的控制

实地调研人员（field force）指的是采集数据过程中涉及的访谈者和监管人员。在传统邮件调查、邮寄固定样本组调查、电子邮件调查及网络调查中不需要人员的参与，所以该类问题也不会出现在以上调查中。在传统电话调查、电脑辅助电话调查、商场拦截调查和电脑辅助人员调查中，由于调查都在集中地点展开，因此易于监管，使得这些方法的控制程度较高。登门调查在这点上显现出了问题，许多调查都是在不同的地方展开的，因此要实现持续的监管是不现实的。

访谈者潜在的偏差

访谈者以下的工作方式可能会导致调查结果出现偏差：①挑选调查对象（当要求调查家庭中的男主人却调查了其他成员）；②提问不当（忽略了一些问题）；③记录不当（不完整或是不准确地记录回答）。在调查中访谈者起到的作用决定了偏差的潜在程度。在登门调查和商场拦截调查这类人员调查中，由于访谈者与调查对象面对面交流，所以存在访谈者潜在偏差的程度较高。传统电话调查和电脑辅助电话调查虽然有交流，但因为不是当面的，所以其潜在偏差的程度要低一些。例如，调查对象可能因受到访谈者语音语调的影响转变自己的态度，选择一个暗示性的答案。电脑辅助人员调查存在这类偏差的程度小。而在传统邮件调查、邮寄固定样本组调查、电子邮件调查及网络调查中，就不用考虑这一问题。

速度

目前而言，使用互联网是采集数据最快的方法。首先，编制和分发问卷到调查对象手中并回收数据的速度快。由于不再需要时间去做印刷、邮寄和数据录入，访谈者花几个小时编制问卷之后就能得到数据。数据以电子格式采集，所以能在标准化的问卷上直接运行统计软件，从而自动生成统计性的概要和图表。由于需要花时间去找电子邮箱地址名单和做数据录入，电子邮件调查会慢于网络调查，但它的速度相对还是比较快的。

传统的电话调查和电脑辅助电话调查也能够快速地获取数据。电话设施中心一旦设立，一天就可以发起数百个电话调查。一项大型的全国性调查可以在两周或是更短时间之内完成。接着就是商场拦截调查和电脑辅助人员调查，由于能在中心区域接触到调查对象，因此它们的速度处于中等偏上水平。在登门调查中，访谈者在访问点之间的路程上要花时间，所以该法速度较慢，处于中等水平。为了提高数据收集速度，可以在不同的市场和地区开展调查。传统邮件调查通常速度是最慢的。一般需要花费数周时间才能回收完所有的问卷，跟踪邮件则需要更长的时间。近期的一项调研比较了电子邮件调查和传统邮件调查这两种方法，电子邮件调查的回复时间均值仅为 4.3 天，而传统邮件调查为 18.3 天。因为在邮寄固定样本组中不需要使用跟踪邮件，所以略快于传统邮件调查，速度处于中等偏下水平。

成本

对于大样本来说，网络调查是最廉价的。因为没有印刷、邮寄、录入和访谈者的成本，所以在大样本情况下，相对于邮件、电话和人员等方法，网络调查能节省可观的费用。但是，当样本数量较小时，编程的费用就会凸现出来，此时应该考虑是否采用其他诸如传统邮件和电子邮件调查之类的低成本方法。人员调查在每个调查对象身上采集数据所花费的成本是最高的。总之，网络调查、电子邮件调查、传统邮件调查、邮寄固定样本组调查、传统电话调查、电脑辅助电话调查、电脑辅助人员调查、商场拦截调查、登门调查对实地调研人员、监管人员和控制的要求是逐一提高的。所以，这些方法的成本也是逐一上升的。但是，相对成本还是取决于提问的主题和方法的选用。

6.3.3 调查对象因素

因为调查大多数都是针对特定群体的，所以在选用调查方法的时候需要考虑到调查对象的特点，包括感知到的匿名程度、符合社会期望、获取敏感信息、低发生率和调查对象控制度。

调查对象感知到的匿名程度

调查对象感知到的匿名程度（perceived anonymity） 指的是调查对象能够感知到访谈者不会识别出他们的身份。在传统邮件调查、邮寄固定样本组调查和网络调查中，由于在被调查过程中没有访谈者的参与，这类方法的感知到的匿名程度较强。而在人员中（登门调查、商场拦截调查、电脑辅助人员调查），由于有当面的交流，所以匿名程度较低。在传统电话调查和电脑辅助电话调查中，由于接触不是面对面的，所以匿名程度处于中等水平。在电子邮件调查中，虽然没有与访谈者的接触，但调查对象知道自己的名字出现在回复的邮件里，所以匿名程度也处于适中水平。

符合社会期望/获取敏感信息

符合社会期望（social desirability） 指的是调查对象倾向于给出无论真实与否、但在社会上更容易被接受的回答。因为传统邮件调查、邮寄固定样本组调查和网络调查不会涉及调查对象和访谈者之间任何的社交活动，所以这些方法最不易受社会期望的影响。调查显示，该类方法可很好地用于采集如个体行为和财务状况之类的敏感信息。传统电话调查和电脑辅助电话调查也能在中等水平上避免符合社会期望的答案出现。因为在调查中，调查对象感觉自己不需要通过电话去写下内容，所以这些方法也可很好地用于采集敏感信息。在电子邮件调查中，由于调查对象知道自己的姓名将会出现在回复的邮件里。所以该方法在控制符合社会期望和采集敏感信息方面处于中等水平。在电脑辅助调查中，因为调查对象与访谈者接触有限，所以这一问题并不明显。但是，人员调查，无论是登门调查、商场拦截调查还是电脑辅助人员调查，在这方面都受到了限制。

由此可见，感知到的匿名程度、符合社会期望、获取敏感信息是有内在联系的因素。当感知到的匿名程度高的时候，社会期望度就会低，反之亦然；敏感信息的采集和感知到的匿名程度有直接联系，当调查对象越能确信他们的回答将会是匿名的，他

MARKETING RESEARCH AN APPLIED ORIENTATION 实用市场调研（原书第7版）

们就越愿意提供一些敏感信息。

低发生率

发生率（incidence rate）指的是满足条件的人数参与调查的百分比。在第12章将会详细论述，发生率将会决定在给定大小的样本下的调查接触次数。调查者常常会碰到调查对象发生率较低的情况。这种情况一般会出现在调查对象都属于一个高度细分的目标市场内而非普通大众。假定雅芳化妆品公司开展了一项调研，选取18~27岁之间且在前一周化妆两次以上的女性为样本。调查显示，满足这些调查要求的人仅占所有人口的5%。因此，每20个人中只有一个合格的候选者，从而导致在以普通大众为样本的调查中浪费了许多力气。在这种情况下，应该选择一种既可以有效找出满足要求的调查对象又能减少浪费的调查方法，如电话调查。由于在三种人员调查（登门调查、商场拦截调查、电脑辅助人员调查）中，访谈者需要接触潜在的调查对象，所以这些方法的效率低。三种自主完成的方法（传统邮件、电子邮件、邮寄固定样本组）的效率中等，因为成本低，所以可以用于大范围的潜在调查对象，从而获取希望得到的合格调查对象样本。网络调查在此方面表现很好，网络调查中的问题可用于快速有效地剔除不合格的候选者。

调查对象控制度

一些能让调查对象控制调查的方法可以提升其合作度，所以这些方法是值得采用的。让调查对象控制以下两个方面显得尤为重要：第一是控制调查的时间，在不同的时间里能灵活地分步回答问题，尤其是当调查较长时。第二个重要的方面是让调查对象能够调节问卷的答题率。例如，调查对象可以灵活地按照自己的节奏来答题。传统邮件调查、电子邮件调查及邮寄固定样本组调查这三种自主答题的方法在调查对象控制度方面的表现最佳（高比例）。在网络调查中，由于问题是随机弹出的，调查对象没有稍后作答的这种灵活性，从而丧失了一些对调查过程的控制。但是，也可通过一定设计让调查对象在退出后还可以再次返回去答题，从而将控制度提升至中等偏上水平。由于电话调查是按照访谈者规定的节奏开展的，因而处于中等偏低水平。尽管电话调查可以调整安排，但是调查对象还是需要遵循一个特定的时间安排。在人员调查中，访谈者掌控调查节奏，而且一般调查对象无法更改时间安排，所以登门调查、商场拦截调查和电脑辅助人员调查这三类人员调查法的控制度都较低。

实用市场调研

6.4

选择询问调查法

从表6-2及前面的讨论可知，没有哪种询问调查法在所有情况下都是最佳的。如何选择取决于预算限制（时间和资金）、信息要求、调查对象特征等影响因素。不同的数据采集方式并非互相排斥，我们可以用互补的方式来运用这些方法，以扬长避短。

访谈者可以综合运用这些方法并开发具有创造性的方法。例如,访谈者向调查对象分发产品、自主回答的问卷和寄回信封。在传统电话调查中采用电话跟进。综合比较对其他询问调查法,97%的调查对象在传统电话调查中愿意配合,82%的调查对象回寄了问卷。在本章开篇介绍中,已经论述过电话调查和网络调查是怎样被成功地运用于大选结果预测之中的。但是,当运用多种方法就同一本地市场展开调查时(也称混合调查模式),应当小心谨慎。由于对方法的选用会影响到获取的回答,所以用不同方法得到的回答是没有可比性的。

汰渍:利用尼尔森开展口碑传播

尼尔森(www. nielsen. com)拥有一系列产品来获取消费者自媒体信息,以帮助公司了解消费者的需求、反应和问题。尼尔森帮助公司了解口碑宣传和消费者间推荐的数量、传播方式和影响等基本问题,提供热门消费趋势的最新信息、消费者日益关注的最新数据、安全/质量问题信息或消费者意见的突然转变情况信息。尼尔森提供关于影响和塑造口碑行为的在线消费者的可核实数据。

汰渍(www. tide. com)是宝洁公司在全球最受欢迎的消费品牌之一。由于各种原因,它希望提升其消费者形象。汰渍的反馈系统需要更快速地传播信息和品牌数据,以获取完整的数据并识别利基市场。因而汰渍选择了尼尔森的产品来重新设计其反馈系统。

汰渍收集所有来源的消费者反馈信息,包括口碑信息。汰渍的网站具有全新的外观和功能,消费者可以立即获得关于所询问问题的自动反馈。需要跟进的问题会自动转发给合适的消费者关系专员。有"污渍问题"的消费者会被连接到汰渍的"污渍侦探"专员,并在恰当的时机向其他消费者提供调查、调研机会、优惠券或特别促销活动。所有的功能都由尼尔森的产品提供。这种主动收集信息的方法也有助于汰渍新产品的研发,这反映在汰渍对其产品做出的改进次数上。汰渍还对产品进行改进以考虑地理位置等细分市场因素,例如,公司在考虑了印度用户的意见后,在印度市场推出了新的潮牌产品。

观察法

观察法(observation)是在描述性调研中使用的第二类方法,指的是以系统的方式记录人、物或事件的类型来获取所关注现象的信息。观察者不会向被观察者提问或是与其交流,而是通过记录正在发生或已发生的事件来获取信息。观察法可以是结构化的或非结构化的,可以是直接的或间接的,在自然的或是人为设计好的环境下都可以实施观察。

6.5.1　结构化观察与非结构化观察

在**结构化观察（structured observation）**中，访谈者有明确详细的观察内容和记录测量的方法。如审计人员对某商店库存的分析。该方法可以减少观察者潜在偏差并增强数据的信度。当市场调研针对的问题和需要的信息已经被明确给出时，结构化观察是适用的。在这些情况下，能够清楚识别需要观察现象的哪些细节。

在**非结构化观察（unstructured observation）**中，观察者需要观察与问题相关现象的所有方面。例如，观察小孩玩新玩具。这种观察法适用于问题还没有被精确提出的情况，为了识别问题的关键要素和提出假设，观察还应有一定的灵活性。在非结构化观察中，观察者的潜在偏差程度高。为此，人们应把观察结果作为有待验证的假设，而不是结论。所以，非结构化观察最适用于探索性调研。

6.5.2　伪装观察与非伪装观察

在伪装观察中，被观察者不知道自己在被人观察。当人们知道自己在被观察时很可能表现得不同于平常，所以，通过伪装观察者可以观察到被观察者的自然行为。观察者可以利用单向镜、隐形相机或不易发现的设备来实现伪装观察，也可以装成购物者、销售员或其他适合的角色。

在非伪装观察中，被观察者知道自己正处于观察之下。例如，被观察者会意识到观察者的出现。调研人员对观察者出现对被观察者行为的影响程度意见不一，其中有观点指出这种影响是短期且较小的，也有观点指出观察者会使被观察者的行为模式出现重大偏差。

6.5.3　自然观察与实验观察

自然观察（natural observation）指的是在自然条件下实施观察，例如在汉堡王对被观察者吃快餐的行为进行观察。**实验观察（contrive observation）**是指在人为设计好的环境下观察被观察者的行为，例如，在购物中心设立的测试厨房。

自然观察的优点在于，观察到的情况能够更真实地反映现实情况；缺点在于需要花时间等待行为的出现，而且在自然状态下难以实施测量。

6.6 以实施方法分类的观察法

如图 6-2 所示，可以按照实施方法将观察法分为人员观察、机械观察、审计、内容分析及追踪分析。

图6-2 观察法的分类

6.6.1 人员观察

在**人员观察（personal observation）**中，观察者观察真实发生的行为。观察者不会试图去控制或操纵所观察的情况，只会记录下发生的事情。例如，一个观察者可能会在百货商店里记录顾客数目并观察顾客流，这些信息可用于设计商店的平面图，布置各个部门、货架和商品展示的位置。诸如微软之类的公司也会运用人员观察来了解用户对软件的需要。

6.6.2 机械观察

在**机械观察（mechanical observation）**中，采用机械设备而非人员来记录观察到的现象。这些设备可能需要也可能不需要被观察者的参与合作。人们用机械来观察正在进行的连续行为以供以后使用。

在无须被观察者直接参与的机械中，尼尔森的视听测量仪最为著名。人们将测量仪安装在电视上用于记录频道的转换情况。尼尔森还引进了人员测量仪，不仅可以监测到选择频道的情况，还可以监测是谁在看电视。PTG（www. pretesting, com）利用一种可以隐蔽地记录阅读材料和阅读者眼睛活动的"读者仪"来判断阅读者的习惯，以及不同规格的广告的品牌回顾力。

其他较常见的例子还有用于记录进出大楼人数的旋转式栅门和装在街口用于记录某地通行车辆数的交通计数器。越来越多的零售商采用现场相机来评测包装设计、柜台布置、产品展示和顾客流类型。诸如通用产品代码之类的先进技术对机械观察产生了较大的影响。结合使用通用产品代码与光学扫描仪，可以实现对产品类型、商标、商店种类、数量和规格等消费者信息的机械收集。

互联网是不错的观察来源，提供了有价值的信息。可以通过多种方式开展观察：可以观测网站被登录的次数；人们进入网站点击图标时计时器开启，当他们点击退出图标时计时器停止，通过这种技术可以观察人们在网页上花的时间；调研人员还可以通过在网页上提供各种链接来观察哪些链接被更多地使用。这些可以给调研人员提供关于个体对信息的需求和目标人群兴趣所在的重要信息。调研人员可以分析个人所登录的公司网站链接，得出客户兴趣的重要信息。通过进一步的分析还可以得到广告、竞争者、客户、目标市场人口及心理特征等重要信息。

基于网络的用户追踪是一项既令人心动又受争议的电子观察技术。客户机（cookies）是存储在网站浏览器上用于识别用户的一组字母和数字，也是一种网站采集登录者信息的巧妙方式。这个采集过程通常在网络访问者不知情的情况下发生。网站的所有者可用客户机来采集关于登录者的市场调研信息。客户机一直跟着上网者，并记录其浏览了哪些网页、在这些网页上停留了多长时间。如果上网者录入信息，客户机将会记录他的姓名、地址、电话号码、登录的网站，然后将这些信息转存到数据库。事实上，每当访问者浏览网站，客户机都会收集他们的信息。DoubleClick 在线广告公司（www.doubleclick.com）将客户机所采集到的信息用于目标广告。例如，若是一个用户先后登录了航空公司和酒店的网站，那么他就会成为达美航空公司和万豪广告公司的目标客户。该方法备受争议是因为会产生个人与市场策略方面的隐私问题。

与网络观察相比，其他的机械观察设备需要被观察者积极的参与。这些机械观察设备分为以下五类：①视线追踪设备；②瞳孔测量仪；③心电测量仪；④音调分析仪；⑤反应时滞测量设备。

视线追踪设备，如视线记录器、眼球仪和视线相机可追踪视线的移动。这些设备可以用于确定被观察者怎样读广告或是看电视广告以及他们在不同部分所花费的时间。这些信息与评估广告的有效性直接相关。瞳孔测量仪通过测量被观察者瞳孔直径的变化来实现观察。要求被观察者注视一个正在播放广告或是其他刺激物的屏幕，并保持图像的亮度和被观察者眼睛距离不变，用瞳孔尺寸的变化来反映由刺激物所引起认知（思维）活动的变化。

音调分析仪（voice pitch analysis） 通过测量被观察者的音调变化来分析其情绪反应。可以通过用配有音频调试设备的电脑检测声音对震动频率的变化来观察与之伴随的情绪反应。

反应时滞（response latency） 是被观察者在回答问题前所花费的时间，可以用于测量对于多个方案的相对偏好程度，其回答时间与不确定性存在直接联系。所以，被观察者在两个方案之间做选择花的时间越长，说明其对这两个方案的偏好程度越接近。反之，若是被观察者快速地做出了选择，说明其明显偏好某一个方案。随着电脑辅助数据收集的普遍运用，可以在被观察者不知情的情况下准确地收集到反应时滞信息。

神经营销调研（neuromarketing research） 将神经科学的原理应用于市场调研，以检测消费者对营销激励的感知变化、认知和情感反应。起初用于观察脑肿瘤的功能性核磁共振成像（fMRI）等工具现用于观察调查对象对不同刺激物的反应。脑电图（EEG）用于测量大脑特定区域的光谱活动。传感器测量调查对象生理状态的变化，也称为生物识别技术，包括心率、呼吸频率和皮肤电反应。使用这些设备可以让调研人员将产品（如品牌）放置于调查对象前面，并准确监测该产品对大脑的影响部位及影响程度。这些工具有助于测定与决策相关的情感和思维过程，并了解大脑在决策过程中的功能。通过发现引起大脑积极反应的因素，营销人员或许能够设计出更具吸引力的产品或更有效的广告活动。

视线追踪设备、瞳孔测量仪、心电测量仪、音调分析仪和神经营销调研仪器的使用均假设生理反应与特定的认知和情感反应相联系，这一点还有待于证实。此外，这些测量生理刺激的仪器的校正很困难，并且费用高昂。另一个局限性是调查对象会处于一个实验环境中，知道自己正被观察。

案例6.8　　　　　　Mirro：如何设计好用的不粘锅

Global Home Products LLC 收购了 Mirro、Regal 和 WearEver 等品牌，并将它们整合为 WearEver 公司（www.wearever.com）。Mirro 生产廉价的炊具，并开展了探索性调研，试图通过推出新产品来增加市场份额。该调研的目的是确定应该为其厨具增加的特征以博取用户青睐。该公司聘请了 Metaphase Design 集团（www.metaphase.com），通过与女性户主的内部个人会议开展观察性调研。调研的目标城市是圣路易斯、波士顿和旧金山。对所有内部观察都进行了录像以便日后分析。结果显示，涉及厨具的最大问题是其倾倒便利性、储存问题和清洁便利性。更具体地说，该公司发现"倾倒便利性"是一个重要问题。此外，人们在做饭时不知如何放置锅盖，他们会抱怨将锅盖放在柜台或炉灶上的混乱感。Metaphase 还指出，大多数消费者对不粘锅的"不粘"性能不满意。

在分析了结果之后，Mirro 和 Metaphase 共同设计了一款新锅——Allegro，其拥有一个方形的顶部和圆形的底部。方形顶部使其更容易存放，能够更好地倾倒，并增加锅的容积。这三个特点都与该公司获得的探索性调研结果直接相关。公司总裁保罗表示："Allegro 的销量超出了预期，产量好不容易满足了广告投放初期的压倒性需求，消费者反应非常好。"

6.6.3　审计

审计（audit）时，调研人员通过检查有形记录或是做库存分析来采集信息。审计有两个明显特征：一是调研人员人工采集数据；二是数据基础是数量，一般是实物数量。供应商对零售和批发做的市场调研已经在二手数据的收集中讨论过。所以，现在关注的是审计在收集原始数据中的作用。在此方面，储物间审计是重要的方法。在**储物间审计（pantry audit）**中，调研人员会在消费者家中或是在人员调查过程中清点商品品牌、数量、包装尺寸信息。储物间审计很好地解决了回答不真实的问题和其他一些回复性的偏差。但是，获得消费者的允许让调研人员进入他们的储物间很困难，并且现场工作费用昂贵。而且，储物间的品牌不一定能够反映出消费者最偏好或购买最多的品牌。因此，审计通常只在批发或零售层面展开。

6.6.4　内容分析

当需要观察的是交流内容而非行为或实物时，采用**内容分析（content analysis）**是合适的。这是对交流内容的一种客观、系统、定量性的描述，既包括观察又包括分析。分析的单元可能是词语（信息中不同词语或不同的词语类型）、特点（人或物的）、中心思想（观点）、时空评测（信息的持续时间或长度）和主题（信息的主题）。市场调研的运用涉及观察和分析广告、报纸、电视和广播节目上的内容或信息。例如，通过内容分析法调研黑人、女性和其他少数群体在大众媒体上出现的频率。假设我们想调研从 2007—2017 年美国杂志广告中女性形象的正面或负面的变化情况，可以选择 2007—2017 年发行的 100 本杂志，在每本杂志中选择不同期数的 10 个以女性为主题的广告作为样本。于是，我们拥有每年 1 000 个广告的样本。然后，可以根据广告如何描绘女性角色将其分类为正面或负面类别，进而比较正面和负面类别广告的数量和百分比。分析结果可能如表 6-3 所示。

表6-3　广告分类结果

类别	2007 年		2017 年	
	数量	百分比	数量	百分比
正面广告				
智慧	100	10	150	15
为社会做贡献	200	20	350	35
正面榜样	150	15	200	20
正面广告总数	450	45	700	70
负面广告				
性暗示	350	35	150	15
被歧视	200	20	150	15
负面广告总数	550	55	300	30
总数	1 000	100	1 000	100

该调研表明，美国杂志广告中对女性的正面描绘大幅增加，从 2007 年的 45% 增加到 2017 年的 70%。增幅最大的是"为社会做贡献"类别，从 2007 年的 20% 增加到 2017 年的 35%。另一方面，将女性作为"性暗示"的负面描述已从 2007 年的 35% 下降至 2017 年的 15%。

在百货商店项目中，内容分析可用于比较杂志广告上竞争商店的形象与自己期望的商店形象。如下案例所示，内容分析可用于跨文化广告调研。

实用市场调研

案例6.9　　　　跨文化内容让广告代理商满意

2017 年，美国市场占全球广告支出的一半，日本其次，占 10%。内容分析被用来比较美国和日本杂志广告的信息内容。从每个国家选择了 6 种杂志（大众杂志、女性杂志、男性杂志、专业杂志、体育杂志和娱乐杂志）。所有广告都是从同一时期的这些杂志中抽样，共抽出了 1 440 则广告：832 则来自美国杂志，608 则来自日本杂志。三名鉴定人独立地标出每则广告提供信息与否、每则广告满足哪一条信息内容标准、广告版面的大小以及广告的产品种类。调研发现日本的杂志广告均比美国的杂志广告能提供更多信息。例如，分析中 85% 以上的日本广告满足至少 1 条信息的内容标准，因此被看作能够提供信息，相比之下提供信息的美国广告只有 75%。日本广告平均每则有 1.7 个信息提示，而美国广告平均每则只有 1.3 个提示。这一信息对跨国公司和广告公司，包括 Young&Rubicam、盛世环球公司、McCann Erickson 环球公司、奥美环球公司、BBDO 环球公司以及其他全球性广告代理商进行跨文化的广告宣传很有帮助。

内容分析涉及冗长的编码和分析。微型计算机和大型计算机都可运用编码和分析。尽管内容分析并未在市场调研中广泛使用，但具有很大的潜力，例如它可以很好地运用于开放式问题的分析。

6.6.5　追踪分析

通过创造性地使用追踪分析可以降低调查费用。在**追踪分析（trace analysis）**中，数据的收集基于以前行为的证据或物理痕迹，这些痕迹可能是被观察者有意或无意留下的。例如，在追踪百货商店项目中，可以通过商店收据来发现消费者对商店信用卡的使用习惯。

追踪分析在市场调研中已经有一些创造性的应用：

- 某家博物馆根据地板瓷砖的更换频率，衡量其选择性磨损情况，从而确定展品的相对受欢迎程度。
- 用一页纸上不同指纹的数目衡量一本杂志中不同广告的读者人数。
- 根据送修汽车中电台调频指针的位置估计不同广播电台的听众份额，广告商用估计的数字来决定在哪些电台投放广告。
- 根据停车场内汽车的车龄和车况评价顾客的富裕程度。
- 根据人们为慈善事业捐赠的杂志确认人们所喜爱的杂志。
- 互联网的访问者留下了踪迹，可分析这些踪迹以检查浏览和使用行为。

案例 6.10　　　　　　　　来一块儿"饼干"吧

许多用户并没有意识到，他们上网时已经被附加一两个 cookie，也就是客户机。Expedia（www.expedia.com）使用 cookie 来收集网站流量的信息。这些信息有助于旅游网站的营销人员收集访问者的人口统计数据。此外，该公司还能监测特定主题网站的"点击率"，并从中获取关于用户兴趣的有价值的信息。数据收集基于访问者的行为。这种伪装技术使 Expedia 能够监测用户的使用行为，并消除社会公众可接受的反应偏差。以该方式收集的信息已被用于设计网站内容和格式以吸引网络用户。

虽然追踪分析已经被创造性地应用，但还是有一些局限性。有证据显示，调研人员不能采用其他方法时才会选用该法。此外，诸如使用客户机的伦理问题也必须加以考虑。

观察法的比较

表6-4列出了各种观察法的比较。从结构化程度、伪装程度、在自然条件下的可观察性、观察偏差、分析偏差这些方面对不同的观察法进行分类。

表6-4　各种观察法的比较

标准	人员观察	机械观察	审计	内容分析	追踪分析
结构化程度	低	低　高	高	高	中
伪装程度	中	低　高	低	高	高
在自然条件下的可观察性	高	低　高	高	中	低
观察偏差	高	低	低	中	中
分析偏差	高	低　中	低	低	中
总体特征	最灵活	具有侵入性	花费高	受到交流沟通的限制	最后才考虑的方法

结构化与观察内容的特点及测量的记录是联系在一起的。如表6-4所示，人员观察的结构化程度低，追踪分析的结构化程度中等，审计和内容分析的结构化程度高。机械观察的结构化程度有高有低，取决于具体选用的方法。光学扫描要观察的特征是极其结构化的，例如在超市收银台扫描商品的特征是非常清楚的，所以结构化程度很高。与之相比，诸如利用隐形相机观察儿童玩新玩具的机械观察则是非结构化的。

因为在审计过程中审计人员难以隐藏自己的身份，所以该方法的伪装程度较低。由于观察者扮演成购物者、售货员、员工的程度受到限制，所以人员观察的伪装程度处于中等水平。因为数据是在事后也就是情况发生之后才收集的，所以追踪分析和内容分析的伪装程度高。有些机械观察，如隐形相机有非常好的伪装性，然而有些机械观察，如心电测量，伪装程度就很低。

在追踪分析中，观察在行为发生之后才进行，所以该方法在自然条件下的可观察性很弱。在内容分析中，由于只能使用交流这一种方式，所以其在自然条件下的可观察性适中。在人员观察中，因为观察人员可以在各种自然情况下观察人和物，所以该方法在自然条件下的可观察性佳。机械观察在该方面的方法有心电测量法和利用旋转式栅门等。

因为在机械观察中没有人员的参与，所以其观察偏差性低。虽然在审计中有审计人员，但观察多是针对一些特征明确的实物展开的，较少出现观察偏差。追踪分析和内容分析的观察偏差程度中等。在这两种方法中有人员的投入，但没有很好地指出需要观察的特征。由于在调研过程中，观察者通常不会与被观察者有接触，从而降低了观察偏差程度。在人员观察中，因为观察者需要与被观察者接触，所以该方法的观察偏差程度高。

在审计和内容分析中，因为变量是精确定义的，数据是量化的，且需运用统计分析，所以这两种方法的数据分析偏差程度低。在追踪分析中，由于没有精确地定义变量，其数据分析偏差程度适中。机械观察使用的方法有数据扫描和利用隐形相机等。与人员观察不同，在机械观察中，可以利用机械设备对需观察的情况做连续的记录，先进的观察和分类方式将机械观察的偏差限制在中等水平。

此外，人员观察的灵活性最大。观察人员可以在各种不同情况下观察各类事件。有些机械观察如心电测量侵入性很强，从而导致观测结果不自然且有偏差。雇用审计员费用高昂。内容分析则适用于观察交流过程，但又受其限制。如前所述，追踪分析是最后才考虑的选择。

询问调查法和
观察法的对比

很少有市场调研项目仅依赖观察法来获得原始数据。这说明观察法相对于询问调查法来说还有一些大的缺陷。但是它也有自身的优点，与询问调查法结合使用相当有效。

6.8.1 观察法的相对优点

观察法最大的长处是可以观察实际发生的行为而非报告倾向或偏好的行为。不存在报告偏差，由调研人员和调研过程所带来的潜在偏差也被消除或是减少了。某些类型的数据只能够通过观察法获得，包括调查对象没有意识到或无法交流的行为模式。例如，婴儿不能很好地表达，所以获取婴儿对玩具的偏好信息的最好方法就是观察他们玩的过程。而且，当需要观察的行为是偶然性的或是短时间的，采用观察法要比询问调查法快速便宜。

6.8.2 观察法的相对缺陷

观察法最大的缺陷在于因为几乎不了解潜在的动机、信念、态度和偏好，所以难以判断所观察行为发生的原因。例如，观察到人们去买某个牌子的谷物，原因未必是因为他们喜欢这个牌子，他们也许是为他人购买。观察法的另一个局限就是选择性偏差（调研人员的观察偏差）带来数据的偏差。此外，观察法常常费时费钱，而且诸如个人活动之类的某些特定行为难以被观察到。最后，在某些情况下运用观察法可能是不道德的，比如在没有告知或没有征得他人同意的情况下进行行为监测。

总而言之，当观察法被合理运用时是有潜力提供有价值的信息的。从实践角度讲，最好是将观察法视为询问调查法的补充而不是与之对立。

案例6.11   人们喜欢什么样的牛肉

人们在商店购买肉类时倾向于选择他们熟知的品种。这一点在美国养牛业协会（NCBA）开展的市场调研中得到了证实。这项调研是为了帮助 NCBA（www. beef. org）了解某些牛肉的销量在四年内下降 20% 的原因。该调研采用了机械观察法和客户访谈法。调研人员在商店的肉类货架旁记录消费者的购买行为。消费者在购买牛肉时被录像。观察结果表明，即时某些部位的牛肉看起来不错，而且比受欢迎的牛腩或碎牛肉更瘦，消费者也不会购买它们。当问消费者为什么不购买时，一致性的回答是消费者不知道该如何烹饪。

NCBA 采取了一系列措施来解决该问题。首先，在包装上印上烹饪牛肉的方法说明。此外，NCBA 还和商店合作，根据烹饪方法重新设计商店布局来陈列牛肉。每个部位的牛肉上方都有标签，不仅介绍营养成分，还介绍牛肉的烹饪方法。牛肉的旁边还放置有小型食谱卡。

全美牛肉的总消费量从 2006 年的 281 亿磅下降到 2015 年的 248 亿磅。NCBA 希望基于市场调研的新举措能增加牛肉需求量。

6.9   民族志研究

民族志研究（ethnographic research） 分析自然背景下人的行为，包含行为观察和深度访谈，有时还会获取声音或图像的记录。因此，可以将询问调查法与观察法相结合来理解消费者行为。

案例6.12   PortiCo 公司的调研纪录片

PortiCo 调研公司（www. porticoresearch. com）专门从事个体消费者的观察、深入访谈并以视频的形式进行记录，以数万美元的价格将这些录像带出售给其主要客户，如本田、达美航空、立顿和宝洁。该公司对收集民族志研究数据的方法进行了微调，并将之转变为一项非常有利可图的业务。

PortiCo 公司的特色是将调研完全融入消费者的生活中，努力记录他们如何做出购买决策。由人类学家、社会心理学家和民族志学家（研究民族志的专业人员）组成的调研团队和摄像师一起进入消费者家里，与他们一起购物，观察他们的购物过程并询问购物的原因。拍摄结束后，PortiCo 的员工转录了视频并基于客户面临的市场调研问题对结果进行分析。例如，PortiCo 为立顿公司开展了一项大型市场调研，以了解消费者对茶的态度。根据调研结果，立顿公司就可以知道是否应对冰茶增加广告投入、开发新口味或开展更多营销工作，而不是对热茶这样做。调查结果显示，美国消费者很少消费热茶，特别是因为市场上有含咖啡因的咖啡。如果他们选择饮用热茶，通常是调味的花草茶。立顿的热茶则大多没有特殊的口味。然而，立顿公司近期开始向市场推出花草茶。该调研发现，美国消费者更喜欢冰茶。由于该发现，立顿在冰茶领域做了很多创造性的开发工作，推动了 Brisk 罐装冰茶的营销，使之成为即饮冰茶的第一大消费品牌。此外，立顿公司还开发了一种冷泡混合茶包，分为家庭装和单杯装两种。家庭装茶包可以泡一壶茶，单杯装茶包则可以泡一杯茶。这种茶包可以用冷水冲泡，而不必使用热水。因此，消费者可以更快地享用他们的茶。在 PortiCo 的调研结果指导下，立顿的营销工作促进了销售额和市场份额的提高。

除了民族志研究，还有其他方法也将询问调查法与观察法相结合使用。其中一个常用方法就是**神秘访客法（mystery shopping）**。训练有素的观察者会装作顾客到自己公司或是竞争对手的商店去收集顾客员工互动和诸如价格、陈设和布局等营销变量信息。神秘访客会询问店员，然后暗自记下答案并观察其他关注的变量。

实用市场调研

6.10

国际市场调研

因为经济、制度、信息技术和社会环境的差异，不同调查方法的可行性和普及性有很大差别。表 6-5 显示了文化和环境因素是怎样影响询问调查法的使用的。从表 6-5 可以看出，并没有哪种信息收集方法可以有效运用于对多个国家的调研。例如，在美国和加拿大，邮件调查被广泛使用。然而，邮件调查在欧洲却用得少些，在其他地区就更少了。产生这种差异的原因有几个，包括较低的识字率、邮件到达目的地的时间，以及在某些文化中人们不相信陌生人会阅读回信。

表6-5 文化和环境因素对调查方法选择的影响

- 一项在美国需花费20分钟的调查，在德国可能需要两倍以上的时间。 德语不像英语那样简明，而且德国人比美国人更健谈。 由于类似的原因，在其他国家，如巴西，采访时间也可能更长
- 电话目录在一些国家（如一些非洲国家，塞拉利昂等）是不可靠的，因为它们的更新频率很低
- 在一些国家，如日本、中国、泰国、马来西亚和东南亚的国家，电话采访被认为是不礼貌的。 相反，在一些南美国家，如阿根廷和秘鲁，由于电话营销的普及水平很低，而且接到意料之外的电话对于当地人来说是一种惊喜，所以电话调查的回答率很高
- 在一些欧洲国家（如瑞士、瑞典、法国）、亚洲国家（如中国、印度）、非洲国家（如尼日利亚、肯尼亚）和南美国家（如哥伦比亚、墨西哥），由于面对面的文化盛行，传统的人员访谈仍非常受欢迎
- 在一些国家（如加纳、科特迪瓦、萨瓦尔多、乌拉圭、巴拉圭），低识字率和/或农村地区缺乏可靠的邮政系统可能使邮件调查不可行

MARKETING RESEARCH
AN APPLIED ORIENTATION 实用市场调研（原书第 7 版）

- 许多发展中国家和一些发达国家（如德国）缺少商场，所以商场访谈受到限制。此外，一些国家的法律可能禁止在购物时采访消费者
- 一些国家的电话普及率很低，特别是在农村地区。在一些国家，如柬埔寨，由于电话费很高，多个家庭可能共用一条电话线
- 在移动电话普及率高而有线电话普及率低的国家（如泰国、马来西亚），使用传统的电话调查是不可取的
- 在一些地区（如非洲、亚洲和南美洲的农村人口），由于电脑和互联网的普及率很低，使得电子访谈不可行

电话调查中也存在同样的问题。虽然最近在欧洲增加了对电话调查的使用，但是，该调查方法在除美国之外的其他地区并没有得到广泛使用。在美国之外的国家里使用邮件或是电话调查的应答率都要低很多。在国际上，当面调查依然是做市场调研最普遍的方式。收集数据的实地调研人员应当注意，他们在面对面的国际市场调研中搜集数据的方式可能对结果产生影响。在选择调研人员时，需要考虑调研人员和调查对象的国籍，因为不同文化背景可能使调查结果产生偏差。

在外国开展调研是非常有挑战性的，选择合适的调查方法也异常困难。由于经济、结构、信息、技术以及社会文化环境等方面存在差异，不同的访谈方法的可行性和普及性会有很大差别。在美国和加拿大，互联网已经实现对家庭的高度渗透。因此互联网调查是问卷执行的主导方式，在瑞典等欧洲国家的情况也相同。但是，在许多其他欧洲国家，互联网的渗透率仍然不高。在一些发展中国家，只有极少数的家庭能接入互联网，特别是在农村地区。

在许多欧洲国家（如瑞士）、新兴工业化国家和发展中国家，登门调查仍然是主要的调查方式。虽然某些欧洲国家，如瑞典，也会开展商场拦截调查，但是此方法并未得到广泛使用。相反，在法国和荷兰，中心区域或中心街区调查是收集数据的主要方法。

由于成本低，在一些人口识字率高且邮寄系统完善的国家邮件调查被广泛采用，如美国、加拿大、丹麦、芬兰、冰岛、挪威、瑞典和荷兰。但是，在非洲、亚洲和南美洲，由于文盲较多且有很大比例的人口居住在农村，邮件调查和邮寄固定样本组调查的使用率很低。邮寄固定样本组和互联网固定样本组在美国之外仅在几个国家使用，如加拿大、英国、法国、德国、荷兰和韩国。尽管可以在世界各地访问调研网站，但是在许多国家，尤其是发展中国家，网络或者电子邮件并没有普及。因此，使用电子方式的调查不可行，尤其是对于家庭用户。

6.10.1 调查方法的选择

没有哪一种问卷执行方式在所有的情况下都是最好的。表6-6展示了国际市场调研中收集定量数据的主要方法的比较。表中仅讨论了电话调查、人员调查、邮件调查和电子调查这几类调查方法。CATI、CAPI和邮寄固定样本组的使用很大程度上依赖于国家的技术发展状况。同样，商场拦截访谈的使用与零售环境中购物商场的支配地位相关联。电子邮件调查和网络调查也是一样，取决于接触计算机和互联网的途径。访谈的主要方法应该根据表6-6所示的标准认真地评价。

表6-6　国际市场调研中询问调查法的比较

标准	电话	人员	邮件	电子
样本控制度高	+	+	−	−
在家中调查对象不易被找到	+	−	+	+
无法进门	+	−	+	+
没有大量培训过的调研人员	+	−	+	+
农村地区人口多	−	+	−	−
缺乏地图	+	−	+	+
缺乏更新的电话簿	−	+	−	+
没有邮寄地址名单	+	+	−	+
电话接通率低	−	+	+	−
缺乏有效的邮寄系统	+	+	−	+
识字水平低	−	+	−	−
面对面交流文化	−	+	−	−
难以使用电脑上网	?	+	?	−

注：+代表优势；−代表劣势。

在选择调查方法时还要考虑国家间的对等性与可比性。不同的方法在不同的国家可能有不同的信度。在收集来自不同国家的数据时，需要信度相同的调查方法，而非同一种方法。

实用市场调研

案例6.13　　　　锐步：在三个国家采用不同的调查方法

锐步公司的市场遍及180多个国家和地区，50%左右的销售额来自海外。现在，锐步准备在欧洲扩张，并且构建关于将运动鞋推向欧洲大众的强大市场计划。将在以下三个国家就消费者对运动鞋的偏好进行调查：瑞典、法国和瑞士。在三个国家分别使用以下方法可以得到最好的具有可比性的结果：在瑞典选用电话调查，在法国选用中心地区或商场拦截调查，在瑞士使用登门调查。

与询问调查法一样，在国际市场调研中选择观察方法同样应该考虑经济、结构、信息、技术以及社会文化环境方面的差异。

Lucian Milasan/Shutterstock

市场调研与社交媒体

社交媒体可用于开展观察法调研和询问调查法调研。

6.11.1 询问调查法

如今，社交媒体平台使调研人员能够广泛发布调查问卷，从而获取大量定量反馈数据。虚拟媒体的使用克服了人工吸引公众注意的难题，有助于控制成本，使得等量的投资换取更大的样本量。此外，如果调研实施得当，不仅可以通过社交媒体自动化收集调查数据，还可以允许调研人员制定针对不同消费群体的覆盖面。调研问题的更改几乎没有什么限制。此外，通过社交媒体平台开展的在线调查具有消费者的匿名性和与其固有的相关性，可以获取可信的反馈。如果调查失败，这些工具的虚拟性允许在收集定量数据时使用虚拟优惠券对调查对象进行激励，如消费者可以在完成调查时获得免费赠品。结合创建和实施虚拟调查的简洁性，我们看到通过社交媒体开展的调查非常可行且具有成本效益。

采用社交媒体开展调查的优点：

- 通过扩展调研范围，实现更广泛的覆盖。
- 由于社交媒体简单易用，实施调查非常简便。
- 在交互式多媒体计算的辅助下，有能力处理更复杂的问题。
- 由于调研的匿名性和缺乏实际层面鼓励诚实反馈的措施，获取了更多坦诚的回答。
- 互联网可以将调查网址链接到调查对象感兴趣的网站，从而提高了可访问性，更容易获取调查数据。
- 可以降低调研成本，而不必维持庞大的调查员和监督员队伍。
- 可以采取多种调查方法（例如，社交媒体世界，如"第二人生"；允许一对一的互联网电话调查）。
- 没有调查员偏见。
- 调查的社会期望值低。
- 快速、即时的调查结果。

尽管如此，互联网的无边界性在社交媒体的使用中会产生溢出效应，使得采用社交媒体开展调查还具有一些缺点。

采用社交媒体开展调查的缺点：

- 调查无法获取非社交媒体用户的反馈，尤其是老年消费者。
- 调查管理难以控制，调查内容可能被竞争对手获取。
- 由于虚拟社区的混乱，应答率可能很低。调查可能会被消费者当作垃圾邮件而忽略。
- 由于虚拟媒体相对不安全的特性，保密性对消费者来说是一个问题，因此妨碍消费者提供敏感信息。

简短的调查可以在社交媒体网站上进行（例如 Facebook）。对于较长的调查，则可以在网站上提供一个链接，将用户引导至调查网站，如 Captura 集团开展的一项调查。

案例6.14　　　Captura 集团：了解公众对美国政府的满意度

Captura 集团（www.capturagroup.com）是一家主要针对美国西班牙裔在线市场的调研公司。Captura 开展了一项社交媒体调查，以了解公众对获取美国政府信息的看法。之所以开展此次调查，是因为在最近的恐怖主义气氛中，公众对政府部门产生越来越多的负面情绪。随着《爱国者法案》和其他各种加强国家反恐安全的法案的颁布，美国政府委托越来越多的机构来克服政府在国家安全方面的执行不力。截至 2015 年，美国政府有多达 500 个单独的部门或机构。因此，美国公众在获取有关国家和政府事务的信息时，面临越来越多复杂的问题。因为许多部门和机构的管辖权重叠，给公众带来不必要的麻烦。

调查按表 6 - 7 所示的方式开展。

表 6 - 7　社交媒体调查

时间	12 周
调查对象信息	平均年龄：42 岁 调查对象人数：501 人 完成调查人数：385 人（78.5%） 男女比：50/50 了解美国政府人数比例：58%
社交媒体平台	11 家，包括 MySpace、博客、推特、雅虎等

调查结果显示：

- 大多数调查对象对通过社交媒体获取政府信息感兴趣。
- 政府在线信息的可信度对调查对象而言至关重要。
- Facebook 是调查对象首选的社交媒体工具。
- 调查对象对与政府沟通感兴趣。
- 内容的相关性和及时性是关键因素，渠道则是次要的。
- 大多数调查对象（60%）对在非政府网站上获取政府信息感兴趣。

奥巴马政府看到结果后承认，美国联邦政府的组织过于复杂，存在许多漏洞。其试图改革行政部门的组织结构，使政府系统更平易近人并降低复杂程度。

6.11.2　观察法

消费者在社交媒体上自愿发布的评论、照片、视频、音频和其他信息都是他们行为的痕迹，对这些观察结果的分析即是追踪分析。一些调研人员认为调查对象的博客和在线调研社区是电子民族志或网络志（在线民族志研究）的例子。正如雅乐轩酒店的案例所示。

当 Starwood Hotels & Resorts 考虑以"Aloft"品牌推出一系列新酒店设计时，它决定首先在"第二人生"内建造虚拟酒店。这有助于公司获取消费者对酒店设计和概念的反馈信息。消费者被邀请在"第二人生"中的虚拟"Aloft"酒店进行互动。市场调研人员可以观察消费者的行为和偏好，比如观察消费者的虚拟化身如何在"酒店"里移动，以及哪些区域和家具在"第二人生"中更受欢迎。因此，他们可以获取消费者的反馈信息并用以设计真实的酒店。这种社交媒体工具对于 Aloft 酒店至关重要，因为不需要花钱实际建造 Aloft 酒店的原型。调研结果使公司可以更好地了解对用户重要的功能。因而改变了一些酒店设计，包括决定在客房的淋浴间安装收音机。Aloft 酒店于 2008 年开业，为商务和休闲旅客提供了现代元素与经典美国传统元素融合的酒店服务。Starwood 和万豪酒店于 2016 完成合并，创建了全球最大的酒店公司。Aloft 继续使用社交媒体来完善其服务。2017 年，全球共有 230 多家正在运营或计划于 2018 年前开业的 Aloft 酒店，覆盖的地区包括亚洲、欧洲、中东、中美洲和南美洲。

实用市场调研

6.12 移动市场调研

本节讨论如何使用移动市场调研（MMR）来开展询问调查法调研和观察法调研。

6.12.1 询问调查法

移动调研如何开展？MFour（mfour.com）和 Pollfish（www.pollfish.com）等市场调研公司已经为应用程序发布者开发了软件开发工具包（SDK），以将调查工具集成到应用程序之中。移动用户必须打开应用程序才能参与调查。当用户打开应用时，点击弹出的通知图标就可以看到参与调查的激励信息。如果存在筛选标准，用户需要回答筛选问题，根据调研人员设定的响应和接受标准，才能看到调查问题。或者通过短信服务（SMS）向移动用户发送包含调查邀请的文本消息以及参与调查的激励信息。SMS 包含指向调查的链接，调查对象可以点击该链接在浏览器中打开调查页面。调查可以在任何移动设备上开展，不需要下载应用程序。

表 6-2 给出了移动调研与其他调研方法的比较。移动调研与其他自我管理调研（如传统邮件、邮寄固定样本组、电子邮件和网络调查）具有许多共同特点。这些特点包括控制数据收集环境的情境因素、实地调研人员的控制、访谈者潜在的偏差以及调查对象因素（感知的匿名性、附合社会期望、获取敏感信息、低发生率和被调查对象控制程度）。在速度方面，移动调研与网络调研差不多或更好，但成本更高（见表 6-2）。

移动调研的主要缺点在于表 6-2 中的任务因素。由于移动设备（尤其是智能手机）的尺寸有限，问题的多样性和灵活度较低。物质刺激的使用评分为中等偏低。由于传输和渲染的效果不好，视频在移动调研中的使用受限，基于视频的调研可能无法在每台设备上开展。样本控制评分为中等偏低。样本代表性可能是另一个严重的问题。在针对普通人群的调研中，那些没有手机等移动设备的人不能成为样本的一部分。从积极的方面看，全球定位系统（GPS）和其他定位技术可以根据目标对象当前或过去的位置向他们提供调研。因此，可以在购物者在商店内（或在其他被发现的时点）时获取他们的反馈信息，从而最大限度地减少体验与反馈的时间差并提高回答的质量。对于某些调查群体，与其他调研模式相比，移动调研可能提供更大的覆盖面。例如，移动调研有利于接触一些难以访问的消费者，如千禧一代，以及在许多主要通过移动设备访问互联网的发展中国家用户。调研必须保持简短和简单。通常情况下，提出的问题不超过15个，整个过程应该不超过15分钟。移动调研的回答率评分为中等。

此外，许多调研对移动设备不友好，不适合在移动设备上分发或查看。调研设计本身以及让调查对象在设备前保持参与的能力可能存在问题。即使是适合移动设备的调研设计也可能无法吸引调查对象的充分参与。还有可能出现技术问题，例如软件不兼容和数据传输速率低。关于暴露和传输手机号码的限制（数据保护原因）也限制了MMR的使用。

MMR可以与其他调查方法结合使用，特别是CAPI和CATI。移动CAPI（mCAPI）是一种面对面采访形式，调查员使用移动设备开展采访。CATI在传统上仅限于固定电话，但现在越来越多将移动电话纳入mCATI。与传统的CATI相比，mCATI通常限制更多，mCATI的成本往往高于固定电话CATI。拥有移动设备的人群与没有移动设备的人群的人口统计学数据不同，拥有固定电话的人群与没有固定电话的人群的人口统计学数据也有所不同。因此，将CATI和mCATI结合起来使用将产生更具代表性的样本。在比较移动调研方法和传统调研方法时，CATI得到的结果与移动调研和传统电脑上的在线调查所得到的结果大致相似。

实用市场调研

案例6.15   mCAPI：在发展中国家市场调研中一枝独秀

在印度开展市场调研的复杂性显而易见，因为印度69%的人口是农村人口，使用22种主要语言和数百种方言，有近8 000个城镇和超过50万个村庄。印度的大部分人都是实地工作，约90%的访谈是使用纸质问卷的面对面个人访谈。因此，目的是大幅优化印度实地调研的速度、成本和质量。Market Xcel（market-xcel.com）是印度一家先进的市场调研公司，通过与mQuest mCAPI系统的开发者即德国的Cluetec GmbH公司合作，从纸质问卷转向mCAPI解决这个问题。

在地区中心张贴问卷并将其发放给调查对象以及收集纸质问卷的问题因mCAPI的使用而消除。采访过程可以用GPS以及日期戳等参数进行跟踪和验证。照片不仅可以作为调研的一部分上传，也是调查对象和位置验证的质量控制过程的一部分。mCAPI可以处理比纸质问卷更复杂的调查，并且不再需要第三方数据，从而加快了调查周转的速度。此外，Market Xcel 现今通过网页为客户提供实时报告，这是传统纸质问卷调查无法实现的。印度的经验表明，在发展中国家，mCAPI 利用现代市场调研理论和日益廉价的移动设备，可以成为比面对面个人访谈更具吸引力的替代方案。

6.12.2 移动市场调研与观察法

移动技术可以用于获取个人和机械观察数据。但是，这些数据通常以定性的方式进行分析。在进行内容分析和追踪分析时，MMR 的使用受到限制。智能收集能够收集被动的观察数据，记录诸如位置、活动和媒体消费等信息。它们能够在特定时间、特定位置或响应调研人员的信号时触发调研活动。例如，当调查对象光顾百货公司时，可以触发客户满意度调研；或者在餐厅时，触发外出就餐调研。被动跟踪使用手机或平板电脑的功能和传感器来记录调查对象的去向、行为等。这是在对调查对象没有任何干预的情况下完成的。被动数据的收集通常需要调查对象下载应用程序，并且可收集的数据类型有所限制。

收集调查对象生成的内容有时被称为移动民族志或自我民族志。移动民族志是一种民族志研究，调查对象捕捉它们生活中的某些方面，例如拍摄他们的衣柜或储藏柜的照片。移动设备在神秘购物领域也得到了应用。比如使用移动设备向神秘购物者分配任务，也可以收集照片、视频，以及时间、位置和其他信息。支持 GPS 的手机可以添加实时地理标记以提高调研准确性。

实用市场调研

6.13

市场调研中的商业伦理

调研中另一个突出的市场调研伦理问题是调查对象保密问题。调研人员有义务不向包括委托人在内的外界团体暴露调查对象的姓名。如果在调查对象参与调查时就向他们承诺了匿名性，那这一点将更加重要。委托人无权知道调查对象的姓名。只有当调查对象被事先告知，并且在进行调查之前取得了他们的同意之后，才可以向委托人公布他们的姓名。即使在这种情况下，调研人员也应该确保委托人不会在销售工作中使用调查对象的姓名或者以其他方式滥用其个人信息。

实用市场调研

案例6.16   电话调研举步维艰

营销和意见调研委员会（Council for Marketing and Opinion Research，CMOR）如今是洞察协会（www. insightsassociation. org）的一部分，确定了当下主要受限的调研活动。排名第一的是电话调研，原因是对拟定立法的担忧。大约一半的州已经提交法案，对未经请求的电话进行监管。其他州也正在考虑类似的立法。加利福尼亚州的一项限制窃听的法案规定监听电话分机是非法的，这可能会限制对电话调查对象的监控。

市场调研行业面临的另一个问题是形象问题。公众一般不对电话调研和电话营销加以区分。一些公司打着调查的幌子，在推销的时候使用"销售"和"募捐"等调研领域术语，从而加剧了这种形象危机。

所有这些问题提高了电话调研的成本，使调研人员难以获取有代表性的样本。CMOR（www.cmoresearch.com）近期发布的统计数据证实，每年拒绝参与电话调查的人数呈上升趋势。该调研调查了 3 700 名美国消费者，近45%的调查对象表示他们在过去一年中拒绝参加电话调研。CMOR 对拒绝调研的定义不包括消费者通过来电显示或答录机逃避电话的情况。如果考虑这些因素，拒绝率将会增加很多。消费者对隐私的担忧是调研拒绝率如此之高的首要原因。此外，互联网的广泛使用以及公众对欺诈行为的认识使消费者对参与访谈更加犹豫不决。该调研还显示，只有30%的调查对象"同意"或"非常同意"可以信任调研人员会保护消费者的隐私权。CMOR 正对此问题进行反应，并聘请华盛顿的 Covington and Burling 律师事务所来游说国会并协调州级游说活动。正在考虑的另一项措施是 CMOR 颁发的"批准印章"，以改变公众对负责的调研公司的看法。拯救电话调研的战斗必须打响，这种调研只需要一个电话！

调研人员不应该将调查对象置于有压力的环境中。声明"没有对或错的答案，我们只是对您的意见感兴趣"可以缓解许多被调查者的压力。

人们的行为通常在他们不知情的情况下被观察，因为告知调查对象有可能改变他们的行为。但是，这样会侵犯调查对象的隐私权。不应该在人们不希望被公众观察的情况下对他们进行观察。但是，如果遵照合适的程序，那么可以在商场或杂货店之类的公共场所观察人们的行为。在这些地区应该张贴告示，说明他们正处于为了市场调研的目的而进行的观察之中。收集到数据之后，调研人员应该从调查对象那里得到允许。如果调查对象不允许，那么与他们有关的调查记录应该被销毁。在互联网上使用cookie 时，同样应该遵循这条原则。

小结

描述性调研中获取原始定量数据的两种基本方法是调查和观察。调查涉及直接向调查对象提问，而观察则是对调查对象行为的记录。

调查涉及问卷填写，根据执行的方式或模式可以做如下分类：①传统电话调查；②电脑辅助电话调查；③登门调查；④商场拦截调查；⑤电脑辅助人员调查；⑥传统的邮件调查；⑦邮寄固定样本调查；⑧电子邮件调查；⑨网络调查；⑩移动调查。每种方法都有其优缺点。每种方法都可以在任务、环境和调查对象因素方面进行比较。任务因素与收集数据时必须执行的任务和调查主题相关。这些因素包括问题的多样性和灵活度、物质刺激的使用、样本控制、数据的数量和应答率。情境因素包括对数据收集环境的控制、对实地调研人员的控制、访谈者潜在的偏差、速度和成本。调查对象因素与调查对象相关，包括感知到的匿名程度、符合社会期望、获取敏感信息、低发生率和调查对象控制度。尽管这些数据收集方法常被认为是有区别且有竞争性的，但不应认为它们是互斥的，将它们有效地结合使用是完全可能的。

观察法可以是结构化的或非结构化的，可以是直接的或间接的，可以在自然的或是实验的环境下开展。主要的观察法有人员观察、机械观察、审计、内容分析和追踪分析。与询问调查法相比，观察法的相对优点在于：①可以观测到真实行为；②不存在报告偏差；③潜在调查者偏差较低。而且有些类型的数据最适合用观察法获取，或者只能用观察法获取。观察法的相对缺点在于：①可以推知到关于动机、信念、态度和偏好的信息很少；②存在潜在的观察者偏差；③大部分方法费时且昂贵；④某些行为模式难以观测到；⑤存在潜在的伦理问题。很少单独使用观察法来获取原始数据，但是可以将其与询问调查法结合起来有效使用。

在从不同国家收集数据时，希望使用有同等信度的调查方法，而不是同一种方法。可以利用社交媒体来加强传统的调查和观察法调查。移动调查可以独立开展，也可以与其他调查方法结合使用，尤其是与 CAPI 和 CATI 分别结合形成 mCAPI 和 mCATI。移动设备也逐渐在民族志、神秘访客和其他形式的观察调研中使用。调查对象的匿名性应该被保护，他们的名字不应该移交给委托人。在人们不希望被公众观察的场合，不应该未经他们的同意进行观察。

MARKETING RESEARCH

实用市场调研 | (原书第7版)

第7章 因果调研设计：
实验法

尽管实验无法证明因果关系，但它是进行因果推论的最佳方法。

——Baltimore Research 公司总经理 Dr. Ted Donnelly

Dr.Ted Donnelly 供图

本章概要

————

    第 3 章介绍了因果调研设计，讨论了它与探索性调研设计、描述性调研设计之间的关系，并把实验法定义为因果调研的主要方法。本章进一步探讨因果关系的概念，指出因果关系的必要条件，考察实验中效度的作用，考虑外生变量及其控制过程。本章还提出实验设计的分类方法并考虑了具体的设计，分析了实验室实验和现场实验的相对优点；详细讨论了实验法在试销中的应用；并讨论了在研究国际市场、使用社交媒体和进行移动市场调研时进行实验研究所需考虑的因素；还指出了一些实验法所引起的伦理问题。

背包之争

　　LeSportsac 公司（www. LeSportsac. com）对 Kmart 公司（http://www. Kmart. com）提起诉讼，因为 Kmart 推出一种"di Paris sac"系列背包。LeSportsac 声称该系列背包与自己公司生产的背包相似。据 LeSportsac 称，Kmart 让消费者相信他们购买的是 LeSportsac 背包，但实际上并不是。为了证明这一点，LeSportsac 进行了因果研究。

　　公司选择了两组女性。向第一组展示了两个 LeSportsac 轻质软边包，这些背包被移除所有标签，所有文字和设计都印在独特的 LeSportsac 椭圆形内。向第二组女性展示了两个"di Paris sac"背包，背包的品牌名称可见，并带有在 Kmart 商店中的标签。公司向两组女性了解她们是否将这些背包视为单一的来源和/或品牌标识，是否对其进行了品牌识别，以及他们给出了哪些理由。样本由在芝加哥、洛杉矶和纽约进行的购物中心拦截访谈中选出的每组 200 名女性组成。调查对象不是使用概率抽样，而是根据年龄配额选择的。

　　研究表明，许多消费者无法区分这两种品牌的背包，这支持了 LeSportsac 的立场。这项实验帮助 LeSportsac 说服上诉法院确认对 Kmart 发出禁令。Kmart 同意停止销售其"di Paris sac"系列背包。LeSportsac 成立于1974年，截至2018年，该公司在全球拥有强大的影响力，提供一系列手袋、旅行包、邮差包、背包和配件。

RosalreneBetancourt 1/Alamy Stock Photo

7.1

因果关系的概念

　　实验法通常被用来推断因果关系。**因果关系（causality）**的概念需要做一些解释。因果关系的科学概念很复杂，对于科学家的含义与对于普通百姓的含义有很大不同。如表 7-1 所示，诸如"X 导致了 Y 的发生"之类的陈述对普通百姓和科学家而言有不同的含义。如表 7-1 所示。

表7-1　因果关系的一般含义和科学含义

一般含义	科学含义
X 是 Y 的唯一起因	X 只是 Y 的众多可能起因中的一个
X 总会导致 Y 的发生(X 是 Y 的确定性起因)	X 的发生使 Y 的发生可能性增大(X 是 Y 的可能性起因)
证明 X 是 Y 的起因是可能的	永远无法证明 X 是 Y 的起因，只能推断此结论

对市场调研而言，因果关系的科学含义比一般含义更为恰当。营销的效果由多个变量引起，原因和结果之间的关系往往是或然性的。更重要的是因果关系永远无法被证明（即确切地证实），只能推断某种原因和结果的关系。换句话说，真正的因果关系（如果存在）并不一定能得到确认。我们通过讨论因果关系的条件来进一步澄清因果关系的概念。

实用市场调研

7.2　因果关系的条件

在做因果推断或假设因果关系之前，必须满足三个条件：①相从变动；②变量出现的时间顺序；③没有其他可能的原因。这些条件是必要的，但是不足以证明确定的因果关系。这三个条件中没有一个能够，甚至所有这三个条件结合起来都不能够证明确定的因果关系存在。

7.2.1　相从变动

相从变动（concomitant variation） 指一个原因 X 和一个结果 Y 以假设预测的情形一起发生或一起变化的程度。相从变化的证据可通过定性或定量的方法获得。

以定性方法举例，百货商店的管理层认为销售额的提高很大程度上取决于店内服务的质量。这一假设可以通过评价相从变动来检验。这里，原因 X 是店内服务，而结果 Y 是销售额。支持这一相从变动的假设意味着店内服务满意度高的商店也有令人满意的销售额；同样，店内服务满意度低的商店没有令人满意的销售额。如果得出了相反的结论，那么这个假设是站不住脚的。

以定量方法举例，在一个有 1 000 人参与的关于购买百货商店时装的随机调查中，按数量平均分配，把调查对象分为受教育程度高和受教育程度低两组。调查得到的数据如表 7-2 所示，该数据显示了对时装的购买与受教育程度有关。受教育程度高的调查对象会购买更多的时装，受教育水平高的调查对象中 73% 有较高购买水平，而受教育程度低的调查对象中只有 64% 的人有较高的购买水平。这是依据一个 1 000 人的较大样本的调查结果。

表7-2　购买与教育之间的相从变动证据

| 受教育程度（X） | 时装的购买情况（Y） | | 合 计 |
	高	低	
高	363（73%）	137（27%）	500（100%）
低	322（64%）	178（36%）	500（100%）

基于这些证据，能够得出受教育程度高的人购买更多时装的结论吗？当然不能！我们只能说这种相关使该假设更能站得住脚，而不能说它证明了假设的正确性。其他如收入等可能的因素的影响又是怎样的呢？时装是一种昂贵的商品，因此高收入的人能购买更多的时装。表7-2展示了不同收入的人群购买时装与受教育程度的关系，这相当于保持收入的影响恒定。这里再次把样本分为相等的人数，确定高收入人群与低收入人群。表7-3表明受教育程度高的调查对象与受教育程度低的调查对象在时装的购买水平上的差异明显减小了。这表明表7-2所显示的因果联系是不正确的。

表7-3　按收入和教育划分的时装购买情况

| 受教育程度 | 低收入人群时装的购买情况 | | 合 计 | 高收入人群时装的购买情况 | | 合 计 |
	高	低		高	低	
高	122（61%）	78（39%）	200（100%）	241（80%）	59（20%）	300（100%）
低	171（57%）	129（43%）	300（100%）	151（76%）	49（24%）	200（100%）

可以举出相似的例子，说明为什么缺乏相从变动最初的证据并不意味着没有因果关系。也许考虑到第三个变量就能揭示原来模糊的某种联系。变量出现的时间顺序提供了额外的对因果关系的洞察力。

7.2.2　变量出现的时间顺序

变量出现的时间顺序是指原因事件必须在结果事件之前或至少与之同时发生，而不能在结果出现后发生。根据定义，一个结果事件不可能受一个在其发生后才出现的事件的影响。然而，对有关系的两个事件来说，它们彼此互为因果是有可能的。换句话说，在同一个因果关系中，一个变量能同时作为原因与结果。举例来说，常在某百货商店购物的顾客更可能拥有该百货商店的信用卡，而拥有某百货商店信用卡的客户可能更频繁地去那家百货商店购物。

考虑一家百货商店的服务和销售量，若服务水平提升是销售量增加的原因，那么在提高销售额之前，或者至少在提高销售额的同时就应该提升服务质量。这可能会促使商店雇用更多销售人员并对他们进行培训，数月之后，该百货商店的销售额应该有所提升。另一种情况是销售额也许在雇用更多销售人员并对他们进行培训的同时增长。此外，假设一个商店在经过了销售额的可观增长后决定利用一部分收入来重新培训其销售人员，从而使服务水平更高，这样的话，服务不再是销售额增长的原因。

MARKETING RESEARCH AN APPLIED ORIENTATION 实用市场调研（原书第7版）

7.2.3 没有其他可能的原因

没有其他可能的原因是指调查的变量或因素应该是唯一可能的原因。如果我们确定其他如价格、广告、店内服务、分销水平、产品质量、竞争等要素都保持不变或已被控制住，那么店内服务可能就是销售额增加的原因。

在任何事后调查中，我们永远都不能肯定地排除其他原因。而通过实验设计，则有可能控制住其他一些原因要素。我们也有可能平衡不受控制的变量对结果的影响，从而使只由少数几个未被控制的变量引起的随机变化被测量到。这些细节将在本章后面讨论，下面这个例子证明了确定因果关系的困难性。

实用市场调研

案例 7.2　　　　　　　　何时做出购买决策？

最近的统计数据显示，越来越多的消费者购物时在店内做出购物决策。某些研究表明，高达 80% 的消费者在购买点做出了购买决策。POP 购买决策与店内广告（包括广播广告、购物车广告、购物袋广告、悬挂广告和陈列）同步地增加。据估计，在 2016 年，品牌厂商和零售商花费了超过 170 亿美元以试图在购买点对消费者施加影响。很难判断 POP 决策是店内广告的增加所致，还是店内广告的增加是商家努力迎合消费者购物态度的变化、不断增加的 POP 决策所带来的销售的结果。也有可能两个变量互为因果关系。

如果如上例所示，因果关系很难确定，那么实验中获得的证据又有什么作用呢？

7.2.4 证据的作用

相从变动的证据，变量出现的时间顺序，以及其他可能的因果关系的排除，即使结合起来，也不能最终证明因果关系的存在。然而，如果所有的证据都是强有力且一致的，那么得出因果关系的结论或许是合理的。从几个调查中积累的证据使我们更加相信因果关系的存在。如果可以用与问题密切相关的概念性知识解释证据，那么我们对因果关系的存在就更有信心了。对照实验可以为这三种情况提供强有力的证据。

实用市场调研

7.3

定义和概念

本节定义了一些基本概念，并列举案例加以说明，包括在本章开头所举的 LeSportsac 的例子。

自变量（independent variable）是指被操纵的变量或可供选择的对象（即这些变

量的程度可由研究人员改变），它们的影响可以被测量并进行比较。这些变量也就是人们所称的"处理"（treatments），可以包括价格水平、包装设计和广告主题。在本章开头的案例中，"处理"是LeSportsac和"di Paris sac"品牌的背包。

测试单位（test unit） 是指对自变量或处理做出反应的个人、组织或其他实体，且其反应将作为检测对象。测试单位可以包括消费者、商店或地理区域。在LeSportsac的例子中测试单位是女性消费者。

因变量（dependent variable） 是指衡量自变量对测试单位的影响的变量，这些变量可以包括销售额、利润或市场份额。在LeSportsac的例子中因变量是品牌或来源标识。

外生变量（extraneous variable） 是指自变量以外的影响测试单位反应的所有变量。这些变量会对因变量的测试产生干扰，从而削弱实验结果或使实验结果无效。外生变量包括商店大小、商店位置以及竞争情况。

当研究人员操纵一个或多个自变量并测试它们对一个或多个因变量的影响，同时控制外生变量的影响时，就构成了一次**实验（experiment）**。根据这一定义，LeSportsac的例子符合实验的要求。

实验设计（experimental design） 是一组详细说明以下问题的程序：① 测试单位是什么，以及如何将这些单位分为均匀的子样本；②要处理或操纵哪些自变量；③要测量哪些因变量；④如何控制外生变量。

实用市场调研

案例7.3   优惠券的使用

在控制了品牌使用频率的情况下，调研人员进行了一项实验来测试优惠券的面值对兑换优惠券的可能性的影响，在大纽约地区对280名进出超市的购物者进行了个人访谈。受试者被随机分配到两个处理组。一组提供15美分的优惠券，另一组提供50美分的优惠券，涉及四种产品：Tide洗涤剂、Kellogg's玉米片、Aim牙膏和Joy液体洗涤剂。在访谈中，调查对象回答了以下问题，包括他们使用哪些品牌，以及他们在下次购物时有多大可能兑现给定面值的优惠券。一个有趣的发现是，面值较高的优惠券在不经常购买或不购买促销品牌的人中产生了较高的使用可能性，但对经常购买的人影响不大。美国人对优惠券的热爱在2016年继续，超过80%的消费者使用优惠券，RetailMeNot（www.retailmenot.com）对此的估计高达96%。这代表优惠券为消费者节省了超过30亿美元。

在上述实验中，操纵的自变量是优惠券的面值（15美分或50美分）。因变量是兑现优惠券的可能性。受控的外部变量是品牌使用。测试单位是个体消费者。实验设计要求将测试单位（消费者）随机分配到两个处理组（15美分或50美分优惠券）。

符号的定义

为了便于讨论外生变量和特定实验设计，对目前在市场调研中普遍使用的一套符号进行定义：

- X 代表对一个实验小组施加某一自变量、处理或事件，以确定它们的影响。
- O 代表观察或测量测试单位或测试单位组的因变量的过程。
- R 代表将测试单位或测试单位组随机分派到不同处理组中。

此外，还有下列惯例会被采用：

- 从左到右的运动指的是随时间变化的运动。
- 符号的水平排列表示所有符号均指同一个特定的处理组。
- 符号的垂直排列表示这些符号是同时发生的活动或事件。

例如，符号排列：

$$X \quad O_1 \quad O_2$$

表示对给定的测试单位组施加处理（X），并在 O_1、O_2 两个不同时间测试其反应。

同样，符号排列：

$$R \quad X_1 \quad O_1$$
$$R \quad X_2 \quad O_2$$

意味着将两组试验单位同时随机分配到两个不同的处理组，并在两组中同时测量因变量。

实验方法的效度

在进行一次实验时，实验人员有两个目标：①得到关于自变量对实验组的影响的正确结论；②对更大规模的有关人群做出正确的推论。第一个目标涉及内部效度，第二个目标则涉及外部效度。

7.5.1 内部效度

内部效度（internal validity） 指的是对自变量或处理的控制是否导致了观察的因变量的变化。因此，内部效度检测可观察到对测试单位的影响是否由处理之外的其他变量引起。如果观察到的结果受外生变量的影响或干扰，那么很难对自变量和因变量的因果关系做出正确的推论。在做出任何关于处理影响的结论之前，保证内部效度是最基本的实验要求。如果没有内部效度，实验结果就会受到干扰。对外生变量的控制是建立内部效度的一个必要条件。

7.5.2 外部效度

外部效度（external validity） 指的是实验中发现的因果关系是否可以广泛应用，或者说实验结果是否可以运用于实验之外。如果可以的话，能将实验结果推广到哪些人群、情境、时间、自变量以及因变量？当实验中的特定场景没有考虑到与真实世界中相关变量的相互作用时，外部效度就受到了威胁。

既有外部效度又有内部效度的实验设计是非常理想的，但在应用性市场调研中，常常不得不在两个效度中进行权衡。为了控制外生变量，调研人员可能会为实验创造一个人工的环境。这增强了内部效度，但可能限制了结果运用的普遍性，从而降低了外部效度。例如，连锁快餐店在测试厨房里测试顾客对新式菜单的喜好程度。在此环境下测试的结果能应用到所有的快餐店吗？如果一个实验缺少内部效度，那么实验结果的推广就是毫无意义的。因此，威胁内部效度的因素也同样威胁外部效度，而这些因素中，外生变量的影响是最大的。

实用市场调研

7.6

外生变量

外生变量分为以下几类：历史、成熟、测试效应、工具化、统计回归、选择偏差和流失率。

7.6.1 历史

历史（history，H） 不是指实验前发生的事件，而是指与实验同时发生的特定外部事件，而这些事件可能影响到因变量。

考虑下面的实验：

$$O_1 \quad X_1 \quad O_2$$

其中，O_1 和 O_2 是在特定地区对一家百货商店销售额的测量，X_1 代表一次新的促销活动。O_1 和 O_2 的差值（$O_2 - O_1$）是处理带来的影响（treatment effect）。假设实验揭示在 O_2 和 O_1 之间没有差别，那么可以得出结论说促销毫无成效吗？当然不能！促销（X_1）不是 O_2 和 O_1 之间差别的唯一可能的解释。促销原本可能是非常有效的。但如果实验进行时经济萧条，并且特定地区受到了裁员和工厂倒闭（历史）的重创呢？反过来讲，即使在 O_2 和 O_1 之间有一些差别，但如果在没有控制历史的情况下就得出结论说促销起到了作用也可能是不正确的，因为实验结果可能已经受到历史的干扰。观察的时间间隔越长，受到历史干扰的可能性就越大。

7.6.2 成熟

成熟（maturation，MA）与历史相似，只是成熟指的是测试单位本身的变化。这些变化不是由自变量或处理的影响引起的，而是随时间的流逝产生的。在涉及人的实验中，成熟发生在当人变老，变得更有经验、疲倦、厌烦或没有兴趣的时候。长达几个月的跟踪和市场调研极易受成熟的影响，因为很难了解调查对象如何随时间变化。

除了人，成熟还影响其他的测试单位。例如，考虑一个百货商店作为测试单位的例子，百货商店的外观、装修、交通条件和布局也在随时间变化。

7.6.3 测试效应

测试效应（testing effect）由实验过程引起。特别需要注意的是，测量效应是指在实验发生前后测量因变量对实验产生的影响。有两种测试效应：**主测试效应（main testing effect，MT）**和**互动测试效应（interactive testing effect，IT）**。

主测试效应发生于一个先前的观察影响到后面的观察时。考虑一个实验来测试广告对人们对一个特定品牌的态度的影响。给调查对象一份测量背景信息和对品牌态度的调查问卷，然后测试者在适当的过程中植入一个测试广告，在调查对象观看了广告以后，再次向调查对象发放问卷，测量其对该品牌的态度等。如果调查对象在广告前后的态度没有差别，我们就能下结论说这个广告没有作用吗？不能，因为调查对象可能想努力保持前后态度的一致性。由于主测试效应的存在，处理后的态度受到处理前态度的影响大于处理本身的影响。调查对象仅仅因为他们的态度被测量了而改变其态度，这使主测试效应可能是反应性的。主测试效应降低了实验的内部效度。

互动测试效应指一次先前的测量影响测试单位对自变量的反应。继续上述广告实验，当要求人们说出其对一个品牌的态度时，他们会去了解这个品牌，进而对这个品牌变得敏感，可能比没参加测试的人更关注这个测试广告。这样，测量的结果就不能推广到一般情况下的人群，因为互动测试效应影响了实验的外部效度。

7.6.4 工具化

工具化（instrumentation，I）指测量工具、调研人员或评分本身的改变。有时在实验过程中，会改变测量工具。在前述广告实验中，如果用一个新设计的调查问卷来测量处理后的态度，可能会获得不同的结果。再如，某实验测量店内设计展示（处理）前后的现金销售额，如果在 O_1 和 O_2 之间有非实验的价格变动，那么就会导致工具化的变动，因为美元销售额将用不同的单位价格来测量。在这个例子中，处理结果（$O_2 - O_1$）可以被归因于测量工具的变化。工具化的影响很可能于调研人员在处理前后进行测量的情况下发生，调研人员的表现在不同的时间可能不同。

7.6.5 统计回归

统计回归（statistical regression，SR）指在实验过程中测试单位向平均分数靠近的效应。在广告实验中,设想调察对象的态度或者是非常喜欢,或者是非常不喜欢。在处理后的测量中,他们的态度可能移向平均值。人们的态度会持续改变,持极端态度的人有较大的改变空间,所以更有可能改变。这干扰了实验结果,因为观察到的结果(态度的改变)可能是由统计回归而不是处理(测试广告)引起的。

7.6.6　选择偏差

选择偏差（selection bias，SB） 指的是不适当地将测试单位分配到不同的处理条件中。当测试单位的选择或分配导致处理组的因变量在进行处理之前就不相同,偏差就出现了。如果测试单位自我选择分组,或调研人员根据他们的判断把测试单位分配到不同的组,选择偏差就可能出现。例如,考虑一个销售实验,把两个不同的销售展示(新的和旧的)分配到不同的百货商店。而这两个商店初始的情况是不相当的,它们可能在关键特征上不同,如店面大小。不管销售展示如何分配,销售量都可能受店面大小的影响。

7.6.7　流失率

流失率（mortality，MO） 指的是测试单位在实验过程中的损失。有很多原因,如测试单位拒绝继续实验。由于无法了解损失的测试单位如果继续留在实验中对处理的反应是否和保留下来的测试单位一样,流失率会对结果形成干扰。再一次考虑销售展示的例子,假设在实验的过程中,有三家接受新展示处理的店放弃了测试,调研人员将不能确定如果这三家店继续留在实验中,接受新展示的店的平均销售额是会增加还是减少。多类外生变量不相互排斥,它们可以同时发生,也可以相互影响。例如,测试效应－成熟－流失率构造了一个情境:由于处理前的测试,测试单位的信念和态度随时间改变,并且不同的处理组中有不同程度的测试单位流失。

控制外生变量

外生变量体现了对实验结果的其他可能的解释,它们对实验的内部效度和外部效度造成严重威胁。除非加以控制,否则它们会影响因变量从而干扰结果。因而它们也叫**干扰变量（confounding variables）**。有四种方法可以控制外生变量:随机化、匹配、统计控制和设计控制。

7.7.1　随机化

随机化（randomization） 指的是用随机数字随机地把测试单位分配到实验组中,处理条件也被随机地分配到实验组中。例如,调查对象被随机分配到三个实验组中的一个，每个实验组再随机选择三个版本的测试广告中的一个播放。由于进行了随机分配，各处理条件中的外部因素可以得到相同程度的体现。随机化是确保各实验组实验前相同的首选程序。然而，随机化方法在小样本实验中可能无效，因为随机化仅仅产生于评价水平对等的实验组。即便如此，通过测量可能的外生变量并将它们在实验组之间进行比较，仍有可能测量随机化是否有效。

7.7.2 匹配

匹配（matching） 涉及在把测试单位分配到处理条件之前，就一系列关键的背景变量对测试单位进行比较。在销售展示实验中，可以根据年销售额、面积以及地理位置等对商店进行匹配，然后将每个匹配组中的商店分配到每个实验组中。

匹配有两个缺点。第一，只能就少数的几个特征进行匹配，因此测试单位可能在这些被选出的少数变量上是相似的，在其他变量上却不相似。第二，如果匹配好的特征和因变量不相关，那么匹配的工作是无效的。

7.7.3 统计控制

统计控制（statistical control） 包括测量外生变量并且根据统计分析调节外生变量的作用。如表7-2所示，在控制收入作用的情况下，对时装购买情况与受教育程度的关系作了检验。还有更多的统计方法，如协方差分析（ANCOVA）等可供利用。在ANCOVA方法中，通过调整因变量在每个处理条件下的平均值，可消除外生变量对因变量的影响。

7.7.4 设计控制

设计控制（design control） 是指利用设计好的实验来控制特定的外生变量，下面的案例展示了这种控制类型。

实用市场调研

案例7.4   *新产品实验*

控制渠道的试销被越来越多地用于新产品的实验研究。这种方法使调研人员可以控制一些会影响新产品销售业绩的外生因素，并控制一些感兴趣的变量。对新产品可以确保以下几点：①获得适当的商店接受度及商品所有的分销渠道；②适当地摆放在每家商店的货架上；③在货架上得到适当的关注；④每日合理的价格；⑤避免出现脱销问题；⑥获得期望水平的经销商促销、商品展示。由此可以获得较高的内部效度。

上例表示控制渠道的试销可以有效控制外生变量。如下一节所示，外生变量也可以通过应用特定的实验设计予以控制。

实验设计的分类

实验设计可分为预实验设计、真实验设计、准实验设计和统计设计（见图 7-1）。**预实验设计（preexperimental design）** 不用随机化步骤控制外部因素。这类设计的例子包括一次性个案研究、单组前后对比设计和静态组设计。在**真实验设计（true experimental design）** 中，实验人员可以随机把测试单位和处理分配到实验组中。真实验设计包括实验前后对照设计、实验后对照设计以及所罗门四组设计。当调研人员不能完全控制时间安排和测试单位的处理分配，但仍能运用部分真实验中的措施时，就产生了**准实验设计（quasi-experimental design）**。准实验设计又分为时间序列设计和多重时间序列设计。**统计设计（statistical design）** 是一系列允许对外生变量进行统计控制和分析的基本实验。统计设计可以基于预实验设计、真实验设计和准实验设计。统计设计以它们各自的特征和用途为基础进行分类。比较重要的统计设计包括随机区组设计、拉丁方设计和因子设计。

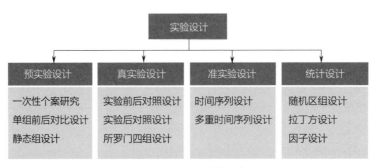

图 7-1　实验设计的分类

预实验设计

预实验设计通常缺乏随机性。本节将介绍三种具体的设计：一次性个案研究、单组前后对比设计和静态组设计。

7.9.1　一次性个案研究

一次性个案研究（one-shot case study） 也叫作单纯实验后测试，可以用符号表示为：

$$X \quad O_1$$

单组的测试单位受到处理 X 的作用，然后对因变量进行单一测试（O_1），对测试单位没有进行随机分配。请注意没有用到符号 R，因为测试单位是自我选择的或是由研究人员任意选择的。

从这类实验中得出有效结论的危险是显而易见的。它并没有提供将 O_1 的水平与没有 X 时 O_1 的水平做比较得到的基础偏差。同样，O_1 的水平叫能受包括历史、成熟、选择偏差和流失率等在内的外生变量的影响。缺乏对这些外生变量的控制破坏了内部效度。由于这些原因，一次性个案研究更适用于探索性研究而非结论性研究。

7.9.2 单组前后对比设计

单组前后对比设计（one-group pretest-posttest design） 可以用符号表示为：

$$O_1 \quad X \quad O_2$$

在这类设计中，对一组测试单位测试了两次，没有控制组。首先，进行一次实验前测试（O_1）；其次，实验组受到处理（X）的作用；最后，进行一次实验后测试（O_2）。处理的影响由 $O_2 - O_1$ 估算，但是由于外生变量在很大程度上未被控制，因而这一结论的正确性是可疑的。历史、成熟、测试效应（主测试效应和互动测试效应）、工具化、选择偏差、流失率和统计回归都有可能造成影响。

7.9.3 静态组设计

静态组（static group） 是一个双组实验设计：一组为实验组（EG），受到处理的作用；另一组为控制组（CG），没有受到处理的作用。只在实验后对这两组进行测试，测试单位不是随机分派的。这一设计可以用符号描述如下。

$$\text{EG：} X \quad O_1$$
$$\text{CG：} \qquad O_2$$

处理的影响可以用 $O_2 - O_1$ 来衡量。请注意，这一差值也有可能归因于至少两个外生变量（选择和流失率）。因为测试单位不是随机分派的，因而两个组（EG 和 CG）在实验前就可能有差别，这就可能出现选择偏差。还有可能有流失率的影响，因为从实验组退出的测试单位会比从控制组退出的要多。如果实验令人不愉快，那么这种情况尤其可能发生。

在实践中，一个控制组有时被定义为接受现有营销活动的组，而不是根本不接受处理作用的组。用这种方式定义控制组是因为很难将现有的营销活动如广告和个人销售等减少到零。

实用市场调研

7.10

真实验设计

与预实验设计相比，真实验设计的特征是随机化。真实验设计中，调研人员将测试单位和处理随机地分配到实验组中。真实验设计包含实验前后对照设计、实验后对照设计和所罗门四组设计。

7.10.1 实验前后对照设计

在**实验前后对照设计（pretest-posttest control group design）**中，测试单位被随机地分配到实验组或控制组中，并且每组都进行了处理前的测试，然后对实验组进行处理（X）。最后，对控制组和实验组都进行处理后的测试。这一设计用符号表示为：

$$EG：R \quad O_1 \quad X \quad O_2$$
$$CG：R \quad O_3 \quad \quad O_4$$

处理的影响（TE）按下式测试：

$$(O_2 - O_1) - (O_4 - O_3)$$

这类设计控制住了大部分外生变量，随机化消除了选择偏差。其他外生变量被控制如下：

$$O_2 - O_1 = TE + H + MA + MT + IT + I + SR + MO$$
$$O_4 - O_3 = H + MA + MT + I + SR + MO$$
$$= EV（外生变量）$$

其中，无关变量的符号如前所述。实验结果由以下公式得出：

$$(O_2 - O_1) - (O_4 - O_3) = TE + IT$$

交互测试效果不受控制，因为预测试测量会影响实验组中各单位对处理的反应。如本例所示，测试前测试后控制组设计包括两组，每组两次测量。

7.10.2 实验后对照设计

实验后对照设计（posttest-only control group design）不包含任何实验前的测试。它可以用符号表示如下：

$$EG：R \quad X \quad O_1$$
$$CG：R \quad \quad O_2$$

处理的影响由下式得到：

$$TE = O_1 - O_2$$

由于没有实验前的测试，这种设计执行起来相对简单，测试效应被消除了，但是这种设计对选择偏差和流失率非常敏感。两组测试单位是随机分配产生的，因此实验设计中假设对两组因变量的实验前测试结果是相似的。然而，由于实验前没有进行测试，这个假设是不能证实的。而且这个设计对流失率也很敏感，很难确定那些没有继续留在实验组的测试单位是否与控制组中的相似。这类设计的另一个局限是不允许调研人员测试单个测试单位的变化。

通过认真设计实验步骤是有可能控制选择偏差和流失率的。对单个案例的测试通常不在我们兴趣范围内。此外，这类设计在时间、成本和样本大小方面都有很大优势。

MARKETING RESEARCH
AN APPLIED ORIENTATION
实用市场调研（原书第7版）

实验只包括两组且每组只测试一次。由于其简单性，实验后对照设计是市场调研中最常用的设计方法。值得注意的是，除处理前的测试以外，这种设计的执行步骤与实验前后对照设计很类似。

7.10.3　所罗门四组设计

当研究人员需要获取个体受访者态度的变化信息时，应该考虑使用**所罗门四组设计（Solomon four-group design）**。所罗门四组设计克服了实验前后对照设计和实验后对照设计的局限性，除了能够控制所有其他无关变量（EV）外，还能够明确控制交互式测试效应。然而，这种设计存在实际限制：实施起来既昂贵又耗时。因此，不再进一步考虑。

在所有真正的实验设计中，研究人员都具有较高的控制权。特别是，研究人员可以控制测试的时间、对谁进行测试以及治疗的安排。此外，研究人员可以随机选择测试单位并随机向测试单位施加治疗。在某些情况下，研究人员无法行使这种控制权，此时应考虑使用准实验设计。

准实验设计

准实验设计（quasi-experimental design） 在以下条件下产生。首先，调研人员可以控制什么时候进行测试、对谁进行测试。其次，调研人员不能控制对处理的时间安排，也不能使测试单位随机地受到处理的作用。准实验设计在无法使用真实验设计时非常有用，而且准实验设计速度更快且成本更低。但是，由于缺乏对实验的完全控制，调研人员必须考虑不能控制的特殊变量。准实验设计常用的形式有时间序列设计和多重时间序列设计。

7.11.1　时间序列设计

时间序列设计（time series design） 包括对一组测试单位因变量的一系列周期性测量。处理由调研人员执行或自然地发生。处理完成后，持续进行周期性的测试以确定处理的影响。一个时间序列的实验设计可以用下列符号来表示：

$$O_1 \quad O_2 \quad O_3 \quad O_4 \quad O_5 \quad X \quad O_6 \quad O_7 \quad O_8 \quad O_9 \quad O_{10}$$

这是一个准实验设计，因为实验中没有对测试单位所受的处理进行随机化，不能对处理出现的时间做出选择，也不能对选择哪些测试单位接受处理进行控制。

在实验之前和之后做一系列的测量至少对部分外生变量进行了控制。成熟至少得到了部分的控制，因为它不仅会影响 O_5 和 O_6，也会对其他观察产生影响。类似地，主测试效应、工具化和统计回归的影响也得到了控制。如果测试单位是被随机挑选的或者进行了匹配，则可以减小选择偏差。流失率可能是潜在的问题，但是通过给调查对象付一笔奖金或提供其他激励措施也可以控制流失率带来的问题。

时间序列设计主要的缺点是不能控制历史，另一个局限是实验可能受到互动测试效应的影响，这是因为对测试单位进行了多次测量。然而，时间序列设计很有用。按预先设定的次数播放广告，并检验预测试样本组的数据，可以检测出测试广告的影响（X）。尽管营销人员可以控制测试广告的时间安排，然而样本个体什么时候能看到甚至能不能看到广告却是个未知数。调研人员可以通过检测样本在促销前、促销期间以及促销后的消费情况来确定测试广告起到了短期效果、长期效果还是没有效果。

7.11.2 多重时间序列设计

除了有另一组个体作为控制组加入实验中来，**多重时间序列设计（multiple time series design）**与时间序列设计很相似。一个多重时间序列实验设计可以用下列符号来表示：

$$EG: O_1 \quad O_2 \quad O_3 \quad O_4 \quad O_5 \quad X \quad O_6 \quad O_7 \quad O_8 \quad O_9 \quad O_{10}$$
$$CG: O_{11} \quad O_{12} \quad O_{13} \quad O_{14} \quad O_{15} \quad \quad O_{16} \quad O_{17} \quad O_{18} \quad O_{19} \quad O_{20}$$

如果对控制组经过了认真的挑选，这个设计可以成为单纯时间序列设计的改善。这种改善体现在对实验的处理效果测量两次：对实验组的实验前测量以及对控制组的测量。用多重时间序列设计来评价广告效果时，测试样本要做如下修改：测试广告只在少数几个测试城市播放，这些城市的样本个体将组成实验组；没有播放广告的城市的样本个体将组成控制组。

实用市场调研

案例7.5

广告显示其力量

研究人员使用多重时间序列设计来检测增加广告投放的累积效果。数据来自尼尔森（www.nielsen.com）的分播有线电视广告现场实验。在分播有线电视系统中，一组家庭被分派到实验组，另一组人数相当的家庭被分配到对照组，两组的选择通过人口统计变量匹配。研究人员收集了76个星期的数据。在前52个星期，这两组都接受了相同水平的品牌广告。在接下来的24个星期，实验组所接受的广告是对照组的两倍。结果显示，广告的累积效应立即显现，其持续时间与产品的购买周期接近。这类信息对选择广告时程（将一组广告分配在一段特定时期播放以取得最大的影响力）是有帮助的。

另一项实验研究展示了一种测量电视媒体广告接触与营销绩效指标关系的方法。这些指标包括累计销售量、购买次数、渗透率和重复购买模式。这一方法衍生于匹配分播有线电视实验设计方法。消费者固定样本组公司可以提供使用这种方法所需要的数据。在未来，预计像尼尔森这样的公司会走在利用技术进步同步测量广告展露与购买行为的前列。

MARKETING RESEARCH AN APPLIED ORIENTATION 实用市场调研（原书第7版）

表7-4概括分析了预实验设计、真实验设计和准实验设计，以及可能影响其中一种设计而导致实验无效的潜在来源。在该表中，减号代表一个明确的缺点，加号代表因素已被控制，问号代表值得关注，空格代表这个因素是无关的。应该记住无效的潜在来源与实际的误差并不一样。

表7-4　实验设计无效性的来源

设计类型	内部							外部
	历史记录	成熟	测试	工具化	统计回归	选择偏差	流失率	测试与X之间的相互作用
预实验设计								
一次性个案研究 X O	-	-				-	-	
单组前后对比设计 O X O	-	-	-	-	?			-
静态组设计 X O O	+	?	+	+	+		-	
真实验设计								
前后对照设计 R O X O R O O	+	+	+	+	+	+	+	-
实验后对照设计 R X O R O	+	+	+	+	+	+	+	+
准实验设计								
时间序列 O O O X O O O	-	+	+	?	+	+	+	-
多重时间序列 O O O X O O O O O O O O O	+	+	+	+	+	+	+	

实用市场调研

7.12

统计设计

统计设计包含一系列基本的实验，可以对外生变量实行统计控制和分析。换句话说，也就是同时执行几个基础实验。因此，影响基础设计使用使其无效的原因同样影响统计设计。统计设计有以下优点：

1. 可测量一个以上的自变量的影响。
2. 可在统计上控制特定的外生变量。
3. 当每个测试单位被测量一次以上的时候，可以采用经济的设计。

应用最普遍的统计设计是随机区组设计、拉丁方设计和因子设计。

7.12.1 随机区组设计

当只有一个可能影响因变量的主要外生变量时，如销售额、商店大小或被访者收入等，**随机区组设计（randomized block design）** 便派上了用场。根据外生变量将测试单位分区或分组，调研人员必须能确认并测量区组变量。通过分区，调研人员确保对不同的实验组和控制组在外生变量上进行精确的匹配。

正如表7-5所示这个例子说明的，在大多数市场调研中，外生变量（如销售额、商店大小、商店类型、地理位置、调查对象的收入、职业和社会阶层）能对因变量造成影响。因此，一般来说，随机区组设计比完全随机设计更有用。它主要的不足是调研人员只能控制一个外生变量，当有不止一个外生变量时，只能采用拉丁方设计或者因子设计。

表7-5 随机区组设计的实例

区组号	商店惠顾程度	处理组		
		广告片 A	广告片 B	广告片 C
1	很高	A	B	C
2	中等	A	B	C
3	很低	A	B	C
4	不惠顾	A	B	C

7.12.2 拉丁方设计

拉丁方设计（Latin square design） 允许调研人员在统计上控制两个没有相互作用的外部变量，并且操纵自变量。每个外部变量或分区变量被划分为一个相等数目的区组或级别，自变量同样被分为相同数目的级别。拉丁方以表格的形式被概念化，其中行和列代表两个外部变量中的区组，然后将自变量的级别分配到表的每个空格中。分配的规则是自变量的每个级别在每行和每列中只出现一次，如表7-6所示。

表7-6 拉丁方设计实例

商店惠顾程度	对商店的兴趣		
	高	中	低
高	B	A	C
中	C	B	A
低和无	A	C	B

注：A、B、C代表3类广告，分别是不幽默、有一点儿幽默和非常幽默。

虽然拉丁方设计在市场调研中运用很多，但也有缺陷。它要求行、列以及处理级别都有相等的数目，这有时存在问题。在上面的例子中，低商店惠顾程度与无惠顾就

MARKETING RESEARCH AN APPLIED ORIENTATION 实用市场调研（原书第7版）

不得不合并在一起来满足这个要求。此外，调研人员只能同时控制两个外生变量。如果用这种设计的扩展形式即"希腊拉丁方设计"（Graeco-Latin square design），就能实现对多一个附加变量的控制。最后，拉丁方设计不允许调研人员检验外生变量之间或与自变量之间的交互作用。要检测交互作用，应使用因子设计。

7.12.3 因子设计

因子设计（factorial design） 用来测量不同水平的两个或两个以上的自变量。与随机区组设计和拉丁方设计不同，因子设计允许变量间存在交互作用。交互作用是指两个或更多的变量同时作用的效用而不是它们独立作用的效用。例如，一个人最喜欢的饮料可能是咖啡，最喜欢的温度可能是较低的温度，但这个人可能不喜欢冰咖啡，这产生了交互作用。

因子设计的概念同样可以用表格的形式表示。在双因子设计中，每个变量的每个级别代表一行，另一个变量的每个级别代表一列。对3个或3个以上因子可以使用多维表。因子设计涉及与处理变量的每种可能的组合相对应的单元。假设在前面的例子中，除了检测幽默的影响外，研究人员认为同时检测商店的信息量也很有用。商店信息量同样被分为3个级别（高、中和低），如表7-7所示，这将需要3×3=9个单元。这样，一共产生9种不同的广告，每种具有一个特定水平的信息量和幽默程度。随机选择并分配被访者到9个单元中，每个单元的被访者将接收到一个特定的处理组合。例如，在左上角单元内的被访者将看一部不幽默且商店信息量低的广告。结果揭示出两个因素或变量之间有显著的交互作用。商店信息量低的被访者更喜欢幽默程度高的广告（C），但商店信息量高的被访者却更喜欢不幽默的广告（A）。请注意，虽然表7-7可能在某种程度上与表7-5相似，但是对于随机区组设计和因子设计来说，被访者的随机分配以及数据分析却是截然不同的。

表7-7　因子设计的实例

商店信息量	幽默程度		
	不幽默	有一点儿幽默	非常幽默
低	A	B	C
中	D	E	F
高	G	H	I

因子设计的主要缺点是处理组合的数目随着变量或级别数目的增加而倍增。以表7-7为例，如果商店信息量和幽默程度各分为5个水平而不是3个，则单元数将会从9个增至25个。如果要测量所有的主效应和交互效应，则需要所有的处理组合。如果研究人员只对几个交互效应或主效应感兴趣，那么就可以运用部分因子设计。顾名思义，这些设计只由相应的完整因子设计的一部分组成。

市场调研的分类

实验可以在实验室或现场（实地）进行。**实验室环境（laboratory environment）** 是一个人工环境，是由调研人员根据特定实验的需要构造的。**现场环境（field environment）** 与实际的市场条件同义。测量一个测试广告效果的实验可以在实验室环境下进行，即在测试剧场向调查对象播放插入测试广告的电视节目。同样的实验也可以在实地环境中进行，即通过在真实的电视台播放测试广告进行。表7-8总结了两种环境之间的差异。

表7-8　实验室实验与现场实验的比较

因　素	实验室	现　场	因　素	实验室	现　场
环境	人造的	现实的	外部效度	低	高
控制	高	低	时间	短	长
反应误差	高	低	测试单位数目	小	大
迎合假象	高	低	执行容易程度	高	低
内部效度	高	低	成本	低	高

实验室实验在以下几方面比现场实验更有优势：由于实验被小心地隔离在一个受控制的环境里，实验室实验拥有较高水平的控制，从而历史因素的影响会降低。如果用相似的调查对象重复实验，还会产生相同的结果，从而有较高的内部效度。由于实验室实验还常常使用小数目的测试单位，持续的时间较短，地理上更受限制，也比现场实验更容易操作，因此，一般情况下实验室实验较现场实验成本更低。

与现场实验相比，实验室实验有以下主要缺点：环境的人为性可能会引起反应误差，因为被访者会对环境本身而不是对自变量起反应。同样，环境可能会引起**迎合假象（demand artifact）**，这是一种被访者试图猜测实验的目的并做出相应反应的现象。例如，当观看试验广告时，被访者可能会回忆起实验前的关于品牌的问题，并猜测这部广告在试图改变他们对待这个品牌的态度。最后，实验室实验一般比现场实验的外部效度要低。因为实验室实验是在人工环境中进行的，所以将结果推广到现实世界的能力可能会降低。

有人认为实验室实验的人工性或者说缺乏现实性不一定会导致低外部效度。然而我们必须了解实验室实验与推广实验结果条件之间不同的方面。只要这些不同的方面与实验中明确操作的自变量相互作用，外部效度就会降低，如实用的市场调研中就常发生这种情况。但是，实验室实验与现场实验相比，可运用更复杂的设计。因此，在实验室场景中，调研人员能控制多个因素或变量，从而增加外部效度。

当决定进行实验室实验还是现场实验时，研究人员必须考虑所有这些因素。虽然实验室实验和现场实验扮演相互补充的角色，但是现场实验在市场调研中不如实验室实验普遍。

网络也是开展因果研究的一个有用的工具，不同的实验处理能在不同的网页中展现。调研人员可以招募调查对象去访问那些网页，然后完成一份问卷，从而获得关于因变量和外生变量的信息。因此，尽管是在实验室环境下，网络也能为受控的实验方法提供一个机制。我们继续使用本章考虑的测试广告效用的例子，可以把不同的广告放到不同的网页上，招募经过匹配的或者随机挑选的调查对象来浏览这些网页，每组只浏览一个网页。如果必须获得一些实验前测量值，那么调查对象需先回答网页上的一份问卷，然后观看网页上一则特定的广告，之后再回答一些附加问题，作为实验后测量值。控制组可以以相同的方式执行。各种各样的实验设计都可以采用这种方法执行。

7.14

实验设计与非实验设计

在第 3 章，我们讨论了三种类型的调研设计：探索性调研、描述性调研和因果调研。当然，只有因果调研设计适合对因果关系进行推断。尽管描述性调研数据经常被用于提供“因果”关系的证据，但这些调研并不能满足因果关系所需的所有条件。例如，在描述性调研中建立调查对象样本组之间关于自变量和因变量的事先可比性是很不容易的。但是，一个实验可以通过把测试单位随机分配到组中的方式建立这种可比性。此外，在描述性调研中，很难控制变量出现的时间顺序。然而，在实验中，调研人员可以控制测量的时间与处理的引入。最后，描述性调研几乎不提供对其他可能的影响因素的控制。

我们不希望低估描述性调研在市场调研中的重要性。正如我们在第 3 章提到的，描述性调研是市场调研中最常用的调研设计。我们也不想说描述性调研不应该用来检验因果关系。事实上一些作者已经提出了一些从描述性（非实验）调研中获得因果关系推断的方法。我们只是提醒读者描述性调研在检验因果关系方面的局限性。同样，也会让读者了解实验法的局限性。

7.15

实验的局限性

实验方法在市场调研中正变得越来越重要，但是实验在时间、成本和执行方面存在局限性。

实验可能会很耗时，尤其是当调研人员对测量处理的长期效应方面很有兴趣时，例如测量一次广告投放的效果。实验需要持续足够长的时间，处理后的测量才能包括大部分或者全部的自变量所带来的效应。

实验通常很昂贵，对实验组和控制组进行多次测量的需要大大增加了研究的成本。

有时实验执行起来难度很大，有可能无法控制外生变量的影响，尤其是在现场实验中。现场实验常常会干预一家公司正在进行的经营活动，而获得零售商、批发商和其他相关组织的合作是很困难的。最后，竞争者可能会故意干扰实验的结果。

应用：试销

试销（test marketing）也叫市场测试。它是一种控制实验的应用，在有限但是仔细挑选的市场即所谓的试销市场（test market）中进行。它将一个拟订好的全国性营销计划复制到试销市场。通常，在试销中会改变营销组合变量（自变量），并对销售额（因变量）进行监控，以便确定一个合适的全国性的营销战略。试销主要有两个目标：①确定市场对产品的接受度；②测试营销组合变量的可供选择的水平。试销通过消费者-产品和工业-产品公司实施。

国际市场调研

如果现场实验在美国很难进行，那么它们在国际上的挑战难度将更大。在许多国家，营销、经济、结构、信息和科技环境没有美国那么发达。例如，在许多国家，电视台是由政府拥有并控制的，对电视广告有着严格的限制，这使得操纵广告强度的现场实验极其困难。考虑玛氏（Mars）公司的例子，它的M&M豆已经在俄罗斯建立了庞大的制造设施，并在电视上对它的棒棒糖做了广告，然而并未实现其销售潜力。Mars公司的广告做得过多、过少还是正好呢？答案可以通过进行一项操纵广告强度的现场实验来确定，但是由于俄罗斯政府对电视台控制得很严，这样的因果调研并不可行。尽管遇到了麻烦，但Mars仍继续对俄罗斯市场投资，截至2018年，Mars已在俄罗斯运营超过25年。

在亚洲、非洲和南美洲的一些国家，大部分人口居住在小镇或乡村。通常这些地方道路、交通和仓储等基本设施仍很缺乏，使得达到预想的分销水平变得很困难。甚至在设计好了实验的情况下，依然很难控制变量发生的时间顺序和排除其他可能的原因要素，而这是推测因果关系的两个必要条件。由于研究人员不能控制实验环境，对外生变量的控制尤其困难。更重要的是，由于环境限制可能使设计无效，因此问题不能通过设计合适的实验来解决。

因此，在海外进行的现场实验的内部效度和外部效度通常比在美国国内的要低。尽管指出了在其他国家进行现场实验的困难，但我们并不想暗示这类因果调研无法或不应该进行，有些形式的试销通常是可行的。

案例7.6   每只10万美元的高品质手表

钟表制造商 Lange Uhren GmbH（www. alange – soehne.com）2018 年在动荡的德国东部市场获得了成功，要归功于它在市场调研支持下的营销智慧。公司在美国、日本和法国进行了模拟测试营销，以确定手表的有效定价和定位策略。在每个国家，定价和定位策略都有所不同，并对消费者的反应进行评估。各个国家的结果都很相似，这表明一个有声望的定位和高价位是最有效的。德国东部地区一度以卓越的工艺而闻名。

Lange Uhren 利用训练有素的劳动力和新的市场平台重新点燃这一传统。新的定位策略是基于完美无瑕的质量和排他性，这在每个文化背景下都得到了独特的描述。这些手表在全球范围内仅由少数零售商销售，每只价格高达 100 000 美元。带有 " A. Lange & Söhne" 标志的珍贵腕表源于萨克森州的宏伟历史。

pio3/Shutterstock

凭借限量 218 枚的 RICHARD LANGE "Pour le Mérite" 版本，A. Lange & Söhne 重振了不折不扣的精确计时工具的概念。2016 年 9 月 22 日，该公司在德累斯顿举行的国际经销商大会上首次推出了黑色表盘的白金新版本。

7.18   市场调研与社交媒体

在虚拟和现实的社会世界都可以进行市场调研。在虚拟世界中，研究人员可以使用 "第二人生"（www.secondlife.com）作为工具，以较低的成本进行标准的市场研究项目。可以用货币的形式进行奖励，以获得居民的合作并提高响应率。研究人员也可以给予非货币奖励，如免费的虚拟产品和服务，或为虚拟化身增加某些功能的服装或道具。法国市场研究公司 Repères（reperes.eu）是该领域内的领先供应商之一。据该公司称，虚拟定性焦点小组的成本比现实世界低约 33%，而定量调查的成本相当于现实项目的一半。实验室类研究也可以在虚拟空间进行。在虚拟世界中，操纵自变量和控制中介变量要比在现实世界中简单得多，成本也低得多。我们在本章中讨论的所有实验设计都可以在虚拟世界的环境中实现，试销也是如此。然而，虚拟世界中的意见、品味和偏好可能与真实环境中的不一样。因此，每一个在虚拟世界中产生的新想法都需要在实施之前接受现实测试。

与现场实验相比，社交媒体的实验具有易于实施和成本较低的优势。在大多数情况下，内部效度可能是令人满意的，因为不相干的变量通常可以被控制。然而，外部效度不会像现场实验那样高。尼尔森公司进行的一项研究提供了一个使用社交媒体进行实验的说明。

实用市场调研

案例7.7　　　　　　　　　　**Facebook 广告的三张面孔**

尼尔森公司进行了一项调研，以确定在 Facebook 上打广告的有效性。尼尔森仔细研究了 14 个包含"成为粉丝"按钮的 Facebook 广告活动。根据 Facebook 上的广告类型，这些广告被分为三个实验组：①标准的"主页广告"；②具有社交情景的广告或"具有社交情景的主页广告"；以及③"有机广告"。向参与品牌广告的用户的朋友发送的新闻推送故事。这三种不同类型的广告是实验中的独立变量。尼尔森的案例研究涉及向 99% 符合既定目标用户提供三个 Facebook 广告中的一个，而其中 1% 的受众被随机分配为对照组。对照组由目标人群中的用户组成，他们知道活动过程中会有广告，但被阻止看到该广告。三个实验组包括：①接触广告（广告 1），②有社交情景的广告（广告 2），以及③接触广告（广告 1）和有机广告（广告 3）。广告曝光后的一天，三个实验组和对照组接受了一份调查问卷，并对广告活动的影响进行了测量。在分析中，研究了对品牌广告商很重要的三个因变量：广告回忆、品牌意识和购买意向。

实验显示，在 Facebook 主页上接触到参与广告（广告 1）的消费者（实验组 1）比没有接触到的消费者（对照组）的广告回忆度高 10%，品牌知名度高 4%，购买意向高 2%。当 Facebook 主页上的广告带有社交情景（广告 2）（即广告包括观众"朋友列表"上的一系列人，他们是该品牌或产品的注册粉丝）（实验组 2），与未接触该广告的消费者相比，广告回忆、品牌认知和购买意向的增长明显要高 16%、8% 和 8%。尼尔森认为，这可能是因为消费者在做出购买决定时，更信任他们的朋友和同伴。那些同时接触到接触广告（广告 1）和有机广告（广告 3）的用户（实验组 3）表现出最高的有效性，与对照组相比，广告记忆增加了 30%，品牌认知增加了 13%，购买意向增加了 8%。

这个案例研究清楚地表明，社交媒体的使用，特别是接触广告与有机广告的结合，导致了营销人员关注的指标的增加：广告回忆、品牌意识和购买意向。这表明，营销人员不应忽视 Facebook 在其营销组合中的作用，而应认识到，通过正确的广告，可以实现积极的效果。

MARKETING RESEARCH AN APPLIED ORIENTATION　实用市场调研（原书第 7 版）

1. 接触广告

2. 有社交情景的广告

3. 有机广告

AlexWu和LibbyLeffler成为了维珍的粉丝。
大约一个小时前-成为粉丝

nielsen

实用市场调研

7.19

移动市场调研

　　本章中讨论的大多数实验设计都可以通过移动市场调研（MMR）轻松实现。使用移动设备进行实验所涉及的考虑因素，与前面讨论的互联网的考虑因素相似。不同的实验处理可以在不同的网站上显示。然后，可以招募调查对象访问这些网站，并回答一份问卷，以获得有关因变量和外在变量的信息。因此，尽管是在实验室类型的环境中，移动互联网可以提供受控实验的机制。

实用市场调研

7.20

市场调研中的商业伦理

　　为了得到正确的结果，经常需要掩饰实验的目的。例如，考虑一个确定 Kellogg's Rice Krispies 麦片电视广告的有效性的项目。招募被访者，将他们带到一个地方，告诉他们将要观看一部关于营养的电视节目，并回答一些问题。在节目中穿插播放了 Rice Krispies 商业广告（测试广告），以及其他一些产品的广告（填充广告）。在看完节目和广告之后，对被访者进行问卷调查，收集对节目内容、测试广告和一些填充广告的评价。注意，对节目内容和填充广告的评价并不是研究的兴趣所在，而是为了加强掩饰的特性才收集的。如果被访者知道真实的目的是确定 Rice Krispies 商业广告的效果，他们的反应可能会有偏差。

　　掩饰研究的目的应该以不侵犯被访者权利的方式进行。解决这种伦理困境的一种方法是在一开始就通知被访者这个实验是被掩饰了的。还应该给被访者一个关于调研任务的描述，并告诉他们随时可以离开实验。在收集数据后，应该向被访者充分解释

第 7 章　因果调研设计：实验法

真实的研究目的以及掩饰的性质，并给他们一个收回他们信息的机会：这个步骤叫做**事后通报（debriefing）**，以这种方式提供信息不会造成结果的偏差。有证据表明，从得知掩饰的被访者那里收集来的数据与那些未被告知掩饰的被访者那里得到的数据相似。事后说明可以缓解压力，并使实验成为调查对象的学习经验。但是，如果处理不当，事后通报本身可能会产生压力。在 Rice Krispies 麦片的例子中，调查对象可能会觉得沮丧，因为他们花费时间评估一则无足轻重的商业广告。研究人员应对此有所预期并在事后通报会议上解决这个问题。另一个值得关注的调研伦理问题是调研人员有责任对问题使用适当的实验设计以便控制由外生变量引起的误差。如下面的案例中所证明的，对一个问题确定最适当的实验设计不仅需要最初的评价，而且需要持续不断地进行监控。

小结

因果关系的科学概念意味着，永远无法证明 X 引起了 Y，最多，我们只能推断 X 是 Y 的成因之一，因为它使 Y 有可能发生。在做出因果推断之前必须满足三个条件：①相从变动，即 X 和 Y 必须以一种预期的方式一起变化；②变量发生的时间顺序，即 X 必须在 Y 之前；③没有其他可能的原因要素，即必须排除其他的解释。实验为所有 3 个条件提供了最有说服力的证据。当研究人员操纵或控制一个或多个自变量，并测量其对一个或多个因变量的影响时，就构成了一次实验。

在设计实验时，考虑内部效度和外部效度是很重要的。内部效度指的是自变量的操作是否确实造成了对因变量的影响。外部效度指的是实验结果的普适性。为了让实验正确有效，研究人员必须控制由外生变量带来的威胁，比如历史、成熟、测试效应（主测试效应和互动测试效应）、工具化、统计回归、选择偏差以及流失率。有四种控制外生变量的方法：随机化、匹配、统计控制和设计控制。

实验设计可被分为预实验设计、真实验设计、准实验设计和统计设计。实验可以在实验室环境中进行，或者在真实场景的实际市场条件下进行。只有包含实验方法的因果关系设计才适用于对因果关系的推断。

虽然实验方法在时间、成本和执行上有其局限性，但是它们在营销中正变得日益普及。试销是实验设计的一种重要应用。

在海外市场进行的现场实验的内部效度和外部效度通常比在美国本土的要低。许多国家的发展程度较低，研究人员对许多营销变量缺乏控制。在进行因果调研中涉及的伦理问题包括掩饰实验目的，可以用事后通报的方法来解决这个问题。互联网和计算机在实验的设计和执行过程中非常有用。

MARKETING RESEARCH

实用市场调研 | （原书第7版）

第 8 章　测量与量表：
基本原理和比较量表

　　当我们分析调研结果时，我们必须相信，测量
结果提供了关于观点和行为的真实展现，并且恰当
地捕捉了某位调查对象与其他所有调查对象数据之
间的关系。

　　　　　　——Quester 公司总裁 Tim Hoskins

Tim Hoskins 供图

本章概要

———————

　　一旦研究设计的类型确定（第 3～7 章）并且所需获取的信息也确定下来，调研人员就可以转移到调研设计的下一阶段：确定测量方法和量表技术。本章描述了测量和量表的概念，并说明定类、定序、定距、定比尺度的基本特征。我们讨论了四种主要的测量方法：定类尺度、定序尺度、定距尺度、定比尺度。接下来描述了比较量表和非比较量表技术，并详细说明了比较量表技术。非比较量表技术将在第 9 章中进行介绍。本章还解释了在研究国际市场、使用社交媒体和进行移动市场调研时实施主要衡量尺度所涉及的考虑因素，确定了测量和量表中出现的几个伦理问题。

　　　　　　　全球最受尊敬的公司

全球最受尊敬的公司排名的价值和《财富》美国最受尊敬的公司名单一样，在于这个排名是由那些在业界第一线的人们授予的，他们是每一行业的高层经理和独立董事，以及从事分析和比较每一领域的竞争者们的财务分析师。《财富》请他们用评价美国最受尊敬公司的 8 个标准，即创新、管理质量、长期投资价值、社区和环境责任、吸引和保留人才的能力、产品或服务质量、财务状况以及公司资产的有效利用，给各个公司打分。《财富》增加了一个反映国际化程度的指标，即公司在全球范围开展业务的有效性。公司的总排名是依据其所有指标的平均得分。2017 年全球最受尊敬的公司前两名依次是苹果公司和亚马逊公司，前十名都是美国公司，从表 8 – 1 可以看出。

此例中用于标记不同公司的 ID 字母属于定类尺度，"E"代表华特 – 迪士尼，"F"代表 Alphabet。排名代表定序尺度，因此通用电气比西南航空公司得到了更高的评价。公司得分，即全部标准属性的平均分为定距尺度。表 8 – 1 没有提供各公司的得分，也没有提供年营业收入，后者为定比尺度。

表 8 – 1　2017 年全球最受尊敬的公司

ID	公司	排名
A	苹果公司，美国	1
B	Amazon.com，美国	2
C	星巴克，美国	3
D	伯克希尔 – 哈撒韦公司，美国	4
E	沃尔特 – 迪士尼公司	5
F	Alphabet，美国	6
G	通用电气公司，美国	7
H	西南航空公司，美国	8
I	Facebook，美国	9
J	微软公司，美国	10

8.1　测量和量表

测量（measurement）指的是根据某些特定的预先指定的规则为事物的特征分配数字或其他符号。需要说明的是，我们所测量的并不是事物本身，而是事物的一些特征。因此，我们并不测量消费者，只是测量他们的观念、态度、偏好或者其他相关的特征。在市场调研中，通常出于两个原因分配数字：①数字使得对数据进行统计分析成为可能；②数字使得测量规则和结果的传达更为便利。

测量最重要的一个方面是对相应特征进行分配数字时所用到的明确详细的规则。分配过程必须确保在数字和被测量特征之间有一一对应的关系。举例来说，同样的美元数字被分配给了具有相同年收入的家庭，只有这样，数字才能与被测量事物的特定特征相联系，反之亦然。另外，分配数字的规则应该是标准化且统一应用的，不能随着事物和时间的变化而改变。

量表可以被看作测量的一个扩充。**标度（scaling）** 涉及产生一个将被测物体定位的连续统一体。举例说明，根据"对百货商店的态度"这一特性用一个 1~100 的尺度确定消费者的量表位置。每位消费者被分配给一个数字，表示其（不）喜好程度（1 = 极不喜欢，100 = 极喜欢）。测量为每位调查对象实际分配从 1 到 100 的数字。量表是根据消费者对百货商店的态度来将每位调查对象放入连续统一体的过程。

实用市场调研

8.2

尺度特征和测量水平

我们在市场调研中使用的所有尺度都可以被描述为四种基本特征：描述、顺序、距离和起点，并且它们可以定义一个尺度测量的水平。一个测量的水平意味着我们对一个事物的哪些方面进行了测量或者没有测量。对尺度特征的理解是对尺度的主要类型进行理解的基础。

8.2.1　描述

描述（description） 特征指的是用于标明每个尺度价值的唯一标签或描述符。例如：1 = 女性，2 = 男性；1 = 非常不同意，2 = 不同意，3 = 无所谓，4 = 同意，5 = 非常同意，所有用来定义尺度价值或者反应选项的尺度都有唯一标签或描述符。

8.2.2　顺序

顺序（order） 特征指的是描述符相对的大小或位置。顺序条件下，没有绝对价值只有相对价值。顺序由描述符如"更大""更小"及"相等"来表示。例如，一个调查对象对三个运动鞋品牌的偏好被表述为下列顺序，最喜好的品牌被放在列表的第一个，最不喜好的品牌放在最后。

> 耐克
> 新百伦
> 阿迪达斯

这个调查对象对耐克的偏好大于新百伦，对阿迪达斯的偏好则小于新百伦。同一年龄组的调查对象，如 35~49 岁，在年龄条件下被认为是相同的，并且年龄大于在

MARKETING RESEARCH
AN APPLIED ORIENTATION　实用市场调研（原书第 7 版）

20~34岁组的调查对象。并不是所有的尺度都具有一定顺序的特征。在前面所说的性别尺度（1＝女性，2＝男性）中，我们没有办法确定一名女性的年龄到底是大于还是小于一名男性。因此，性别尺度不具有顺序特征。

8.2.3　距离

距离（distance）特征表明尺度描述符之间的绝对差距是已知的，并且可以用单位表示。如一个四口之家比一个五口之家少一个人，而比一个三口之家多一个人。如此，下列尺度具有距离的特征：

你们家庭的人口数量是（　　　）。

注意，一个具有距离特征的尺度同样具有顺序特征。一个五口之家的人数比一个四口之家的多，同样，一个三口之家的人数比一个四口之家的少。因此，距离包含了顺序特征，但并非反之亦然。

8.2.4　起点

起点（origin）特征是指有唯一或者固定起点或者绝对零点的尺度。因此，一个对收入确切的测量尺度如：

我们家庭的税前年收入是（　　　）美元。

它有一个固定的起点或者绝对零点。如果回答是0的话，则意味着这个家庭完全没有收入。一个具有起点特征的尺度同样具有距离特征（以及顺序和描述特征）。许多用在市场调研中的尺度并没有固定的起点或者绝对零点，如在前面定类特征下提到的"同意—不同意"尺度。需要注意的是，前面这样一种尺度是如此定义的：1＝非常不同意，2＝不同意，3＝无所谓，4＝同意，5＝非常同意。不论怎样，1是一个主观的起点。这种尺度也可以以0为起点定义为：0＝非常不同意，1＝不同意，2＝无所谓，3＝同意，4＝非常同意。或者，将起点换为－2也可以得到一个同样的尺度：－2＝非常不同意，－1＝不同意，0＝无所谓，1＝同意，2＝非常同意。以上以1、0或者－2为起点的"同意——不同意"的三种尺度都是等价的。因此，这种尺度并没有一个固定的起点或者绝对零点，结果是其并不具备起点特征。

描述、顺序、距离和起点代表的水平逐渐增高，起点是最高水平的特征。描述特征最基本，存在于所有的尺度中。如果一个尺度有顺序特征，它一定有描述特征。如果一个尺度有距离特征，它同样有顺序和描述特征。因此，如果一个尺度有更高一级的特征的话，其一定会有所有的低级别特征。反过来则不一定正确。例如，如果一个尺度有低级别的特征，则不一定会有高级别的特征。基于对尺度特征的理解，我们可以进一步讨论尺度的主要类型。

测量的主要尺度

有4种主要测量尺度：定类、定序、定距和定比。图8－1举例说明了这些尺度，表8－2概括了它们的性质，以后各节将进一步讨论这些尺度。

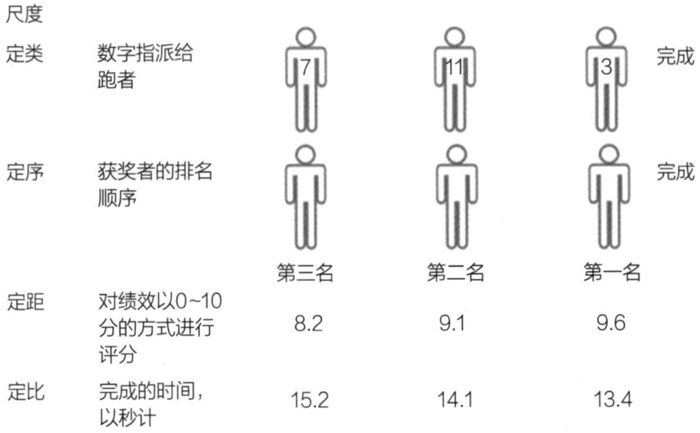

图8-1 主要测量尺度的举例说明

表8-2 测量的主要尺度

尺度	基本特征	一般案例	营销案例	可用统计量	
				描述性	推论性
定类	数字用于对事物的识别和分类	社会保险号；足球运动员标号	品牌代码；商店类型；性别分类	百分比、众数	卡方、二项式检验
定序	数字用于表示事物的相对位置，而非它们之间差距的大小	质量排名；联赛中各队的排名	偏好排序；市场地位；社会阶层	百分位数、中位数	秩相关、Fridman、方差
定距	事物之间具有可比差距，零点是任意定的	温度（华氏、摄氏）	态度；观点；指数	极差、平均数、标准差	积矩相关、t检验、方差、回归、因子分析
定比	零点固定，可以计算尺度值的比	长度；重量	年龄；收入；成本；销售量；市场份额	几何平均数、调和平均数	变异系数

8.3.1 定类尺度

定类尺度（nominal scale）是指数字只是用来对事物进行识别和分类的标志或标签的一种标记方法。这些尺度只具有描述的特征。举例来说，在一个研究中分配给调查对象本身的数字就构成了一个定类尺度。当一个定类尺度是因为识别目的而被使用时，在数字和事物之间有严格的一一对应关系。每个数字只能被分配给一个事物，并且每个事物只能获得一个数字的分配，例如社会保险号和分配给足球运动员的号码。在市场调研中，定类尺度被用来识别调查对象、品牌、态度、商店和其他事物。

当定类尺度被用于分类目的时，定类尺度数字是分类或类别的标志。举例来说，你可能会将组 1 作为控制组，将组 2 作为实验组。这些分类具有互斥（没有重叠）和穷尽（所有的都包含在内）的特点。同一类别中的所有事物在定类数字所代表的特性方面可以被看作相同的，它们具有同样的编号且没有任何两个类别的编号相同。但是，定类尺度不一定非要使用数字来进行分配，字母或者符号也可以。

定类尺度中的数字不能反映事物的数量特性。举例来说，一个排名靠前的社会保险号并不暗指这个人在某些方面比社会保险号排名靠后的人优越，反之亦然。这一点对于分类中的数字来说也适用。在定类尺度中能够对数字进行的唯一操作就是计数。只有有限的并且以频率计数为基础的统计指标才能进行计算，这些统计指标包括百分比、众数、卡方和二项式检验。对社会保险号求平均值、计算调查对象的平均性别或者商店的平均编号是没有意义的。

8.3.2 定序尺度

定序尺度（ordinal scale） 是一种给事物分配数字以表明事物所具有的特性的相对程度的排序尺度。定序尺度可以确定一个事物是否比其他事物具有更多的或更少的特性，但没有表明具体多了或少了多少。因此，一个定序尺度只能指明相对的位置，而非事物间差别的大小。排位第一的事物相比排位第二的事物有更多的特征，但差距是大是小不得而知。定序尺度有描述和顺序的特征，但没有距离或者起点的特征。定序尺度的例子如质量排序、联赛中各个队伍的排名、社会阶层以及职业地位。在市场调研中，定序尺度一般用来测量相对的态度、观点、认知和偏好。开篇的例子中，最受尊敬的公司排名属于定序尺度，苹果公司排第 1 名，是最受尊敬的公司。这类数据的测量包括来自调查对象"大于"或"小于"的判断。

在定序尺度和定类尺度中，等价的事物有着同样的排名。任何可以保持事物之间的顺序关系的数字序列都可以被用来分配。举例来说，只要事物的基本顺序保持不变，定序尺度就可以以任何方式进行转换。换句话说，因为数字的差别除了代表顺序外别无他意，所以对尺度的任何单调正变换（顺序保持不变）都是允许的。出于这些原因，定序尺度同样可以使用基于百分位点的统计量。从定序尺度中计算百分位数、四分位数、中位数、秩相关或者其他概括统计量都是有意义的。

8.3.3 定距尺度

定距尺度（interval scale） 中，数字上相等的距离表示了被测量特征相等的差值。定距尺度包含定序尺度所有的信息，并且还能够比较不同事物之间的差异。任意两个相邻尺度的差值与同一定距尺度其他任意两个相邻值之间的差值相等。在尺度价值之间有一个恒定或者相等的间距。1 和 2 之间的差距同 2 和 3 之间以及 5 和 6 之间的差距相同。描述符之间的差距是已知的。日常生活中一个常见的定距尺度的例子就是温度。在市场调研中，通过评价量表所得到的态度数据常常被看作定距数据。在开头关于最受尊敬的公司的例子中，对所有标准属性的评分都代表了一个区间量表。定距尺度中零点的位置不固定，零点以及测量单位都是任意的。

定距尺度中可以使用的统计技术除了所有适用于定类和定比尺度的技术之外，还包括算术平均值、标准差、简单相关以及其他市场调研中通常使用的统计量。但是，某些特殊的统计量，例如几何均值、调和均值以及变异系数等对定距尺度数据没有意义。

案例 8.2   足球队的排名

国际足球协会联合会（FIFA）用定向和区间缩放法对各国的足球队进行排名。

根据国际足联（FIFA，www.fifa.com）2017 年 6 月 1 日的男足排名，巴西队以 1 715 分位居榜首，阿根廷队以 1 626 分名列第二。表 8 - 3 列出了 2017 年男子足球（在美国被称为足球）排名前 10 的国家：分配给各个国家的字母构成了一个定类尺度，排名代表一个定序尺度，而积分代表一个定距尺度。因此，国家 G 指的是比利时，它排名第七，得到了 1 292 分。请注意，被分配用来代表国家的字母只是为了识别的目的，与足球比赛能力没有任何关系。因此，排名第五的哥伦比亚比排名第十的西班牙踢得好。排名越靠前，足球水平越高。但是，排名没有给出任何关于国家之间差别大小的信息，这可以根据积分看出。根据积分，1 267 分的葡萄牙只比 1 263 分的瑞士踢得略好一些。积分可以帮助我们了解不同名次国家之间差距的大小。

表 8-3 2017 年男子足球排名前 10 的国家

ID	球队	排名	积分
A	巴西	1	1 715
B	阿根廷	2	1 626
C	德国	3	1 511
D	智利	4	1 422
E	哥伦比亚	5	1 366
F	法国	6	1 322
G	比利时	7	1 292
H	葡萄牙	8	1 267
I	瑞士	9	1 263
J	西班牙	10	1 198

8.3.4 定比尺度

定比尺度（ratio scale）具有定类、定序和定距尺度的所有性质，此外它还有一个绝对的零点。因此，比率量表拥有原点（以及距离、顺序和描述）的特性。也正因如此，用定比尺度可以对物体进行识别或分类、排序并比较它们的间距或差别，计算比值也是有意义的。不仅 2 和 5 之间的差值与 14 和 17 之间的差值相同，而且在绝对意义上 14 是 2 的 7 倍。定比尺度的普通实例包括身高、体重、年龄和收入。在市场调研中，销售额、成本、市场份额和顾客数目是以定比尺度测量的变量。开篇案例中，最受尊敬的公司的年收入（未显示）可以用定比尺度来表示。

所有的统计方法都可以应用于定比数据。这些统计方法包括几何平均、调和平均和变异系数等专用的统计方法。

这里讨论的四种主要尺度并没有穷尽测量方法的级别分类。可以构造一个提供有关顺序的部分信息的定类尺度（部分定序尺度）。同样，一个定序尺度可以传达部分有关距离的信息，如同在一个定序的公制尺度中那样。对这些尺度的讨论超出了本书的范围。

实用市场调研

8.4

量表技术的对比

量表技术通常在市场调研中使用，可以被分为比较量表和非比较量表（见图 8-2）。**比较量表（comparative scale）** 是对刺激物的直接比较。举例来说，调查对象可能会被问到他们喜欢的是可口可乐还是百事可乐。比较量表的数据必须以相对的术语来解释，并且只有定序或者等级顺序的性质。出于这个原因，比较量表也被认为是非计量量表。如图 8-2 所示，比较量表包括配对比较量表、等级顺序量表、常量总和量表、Q 分类量表以及其他方式。

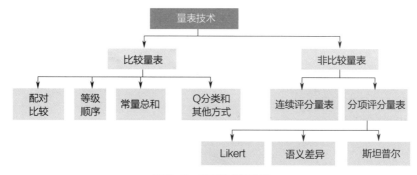

图 8-2　量表技术的分类

比较量表的主要优点是可以发现刺激物间的微小差别。当调查对象比较刺激物时，他们被迫从中选择。此外，调查对象从相同的已知参照点考虑排序的任务。因此，比较量表可以很容易理解并应用。这类量表的其他优点有：它们涉及较少的理论假设，还减少了从一个判断到另一个判断过程中的光环或遗留效应。比较量表的主要缺点包括数据的定序性质，以及无法推广到被计量的刺激物之外。例如，为了将 RC 可乐与可口可乐、百事可乐做比较，研究人员将不得不进行一次新的研究。非比较量表方法很好地克服了这些缺点。

非比较量表（noncomparative scale）也称单独量表或公制量表，每个事物独立于刺激物背景中的其他事物而被计量，所产生的数据通常被假定为定距或定比的。例如，可能要求调查对象用一个1~6的喜好程度尺度评价可乐（1 = 一点都不喜欢，6 = 非常喜欢）。对百事可乐和RC可乐可以得到类似的评价。正如图8-2所示，非比较量表可以是连续评分量表或分项评分量表。分项评分量表又可进一步分为Likert量表、语义差异量表或斯坦普尔量表。非比较量表是市场调研中使用最为广泛的量表技术。由于其重要性，第9章将阐述非比较量表，本章其余部分着重介绍比较量表。

实用市场调研

8.5

比较量表技术

8.5.1 配对比较量表

正如其名字所示，**配对比较量表（paired comparison scaling）**给调查对象提供两个物体，并要求他根据某些标准来选择一个。所获得的数据在性质上是定序的。调查对象可能会说，他们在JCPenney商店购物的次数比在Dillard's购物的次数多，喜欢Total牌谷物的程度超过喜欢Kellogg's的19号产品的程度，或者喜欢Crest的程度超过喜欢Colgate的程度。当刺激物是实际产品时，经常要用配对比较量表。据报道，可口可乐在引入新产品之前进行了19万次以上的配对比较。配对比较量表是使用最广泛的比较量表技术。

图8-3提供的是调查对象对洗发香波的喜爱程度的配对比较数据。如图8-3所示，这名调查对象做了10次比较来评价5种品牌。一般而言，对n种品牌，[n(n-1)/2]次配对比较包括了所有可能的物体配对。

说明					
我们将给您提供10对洗发水品牌。对每对洗发水，请指出在这一对中您个人使用时更喜欢其中的哪一个。					
记录表	Jhirmack	Finesse	Vidal Sassoon	Head & Shoulders	Pert
Jhirmack		0	0	1	0
Finesse	1[a]		0	1	0
Vidal Sassoon	1	1		1	1
Head & Shoulders	0	0	0		0
Pert	1	1	0	1	
偏好					
次数[b]	3	2	0	4	1
a 1意味着那一列的品牌比相应行的品牌更受喜爱，0意味着行品牌比列品牌更受喜爱。					
b 由每列品牌被选中的次数相加得到。					

图8-3　用配对比较法获得香波偏好信息

配对比较数据可以用几种方法进行分析。研究人员将所有调查对象在图8-3中的矩阵相加，然后用所得结果除以调查对象人数，再乘以100，就可以计算出喜欢一种刺激物的程度超过另一种的调查对象百分比。对所有刺激物的同时评价也是可能的，在可传递的假设下，可以将配对比较数据转换为一个等级顺序。**偏好可传递性（transitivity of preference）** 暗示着如果品牌 A 比品牌 B 更受喜爱，品牌 B 比品牌 C 更受喜爱，那么品牌 A 就比品牌 C 更受喜爱。为了得到一个等级顺序，研究人员通过对图 8-3 中的每列的数字进行加总从而确定每个品牌被喜爱的次数。因此，这位调查对象的偏好顺序，从最喜爱的到最不喜爱的，是 Head & Shoulders、Jhirmack、Finesse、Pert 和 Vidal Sassoon。还可以用 Thurstone Case V 方法从配对比较数据中得到一个定距量表，对于这一方法的讨论请参看相关文献。有几种对配对比较技术的扩展。一种涉及将一种中立/无差别/无意见的反应包括在内。另一种扩展是分级的配对比较。在这种方法中，调查对象被问及更喜欢这一对中的哪个品牌以及喜欢的程度，喜欢的程度可以用调查对象愿意为这个喜爱的品牌多支付多少钱来表示，最终产生的量表是一个美元公制量表。另一种对配对比较量表的修正被广泛地用于在多维标度中获取相似性判断（见第 21 章）。

在品牌数目有限时配对比较量表是有用的，因为配对比较量表要求直接比较和公开选择。但是当有大量品牌时，比较的数目则变得难以控制。配对比较量表的其他缺点有：可能存在违反可传递性假设的情况；事物的排列顺序可能会使得结果产生偏差；配对比较同涉及从多个可选择事物中进行挑选；调查对象可能对其中一种事物的偏好超过其他事物，但可能不是绝对意义上的喜欢。

实用市场调研

案例8.3

口味测试中的配对比较

配对比较是口味测试最常用的方法。要求消费者品尝两种不同的产品，并选出口味最吸引人的一种。测试在家中或者其他预定的场所私下进行。一个足够的样本一般要求至少有 1 000 名受试对象。

北美头号瓶装/罐装果汁生产商 Ocean Spray（www.oceanspray.com）在开发新产品时大量使用口味测试。请调查对象品尝一对新产品，评价其口味并选择更喜欢的那种产品口味测试表明，一些消费者喜欢白莓口味超过浓烈的红莓口味。因此，Ocean Spray 公司在其产品线中增加了白蔓越莓饮料（用比红蔓越莓早几周收获的天然白蔓越莓制成）和 Juice Spritzers（轻度碳酸果汁饮料），以努力吸引更多的消费者。在进行口味测试后，Ocean Spray 公司随后推出了一种创新的新产品，该产品将果汁的美味与消费者在天气变热时渴望的茶的清凉口感相结合。当口味测试显示出对竞争对手的能量饮料的明显偏好时，Ocean Spray 公司推出了 Cran. Energy，一种提供天然能量的新型果汁饮料。截至 2017 年 6 月，Cran. Energy 有三种口味：蔓越莓、蔓越莓石榴和蔓越莓覆盆子。

8.5.2 等级顺序量表

配对比较之后最普遍的比较量表技术是等级顺序量表。在**等级顺序量表（rank-order scaling）** 中，调查对象会被同时展示几种事物并要求根据某些标准将这些事物进行排序。举例来说，调查对象可能会被要求根据总体的偏好来对牙膏品牌进行排序。如图 8-4 所示，让调查对象将等级 1 分配给最偏好的品牌，等级 2 分配给第二受偏好的品牌，直到将等级 9 分配给最不受偏好的品牌，这是获得前述排序的典型做法。与配对比较类似，这种做法在本质上也属于比较，并且调查对象未必在绝对意义上偏好排名第一的品牌。另外，等级顺序量表也可以产生定序数据，表 8-2 即是通过等级顺序尺度获得的一个定序量表。等级顺序量表通常被用来测量对品牌的偏好以及态度。等级顺序数据经常在联合分析中从调查对象处获得，因为等级顺序量表强迫调查对象区别各刺激物。此外，与配对比较相比，这种类型的计量过程与购物环境更为相似，花费时间较少，并且消除了不传递的反应。如果有 n 个刺激物，在等级顺序量表中只需要做（n-1）次计量决定，而在配对比较中则需要［n(n-1)/2］次决定。另一个优点是大多数调查对象很容易理解排序的提示。主要的缺点是这种技术只产生定序数据。

最后，在可传递性的假设下，等级顺序数据可以被转换为等价的配对比较数据，反之亦然。图 8-3 说明了这一点。因此，可以用 Thurstone case V 方法从排序中得到一个定距量表，研究人员还提出了其他从排序数据中得到定距量表的方法，如图 8-4 所示。下例说明如何用等级顺序量表来确定世界顶级品牌。

说明

将各种品牌的牙膏按照喜好的顺序排列。首先挑出你最喜欢的一个品牌，给它一个数字1。然后找到第二喜欢的品牌，给它一个数字2。继续这个程序，直到你把所有的牙膏品牌按喜好的顺序排列。最不喜欢的品牌应该被指定为10。

没有两个品牌应该获得相同的等级编号。

选择的标准完全取决于你。没有正确或错误的答案。只是要尽量保持一致。

品牌	等级顺序
1. Crest	________
2. Colgate	________
3. Aim	________
4. Gleem	________
5. Sensodyne	________
6. Ultra Brite	________
7. Close Up	________
8. Pepsodent	________
9. Plus White	________
10. Stripe	________

图 8-4　用等级顺序量表获取对牙膏品牌的偏好信息

实用市场调研

案例 8.4　　全球最知名品牌

要想成为美国市场的强有力竞争者，必须依赖品牌认同。当由于正面的原因而使公司或产品的名字家喻户晓时，品牌资产就增加了。Interbrand（www.interbrand.com）是一家专门从事识别、建立和表达正确的品牌主张的公司。《商务周刊》和 Interbrand 每年发布全球最知名品牌的排名和价值，表 8-4 是 2016 年全球知名度排前五名的品牌：

表 8-4　2016 年全球最知名品牌前五名

品　牌	排　序	2016 年品牌价值（100 万美元）
Apple	1	178 119
Googlo	2	133 252
Coca - Cola	3	73 102
Microsoft	4	72 795
Toyota	5	53 580

另一个等级顺序量表的例子是前文给出的世界上最受尊敬公司的排名。

8.5.3　常量总和量表

在**常量总和量表（constant sum scaling）**中，调查对象将会根据一些标准在一组刺激物当中对总数固定的单位（如分数、美元或者筹码等）进行分配。如图 8-5 所示，可能要求调查对象对一种洗浴皂的各项属性分配 100 分。所依照的原则是分配的分数能够反应每项属性的重要性。如果某项属性不重要，就给它分配零分；如果一项属性的重要性是另一个属性重要性的两倍，那么它得到的分数就是另一个的两倍。所有分数的总和是 100，故因此而得名。

提示			
下面是洗浴皂的8种属性，请将100分分配到这些属性当中，以便准确反映你对每种属性的相对重要性的看法：一种属性得分越多，这种属性就越重要。如果一种属性一点也不重要，就给零分；如果一种属性的重要性是另一种属性的两倍，它得到的分数就是另一个的两倍。			
	三组调查对象的平均回答如下：		
	组I	组II	组III
1. 温和	8	2	4
2. 泡沫	2	4	17
3. 收缩	3	9	7
4. 价格	53	17	9
5. 香味	9	0	19
6. 包装	7	5	9
7. 保湿	5	3	20
8. 清洁能力	13	60	15
总和	100	100	100

图 8-5　用常量总和量表统计洗浴皂属性的重要性

计算所有调查对象分配给每个属性的分数，除以调查对象人数，就获得了每个属性的重要性指标。图 8-5 将这些结果按三组调查对象分别呈现。组 I 非常看中价格，组 II 认为基本的清洁能力最重要，组 III 重视泡沫、香味、保湿和清洁能力。这类信息无法从等级顺序数据中得到，除非将它们转换为定距数据。请注意，常量和也有一个绝对零点——10 分是 5 分的 2 倍，5 分和 2 分之间的差值与 57 分和 54 分之间的差值相同。由于这一原因，常量和量表数据有时被当作公制数据。虽然这在所测量的刺激物的有限范围内是适当的，但是这些结果不能推广到不包括在研究中的其他刺激物。因此，严格地讲，由于比较的本质和结果缺乏普适性，常量和量表应该被看作是一个定序量表。从图 8-5 中可以看出，分数的分配受到评价任务中所包括的指定属性的影响。

常量总和量表的主要优势在于，不需要花太多时间就可以了解刺激物之间的细微区别。但是，它也有两个主要的缺点：首先，调查对象分配的单位数量可能比指定的多或者少。例如，一个调查对象可能分配了 108 分或者 94 分。而调研人员必须以某种方式修正数据或者从分析中排除这个调查结果。另外一个潜在的问题就是如果使用的单位（例如，分数）过少，则可能产生舍入误差；而如果单位的使用量很大，则可能使调查对象有很重的负担进而造成混淆和疲劳。

8.5.4 Q 分类量表和其他方式

Q 分类量表（Q-Sort scaling） 的开发是为了快速地在相对大量的事物当中进行判别。这一技术使用了等级顺序方法，其中一些标准事物在相似性的基础上被分为几堆。例如，给调查对象 100 个态度陈述的卡片，并要求他们将这些陈述从"最同意的"到"最不同意的"范围分为 11 堆。被分类的事物总数目不应该少于 60，也不应该多于 140；60~90 个是一个合理的范围。通常会为了在整体上得到一个事物的正态分布而预先指定每堆中放入的数目。另一种比较量表技术是量级估计。这种方法将数字分配给各个事物，使被分配的数字之间的比值能够反映出指定标准的比率。例如，要求调查对象指出他们对有关百货商店的态度的一系列陈述是否同意。然后给每个陈述分配一个介于 0 到 100 之间的数，以此表示他们同意或不同意的程度，通过提供这类数字给调查对象强加了一个认知上的负担。最后，必须提一提 Guttman 量表法，也叫量图分析。这种方法被用来确定一组事物是否可以被排序成一个内部一致的一维量表。

实用市场调研

8.6

国际市场调研

在四种主要的计量尺度中，测量水平从定类、定序、定距到定比逐渐增加。这种测量水平的增加是以复杂度为代价的。从调查对象的角度来看，定类尺度用起来最简单，而定比尺度最复杂。许多发达国家的调查对象由于有较高的教育水平和消费老练程度，因此很习惯以定距尺度和定比尺度提供答案。但是，在一些发展中国家，观点可能还不是十分明确和清晰。因此，调查对象在表达定距尺度和定比尺度所要求的分级时可能有困难，因而偏好程度最好用定序尺度测量。我们尤其推荐使用定序尺度中最简单的类型：二元尺度（例如，偏好/不偏好）。例如，在美国测量对牛仔裤的偏好时，Levi Strauss & Co 会让消费者用一个 7 级定距尺度对在特定场合穿着牛仔裤的偏好进行分级。但是，对巴布亚新几内亚的消费者可能仅可以看到一条牛仔裤，并简单地询问他们是否偏向在一个特定的场合（例如，在购物时、工作时、假日休闲时等）穿上它。

案例8.5　　　　　　　　　　汽车战：日本打头阵

欧洲记者首次将年度最佳车授予一款日本车型，即日产在英国制造的一款售价 1 万美元的紧凑型轿车 Micra。这对一直试图阻止日本人进攻的欧洲汽车制造商来说是一个巨大的打击。"他们将改变商业格局。"欧洲福特公司的商业战略主管 Bruce Blythe 警告说。日本人是如何做到的？

日产公司对欧洲消费者对汽车的偏好进行了调查，使用区间量表来捕捉偏好差异的大小。区间量表的使用使日产公司能够比较汽车功能之间的差异，并确定哪些功能是首选。研究结果显示，消费者有不同的偏好。因此，日本人通过移植他们的生产和在欧洲建立技术中心，使他们的汽车符合当地的造型品味和偏好，并取得了成果。日产公司 2018 年在欧洲推出了新车型，希望能提升最近在该市场下挫的销量。欧洲汽车制造商需要对这种激烈的竞争保持警惕。

Zavat/skiy Aleksandr/Shutterstock

还应该注意的是，比较量表，除了配对比较之外，都需要对多种刺激物进行比较，这对调查对象来说是很繁重的。相比之下，在非对比量表中，每个事物独立于刺激物组中的其他事物进行测量，也就是说，每次测量一个事物。因此，在调查对象受教育程度不高或对市场调研不熟悉的情况下，非对比量表执行起来更为简单，更为合适。

8.7　　　　　　　　　　市场调研与社交媒体

本章中讨论的所有主要测量尺度和比较尺度都可以在社交媒体中轻松实现。社交媒体没有提出额外的要求。量表和测量的基本原则以及比较量表技术也保持不变。对社交媒体内容的分析可以揭示特定项目中适合的测量水平。它还可以为使用哪种类型的量表技术（比较或非比较）提供指导。此外，在一个特定的项目中使用多种量表技术是很方便的，正如卡夫食品公司的案例说明的那样。

案例8.6　　　　　用初级类型的量表做初级产品

C 空间（www.cspace.com）是一家研究公司，专门为客户和潜在客户创建私人社区，就各种问题提供反馈。它曾经帮助 Mondelēz International（www. mondelezinternational.com）公司推出并成功定位了其纳贝斯克 100 卡路里零食系列。C 空间在其社区网络上与顾客的对话发现了一些要点，例如想要减肥的人更看重份量控制，而不是特殊的低卡成分。C 空间公司使用定序尺度，要求社区成员对已识别的问题进行排序来缩小讨论范围。随后用定距和定比尺度来确定最大脂肪、卡路里含量和要生产的零食类型等因素。然后，它向小组分发样品并展示了原型广告。再次用定序和定距尺度来获得反馈。最终，纳贝斯克 100 卡路里零食系列推出，并在市场上获得了成功。100 卡路里零食的系列产品也是根据社区成员的反馈意见确定的，范围从饼干到曲奇，再到加了糖果的饼干。新产品线在第一年就实现了 1 亿美元的销售额，截至 2018 年，已经在 Mondelēz 的零食系列中占据主要地位。

最后，一些基于公开信息评估社交媒体网站的具体测量标准已经出现。比较常用的测量标准包括寿命、产出（频率、数量）、入站链接、Technorati、bloglines 或 blogpulse 的排名、朋友或追随者的数量、评论数量和媒体引用量。

8.8　　　　　　　　　　　　　　　移动市场调研

所有主要测量尺度都可以在移动市场调研（MMR）中实现。然而，移动设备的屏幕尺寸较小，确实对比较量表造成了限制。例如，许多品牌的排名顺序可能会令人困惑，因为调查对象必须垂直划动屏幕，可能无法同时看到所有品牌。这种限制也适用于恒定的总和比例。同样地，如果有大量的品牌，配对比较的数量就会成倍增加，对于使用小屏幕移动设备（如智能手机）的调查对象来说就会造成困扰。

案例8.7　　　　　通过手机评估体验式接触点

佳得乐是百事公司的一个全球运动饮料品牌，在拉丁美洲拥有稳固的市场地位。佳得乐 G 系列在墨西哥推出了更多专门的运动营养定位的产品，在与运动相关的体验式接触点（如公园和健身房）花费了大量的资金。佳得乐很想评估这项投资的价值，于是求助于 MESH（www.meshexperience.com）及其基于手机的实时体验追踪。MESH 方法是一种混合模式的方法，项目从一项调查开始，然后利用短信服务一周，一周后再进行调查。鼓励受访者通过在线访问扩展他们的短信条目。在这项研究中，400 名调查对象用四个主要量表（定类、定序、定距和定比）输入了他们与体验式接触点的接触情况。例如，短信内容可能是 BC352，表明调查对象正在评价品牌 B（定类量表）；选择场合 C（定类量表），该品牌在六个品牌中排名第 3（定序量表），在 7 分量表中引起积极情绪被评为 5 分（定距量表），调查对象在过去 30 天内消费了 6 个品牌中的 2 个（定比量表）。

研究发现了电视广告和体验式接触点之间的交互作用，因此，佳得乐将部分预算从电视广告转移到了体验式接触点。具体来说，佳得乐在体验式接触点和定制的户外广告上投入了更多资金，而在传统媒体和普通户外材料上投入更少。这一定位策略随后被推广到其他市场，包括巴西。

市场调研中的商业伦理

调研人员有责任使用合适的尺度类型来收集所需的数据，以解释调研问题和对假设进行检验。举例来说，《华尔街日报》想要了解关于其读者或非读者的个性特征的信息。获取个性特征信息最好的方法可能是：给调查对象（读者以及非读者）几张卡片，每张卡片上都列出了一种个性特征；让调查对象将列有个性特征的卡片进行分类以及排序，排序的标准是将最能描述他们个性的卡片放在第一位，依次往下，将最不能描述他们个性的卡片放在最后。这个让调查对象自己比较以及移动个性特征卡片的过程将会显示出丰富的对于个性特征的认识。然而，所获取的数据都是定序的，并且不能方便地用于多变量分析。为了检验读者和非读者的个性特征的差别并将它们同市场营销战略的变量联系起来，需要用到定距尺度的数据。调研人员有责任获取最合适的数据来调研某一问题。

在收集数据之后，应该对数据进行正确的分析。如果收集的是定类数据，则应该使用定类尺度数据所允许的统计方法。同样，当收集的数据是定序尺度时，则不能使用适用于定距数据或定比数据的统计方法。基于错误统计方法产生的分析具有误导性。从前述的关于个性特征的案例来看，如果决定以等级顺序技术方法来收集数据，则收集到的为定序数据。在数据收集之后，如果委托方想知道读者和非读者之间的区别，调研人员则应该对这些数据进行正确的处理，并使用非计量技术方法来分析。当调研人员缺乏辨别和使用适当的统计技术的专业知识时，则需要从其他资源渠道来获取帮助，比如从统计学家那里。

案例8.8   测量伦理困境

在一项旨在测量市场调研人员的伦理判断的研究中，使用了先前开发和测试的量表题目。然而，在对 65 名营销专业人员的简单样本进行了预测试后，发现一些原始量表题目的措辞并不能反映当前的使用情况。因此，对这些题目进行了更新。例如，一个具有性别特征的题目，如"他指出……"被修改为"项目经理指出……"。参与者被要求表明他们对市场调研主管在特定情况下的既定行动（项目）的认可或不认可。由于认识到二元或二分量表的限制性太大，所以让调查对象通过 5 点量表提供区间水平的数据来表示同意或不同意，其描述性锚点为：1 不赞成；2 有点不赞成；3 既不赞成也不反对；4 有点赞同；5 赞成。通过这种方式，解决了量表困境。

小结

测量是根据设定的规则，将数字或其他符号分配给物体的特征。标度涉及一个连续体的产生，被测量的对象就在这个连续体上。基本的尺度特征是描述、顺序、距离和起点。描述是指用于描述尺度的每个值的独特标签或描述符。顺序指的是描述符的相对大小或位置。顺序由描述符表示，如大于、小于和等于。距离特征是指量表描述符之间的绝对差异是已知的，可以用单位来表示。起点特征是指尺度具有一个独特的或固定的起点或真正的零点。描述是每个量表都有的最基本的特性。如果一个量表有顺序，它也有描述。如果一个量表有距离，那么它也有顺序和描述。最后，一个有起点的量表也有距离、顺序和描述。

四种主要的测量尺度是：定类、定序、定距和定比。其中，定类量表是最基本的，因为数字只用于识别或分类对象。在定序量表也就是次高层次的量表中，数字表示物体的相对位置，但不表示它们之间的差异大小。定距量表允许对差异进行比较。然而，由于它有一个任意的起点，在定距刻度上计算刻度值的比率是没有意义的。最高级别的测量是由起点固定的定比量表实现的。研究者可以用这种量表来计算比率。定比量表包含了较低级别量表的所有特性。

量表技术可以被分为比较的和非比较的。比较量表涉及对刺激物的直接比较，包括配对比较量表、等级顺序量表、常量总和量表、Q 分类量表。由这些方法得到的数据只有定序性质。

许多发达国家的调查对象因其较高的受教育水平和消费老练程度，习惯于用定距和定比尺度提供答案。但是，在发展中国家，偏好最好使用定序尺度来测量。出于对伦理道德的顾虑，应根据研究问题和测试假设所需要的数据，使用适当类型的尺度。互联网以及几种专用的计算机程序可以用于执行不同类型的尺度。

MARKETING RESEARCH

实用市场调研 （原书第7版）

第9章 测量与量表：非比较量表技术

重要的是，我们要保证量表的可靠性和有效性，否则我们无法相信得到的数据。

——CMI 公司总裁 Chet Zalesky

Chet Zalesky 供图

本章概要

————————

　　正如第 8 章提到的，量表技术可以分为比较量表技术和非比较量表技术两种。本章的主要讨论对象是非比较量表技术，由连续评分量表和分项评分量表两部分组成。我们讨论了普遍使用的分项评分量表——李克特量表、语义差异量表、斯坦普尔量表以及多项评分量表的构建，展示了怎样根据信度和效度水平评估量表技术，并且考虑调研人员应该怎样选择特定的量表技术。本章同样介绍了以数学方式推导出的量表，讨论了在研究国际市场、使用社交媒体和进行移动市场调研时，使用非比较量表需考虑的因素，指出了构建评分量表时的一些伦理问题。

案例9.1　　　　　　　　　纽约的城市交通系统

纽约城市交通系统（NYCT，www. mta. info/nyct）并不像有些人认为的那样有一群具有依赖性的乘客。许多人在有别的选项时不乘坐大众交通工具。涨价导致的担忧使更多人可能放弃乘坐公共汽车或地铁，因此 NYCT 开展了如何增加乘客的研究。

在一项电话调查中，受访者被要求用5级李克特量表对公交系统的不同方面打分。选用 Likert 量表是因为它易于在电话调查中使用，受访者只需告知同意或不同意程度（1 = 非常不同意，5 = 非常同意）。

结果表明人身安全是乘地铁时的首要考虑。纽约人害怕乘坐当地的地铁，导致恐惧的最重要的因素是遇到麻烦时缺乏报警的途径。NYCT 采取了增加警力、安排易于识别的 NYCT 工作人员、改善照明、调整车站的布局以减少死角等应对措施。

电话调查还发现，地铁站和地铁车厢的整洁程度会影响乘客认为的犯罪率。因此，NYCT 集中力量保持干净的外观，还采取措施减少地铁内无家可归的人和乞丐，要求这些人离开，有时还为他们提供到收容所的交通。

市场调研的结果帮助 NYCT 改善了人们对于公交系统的印象，使乘客人数增加。截至 2016 年 4 月 18 日，地铁乘客量呈上升趋势。年度地铁乘客量从 2014 年到 2015 年增加了 0.6%，达到 17.63 亿人次，是自 1948 年以来的最高峰。

9.1 　　　　　　　　　　　　　　　　**非比较量表技术**

非比较量表（noncomparative scale）中，调查对象可以使用任何他们认为合适的评分标准。他们不需要将被评价对象和其他对象相比，也不需要和某个特定标准相比，例如和"你理想中的品牌"进行比较。他们每次只需要评价一个对象，正因如此，非比较量表也称**单一量表（monadic scales）**。非比较量表分为连续评分量表和分项评分量表，表 9-1 对其进行了描述，在接下来的章节中我们也会对其进行讨论。

表9-1　基本的非比较量表

量表	基本特性	实例	优点	缺点
连续评分量表	在一条连续的线上做标记	对电视广告的反应	容易构建	除非计算机化，否则评分可能会很麻烦

量表	基本特性	实例	优点	缺点
分项评分量表				
李克特量表	从 1（强烈反对）到 5（强烈赞成）范围内的同意程度	对态度的测量	容易构建、执行和理解	更加耗时
语义差异量表	带两极标志的 7 分制量表	品牌、产品和公司形象	通用的	对数据是否定距有争议
斯坦普尔量表	单极 10 分制量表，-5 到 +5，没有中立点（零点）	对态度和形象的测量	容易构建，通过电话执行	混淆不清，难以应用

实用市场调研

9.2 连续评分量表

连续评分量表（continuous rating scale）也称图示评分量表（graphic rating scale），调查对象通过在从标准变量的一个极端到另一个极端的线上放置标记来对目标进行评分。而调查对象并没有被限制在从调研人员事先设定好的几个分数中做选择。连续评分量表的形式变化相当多。例如，直线可以是竖直的，也可以是水平的；量表刻度可以是数字形式的，也可以是简要的文字描述形式的；量表刻度根据需要可多可少。图 9 - 1 展示的是三种版本的连续评分量表。

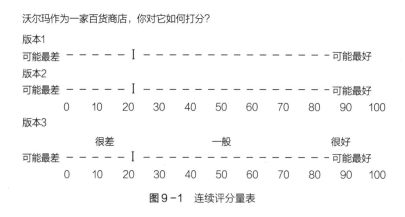

图 9 - 1　连续评分量表

调查对象打完分后，调研人员会根据需要将直线分成几段，落入各段的分数被分成几类。这些分数一般被当作定距数据来处理。因此，连续量表拥有描述、顺序和距离的特点，如第 8 章所讨论的。

连续评分量表的优点是易于构建。但是评分冗繁且不可靠，而且所提供的信息也很少，故在市场调研中的应用有限。然而，随着近来计算机辅助人员访谈（CAPI）、互联网调查和其他技术的日益普及，其应用变得越来越频繁。连续评分量表在 CAPI 或互联网上也很容易实现，可以在屏幕上移动光标，以选择恰好的、最能反映调查对象的评价的位置。此外，量表值叫以由计算机自动生成，从而提高了数据处理的可靠性、速度和精度。

实用市场调研

案例9.2　　　　　感知的连续测量和分析：感知分析器

Dialsmith 感知分析器（www. perceptionanalyzer. com）是一个由计算机支持的交互式反馈系统，由每个参与者的无线或有线手持转盘、控制台（计算机界面）和专门的软件组成，用于编辑问题、收集数据和分析参与者的反应。焦点小组的成员用它来即时且持续地记录他们对电视广告的情绪反应。每个参与者都有一个转盘，并被指示连续记录他或她对被测试材料的反应。当调查对象转动转盘时，信息会被输入计算机。因此，研究人员可以确定在广告播放过程中调查对象每一秒的反应。此外，这种反应还可以叠加在广告上，以了解调查对象对广告的各个框架和部分的反应。

该分析器最近被用来测量对麦当劳一系列"生活片段"广告的反应。研究人员发现，母亲和女儿对广告的不同方面有不同的反应。利用这些情感反应数据，研究人员可以确定哪个广告对母女俩的情感吸引力最大。事实证明麦当劳的营销是成功的，它在 2016 年的收入为 246 亿美元。

麦当劳等公司已经使用感知分析器来测量消费者对广告、企业视频和其他视听材料的反应。

实用市场调研

9.3　　　　　　　　　　　　　　　　　　　　　　　分项评分量表

分项评分量表（itemized rating scale） 中，调查对象会收到一个带有数字或者简要说明的量表，这些数字或简要说明是按量表上的类别列示的。类别按量表位置排序，调查对象被要求选出一个最能贴切描述被评分的目标的具体类别。分项评分量表在市场调研中使用广泛，是其他更复杂量表，如多项评分量表的基本组成部分。我们首先介绍的是普遍使用的分项评分量表，包括李克特表、语义差异量表和斯坦普尔量表，然后考察与这些量表使用相关的主要问题。

9.3.1　李克特量表

以发明者 Rensis Likert 命名的**李克特量表（Likert scale）** 是一个被广泛使用的评分量表。它需要调查对象就关于刺激物的一系列陈述指出同意或不同意的程度。一般每个量表项目有五个反应类别，从"完全不同意"到"完全同意"。我们以表9-2为例，说明如何用李克特量表评价对沃尔玛的态度。

表9-2 李克特量表

	完全 不同意	不同意	既不同意 也不反对	完全 同意	同意
1. 沃尔玛卖的是高质量的商品	1	2X	3	4	5
2. 沃尔玛的店内服务很差	1	2X	3	4	5
3. 我喜欢在沃尔玛购物	1	2	3X	4	5
4. 沃尔玛并没有在一个产品类别中提供 不同品牌的良好组合	1	2	3	4X	5
5. 沃尔玛的信贷政策很糟糕	1	2	3	4X	5
6. 沃尔玛是美国人购物的地方	1X	2	3	4	5
7. 我不喜欢沃尔玛所做的广告	1	2	3	4X	5
8. 沃尔玛销售的商品种类繁多	1	2	3	4X	5
9. 沃尔玛的价格是公平的	1	2X	3	4	5

值得注意的是，有些语句是正面的，有些是负面的，它们随机穿插在一起。之所以有正反两方面的陈述，是为了控制一些调查对象不看题目就在量表的一端或另一端做标记的倾向。数据通常被当作区间量表来处理。因此，李克特量表拥有描述、顺序和差异的特点（见第8章）。为了进行分析，每个陈述都被分配了一个数字分值，范围从-2到+2，或者从1到5。分析可以逐项进行（轮廓分析），也可以通过对项目求和计算每位调查对象的总评分（求和）。假设李克特量表被用于测量对待沃尔玛和JCPenney的态度。轮廓分析将涉及比较两家商店在每个项目上得到的平均评分，比如商品质量、店内服务以及品牌组合等。求和方法是最常使用的，因此李克特量表也被称为求和量表。使用这种方法确定每位调查对象对每家商店的总评分时，重要的是要使用一个一致的评分方法，以便一个高分（或低分）始终反映一种喜爱的态度。这就需要对那些负面陈述类的原始得分进行相反的打分。请注意，对一个负面陈述而言，表示同意反映了一种不喜爱的态度，而对一个正面陈述而言，表示同意代表了一种喜爱的态度。因此，对表示喜爱的陈述表示"强烈赞成"和对表示不喜爱的陈述表示"强烈反对"都得5分。在表9-2所示的量表中，如果一个较高的分数表示一种喜爱的态度，则项目2、4、5、7的分值将被颠倒过来。

李克特量表有几个优点：它易于构建和执行；调查对象很容易理解如何使用量表，因而使它适合邮件访谈、电话访谈或人员访谈。因此，在开头的例子中，纽约市交通局的电话调查就使用了这种量表。李克特量表的主要缺点是，它比其他分项评分量表需要更长的时间来完成，因为调查对象必须阅读每个陈述。有时，解释对项目的反应可能很困难，特别是如果它是一个不利的陈述。在我们的例子中，调查对象不同意关

MARKETING RESEARCH AN APPLIED ORIENTATION 实用市场调研（原书第7版）

于沃尔玛店内服务不佳的第 2 条陈述。在求和之前颠倒这个项目的分数时，我们假设这个调查对象会同意沃尔玛有良好的店内服务这一说法。然而，事实可能并非如此；不同意只是表明该调查对象不会做出第 2 项陈述。下面的例子为李克特量表在市场研究中的另一种应用。

案例9.3   你对在线隐私有多关注？

尽管电子商务潜力巨大，但在线零售额占全球零售总额的比例仍然很小：截至 2017 年，全球零售额不到 10%。消费者对网络隐私缺乏信心是阻碍电子商务发展的一个主要问题。最近的一份报告显示，几乎所有美国人（94.5%），包括互联网用户和非互联网用户，都关注"他们在网上购物时个人信息的隐私"。因此，作者和他的同事们制定了一个衡量互联网用户信息隐私问题的量表。这是一个 10 项的三维比例量表。这三个维度是控制、意识和收集。10 个项目中的每一个都是在 7 级李克特型同意 – 不同意量表上打分的。该量表具有良好的信度和效度。这一量表应使在线营销人员和政策制定者能够衡量和解决互联网用户的信息隐私问题。由于篇幅限制，我们只显示用于衡量意识的项目。

意识（隐私实践）

我们使用了以"完全不同意"和"完全同意"为基础的 7 级量表：

1．在网上寻求信息的公司应披露数据的收集、处理和使用方式。
2．一个好的消费者在线隐私政策应该有明确和明显的披露。
3．了解我的个人信息将如何被使用对我来说是非常重要的。

9.3.2 语义差异量表

语义差异量表（semantic differential scale）是一个 7 级评分量表，两端由极端的词组构成。在一个典型的应用中，调查对象在许多分项的 7 级评分量表上对目标评分，量表的每一端都被两个极端的形容词中的一个所限定，比如"寒冷"和"温暖"。调查对象在最能表明他们对被测事物的描述的空白处做上标记。负面的形容词或短语有时出现在量表的左端，有时出现在量表的右端。这样控制了有些调查对象，尤其是那些有着极端正面或极端负面态度的调查对象不阅读标签内容就在左端或右端做上标记的倾向。选择量表的标签和构建一个语义差异量表的方法已由作者在书中其他地方描述。下面是一个用于测量自我观念、人员观念和产品观念的语义差异量表。

案例 9.4　　　测量自我概念、个人概念和产品概念的语义差异量表

　　1．粗糙的：—:—:—:—:—:—:—:精致的

　　2．兴奋的：—:—:—:—:—:—:—:冷静的

　　3．不舒适的：—:—:—:—:—:—:—:舒适的

　　4．专横的：—:—:—:—:—:—:—顺从的

　　5．节俭的：—:—:—:—:—:—:—挥霍的

　　6．愉快的：—:—:—:—:—:—:—不愉快的

　　7．现代的：—:—:—:—:—:—:—非现代的

　　8．有组织的：—:—:—:—:—:—:—:无组织的

　　9．理性的：—:—:—:—:—:—:—:感性的

　10．年轻的：—:—:—:—:—:—:—成熟的

　11．正式的：—:—:—:—:—:—:非正式的

　12．正统的：—:—:—:—:—:—:—自由主义的

　13．复杂的：—:—:—:—:—:—:—简单的

　14．无趣味的：—:—:—:—:—:—:—:多姿多彩的

　15．谦虚的：—:—:—:—:—:—:—自负的

　　语义差异量表上的项目可以在 −3 到 +3 或 1 到 7 的尺度上评分，由此产生的数据通常是通过轮廓分析法进行分析的。在轮廓分析中，计算每个评分量表的平均数或中值，并通过画图或统计分析进行比较。这有助于确定总体的差异和相似性。为了评价不同调查对象之间的差异，研究人员可以比较不同人群的反应平均数。尽管均值是最常用的概括性统计量，但对于所得到的数据是否应该被视为是定距尺度仍然存在争议。另外，当研究人员需要一个对事物的总体比较，例如为了确定商店的偏好状况，可以将单个项目的分数求和以获得一个总评分。与李克特量表的情况一样，在求和之前，负面项目的分数需要被颠倒过来。

　　语义差异量表的通用性使它成为市场调研中一种很普及的评分量表。它被广泛用于对品牌、产品和公司形象的比较，还被用来制定广告和促销策略，以及新产品开发的研究。现已有了这种基本量表的几种修正形式。

9.3.3　斯坦普尔量表

　　斯坦普尔量表（Stapel scale）以它的发明者 Jan Stepel 的名字命名的。它是一个单级评分量表，从 −5 到 +5 分为 10 段，没有中立点（零点）。这种量表通常采用竖直形式。要求调查对象通过选择一个合适的数值型答案类别，指出对有关刺激对象的分项描述的准确度或不准确度。数字越高，对应项目描述就越精确。用斯坦普尔量表获得

的数据通常被视为定距数据，可以用与语义差异量表相同的方式进行分析。斯坦普尔量表产生的结果与语义差异量表相似。斯坦普尔量表的优点是它不需要寻找一对反义词来确保两级端点的对立性，并且它可以通过电话执行。但是，一些调研人员认为斯坦普尔量表容易让调查对象迷惑，不易使用。在所介绍的三种分项评分量表中，斯坦普尔量表是使用最少的一个。但是，这个量表值得更多的关注。

9.4

非比较分项评分量表的决策

讨论到现在可以明显看到，非比较评分量表不需要按照其原型使用，而是可以产生多种变化。要建立这些量表中的任何一个，调研人员都必须做出 6 个主要的决策。

1. 量表分类的数目。
2. 平衡与不平衡的量表。
3. 类别的奇偶数。
4. 强制性评分量表与非强制性评分量表。
5. 文字描述的性质和程度。
6. 量表的形式或结构。

9.4.1 量表分类的数目

在决定量表分类的数目时需要考虑一对矛盾。量表分类数目越多，对刺激物之间差别的区分可能就越细微。但是，大多调查对象无法应付过多的量表分类。经验数据显示合适的分类数目应该在 7 种左右，上下浮动 2 个单位：在 5 和 9 之间。但还没有一个最优的分类数目。在决定分类数目时，应该考虑一些因素。

如果调查对象对量表任务非常感兴趣并且对刺激物非常了解，此时就可以使用较多的分类；反之，如果调查对象并不十分了解任务或者对任务并不是非常投入，就应该使用较少的量表分类。同样地，也与刺激物的性质有关。一些刺激物本身并没有细微差别，那么较少的分类就足够了。还有一个重要的因素是收集数据的方法。如果采用的是电话调查，过多的分类可能会使调查对象迷惑。同样，邮件调查中的篇幅限制可能会影响分类数目。

数据是怎样被分析和使用的也会影响到量表分类的数目。当使用将几个项目加总到一起的方法来计算每个调查对象的分数时，5 种类别就足够了。当调研人员希望做较笼统的概括或者进行组间对比时，情况也是一样的。但是，如果单个答案非常有意义，或者要使用精密的统计技术来分析数据，就需要 7 个或者更多的量表分类。测量变量之间的关系通常以相关系数为测度标准（见第 17 章），它受量表类别数目的影响。相关系数随着类别数目的减少而减小；反过来这又对以相关系数为基础的所有统计分析产生影响。

9.4.2 平衡与不平衡的量表

在一个**平衡量表**（balanced scale）中，赞成的类别和不赞成的类别数目是相等的；在一个非平衡量表中它们是不相等的。图9-2给出了平衡量表和不平衡量表的实例。一般来讲，为了获得客观的数据，量表应该是平衡的。但是，如果答案的分布有可能是偏态的，那么一个在所偏方向上有较多类别的不平衡量表或许是恰当的。如果使用了不平衡量表，则在数据分析中应该考虑量表中不平衡的性质和程度。

平衡的量表	不平衡的量表
Jovan Musk for Men 是	Jovan Musk for Men 是
极好 ＿＿＿	极好 ＿＿＿
非常好 ＿＿＿	非常好 ＿＿＿
好的 ＿＿＿	好的 ＿＿＿
坏的 ＿＿＿	有点儿好 ＿＿＿
非常糟糕 ＿＿＿	坏的 ＿＿＿
极度糟糕 ＿＿＿	非常糟糕 ＿＿＿

图9-2 平衡量表和不平衡量表

9.4.3 类别的奇偶数

分类数目是奇数时，中间刻度的位置通常被设定为中立的或无偏的。一个中立类别的存在、位置和标示会对回答产生重要影响。李克特量表即是一个类别数目为奇数的平衡分项量表，有一个中立点。

分类数目是奇数还是偶数的决策取决于调查对象的答案是否持中立态度。如果至少存在一些调查对象的答案有可能是中立或者无所谓的，分类数目就应该是奇数。另一方面，如果调研人员想要强制排除中立和无所谓的答案，或者相信中立和无所谓的答案是不存在的，分项评分量表中分类的数目就应该是偶数。下一个相关的问题是量表应为强制性的还是非强制性的。

9.4.4 强制性评分量表与非强制性评分量表

在**强制性评分量表**（forced rating scale）中，调查对象被强制表述出一种意见，这是因为不存在"没有意见"的选项。在这种情况下，没有意见的调查对象可能会在刻度上标出一个中间的位置。如果有相当一部分调查对象对调查主题都没有意见，在中间位置做标记会扭曲对集中趋势和方差的测量。当预计调查对象会给出没有意见的回答，而不是简单地不愿意披露真实的想法时，包含"没有意见"选项的非强制性量表会增强数据的准确性。

9.4.5　文字描述的性质和程度

有关量表分类的文字描述的性质和分类变化的差异非常大，并且会对答案结果产生影响。量表分类可以通过文字、数值甚至是图形来描述。而且，调研人员必须决定是要对所有的量表分类做标示，还是只标示其中的一些，又或者只标示非常少量的分类。令人惊讶的是，对每个分类提供文字描述可能不会提高数据的准确度和可靠性。然而可以论证，对所有量表类别或者对许多量表类别做标示可以减少量表的模糊程度。对类别的描述应该尽量位于接近答案分类的地方。

用来固定量表的形容词的力度可能会影响答案的分布。对于强有力的定位（1 = 完全反对，7 = 完全赞成），调查对象不太可能使用极端的量表类别，这导致了较少的不定性以及较窄的答案分布。相反，对于弱定位（1 = 通常反对，7 = 通常赞成），会产生均匀的或扁平的分布。研究人员已经开发出为类别描述字符分配数值的方法，以便产生平衡的或相等的定距尺度。

9.4.6　量表的形式或结构

量表的形式或结构的选择很多样。量表可以采取竖直或者水平的形式。类别可以用方框、实线或者连续的单元来表示，可以带有分配的数值，也可以没有。如果使用了数值，它们可以表示支持、反对或者都表示。图 9 – 3 是一些可能用到的结构。

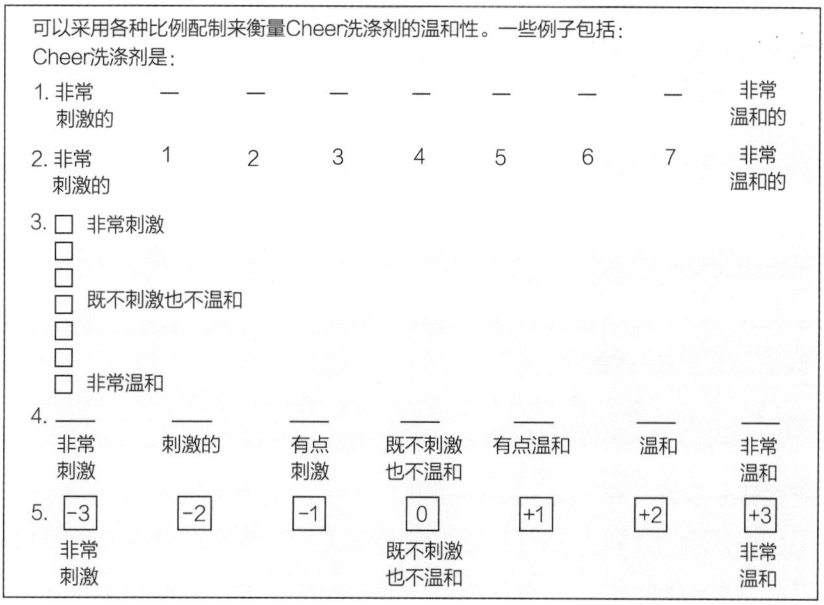

图 9 – 3　评分量表结构

在市场调研中使用的两种独特的评分量表是温度计量表和笑脸量表。对温度计量表而言，温度越高，评价越有利。同样，更快乐的面孔表示更赞许的评价。这些量表在调查对象是儿童时尤其有用。图 9 – 4 中给出了这些量表的实例。表 9 – 3 中总结了设计评分量表时的6项决策。表9-4列出了市场调研常用的量表。尽管这些量表有五个类别，但类别的数量可以根据研究者的判断而变化。

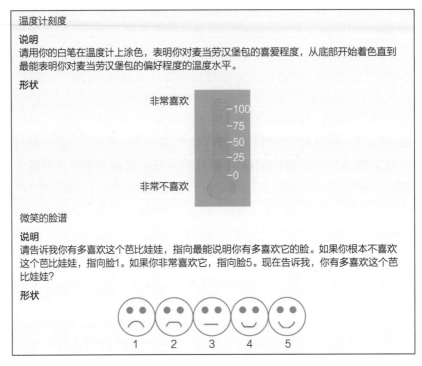

图9-4 一些独特的评分图表结构

表9-3 对分项评分量表决策的总结

6 项决策	总 结
类别数目	虽然没有单一的最优数目，但传统的原则建议应该在5~9个类别
平衡对不平衡	一般来讲，量表应该是平衡的，以获得客观的数据
类别数目为奇数或偶数	如果至少一些调查对象可能会有中立的或无所谓的答案，则应该使用一个奇数的类别数目
强制性与非强制性	在预料到调查对象可能没有意见的情况下，数据的精确性可以通过非强制性量表得到改善
文字描述	为所有或许多量表类别做标注可减少量表的不明确性，类别描述应该放在离答案类别尽可能近的位置
物理形式	应该尝试大量的选择，选出最好的一种

表9-4 市场调研常用的量表

构念				量表描述语	
态度	非常差	差	一般	好	非常好
重要性	一点也不重要	不重要	一般	重要	非常重要
满意度	非常不满意	不满意	一般	满意	非常满意
购买意愿	肯定不买	可能不买	说不准	可能买	肯定买
购买频率	从不	偶尔	有时	经常	很经常

9.5

多项量表

多项量表（multi-item scale）由多个项目组成，其中每个项目是要评估的一个问题或陈述。前面介绍的用于测量对沃尔玛态度的李克特量表、语义差异量表和斯坦普尔量表就是多项量表的例子。请注意，这些量表都有多个项目。多项评分量表的创建需要相当高的专业技术知识。图9-5是创建多项量表的流程图。研究者首先要开发感兴趣的构念。要测量的特性经常被称做构念（construct），是一种特定类型的概念，它比日常概念存在于更高的抽象水平上，例如品牌忠诚度、产品参与度、态度、满意度等。接下来，研究者必须确定一个理论上的定义，说明感兴趣的构念的含义。为此，我们需要一个关于被测量的构念的基本理论。理论不仅对于构建量表是必需的，而且对于解释结果分数也是必要的。例如，品牌忠诚度可以被定义为由对品牌的良好态度所引发的对该品牌的持续回购。构念必须以符合理论定义的方式来操作。操作性定义规定了哪些可观察的特征将被测量，以及对构念进行赋值的过程。例如，在购买牙膏的情况下，如果消费者表现出高度赞成的态度（前1/4），

并且在过去五次购买中至少有四次购买了同一品牌，那么他们将被定性为品牌忠诚。下一步是产生最初的量表项目库。通常情况下，这是在研究、分析二级数据和定性研究的基础上进行的。通过研究者和其他有识之士的判断，从这个项目库中产生一套简化的潜在量表项目。一些定性的标准被采纳过来以辅助他们的判断。这套简化的项目对构建一个量表来说仍然太大，因此要用一种定量的方式实现进一步的简化。

用简化的量表从大量的预测试样本中收集数据，用相关分析、因子分析、聚类分析、判别分析和本书后面将要讨论的统计检验等技术对数据进行分析。这些统计分析的结果是一些项目被剔除，得到了一个净化的量表。通过从不同的样本中收集到更多的数据，对这个净化的量表的信度和效度进行评估（见下一节）。在这些评估的基础上，选择出一套最终的量表项目。正如图9-5所示，量表的改良是一个带有几个反馈回路的反复过程，有几个反馈循环。

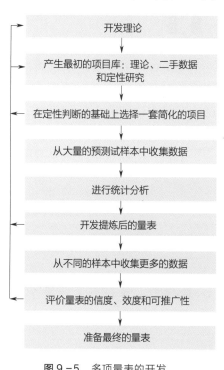

图9-5 多项量表的开发

案例9.5　　　　　　　　测量生产线的技术复杂程度

下面的多项量表测量了一条生产线的技术复杂程度。

1. 技术性的	1	2	3	4	5	6	7	非技术性的
2. 低工程含量	1	2	3	4	5	6	7	高工程含量
3. 快速变化	1	2	3	4	5	6	7	缓慢变化
4. 不复杂	1	2	3	4	5	6	7	复杂
5. 批量生产	1	2	3	4	5	6	7	用户定制
6. 独特	1	2	3	4	5	6	7	普通
7. 复杂	1	2	3	4	5	6	7	简单

项目1、3、6、7在打分时是相反的。这个量表可用于工业市场，以衡量客户产品线的技术先进性，并提出改进技术质量的建议。

9.6 量表的评价

应该对一个多项评分量表进行准确度和可用性方面的评价，如图9-6所示，这涉及对量表的信度、效度和可推广性的评估。评估量表信度的方法包括重复测试法、复本法和内部一致性法。效度可以通过检验内容效度、标准效度和建构效度来评估。

在检验信度和效度之前，我们需要了解对准确度的测量，因为它是量表评估的基础。

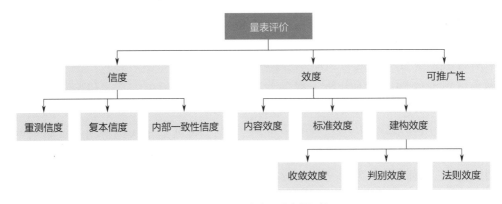

图9-6　对一个多项量表的评价

9.6.1　测量的准确度

正如我们在第8章中提到的，测量值是反映事物某种特性的数字。测量值并不是我们感兴趣的特性的真实值，而是对它的一次观察。许多因素可能引起**测量误差**（**measurement error**），它导致测量值或观察到的分数偏离被测特性的真实值（见图 9 - 7）。**真实得分模型**（**true score model**）为理解测量的准确性提供了一个框架结构。根据这个模型，有以下公式：

$$X_O = X_T + X_S + X_R$$

式中，X_O = 观察到的分数和测量值；X_T = 特性的真实得分；X_S = 系统误差；X_R = 随机误差。

---

1. 影响测试分值的其他相对稳定的个人特征，比如智力、社会吸引力和教育水平。
2. 短期或暂时的个人因素，比如健康、情绪、疲劳。
3. 情境因素，比如其他人的存在、噪声和干扰。
4. 量表中所包括的项目的取样：量表项目的添减或变化。
5. 量表的说明或项目本身不够清楚。
6. 机械因素，比如印刷的质量差、问卷上项目过于拥挤以及拙劣的设计。
7. 量表的执行，比如访谈者之间的差异。
8. 分析因素，比如在计分和统计分析中的差异。

图 9 - 7 测量中误差的可能来源

请注意，总的测量误差包括系统误差 X_S 和随机误差 X_R。**系统误差**（**systematic error**）以一种不变的方式影响着测量值，代表了每次进行测量时以同一方式影响观察得分的稳定因素，如机械因素（见图 9 - 7）。另一方面，**随机误差**（**random error**）不是恒定不变的，它代表了每次进行测量时以不同方式影响观察得分的暂时因素，比如瞬时的个人因素（如情绪）或情境因素（如噪声水平）。系统误差和随机误差之间的区别对于我们理解信度和效度至关重要。

9.6.2 信度

信度（**reliability**）反映的是在重复测试的情况下，一个量表每次得出的结论的一致程度。系统误差对信度没有不良影响，因为它们以相同的方式影响测量，不会导致前后不一致。随机误差会产生前后不一致，导致较低的信度。信度可以被定义为测量免除随机误差 X_R 的程度。如果 $X_R = 0$，那么测量结果就是完全可信的。信度是通过确定量表中系统误差所占的比例来估计的，即通过多次执行同一量表获得不同观测值，再确定这些观测值之间的相关度来完成。如果相关度很高，量表就会产生一致的结果，从而证明结果是可靠的。估计信度的方法包括重测信度、复本信度和内部一致性信度。

重测信度

估计**重测信度**（**test-retest reliability**）时，调查对象在尽可能相同的条件下，在两次不同的时间执行相同的量表项目，时间间隔一般为 2 ~ 4 周。通过计算相关系数确定两次测量值之间的相似程度，相关系数越高，信度越高。

用重复测试方法确定信度有几个问题：第一，它对测试之间的时间间隔非常敏感，其他条件相同，时间间隔越长，信度越低。第二，最初的测量有可能改变被测的特性，例如，测量调查对象对低脂牛奶的态度可能会使他们变得更有健康意识，从而对低脂牛奶发展出一种更为积极的态度。第三，有可能无法进行重复测试（例如，研究的题目可能是调查对象对一种新产品的最初反应）。第四，第一次测量有可能对第二次或后面的测量产生遗留的影响，调查对象可能试图记起他们第一次给出的答案。第五，被测的特性可能在测量之间发生变化，例如，在两次测量之间，关于一件物体的有利信息可能会使调查对象的态度变得更为积极。第六，重复测试信度系数可能由于每个项目自身的相关性而被夸大。这些相关性往往比跨越不同执行过程的不同项目之间的相关性要高，因此即使不同的量表项目之间的相关性很低，但由于不同时间被测的相同量表项目之间的高度相关性，有可能得到很高的重复测试相关性。由于这些问题，重复测试方法最好与其他方法，比如复本法结合起来应用。

复本信度

在**复本信度（alternative-forms reliability）** 中，构建了两个等价的量表形式。在两个不同的时间对同一个调查对象进行测试，通常间隔 2 ~ 4 周，每次使用不同的量表形式。对执行重复的量表形式得来的分值进行相关分析以评价信度。

这种方法有两个主要问题：第一，构建一个量表的等价表格耗费时间并且成本高昂；第二，构建两个等价量表很困难。两个量表应该在内容上等价，从严格意义上说，这要求两个量表应该有相同的平均值、相同的方差和相同的内部关联性。即使这些条件都满足了，这两个量表仍可能在内容上不等价。因此，一个低的关联度既可能反映量表不可信，也可能反映量表不等价。

内部一致性信度

内部一致性信度（internal consistency reliability） 被用来评价一个求和量表的信度，量表中的几个项目被累加起来构成一个总分值。在这种类型的量表中，每个项目测量的是整张量表测量的构念的某个方面，并且这些项目应该与它们所指明的关于特性的内容一致。这种信度的测量集中在构成量表的项目体系的内部一致性上。测量内部一致性最简单的方法是**分半信度（split-half reliability）**。量表中的项目被分成两半，对两半的分值进行相关分析。两部分之间的高度相关性表明高的内部一致性。量表项目可以根据奇数和偶数的项目分半，或者随机拆分。问题是结果依赖于量表项目如何被拆分，克服这个问题的一个常用方法是使用 α 系数。**α 系数（coefficient alpha）**，也叫 Cronbach's alpha，是来自分割量表项目的不同方法的所有可能的分半系数的平均数。这个系数在 0 到 1 之间变化，一个小于等于 0.6 的值通常代表令人不满意的内部一致性信度。α 系数的一个重要性质是它的值往往随着量表项目数的增加而增加。因此，α 系数可能会由于包括了几个多余的量表项目而被人为地或不恰当地夸大。另一个与 α 系数结合使用的系数是 β 系数，β 系数有助于确定在计算 α 系数时使用的

MARKETING RESEARCH AN APPLIED ORIENTATION 实用市场调研（原书第 7 版）

均分过程是否掩饰了任何不一致的项目。

有些多项量表包括了旨在测量一个多维构念的不同方面的几组项目。例如，商店形象是一个多维构念，它包括商品质量、商品品种和分类、退换政策、商店员工的服务、价格、地理位置的便利程度、商店的布局以及信用和促销政策。因此，一个旨在测量商店形象的量表要包含测量这些尺度中的每一个维度的项目。因为这些维度之间相对独立，不宜跨维度计算内部一致性的测量值。但是，如果每个维度用几个项目来测量，那么可以针对每个维度计算内部一致性。

案例9.6   意见领袖背后的技术

一项有关技术采用的研究中，用下列 7 点李克特量表（1 = 非常同意，7 = 非常不同意）测量意见领袖：

意见领袖

1. 我对于硬件/软件产品的看法不受别人的影响。
2. 别人在选择采用硬件/软件产品时会征求我的意见。
3. 别人很少根据我的建议选择硬件/软件产品。
4. 我经常说服别人采用我喜欢的硬件/软件产品。
5. 别人在选择采用硬件/软件产品时很少来征求我的意见。
6. 我经常影响别人对硬件/软件产品的看法。

意见领袖的 α 值为 0.88，表示良好的内部一致性。研究发现早期的采用者通常是年轻的男性意见领袖，他们追求新信息并拥有很多计算机的使用经验。微软这样的 IT 公司需要保证从早期产品采用者中得到积极的反应，并需要在新产品的引入阶段将营销努力的重点放在这些人身上。

9.6.3 效度

量表的效度（validity）可以定义为观察值之间的差异所反映的物体之间被测特性的真实差异的程度，而不是系统误差或者随机误差。完美的效度要求没有测量误差（$X_O = X_T$，$X_R = 0$，$X_S = 0$）。研究人员可以评估内容效度、标准效度或建构效度。

内容效度（content validity），有时也叫作表面效度（face validity），是一个主观、系统的评估量，用来测量量表内容能够完成当前测量任务的优劣程度。调研人员或者其他人用其检验量表项目是否全面覆盖了被测构念的全部范围。因此，一个用来测量店面形象的量表应该仔细考虑是否忽略了任何一个主要的方面（质量、多样性或商品分类等）。考虑到它的主观性，单独使用内容效度测量量表效度是不够的，但它有助于对量表分数进行常识性解释。检验标准效度可以得到一个更正式的评估。

标准效度（criterion validity）反映的是一个量表是否按照预期反映出与被选作标

准的其他变量的关系（因变量或标准变量）。标准变量可能包含人口因素和心理因素、态度和行为测量值或者从其他量表获得的分数。标准效度可以采取两种形式：平行效度和预测效度。当被评价的量表数据和标准变量数据同时收集时，所评价的是平行效度。为了评价平行效度，研究人员可以开发标准个性测量工具，比如 Beaumont 情感系统的简略形式。原始的测试工具和简化形式将被同时用于对一组调查对象进行测量，并比较其结果。为了评价预测效度，研究人员在一个时间点收集了量表上的数据，而在后面的一个时间收集标准变量上的数据。例如，一个扫描仪样本组的成员对谷物品牌的态度可以被用来预测未来的谷物购买情况。态度数据从样本组成员处获得，然后他们未来的购买情况用扫描仪数据进行跟踪。将预测的购买和实际的购买相比较，从而评价态度量表的预测性效度。

建构效度（construct validity） 致力于解决的问题是量表实际测量的是哪些构念或特征。当对构念效度进行评估时，调研人员试图回答量表的作用是什么，和以现有理论为基础可以得出怎样的推论。因此建构效度需要一个合理的理论来解释被测构念以及被测构念与其他构念的关系。建构效度是最复杂和最难确认的一种效度类型。如图 9-6 所示，建构效度包括收敛效度、判别效度和法则效度。**收敛效度（convergent validity）** 指的是量表与同一构念的其他指标确实相互关联的程度，这些指标并不都要求使用常规的量表技术获得。**判别效度（discriminant validity）** 指的是一个测量值与其他应该有所不同的构念之间不相互关联的程度，涉及证明不同构念之间缺乏相互关联性。**法则效度（nomological validity）** 指的是量表以在理论上可以预测的方式与不同但相关的构念的测量值之间相互关联的程度。这样构成一个导致进一步演绎、测试和推理的理论模型，从而建立了一张几个构念系统地相互关联的法则网。在测量自我观念的多项量表的有关文字中举例说明了建构效度。

实用市场调研

案例9.7   发现真实的自我

以下发现提供了自我概念的多项量表的建构效度的证据：

- 与其他的测量自我概念的量表和朋友的分类高度相关(收敛效度)。
- 与无关的构念品牌忠诚和寻求多样性之间的相关度低(判别效度)。
- 正如理论假设的那样，偏好与个体自我概念一致的品牌(法则效度)。
- 信度高。

请注意，此例将高信度包括在建构效度的证据之中，这说明了信度与效度之间的关系。

9.6.4　信度和效度之间的关系

可以根据真实得分模型来理解信度和效度之间的关系。如果一个测量值完全有效，那么它也是完全可信的。在这种情况下，$X_O = X_T$，$X_R = 0$，$X_S = 0$。因此，完美的效度意味着完美的信度。如果一个测量值是不可信的，它不可能是完全有效的，因为最起码 $X_O = X_T + X_R$，而且系统误差也可能存在，即 $X_S \neq 0$。因此，不可信性意味着无效性。如果一个测量值完全可信，它可能完全有效，也可能不完全有效，因为系统误差可能仍然存在（$X_O = X_R + X_S$）。尽管缺乏信度是低效度的证据，但信度本身并不意味着效度。信度是效度的一个必要条件，但不是充分条件。

9.6.5　可推论性

可推论性（generalizability）是指目前的观察结论能推广到普遍总体的程度。调研人员所希望推导得到的所有测量条件就是普遍总体。这些测量条件可能包含项目、调研人员、观测条件等。一名调研人员可能希望建立一个人员调查的量表，这个量表可以推广到其他数据收集模式，例如邮件调查和电话调查。同样地，一个调研人员可能希望从一个项目样本推广到整体项目集合，从一个测量时间样本推广到整体时间测量集合，从一个观测样本推广到整体观测集合，等等。传统的信度方法可以被视为单方的可推论性调研。重复测试相关度是指从一个测量量表获得的分数对跨越了所有可能的测量时间的整体所具有的可推广性。即使重复测试相关度很高，仍不能对量表对其他总体的可推论性下任何结论。为了推广到其他总体，必须使用可推论性理论方法。

实用市场调研

9.7

量表技术的选择

除了对信度和效度的理论上的考虑和评价外，在为一个特定的市场调研问题选择一种量表技术时，还应该考虑某些实际的因素。这些因素包括所需的信息级别（定类、定序、定距或定比）、调查对象的能力、刺激物的特性、执行方法、环境和成本。

作为一条一般的规则，使用能够产生最高水平信息的量表技术，将允许使用最多样的统计分析。同样，无论所使用的量表是什么类型，只要切实可行，应该用数个量表项目来测量感兴趣的特性。这样可以提供一个比单项量表更精确的测量。在许多情况下，值得使用一种以上的量表技术，或者使用数学推导的量表来获取额外的测量值。

实用市场调研

9.8

数学推导的量表

本章讨论的所有量表技术都需要调查对象直接评价刺激物的不同特征。数学推导量表技术允许调研人员推断调查对象对刺激物的不同特征的评价。多维标度和联合分析是两种常见的数学推导量表技术，我们将在第 21 章中讨论。

第 9 章　测量与量表：非比较量表技术

在设计量表或格式的时候，应该考虑调查对象的受教育水平或者文化程度。一种方法是建立泛文化的量表，或者没有文化歧视的量表。在我们讨论过的量表中，语义差异量表或许可以被称为泛文化量表。它已经在许多文化中使用，并且产生了一致的结果。

案例9.8　　　　　　　　　　　重塑施乐

施乐（www.xerox.com）是过去30年来在俄罗斯（包括苏联时期）被广泛接受的名字。实际上，复制文件的行为就被称为"施乐"，一个由该公司的名字创造出的新词，它是一个被人们视为质量代名词的品牌名称。但是，随着苏联的解体，施乐的销售额开始下降。管理人员起初将此归咎于来自诸如佳能、理光、三菱和美能达等强大的竞争对手公司的激烈竞争。想使产品变得更有竞争力的尝试没有起到效果。后来，公司进行了市场调研来评价施乐和它的竞争者的形象。研究中采用了语义差异量表，因为这种类型的量表被认为是泛文化的。所使用的双极标注被谨慎地加以测试，以确保在俄罗斯的文化背景中有预期的含义。

研究结果表明，问题在于俄罗斯顾客对施乐的产品有一种不断加强的消极观念。是什么地方出错了呢？问题不在施乐，而在于几个独立的复印机生产商非法地侵犯了施乐的商标权。随着苏联的解体，对这些商标的保护不明确，商标的侵权事件因此持续增长。结果，顾客形成了一种概念，认为施乐公司销售的是低质产品。除了采取其他必要的行动，施乐公司在全国性的俄罗斯国家电视、广播网络以及当地印刷媒体上发动了一轮企业广告攻势，强调了施乐公司在对质量要求很高的英联邦国家中的领导地位。这是消除俄罗斯顾客对施乐的错误观念的明确的一步。施乐公司还注册了商标。施乐在俄罗斯和其他市场的销售收入大幅度增加，2016年，施乐公司实现了108亿美元的净收入。

尽管语义差异量表在俄罗斯背景中效果不错，但另一可供选择的方法是开发使用自我定义的文化规范作为基本参照物的量表。例如，可能要求调查对象指明他们自己关于一个有特定文化的刺激物体系的定点和位置。这种方法对测量与文化规范相关的态度（例如对待婚姻责任的态度）非常有用。在设计答案格式时，文字评分量表似乎最为适合，甚至是受教育较少的调查对象也能轻易地理解并回答文字量表。对于确定不同语言和文化中的等效文字描述应该给予特别的重视。量表的端点尤其容易产生不同的解释。在有些文化中"1"可能被解释为最好的；而在另一些文化中不论是如何标定，它可能被理解为最差的。在这种情况下，最好避免使用数字，而只使用调查对象可以勾选的方框（最差□□□□□□最佳）。将量表端点和文字描述按一种与文化相符的方式加以利用是很重要的。

最后，在国际市场调研中，建立用于从不同国家获取数据的等价量表和测量方法全关重要。

9.10 市场调研与社交媒体

本章中讨论的所有非比较量表都可以很容易地在社交媒体中实现。鉴于测量的计算机性质，即使连续量表也可以有效使用。对社交媒体内容的分析可以为是否应该使用连续或分项的评分表提供指导。还可以帮助研究者做出适当的评分量表决定。此外，为了获得收敛效度的证据，采用一种以上的量表方法来测量一个给定的构念是非常可行的。在社交媒体中使用评分量表可以收获丰富的红利，加拿大百思买公司就是一个例子。

案例9.9 百思买善用社交媒体

百思买是加拿大最大的电子产品零售商。该公司正在利用社交媒体了解客户，销售产品。该公司最初建立在高接触模式上，销售人员被教导要成为有价值的客户顾问。最近，该公司在网上复制了这种现实世界的经验。加拿大百思买网站（www.bestbuy.ca）的访问者可以找到在线帮助来指导他们的体验。顾客可以从其他顾客和销售人员提供的不断增长的建议数据库中获得答案。加拿大百思买与社会化客户关系解决方案的领先供应商 Lithium Technologies 共同开发了一个评级系统（www.lithium.com），以获得客户对彼此的评论和销售人员提供的信息质量的反馈。评分是使用平衡的李克特量表获得的。选择李克特量表是因为它的简单性和易于在线管理。顾客贡献者可以获得社区中的折扣和地位，而销售人员可以赚取现金。自从实施这个系统以来，网站的流量大幅增加。由于通过社交媒体获得了顾客反馈，零售商的店内销售的有效性也有增加。

9.11 移动市场调研

在移动市场调研（MMR）中可以实施连续评分量表以及分项评分量表。连续评分量表可以使用滑块来实现。在分项评分量表中，李克特类型的量表最容易在移动设备上实现，而斯坦普尔量表则最难。斯坦普尔量表是垂直呈现的，因此需要更多的空间。鉴于屏幕尺寸较小，与在电脑上进行的在线调查相比，MMR 中的量表类别数量较少。出于同样的原因，使用的口头描述也较少。在 MMR 中实施原始量表时，通常会对其进行修改。对于这些修改如何影响这些量表的可靠性和有效性，需要进行系统的研究。

实用市场调研

案例 9.10　　　　关于外出吃早餐的移动端测试

市场研究公司 MMR research Worldwide（www. MMR-research. com）需要为其客户家乐氏（Kellogg's）调查人们外出吃早餐的习惯。该公司希望进行"即时"研究，这使移动端成为一个天然的平台。采用了以下调研设计：

- 使用一项在线调查获取行为和态度测量。
- 使用应用程序进行"即时"研究，以确保数据持续收集。
- 调查对象在用餐时间使用该应用程序，记录了七天的早餐日记。

调查时间很短，只询问关键问题，如调查对象在哪里、与谁在一起、吃什么。向调查对象提供了分阶段的激励措施，促使其完成所有七项任务。调查对象每天早上都会收到推送通知提醒。结果，53% 符合条件的人下载了应用程序，83% 的人完成了所有七项任务。

使用的量表配置的物理形式为逐项标尺，并基于在横向模式下使用手机。对于每个评级，调查对象只需在屏幕上点击一次，然后显示下一条叙述。调查对象还被要求为早餐拍照。因此，研究人员确切地知道人们吃了什么，而不是他们声称吃了什么。这一结果有助于家乐氏为其外带的早餐产品制定营销战略，如麦片棒、麦片组合包和去奶奶昔。这项研究还帮助家乐氏确定了该领域的新产品机会。

实用市场调研

9.12 市场调研中的商业伦理

研究人员有道义上的责任使用有相当信度、效度和可推论性的量表。由不可信的、无效的或无法推论到目标人群的量表所产生的结果轻则引发质疑，重则会引起严重的伦理道德问题。此外，研究人员不应该使量表有偏差而导致结果偏向特定的方向，这很容易通过使陈述的措辞（李克特量表）、量表描述语或者量表的其他方面具有倾向性而做到。以量表描述语的使用为例，可以选用量表的描述语使结果倾向于一个想要的方向，如产生对委托人的品牌的一种有利的观点，或者对竞争者的品牌的一种不利的观点。为了有效地突出委托人的品牌，要求调查对象用 7 级量表指明他们对这一品牌几种属性的观点，量表上用"很差"到"好"来定位。在这种情况下，调查对象不愿将产品评为"很差"。事实上，认为产品只是普普通通的那些调查对象会给出有利的答案。自己试一试，你会就下列属性对宝马汽车如何评分呢?

可靠性:	很差	1	2	3	4	5	6	7	好
性能:	很差	1	2	3	4	5	6	7	好
质量:	很差	1	2	3	4	5	6	7	好
声誉:	很差	1	2	3	4	5	6	7	好

你发现自己给了宝马汽车正面的评分了吗? 使用同样的技术，通过提供一个略微不利的描述符（有些差）对比一个强烈肯定的描述符（极好），有可能引发对竞争者品牌带有负面偏见的评价。

因此，我们看到了使用具有可比较的正面和负面描述符的平衡量表是多么重要。当这条原则被违反的时候，答案就产生了偏差，应该做出相应的解释。研究人员对委托人和调查对象都负有确保量表的适用性和有效性的责任。同样，公司也有责任以合乎道德的方式对待客户和公众。下面的例子为评估直销人员的行为提供了一个适当的尺度。

实用市场调研

案例9.11　　　衡量直销商的道德标准

许多类型的企业都是通过手机/电话、电子邮件和直接邮件向人们进行营销，而没有考虑到他们试图说服购买他们产品的个人。许多直销公司，包括保险、医疗和电信公司，已经为不道德的营销行为支付了数十亿美元的罚金。丹尼·哈奇（Denny Hatch）为使用直销的公司提出了以下诚实度量表。

1.总的来说，用 Dick Benson 的话说，我的提议是"严格的诚实"。
　0　　1　　2　　3　　4　　5
2.我将很自豪地向我的母亲或女儿提出这个报价。
　0　　1　　2　　3　　4　　5
3.我的保证是明确且是铁定的。我将兑现它。
　0　　1　　2　　3　　4　　5
4.我从头到尾地相信我在报价中做出的每一个承诺。
　0　　1　　2　　3　　4　　5
5.我的宣传中所有的字体都很容易阅读，而且文案也很清晰。
　0　　1　　2　　3　　4　　5
6.所有宣传都是绝对真实的，并且是免费提供的。
　0　　1　　2　　3　　4　　5
7.商品将在承诺的时间内到达。
　0　　1　　2　　3　　4　　5
8.我严格遵守所有行业的加入/退出准则。
　0　　1　　2　　3　　4　　5

9.我保证取消订单或退回商品都非常容易。

    0   1   2   3   4   5

10.我向不满意的客户及时退款。

    0   1   2   3   4   5

这是一个从 0 到 5 的自我评分表，其中 0 为不合格，5 为优秀。直销商应该采用这种方法，以了解自己的做法有多合乎道德。如果分数低于 50 分，就说明没有严格遵守诚信。

小结

非比较量表独立于刺激物体系中的其他对象对每个对象进行评分，由此产生的数据通常被假定为定距的或定比的评分。非比较评分量表可以是连续的或分项的。分项评分量表进一步分为李克特量表、语义差异量表和斯坦普尔量表。所有这三类量表的数据通常都被当作区间量表。因此，正如第 8 章所讨论的，这些量表拥有描述性、顺序性和距离性的特点。当使用非比较分项评分量表时，研究人员必须对量表类别数目、量表的平衡性、类别的奇偶数、量表的强制性、文字描述的性质与程度、物理形式或结构做出决策。

多项量表由许多评分量表项目组成。应当对这些量表的信度和效度进行评估。信度指的是如果进行重复测量，量表产生一致结果的程度。评价信度的方法包括重复测试法、复本法和内部一致性法。效度，或称测量准确度，可以通过评价内容效度、标准效度和建构效度进行评价。

对于给定场合下特定计量技术的选择应该以理论和实际的考虑为基础。作为一项通行的规则，所使用的计量技术应该是产生的信息切实可行程度最高的那一种。同样，还应该得到多重测量值。

在国际市场调研中，对于确定不同语言和文化中的等价的语言描述符应该给予特别的重视。社交媒体可用于开发、测试和实施连续和分项的评分量表。使用滑块的连续量表和点数有限的李克特型量表适合用于移动市场调研。研究人员对客户和调查对象均负有确保量表的适用性和有效性的责任。

MARKETING RESEARCH

实用市场调研（原书第7版）

第 10 章　问卷与表格设计

一份精心设计的调查问卷对于任何调查过程的成功都至关重要。它是准确、相关、目标明确的数据收集和分析的基础。

——Burke 公司客户管理部副总裁 Dave Dobelhoff

Dave Dobelhoff 供图

本章概要

————————

　　问卷或表格设计是调研设计中非常重要的一个步骤。一旦调研人员明确了调研设计的性质（见第 3 ~ 7 章），并确定了测量方法和步骤（见第 8、9 章），就可以设计并开发出问卷或观察表。本章主要讨论了问卷和观察表的重要性，描述了问卷的目的和设计问卷的步骤，为开发合理的问卷提供了指导原则。除此之外，还讨论了观察表的设计，讨论了国际市场调研、使用社交媒体的调研和移动市场调研中问卷设计需要考虑的问题，以及问卷设计中的伦理问题。

案例10.1 回访率高的网站设计

网络营销人员和网站设计者越来越关注能够提高网站回访率的设计特点和访问体验以及不受欢迎的功能。comScore（www. comscore. com）作为一家领先的跨平台评测公司，对这些问题开展了一项广泛的调研。

comScore招募了87个美国和加拿大的网站参与调研。每个网站都增加了一个调研图标，访问者可以点击图标参与标准化的问卷调查。问卷包括12个问题，并分为设计/技术评价和情感体验两大类。A部分包括简单的设计/技术问题，不懂技术的调查对象也可以回答。B部分则包括访问网站的情感体验相关的问题。除了一个开放式的问题，其他问题都采用7分制。开放式问题询问调查对象，他们认为哪些因素对是否回访网站最重要。问卷的最后一部分，即C部分，用于获取调查对象的网络使用和人口统计信息。问卷在调研开始之前就开展了全面的预测试。

调查结果发现，内容是决定一个网站是否会有回头客的最重要因素。相应地，"无意义的内容"是最多人提到的不返回网站的原因。决定回访率的第二个最重要的因素是调查对象是否认为访问是愉快的。愉快可能意味着访问者找到了他们所寻找的信息。此外，网站的质量及其独特性也对回访率有一定程度的影响。基于调研的结果，营销人员和网站设计者在开发网站时应该考虑网站的内容、布局和独特性，以提高网站的回访率。

10.1 问卷和观察表

正如第6章中所讨论的那样，询问调查法和观察法是在描述性调研中获得定量原始数据的两个最基本的方法。这两种方法都要求遵循一定的程序，对数据收集过程标准化，以使获得的数据产生内部一致性，而且能够在一致的和连贯的方式中进行分析。如果40个不同的调研人员在不同地区进行人员调查或观察，除非他们遵循特定的指导原则用标准化的方法来提问和记录答案，否则他们收集的数据不具有可比性。一张标准化的问卷或者表格能够保证数据的可比性，提升记录答案的速度和精确度，并且有助于数据的处理。

10.1.1 问卷的定义

问卷（questionnaire）也称计划表、访谈表格或测量工具，都是指为了获得来自调查对象的信息而格式化的一系列问题。通常，问卷仅仅是数据收集包中的一个要素。数据收集包还包括：①现场工作的程序，例如选择、接近和提问调查对象的指南；

②提供给调查对象的一些奖赏、礼物或者报酬；③沟通的辅助物，例如地图、图片、广告和产品（在人员调查中）以及回寄的信封（在邮件调查中）。不管采用哪种形式来执行调查，问卷都会表现出某些特征。

10.1.2　问卷的目标

任何问卷都有三个具体的目标。

第一，它必须将所需的信息转化成调查对象能够而且愿意回答的一系列问题。设计一些调查对象能够并且愿意回答，而且通过这些回答能够获取所需信息的问题是非常困难的。两个看上去相似的提问方法可能会产生不同的信息。因此，这个目标非常具有挑战性。

第二，问卷必须能够促使、激励和鼓励调查对象参与调查、积极合作并顺利完成调查。不完整的调查对于调研来说用处有限。在设计问卷时，调研人员应该努力减少调查对象的疲劳感、厌烦感，并降低不完整率和拒答率。一个好的问卷能够激励调查对象，提高应答率。

第三，问卷应该最小化调查对象回答的误差。第 3 章已经讨论了在调研设计中潜在的误差来源，误差被定义为当调查对象给出不精确的答案或回答被错误地记录或错误地分析时所产生的误差。问卷可能是产生回答误差的重大来源。最小化这种误差是问卷设计的重要目标。

实用市场调研

10.2

问卷设计的最大缺陷是缺乏理论支持。没有一门具体的科学能够保证产生最优或者最理想的问卷，问卷设计师通常通过积累的经验进行设计。这是一门艺术而不是科学。Stanley Payne 出版于 1951 年著作的《提问的艺术》（*The Art of Asking Questions*），直到现在仍是这一领域的基础著作。本节为设计问卷的初学者提供了一些有用的指导原则。尽管这些指导原则能够帮助你避免较大的误差，但是对问卷的完善取决于一个具有熟练技巧的调研人员的创造力。

问卷设计包括以下一系列的步骤（见图 10-1）：①确认所需信息；②确定调查方

问卷设计过程

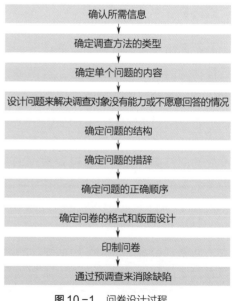

确认所需信息

确定调查方法的类型

确定单个问题的内容

设计问题来解决调查对象没有能力或不愿意回答的情况

确定问题的结构

确定问题的措辞

确定问题的正确顺序

确定问卷的格式和版面设计

印制问卷

通过预调查来消除缺陷

图 10-1　问卷设计过程

法的类型；③确定单个问题的内容；④设计问题来解决调查对象没有能力或者不愿意回答的情况；⑤确定问题的结构；⑥确定问题的措辞；⑦确定问题的正确顺序；⑧确定问卷的格式和版面设计；⑨印制问卷；⑩通过预调查来消除缺陷。我们将对每一个步骤提出指导原则。在实践中，各个步骤是相互关联的。问卷的设计将涉及一些步骤的反复和循环。例如，调研人员可能发现导致调查对象误解某一问题的所有可能措辞，这就要求回到之前的步骤，如确定问题的结构。

<table>
<tr><td>实用市场调研
10.3</td><td style="text-align:right">所需信息</td></tr>
</table>

问卷设计的第一步就是要弄清楚所需信息。这也是调研设计步骤的第一步。应该注意到，随着调研项目的进行，需要的信息越来越清晰。回顾调研问题和方法的组成，具体的调研问题、假设和所需信息是非常有用的。为了更进一步确保所获得的信息能够充分地表达待解决问题的所有组成部分，调研人员应该准备一系列虚拟表。虚拟表是用来登记数据的空白表格。它描述了一旦数据被收集上来之后，应该以什么结构进行分析。

对目标人群有清楚的认识也是非常重要的。调查对象的特点对于问卷的设计有很大的影响。适用于大学生的问题可能并不适用于家庭主妇。理解力和调查对象的社会经济特点也要考虑。更进一步，错误的理解可能导致调查对象不确定或者不作答。调查对象越多元化，设计一个能够适合全部调查对象的问卷就越困难。

<table>
<tr><td>实用市场调研
10.4</td><td style="text-align:right">调查方法的类型</td></tr>
</table>

通过考虑如何使用不同的调查方法来进行问卷调查，可以更好地理解调查方法是怎样影响问卷的（见第6章）。在人员调查中，调查对象能够看见问卷，并且和访谈者面对面交流。因此，较长的、复杂的和各种各样的问题都可以提出。在电话调查中，调查对象和访谈者有互动，但是他们看不见问卷。这就要求提问应该简短、简单。邮件调查问卷是自己填写的，所以问题必须简单，而且要提供给调查对象详细的说明和提示。在电脑辅助调查（人员调查和电话调查）中，为了消除顺序的偏差，复杂的跳跃式和随机性的问题是最合适的。互联网问卷具有很多电脑辅助人员调查的特征，但是电子邮件问卷更简单一些。为人员调查和电话调查设计的问卷，以对话风格的设计为最佳。

单个问题的内容

一旦定义好所需信息，且确定了调查方法的类型，接下来的步骤就是确定单个问题的内容。

10.5.1　这个问题是必要的吗

问卷中的每一个问题都应该有助于获取所需信息或者能够满足某些特定的目标。如果一个问题所获得的数据并没有令人满意的用处，那么该问题应该删除。

在某些情境下，提出的问题和所需信息可以没有直接的联系。在问卷开始时问一些中立的问题对于建立良好的参与和交流氛围是非常有益的，尤其是当问卷的主题较敏感或者有争议时。有时，为了掩饰调研项目的真实目的或者委托方，会问一些补充性质的问题。为了掩饰委托方的情况，问题不应仅仅局限于感兴趣的品牌，也应该涉及相关的竞争性品牌。例如，一项由惠普赞助的有关个人电脑的调查可能包括和戴尔或者苹果相关的一些补充性质的问题。为了获得客户对项目的支持，也可以包含一些与当前待解决问题无关的问题。有时，为了评估的信度和效度，某些问题可能会重复提问。

10.5.2　使用几个而非一个问题是必要的吗

一旦确定了某个问题是必要的，就必须确保这个问题能够获得足够的所需信息。有时，为了获得所需的信息会使用一种明确的方式来提问。考虑以下的问题：

"你认为可口可乐是可口和清爽的软饮料吗？"（不正确的）

"是"的回答似乎能够提供一些必要的信息，但是如果回答是"不"又会怎么样呢？这意味着调查对象认为可口可乐不可口、不清爽还是既不可口又不清爽？这样的问题称为**双重问题**（**double-barreled**），因为两个或者两个以上的问题被合并为一个问题了。为了获得明确的所需信息，可以使用以下两个相互独立的问题来代替一个问题：

"你认为可口可乐是一种可口的软饮料吗？"
"你认为可口可乐是一种清爽的软饮料吗？"（正确）

另一个单独问题中包含多重问题的例子是"为什么"问题。例如下列问题：

"你为什么在耐克城（NikeTown）购物？"（不正确）

可能的回答包括"来买运动鞋""比其他的商店更便利""最好朋友的推荐"等。每一个回答实质上都和另一个完全不同的问题相关。第一个回答告诉我们为什么调查对象在体育用品商店购物；第二个回答解释了和其他商店相比，调查对象喜欢耐克城的哪些方面；第三个回答说明了调查对象是从何种渠道了解耐克城的。这三个问题并没有可比性，而且任何一个问题都是不完整的。完整的信息可以通过以下两个单独的问题来获得：

"与其他商店相比，你喜欢耐克城的什么？"

"你第一次在耐克城购物是什么时候？"（正确）

大多数关于产品的用途，或者"为什么"的问题往往涉及两个方面：①产品的属性；②影响获得相关知识的因素。

实用市场调研
10.6

避免无法回答的问题

调研人员不应该假设调查对象对于所有问题都能够提供精确的或者合理的回答。调研人员应该努力减少调查对象没有能力回答的情况。某些因素会限制调查对象提供所需信息的能力。调查对象可能不具备相关的知识，可能记不住具体情形，或者可能无法清晰地阐述某些类型的问题。

10.6.1　调查对象具备相关的知识吗

调查对象经常被问他们不是非常熟悉或了解的话题。在一个家庭中，如果妻子负责采购日常用品，那么丈夫就可能并不了解每个月在杂货店或百货商店购物上的开销，反之亦然。调研表明，调查对象即使不是十分了解某些信息，也经常会对所提出的问题作答，如下面的案例所示。

实用市场调研

案例10.2　　　　　　　*消费者并不了解所有话题*

在一项调研中，要求调查对象表达他们对以下问题同意或反对的程度："国家消费者投诉局为购买了劣质产品的消费者提供了一个有效的投诉途径。"在受访者中，96.1%的律师和95%的普通公众发表了自己的看法。即使在提供了"不知道"这一选项的情况下，也有51.9%的律师和75.0%的公众对美国国家消费者投诉局表达了意见。如此高的调查回复率怎么会有问题？因为根本就没有美国国家消费者投诉局这么一个部门存在！

在很多情况下，并不是所有的调查对象都了解所有话题，在对有关话题进行提问之前，应该首先提出一些测量熟悉度、产品用法和过去经验的**过滤性问题（filter question）**。过滤性问题能够筛选出那些不具备足够知识的调查对象。百货商店的问卷包括10家从高档商店到折扣商店的相关问题。可能有很多调查对象对所有被调查的百货商店并没有足够的了解，所以项目收集了调查对象关于每一家百货商店的熟悉度和光顾频繁度的信息。这样就可以对调查对象不是十分了解的百货商店的相关数据进行单独分析。"不知道"的选项似乎可以减少不具备足够知识的调查对象的回答,而且不会降低整体的应答率和调查对象对具备足够信息的问题的应答率。因此,当调研人员预期到调查对象可能对某些问题的主题没有足够知识的时候,应该提供"不知道"这样一个选项。

10.6.2　调查对象能记得具体情形吗

我们认为所有人都能记得的事情却只有一些人记得,可以在自己身上进行这样的测试。你能回答下列问题吗?

两周前的今天你穿的 T 恤是什么牌子的?

一周前的今天你的午餐吃了些什么?

一个月前的今天的这个中午你在干什么?

在过去的四周内你消费了多少加仑的软饮料?(不正确)

这些问题是不正确的,因为它们超出了调查对象记忆能力的范围。证据表明,消费者对于消费数量的记忆力尤其差。在有实际数据做对比的情况下,人们发现消费者告知的产品使用量超过了实际使用量的 100% 或者更多。因此,有关软饮料消费的问题这样问会更好:

通常情况下一周内你会买几次软饮料?

1. 一周不到 1 次
2. 一周 1~3 次
3. 一周 4~6 次
4. _____一周 7 次或以上(正确)

记忆问题导致了遗漏、近移或者编造的误差。遗漏是指不能回忆起事件发生的真实时间。**近移(telescoping)**是指一个人所回忆的事件的发生时间比实际时间更近。例如,一个被调查对回答说,在过去的两周里去了三次超市。事实上,三次中的一次是 18 天前发生的。编造误差是指调查对象回忆出一个根本就没有真实发生的事件。记忆一件事件的能力受到事件本身、自事件发生后的时间间隔,以及辅助记忆事件是否存在的影响。我们往往记住了重要的、不寻常的或经常发生的事件,例如人们记得他们的结婚纪念日和生日。同样,越近的事件记得越清楚,例如,调查对象更有可能回忆起上一次购物时所购买的产品,更久远的购物经历则不太容易记得。

研究表明,不能向调查对象提供线索、没有辅助回忆的问题将会低估事件的真实发生率。例如,"你能回忆起昨天晚上电视广告里的软饮料是什么牌子吗?"这就是没有提示的回忆。有提示的回忆方法试图通过提供一些相关线索来刺激调查对象的记忆。有提示的回忆方法会列出很多软饮料品牌的名字然后问:"这些品牌中,有哪些是昨天晚上电视广告播放的?"在提供线索时,调研人员必须注意因为使用一些连续水平的刺激而使问题的回答产生倾向性。之后可通过分析刺激对问题回答的影响,确定刺激的适当水平。

10.6.3　调查对象能清晰地阐述吗

调查对象可能没有能力清楚地阐述某些类型的答案。例如，如果要求调查对象描述他们喜欢光顾的百货商店的气氛，可能大多数调查对象都不知道该怎么回答这个问题。反之，如果向调查对象提供了一些可选择的百货商店气氛的描述，他们就有能力指出最喜欢的那一个。如果调查对象不能清楚地描述他们对于问题的答案，可能会忽视那个问题，也可能拒绝回答剩下的问卷。因此，应该为调查对象提供必要的帮助，例如图片、地图、描述等，帮助他们清晰地描述答案。

避免不愿回答的问题

即使调查对象能够回答某些特定的问题，他们也可能不愿意这样做，这有可能是因为问题不容易回答（要求调查对象付出努力）、情境和环境可能并不合适公开、所要求的信息没有显著的合法目的或需要，或者所问的问题较敏感。

10.7.1　要求调查对象付出的努力

大多数调查对象不愿意付出太多的努力去提供信息。因此，调研人员应该将要求调查对象所做的努力减少到最小。假设调研人员想知道调查对象在最近的购物经历中从商店的哪个部门购买过产品，这个信息可以通过至少两种方法获得。调研人员可以让调查对象列出在最近的购物经历中购买过商品的部门，或者提供一个部门清单，让调查对象来选择。

> 方法一：
> 请列出你最近一次去百货商店购物时在哪些部门购买了商品。(不正确)
> 方法二：
> 阅读下列清单，请你在最近一次购物时购买的商品的所有部门后面画勾。
>
> 1. 女装_____
> 2. 男装_____
> 3. 童装_____
> 4. 化妆品_____
> ……
> 17. 珠宝首饰_____
> 18. 其他（请说明）_____（正确的）

很显然，第二种选择更受欢迎，因为它要求调查对象做出较少的努力。

10.7.2　情境

有些问题在某些情境下是合适的，在另一些情境下并不合适。例如，关于个人卫生习惯的问题在美国医师协会（American Medical Association）发起的调查中被问及是非常合适的，但是在快餐店发起的调查中提起就不那么合适了。调查对象不愿意回答他们认为对于特定情境不合适的问题。但是调研人员能够操纵情境，使得问题看起来合适。例如，在快餐店调研中问及关于个人卫生的相关信息时，可以通过下列陈述营造情境："作为一家快餐店，我们非常关注为顾客提供一个清洁和卫生的环境。因此，我们想问你一些关于个人卫生的问题。"

10.7.3　合法目的

当调查对象认为问题的目的不合法时他们也不愿意泄露信息。为什么一个公司在营销谷物时想要知道顾客的年龄、收入和职业呢？对为什么需要数据做出合理的解释能够使对信息的索取显得更合理，而且能够增加调查对象回答的意愿。例如，"为了确定在不同的年龄、收入和职业的人群中，谷物的消费与对谷物品牌的偏好的区别，我们需要关于……的信息"，诸如此类的陈述能够使索取信息显得更加合理。

10.7.4　敏感信息

调查对象不愿意公开、至少不愿意精确地公开敏感的信息，因为这可能会产生尴尬、威胁调查对象的隐私，或者影响他们的形象。如果提问这样类型的问题，调查对象可能会给出具有偏见性的回答，尤其是在人员调查的时候（见第6章）。敏感的话题包括钱、家庭生活、政治态度、宗教信仰、某些事件的参与度。可以采纳下面给出的技巧增加调查对象提供信息的意愿。

10.7.5　增加调查对象的意愿

通过下面的技巧可以鼓励调查对象提供他们不愿提供的信息。

1. 在问卷的结尾提问敏感的话题。在这种情况下，初始的不信任感已经被克服了，认同已经产生，项目的合法性已经建立，调查对象愿意提供更多的信息。
2. 在提问前说明问卷所调查的内容是具有普遍性的。例如，在问有关信用卡债务的信息时，可以说："最近研究认为大多数人都有负债。"这种技巧称为反偏见陈述。
3. 运用第三人称来提问问题（见第5章）。让问题的措辞看起来像在讨论其他人。
4. 将一些问题隐藏在调查对象愿意回答的一组问题中，这样可以加快提问的速度。
5. 提供答案的类目而不是特定的数字。不要问"你丈夫的年收入是多少"，相反，正确的做法是要求调查对象标出适当的收入范围，如25 000美元以下、25 001～50 000美元、50 001～75 000美元和75 000美元以上。在人员调查中，给调查对象列出编号的选项卡片，然后调查对象用编号指出他们的答案。

MARKETING RESEARCH AN APPLIED ORIENTATION　实用市场调研（原书第7版）

6. 使用随机技术。有两个问题提供给调查对象：一个是敏感的，另一个是中立的，都可以通过"是""否"来回答（例如，"你的生日是在 3 月吗?"）调查对象随机挑选一个问题，之后回答"是"或者"否"，无须告诉调研人员回答的是哪个问题。通过考虑"是"的整体概率、选择敏感问题的概率、对中立问题回答"是"的概率，调研人员使用概率法能够确定对敏感问题回答"是"的概率。然而，调研人员不能确定哪些调查对象对敏感问题回答了"是"。

实用市场调研

10.8

问题的结构

问题可以是结构化的也可以是非结构化的。下面我们给出非结构化问题的定义，讨论它们的优缺点，然后考虑主要的结构化问题的类型：多选题、二项问题和量表。

10.8.1 非结构化问题

非结构化问题（unstructured question） 是调查对象用他们自己的语言来回答的开放性问题，也称自由回答问题。例如：

你的职业是什么？

你对那些光顾百货商店的人是怎么看的？

你最喜欢的政治人物是谁？

非结构化问题作为一个话题的第一个问题是非常好的，它能使调查对象表达一般的态度和观点，这些态度和观点能够帮助调研人员解释调查对象对结构化问题做出的回答。非结构化问题对回答偏见的影响小于结构化问题。调查对象可以自由表达任何观点。他们的评论和解释能够提供给调研人员一些丰富的见解。因此，非结构化问题在探索性调研中是非常有用的。

非结构化问题最主要的缺点是它受调研人员偏见的影响较大。调研人员是逐字地记录了调查对象的答案，还是仅仅记录下了一些主要的观点？所得数据主要依赖于调研人员的技巧。如果逐字记录非常重要，录音设备就非常有必要了。

非结构化问题还有另一个主要的缺点：答案的编码非常耗费成本和时间。编码过程要求答案被概括为可以进行数据分析和解释的格式。非结构化问题对于那些能够更清楚地表达意见的调查对象来说更有优势。同样，非结构化问题对自我执行或者计算机执行的问卷是不适合的（邮件调查、邮件样本组、计算机辅助人员调查 CAPI、电子邮件调查、互联网和移动调查），因为调查对象的回答在写的时候会比在说的时候更简短。

预编码能够克服并解决一些非结构化问题的缺点。即问题以开放性的形式提出，但是用多重选择的格式记录预期的答案。基于调查对象的回答，调研人员挑选出合适的回答类目。当调查对象能够容易地表述答案，而且因为可供选择的答案选项有限所以设计预编码类目很容易时，这种方法是令人满意的。例如，这个方法能够用来获取关于设备拥有状况的信息。它也可以成功地应用在商业调查中，就像下面的例子中阐述的那样。

案例 10.3   开放式的问题

一家大型电信公司进行了一次全国性的电话调查，以确定企业对平等机会的态度。其中一个问题是开放性的，并使用了编码方法。

贵公司目前使用哪家公司的移动电话服务？如果超过一家，请指出所有公司的名称。（作为一个开放式的问题。允许多次回答，评分如下）。

1. _____ VERIZON
2. _____ SPRINT
3. _____ T MOBILE
4. _____ AT & T
5. _____ U. S. CELLULAR
6. _____ 其他（请说明）
7. _____ 不知道/不回答

一般来讲，开放式问题在探索性研究中和作为开头的问题非常有用，但在大型调查中它们的缺点超过了优点。

10.8.2 结构化问题

结构化问题（structured question） 确定了一组答案选项和答案格式。结构化问题可以是多项选择题、二项问题或者是量表。

多项选择题

多项选择题提供了答案的选项，要求调查对象在其中选出一个或多个答案。考虑下列问题：

你是否打算在未来六个月内购买一辆新车？

_____ 肯定不会买
_____ 可能不会购买
_____ 没有决定
_____ 可能会买
_____ 肯定会买
_____ 其他（请具体列出）

第 9 章讨论的关于分项评分量表的一些问题同样适用于多选题。在多选题的设计中需要关注两个额外的问题，即每一道题中应该包括的选项数目和顺序或者位置偏差。

答案的选项应该包括一系列所有可能的选择。通常的指导原则是列出所有可能的重要的选项，以及一个"其他（请具体列出）"的选项，就像前面的例子一样。答案选项应该是互斥的。调查对象应该也能够确认一个，或者仅仅一个选项，除非调研人员特别允许选择两个或者多个（例如，"请指出你在上一周消费的所有软饮料的品牌"）如果供选择的选项有很多个，可以尝试使用多个问题来减少调查对象在一个问题中所需处理的信息。

顺序或位置偏差（order or position bias） 指的是调查对象因为一个选项占据的位置或者是它以一定的顺序列出就选择这个选项的倾向。调查对象往往会倾向于在列表的第一个或者最后一个陈述上画钩，尤其是第一个。对于一系列数字（数量或者价格）而言，调查对象通常会倾向于选择靠近中间的数值。为了控制这种顺序偏差，应该准备几种问卷，在每种问卷中问题选项的顺序是不同的。除非选项有顺序，每一个选项都应该在极端位置上出现一次，在中间位置上出现一次，在其他位置上出现一次。多选题克服了很多开放性问题的缺点，因为调查者偏差减少了，这些问题也能够很快地被回答。而且，编码和处理数据花费的成本和时间更少。在自填式问卷中，如果大多数问题是结构化的，调查对象也会更加合作。

多选题并非没有缺点。设计有效的多选题会花费相当大的精力；可能需要使用开放性问题的探索性调研来确定回答选项；获得相关的没有被列出的选项的信息非常困难，即使有"其他（请具体列出）"选项，调查对象往往也会倾向于在那些已有的选项中进行选择；除此之外，向调查对象展示可能的答案也会产生偏差，这也是顺序偏差的潜在形式。

二项问题（dichotomous question） 有两个答案选项，如是或否、同意或反对等。经常也会有一个中立的选项来对两个选项进行补充，比如"没有意见""不知道""都是"或"都不是"。前面问到的关于购买新车意图的多选题也可以以二项问题的形式出现。你是否打算在未来六个月内购买一辆新车？

_____是

_____否

_____不知道

是否使用二项问题应该由调查对象能否将讨论主题作为一个"是或否"的问题处理来决定。尽管决策是以一系列二元的或者二项的选择为特征的，但是潜在的决策过程可能也会反映不确定性，这种不确定性可以通过多选题的答案更好地获得。例如，如果经济条件允许，两个人在未来六个月内购买一辆新车的可能性是相同的。但是，一个人对经济的看法是乐观的，将会回答"是"，而另一个人是悲观的，可能会回答"否"。

在设计二项问题时另一个问题是，是否要包括一个中立的回答选项。如果不包括，调查对象即使漠不关心，也会被迫在"是"和"否"之间进行选择。此外，如果包含一个中立的选项，调查对象可能会避免在某一问题上进行评论，因此会让结果产生偏差。我们提供下列指导原则：如果大部分调查对象被认为是中立的，就应该包括一个中立的选项；如果中立的调查对象所占比例非常小，就避免使用中立选项。

二项问题的一般优缺点与多重选择问题的优缺点非常类似。二项问题是最容易编码和分析的问题类型，但是它们有一个严重的问题，即问题的措辞可能影响调查对象的回答。举个例子说明，"个人比社会条件对这个国家中的违法犯罪行为负有更大的责任"这一陈述，得到了59.6%的调查对象的认同。但是，在一个匹配的样本中，相反的陈述"社会条件比个人对这个国家中的违法犯罪行为负有更大的责任"，有43.2%的调查对象（而不是40.4%）表示同意。为了克服这一问题，一个问题应该在问卷的一半用一种方式提出，而在另一半用相反的方式提出。这被称为分半投票方法。

量表在第8章和第9章中已经详细地讨论过了。为了举例说明量表和其他类型的结构化问题之间的区别，我们考虑关于购买新车意向的问题。可以用量表以如下方式设计这一问题：

你是否打算在未来六个月内购买一辆新车？

绝对不会买	可能不会买	没有决定	可能会买	绝对会买
1	2	3	4	5

这只是可以用来提问这一问题的几种量表中的一种（见第8章和第9章）。如以下例子所示，一项调查可能包含不同类型的问题。

实用市场调研

案例 10.4　　　　　全球航空公司绩效调研中的问题结构

全球航空公司绩效（GAP）调研旨在衡量航空旅客对22家航空公司的意见。调研采用7种语言，每年调查世界各地30个机场的24万旅客。调查使用不同类型的结构化问题，包括选择题、二分法和量表。

Q. 你是如何进行预订的？（单选题）
_____航空公司网站
_____航空公司电话预订或售票处
_____通过旅行社
_____其他

Q. 你在这次旅行中是否使用电子票（电子无纸化票）？
_____是
_____否

Q. 根据今天的飞行体验，你下次在此航线上旅行时会选择这家航空公司吗？
_____一定会的（5）
_____可能会（4）
_____可能/不可能（3）
_____可能没有（2）
_____绝对不是（1）

MARKETING RESEARCH AN APPLIED ORIENTATION 实用市场调研（原书第7版）

问题的措辞

问题措辞是将问题内容和结构转化成调查对象能够清楚、容易理解的语言。在设计一份问卷时，确定问题的措辞也许是最关键和最困难的任务。如果一个问题非常晦涩难懂，调查对象可能会拒绝回答，或者错误回答。第一种情况，我们称为项目拒答（item nonresponse），它会增加数据分析的复杂程度。第二种情况会导致回答误差，就像之前所讨论的那样（见第 3 章）。除非调查对象和访谈者对于同一个问题的意义的理解是相同的，否则结果将会形成严重的偏倚。

为了避免这些问题，我们提供了以下指导原则：①定义讨论的议题；②使用通俗易懂的词汇；③使用明确的词汇；④避免引导性或倾向性的问题；⑤避免隐含选项；⑥避免隐含假设；⑦避免概括性和估计的表述；⑧双重陈述。

10.9.1 定义讨论的议题

一个问题应该清楚地定义所提出的议题。新人记者被告知要根据人物（Who）、事件（What）、时间（When）、地点（Where）、原因（Why）和方法（Way）这六种角度（6W）来详细说明议题。这在定义议题时也可以作为指导性原则。考虑下列问题：

你使用哪个牌子的洗发水？ （不正确）

表面上看，这好像是一个定义得比较好的问题，但当我们用人物、事件、时间和地点这些微观的因素来检视它时，可能会得出另一种结论。这个问题中的"人物"涉及调查对象，但是并不明确，访谈者指的是调查对象个人使用的品牌还是家庭使用的品牌。问题中的"事件"是洗发水。然而，如果使用的洗发水品牌多于一个该怎么办？调查对象应该回答最喜欢的品牌、最经常使用的品牌、最近在使用的品牌还是第一次使用的品牌？"时间"也不明确。调查对象应该回忆最近一次、上一周、上个月、上一年还是曾经？至于"地点"，也没有陈述清楚。有关这个问题的更好的措辞应该是这样的：

上个月，你本人在家所使用的洗发水的品牌是哪种或哪几种？若有一种以上的品牌，请列出所有你用过的品牌。 （正确）

10.9.2 使用通俗易懂的词汇

在问卷中应该使用通俗易懂的词汇，它们应该与调查对象的词汇水平相匹配。当选择词汇时，要记住美国的大多数人只有高中学历，而不是大学学历。对于某些特定的调查对象群体，受教育水平甚至更低。例如，我们曾经做了一项主要是在农村进行的大型电信公司的项目。那些地区的平均受教育水平低于高中水平，很多调查对象仅仅有 4~6 年级的受教育程度。应该避免使用技术术语，大多数调查对象不理解专业的营销用词。例如，不要问：

"你认为软饮料的分销充分吗？" （不正确）

而应该问：

"你认为当你想买软饮料时容易买到吗？" （正确）

10.9.3 使用明确的词汇

对于调查对象来说，在问卷中使用的词汇应该具有简单、单一的含义。很多词汇看起来似乎是明确的，但是对不同的人可能产生不同的含义。例如，"通常情况下""正常情况下""频繁地""经常地""有规律的""偶尔的""有时"。看看下面的问题：

一个月里你在百货商店购物的频率如何？

_____从不

_____偶尔

_____有时

_____经常

_____有规律的 （不正确）

这个问题的答案充满了回答偏差，因为用来描述选项的词语对于不同的人来说具有不同的含义。三名每月购物一次的调查对象可能会选择三个不同的答案：偶尔，有时，经常。这个问题应该用下列方式：

一个月内你去百货中心的频率如何？

_____少于 1 次

_____1 或 2 次

_____3 或 4 次

_____4 次以上 （正确）

这个问题对所有调查对象来说都具有一致的含义。答案类目被客观地定义，调查对象就不用再以自己的理解来解释了。

除此之外，不同的人对全包含或全排除的词语的理解不同。这样的词汇包括"所有""通常""任何""任何人""曾经""每一个"。这样的词汇应该避免。例如，"任何"对于不同的调查对象来说可能意味着"所有""一些"或者"仅此一个"，这依赖于他们对问题的理解。

在决定用词的选择时，访谈者应该查阅字典，并对每一个所使用的词汇问下列问题：

1. 它代表我们想表达的含义吗？

2. 它还有其他的含义吗？

3. 如果有，背景能使我们所表达的含义更清楚吗？

4. 这个词有其他的发音吗？

5. 有没有其他的相似发音的词会和这个词产生混淆？

6. 有更简单的词和短语吗？

MARKETING RESEARCH AN APPLIED ORIENTATION 实用市场调研（原书第 7 版）

10.9.4　避免引导性或倾向性的问题

引导性问题（leading question） 是提示调查对象哪个答案是所需的，或者引导调查对象按一定的方式回答。一些调查对象倾向于同意问题引导他们回答的答案，这种倾向称为顺从（yes-saying），这会导致顺从**偏差（acquiescence bias）**。看看下列问题：如果购买进口轿车会使美国的工人失业，你认为爱国的美国人应该购买进口轿车吗？

　　　　应该

　　　　不应该

　　　　不知道　　　　　　　　　　　　　　　　　　　　　　　　　　（不正确）

这个问题会诱导大多数调查对象选择"不应该"。毕竟，爱国的美国人怎么能让美国工人失业呢？因此，这个问题对确定美国人在进口轿车和国产轿车之间的偏好没有帮助。一种更好的问法是：

你认为美国人应该购买进口轿车吗？

　　　　应该

　　　　不应该

　　　　不知道　　　　　　　　　　　　　　　　　　　　　　　　　　（正确）

当给予调查对象关于项目委托方的线索时，偏差也会产生。调查对象的答案往往会倾向于有利于项目委托方的方向。例如，问题"高露洁是你最喜欢的牙膏吗？"很有可能产生偏差，使调查对象更喜欢高露洁。为了获得所需信息，问题应该这样提问："你最喜欢的牙膏品牌是什么？"同样，有声誉的或者没有声誉的名字也会产生回答偏差，例如："你同意美国牙科协会关于高露洁对于预防蛀牙是有效的这一说法吗？"应该这样问："你认为高露洁对于预防蛀牙有效吗？"

10.9.5　避免隐含选项

没有明确表达出来的选项称为**隐含选项（implicit alternative）**。使隐含选项更加清晰会提高人们选择这个选项的百分比，就像下面的两个问题一样。

1. 短途旅行时，你喜欢乘坐飞机吗？　　　　　　　　　　　　　　　　（不正确）
2. 短途旅行时，你喜欢乘坐飞机，还是愿意驾车？　　　　　　　　　　（正确）

第一个问题中，驾车的选项是隐含的，但是在第二个问题中，它就是显性的。第一个问题很可能产生相对于第二个问题来说更偏好飞行的结果。

应该避免包含隐含选项的问题，除非有特殊的原因。当选项在偏好上非常相近或者选项过多时，应该使用分半投票的技术来轮换选项出现的顺序。

10.9.6　避免隐含假设

提问的用词使得答案依赖于隐含假设是不应该的。隐含假设是问题中没有陈述出来的假设，如下面的例子。

1. 你赞同收支平衡的预算吗？　　　　　　　　　　　　　　　　　　（不正确）
2. 如果收支平衡的预算会导致个人收入税的增加，你赞同收支平衡的预算吗？　　（正确）

在问题 1 中，隐含的是由平衡预算所导致的后果。它会导致国防支出的减少、个人所得税的增加、社会项目的减少等。问题 2 能够更好地阐述这个问题。问题 1 不能清楚地说明其隐含假设，则会高估调查对象对平衡预算的支持。

10.9.7　避免概括性和估计的表述

问题应该是具体的，而不应该是概括性的。而且问题应该是用词语陈述的，无须调查对象做出推论或者计算评估。假设我们对家庭每年每个人在杂货店的支出感兴趣，如果我们这样问调查对象：

"您家中每人每年在日用品上的支出是多少？"　　　　　　　　　　　　（不正确）

他们必须首先将每月在杂货上的支出费用乘以 12，或者每周的支出费用乘以 52，从而确定出每年的支出；然后将年支出数目除以家庭中的人口数。大多数调查对象会不情愿或不能够进行这些计算。获取所需信息的一个更好的方法是问调查对象两个简单的问题：

"您家每月（或每周）在日用品上的支出是多少？"
"您的家庭成员有几人？"　　　　　　　　　　　　　　　　　　　　　（正确）

之后由访谈者进行相关的计算。

10.9.8　双重陈述：积极的和消极的

很多问题尤其是那些衡量态度和生活方式的问题，应该以让调查对象指出他们同意或者不同意的程度的形式进行陈述。证据表明，获得的回答受到陈述的倾向性的影响：它们被正面陈述还是负面陈述。在这种情况中，使用双重陈述更好，一些问题是积极的，其他的是消极的。可以准备两份不同的问卷。一个问卷以分散的方式包含一半消极和一半积极的陈述。这些陈述的倾向在另一份问卷中反过来。

实用市场调研

10.10

问题的正确顺序

10.10.1　开头的问题

为了获得调查对象的信任和合作，开头的问题至关重要。开头的问题应该是非常吸引人的、简单的、没有威胁性的。寻求调查对象观点的问题是一个好的开头问题，

MARKETING RESEARCH AN APPLIED ORIENTATION　实用市场调研（原书第 7 版）

因为大多数人喜欢表达观点。即使这样的问题和所调研的问题不相关，它们的回答不能被分析时，也可以使用。

在有些情况下，有必要去确认调查对象的资格，以确定调查对象是否有资格参与调研。在这种情况下，确定资格的问题应该作为开头的问题。

实用市场调研

案例 10.5　　　　　　　　开放性的问题打开了合作的大门

辉瑞公司（www.pfizer.com）委托 GfK（www.gfk.com）开展美国 Chicle 青年民意调查，在全美范围内对 1 000 名 8～17 岁的在校美国青年进行了调查。问卷包含一个简单的开头问题，询问调查对象对当地城镇生活的看法。

首先，我想知道，你有多喜欢这个地方（城镇/城市）？
非常喜欢＿＿＿＿＿＿＿＿＿＿＿＿
有一点喜欢＿＿＿＿＿＿＿＿＿＿＿＿
不喜欢＿＿＿＿＿＿＿＿＿＿＿＿
不知道＿＿＿＿＿＿＿＿＿＿＿＿

10.10.2　信息的类型

问卷中所获得的信息类型可以分为①基础信息，②分类信息和③标志信息。基础信息与研究的问题直接相关；**分类信息（classification information）**由社会经济和人口特征构成，用于对调查对象进行分类以及结果的解释；**标志信息（identification information）**包括姓名、邮政地址、电子邮件地址以及（手机）电话号码。获取标志信息的目的多种多样，包括核查名单中的调查对象确实被调查过、邮寄承诺的奖品等。作为一般性的指导原则，基础信息应该被首先获得，之后是分类信息，最后是标志信息。对于调研项目来说基础信息是最重要的，应最先获取以避免调查对象被问及一系列个人问题之后疏远访谈者。

10.10.3　困难的问题

困难或敏感的、使人尴尬的、复杂的、无趣的问题应该放在靠后的位置。在已经建立了友好的关系并且调查对象开始认真参与之后，他们对这些问题的抵触可能性较小。因此在百货商店项目中，关于信用卡负债的信息放在基础信息的最后部分。同样，收入应该在分类信息的最后提出，电话号码应该在标志信息的最后提出。

10.10.4　对后面问题的影响

先问的问题可能会影响对后面问题的回答。单凭经验来说，泛指的问题应该放在特定的问题之前，这样防止特定的问题使泛指的问题的回答产生偏差。考虑下列问题的顺序。

问题1是泛指的问题，问题2是特定的问题。如果这两个问题以相反的顺序提出，调查对象被地点的便利性提醒，更有可能对泛指的问题也给出相同的回答。

从泛指到特定的方法称为**漏斗方法（funnel approach）**。当必须获得调查对象的一般选择行为，以及他们对特定产品的评价的相关信息时，漏斗方法尤其有用。有时，颠倒的漏斗方法是非常有用的，即以特定问题作为开头的提问，以泛指问题结束，则调查对象在做一般性评价之前被迫提供特定的信息。这种方法在当调查对象没有强烈的情感或者没有形成一定的观点时非常有用。

10.10.5 逻辑顺序

问题应该按逻辑顺序提出。涉及一个特定主题的问题全部问完后再开始一个新的主题。当转换主题时，应该使用简短的过渡语句帮助调查对象转换思路。

应该谨慎地设计分叉问题。**分叉问题（branching question）**根据调查对象如何回答当前问题，指导调查对象跳到问卷的不同位置。这些问题保证了所有可能性都被包括进来，也有助于减少访谈者和调查对象的误差并鼓励完整地回答。基于分叉问题的跳跃方式可能十分复杂。考虑所有可能性的简单的方式就是准备一个包含所有逻辑可能性的流程图，然后基于这个流程图设计分叉问题和指示说明。图10-2显示了用来评价在商店中使用信用卡购买商品的流程图。分叉问

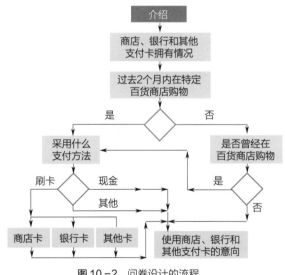

图10-2 问卷设计的流程

题的位置是非常重要的，应该遵循以下的指导原则：①被分叉的问题（指导调查对象回答的问题）应该尽可能靠近引起分叉的问题；②分叉问题应该能够保证调查对象不会预测到要获得哪些附加的信息，否则调查对象可能通过对分叉问题给出特定答案来避免详细的问题。例如，如果在要求他们评价商业广告之前，首先问调查对象是否看过所列出的商业广告，此时调查对象很快就会发现如果他们说曾经看过商业广告，很可能就要进一步回答关于这个商业广告的详细问题，于是他们就会说没有看过，以避免回答详细问题。

MARKETING RESEARCH AN APPLIED ORIENTATION 实用市场调研（原书第7版）

问卷的格式和版面设计

问题的格式、间隔和位置会对结果产生显著的影响。这一点对于自填问卷尤其重要。为人口普查所做的关于邮件调查问卷的实验表明，每页靠上的问题比靠下的问题能够获得更多的关注。用红色标注出来的指示说明和用其他颜色没有什么区别，除非将问卷弄得对于调查对象来说非常复杂。

问卷最好是预编码的。预编码是指在问卷设计中，在数据收集前为每一个可以设想的回答分配一个代码。在预编码（precoding）时，将输入计算机的编码印在问卷上。在通常情况下，编码识别出某一特定答案将被输入的行编号和列编号。请注意，当使用 CATI 或 CAPI 时，预编码是内置在软件中的。第 14 章中关于数据准备部分对问卷的编码做了更为详尽的解释。这里我们给出一个预编码问卷的案例。为了节省空间，我们只展示了问卷的一部分。

实用市场调研

案例 10.6　　　来自《美国律师》杂志的预编码调查实例

1. 考虑你阅读《美国律师》杂志时的所有情况，你大约花费多长时间来阅读或者浏览其中的一期？

少于 30 分钟 …………………… □-1　　　1 小时 30 分钟至 1 小时 59 分钟 ……… □-4

30 分钟至 59 分钟 ……………… □-2　　　2 小时至 2 小时 59 分钟 …………… □-5

1 小时至 1 小时 29 分钟 ……… □-3　　　3 小时或更长 …………………… □-6

2. 你读完一期《美国律师》之后，通常怎样处理它？

为公司图书馆保存整期 ………… □-1　　　放在候诊室/公共场所 …………… □-5

为家庭使用保存整期 …………… □-2　　　扔掉它 …………………………… □-6

将它传给我公司的其他人 ……… □-3　　　其他 ……………………………… □-7

摘录并保存感兴趣的消息 ……… □-4　　　（请详细说明）

3. 不包括你自己，你估计平均有多少人阅读或浏览了你的《美国律师》（不是办公室的）？

每册杂志的其他读者的数目：

1 人 ………………… □-1　　　5 人 ………………… □-5　　　10 或更多人 ………… □-9

2 人 ………………… □-2　　　6 人 ………………… □-6　　　无 …………………… □-0

3 人 ………………… □-3　　　7 人 ………………… □-7

4 人 ………………… □-4　　　8~9 人 ……………… □-8

问卷本身应该按顺序编号，这样方便在调查现场对问卷的控制，也有利于编码和分析。通过编号可以很容易地对问卷进行统计并确定问卷是否有缺失。一个可能的例外是邮寄问卷。如果这些问卷标有编号，调查对象会假定一个给定的编号标记了某个特定的调查对象。有些调查对象或许会拒绝参与或在这样的情况下做出不同的回答。但是，最近的研究表明，这种匿名性的丧失即使对结果有影响，影响也很小。

<table>
<tr><td>实用市场调研
10.12</td><td></td><td># 印制问卷</td></tr>
</table>

问卷的印制能够对结果产生影响。例如，如果问卷用质量非常差的纸张印制或者看起来很寒酸，调查对象会认为这个项目不重要，对回答的质量也会产生负面作用。因此，问卷应该用质量好的纸张印制，而且有专业的外观。

当印刷的问卷有几页纸时，应该用小册子的形式而不是将几页纸夹在一起或者订在一起。对于访谈者和调查对象来说小册子更容易处理，不会像夹在一起的或者订在一起的问卷那样随使用而散开。双面印刷会显得更加专业。

每个问题都应该印在一页纸上，避免将一个问题和答案选项分开。分开会误导调查对象认为问题已经在当页结束，导致他们的作答不完整。

在每个问题中选项都应该单栏排列。对于访谈者和调查对象来说单栏更容易阅读。应该避免经常用来节省空间的多栏版式。

为了使问卷看起来更短而将问题都挤在一起的情况也应该尽量避免。间距太小、过度拥挤的问题在数据收集时易产生错误，而且获得的回答更简短，信息量更少。再者，这会给人们留下这样的印象：问卷是复杂的，导致更低的合作和完成率。虽然短问卷要优于长问卷，但不能以排版拥挤为代价。

对于单个问题的提示或者说明应该尽可能地靠近所提出的问题，关于调查对象应该怎样操作和回答问题的提示说明应该放在问题前面。关于如何被记录或者探索追问的提示说明应该放在问题之后（更多探索性信息和其他调查技巧见第13章）。用不同的字体（如大写字母或黑体）来将问题和指示区分开是通用的做法。

尽管颜色并不影响问卷的应答率，但对颜色善加利用能带来很多便利。颜色编码对于分叉问题是非常有用的，可以使分叉问题的答案与其指导调查对象回答的下一个问题的颜色相匹配。可以使用不同颜色的问卷对不同调查对象样本组进行调查。例如，在邮件调查中，商业调查问卷印在白色纸张上，家庭使用的问卷印在黄色纸张上。

问卷应该用容易阅读和回答的方式印制。字体应该足够大和清晰。阅读问卷不应该有压力。

预调查

　　预调查（pretesting）指的是为了识别并消除可能存在的问题而对一个小样本的调查对象进行问卷测试。即使最好的问卷，也可以通过预调查得到改进。作为一条一般性规则，一份问卷在没有经过充分测试的情况下不应该被用于现场调查。问卷的所有方面都应该被测试，包括问题的内容、措辞、顺序、形式和版式、问题的难度和说明。在预调查中，调查对象应该和真实的调查对象在背景特征、对调查主题的熟悉程度、相关的态度和行为等方面类似。换句话说，预调查的调查对象和真实调查中的调查对象都应该从相同的人群中抽取。

　　预调查最好是通过人员调查的方式进行，即使真实的调研是通过邮件、电话或者电子方式进行的，因为这样访谈者能够观察调查对象的反应和态度。在做出必要的修改之后，如果在实际调查中采用邮件、电话或者电子的方式，那么可以用这些方式再一次进行预调查，后一次预调查应该揭示出该调查方式的特有问题。预调查应该尽可能地在环境和内容上和真实的调查相似。

　　预调查应该使用各种各样的访谈者。项目的执行者、设计问卷的调研人员和其他调查小组的关键成员应该进行一些预调查，这会使他们对于潜在问题和预期数据的特性具有良好的认识。然而，预调查应该由正规的访谈者进行。有经验的和新的访谈者混合搭配是通常的做法。有经验的访谈者能够容易地感知调查对象的不自在、困惑和排斥，新的访谈者能够帮助定义与调研人员相关的问题。通常预调查的样本很小，初次测试时根据目标人群的差异性从 15 人到 30 人不等。如果预调查涉及几个阶段，样本大小可以显著增加。

　　问卷分析和事后通报是两种用来进行预调查的普遍方法。在问卷分析中，调查对象在回答问卷时被要求"大胆地想"。通常情况下，调查对象的评论会被录音和分析，用来判断对问卷的不同部分所产生的反应。事后通报在问卷完成之后。调查对象被告知他们刚刚完成的问卷是预调查，预调查的目的应该告知。之后他们被要求描述每一个问题的含义，并解释答案，然后陈述在他们回答问卷时遇到的任何问题。

　　在每一次对问卷修正之后，应该使用一个不同的调查对象样本进行另一次预调查。良好的预调查包含几个阶段。一次预调查通常是不充分的。预调查应该持续到问卷不再需要更进一步的修改为止。

　　最后，从预调查中获得的答案应该被编码和分析。对预调查答案的分析有助于检查问题定义和数据与信息的充分性。在设计问卷之前准备的虚拟表格将指出各种数据的需要。如果一个问题的回答不能和预先设想的虚拟表相关联，那些数据就是多余的，一些相关的分析就不能被预见。如果部分预想的虚拟表仍然是空的，那么可能遗漏了某个必要的问题。预调查数据的分析有助于确保收集上来的所有数据都是有用的，问卷能够获得所有必要的数据。表 10-1 以检查清单的形式总结了问卷的设计过程。

表 10-1　问卷设计检查清单

步骤1　确保所需信息

1. 确保所获取的信息完全体现了研究问题的所有成分，回顾研究问题的成分和方法，尤其是研究问题、假设和影响研究设计的特征
2. 准备一套虚拟表格
3. 对目标人群有一个清楚的概念

步骤2　确定调查方法的类型

根据第 6 章中所讨论的需要考虑的方面确定调查方法的类型

步骤3　确定单个问题的内容

1. 这个问题是必要的吗
2. 为了清楚地获得所需信息,需要用几个问题代替一个问题吗
3. 不要使用双重问题

步骤4　设计问题以避免无法回答以及不愿回答的情况

1. 调查对象具备有关知识吗
2. 如果调查对象不可能有相关的见识，那么在有关所讨论话题的提问之前，应该提出测量熟悉程度、产品使用以及过去经验的过滤性问题
3. 调查对象记得具体情形吗
4. 避免遗漏误差、近移误差和编造误差
5. 没有给调查对象提供线索的问题将会低估真实事件的发生率
6. 调查对象能够清楚明白地表述吗
7. 将调查对象需要付出的工作量减到最小
8. 提出问题的情景是否适当
9. 使所要求的信息看起来合法
10. 如果信息是敏感的，那么：
    (1)将敏感的话题放在问卷的最后
    (2)在问题开始之前说明感兴趣的行为很常见
    (3)用第三人称的技巧来提问
    (4)将问题隐藏在一组调查对象愿意回答的问题之中
    (5)提供回答选项而不是询问具体的数字
    (6)如果可行的话，使用随机技术

步骤5　选择问题结构

1. 开放式的问题在探索性调研中以及作为开头的问题非常有用
2. 尽可能使用结构化的问题
3. 在多选题中，回答选项应该包括所有可能的选项，而且选项应该互斥
4. 在二项问题中，如果预料到相当大比例的调查对象是中立的，那么就包括一个中立的选项
5. 在二项问题和多选题中考虑使用分半投票技术来减少顺序偏差
6. 如果答案选项很多，考虑使用一个以上的问题来减少调查对象需要处理的信息

步骤6　选择问题措辞

1. 根据人物、事件、时间、地点、原因和方法（6W）来定义论题

2. 使用通俗的词语，用词应该与调查对象的词汇量水平相适应

3. 避免模糊性的词语如通常情况下、正常情况下、频繁地、经常地、有规律地、偶尔、有时等

4. 避免引导性问题给调查对象提供应该回答什么的线索

5. 避免选项中没有明确表达的隐含选择

6. 避免隐含假设

7. 不应当要求调查对象进行概括或者计算估计

8. 使用双重陈述

步骤7　确定问题的顺序

1. 开头的问题应该有趣、简单和没有威胁性

2. 确认资格的问题应该作为开头的问题

3. 首先获取的应该是基础信息，其次是分类信息，最后是标志信息

4. 困难的、敏感的或复杂的问题应该放在靠后的位置

5. 泛指的问题应该放在特定的问题之前

6. 应该按照逻辑顺序提问

7. 分叉问题应该被谨慎地设计以能够包括所有可能的选项

8. 被分叉的问题应该尽可能地靠近引起分叉的问题，分叉问题应该合理安排，让调查对象不能预期需要哪些额外的信息

步骤8　确认问卷的格式和版面设计

1. 将一份问卷分为几部分

2. 每一部分的问题应该编号

3. 问卷应该预编码

4. 问卷本身应该连续编号

步骤9　印制问卷

1. 问卷的外观看起来应该专业

2. 较长的问卷应该使用小册子的形式

3. 问题不要跨页

4. 选项最好不要接排成一段

5. 当有许多使用同一套答案选项的问题时，表格设计非常有用

6. 应当避免使问卷看起来更拥挤的版式

7. 对单个问题的提示或者是说明应该尽可能地靠近问题

步骤10　通过预调查来消除缺陷

1. 任何时候都要进行预调查

2. 问卷的所有方面都应该经过测试，包括问题的内容、措辞、顺序、格式和版式、问题的难度以及说明

3. 预调查中的调查对象应该与实际调查中所包括的调查对象类似

4. 使用人员调查作为预调查的开始

5. 如果实际调查中要使用邮件、电话或电子方式，则还应该以这些方式进行预调查

6. 预调查中应该使用各种各样的访谈者

7. 预调查的样本很小，初次测试时从 15 人到 30 人不等

8. 使用问卷分析和事后通报来识别待解决的问题

9. 问卷的每一次重大修正之后,应该使用一个不同的调查对象样本来进行另一次预调查

10. 从预调查中获得的答案应该被编码和分析

10.14

电脑和网络问卷的编制

有一些软件可用于设计通过互联网或其他方式（如电话、个人调查、邮件或移动设备）进行的调查问卷。网络问卷的使用和功能与其他形式的问卷十分相似。在很多情况下，软件能够帮助设计和发放问卷，下载和分析所收集的数据，准备报告。软件能够自动执行各种各样的任务，例如：

- **个人化。**调查对象的名字和个人的回答能够自动嵌入主要的问题中。
- **合并复杂跳跃的形式。**软件能够检查很多情景和回答来确定应该提出哪些问题。
- **回答选项随机排序。**在多选题中，回答选项的顺序可以针对每个调查对象进行随机的排序来控制顺序偏差。
- **一致性检验。**当调查仍在进行时，一致性检验能够用来判断非一致性的回答，以确保正确的行为被执行。
- **增加新的答案选项。**如果很多调查对象都选择了"其他（请具体写出）"的选项，答案将会自动添加到一系列具体的回答选项中。

除此之外，有很多不同的软件程序能够帮助完善问卷的结构。

- **问题清单。** 用户可以选择各种各样形式的问题，例如，开放性问题、多选题、二项问题、量表等。
- **问题库。** 用户可以从问题库中选择预先确定的问题或者保存已用过的问题。例如，问题库可能包含测量满意度、购买意图的问题。
- **问卷外观。** 用户能够从一系列可选模板中挑选定制模板，背景颜色和问卷的图标等均可选择。
- **预览。** 预览问卷以检查内容、互动性、问卷的种类和设计背景，做出需要的改变。
- **发布。** 用户能够创建网页形式的问卷，将它发布在网络上来收集数据。
- **通知。** 用户可以创建、个性化定制、发送和跟踪电子邀请函来参与调查。

每个调查对象完成问卷时，数据会通过网络传输到主机服务器转换为数据文件。任何时候，甚至在开展调查的时候，都可以下载这些数据来进行分析。因此可以实时检查结果。第 6 章中讨论的设计调查的常用软件也可以用来设计调查问卷。

10.15

观察表

记录观察数据的表格比问卷的构造更简单。调研人员不需要关心问题的心理影响和提问的方式。调研人员仅仅需要设计一个表，清楚地识别所需的信息，使现场工作人员能够容易地用它来准确记录信息，简化编码、录入和分析数据。

观察表应该具体到人物、事件、时间、地点、原因和方法。

观察表的印制应该遵循和问卷同样的指导原则。设计良好的表格用于记录个人观察，但是不能用于总结观察，因为那会导致错误。最后，像问卷一样，观察表也要求充分的预调查。

国际市场调研

问卷或调研工具应该与特定的文化环境相适应，不能与文化有偏差。这就要求仔细关注问卷设计过程的每一步。所需信息必须是清楚具体的。考虑基于消费者行为、决定过程、信息、生活方式和人口特征变量的任何区别非常重要。就人口统计学特征而言，要根据不同国家的情况定义关于婚姻状况、教育、家庭规模、职业、收入、居住条件的信息，因为这些变量在各国间可能不能直接比较。例如，家庭的定义和规模多有不同，考虑到在一些国家中会有两个甚至三个家庭生活在同一屋檐下。

在国际市场调研中，尽管人员调查是主要的调查方法，但在不同的国家可能使用不同的调查方法，因此，问卷可能不得不适应一种以上的调查方法。为了理解和翻译的方便，两个甚至更多的简单问题比一个复杂问题更好。为了克服调查对象无法回答问题的情形，应该考虑不同国家的调查对象对调查主题认知程度的差异。

如果调研人员缺乏关于其他国家回答的决定因素的知识，非结构性和开放性问题的使用就是必要的。非结构化问题能减少文化带来的偏差，因为它们没有强加任何回答的选项。然而，非结构化问题相比于结构化问题更容易受不同教育水平的影响，因而在教育水平较低的国家中应该小心使用。非结构化和结构化问题可以以互补的方式使用，提供丰富的见解。如下面的例子。

案例 10.7   主题：新加坡主题餐厅

新加坡由 60 多个小岛组成，截至 2016 年，人口为 570 万（www. yoursingapore. com）。新加坡以其多元化的餐饮业而闻名全球。在 27 000 家食品服务机构中，21% 被归类为餐馆。对新加坡的以下四家主题餐厅进行了调研：Hard Rock Café、Planet Hollywood、Celebrities Asia 和 House of Mao。

首先，在 20 位体验过这四家餐厅的顾客中开展预调查。根据这些人的意见，对问卷进行了一些修改。然后对 300 名参与者进行了问卷调查，旨在了解他们对主题餐厅的看法。采用商场拦截调查法选择参与者，并询问他们在过去一年中是否曾是主题餐厅的顾客。如果他们的回答是肯定的，那么将会填写四页的调查表。调查表分为两部分。A 部分询问调查对象对主题餐厅的总体看法，B 部分要求调查对象对四家餐厅的九个特点进行 5 分制评分。问卷的结尾还包含几个开放式问题，比如他们是否认为未来会有更多的主题餐厅在新加坡开业，以及他们是否认为这些餐厅会取得成功。

大多数调查对象认为会有更多的主题餐厅在新加坡开业，大多数人对主题餐厅是否会取得成功持中立态度。House of Mao 主题餐厅在主题概念方面得到了最高的评价，而 Hard Rock Café 主题餐厅在整体体验方面得到了最高的评价。根据这项调查，新加坡的主题餐厅行业前景广阔。

在不同国家使用的问卷要翻译成不同语言的版本。调研人员必须保证不同语言的问卷是等价的。

问卷的预调查在国际市场调研中是非常复杂的，因为语言的等价性必须被预调查。我们推荐两种形式的预调查：翻译的问卷应该针对使用单一语言的调查对象，用他们的母语进行预调查；针对使用双语的调查对象执行原始的和被翻译版本的预调查。分析来自不同国家或者文化的预调查数据时，也应该对不同文化下的回答方式进行对比。

实用市场调研

10.17

市场调研与社交媒体

对社交媒体的分析可以很好地了解与当前问题相关的基本问题，对设计适当的问卷用于传统或社交媒体调查非常有价值。正如我们在本章前面所讨论的，问卷设计中的一些挑战包括确定个别问题的内容、格式和措辞。为了设计在内容、格式和措辞方面都合适的问题，必须从调查对象的角度出发，运用调研技巧。决定问题的顺序也是如此。社交媒体是捕捉调查对象观点的一个有效且可获得的途径。对于在社交媒体上开展调查的问卷，一般的原则和准则仍然与本章前面讨论的一样。

实用市场调研

案例 10.8
瓶子的创新

美国希克公司（sigg. com）生产环保型铝质水瓶。该公司生产的瓶子可以让客户重复使用，而不是用完就扔进垃圾桶。希克公司想进行一项调查，以确定消费者对瓶子的生态友好性的看法。然而，因为不清楚应该问什么问题、问题的内容、结构和措辞，设计问卷存在很大的挑战。因此，希克与黄金集团（gold – group. com）合作，创建了一个名为"环保对你的意义"的比赛。该机构在环保专业网站上推广调查，如Hugg（一个为环保爱好者提供社交书签服务的网站）。它还赞助了 InHabitat 上的竞赛。InHabitat 是一个对生态友好潮流感兴趣的设计和建筑专业人士聚集的网络社区。许多生态领域博主注意到了 InHabitat 上该网站的存在，提交了 160 多份作品。这些作品提供了关于生态友好对消费者的意义的丰富见解，并为设计调查问卷提供了充足的信息。其中一个重要主题是：生态友好意味着保护自然，从海洋到大草原。调查结果不仅帮助希克公司设计了环保的瓶子，而且还帮助希克公司开发了一个有效的营销平台，以锁定环保型消费者。基于这些调查结果，希克推出了"庆祝美国"瓶子，这是一个限量发行的著名瓶子系列。该系列包括六款环保希克瓶，由美国艺术家 Keith Haring 和 Drew Brophy 设计。瓶子上的图像是五湖四海的美国人享受他们的日常生活。

实用市场调研

10.18

移动市场调研

10.18.1　MMR 和调查问卷设计

前面介绍的问卷设计准则也适用于移动市场调研（MMR）。这里简单地讨论与 MMR 非常相关的概念。就单个问题的内容而言，移动市场调研只包括必要的问题。调研的最佳长度是由时间、问题的数量和类型以及问题出现的顺序决定的。然而，通常情况下将调研限制在 15 个问题以内比较合理。超过这个数字，调查对象就会产生疲劳感，完成率就会下降。为了让调查对象乐于回答问题，在 MMR 中，减少他们花费的精力非常关键。一般建议将调查时间控制在 15 分钟以内，少数情况下控制在 3 分钟以内。很少人愿意坐下来，深思熟虑地回答这 15 个调查问题，更别提在智能手机上了。所以调查问卷要保持简洁，让调查对象花费少量的精力就能完成。

关于问题结构，非结构化问题的使用应该限制在一到两个，如果可能的话，最好完全去掉。研究表明，移动设备上的开放式回答的篇幅比电脑上的少 70%。移动用户喜欢轻轻点击而不是打字。如果只需要点击就能完成调查，他们参与得更为积极。因此移动用户更喜欢多选题或量表。但是，多选题和量表的选项数量也要控制。此外，占据大面积屏幕的矩阵问题要少用，并允许调查对象分类回答各种问题。采用滑块或者"星星评分"形式的调查问题非常受欢迎。

问题的措辞也非常重要。移动用户不会花费大量时间，所以他们需要在几秒钟内理解问题。应该用常用的、不模糊的词汇来定义问题。设计问卷的挑战在于，如何将问题控制在 140 个字符以内。缩短问题往往会使问题不那么模糊，更直观。例如，不要问"以下哪个品牌的牙膏是你最喜欢的？（请选择一个）"而只是问"您最喜欢的牙膏是？"随后就是答案列表。答案选项也应该保持简洁。简洁的答案更容易阅读和理解，可让调查问卷更适合小屏幕设备。在格式和版面方面，调查问卷应该针对移动设备进行优化，使之容易用小型触摸屏设备阅读和回复，比如文字更大，按钮更容易点击。优化的移动调查可以确保更好的回答者体验，从而获得更高质量的回答，提高响应率和响应速度。例如，所有 QuestionPro（www. questionpro. com）调查都针对移动设备进行了优化。针对移动设备设计调查问卷，不仅可以提高在移动设备上的调查效果，还可以提高通过电脑等形式访问调查网站的调查效果。

移动调查问卷应该设计得如同对话一样流畅。让调查对象知道调查的下一步，可以减轻他们的认知负担。不相关的图像或者视频会浪费太长的下载时间并且让问卷更难浏览，所以应删除。如果需要使用图片，那么应该让它们可以快速、流畅地加载。调研人员应该确保问卷适用于小屏幕，例如使用 5 分制的问题而不是 10 分制。预测移动调查往往比预测大多数其他类型的调查需要更长的时间，因为移动设备之间的差异通常更大。调研人员应该在目标调查对象使用的主流移动设备上进行预测试。一种常用的预测试方法是在一个移动平台上彻底测试调查问卷，然后测试它在其他平台上的效果，目的是开发一个与设备无关的调查问卷。在移动调查的背景下，设备和平台是未知的。这意味着需要保证问卷调查不论在移动设备上还是在电脑上都能正常开展。

实用市场调研

10.19

市场调研中的商业伦理

问卷设计肯定涉及访谈者和调查对象、客户之间关系的相关伦理问题。尤其要注意的是：使用过长的问卷，问一些敏感的问题，在同一份问卷或调查中合并多个客户的问题（搭便车），以及故意使问卷具有偏见。

调查对象耗费自己的时间来参加调研，不应该对他们索求过多的信息而使他们负担过重。所以调研人员应该避免过长的问卷。依据不同的变量，例如调查的主题、所要做出的努力、开放性问题的数量、使用复杂量表的频度、执行的方法，问卷的长度和完成时间不同。根据加拿大专业市场调研协会的指导原则，除了登门调查，超过 30 分钟才完成的问卷被视为"过长"。登门调查可以超过 60 分钟而不使调查对象负担过重。过长的问卷是非常恼人的，也会影响回答的质量。类似地，具有迷惑性的、超过调查对象能力的、困难的或者是其他有不恰当措辞的问题都应该避免。

敏感问题应该受到特殊关注。一方面，率真的和坦诚的答案对产生有意义的结果非常必要。另一方面，调查者不应该侵犯调查对象的隐私或者引起他们的不适感。为了最小化不适感，应该在调查的一开始就明确：调查对象没有义务回答使他们不舒服的任何问题。

访谈者与客户关系涉及的一个重要的问题是捎带调查（piggy backing），即当问卷包含了与一个以上客户相关的问题时，这种情况就会发生。这种现象经常会发生在搭便车样本小组中，不同的客户都能够使用这些样本小组来完成他们的问题。捎带调查能够在本质上降低成本，对于客户来说是收集到他们原本无力负担相应成本的信息的一个好办法。在这种情况下，所有客户必须清醒地意识到这一情况，而且表示同意。遗憾的是，捎带调查有时是在客户不知情的情况下，仅仅是为了增加调研公司的利润而使用的，这是非常不符合伦理的。

MARKETING RESEARCH AN APPLIED ORIENTATION 实用市场调研（原书第 7 版）

最后，调研人员在设计问卷时负有伦理责任，应该用一种没有偏见的方式来获得所需信息。故意使问卷向一个预想的方向上倾斜（例如，通过询问诱导性问题）的做法是不可取的。在确定问题的结构时，应该使用最合适的而不是最方便的方法。而且，问卷应该在现场工作开始之前进行彻底的预调查，否则就会产生伦理问题。

小结

为了收集定量的原始数据，研究人员必须设计一张问卷或一张观察表。问卷有三个目标：将所需的信息翻译成一组调查对象能够并且愿意回答的问题；激励调查对象完成调查；最小化回答误差。

设计问卷是一门艺术而非科学。这一过程从确认所需信息（步骤1）与确定调查方法的类型（步骤2）开始，接下来是确定单个问题的内容（步骤3）。设计问题来解决调查对象没有能力或者不愿意回答的情况（步骤4），调查对象如果不具备有关知识，无法清晰地回忆信息或者不能明白地阐述答案，就可能无法回答问题；也应该克服调查对象不愿意提供答案的情况，如果问题要求调查对象做出过多的努力、在被认为是不合适的情境或环境下提出、没有提供合法的目的，或者涉及敏感的信息，调查对象很有可能不愿意回答问题。接下来是确定问题的结构（步骤5），问题可以是非结构化的（开放性的）或者具有不同程度的结构化。结构化问题包括多选题、二项问题和量表。

确定问题的措辞（步骤6）涉及详细说明问题，使用通俗易懂和明确的词语，使用双重陈述。访谈者应该避免使用引导性问题、隐含选项、隐含假设以及概括和估计性的表述。一旦问题的措辞被确定下来，就必须确定它们在问卷上的正确顺序（步骤7）。应该考虑开头的问题、信息的类型、困难的问题以及对后面问题的影响。问题应该按照逻辑顺序排列。

现在到了确定问卷的格式和版面设计（步骤8）的阶段。在印制问卷（步骤9）时应该注意几个非常重要的因素，包括外观、使用小册子、将整个问题都放在一页上、答案类目的格式、避免题目过于拥挤、填表指示说明的位置、颜色编码、易于阅读的格式和成本。最后是通过预调查来消除缺陷（步骤10）。重要的事项包括预调查的范围、调查对象的性质、调查方式的类型、访谈者的类型、样本大小、问卷分析和事后通报以及编辑和分析。

设计观察表时要求确定观察的内容和记录行为的方式，要确定所要观察的人物、事件、时间、地点、原因和方法。

问卷应适应特定的文化环境，不应偏重于任何一种文化。因为不同的国家可能会使用不同的调查方法，所以问卷需要适用于多种调查方法。对社交媒体的分析可以帮助设计出在内容、结构和措辞方面合适的问题，并决定问题的顺序。问卷设计的一般指导原则也适用于移动市场调研，但由于移动设备屏幕尺寸较小，还需要考虑一些特殊的因素。需要注意到涉及访谈者和调查对象、访谈者和客户关系的相关伦理问题。互联网和计算机可以在设计可靠的问卷和观察表中起到非常大的作用。

MARKETING RESEARCH

实用市场调研 (原书第7版)

第 11 章 抽样：设计与步骤

大多数情况下，抽样是获取市场调研数据的唯一可行办法。抽样不可避免地会带来抽样误差，但这通常只是总体误差中很小的一部分。

——Leger Analytics 公司总裁 Chuck Chakrapani

Chuck Chakrapani 供图

本章概要

————————

　　抽样是调研设计的组成部分之一。进行调研设计是市场调研的第3步。在这一阶段，已经收集了调研问题所需要的信息，确定了调研设计的性质（探索性、描述性或因果，见第3章至第7章），也确定了测量方法（见第8章和第9章），完成了问卷设计（见第10章），下一步就是设计适当的抽样步骤。抽样过程的设计涉及以下几个基本问题：①应该采用抽样的方法吗？②如果采用抽样的方法，应该按照什么流程进行？③应该采用哪种类型的样本？④样本容量应该多大？⑤可以采取什么措施控制和调节拒答误差？

　　本章主要介绍抽样过程中的基本概念，回答上述问题所必需的定性考虑。首先，介绍是否需要通过抽样解决问题，同时描述抽样步骤。其次，介绍非概率抽样和概率抽样的方法。此外，还讨论了国际市场调研中抽样方法的运用、社交媒体样本的代表性、移动市场调研中的特别因素、相关的伦理问题，并介绍了在线抽样中的技术和方法。

案例 11.1　　　　　　　　　　随机抽样调查和突击调查

comScore 是一家提供全方位服务的调研公司，总部设在弗吉尼亚州的雷斯顿（www. comscore. com），为互联网行业提供领先和创新的网站评估系统和市场调研。comScore 进行了一项调查，以对比加拿大与美国对高科技产业的看法。3 000名加拿大 IT 经理接受了调查，结果显示，加拿大人认为与美国相比，他们在技术上已经落后了。许多调查对象指出，与加拿大相比，澳大利亚比美国的技术在应用上更具现实性。

comScore 开展的一个调研项目是"弹出式调查"。该调查对访问网站的人数进行统计，并在预先确定的时间段内选择访问者。例如，在系统随机抽样的基础上，选中每第 100 个点击客户网站的用户，并弹出一个小的 Java 脚本。该脚本要求用户完成一个简短的在线调查。如果访问者点击"否"，Java 脚本就会消失，访问者可以继续浏览网页。如果访问者点击"是"，一个定制的调查就会出现。

这种"弹出式"方法可以显著提高用户的回应率。传统的方法是在网站上挂一个调查横幅，要求访问者参加调查。然而，这些"横幅式"调查的回应率非常低。一般来说，回应率约为 0.02%，即每 500 个访问者中的 1 个参与了调查。comScore 的"弹出式调查"极大地提高了回应率，并使数据收集时间从几周缩短到几天。

因此，comScore 互联网研究战略帮助它赢得了企业客户，如 Timex、Delta 酒店、多伦多道明银行、家乐氏和 Canadian Tire。

这个例子说明了抽样设计的各个步骤。在详细讨论抽样之前，先讨论一下调研人员应该采取抽样法还是普查法。

11.1

抽样调查还是普查

绝大多数市场调研的目的是获得关于总体的特征或参数的一些信息。**总体（population）** 是具有共同特征且构成某一市场调研问题领域的所有个体的集合。总体的参数常用数字表示，例如，忠诚于某一牙膏品牌的消费者比例。总体参数的基本信息可以通过抽样调查或普查获得。**普查（census）** 是对总体单位的完全列举。总体参数可以通过普查采集得到的数据直接计算而得。**抽样调查（sample）** 是选取总体的一个子集来进行调研。样本特征也叫样本统计量，被用来推断总体参数特征。通过参数估计和假设检验，可以由样本特征推断总体特征。表 11 - 1 简要列举了抽样调查和普查各自适用的情况。预算和时间限制成为明显约束条件的时候适宜用抽样调查。普查是一项耗时耗力的工作，如果总体数量庞大，像对于大多数消费产品，普查是不现实的。然而对于工业产品，由于总体数量较小，普查变得可行而且必要。例如，在调查美国汽车制造商使用的特定机械工具时，普查就比抽样调查更加合适。这种情况下使用普查还有另外一个原因，那就是变量之间差异较大。例如，福特使用的机械工具与本田使用的机械工具存在很大差别。总体容量较小且个体之间差异较大时适宜用普查的方法。

表 11-1　抽样调查与普查

	适用条件	
	抽样调查	普查
预算	少	多
总体容量大小	大	少
特征差异	小	大
抽样误差成本	低	高
非抽样误差成本	高	低
测量性质	破坏性的	非破坏性的
对个体具体情况的关注	是	否

如果抽样误差的成本非常高（例如，如果样本忽略一个主要的制造商福特，最终结果将会令人误解），而普查可以排除类似的误差，就需要采用普查的方法。相反，如果非抽样误差的代价很高，就适合采用抽样调查的方法。普查会增加非抽样误差，甚至使之超过抽样误差。人们发现非抽样误差是总体误差的主要来源，而且随机抽样误差在量上相对较小（见第 3 章）。因此，在大多数情况下，出于精确度的考虑，用样本方法而非普查方法将更适宜，这是美国统计局通过执行样本调查来检查不同普查的精确度的原因之一。但是，正如在涉及美国汽车制造商的例中所示，并非总是可以将非抽样误差降低到足以弥补抽样误差的水平。

如果测量过程导致了抽样个体的破坏或污染，则样本方法更受欢迎。例如，产品用法测试导致了产品的消耗。因此，在一项要求家庭使用新品牌麦片的研究中，进行普查是不可行的。当需要关注个体情况时，就像深度访谈的案例一样，也需要抽样的方法。最后，出于参数特征的考虑，例如需要对调研保密，也较适宜用抽样调查。

实用市场调研

11.2

抽样设计过程

如图 11-1 所示，抽样设计过程包括五个步骤。这五个步骤密切相关，而且与市场调研的各个方面（从问题的定义到结论的演示）也有密切联系。因此，关于抽样设计过程的决策应该与调研项目中的其他所有决策进行整合。

11.2.1 定义目标总体

抽样设计始于定义**目标总体（target population）**。目标总体是拥有某种信息的个体或者实体的集合，这些信息是调研人员感兴趣的，并且调研的结论也是从这些信息中推导出来的。目标总体必须精确定义。定义不准确，将会导致调研无效，甚至得出误导性结论。定义目标总体涉及将定义问题转换为一个精确的陈述，说明谁应该包含和谁不应该包含在样本中。目标总体的定义中应该包含以下几个方面：个体、抽样单位、范围和时间。**个体（element）**是指一个对象，关于它的信息或者来自它的信息正是调研所需要的。在调研中，个体常常是调查对象。**抽样单位（sampling unit）**指的是在抽样过程的某个阶段可供选择的个体，或者是包含个体的单位。假设露华浓（Revlon）公司想要评估消费者对新推出的一款唇膏的反应，并且想要对大于18岁的女性抽样。也许可以直接以大于18岁的所有女性为样本，这种情况下抽样单位就是个体；另一种情况，抽样单位可以是家庭。在这种情况下，选取的对象首先是家庭，然后对所选家庭中年龄大于18岁的女性进行调查。可见抽样单位和个体是不同的。范围指的是地理边界，时间指的是调查的时间周期。定义目标总体并不容易。假定要通过市场调研来了解消费者对于一款新的男士古龙香水的反应，谁应该被包含进目标总体？所有男士？上个月一直在用古龙香水的男士？年龄大于17岁或是更大的男士？女士应该被包含进目标总体吗？因为有些女士为伴侣购买古龙香水。在恰当定义目标总体之前，应先解决上述问题。

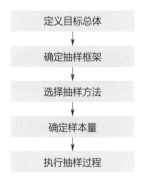

图11-1 抽样设计过程

11.2.2 确定抽样框架

抽样框架（sampling frame）是目标总体中个体的表示方法。抽样框架由一份或一系列识别目标总体的方法构成。抽样框架的例子包括电话本、列有行业中所有公司的清单、从商业机构购买的邮寄名单、地图等。如果不能得到一份汇编的清单，至少要有一些指示说明，通过这些指示能够识别出目标总体。例如电话调查中随机数字拨号程序（见第6章）。通常情况下，非常有可能汇编或获得总体中个体的清单，但是清单中可能会忽略掉总体中的一些个体，或者包含不属于总体的其他个体。因此，使用清单有可能导致抽样框架误差，这在第3章讨论过。

在某些情况下，总体和抽样框架所包含的个体的误差小到可以忽略。但是，大多数情况下，调研人员要意识到并且处理抽样框架误差。处理这类误差至少有三种方法。第一种方法是根据抽样框架重新定义总体。假如电话号码本被用作抽样框架，总体可以重新定义为在给定区域内正确列示在号码本上的家庭。这一方法虽然简单，但是可以防止访谈者在被调查的实际总体对象上被误导。

第二种方法是在数据收集阶段筛选调查对象来减少抽样误差。可以根据人口统计学特征、对产品的熟悉程度、产品使用度以及其他特征来对调查对象进行筛选，以确保他们符合目标总体的标准。筛选可以排除包含在抽样框架中的不合适的个体，但是不能考虑被忽略的个体。

第三种方法是通过配比一个权重，调整收集到的数据，以平衡抽样框架误差。这将在第12章和第14章讨论。不管采用哪种方法，最重要的是意识到抽样框架误差的存在，以避免不合适的总体推论。

11.2.3 选择抽样方法

选择抽样方法涉及诸多决策。调研人员必须决定使用贝叶斯法还是用传统的抽样方法、是替换抽样还是非替换抽样、是采用非概率抽样还是概率抽样。

在贝叶斯抽样方法（Bayesian approach）中，个体被顺次逐个选出，每个个体都加入样本后，就可以收集数据，计算样本统计量，样本成本也随之确定。贝叶斯方法明确包括总体参数的先验信息，以及做出错误决策的成本及概率。这一方法在理论上很有吸引力。但在市场调研中没有得到广泛运用，因为成本较高且概率的信息很难获得。在传统抽样方法下，整个样本在数据收集前就选择好了。因为传统抽样方法运用频率高，我们假定以下部分采用的都是传统抽样方法。

在替换抽样（sampling with replacement）中，个体从抽样框架中被选出来，收集到合适的数据后个体又被放回抽样框架中。因此，有可能同一个体不止一次地被选入样本中。在**非替换抽样（sampling without replacement）**中，一旦个体被选入样本，就将其排除在抽样框架外，从而不可能再次被选中。两种方法下的统计数据结果会稍微不同，当抽样框架相对于最终的样本容量来说足够大时，统计推论差异不大；当抽样框架没有显著大于样本容量时，两种方法的区别非常重要。抽样方法中最重要的决策是决定采用概率抽样还是非概率抽样。考虑到这一决策的重要性，相关问题将在本章后面的部分详细讨论。

如果抽样单位与个体不同，就必须精确地指定应该如何选择抽样单位之内的个体。在入户人员访谈和电话访谈中，仅仅指定地址或电话号码可能还不够。例如，应该访问那些应声去开门或去接电话的人呢，还是家中的其他人？一个家庭中通常不止一人具备被调查的资格。例如，家中的男户主和女户主可能都符合参加一项调查家庭休闲时间活动研究的条件。在使用概率抽样方法时，必须从每个家庭中所有符合条件的人中做出一个随机的选择。一个简单的随机选择方法是"下一个生日法"。访谈人员询问家庭中哪位是下一个过生日的，然后将那个人纳入样本当中。

11.2.4 确定样本容量

样本容量（sample size）指用于调查的个体的数量。确定样本容量是一个复杂的过程，涉及一些定性和定量因素的考虑。定性因素将在本章做出讨论，定量因素会在第12章讨论。在确定样本容量时需要考虑的几个定性因素如下：①决策的重要性；②调

281

研的性质；③变量个数；④分析的性质；⑤类似调研的样本容量；⑥发生率；⑦完成率；⑧资源约束。一般来说，决策越重要，需要的信息就越多越精确，进而要求越大的样本容量。随着样本容量的增加，获取每条信息的成本也会提高。精确程度可以根据标准差来衡量，标准差与样本容量的平方根成反比。样本容量越大，通过增加样本容量来增加精确度的收益越小。

调研的性质对于样本容量同样有重要影响。对于探索性调研设计，例如那些使用定性调研的设计，样本容量通常很小。对于结论性调研设计，例如描述性调研设计，需要较大的样本量。同样，如果变量数目较多，也需要较大的样本容量。大样本中，变量之间抽样误差的累积效应将会减少。

如果需要使用多变量技术来进行复杂的数据分析，应该使用较大的样本容量。如果需要对数据进行详尽的分析，亦是如此。因此，如果是在亚组或者分部的水平上分析数据，需要比在总体水平上分析数据更大的样本。

样本容量会受到类似调研中平均样本容量大小的影响。表11-2给出了适用于不同类型市场调研的样本容量的经验值。这些样本容量基于经验确定，可用作为粗略的指导，特别是在使用非概率抽样方法时。

表11-2　市场调研使用的样本量

研究类型	最小量	典型的范围
问题鉴别研究(例如市场潜力)	500	1 000 ~2 500
问题解决研究	200	300 ~500
产品测试	200	300 -500
市场测试	200	300 ~500
电视/广播/印刷品广告(每个被测试的广告)	150	200 -300
试销市场审计	10 家商店	10 ~20 家商店
专题组	2 组	6 ~15 组

最后，确定样本容量时需要考虑资源约束。在任何一个市场调研项目中，资金和时间都是受到限制的。另外一些约束包括合格的数据收集人员的可得性。正如下章所述，所需的样本容量还要根据符合条件的调查对象数量和完成率做出调整。

11.2.5　执行抽样过程

执行抽样过程必须有一个抽样设计的详细说明，说明总体、抽样框、抽样单位、抽样方法和样本容量是如何确定的。如果以家庭为抽样单位，就需要对家庭有一个操作化的定义。对空房子或是无人在家的情况如何复查，这些都需要在操作程序中做出规定。还要对所有的抽样设计决策提供详细信息。

MARKETING RESEARCH AN APPLIED ORIENTATION　实用市场调研（原书第7版）

抽样方法的分类

抽样方法可以被宽泛地分为非概率抽样和概率抽样（见图 11 – 2）。**非概率抽样**（**nonprobability sampling**）依赖于调研人员的个人判断，而不是随机选择样本个体。调研人员可以随意地或是有意识地决定样本中包含哪些个体。非概率抽样可能产生对总体特征的良好估计，但是不能对样本结果的精确度做出客观的评价。因为无法确定选择任意一个个体进入样本的概率，根据样本得出的估计不能推论到总体。常用的非概率抽样的方法包括便利抽样、判断抽样、配额抽样和滚雪球抽样。

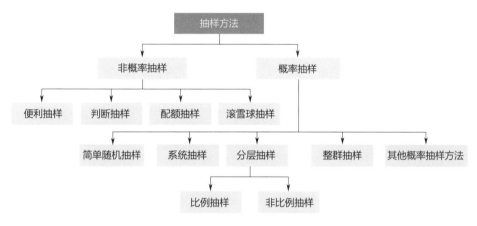

图 11 –2　抽样方法的分类

在**概率抽样**（**probability sampling**）中，抽样单位是随机选择的。可以预先指定从总体中抽取的给定大小的潜在样本，以及抽取到这些样本的概率。每个潜在样本不必有相同的被抽取概率，但是能够指出选择任意给定样本容量的概率。这要求不仅对目标总体有一个精确的定义，而且对抽样框架要有全面的说明。因为样本个体是随机选择的，可以计算样本的精确程度，计算包括目标总体真实值的置信区间。调研人员可以根据从抽取的样本中获得的信息对目标总体的相关信息作出推论。概率抽样方法分为以下几类：

- 个体抽样对整群抽样。
- 相等概率对不等概率。
- 非分层抽样对分层抽样。
- 随机抽样对系统抽样。
- 单阶段技术对多阶段技术。

这五个方面的所有可能的组合会产生 32 种不同的概率抽样方法。在这些技术当中，我们深入讨论简单随机抽样、系统抽样、分层抽样和整群抽样，并简要介绍一些其他的抽样方法。首先来讨论非概率抽样方法。

非概率抽样方法

图11-3展示了各种非概率抽样的说明。总体包含25个个体，需要选出五个作为样本。A、B、C、D、E代表五个组，也可以看成五个分层或者集群。

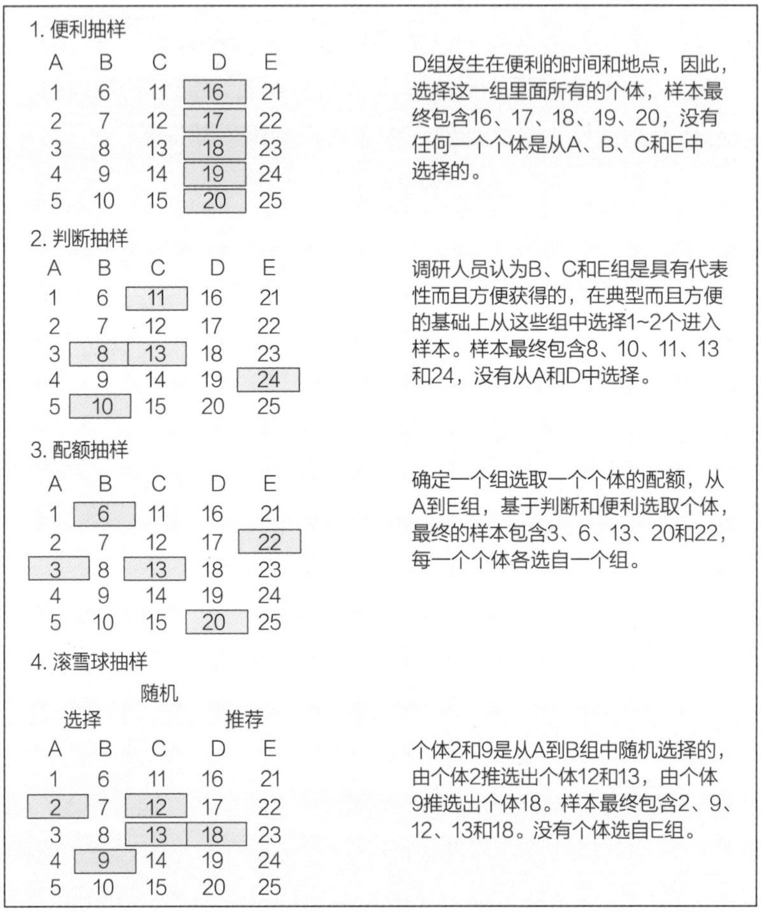

图11-3 非概率抽样方法的图示说明

11.4.1 便利抽样

便利抽样（convenience sampling）本着便利原则获取样本个体。抽样单位的选择主要在于调研人员。通常，调查对象被选中是因为他正好在合适的时间出现在合适的地点。便利抽样的例子包括：①调查的对象是学生、教会成员或者社会组织机构的成员；②在商场不加资格认定地拦截调查对象进行调查；③使用交易清单确定所要调查的百货商店；④撕下杂志上的问卷；⑤街头调查。便利抽样是所有抽样方法中最便宜、最省时的方法。抽样单位易于接近，易于测试，而且易于合作。尽管有这些优点，便利抽样也存在一个很严重的局限。这种方法会产生许多潜在的抽样误差，包括调查对象的自我选择。便利抽样得到的样本对任何可定义的总体不具有代表性，因此，将样本结论推广到任意总体是没有理论意义的，便利抽样不适用涉及总体推论类的市场调研。在做描述性或者因果性调研时，不宜采用便利抽样，但是这种方法适用于做探索性调研，以产生概念、见解或假设等。便利抽样可以用于焦点小组、预调查或者初步调研。即使在这些情况下，解释结论也应当谨慎。尽管如此，这种方法在一些大型调研中也会用到。

案例 11.2　　　　　　　　　　奥运会期间的调查

国际奥林匹克委员会（IOC；www.olympic.org）在 2000 年悉尼夏季奥运会上进行了调查，以了解游客对悉尼的商业化水平的看法。其中一项调查是对 200 名游客进行的，询问他们认为什么程度的商业化是合适的，他们是否认为奥运会过于商业化，以及公司对奥运会的赞助是否被认为是一种积极的商业行为。由 Performance Research（www.performanceresearch.com）进行的调查显示，77% 的游客认为可口可乐（www.cocacola.com）和麦当劳（www.mcdonalds.com）等大型企业的赞助是合理的。此外，88% 的游客认为赞助者对奥运会做出了积极的贡献。大约 33% 的人认为公司赞助悉尼奥运会体现了它们的积极性。

在 2004 年的雅典奥运会上也进行了一项调查，以评估观众对奥运会的满意度。调查使用了 1 024 人的便利样本，其中 46% 是希腊人，13% 是美国人，剩下是其他国籍的人，结果显示，他们对雅典奥运会的认可度非常高。在 2008 年北京奥运会、2012 年伦敦奥运会和 2016 年里

ITAR-TASS Photo Agency/Alamy Stock Photo

约奥运会上，都进行了基于便利样本的调查。在所有这些调查中，当地公民都认为在他们国家举办的奥运会加强了人们对体育活动的参与。关于公司赞助奥运会的结果也是积极的。国际奥委会利用这些信息来提高赞助收入。

11.4.2　判断抽样

判断抽样（judgmental sampling） 是便利抽样的一种形式。判断抽样根据调研人员的判断来选择总体中的个体。调研人员或专家根据判断选择特定的个体进入样本，是因为他们相信这些个体能够代表总体或者具有其他适合的特征。常用判断抽样的情况包括以下几种：①选择确定推出一种有潜力的新产品的试销市场；②选择工业品公

司中可代表公司的采购工程师；③选择能代表民意的选区；④选择出庭专家和证人；⑤选择测试新的商品展示系统的百货商店。判断抽样成本低且便捷快速。然而它不允许将结论直接推广到特定的总体，通常对于总体没有明确的定义。判断抽样是主观的，它的价值完全取决于调研人员的判断、专业知识以及创造力。在不需要大量对总体进行推论的时候这种方法是有用的。

11.4.3　配额抽样

配额抽样（quota sampling）可以看作两阶段的有约束的判断抽样。第一阶段是对总体中的个体进行分类，并根据分类来确定配额。为确定配额，调研人员需要列出相关的控制特征，并且确定这些特征在目标总体中的分布。相关的控制特征可能包括性别、年龄、族裔、身份识别等。通常，确定配额是为了使样本中个体的控制特征在比例上与总体相似。换句话说，通过配额要使样本构成与总体构成在特定特征方面相同。在第二阶段，基于便利性或者判断选出样本。一旦配额被划定，在选择个体进入样本方面就有较大的自由空间，唯一的要求就是个体符合控制特征。

然而，在某些情况下，最好是对具有某些特征的个体进行少抽或多抽。比如，有时可能需要多抽一些大量使用某产品的人，以便详细地考察他们的行为。虽然这种类型的样本没有代表性，但它仍然是非常有意义的。

即使样本在某些控制特征方面与总体相似，也不能够保证样本就具有代表性。如果与问题相关的某一特征被忽略，配额样本就不具代表性。相关的控制特征常常被忽略，因为要包括多种控制特征往往具有操作上的困难。另外，由于每组配额下的个体是基于便利性和判断选择出来的，存在许多选择偏差。调研人员会选择最容易找到符合条件的调查对象的区域进行调查。同样，他们会避免接触那些看上去不友善、衣衫褴褛或者居住在不理想住所的人。配额抽样也无法计算抽样误差。

配额抽样试图以相对较低的成本获得具有代表性的样本。它的优势是成本低，便于调查者选择每组配额中的个体。近来，为了减少选择误差，对调研人员以及调查过程的控制越来越严格，并提出了提高商场拦截式配额样本质量的指导说明。在某些特定的条件下，配额样本所获得的结果与常规的概率抽样结果相似。

11.4.4　滚雪球抽样

在滚雪球抽样（snowball sampling）中，通常先随机地选择一组最初的调查对象，在调查结束之后，要求这些调查对象推荐一些同属目标总体的其他人，然后用相同的方法继续选出后续的调查对象。这一过程通过一轮接一轮的推荐来实现，从而形成一个"滚雪球"效应。即使在选择最初的调查对象时使用了概率抽样，但最终的样本还是一个非概率样本。与随机抽样的方式相比，被推荐的人将具备与推荐人更为相似的人口统计学和心理特征。

滚雪球抽样的一个主要目的是估计在总体中非常稀少的某些特征。例如，享受特

MARKETING RESEARCH AN APPLIED ORIENTATION 实用市场调研（原书第7版）

殊政府或社会服务的人群，如失业或贫困救济的对象；特殊的普查群体，如 35 岁以下的丧偶男性；以及分散的少数总体的成员。滚雪球抽样法被用于工业买卖双方研究，以确定买卖双方的配对。滚雪球抽样的主要优点是，它显著地增加了在总体中找出想要的特征的可能性，同时样本方差和成本相对较低。

实用市场调研

案例 11.3   公共卫生宣传与预防

据估计，在 2016 年，世界上每一分钟都有人感染艾滋病毒。在全世界范围内，2015 年约有 210 万个艾滋病新病例，截至 2016 年，全世界约有 3 670 万人感染艾滋病毒。我们进行了一项调研，以考察澳大利亚的印支裔吸毒者（IDUs）的风险行为，对 184 名 15～24 岁的 IDUs 进行了结构化问卷调查。该调研采用通过社会和街头关系网络的滚雪球抽样方法招募调查对象，对 184 名吸毒者进行结构化的问卷调查。采用这种方法是因为吸毒者能够提供其他吸毒者的信息。对抽中的调查对象询问有关其毒品使用情况、与注射有关的风险行为、对感染艾滋病风险的认知等方面的许多问题。访问在墨尔本和悉尼进行，采访的地点包括街头、餐馆、咖啡店，甚至人们家里。

调查结果表明，98% 的调查对象表示海洛因是他们第一次注射的毒品，其中 86% 的人在静脉注射前吸食过海洛因。首次注射年龄从 11 岁到 23 岁不等，平均年龄为 17 岁。36% 的人曾经共用过针头，其中有 23% 的人与好朋友共用过针头，1% 的人曾经与性伙伴或情人共用针头。他们对血液传播的疾病及其并发症的认知程度很低。根据这些结果，澳大利亚的公共卫生部门决定大力开展针对注射毒品人员感染艾滋病的风险和预防措施的宣传。

在上面这个例子中，滚雪球抽样比随机抽样更有效率。在有些情况下，用概率抽样方法随机抽取调查对象更合适。

实用市场调研

11.5 概率抽样方法

不同的概率抽样方法在抽样效率方面各不相同。抽样效率反映了抽样成本和精确度之间的权衡。精确度反映的是被测特征不确定的程度。精确度与抽样误差呈负相关，与抽样成本呈正相关。精确度越高，成本越高，大多数调研需要在这两者之间做出权衡。调研人员要在分配的预算的约束下做出最有效的抽样设计。评估概率抽样方法的效率是通过与简单随机抽样相比较得出的。图 11-4 给出了各种概率采样技术的图解说明。与非概率抽样的情况一样，总体由 25 个个体组成，必须选择 5 个样本。A、B、C、D 和 E 代表组，也可以看成是分层或集群。

```
┌─────────────────────────────────────────────────────────────────────────┐
│ 1. 简单随机抽样                                                              │
│    A  B  C  D  E        从1到25中选择五个随机数字。随机抽                      │
│    1  6  11 [16] 21      样的结果是由3、7、9、16和24组成。                     │
│    2 [7] 12 17  22       注意，没有个体选自C组。                              │
│   [3] 8  13 18  23                                                         │
│    4 [9] 14 19 [24]                                                        │
│    5  10 15 20  25                                                         │
│                                                                           │
│ 2. 系统抽样                                                                 │
│    A  B  C  D  E        在1~5之间随机的选择数字2，抽样结                      │
│    1  6  11 16  21       果由2，7（2+5），12（2+5+5），                      │
│   [2  7  12 17  22]      17（2+5+5+5），22（2+5+5+5+5）                     │
│    3  8  13 18  23       组成。注意，所有被选个体都属于同                      │
│    4  9  14 19  24       一行。                                             │
│    5  10 15 20  25                                                         │
│                                                                           │
│ 3. 分层抽样                                                                 │
│    A  B  C  D  E        从A到E的每一个组中，随机地选择一                      │
│    1  6  11 16 [21]      个数字，最后的样本是由4、7、13、                     │
│    2 [7] 12 17  22       19和21组成。注意，每个个体都选自                     │
│    3  8 [13]18  23       一个特定分组。                                      │
│   [4] 9  14 [19] 24                                                        │
│    5  10 15 20  25                                                         │
│                                                                           │
│ 4. 整群抽样（两步）                                                          │
│    A  B  C  D  E        随机地选择三个小组B、D、E，每个                      │
│    1  6  11 16 [21]      小组中随机地选择1个或2个个体，抽                     │
│    2 [7] 12 17  22       样结果为7、18、20、21和23。注意，                   │
│    3  8  13 [18][23]     没有个体从组A和C中选择。                             │
│    4  9  14 19  24                                                         │
│    5  10 15 [20] 25                                                        │
└─────────────────────────────────────────────────────────────────────────┘
```

图11-4　概率抽样方法图解

11.5.1　简单随机抽样

在简单随机抽样（simple random sampling，SRS）下，总体中的任一个体都有一个已知且均等的被抽中概率。进一步说，任意可能的容量为 n 的个体组合都有一个已知且均等的概率被选择为最终样本。这意味着任一个体都是相互独立于其他个体而被选出的。在抽样框中通过一个随机选择程序就可以得到样本。这种方法相当于一个彩票系统：将参与者的名字放入一个容器中，摇晃这个容器，然后以一种无偏见的方式取出获胜者的姓名。为了获取一个简单的随机样本，调研人员首先要编辑一个抽样框架，给每个个体指派唯一的可识别的数字编号，然后随机地选择一些编号以决定哪些个体进入样本。这些随机的数字编号可以由计算机程序或者表格生成。

简单随机抽样有许多理想的特征：易懂，样本结论可以映射到目标总体。许多统计的推论方法都假定数据是按照简单随机抽样收集的。然而，简单随机抽样有至少四方面局限性：第一，通常很难构建一个可以允许进行简单随机抽样的抽样框架。第二，简单随机抽样可能会导致样本很大或者跨越很宽的地理区域，从而增加了收集数据的时间和成本。第三，与其他概率抽样方法相比，简单随机抽样经常导致较低的精确度和较大的标准差。第四，简单随机抽样可能会得到有代表性的样本，也可能不会。尽管一般来说，简单随机抽样所抽出的样本可以很好地代表总体，但在给定容量的情况下，也存在错误代表目标总体的可能，这在样本容量较小的情况下更可能发生。基于这些原因，简单随机抽样在市场调研中运用不广，系统抽样更受欢迎。

11.5.2 系统抽样

系统抽样（systematic sampling）通过选择一个随机的起点，然后从抽样框架中连续地抽取第 i 个个体，从而选出样本。通过将总体 N 除以样本量 n 并将结果四舍五入到最接近的整数，可以确定出抽样间距 i。例如，总体中有 100 000 个个体，想要抽取一个样本量为 1 000 的样本，此时抽样间距 i 为 100。在 1 到 100 之间选出一个随机数如 23，该样本就由个体 23、123、223、323、423 和 523 等组成。系统抽样与简单随机抽样相似之处在于总体中的每个个体都有一个已知且相等的被选中概率。但是，它又不同于简单随机抽样，因为只有样本量为 n 的可容许样本具有已知且相等的选择概率，其余样本量为 n 的样本被选择的概率为 0。

对于系统抽样，调研人员假定总体中的个体是按照某种顺序排列的。在某些情况下，这种排列顺序与个体特征无关；而在另一些情况下，排列顺序直接与调查的特征相关，例如，信用卡用户按照欠款余额列出，特定行业中的公司以每年的销售额列出。如果个体是按照与调查特征无关的顺序列出，则系统抽样产生的结果和简单随机抽样的非常相似。

此外，当个体的排列顺序与调查特征相关时，系统抽样增加了样本的代表性。假设公司按照在行业中的销售额排名列出，系统抽样可以得出包含小公司同时也包含大公司的样本，而简单随机抽样得出的样本可能就不具有代表性，因为它可能仅包含一些小公司，或者过多的小公司在样本中。如果个体排列呈现周期性，系统抽样会降低样本的代表性。

系统抽样比简单随机抽样成本更低，更容易实现，因为随机选择仅需一次就够了。另外，也不像简单随机抽样那样需要识别每一个个体。有一些名单包含有数百万个体，这样可以节省大量的时间，同时降低抽样成本。如果可以获得与调研相关的信息，则系统抽样可以生成比简单随机抽样更具代表性、更可靠（抽样误差更低）的样本。另外一个优势是系统抽样可以不必了解抽样框中个体的组成。出于这些原因，系统抽样常用于消费者邮件调查、电话调查、商场拦截调查、网络调查和移动调查。

实用市场调研

案例 11.4　　　　　　　　　　　为汽车配备免提装置

MSN Autos 是微软旗下一个提供汽车报价和其他汽车研究信息的网站。该网站进行了一项调查，以发现人们当前是否使用或未来是否打算使用移动电话免提装置。MSN Autos 用系统随机抽样方法进行了一次互联网调查，针对每第 50 个访问者，在屏幕上弹出调查。在 879 个被选中的访问者中有 836 个做出了回应。

结果表明，62% 的调查对象从未使用过免提装置，并仅有 54% 的人愿意在未来使用。鉴于人们并不太接受在手机上安装免提装置，该公司预测到 2020 年，全美几乎所有的车辆都将配备手机免提配件。这是因为未来几年，各州都会颁布有关的法律。例如，华盛顿特区的一项法律禁止任何人在没有免提装置的情况下在开车时使用手机通话。

11.5.3 分层抽样

分层抽样（stratified sampling） 由两个阶段构成。首先，将总体分割为几个子总体，或者称为"层"。层之间应该互相排斥同时又穷尽所有个体，也就是说，任一个体可以归属的子层有且仅有一个，同时，总体中的所有个体不能被遗漏。其次，通过一个随机程序，从每一子层中选择个体。技术上讲，仅有简单随机抽样可以用于为每一子层选择个体，实践中，有时也会用到系统抽样或者其他概率抽样方法。分层抽样与配额抽样的不同点在于样本个体是按照概率抽取的而不是基于判断或便利性得到的。分层抽样的主要目的是在不增加成本的条件下增加精确度。用于将总体划分为各子层的变量称为分层变量。选择这些变量的标准是：同质性、异质性、相关性和成本。同属一个子层的个体应当尽可能同质，而不属于同一子层的个体应当尽可能异质。分层变量还要与调查特征尽可能相关。越符合这些标准，控制外部抽样误差的有效性就越高。此外，易于测量和运用的分层变量可以降低分层成本。常用于分层的变量包括人口统计学特征（在配额抽样中说明过）、顾客类型（信用卡用户和非信用卡用户）、公司大小、行业类别等。可以采用多于一个的分层变量，但是出于实效和成本的考虑，一般不选两个以上分层变量。分层数目的确定属于一种判断，但经验显示不要多于六层。超过六层以后，增加一层所带来的精确度提升的收益不足以抵减增加的分层和抽样花费的成本。

案例 11.5　　　　　　　　　　　在线退休计划

Cigna（www.cigna.com）提供与工作地点相关的医疗保健和福利，主要产品系列包括医疗保健产品和服务以及团体疾病、人寿和意外保险。该公司在 2016 年实现了 397 亿美元的净收入。Cigna 进行了一项全国性的分层市场调研，以了解更多关于在线用户对互联网退休服务的需求。Cigna 与 Gfk（www.gfk.com）合作，通过电话调查 659 名 18 岁以上的全职雇员，其中 80% 的调查对象是退休计划的参与者，如通过雇主的退休金或 401（k）计划。由于使用互联网的情况不同，对退休服务的关注也可能不同，所以样本按收入和年龄进行了分层。所采用的抽样设计如下。

调查显示，结果确实因收入和年龄而异，证实了这些变量对分层的作用。例如，在年收入低于 2 万美元的人中，75% 的人没有参与过电子商务交易。而收入 5 万美元以上的人中，只有 30% 的人没有参与过电子商务交易。年龄是影响用户是否喜欢在线获取退休计划信息的一个重要因素，超过 65 岁的人最不喜欢通过网络获取退休计划信息。

总的来说，调查结果显示，人们希望能够在线获取退休计划和基金信息，这使他们在退休计划中拥有更大的控制权。Cigna 利用调查结果开发了 AnswerNet 和 CignaTrade，这两个网站分别允许客户访问其退休计划和经纪账户。获得这些可利用的研究结果的一个关键是使用合适的抽样设计，可以表示为以下几点：

抽样设计

目标人群：符合资格的成年人：18 岁以上，在美国有全职工作，有工作电话，80% 的人目前在调查期间参加了退休计划。

抽样框架：GfK 提供的商业电话列表。

抽样方法：按年龄和收入分层抽样。

样本数量：659 人。

抽样执行：按层分配样本，从列表中随机选择电话号码，根据配额要求调查第一个合格的家庭成员。

另外一个重要决策涉及使用比例抽样还是非比例抽样。在比例分层抽样下，从每一层中抽取的个体数量与该层在总体的相对数量成比例。在非比例分层抽样中，从每层中抽取的个体不但与该层的相对量成比例，同时与该层所有个体中调查特征分布的标准差成比例。非比例抽样的逻辑很简单。首先，拥有相对较大样本量的层在决定总体平均值的时候有一定影响力，并且这些层在推导样本估计值时发挥较大的影响，因此，应当从这些层中抽取相对较多的个体。其次，为了提升精确度，拥有较大标准差的层应该抽取较多的个体，拥有较小标准差的层应该抽取较少的个体（如果该层中所有个体均相同，则选取任一个体就可以获得完美信息）。注意，如果每个分层中标准差相同，则两种抽样方法实际上是一样的。

非比例分层抽样需要一些相对差异的估计值，或者调研特征分布的标准差。这些信息并不一定可以获得，调研人员不得不依赖直觉或者逻辑来决定每一分层中应当抽取的样本数量。例如，大型商店在某些产品的销售额上与小型商店有较大的差异，因此，在一个样本中大型商店的数量可以不成比例地大一些。当调研人员对不同层之间的差异感兴趣时，一种常用的抽样策略是从每一层中选取相等数量的个体组成样本。

分层抽样可以保证所有重要的子层在样本中都得到体现。当总体中调研特征分布极不对称时，这一点尤为重要。例如，大多数家庭年收入低于 75 000 美元，家庭收入的分布是不对称的，很少一部分家庭年收入在 200 000 美元及以上。如果采用的是简单随机抽样，年收入在 200 000 美元及以上的家庭可能得不到充分的体现，分层抽样就可以保证一定数量的这类家庭包含在样本中。分层抽样具有简单随机抽样的简易性，还兼顾了精确度，因此是一种常用的抽样方法。

11.5.4 整群抽样

整群抽样（cluster sampling） 首先将目标总体分为互相排斥且穷尽总体的子总体，

或者称为群。然后用简单随机抽样等概率抽样方法随机抽出群的样本。对于每个选中的群，可以将群中所有个体选入样本，也可以按照概率的方法从中抽取样本。如果将群中所有个体选入样本，则称这一过程为单阶段整群抽样；如果按概率的方法从选出的群中抽取样本，则称为两阶段整群抽

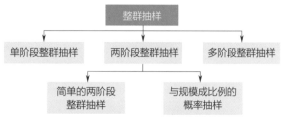

图 11-5 整群抽样的类型

样。如图 11-5 所示，两阶段整群抽样可以划分为运用简单随机抽样的简单两阶段整群抽样和与规模成比例的概率抽样（PPS）。另外，整群抽样还可以划分为多阶段（多于两个），称为多阶段整群抽样。

整群抽样和分层抽样最关键的区别在于整群抽样仅限于在部分子总体（群）中生成样本，而分层抽样是从所有的子总体（层）中生成样本。两种方法的目的亦有不同。整群抽样是为了降低抽样成本，增加样本有效性；而分层抽样是为了增加精确度。在同质异质方面，划分群的标准与层正好相反。同一群中的个体要尽可能异质，而群之间尽可能同质。理想情况下，任一群都是总体的小规模代表。在整群抽样中，抽样框架仅用于那些被选择用于生成样本的群中。表 11-3 总结了分层抽样和整体抽样之间的区别。

表 11-3 分层抽样和整体抽样之间的区别

因素	分层抽样	整体抽样（单阶段）
目标	提高精度	降低成本
子总体	所有层都包括在内	仅选择一个群
在子总体内	每个分层应该是同质的	每个群应该是异质的
在子总体间	分层应该是异质的	群应该是同质的
采样框架	整个总体	所选群
个体的选择	从每个分层中随机选择的个体	每个选定群组的所有个体都包括在内

整群抽样的一个常见形式是**区域抽样（area sampling）**。这里群以地理区域比如国家、住宅区域、街区等为依据划分。如果选择个体时只涉及一个阶段的抽样（例如当调研人员对街区抽样，然后街区中的所有住户都包含进来作为样本），这种设计称为单阶段区域抽样。如果在基本个体被选择出来之前进行了两次或更多次抽样（如调研人员对街区抽样，然后在选中的街区中再选择住户作为样本），则称为两阶段或多阶段区域抽样。单阶段区域抽样一个明显的特征就是被选中的街区（或者其他地理区域）中的所有住户都包含在样本中。两阶段设计有两种类型，如图 11-5 所示。一种类型在第一个阶段（例如对街区抽样）以及第二个阶段（例如对街区内的家庭抽样）都用到简

单随机抽样。这种设计称为简单的两阶段整群抽样。在这种设计中，第二个阶段选出的个体的组成对每个样本群（例如被选出的街区）而言是相同的。有一个调查富裕的消费者行为的市场调研项目。根据普查数据，在收入排在前一半的州中，从家庭平均收入超过 50 000 美元的社区名单中随机抽取 800 个街区组成简单随机样本。商业名单供应机构提供这 800 个街区中 95% 的人口普查表上的户主姓名和地址。用简单随机抽样方法从这 213 000 个列出的住户中抽取了 9 000 个住户。

这种设计在各群大小相当时是合适的。也就是说，各群包含近似数量的抽样单位。如果各群容量差异较大，简单的两阶段整群抽样可能会导致有偏差的估计。有时可以通过合并使各群在数量上相等，但是当这种方法不可行时，就需要运用与规模成比例的概率抽样。

与规模成比例的概率抽样（probability proportionate to size sampling）中，群被选中的概率与该群的大小成比例。群大小是根据该群中抽样单位的数量来定义的。因此，在第一阶段，较大的群相比于较小的群来说更有可能被包含进样本。在第二阶段，在被选中的群中选择抽样单位的概率与该群的大小负相关。因此，任意抽样单位被选中进入样本的概率是相等的，因为第一阶段不相等的概率会被第二阶段不相等的概率平衡掉。从选中的群中选择出抽样单位的数目是近似相等的。

实用市场调研

案例 11.6　　　　　　　　青少年吸烟的"真相"已经公布

"真相运动"（www.thetruth.com）主要针对年轻人，包括以直截了当的方式提供与香烟行业有关的惊人事实，以便观众能够得出自己的结论、意见和选择。为了调研这个活动的有效性，调研人员从国家药物滥用研究所和密歇根大学开展的调查中收集数据。他们通过多阶段抽样设计，针对 420 所随机选择的公立和私立学校。在第一阶段，他们随机选择了地理区域。在第二阶段，他们随机选择了他们的目标学校，在最后阶段，他们随机选择了哪些班级将参加调查。在所有阶段都使用了样本权重，以确保某个地理位置、学校或班级的概率能够代表人口中的实际比例。

他们从每所参与学校选择了多达 350 名学生，并在正常上课时间在典型教室里进行了调查。每个调查对象都被问到："在过去 30 天里，你抽烟的频率如何？"对回答进行打分。调查覆盖了 18 000 名八年级学生、17 000 名十年级学生和 16 000 名十二年级学生，平均回答率分别为 89%、86.2% 和 82.8%。

调查结果显示，"真相运动"促使全美范围内的青少年吸烟率大幅下降。总体而言，"真相运动"非常成功，截至 2017 年，运动仍在推广。只要法律继续要求烟草公司资助此类运动，针对青少年的反对吸烟运动就会降低青少年吸烟率。

整群抽样有两个主要优点：可行性高和成本低。许多情况下，目标总体的唯一容易得到的抽样框架是群，而不是个体。通常，考虑到资源以及约束条件，汇编一个包含所有消费者名单的总体是不可行的。然而，一个地理区域的名单、电话簿或者构建其他一些消费群要相对容易。整群抽样是最具成本效益的一种概率抽样方法，但也有自身的局限。整群抽样会导致一个相对不够精确的样本，难以形成异质的群，例如，一个街区的住户趋于相似而不是相异。同时在群的基础上计算和解释统计数据也有一定困难。整群抽样和其他基本抽样方法的优缺点如表11-4所示。接下来的调研实例中描述了抽取样本的过程。

表 11-4 基本抽样方法的优缺点

技术	优点	缺点
非概率抽样		
便利抽样	成本最低，耗时最少，最方便	选择偏差，样本无代表性，不适于描述性研究或因果性研究
判断抽样	低成本，方便不耗时	不支持推论，主观
配额抽样	可以就确定的特征对样本进行控制	选择偏差，不能确保代表性
滚雪球抽样	可以估计稀缺特征	耗时
概率抽样		
简单随机抽样（SRS）	易于理解，结果可映射	难以构建抽样框架，成本昂贵，精确度较低，不能确保代表性
系统抽样	可增加代表性，比 SRS 容易执行，不需要抽样框架	可以降低代表性
分层抽样	包括了所有重要的子总体，精确	难以选择相关的分层变量，对许多变量分层不可行，成本昂贵
整群抽样	容易执行，有成本效益	不精确，难以计算和解释结果

实用市场调研

案例 11.7   抽取概率样本的步骤

简单随机抽样

（1）选择合适的抽样框架。

（2）给每一个个体分配一个 1 到 N（总体规模）之间的数字。

（3）在 1 到 N 之间随机地抽取 n（样本容量）个数字。这样可以通过计算机或者软件包，或者使用简单随机数表来完成。使用随机数表时，首先选择合适的数字位数（例如 $N = 900$，则选择三位数字），随意选择一个起始数字，然后向上或者向下进行，直到选出 1 到 N 之间 n 个不同的数字为止。注意，舍弃 0、重复数字和大于 N 的数字。

（4）生成的数字所代表的个体入选样本。

系统抽样

（1）选择一个合适的抽样框。

（2）给每个个体分配一个 1 到 N（总体规模）之间的数字。

（3）确定抽样间距 i，$i = \dfrac{N}{n}$，如果它是个分数，将其四舍五入到最接近的整数。

（4）如同简单随机抽样一样，在 1 和 i 之间选择一个随机数 r。

（5）下面数字的个体将组成系统随机抽样样本：r，$r+i$，$r+2i$，$r+3i$，$r+4i$，…，$r+(n-1)i$。

分层抽样

（1）选择一个合适的抽样框。

（2）选择分层变量和层数（H）。

（3）将整个总体分为 H 层，根据分类变量，总体的每个个体被分配到 H 层中的一层。

（4）在每层中，将个体从 1 到 N_h（第 h 层的总体规模）编号。

（5）根据按比例分层抽样或者非比例分层抽样确定每层的样本量，n_h。注意，$\sum_{h=1}^{H} n_h = n$。

（6）在每层中，选择一个样本量为 n_h 的简单随机样本。

整群抽样

我们描述选择一个两阶段样本的过程，因为这是这类抽样中具有代表性的一种。

（1）为总体中的每个个体分配一个从 1 到 N 的数字。

（2）将总体分为 C 个群，每个群包含 c 个个体。

（3）计算抽样间距 i，$i = N/c$。如果 i 是个分数，将其四舍五入为最接近的整数。

（4）如同简单随机抽样一样，在 1 到 i 之间选择一个随机数 r。

（5）用下面的数字识别每个个体：r，$r+i$，$r+2i$，$r+3i$，…，$r+(c-1)i$。

（6）选出包含这些个体的群。

（7）在选择的群中，根据简单随机抽样或系统抽样，选出抽样单位。从每个样本群中选取的抽样单位的数量近似，并且等于 $\dfrac{n}{c}$。

（8）如果一个群中的总体超过了抽样间距 i，则该群必然被选中，必须将之排除出考虑范围，计算新的总体量 N^*，被选出的群的数目 c^*（$=c-1$），以及新的抽样间距 i^*。重复这一过程，直到剩下的每个群总体数量小于抽样间距。如果有 b 个群确定被选出来了，就根据步骤 1 至 7 选择剩余的 $c-b$ 个群。从每个确定选出的群中抽取的单位比率就是总的抽样比率 $= n/N$。因此，对于确定被选出的群而言，我们将选择 $n_s = n/N$（$N_1 + N_2 + \cdots + N_b$）个单位。因此，在两阶段分层抽样下，抽样单位数将为 $n^* = n - n_s$。

11.5.5 其他概率抽样方法

除了上述四种基本的概率抽样方法，还有许多其他的抽样方法。多数方法可以看作这些基本方法的衍生和扩展，用以处理复杂的抽样问题。与市场调研相关的两种方法是顺序抽样和双重抽样。

顺序抽样（sequential sampling） 下，个体先后从总体中抽取出来，在每个阶段都进行数据的收集和分析，然后做出是否需要抽取额外的个体的决策。样本容量事先无法确定，但抽样设计中要详述一个决策准则。在每个阶段，根据这个准则判断是否需要继续抽样还是已经获得了足够的信息。顺序抽样可用于判断对两个竞争事物的偏好程度。在相关调研中，调查对象被问及对两个可选事物的偏好程度，当累积了足够的证据能够表明偏好程度时，抽样就终止了。顺序抽样还可用于建立标准型和豪华型耐用品之间的价格差异模型。**双重抽样（double sampling）** 也称两阶段抽样。总体中某些个体被抽样两次。在第一阶段，生成一个样本并从这个样本的所有个体中获得某些信息。在第二阶段，从原来的样本中抽取一个子样本，再从子样本中获取额外的信息。这一过程可以延伸到三个或者更多个阶段，不同的阶段可以同时发生，也可以不同时进行。当没有可获得的抽样框架来确定最终的抽样单位，但是知道这些个体包含在一个更广泛的抽样框架内时，双重抽样的方法就很有用。例如，调研人员想要选择一个在给定城市中消费苹果汁的家庭，其感兴趣的家庭包含在所有家庭中，但是调研人员不知道具体是哪些家庭。使用双重抽样，调研人员会在第一阶段获得一个包含所有家庭的抽样框架，这个框架可以通过城市地址录构造或者通过购买获得. 然后用系统随机抽样的方法抽取家庭样本，以确定苹果汁的总消费量。在第二个阶段，选出消费苹果汁的家庭，并按照消费量分层。然后抽出一个分层随机样本，根据这个样本调研关于苹果汁消费的细节问题。

非概率抽样和概率抽样的选择

选择非概率抽样还是概率抽样要以调查性质、非抽样误差和抽样误差的相对大小、总体差异化程度以及统计和操作上（例如成本、时间）（见表 11-5）的考虑为基础。例如，在探索性调研中，仅将调查结果看作初步结论，也就没有必要采用概率抽样方法。在结论性调研中，调研人员需要运用调查结论来估计市场份额或者市场大小，因此适合采用概率抽样。概率抽样允许将样本统计结果映射到目标总体。

表 11-5 非概率抽样和概率抽样的选择

	有利于使用的条件	
选择考虑方面	非概率抽样	概率抽样
研究的性质	探索性	归纳性
抽样误差和非抽样误差的相对大小	非抽样误差较大	抽样误差较大
总体的差异化程度	同质（差异化程度低）	异质（差异化程度高）
统计上的考虑	不利	有利
操作上的考虑	有利	不利
时间	有利	不利
成本	有利	不利

对于某些调研问题，需要对总体特征的高度精确估计。在这种情况下，对选择误差的消除和抽样误差的计算使得概率抽样方法更可取。然而，概率抽样并非总能得到更加精确的结论。如果非概率抽样误差是一个重要的因素，则非概率抽样更受欢迎，因为通过判断可以更好地掌控抽样过程。

另一个考虑因素是总体中调查特征的同质性。同质性高的总体适宜用概率抽样，因为确保选择出一个具有高度代表性的样本更为重要。从统计的角度看，由于概率抽样基于大量常用的统计技术，因此也更受欢迎。

然而，概率抽样较复杂，需要调研人员受过统计训练，通常比非概率抽样成本更高，更加耗时。在许多市场调研项目中，很难为额外的成本和时间花费提供充分的理由。基于可操作性的考虑，用非概率抽样方法更有利。在实践中，调研的目的是抽样方法的主要影响因素。

非概率抽样和概率抽样的使用

非概率抽样常用于概念测试、包装测试、名称测试和文案测试等不需要反映总体特征的调研中。这类调研的重心是给出不同回答或者不同态度在样本中所占的比例。这类调研的样本可以通过诸如商场拦截式配额抽样方法抽取。此外，当需要对整个市场的市场份额或者销售量做高度精确估计时，需要用概率抽样方法。使用概率抽样方法时，通常雇用电话调查人员，将分层抽样和系统抽样与一些随机拨号方式结合起来选取调查对象。

在线抽样

11.8.1 在线抽样的有关问题

如第 6 章所述，网上调查（抽样）有许多优点：调查对象可以在方便的时间完成问卷。互联网调查，如计算机辅助调查（计算机辅助电话访问，CATI，计算机辅助个人访问，CAPI），可以加入自动跳转模式、一致性检查和其他智能功能，数据收集速度快、成本低。与在线抽样相关的一个重要问题是样本的代表性，许多美国家庭尚没有互联网，有些国家互联网的普及率可能更低。经常上网的人被抽中的概率会偏高。任何上网者都可以参与的无限制网上样本是一种便利样本，由于调查对象可以按自己的意愿选择参与与否，存在很大的选择偏差。

如果对正在上网的潜在调查对象进行抽样所得的样本对于目标总体来说具有代表性，那采用在线抽样就是有意义的。越来越多的行业正在符合这项标准。在软件、计算机、网络、技术出版、半导体制造业、研究生教育等行业，在线抽样广泛运用于用户调查等定量调研中。对于内部顾客调查，如果客户的雇员共享公司的电子邮件系统，即使没有连接外网，通过这个系统进行内部调查也是可行的。然而，在线抽样对于许多非计算机类的消费品来说还不够实用。例如，宝洁想要调查家庭主妇对于清洁剂的偏好和使用程度，网络调查就不是一个合适的选择，因为在线抽样得到的样本不能代表目标总体。

为了避免抽样误差，调研人员必须控制调查对象的候选人群。另外，调研人员还要保证调查对象不会被调查多次（反复投票）。这一点可以通过电子邮件系统加以控制，调研人员选择特定的调查对象并为之编码，以匹配每份回收的问卷。也可以通过网页调查，先向每个调查对象发送邮件邀请，要求他们访问指定网址。这种情况下，问卷被放在网页上某个隐藏的地点，有密码保护，没有被邀请的人无法参与调查。

11.8.2 在线抽样方法

如图11-6所示，网上常用的抽样方法可以分为在线拦截（随机或非随机）、在线招募和其他方法。在线招募可以进一步分为专门小组（招募或选择）和非专门小组（加入名单）。

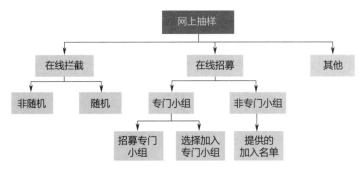

图11-6 网上抽样的类型

在线拦截抽样时，访问网站的网民获得了参与调查的机会。可以在一个或一个以上的网站进行拦截，包括像谷歌这样流量很高的网站。非随机在线拦截抽样时，每位访问者都被拦截，如果该网址的流量不高，这样的方法是有效的。然而，这会产生一个便利样本。可以通过配额来提高样本的代表性。而采用随机在线拦截抽样时，通过软件来随机选择访问者，并且弹出一个窗口，询问访问者是否愿意参与调查。可以基于简单随机抽样或者系统随机抽样方法来选择访问者。如果总体被定义为网站的访问者，则这种程序下生产的是一个概率样本（简单随机样本或是系统抽样样本）。如果总体不是网站访问者，则这种程序下生产的样本近似非概率样本。尽管如此，随机化提高了样本的代表性，减少了同一调查对象多次回答的概率。

MARKETING RESEARCH AN APPLIED ORIENTATION 实用市场调研（原书第7版）

在线专门小组与非专门小组功能类似（见第 3 章和第 4 章），优缺点也类似。在招募专门小组时，可以通过在线招募或者一些传统的方式（邮件、电话）招募。根据调查者的判断，可以以某些特定的资格标准来筛选调查对象。通过提供一些激励措施，如抽奖、积分和其他类型的代币来鼓励参与。在参与的同时，人们会提供详细的心理及人口统计学特征、网络使用率、产品消费等信息。选择加入专门小组的运作方式与此类似，只是成员选择加入，而不是被招募。在线公司会向那些符合条件的专门小组成员发送电子邮件，邀请他们参加调查。所有的抽样方法都可以通过这两种样本组来实现。概率抽样的成功与否取决于专门小组成员对目标总体的代表性。可以比较准确地聚焦某些特定的总体，例如每月在购物中心购物两次以上的女性。例如，Harris Poll Online（HPOL）的调查是通过多种来源建立的 HPOL 专门小组成员数据库（www.harrispollonline.com）抽取样本。通过各种途径获取数据库中受访成员的电子邮件地址，包括 HPOL 成员的在线注册信息、HPOL 旗帜广告等。为了保证样本的可靠性和完整性，采取了如下措施：

- 密码保护。每个邀请都为特定的电子邮件地址提供了一个唯一的密码。调查对象需要输入密码才能参与调查。密码保护保证每个调查对象只填写一份问卷。
- 提醒。为了增加参与调查的人数、提高应答率，以 2~4 天的间隔向没有及时回答的人发送电子邮件，提醒他们参与调查。
- 调查结果报告。为了增加参与调查的人数、提高应答率，通过互联网向调查对象提供一些调查结果的总结。

也可以用非专门组招募的方法抽取一个非专门小组样本，邀请潜在的对象参与调查。例如，一家电子产品商店如百思买（www.bestbuy.com）可能会向顾客发放传单，请他们登录一个有密码保护的网站来填写问卷。如果总体是公司的顾客（如顾客满意度调查时），同时用随机的方法选择样本，将会生成一个概率样本。其他的非专门组方法包括使用从商业公司提供的电子邮件名单，假定这些被选入者允许他们的电子邮件信息被循环使用。其他的线下方法，例如简短的电话筛选访谈，也可以用于招募网上样本。有一些公司通过电话互动、产品注册卡、在线注册和促销活动等途径，定期收集其顾客关系管理数据库的电子邮件地址信息。

还有许多其他的在线抽样方法，例如，在访问者每次购物时，弹出一个调查邀请的窗口。此外，可以定制或使用市场调研商业机构提供的样本，如国际调查取样公司（SSI）（www.surveysampling.com）。

实用市场调研

11.9

国际市场调研

在国际市场调研中，执行抽样设计程序并不是一件简单的工作。在定义目标总体的时候，应该考虑几个因素。相关的个体（调查对象）可能在不同国家有所不同。在有的国家，孩子在购买儿童谷物产品时扮演重要角色，而在其他国家，母亲可能成为相关个体。美国女性在购买汽车和其他耐用品时起关键作用，在男性主导的社会里，比如中东，这些决定由男性做出。不同国家的人易接近程度也不一样。在墨西哥，由于围墙和仆人的阻拦，陌生人是不能够进入私家住户的。另外，由于没有门牌号，街道也没法识别，找到指定的住户很困难。

设计一个合适的抽样框架也是一件困难的工作。在许多国家，特别是发展中国家，关于总体的可靠信息是很难通过二手数据来源得到的。政府的数据可能无法获得，或者存在很大的偏差。总体的名单也无法通过商业机构获得，汇编这些名单所需要的时间和金钱令人望而却步。例如，在沙特阿拉伯，没有官方认可的人口普查；没有选举，因而也没有选民登记记录；没有描述人口分布状况的精确地图。在这种情况下，调查者只有根据指示，从某个指定的地点开始，每隔几个住户抽取样本，直到抽取到指定数目的样本单位为止。

考虑到缺乏合适的抽样框架，某些调查对象不易接近（例如某些文化中的妇女），还有调研人员的主导地位，都使得概率抽样在国际市场调研中应用不普遍。在发达国家和发展中国家，配额抽样广泛应用于消费者调查和行业调查，当感兴趣的特征在目标总体中数量稀少或者难以接近调查对象时，滚雪球抽样具有一定吸引力。例如，有人建议，在沙特阿拉伯可雇用研究生向他们的亲戚朋友传递问卷，这些最初的调查对象被要求推举其他潜在的调查对象。这种方法可以获得较大的样本容量和较高的应答率。

在国际市场调研中，使用在线抽样时需要考虑获取上网条件的可能性，不同国家网络使用情况可能大不相同。有的国家可能缺乏服务商、硬件和软件提供商，由于技术和基础设施的缺乏，网络调查变得困难且昂贵。另外，对待网络的态度、网络的使用率也存在文化差异。例如，在拉丁美洲，由于在参与调查时调查对象缺乏社会互动，导致对待网络调查的态度不积极。

通过多种抽样方法实现样本的可比性

各国的抽样方法和程序在精确度、可靠性和成本方面各有不同。如果在每个国家都使用相同的抽样程序，结果可能不具有可比性。为了实现样本组成的可比性和代表性，需要在不同的国家使用不同的抽样方法。

美国的调研表明，大多数消费者认为当他们必须在可供选择的品牌中选择时，购买伴随着一定程度的风险。调研人员进行了一项调研来比较在美国和墨西哥、泰国以及沙特阿拉伯的此类情况。每种调查确定的调查对象都是居住在大城市的中上收入水平的女性。但是，不同国家的抽样过程不同。在美国，使用的是来自电话名录的随机抽样；在墨西哥，使用的是判断抽样，由专家确定目标调查对象居住的地区，然后随机选出人员调查的家庭；在泰国，同样使用的是判断抽样，但是在主要城市的市中心进行调查，使用了商场拦截方法来选择调查对象；最后，在沙特阿拉伯，使用了滚雪球式的便利抽样，因为抽样框架的人员名单不易获取，并且社会习俗禁止自发的人员调查。因此，通过在不同国家使用不同的抽样方法，实现了样本构成和样本代表性的可比性。

MARKETING RESEARCH AN APPLIED ORIENTATION 实用市场调研（原书第 7 版）

市场调研与社交媒体

公共社交媒体中的可获取信息一般不具有代表性，甚至在任何情形中都不适用。抽样框具有偏见性和局限性，因为样本只包括上网和参与社交媒体的消费者。此外，消费者使用社交媒体的次数越多，被抽中的概率越大。然而，调研人员可以通过以下方式提高从一般社交媒体分析和监测中收集到的信息的代表性。

- 与其针对所有的网站，不如专门选择哪些与调研内容关系密切的网站。仔细的筛选可以产生一个更有针对性和代表性的样本。
- 通过查询消费者、类别或品牌相关的术语来挖掘社交媒体内容，缩小搜索范围。
- 使用文本分析检测年龄、性别、地理或其他区分不同类型群体的特征，然后筛选结果以更准确地反映目标人群。这些信息可以从个人的公开社交媒体资料中获得。

简单随机抽样产生复杂的市场细分结果

J. D. Power & Associates（www.jdpower.com）使用文本挖掘技术为一个服装客户划分细分市场。首先，从各种社交媒体网站上收集了大量与服装有关的评论。然后使用简单随机抽样（SRS）来选择一个可操控且有代表性的子集。选择简单随机抽样是因为抽样框架是现成的，而且结果是可预测的。选择一个有代表性的样本集而不是分析所有信息有利于进行更详细的分析。文本挖掘分析样本集，并将之划分为六个类别：寻求合身服装者，自我欣赏者，讨价还价者，注重品牌者，风格大师，以及持不同意见者。这些类别标签对这些细分市场有很好的描述作用。例如，"寻求合身服装者"大多是美国 X世代的人，他们希望牛仔裤能适合他们不断变化的体形。自我欣赏者希望通过重新设计比如添加补丁和刺绣来定制他们的牛仔裤。客户利用这些发现来设计和销售为每个细分市场量身定制的产品，从而开发出复杂的细分市场方案和成功的营销策略。

移动市场调研

一旦确定了目标群体，就应该构建一个合适的抽样框架。可以采用多种方式招募潜在的调查对象来构建抽样框架。一些市场调研公司保留着移动调查对象小组。例如，Pollfish（www.pollfish.com）拥有一个由2.9亿消费者组成的全球小组，其中绝大部分是移动用户。为了接触这些潜在的调查对象，Pollfish 与软件开发商合作，由他们主持调查。软件出版商通过以下两种方式激励潜在调查对象参与调查：①出版商可以为参与调查的人提供应用内的奖励；②提示潜在对象参与调查，可获得随机抽奖的机会。

一种招募调查对象的方法，是在企业对企业（b2b）的 MMR 中使用客户名单。客户名单由调研者的客户提供，可以是简单的 Excel 文件，包括姓名、电子邮件地址、电话和手机号码，也可以是全面的客户关系数据库的部分信息。调查邀请函和网址可以通过电子邮件或短信发给潜在的应答者。在某些情况下，特别是在发展中国家，可能会通过传统的招募人员或招募方式来联系潜在调查对象。这可能包括上门招募、电话招募，甚至是消费者（b2c）研究中的邮政招募。关键问题是要确保潜在调查对象意识到他们需要使用移动设备来接受调查。另一种招募方法是利用调研社区。调研社区往往结合了定性和定量的方法，而移动设备在社区的管理中可以发挥重要作用，同时也是开展市场调研的一种途径。其他的招募方法包括放置在网站上的链接，产品上的条码，以及通过弹出窗口的链接，社交媒体，或作为新闻推送的一部分。同样，调查邀请需要提醒调查对象检查移动设备，并了解调查要求。

有一些方法可以使移动调查样本更具代表性。法国 ELIPSS（quanti. dime-shs. sciences-po. fr/en）提供了让一个移动设备提供更具代表性样本的例子。ELIPSS 是一个在线小组，代表了生活在法国大都市地区的人群。小组成员由法国国家统计和经济研究所（INSEE）随机挑选，并提供带网络的可触摸平板电脑，以便他们能够参与每月的调查。

如果维持一个移动用户小组，我们在本章中讨论的所有非概率和概率抽样方法都可以实施。Pollfish 小组数据库有许多已知的（预先测量的）人口统计数据和其他数据。因此，除了简单随机和系统随机抽样外，还可以实施配额、分层或分组抽样。当然，也可以实施其他非概率抽样方法。此外，获取超额的大样本也是可行的，毕竟因获取额外的移动调查对象而增加的成本微不足道。

<table>
<tr><td>实用市场调研
11.12</td><td># 市场调研中的商业伦理</td></tr>
</table>

在抽样过程中，调研人员对客户和调查对象都负有伦理责任。涉及客户，调研人员必须形成一个合适的抽样设计，以合理控制抽样误差和非抽样误差（见第 3 章）。如果合适，可以采用概率抽样。当使用非概率抽样时，需要努力获得一个具有代表性的样本。将非概率抽样样本当作概率抽样样本，并且将结论推论到总体，是一种不符合伦理的、误导性的做法。如果调研人员要合乎伦理地使用调研结果，就要合适地定义目标总体、抽样框架并运用正确的抽样方法。

实用市场调研

案例11.9 系统抽样调查揭示了伦理判断中的系统性性别差异

为了探索男性和女性营销人员在调研工作中伦理判断方面的差异，我们获取了420 名调查对象的数据。调查对象被定义为营销专业人士，抽样框架是美国营销协会

MARKETING RESEARCH
AN APPLIED ORIENTATION 实用市场调研（原书第 7 版）

的目录。根据一个系统的抽样方法从目录中挑选出调查对象。为了克服不回答问题的情况，我们在邮寄问卷的同时邮寄了一封调查信和一个贴有邮票的回信信封，而且还承诺向每个调查对象提供一份研究结果。调查结果显示，一般来说，在调研工作中，女性营销人员表现出比男性更高的伦理判断水平。

调研人员在进行企业调研、雇员调研和其他一些小总体调研项目时，必须保护匿名的调查对象信息。从小规模的总体抽取的样本比从大规模总体中抽取的更容易识别出调查对象身份。过多披露样本细节，或在向客户的报告中逐字引用这些细节，会破坏调查对象的匿名性。这种情况下，调研人员有伦理上的义务保护调查对象的身份，即使这意味着向客户或其他当事人报告时要限制报告抽样细节。

小结

关于总体的特征信息可以通过抽样调查或普查来获取。考虑预算和时间的限制，总体容量较大以及样本特征变化较小时，抽样方法更受欢迎。当抽样误差成本较低而非抽样误差成本较高，测量样本具有破坏性以及需要专注于个体特征时，抽样也更受偏爱。与上述条件相反时，适宜采用普查。

抽样设计始于定义目标总体，主要包括确定抽样个体、抽样单位、范围和时间。接着确定抽样框架。抽样框架是目标总体中个体的代表。由识别出目标总体的清单或者说明构成。在这一阶段，最重要的是意识到可能存在的抽样框架误差。下一步是选择抽样技术和确定样本容量。在确定样本容量时，除了定量分析，还需要考虑几个定性因素。最后，执行抽样过程，这里需要对抽样过程的每一步做详细说明。

抽样方法可以被分为非概率方法和概率方法。非概率抽样方法依赖于调研人员的判断，因此，难以对样本结果的精确度进行客观评价，而且抽样所获得的估计值在统计上不能用于估算总体特征。常用的非概率抽样方法包括便利抽样、判断抽样、配额抽样和滚雪球抽样。

在概率抽样技术中，抽样单位是通过随机选择得到的。任一抽样单位都有一个非零的被抽中概率，而且调研人员预先设定在总体中抽取一个特定大小的样本的可能性，以及选择每一样本的概率。该方法还可以确定样本估计值和推论值的精确度，并且映射到总体。概率抽样方法包括简单随机抽样、系统抽样、分层抽样、整群抽样、顺序抽样和双重抽样。选择概率抽样还是非概率抽样应当基于调研性质、可容忍的误差程度、抽样误差和非抽样误差的相对大小、总体的差异化程度以及统计和操作等方面的考虑。

在执行国际市场调研时，需要保证样本组成和代表性上的可比性，完成这一点可能要在不同的国家使用不同的抽样方法。可以采取一些方法提高社交媒体样本的代表性。在移动市场调研中，可以通过不同的方式来招募潜在的调查对象以构建抽样框架，包括移动小组、客户名单和调研社区。将非概率抽样的样本当作概率抽样样本，进而将结果推论到总体是不符合伦理的，而且具有误导性。网络和计算机的运用可以使抽样设计过程更加有效和高效。

MARKETING RESEARCH

实用市场调研（原书第7版）

第12章 抽样：确定最终与初始的样本量

样本的规模不仅取决于统计计算，还取决于时间、成本和调研目标等因素。

——SSI 全球知识管理部副总裁 Jackie Lorch

Jackie Lorch 供图

本章概要

————————

　　本章的重点是在进行简单随机抽样时如何确定样本容量。首先定义了各种概念和符号，并且讨论了抽样分布的性质。另外，描述了基于置信区间确定样本容量的统计学方法。同时，介绍了用这些方法计算样本容量的公式，并且举例说明了它们的用法。接着，简要介绍了其他概率抽样设计中如何确定样本容量。统计学上所确定的样本容量指的是最终样本容量或净样本容量，即它代表了实际完成调查或观察的数目。然而，为了获得这个最终的样本容量，开始的时候必须接触比这个数目多得多的潜在的应答对象。本章描述了考虑发生率和完成率后需要对由统计学方法所得到的样本容量进行的调整，并计算了初始样本容量。同时，也考虑了抽样中的无应答问题，重点是改善应答率以及对无应答问题的调整。本章还讨论了在国际市场调研和社交媒体调研中根据统计方法确定样本量的困难，移动市场调研中样本规模的确定，以及确认相关的伦理问题。

anatoliy-gleb/Shutterstock

实用市场调研

案例12.1   *Bicycling*：降低错误率

Bicycling 杂志（www. bicycling. com）开展的美国自行车零售店调查的样本量受统计因素的影响，该调查允许的抽样误差是5个百分点。根据表12-1建议允许的抽样误差大小。置信区间的计算考虑了样本设计对抽样误差的影响。这些区间表示假定在相同的样本设计、调查执行情况和问卷的情况下，在同一时期内重复抽样，置信度为95%的时候结果变动的范围（加或减所示数字）。

表12-1　建议允许的抽样误差百分比

百分比(%)	样本量为456，置信度为95%	百分比(%)	样本量为456，置信度为95%
接近10	3	接近60	5
接近20	4	接近70	4
接近30	4	接近80	4
接近40	5	接近90	3
接近50	5		

应当这样使用这张表：如果报告的百分比是43，查看接近40这行，对应的数字是5，表明该样本的抽样误差是±5%。换句话说，很可能（100次中有95次）样本的百分比平均值处于38%~48%之间，最有可能的数字是43%。2017年 *Bicycling* 杂志进行的一次读者兴趣调查中用该表估计抽样误差。

实用市场调研

12.1   # 定义与符号

置信区间和其他与样本量确定有关的重要统计概念定义如下。

参数（parameter）：对目标总体的一个固定特征或测量值的概括性描述。它表示如果采用普查而不是抽样调查所能得到的真实值。

统计量（statistic）：对样本的一个特征或测量值的概括性描述。一般样本统计量用作对总体参数的估计值。

有限总体校正（finite population correction，FPC）对总体参数方差的过高估计的校正。例如，当样本容量超过总体容量的10%时，对均值和比例的方差的过高估计的校正。

MARKETING RESEARCH AN APPLIED ORIENTATION 实用市场调研（原书第7版）

精确度（precision level）：当用样本统计量估计总体参数时，精确度是指想得到的估计区间的大小。这是样本统计量和总体参数值之间所能允许的最大的差异。

置信区间（confidence interval）假定在一个给定的置信水平下，总体参数的真实值所能落入的范围。

置信水平（confidence level）：一个置信区间包括总体参数的可能性。

表12-2概括了描述总体参数和样本特征的统计量在系统中所使用的符号。

表12-2　总体参数和样本统计量的符号

变量	总体	样本	变量	总体	样本
均值	μ	$\bar{X}$	均值的标准误	$\sigma_{\bar{x}}$	$s_{\bar{x}}$
比例	π	p	比例的标准误	σ_p	s_p
方差	σ^2	s^2	标准化变量（z）	$\dfrac{(X-\mu)}{\sigma}$	$\dfrac{(X-\bar{X})}{s}$
标准差	σ	s	变异系数（CV）	$\dfrac{\sigma}{\mu}$	$\dfrac{s}{\bar{X}}$
容量	N	n			

实用市场调研

12.2

抽样分布

抽样分布（sampling distribution） 是指在一个特定的抽样方案下，计算从目标总体中抽取的每个样本的样本统计量的数值分布。假设从一个含有20家医院的总体中抽出一个含有5家医院的简单随机样本，可以抽出 $(20 \times 19 \times 18 \times 17 \times 16)/(1 \times 2 \times 3 \times 4 \times 5)$，即15 504个样本量为5的不同样本。这15 504个不同样本的平均值的相对频率分布就构成均值的抽样分布。市场调研中一个重要的任务是计算例如均值和样本比例等统计量，并用这些值估计对应的总体的真实值。这个将样本结果推广到总体结果的过程称为**统计推断（statistical inference）**。在实践中，我们选取一个单独的预先决定容量的样本，并且计算其样本统计量（例如，均值和比例）。假设为了从样本统计量中估计总体参数，每个可能被抽取的样本都应该被检测。如果所有可能的样本实际上都被抽取了，那么统计量的分布就是样本分布。尽管实践中只有一个样本被实际抽取，但是抽样分布的概念依然与之相关。它能使我们用概率的理论对总体数值做出推断。对于大样本（30以上），均值和相应比例的抽样分布的重要性质如下：

（1）均值的抽样分布是一个**正态分布（normal distribution）**。严格地讲，一个比例的抽样分布是一个二项分布。但是，对于大的样本（$n=30$ 或更多），它可以近似为正态分布。

（2）平均值抽样分布的平均值 $\left(\bar{X} = \dfrac{\left(\sum\limits_{i=1}^{n} x_i \right)}{n} \right)$ 或比例抽样分布的平均值（$p = X/$

n，X = 感兴趣特征的计数）分别等于相应的总体参数值 μ 或 π。

（3）标准差也叫均值或比例的**标准误（standard error）**，指的是均值或比例的抽样分布，其公式为：

$$\text{均值} \qquad\qquad \text{比例}$$

$$\sigma_{\bar{x}} = \frac{\sigma}{\sqrt{n}} \qquad \sigma_p = \sqrt{\frac{\pi(1-\pi)}{n}}$$

（4）通常总体标准差是未知的。在这种情况下，可以通过下面的公式从样本中进行估计：

$$s = \sqrt{\frac{\sum\limits_{i=1}^{n}(X_i - \bar{X})^2}{n-1}} \quad \text{或} \quad s = \sqrt{\frac{\sum\limits_{i=1}^{n}X_i^2 - \frac{\left(\sum\limits_{i=1}^{n}X_i\right)^2}{n}}{n-1}}$$

当 σ 是由 s 估计出来的情况下，均值的标准误变为：

$$s_{\bar{x}} = \frac{s}{\sqrt{n}}$$

假定没有测量误差，一个总体参数的估计值的置信度可以根据其标准误来评定。

（5）同样，比例的标准误可以通过用样本比例 p 作为总体比例 π 的估计值来估计，公式为：

$$s_p = \sqrt{\frac{p(1-p)}{n}}$$

（6）抽样分布下任意两点之间的面积可以根据 **z 值（z value）** 来计算。某一点的 z 值是指以标准差为单位表示的该点与均值的差值。z 值可以根据下式计算：

$$z = \frac{\bar{X} - \mu}{\sigma_{\bar{x}}} \quad \text{以及} \quad z = \frac{p - \pi}{\sigma_p}$$

例如，曲线一侧均值和 z 值为 1.0、2.0、3.0 的各点之间的面积分别为 0.3413、0.4772、0.4986。在比例的情况中，对 z 值的计算与此类似。

（7）当样本量占总体量的 10% 以上时，标准误公式将过高估计总体均值或比例的标准差。因此，应该用一个有限总体校正因子来进行调整。因子的定义为：

$$\sqrt{\frac{N-n}{N-1}}$$

在这种情况下：

$$\sigma_{\bar{x}} = \frac{\sigma}{\sqrt{n}}\sqrt{\frac{N-n}{N-1}}$$

以及：

$$\sigma_p = \sqrt{\frac{\pi(1-\pi)}{n}}\sqrt{\frac{N-n}{N-1}}$$

MARKETING RESEARCH AN APPLIED ORIENTATION 实用市场调研（原书第 7 版）

确定样本量的统计学方法

在确定样本容量（见第 11 章）的时候应该考虑一些定性的因素，包括决策的重要性、调研的性质、变量个数、分析的性质、类似调研的样本容量、发生率、完成率以及资源约束等。统计上确定的样本容量是净样本容量或最终样本容量，即排除那些潜在的不符合条件的调查对象或那些未完成调查的调查对象之后剩余的样本。考虑到发生率和完成率，初始样本规模必须大一些。在商业调研中，时间、资金、专业资源的限制可能对样本容量产生重要的影响。

在百货商店项目中，样本容量的确定也会考虑这些因素。这里我们所考虑的确定样本容量的统计学方法是以传统的统计推断为基础的。在这种方法中，精确度是预先给定的，是围绕样本均值或比例的置信区间建立的。

置信区间法

确定样本容量时，置信区间方法是以使用标准误公式构建围绕样本均值或比例的置信区间为基础的。*Bicycling* 杂志的例子说明抽样误差与样本量和置信区间有关。举一个例子，假定调研人员用一个 300 户家庭的简单随机样本估计每月在百货商店购物的支出，并发现该样本的平均家庭月支出为 182 美元。通过之前的调研，可以假定总体标准差 σ 为 55 美元。

我们想找到一个包含样本均值的固定比例的区间。假设我们想根据 300 个家庭的样本来确定一个围绕总体均值包括 95% 的样本均值的区间。95% 可以被分为两个相等的部分，一半在均值以上，一半在均值以下，如图 12 - 1 所示。置信区间的计算涉及确定一个总体均值（$\bar{X}$）以下的距离（$\bar{X}_L$）和一个以上的距离（$\bar{X}_U$），这个距离包含了正态曲线的某一特定区域的面积。

图 12-1 95% 置信区间

对应于 $\bar{X}_L$ 和 $\bar{X}_U$ 的 z 值可以计算为：

$$z_L = \frac{\bar{X}_L - u}{\sigma_{\bar{x}}} \quad z_U = \frac{\bar{X}_U - u}{\sigma_{\bar{x}}}$$

式中，$z_L = -z$，$z_U = +z$。因此，$\bar{X}$ 的下阈值为：

$$\bar{X}_L = u - z\sigma_{\bar{x}}$$

$\bar{X}$ 的上阈值为：

$$\overline{X}_U = \mu + z\sigma_{\overline{x}}$$

$$\overline{X} \pm z\sigma_{\overline{x}}$$

请注意 μ 是由 $\overline{X}$ 估计的。所给出的置信区间为：

现在我们可以围绕 182 美元的样本均值设定一个 95% 的置信区间。第一步，

$$\sigma_{\overline{x}} = \frac{\sigma}{\sqrt{n}} = \frac{55}{\sqrt{300}} = 3.18$$

计算均值的标准误：

正态分布中心的 95% 处于 ±1.96 倍 z 值范围内，所给出的 95% 置信区间为：

$$\overline{X} \pm 1.96\sigma_{\overline{x}}$$
$$= 182.00 \pm 1.96 \ (3.18)$$
$$= 182.00 \pm 6.23$$

因此，95% 的置信区间的范围从 175.77 美元至 188.23 美元，表明真实的总体均值在 175.77 美元和 188.23 美元范围之内的概率为 95%。

12.4.1 样本量的确定：均值

这里所使用的构建一个置信区间的方法可以用来确定导致指定置信区间的样本容量。假设调研人员想更精确地估计关于百货商店购物的月家庭支出，使估计值在真实的总体值的 ±5.00 美元波动范围内，样本容量应该为多少呢？表 12-3 总结的下列步骤将给出答案。

表 12-3　均值和比率的样本量确定

步骤	均值	比例
1. 指定精确度	$D = \pm\$5.00$	$D = p - \pi = \pm0.05$
2. 指定置信度(CL)	CL =95%	CL =95%
3. 确定与 CL 相对应的 z 值	z 值为 1.96	z 值为 1.96
4. 确定总体的标准差	估计 σ：σ =55	估计 π：π =0.64
5. 用标准误公式来确定样本量	$n = \sigma^2 z^2 / D^2$ $n = 55^2(1.96)^2/5^2$ $= 465$	$n = \pi(1-\pi)z^2 / D^2$ $n = 0.64(1-0.64)(1.96)^2/(0.05)^2$ $= 355$
6. 如果样本量相当于总体的 10%，应用有限总体校正(FPC)	$n_c = nN/(N+n-1)$ $= \overline{X} \pm z s_{\overline{X}}$	$n_c = nN/(N+n-1)$ $= p \pm z s_p$
7. 如果必要，通过用 s 来估计 σ 来直新估计置信区间	$D = R\mu$	$D = R\pi$
8. 如果指定的精确度是相对值而非绝对值，则使用这些等式来确定样本量	$n = CV^2 z^2 / R^2$	$N = z^2(1-\pi)/R^2\pi$

（1）指定精确度。这是样本均值和总体均值之间的最大允许差异（D），此例中 $D = \pm5.00$ 美元。

（2）指定置信度。假设需要 95% 的置信度。

MARKETING RESEARCH AN APPLIED ORIENTATION 实用市场调研（原书第 7 版）

（3）确定与置信度相对应的 z 值。对一个 95% 的置信度而言，总体均值将落在区间一端以外的概率为 0.025 （0.05/2），相对应的 z 值为 1.96。

（4）确定总体的标准差。可以从间接的来源获知总体的标准差。如果不能，可以通过执行一个初步研究来加以估计，或者根据研究人员的判断来进行估计。例如，一个正态分布的变量的全距大约等于 ±3 个标准差，因此我们通过将分布全距除以 6 而估计出标准差。调研人员通常根据对这个现象的了解来估计这个范围。

（5）用均值标准误公式来确定样本容量。

$$z = \frac{\overline{X} - \mu}{\sigma_{\overline{x}}}$$

$$= \frac{D}{\sigma_{\overline{x}}}$$

或：

$$\sigma_{\overline{x}} = \frac{D}{z}$$

或：

$$\frac{\sigma}{\sqrt{n}} = \frac{D}{z}$$

或：

$$n = \frac{\sigma^2 z^2}{D^2}$$

在此例中

$$n = \frac{55^2 (1.96)^2}{5^2}$$

$$= 464.83$$

$$= 465 \text{（向上取整）}$$

从样本容量的计算公式中可以看出，样本容量随着总体差异性、置信水平以及估计所要求的精确度的增加而增加。因为样本容量与 σ^2 直接成正比，所以总体的差异性越大，样本量就越大。同样，一个较高的置信水平意味着 z 值较大，σ^2 和 z 都出现在分子上，因此样本容量也较大。较高的精确度意味着 D 值较小，因而样本容量较大，因为 D 出现在分母上。

（6）如果结果产生的样本量相当于总体量的 10% 以上，使用有限总体校正（FPC）。此时所需的样本量应该由下面的公式计算：

$$n_c = nN/(N + n - 1)$$

其中，

n = 没有经过有限总体校正的样本容量；

n_c = 经过有限总体校正的样本容量。

（7）如果总体标准差 σ 未知，并且对其进行了估计，一旦样本被抽出，就应该重新对其估计。用样本标准差 s 作为 σ 的估计值。然后，计算一个修改后的置信区间以确定实际得到的精确度。

由于 σ 的真实值未知，假定 σ 所用的 55.00 是一个估计值。当抽出一个 $n = 465$ 的样本后，这些观察值产生了一个值为 180.00 的均值以及一个值为 50.00 的样本标准差。那么修正的置信区间为：

$$\overline{X} \pm z s_{\overline{X}} = 180.00 \pm 1.96 \ (50.0/\sqrt{465}) \ = 180.00 \pm 4.55$$

或：

$$175.45 \leqslant \mu \leqslant 184.55$$

应该注意，我们所得到的置信区间比计划的要窄，这是由于正如样本标准差判断的那样，总体标准差被高估了。

(8) 如果指定的精确度是相对的而不是绝对的，换句话说，可以指定估计值在均值的 $\pm R$ 个百分点范围内，用公式表达为：

$$D = R\mu$$

在这种情况下，样本容量可由如下公式确定：

$$n = \frac{\sigma^2 z^2}{D^2}$$

$$= \frac{CV^2 z^2}{R^2}$$

其中的变异系数 $CV = (\sigma/\mu)$ 必须由估计得出。

总体容量 N 并不直接影响样本容量，除非在必须采用有限总体校正因子时。这似乎违反直觉，但是反复思考后你会发现这是有道理的。例如，如果所有的总体元素的特征都相同，那么一个值为 1 的样本容量就足以准确地估计平均值，无论总体中有 50、500、5 000 还是 50 000 个元素，这都是正确的。直接影响样本量的是总体特征的差异性，这种差异性通过总体方差 σ^2 或样本方差 s^2 反映到样本容量的计算中。同时，请注意，样本容量越大，参数估计（样本平均值）得越准确，即给定置信水平下精确度（误差）越小。这可以从步骤 5 的公式中看出。一个较大的样本同样将导致一个较窄的置信区间。这可以从步骤 7 的公式中得到。

12.4.2 样本容量的确定：比例

如果我们感兴趣的统计量是比例而不是均值，确定样本容量的方法是类似的。假定调研人员对估计持有一种百货商店信用卡的家庭比例感兴趣，则应该按照如下步骤进行。

(1) 指定精确度。假设与想要的精确度对应的区间为 $D = p - \pi = \pm 0.05$。

(2) 指定置信水平。假设想要的置信水平为 95%。

(3) 确定与置信水平相对应的 z 值。正如在估计均值的情况下解释的那样，对应的 z 数为 1.96。

(4) 确定总体的标准差，即估计总体比例 π。如前所述，总体比例可以由二手数据、初步调研或调研人员的判断来估计。假定根据二手数据，调研人员估计在目标总体中64%的家庭持有百货商店信用卡，这时 $\pi = 0.64$。

（5）用比例标准误公式确定样本容量：

$$\sigma_p = \frac{p - \pi}{z}$$

$$= \frac{D}{z}$$

$$= \sqrt{\frac{\pi(1-\pi)}{n}}$$

或者：

$$n = \frac{\pi(1-\pi)z^2}{D^2}$$

在此例中，

$$n = 0.64(1-0.64)(1.96)^2 / (0.05)^2$$
$$= 354.04$$
$$= 355（向上取整）$$

（6）如果产生的样本容量超过总体容量的10%，就应该用有限总体校正（FPC）。此时所需的样本容量应该由下面的公式计算：

$$n_c = nN / (n + n + 1)$$

其中，n = 没有经过有限总体校正的样本量；n_c = 经过有限总体校正的样本量。

（7）如果 π 的估计值很小，则置信区间将或多或少比预先设定的精确。假设抽样后计算出比例 p 为0.55。然后用 s_p 估计未知的 σ_p，对置信区间重新估计为：

$$p \pm z s_p$$

其中，

$$s_p = \sqrt{\frac{p(1-p)}{n}}$$

在本例中：

$$s_p = \sqrt{\frac{0.55(1-0.55)}{355}}$$
$$= 0.0264$$

那么，置信区间为：

$$= 0.55 \pm 1.96(0.0264)$$
$$= 0.55 \pm 0.052$$

这个区间将比预先设定得更宽，原因在于根据 $p = 0.55$ 计算的样本标准差大于以 $\pi = 0.64$ 计算的总体标准差。

如果不能接受一个比预先设定的区间更宽的区间，那么样本容量的确定可以反映总体的最大可能方差。当 π 被设为0.5时，此时 $\pi(1-\pi)$ 的乘积最大，就会发生上述情况。这种结果也可以直观地看出来。因为总体的一半有一个特征值，另一半有另外一个特征值。与总体的大多数有一个特征值的情况相比，为了获得一个正确的推断需要更多的证据。在我们的例子中就得到了样本容量：

$$n = 0.5 (0.5) (1.96)^2/(0.05)^2$$
$$= 384.16$$
$$= 385 （向上取整）$$

（8）如果指定的精确度是相对的而不是绝对的，换句话说，可以指定估计值在总体比例的 $\pm R$ 个百分点之间，用公式表示为：

$$D = R\pi$$

在这种情况下，样本容量可由如下公式确定：

$$n = z^2(1 - \pi)/R^2$$

实用市场调研

案例 12.2 抽样统计：不总是需要紧急服务

加州洛杉矶市聘请普华永道（pwc）评估客户对城市非紧急服务的需求，并调查客户服务的使用模式。其目的是开发一个新的系统，以减轻城市 911 电话系统的压力。对 1 800 名随机选择的洛杉矶市居民进行了电话调查。

随机数字拨号电话调查被分成两组，每组 900 人：一组是在过去 6 个月中联系过城市服务的城市居民，一组是其他居民。样本容量通过使用 95% 的置信区间和 3.5% 的误差率确定。在这个置信水平下，我们预计如果所有的洛杉矶居民都被问到同样的调查问卷，调查结果的偏差不会超过 ±3.5%。

为了确认 900 个样本量是足够的，通过比例确定样本容量的计算方法如下，使用最大可能的总体变化（$\pi = 0.5$）。在本研究中，在 95% 的置信水平下，D 的精确度为 0.035。

$$n = \pi(1 - \pi)z^2/D^2$$
$$n = [(0.5)(1 - 0.5)(1.96^2)]/(0.035)^2 = 784$$

因此，900 人的样本量是比较充足的。

电话调查的结果显示，水电局、环卫局、违章停车局和警察局收到的非紧急事件客户联系量占全市的一半左右。与市政府联系的主要方式是电话，约占联系人数的74%，而现场服务的占 18%。尽管洛杉矶的互联网使用率很高，但很少有居民通过网络获得城市服务。使用网络实现城市的许多服务，或许可以减少拨号量并改善城市服务，从而节约成本。该调查还确定了居民希望在网上获得的具体服务和功能。因此，洛杉矶市推出了 311 互联网客户服务，从而减轻该市 911 电话系统的一些压力。截至2018 年，这项服务已经变得很受欢迎，在该市的非紧急客户联系量中占有很大份额。

MARKETING RESEARCH AN APPLIED ORIENTATION 实用市场调研（原书第 7 版）

多种特征和参数

实用市场调研

12.5

先前的例子中我们集中讨论了对一个参数的估计。在商业调研中，需要调研的特征往往是若干个，而不仅仅是一个。调研人员就需要估计多个参数。在某些情况下，样本容量的确定需要考虑所有必须估计的参数。

至此，我们已经讨论了假定简单随机抽样情况下以传统统计推断方法为基础的样本容量的确定，接下来将讨论在其他抽样方法下的样本容量的确定。

其他概率抽样方法

实用市场调研

12.6

对其他概率抽样方法来说，样本容量的确定也是基于相同原则的。调研人员必须事先给定精确度、置信水平，并且估计出检验统计量需要的抽样分布。

在简单随机抽样中，成本没有直接计入对样本容量的计算中。但是，在分层抽样或整群抽样的情况下，成本却有很重要的影响。每次观察的成本随着层或群的不同而不同，所以调研人员需要对这些成本有一些最初的估计。另外，调研人员必须考虑层内的差异性或群内及群间的差异性。一旦总体的样本容量确定了，样本也将分配到各层或各群，这就增加了样本容量公式的复杂性。感兴趣的读者可以参考其他关于抽样理论的权威著作以获得更多的信息。一般来说，为了提供与简单随机抽样相同的置信水平，系统抽样的样本容量与简单随机抽样相同，分层抽样的样本容量较小，整群抽样的样本容量则较大。

调整统计学方法确定的样本量

实用市场调研

12.7

由统计方法确定的样本容量是为了保证在给定的精确度和置信水平下所有的参数都能被估计而必须达到的最终样本容量或净样本容量。在调研中，这代表必须完成的调查数目。为了达到这个最终的样本容量，必须接触更多的潜在调查对象。换句话说，最初的样本容量要大得多，因为一般来说发生率和完成率都是小于100%的。

发生率（incidence rate）指的是发生的比率或是符合调研条件的人数比率。发生率决定了在给定样本容量的情况下，需要对多少个潜在调查对象进行筛选。假设一项关于地板清洁器的调研要求一个年龄在 25 ~ 55 岁之间的女性户主样本。我们可能会很自然地去接近年龄在 20 ~ 60 岁之间的女性，看她们是否符合条件，在她们当中有75%是年龄介于 25 ~ 55 岁之间的户主。这意味着平均来讲，获得一位合格调查对象要接触

第12章 抽样：确定最终与初始的样本量

1.33 位女性。对调查对象有越多的附加要求就需要越多的潜在调查对象。假设另一条限制要求是，这些女性应该在两个月内曾经使用过地板清洁器，并且估计所接触的女性中有 60% 满足这条标准，那么发生率为 $0.75 \times 0.60 = 0.45$。因此，最终的样本容量将不得不乘以一个系数因子 2.22（1/0.45）。类似地，样本容量的确定也必须考虑合格对象拒绝参加的情况。**完成率（completion rate）**是完成调查的合格对象的百分率。例如，如果调研人员期望符合条件的调查对象实现 80% 的访谈完成率，那么潜在调查对象的数目必须乘以一个因子 1.25。发生率和完成率结合在一起，意味着所接触的潜在调查对象的数目，即最初的样本量，应该是所需样本量的 2.22×1.25 倍即 2.77 倍。一般来讲，如果有 c 个条件限制因子，其发生率分别为 Q_1，Q_2，Q_3，…，Q_c，每个因子都表示为一个比率：

$$发生率 = Q_1, * Q_2 * Q *_3 \cdots * Q_c$$
$$初始样本容量 = 最终样本容量 / (发生率 \times 完成率)$$

需要抽取的单位数目取决于初始样本容量。这些计算假设每一次联系调查对象都能够确认该调查对象是否符合资格。但事实并非如此。联系调查对象的尝试结果可能是非结论性的，调查对象可能拒绝回答，或者不在家，或者很忙等。这些例子将会增加初始样本容量。当我们计算出应答率后将会考虑这些例子。通常情况下，许多变量都用来测定潜在调查对象是否符合标准，因此降低了发生率。

实用市场调研

案例 12.3　　　　　　　　筛选交响乐团样本

为了确定消费者对杰克逊维尔交响乐团（www.jaxsymphony.org）的认识和态度，我们进行了一次电话调查。调查对象的筛选标准是：①在杰克逊维尔地区居住一年以上；②25 岁或以上；③听古典或流行音乐；④观看古典或流行音乐的现场表演。这些筛选标准将发生率降低到 15% 以下，从而大幅增加了调查对象的数量。虽然四个筛选因素导致了一个高度有针对性的或调整过的样本，但它也使面试过程效率低下，比如几个调查对象不符合条件。调查显示，人们想要更好地欣赏交响乐，而停车往往存在问题。因此，杰克逊维尔交响乐团在 2018 年宣传"指挥家俱乐部"。加入年度基金可以享受会员的好处，包括在所有杰克逊维尔交响乐大师音乐会和流行音乐音乐会上获得免费泊车服务。每个等级的会员都可以在音乐会上免费参加在戴维斯画廊举行的中场休息招待会，包括开放式酒吧和开胃菜。

实用市场调研

12.8　　　　　　　　　　　　　　　　　　　　　　　　**计算应答率**

我们将应答率定义为：

$$应答率 = 完成调查的数目 / 样本中符合条件的数目$$

为了验证这个公式可用，考虑下述涉及个人电话调查的简单例子，其中没有进行任何筛选。样本由 2 000 个随机产生的电话号码组成。为了接触到调查对象进行了三次尝试，调查结果如表 12 - 4 所示。

表 12-4　电话调查应答率

电话次数	尝试	调查对象人数	累计	应答率
1	2 000	1 200	1 200	60.0%
2	800	400	1 600	80.0%
3	400	100	1 700	85.0%

在这个例子中，符合条件的单位数量为 2 000 个，经过三次电话后的回复率为 85%。

现在我们考虑单步样本需要筛选以确定调查对象资格的情况，也就是确定调查对象是否有资格参加调查。每次尝试对每个调查对象进行筛选将会产生三种情况：①符合条件，②不符合条件，③不确定（NA）。NA 类别包括拒绝回答、忙音、没有回答等。在这种情况下，我们通过按比例分配 NA 来确定 NA 中的合格调查对象人数。假设我们打了 2 000 个电话，结果如下（所有符合条件的调查对象都完成了调查）。

完成的调查数量	800	符合条件的调查对象人数	900
不符合条件的调查对象人数	600	不确定(NA)	500

第一步是在不确定的调查对象数目里确定符合标准的调查对象数目。这可以计算为：

$$500 \times (900/(900+600)) = 300$$

因此，样本中符合条件的调查对象数目为 900 + 300 = 1 200。因此，应答率为 800/1 200 = 66.7%。

虽然我们只例证了电话调查的应答率的计算，其他调查方法的应答率计算也是类似的。

实用市场调研

12.9

抽样中的无应答问题

抽样中两个主要的问题是改进应答率和对无应答的调整。当抽中的潜在调查对象没有应答时，就产生了无应答误差（见第 3 章），这在调查研究中是最重要的问题之一。没有应答的调查对象与应答者在人口、心理、个性、态度、动机和行为变量上有所不同。对于一项给定的调研，如果没有应答的调查对象与应答者在兴趣特征方面不同，那么样本估计值将会发生严重偏差。一般来说，应答率越高表示无应答偏差越低，但是，应答率并不是衡量无应答偏差的充分指标。应答率本身并不能表示应答者是否对原始样本具有代表性。如果附加的调查对象与那些已经应答的人没有不同，却不同于那些依旧没有应答的，追加应答率并不能降低无应答偏差。因为低应答率增加了无应答偏差的可能性，因此应该努力提高应答率。

12.9.1 提高应答率

如图 12-2 所示，造成低应答率的主要原因是调查对象拒绝或不在家。

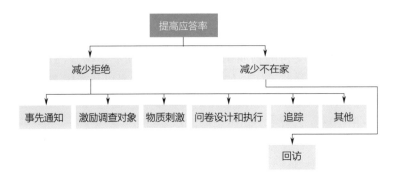

图 12-2　提高应答率

拒绝

拒绝（refusal）是由于抽中的对象不愿或不能参与而导致了较低的应答率及较高的无应答偏差。电话调查的拒绝率，即所接触的调查对象中拒绝参加的人数所占的百分比，在 0~50% 的范围内波动。商场拦截式调查和邮件调查的拒绝率渐次升高，互联网调查的拒绝率最高。大多数拒绝在访谈者的开场白之后，或当潜在的调查对象打开邮件的时候就立即发生了。一项国内电话调查接触的人中有 40% 在介绍阶段就拒绝了，而只有 6% 的人在调查期间拒绝。

调研发现，电话调查中那些可能参加的人（应答者）和可能拒绝参加的人（无应答者）有以下几点不同：①对调研的信任；②对调研组织的信任；③人口统计学特征；④对电话调查的信任和态度。

另一项调研表明，与电话调查相比，消费者更喜欢网络调查。在 1 753 个美国消费者中，78.9% 的人选择互联网作为其首选的调查方法，只有 3.2% 的人选择了电话方法。

由于这项调研中所表明的应答者和无应答者之间的差异，调研人员应该试图降低拒绝率。这可以通过事先通知、激励调查对象、物质刺激、问卷设计和执行以及追踪来实现。

事先通知（prior notification）。给潜在的调查对象寄一封信，通知他们即将进行的邮件、电话、人员或电子调查。事先通知增加了普通样本的应答率，因为它减少了意外和不确定性，并且创造了一个合作的氛围。

激励调查对象（motivating the respondents）。通过增加潜在调查对象的兴趣和参与性可以激励他们参与调查。实现这点的两种途径是"一脚进门"（foot - in - the - door）和"当头拒绝"（door - in - the - face）策略。两种策略都是通过连续不断地请求来获得他们的参与。在"一脚进门"策略中，访谈者由一个相对较小的请求开始，比如

实用市场调研（原书第7版）

"能占用您5分钟时间提5个问题吗?" 这个请求大多数人都会答应。在小请求之后接着是大请求,即恳求他们参与调查或实验的关键请求,其基本原理是最初要求的顺应性会增加答应后续请求的可能性。"当头拒绝"策略正好相反,开始做出的请求相对较大,大多数人拒绝答应,而接下来的小请求是调查的关键请求。其原理是后续请求的妥协会增加完成的可能性。"一脚进门"比"当头拒绝"更有效。

物质刺激(incentive)。通过向潜在调查对象提供货币及非货币形式的物质刺激可以提高应答率。货币形式的物质刺激可以预付或承诺支付。预付的物质刺激在调查时支付或夹在问卷中,承诺支付的物质刺激只送给那些完成了调查的调查对象。最常用的非货币形式的物质刺激是奖品,比如钢笔、铅笔、书籍以及提供调查结果。

结果表明,提前支付比承诺支付能在更大程度上提高应答率。物质刺激的价值可以从10美分到50美元以上不等。物质刺激的数量与应答率成正比,但是过高的物质刺激的成本可能会超过所获得信息的价值。

问卷设计和执行(questionnaire design and administration)。一张精心设计的问卷可以降低总体的拒绝率以及对特定问题的拒绝率。同样,在电话调查和人员调查中执行问卷所用的技巧可以增加应答率。受过训练的访谈者在转变拒绝和说服方面非常有经验,不会在不做任何努力的情况下就接受一个"不"的应答。进一步的请求可能会强调问卷的简洁和调查对象意见的重要性,有经验的访谈者可以将拒绝率平均减少大约7%。

追踪(follow-up)是在初次接触后周期性地联系无应答者,这对降低邮件调查的拒答率尤为有效。调研人员可以寄一张明信片或一封信以提醒无应答者完成并寄回问卷。一般来说,除了原始邮件还要发送两三封邮件。通过适当的追踪,邮件调查的应答率可以增加80%或更高。追踪也可以用于电话、电子邮件或人员调查中。

其他方法。个性化的方法,或者基于具体的地址发送邮件是提高应答率的较好方法。

实用市场调研

案例12.4 尼尔森针对低应答率的策略

尼尔森(www.nielsen.com)是一家领先的市场调研供应商。最近,尼尔森正在努力提高调查应答率,以便从调查中获得更有价值的结果。尼尔森创建了一个特殊的跨职能团队来解决应答率问题。他们使用"突破法"对尼尔森整个调查应答系统进行了改造,为提高应答率提出了6条策略:

(1)最大化初始调查和追踪的有效性。
(2)使内容更加具有吸引力并且易于完成。
(3)提高尼尔森的知名度。
(4)提高参与调查的奖励。

（5）优化向调查对象送达资料的过程。

（6）提高返回记录的可用性。

为了执行这6条策略，该公司推出了80项新措施。结果显示，应答率显著提高。尽管取得了鼓舞人心的结果，尼尔森仍然保持谨慎。因为他们知道做的还不够，保持高的应答率是持续的战斗。

不在家

第二个造成低应答率的原因是不在家。在电话调查和人员调查中，当试图接触潜在调查对象他们却不在家时就会造成低应答率。一项调研分析了182个商业电话调研，其中涉及100万名以上的消费者样本，结果显示，有很大比例的潜在调查对象没有接触到，平均未接触率为40%。在最近的40%的调研中，调研人员只试图与潜在的调查对象接触了一次。用复杂的随机拨号 M/A/R/C Telno 系统进行的259 088次首次电话尝试表明，只有不到10%的电话完成了调查。

指定的调查对象不在家的可能性随几个因素而变化：有孩子的人比单身或离异的人更有可能在家，周末比平日更有可能在家，晚上比下午更有可能在家。在尝试接触时，事先通知和约定时间能增加调查对象在家的可能性。

通过一系列回访或周期性地对无应答者进行追踪，可以显著地减小不在家情况的发生率。关于回访次数的决策应该权衡减少拒答偏差的收益与额外的成本。当回访完成时，应该将回访的调查对象与那些已经应答过的调查对象加以比较，以确定是否应做进一步的回访。在大多数消费者调查中，3次至4次回访是可取的。尽管第1次调查得到的应答最多，但是第2次和第3次通话每次都会得到额外的回答。根据一个既定计划进行回访的实施和控制是很重要的。

12.9.2 调整无应答问题

高应答率降低了出现显著无应答的可能性。无应答率应该始终进行报告，并且在可能的情况下估计无应答产生的影响。可以通过将无应答率与应答者和无应答者之间的估计差异联系起来来实现，关于两组人员差异的信息可以从样本本身获得。例如，由回访发现的差异性可以外推，或者可以对无应答者的子样本进行集中追踪。同样，也可以由其他来源推断出这些差异。例如，在一项对大型设备所有者的调查中，可以从保修卡获得应答者和无应答者的人口统计学特征等信息。对一个邮寄固定样本组，可以从辛迪加组织中获得大量关于这两组的信息。如果样本被认为能代表大众总体，那么就可以用人口普查的数据来比较。即使无法估计无应答的影响，在数据分析和解释的时候也必须进行一些调整。调整无应答误差的可用的战略包括抽查、替代、置换、主观估计、趋势分析、简单加权以及推算。

抽查无应答者（subsampling of nonrespondents） 可以有效地调整无应答偏差，这点在邮件调查中尤为显著。调查人员一般通过电话调查或者人员调查的方式去接触无应答者中的调查对象，经过再抽查，应答率一般较高。抽查得到的结果映射到所有的无应答者，之后对调查结果进行调整。这种方法能够估计无应答对所调研的特征的影响。

进行替代（replacement）时，一般用早期类似调研中的无应答者替代当前调研中的无应答者。调研人员尝试联系早期调研中的无应答者，让他们完成当前的问卷，并尽可能提供合适的物质刺激。重要的是当前调研中的无应答者的特征必须与早期调研中无应答者的特征相似。这两个调研应该面向类似的调查对象，并且他们之间的时间间隔必须较短。例如，如果一年后重复对百货商店进行调研，调研中的无应答者可以由早期调查中的无应答者替代。

置换（substitution）时，调研人员将无应答者置换为抽样框架里其他可能会回答的个体。抽样框架被分为一些子集，这些子集在调查对象的内在特征方面是同质的，在应答率方面是异质的。然后，用这些子集来确认与特定的无应答者相似、但是与样本中的应答者不相似的置换个体。需要特别注意的是，如果置换个体与样本中的应答者相似，那么这个方法将不会降低无应答偏差。

实用市场调研

案例 12.5   盖洛普的总统离任后调查

早在大选前两年，盖洛普（www.gallup.com）等公司就开始系统地招聘和培训员工，计划开展对总统的离任调查。

调查的问题简洁而尖锐。一些调查问题是众所周知能影响选举结果的问题，而另外一些问题则有关政治丑闻。问卷是在最后时刻填写的，不仅用于预测选举结果，还用于确定影响选举结果的因素。

选民不合作是调查的一大问题。调研人员需要记录下不合作人员的基本人口统计学信息。根据这些人口统计资料得出不合作选民的特征，从而使用替代法替代不合作的选民。年龄、性别、种族和居住地是影响选民投票的重要因素。例如，年轻的选民更有可能被道德问题所左右，而年长的选民则更有可能考虑到候选人的个人素质。因此，调研人员用其他在年龄、性别、种族和居住地相近的潜在调查对象代替无应答者。投后调查覆盖面广，对不符合要求的选民采用替代技术，使调研误差接近 3% 至 4%。投后调查正确地预测了奥巴马是 2012 年总统选举的赢家。但他们错误地预测了希拉里是 2016 年选举的赢家，而实际上特朗普赢得了选举。

当不能通过抽查无应答者、替代、置换来提升应答率率时，可以对无应答偏差的性质和影响进行主观估计（subjective estimates）。这包含根据经验和可得到的信息去评估无应答的可能影响。例如，结了婚并且有孩子的成年人比单身、离婚的或者结了婚但没有孩子的人更可能在家。这个信息对评估人员调查或电话调查中由于无人在家而造成无应答的影响提供了基础。

趋势分析（trend analysis）是指试图辨别早期和后期调查对象之间的趋势。这种趋势被映射到无应答者中，以估计他们在所调研的特征中处于什么状态。例如，表12-5给出了经过几轮邮件调查的结果。调研的特征是最近两个月在百货商店购物的平均花费。前三轮调查的平均支出可以由调查数据计算得出，但是这个值不含无应答者（无应答的情况）。应答者在每轮连续调查中的值会越来越接近无应答者。例如，那些在第二轮邮件调查中回答的人的花费是第一轮邮件调查中回答的人的79%，那些在第三轮邮件调查中回答的人的花费是第二轮邮件调查中回答的人的85%，按照这个趋势，如表12-5括号里表示的那样，可以估算出来无应答的人的花费是第三轮邮件调查中回答的91% [85% +（85% -79%）]。这样，得出无应答者的估计值为252 美元（277×0.91）。那么整个样本最近两个月在百货商店的平均支出的估计值为288 美元（0.12×412 +0.18×325 +0.13×277 +0.57×252）。假定邮寄固定样本组记录的无应答者的真实平均消费为230 美元而不是估计值252 美元，那么样本的真实平均值为275 美元而不是由趋势分析估计的288 美元。虽然趋势分析估计错了，但是误差比我们忽略无应答者的情况要小得多。如果我们忽略无应答者，平均消费支出的估计值将变为335 美元，即：

$$(0.12 \times 412 + 0.18 \times 325 + 0.13 \times 277)/(0.12 + 0.18 + 0.13)$$

表12-5　用趋势分析法调整无应答情况

	答复百分比（%）	平均支出金额（美元）	前一轮回答的百分比（%）
第一轮邮寄	12	412	—
第二轮邮寄	18	325	79
第三轮邮寄	13	277	85
拒答	（57）	（252）	91
共计	100		

　　加权（weighting）试图根据应答率对数据分配不同的权重来解释无应答情况。例如，在一项关于个人电脑的调研中，样本是按照收入来分层的。对应高收入、中等收入和低收入群组的应答率分别为85%、70%和40%。在分析这些数据时，对每个子集赋予相应的应答率的倒数的权重，那么对应高收入、中等收入、低收入群组的权重为100/85，100/70，100/40。虽然加权能够修正无应答产生的不同影响，但它也破坏了抽样设计中自我加权的性质，并且可能导致更加复杂的情况。

　　推算（imputation）涉及根据对无应答者和应答者可得变量的相似性，对所需要调研的无应答者的特征进行推算和分配。例如，一个没有回答惯用品牌的调查对象的答案可以由与他拥有类似人口特征的调查对象的回答推断出来。通常，需要调研的特征与一些其他变量都有很大的联系。在这些情况下，这种联系可以用来预测无应答者的特征值。

MARKETING RESEARCH AN APPLIED ORIENTATION 实用市场调研（原书第7版）

実用市场调研

12.10

国际市场调研

当在国外进行市场调研时，很难用统计的方法估计样本容量，因为总体方差的估计很难得到。因此，样本容量通常由第 11 章所讨论的那些定性因素决定，其中包括决策的重要性、调研的性质、变量个数、分析的性质、类似调研的样本容量、发生率、完成率以及资源约束等。如果试图用统计的方法估计样本容量，那么应该意识到总体方差的估计值可能因国家的不同而不同。例如，在测量消费者偏好时，在那些消费者偏好还没有得到很好发展的国家，测量结果可能会存在很大的差异。因此，假定总体方差是相同的或者在不同的国家用相同的样本容量是错误的。

实用市场调研

12.11

市场调研与社交媒体

在第 11 章，我们已经讨论了在线抽样，特别是社交媒体抽样的问题。在社交媒体上进行市场调研时，拥有大量甚至是非常大的样本是可行的。这是由于许多网络社区的规模很大，包括公共和私人社区，而且增加样本规模的边际成本很小。因此，在许多社交媒体项目中，样本容量可能远远超过传统的样本容量。重要的是，需要解决第 11 章所述的社交媒体的适当性和代表性的问题，只有解决了这一问题，大样本才是可取的，可以使调研结果更具说服力，并允许分类、分层进行统计分析。

实用市场调研

案例 12.6　　　　Threadless 利用社交媒体开展调研

Threadless（www. threadless. com）是一家位于芝加哥的服装制造商，专门生产 T 恤衫。该公司于 2000 年以 1 000 美元的种子资金成立，并迅速成长，赢得了"美国最具创新性的小公司"的称号。其成功的秘诀是，Threadless 利用社交媒体上的爱好者社区进行持续的市场调研，这些社区是一个内置的市场调研小组。每周，Threadless 从社区成员提交的 2 000 ~ 3 000 件作品中选出 5 ~ 15 件创新作品。社区成员可以对这些作品投票，获胜的作品会得到 2 000 美元奖励，每个作品会生产 500 ~ 1 500 件 T 恤衫。

社区（小组）规模超过 200 万人，社区通过物质和非物质的方式激励成员参与社区活动。Threadless 网站关注每周的获奖者并展示历史获奖者。

会员可以上传自己穿着 Threadless 产品的照片，并可以获得购买折扣。社区每周都会向成员发送一封邮件。这个社区的庞大规模使 Threadless 能够收集基于大样本的数据，远远超过通过传统方式收集的数据量，因此调查结果更加准确。此外，大样本量还能基于人口统计学特征对数据进行分层分析。到目前为止，使用社交媒体进行大样本的市场调研为 Threadless 带来了丰厚的回报，其产品受到广大消费者的欢迎。

实用市场调研

12.12 移动市场调研

如第 11 章所述，在移动市场调研（MMR）中，拥有超过统计要求的大样本量是可行的。与社交媒体调研类似，调查额外调查对象的增量成本微不足道，增加的调查时间也微不足道。例如，Pollfish（www.pollfish.com）在一个小时内完成了 750 份包括 10 个问题的调查。

本章讨论的所有提高回复率的方法都可以在移动环境中实施。此外，移动市场调研还可以提供其他有吸引力的激励措施。因为调查通常是在应用程序中进行的，应用程序不推送广告就是一个很好的激励措施。移动用户可以选择完成一个简短的调查，并获得无广告的特权。其他有效的激励措施包括虚拟货币（信用点、积分等）或任何形式的奖励，在调查对象完成调查后分发给他们。目标是以更多的互动方式为移动调查对象提供奖励，更好地控制调查过程，从而保障调查对象参与度和用户体验之间的平衡。

移动调查可能比固定电话调查更昂贵。在美国，用手机完成的调查的费用往往是固定电话调查的两倍。据报道，在澳大利亚，如果用移动抽样框架进行全国性的抽样调查，其成本比使用座机高 30%。由于呼叫筛选问题、拒答问题和更高的挂电话率，MMR 可能需要拨打更多的电话来获得与固定电话调查相同数量的完整调查结果。因此，为了获得相同的最终样本量，MMR 的初始样本量可能要比固定电话高得多。

实用市场调研

12.13 市场调研中的商业伦理

虽然用统计的方法确定样本容量通常是客观的，但是仍会涉及伦理问题。从公式中我们可以看到，样本容量大小依赖于变量的标准差，而在数据收集完之前，没有任何方式能够准确地知道标准差。此时，需要用标准差的估计值来计算样本容量。这个估计值是根据二手数据、判断和初步调研来估计的。因此，夸大标准差就可能会增加样本容量，同时也会增加调研公司的项目收入。例如，从样本容量计算公式可以看到，将标准差增加20%，样本容量就会增加40%。很显然，仅仅为增加市场调研公司的收入而夸大标准差以增加样本容量是不符合伦理的。

即使真实地估计标准差，也会出现伦理问题。通常，实际调研的标准差与最初估计的标准差是不同的。当实际的标准差大于初始估计的标准差时，置信区间也会比预先设定的要大。在这种情况下，调研人员有责任与客户就此事进行探讨，并共同决定需要采取的措施。错误传达根据统计抽样推断出来的置信区间是另一个伦理问题，这点在政治投票中有重要影响。

案例 12.7   选举调查与总统大选

一些选举调查结果受到了强烈批评。特别是，在选举前和选举期间发布政治民意调查结果的伦理性受到了质疑。反对这种调查的人认为调查结果误导了公众。首先，在选举前，选民会受到民调预测的获胜者的影响。如果他们看到自己喜欢的候选人处于落后状态，他们可能决定不投票，因为他们认为自己的候选人不可能获胜。在选举进行中试图预测选举结果的做法受到了更严厉的批评。反对者认为，这种做法使选民倾向于把票投给本州的预测赢家，甚至可能劝阻选民投票。即使选票站还没有关闭，许多人也不会投票，因为媒体已经预测出了获胜者。此外，不仅这些调查的效果值得怀疑，而且预测的准确性也经常受到质疑。尽管可能告知选民某位候选人的得票率在±1%以内，但实际置信区间可能要大得多，这取决于样本的大小。民调的准确性和伦理问题与预测结果成为2016年总统选举的焦点。尽管绝大多数民调都预测希拉里·克林顿是赢家，但唐纳德·特朗普还是赢得了选举。

调研人员也负有伦理责任。他们需要调查无应答偏差的可能性，并针对无应答问题对调查做出合理的调整。还需要公布采取的措施以及无应答偏差的程度。

小结

确定样本量的统计方法以置信区间为基础，这些方法可能涉及对均值或比例的估计。在估计均值时，用置信区间方法确定样本量要求指定精确度、置信区间及总体标准差。在估计比例的情况下，必须指定精确度、置信水平和总体比例的估计值。统计上确定的样本容量代表的是必须达到的最终样本容量或净样本容量。为了达到这个最终样本容量，必须接触更多的潜在调查对象，这是因为发生率和完成率带来了应答的减少。

当抽中的一些潜在调查对象没有应答时，就产生了无应答偏差，造成低应答率的主要原因是拒绝和不在家。拒绝率可以由事先通知、激励调查对象、物质刺激、问卷设计和执行以及追踪等方式来降低。通过追踪，也能够显著地降低调查对象不在家的比率。调整无应答偏差可以通过抽查、替代、置换、主观估计、趋势分析、加权以及推算等来实现。

由于不同国家的总体方差可能不同，样本容量的统计估计在国际市场调研中更为复杂。在许多社交媒体和移动市场调研项目中，由于许多调研社区的规模很大，而增加样本量的边际成本很低，样本容量可能比传统调研方法的样本量大得多。在移动市场调研中，可以提供一些特有的激励措施来提高应答率。为了确定样本容量对总体方差进行的初步估计也有商业伦理上的分歧。

MARKETING RESEARCH AN APPLIED ORIENTATION 实用市场调研（原书第7版）

实用市场调研
（原书第7版）

MARKETING RESEARCH

第 3 篇
市场调研的实施

　　本篇对市场调研的第四步——实地调研进行了实践性和管理性的讨论，为选择、培训、监督、验证和评估现场工作者提供了一些指导方针。当实地调研完成后，研究人员继续进行数据准备和分析，这是市场调查过程的第五步。

　　在这一部分，我们强调了数据准备的重要性，并讨论了数据准备的过程，以使其适合于分析。然后介绍了各种数据分析技术，涵盖了频数分布、交叉列联表和假设检验的基本技术，还涵盖了方差分析和回归分析的常用多变量技术。此外还介绍了更先进的技术：判别分析和 logit 分析、因子分析、聚类分析、多维标度分析与联合分析、结构方程建模和路径分析。在对每种统计技术的讨论中，重点是解释过程、解释结果和得出管理含义，而不是统计。

　　市场调研的第六步是准备和提交正式报告，形成研究结论。本篇以实践为导向，提供了撰写报告和准备表格和图表的指南，并讨论了报告的口头陈述要点。

MARKETING RESEARCH

实用市场调研｜（原书第7版）

第 13 章　实地调研

实地调研人员的挑选、训练、管理以及评价对于任何需要收集数据的市场调研课题的成功都是至关重要的。在新的数字时代，我们的实地调研人员也需要熟悉数据收集中使用的技术。

——Kantar Insights 东南亚 CEO Preeti Reddy

Preeti Reddy 供图

本章概要

———

实地调研是市场调研过程（第1章）的第4步。它在定义市场调研问题、制定研究框架（第2章）和研究设计（第3~12章）之后进行。这一步骤中，实地调研人员要与调查对象接触，管理问卷或观察表格，记录数据并完成调研过程中涉及的表格。实地调研人员可以是登门入户的调查员、商场拦访购物者的调查员、电话调查员，从办公室邮寄问卷、发送电子邮件或短信进行调查的工作人员，记录特定时间商店中顾客人数的观察员，以及许多其他涉及数据收集和管理的人员。

本章讲述实地调研的特征以及一般实地调研数据收集的过程。整个过程涉实地调研人员的选拔、培训、监督，实地调研的验证和实地调研人员的评估，简要探讨国际市场调研、社交媒体研究、移动市场调研背景下的实地调研以及相关的伦理问题。

案例 13.1 　　　　　　　　降低拒答率

市场营销与民意调研理事会（CMOR）是美国 Insights 协会（www. insightsociation. org）的一部分。该组织的一项调研采访了超过 3 700 名美国消费者，其中近 45％ 的人表示他们在过去一年中拒绝参与某项调研。协会提供了一些与实地调研工作有关的建议，以降低拒答率：

- 定期对调研人员进行培训，使他们能够有效地开展工作。
- 当决定何时进行调研时应该为对方着想，建议在早上 9 点和晚上 9 点之间进行。
- 当拦截的调查对象说不方便时，应当约好时间，晚些时候再进行调研。
- 在不会导致数据偏差的前提下，可以将研究的主题告诉调查对象，提供的信息越多，人们的疑虑越小。
- 实地调研人员应该尽量使调研过程愉快和有趣。

实用市场调研

13.1 　　　　　　　　　　　　**实地调研的性质**

市场调研的设计者很少亲自收集调研所需的数据。主要通过两种方式收集数据：建立自己的组织或者雇用调研公司。无论采用哪种方式，数据收集都要引入一些实地调研人员，实地调研人员可以在现场（入户调查、商场拦截调查、计算机辅助的个人访谈和观察法）或办公室（电话调查、邮寄问卷调查、电子邮件调查和网上调查）完成调研工作。负责收集数据的实地调研人员通常不需要具备研究背景或培训经验。实地调研是最容易产生伦理问题的环节，存在许多违反伦理标准的可能性，但只要与声誉良好的实地调研公司合作，就不必过于担心这方面的问题。营销与研究顾问公司（M/A/R/C，www.marcgroup.com）就极力提倡保障实地工作质量，对市场调研行业实地调研质量的评估令人放心。这家公司与大多数人的看法不同，认为数据收集不是一群人试图违反规则、欺骗、在调研中作弊。事实上，实地调研工作的质量非常高，这是因为实地调研/数据收集的过程设计合理，并且控制得很好。

实地调研/数据收集过程

所有的实地调研都涉及数据收集人员的选择、培训和管理，实地调研工作的验证和调研人员的评估是这个过程中的重要部分。图 13-1 显示了实地调研/数据收集过程的一般框架。虽然我们描述的是一般框架，但我们应该知道实地调研的特点根据不同的数据收集模式而有所不同，电话调查、人员调查、邮寄调查、电子化调查和移动调查各个步骤的重要性也有所差异。

图 13-1　实地调研/数据收集过程

选择实地调研人员

实地调研过程的第一步是选择实地调研人员。研究者应该：①开发项目的岗位规范，重视数据收集的方式；②确定实地调研人员应具备哪些特征；③招募合适的人。实地调研人员的背景、观点、见解、期望和态度都会影响他们所得到的回答。

例如，对调查对象来说，实地调研人员的社会可接受性会影响数据的质量，对于个人访谈尤其如此。一般认为实地调研人员（又称访谈者）与调查对象的共同点越多，访谈就越有可能获得成功。

　　　　寻求访谈者与调查对象之间的共同点

一项有关心理健康的调研发现，年长的访谈者相比年轻的访谈者更容易得到调查对象的配合，这似乎与访谈者的工作年限无关。拒答率在黑人和白人访谈者之间也有差别，黑人访谈者的拒答率高于白人。访谈者与调查对象之间的共同点越多，配合情况越好，数据质量越高。因此，在可能的范围内，应当尽可能选择与调查对象特征相匹配的访谈者。随着问题的性质和数据收集方法类型的不同，工作的要求也有所不同。然而，实地调研人员也有一些一般性的资格要求：

- 身体健康。实地调研工作繁重，访谈者必须有足够的体力和精力来应对。
- 性格开朗。访谈者应当能够与调查对象建立起融洽的氛围，具备与陌生人打交道的能力。
- 善于沟通。有效的沟通与倾听技巧是一笔重要的财富。
- 相貌友善。如果访谈者的外貌看起来不友善，获得的数据可能有所偏差。
- 受过教育。访谈者必须有良好的阅读和书写技能，多数实地调研公司要求调查员至少拥有高中学历，更多偏好大学学历。
- 经验丰富。有经验的访谈者在遵循指导、获得调查对象合作和引导整个调研进程方面做得更好。

案例 13.3　　　　　　　　　　　经验很重要

研究表明，访谈者的经验对于调研过程有下列影响：

- 缺少经验的访谈者更有可能犯编码错误，错误地记录回答以及追问失败。
- 缺少经验的访谈者在完成调查对象的抽样配额上格外困难。
- 缺少经验的访谈者有更高的拒答率。同时，对于私人问题，他们会收到更多的"不知道"并遇到拒绝回答的情形。

实地调研人员通常是按小时或调研样本数来计酬的。典型的访谈者通常是 35～54 岁的已婚女性，受过中上等教育，有着中上水平的家庭收入。

13.4 培训实地调研人员

培训实地调研人员对于收集的数据的质量起着关键作用。培训可以在培训中心面对面进行，如果访谈者分散在各地，也可以通过邮件、视频会议或者互联网来培训。培训必须保证所有访谈者以相同的方式开展问卷调研，以保证收集的数据具有一致性。培训内容应该包括如何初次接触调查对象、如何问问题、如何进一步追问跟进、如何记录回答、如何结束调研。

初次接触调查对象

初次接触调查对象时，可能促成合作，也可能失败。培训应该注重提升访谈者做好开场白的能力，让潜在调查对象认识到他们的参与是非常重要的。

注意，访谈者不必特意征求调查对象的同意，诸如"我能占用您一点时间吗"或"您能回答几个问题吗"之类直接询问同意与否的问题大可不必。对于如何处理拒答的情况也应该做出相应的指导。例如，如果调查对象说"我现在不方便"，访谈者就应该说"那您什么时候方便，我到时联系您"。如果需要用到第 12 章的诸如"一脚进门"或"当头拒绝"等策略，那么在这方面也应该进行培训。

提问

提问时的措辞、说话顺序和说话方式，甚至一个小小的变化都可能导致调查对象曲解其意思，或者使应答产生偏差。提问是一门艺术。对如何提问进行培训有助于减少偏差。措辞或者问题顺序的一点改变都可以得到完全不同的回应。尽管不可能有完美的问卷，我们也应该按照统一的特定方式来提问。访谈者应该尽量健谈一点，必须严格按照问卷列示的方式提问。提问的指导方针主要有以下几点：

1. 对问卷做到完全熟悉。
2. 按照问卷设计的顺序提问。
3. 使用问卷中准确的措辞来提问。
4. 每一个问题说得慢一些。
5. 如果调查对象没有理解问题，应该重复叙述问题。
6. 问的每一个问题要适当。
7. 根据指导和简要提纲，仔细地追问。

追问

追问（probing）的目的是鼓励调查对象扩展、说明和解释他们的答案。追问还有助于调查对象将注意力集中到调研的某一特定内容上，并提供相关信息。追问中不应该存在任何倾向性。通用的追问方法主要有：

1. 重复问题。用同样的话语重复问题能够有效地引出回答。
2. 重复调查对象的回答。通过逐字地重复调查对象的回答，有助于引出进一步的回答，访谈者可以边记录边重复调查对象的回答。
3. 适当地停顿或沉默。一个无声的探索，一个期望的停顿和表情，都可以暗示调查对象提供更完整的回答。但是，沉默不应该变成尴尬。
4. 鼓励或肯定调查对象。如果调查对象犹豫不决，访谈者应该说一些话鼓励他。例如，可以说"答案不分对错，我们只是想了解您的看法"。如果调查对象需要解释一个词或一个短语，访谈者不应给出诠释，而应该要求调查对象自己做出解释。访谈者可以说"按照你的理解就可以了"。
5. 诱发澄清。如果访谈者想要激发调查对象的合作动机，并提供完整的回答，可以这样说："我不是很理解您的意思，您能不能说得详细一些?"
6. 采用客观的/中立的问题或评论。通常用于追问的一般性问题及其相应的缩写有：还有其他任何原因吗（AO）？还有别的吗（AE）？你指的是什么意思（What mean）？你为什么有这样的感觉（Why）？"访谈者应该在问题的后面加上括号，括号内记下相关缩写。

记录答案

记录调查对象的答案看起来简单，实际上却很容易出错。所有的访谈者应该使用相同的格式和惯例记录调研，并编辑完整的调研内容。对于结构化的问题，记录答案的规则会因具体问卷的不同而不同，但总原则是为了检验所记录的内容是否反映了调查对象的答案。对于非结构化问题，记录答案的总原则是逐字记录。《调研人员手册》提出了以下记录非结构化问题答案的详细指南：

1. 在调研时记录答案。
2. 使用调查对象自己的语言记录。
3. 不要总结或改写调查对象的回答。
4. 记录时要包括与问题目标有关的所有细节。
5. 记录所有的追问和注解。
6. 记录时要重复一下答案。

结束调研

在没有得到所有信息之前不能结束调查，调查对象在正式问题回答完毕后自然做出的解释也应该详细记录在案。同时，访谈者应该回答调查对象关于调研项目的疑问，应给调查对象留下良好的印象。最后，对调查对象表示由衷的感谢，这一点非常重要。

实用市场调研

案例 13.4　　　美国疾病预防控制中心的实地调研人员培训

美国疾病预防控制中心（CDC）（www.cdc.gov）在世界范围内连续进行了一项关于健康的电话调查，这是一个基于状态的行为风险因素监察系统（BRFSS）。自 1984 年以来，此调查每月收集关于风险行为和预防性健康实践的数据。通过培训，田野调查人员要在各自负责的区域发放并分析标准化问卷。该中心每年都会收到来自个人和期刊发布的关于高血压、高血脂、吸烟和酗酒行为的健康数据。为了保证访谈者和数据收集培训的规范化，该中心采用了计算机辅助电话调研系统（CATI）。

美国疾病预防控制中心明白，访谈者是调查对象和调研人员之间的唯一纽带，因此需要花费大量时间和精力来培训访谈者。在培训过程中，必须努力保证访谈者：

- 理解问题的性质和内容。
- 知道如何记录回答、为编写问卷代码以及安排调研。
- 为调查对象保密。
- 确保调查到的是正确的对象人群。
- 记录真实的画面。
- 清晰准确地执行调研工作。
- 准备好处理调查过程中可能发生的困难。
- 要有说服力，使拒绝参与调查的家庭数量降到最低。
- 在调查的各个方面质量至上。
- 要有礼貌，态度友好。
- 在不牺牲质量的前提下努力实现效率最大化。

MARKETING RESEARCH AN APPLIED ORIENTATION 实用市场调研（原书第 7 版）

鉴于 BRFSS 的性质，访谈者必须同时签署一份保密协议。有时调查对象也会关注其健康信息的保密情况。可以采取一些措施来评估通过调查认出某一调查对象的可能性。例如，在最终调查结果中去掉电话号码的最后两位。通过培训，访谈者要在打电话时将这些保密措施告诉他们。

为了获得有效的问卷答复，并礼貌对待参与者，其他培训程序也很有用。表 13-1 汇总了一些电话调查小技巧，这些小技巧是该中心培训项目的一部分。为了获取分析当地相关风险行为和预防性卫生行为所需的精确信息，大规模的培训至关重要。这些数据将通过多种方式运用于健康机构，从而帮助它们计划、实施和评估其风险控制项目，同时也运用于制定合适的政策和法律法规。

表 13-1　电话调查小技巧

声音特质 礼貌待人 有自信 不要给人厌烦的感觉 看起来对调查对象的回答很感兴趣 说话时语调保持轻松愉悦	**追问和澄清** 探究更为精确的信息 知道何时应该探究追问 追问时要注意使用中性的语句
对问卷的阐明 清晰地说明 发音要准确、恰当	**如何处理棘手的调查对象** 回答调查对象的提问 缓和其对保密的关注 鼓励不情愿回答的人做出回答 不要过多关注调查时间的长短
关于调研问题的一般常识 认识到数据质量的重要性 了解调研的目标 了解每个问题的用意	**调研技巧** 逐字地念出问题 验证电话号码的正确性 顺畅地做出跳转提问 从导入到提问的转换要顺畅 调研的结尾要顺畅 适当地做出约定 提供中性、客观的反馈

实用市场调研

13.5

监管实地调研人员

监管实地调研人员是为了确保他们严格按照培训的程序和方法进行调研，监管主要包括质量控制和编辑、样本控制、作弊控制和中央办公室控制。

质量控制和编辑

对实地调研人员进行质量控制需要检验整个调研是不是按照恰当的步骤来执行的。

发现任何问题，都需要监管人员与实地调研人员就此问题进行沟通，需要时还可以进行附加培训。为了了解实地调研人员存在的问题，监管人员也要做一些调研，并且每天收集问卷和其他相关表格，及时做出编辑。监管人员还必须确保摒弃那些不恰当或不完整的答案，同时确保表格上的字迹清晰可见。

监管人员还应该记录调查实施的时间长短和费用，以便了解单位成本、工作是否按计划进行，以及实地调研人员是否有困难。

样本控制

样本控制（sampling control）是监管工作的一个重要方面，目的是确保实地调研人员严格按照样本计划进行样本选择，而不是基于方便或容易获得来选取样本。实地调研人员一般会避免去有困难及不受欢迎的住所或地方调研。如果样本单位本人不在家，作为替代，实地调研人员可能访问下一个样本单位，而不会打电话回访。实地调研人员有时会扩大样本容量的范围要求。例如，将58岁的调查对象划入46～55岁类别中，以满足样本容量的要求。

为了控制这些问题，监管人员需要对调查电话的数量、不在家的调查对象数量、被拒访的数量、每个实地调研人员完整进行的调查数以及在实地调研人员控制下进行的调查总数等随时做好记录。

作弊控制

作弊包括篡改部分甚至整份问卷。实地调研人员很可能篡改部分答案，伪造整份问卷或者不与调查对象接触就填写虚假答案。通过对实地调研人员适当的培训、监管和验证确认可以将作弊的概率降到最低。

中央办公室控制

监管人员要将质量和成本控制的信息及时提交到中央办公室，以便了解总体进程报告。除了在调查现场进行控制之外，中央办公室还可以实施附加的控制来确认潜在的问题。中央办公室控制包括对配额变量、重要人口特征和关键变量的答案等做表格分析。

验证实地调研工作

验证调研工作意味着要证实实地调研人员提交的是真实的调研结果。监管人员要对10%～25%的调查对象进行电话调查，询问其是否真的接受过调研，监管人员可以问一些有关调研时间长短和质量、调查对象对实地调研人员的反应以及基本的人口统计学特征的数据等。人口统计学信息还可以用于核实调查人员在问卷中记录的信息的准确性。

评估实地调研人员

为了对实地调研人员提供关于其绩效的反馈，同时发现更优秀的调研人员，进一步建立更高质量的调研队伍，很重要的一项工作就是评估实地调研人员。评估的标准在进行培训时就应该明确告诉实地调研人员。对实地调研人员的评估应该以成本和时间、应答率、调研质量以及数据质量为基础。

成本和时间

用每次调研的总成本（薪水和费用）来对实地调研人员进行比较。如果成本随城市规模的不同而不同，对比结论就应该只在可比性强的城市间进行。还可以根据其时间分配情况对实地调研人员进行比较，时间往往会分成实际调查时间、交通时间和管理时间。

应答率

及时地监管应答率非常重要，因为只有这样，才能在应答率过低时及时纠正。如果某个实地调研人员的拒答率过高，监管人员可以通过聆听他们如何导入问题并立即提供反馈的方式来帮助他们。当实地调研人员的工作都结束之后，可以通过比较不同调研人员的拒答率判断其工作的质量。

调研质量

为了对实地调研人员的调研质量进行评估。监管人员必须直接观察调查过程。监管人员可以亲自观察，也可以通过调查录音来评估。调研质量的评估标准包括：

1. 导入是否恰当；
2. 实地调研人员的提问是否准确；
3. 无偏差追问探究的能力；
4. 询问敏感性问题的能力；
5. 调查中表现出的人际关系技能；
6. 结束调查时的方式。

数据质量

应当根据数据质量对实地调研人员完成的问卷进行评估。数据质量指标包括：①记录的数据清晰易读；②严格按照问卷说明（包括跳转方式）进行调研；③逐字记录非结构性问题的答案；④非结构性问题的答案有意义且完整，能够进行编码；⑤未回答的项目很少。

实用市场调研

案例 13.5 　　　　访谈指南：美国 Insights 协会

每个访谈者都要遵循以下步骤，以获得良好的访谈效果：

1. 如果调查对象询问，则告诉他们你的名字以及调研公司的电话。

2. 按照问卷清楚地读出问题，及时向管理人员反映问卷存在的不足。

3. 按照问卷书写的顺序提问，并遵守跳跃规则。

4. 以中立立场向调查对象解释调研问题。

5. 不要误导调查对象调研的长度。

6. 未经允许不要泄露最终客户的身份。

7. 记录每次终止的调研以及终止原因。

8. 在访谈中保持中立，不要对调查对象的观点表示赞同或不赞同。

9. 说话清楚，语速稍慢，以便调查对象完全理解。

10. 逐字记录每个回答，不要重新措辞。

11. 避免与调查对象进行不必要的交谈。

12. 对于开放式问题进行追问和澄清，除非有其他要求，否则应在追问和澄清时保持中立。

13. 记录字迹清楚易读。

14. 问卷上交督导员前进行全面检查。

15. 当终止调研时，采用中性的结束语，比如"谢谢"或"我们在这里的定额已完成，谢谢"。

16. 对所有的研究、资料和发现保密。

17. 不要篡改任何问题的任何答案。

18. 对调查对象参与研究表示感谢。

实用市场调研

13.8

国际市场调研

实地调研人员的甄选、培训、监管和评估在国际营销中至关重要。有些国家没有本地的实地调研机构，必须从当地招募和培训实地调研人员，或者从国外引入经验丰富的调研人员。雇用本地的调研人员更为可取，因为他们熟悉当地的语言和文化，能够营造合适的调研氛围，并对调查对象关心的问题比较敏感。需要对其进行大量的培训，同时进行密切的监管也很必要。在许多国家的观察发现，调研人员倾向于帮助调查对象回答问题，并且容易按照个人喜好而不是根据样本计划选取家庭或样本单位。此外，调研人员作弊现象也比较严重。对调研工作的验证也很关键。采用适当的实地调研程序能大大减少这些问题，获得一致且有用的调研结果。

无论一项调研看起来多么简单，国际市场调研都会使复杂性提高。收集不同国家具有可比性的数据可能比较困难，需要时可以采用一些适应性的标准调研方法。同样的营销程序可以使调研人员发现、分析和更好地理解各国的社会文化差异。全球性的市场调研方法是比较理想的，这要求改变在美国使用的一些研究方法，以便美国的数据能与其他国家的进行比较。

MARKETING RESEARCH AN APPLIED ORIENTATION 实用市场调研（原书第7版）

"美国主义"统治欧洲

英国的市场调研公司 Kantar TNS（www.tnsglobal.com）开展的一项调研发现，尽管欧洲市场完成了一体化，欧洲消费者却越来越喜欢美国产品，调研人员预计"美国主义"将统一欧洲。这项调研是在法国、德国、英国、意大利和荷兰进行的。为了取得消费者的配合，在每个国家都雇用了当地的调查人员和监管人员。田野调查人员也都经过了培训和指导，以便控制由于调查方法不同造成的国家之间的差异，并保证调研结果的质量。

一共对 6 724 个人进行了调研。结果发现欧洲人对美国产品的创新性给予高度评价，有些国家的调查对象认为美国产品时尚、质量高。有趣的是，被认为反美的法国人实际上是亲美的。在 1 034 名接受调研的法国消费者中，40% 的人认为美国产品时尚，38% 的人相信美国产品具有创新性，15% 的人觉得美国产品质量高。此外，当问及他们偏好哪个国家的公司进入本地时，美国公司成为首选。这些发现在五个国家之间具有可比性和一致性。取得这一结果的一个关键就是使用了当地的实地调研人员并对他们进行了培训和督导，得到了高质量的数据。

这项调研对于宣传和赞美美国品牌的营销者很有用。"不但不需要隐藏美国出身，我们认为这些公司要强调和利用美国文化。"Henley 中心（英国的一家经济预测咨询公司）表示。事实上，美国公司从"美国制造"这一无形资产中获益，美国对欧洲的出口快速增加。2017 年，加利福尼亚州在向欧洲出口方面居美国各州之首。

13.9 国际市场调研与社交媒体研究

进行电话或个人访谈的调研人员通常是兼职或合同制的。与之相反，从社交媒体收集和分析数据的调研人员通常是全职员工。此外，可以为社交媒体项目指派数量有限（只有两三名）的操作人员或实地调研人员。这使社交媒体项目的实地调研人员在选择、培训、监管和评估方面更加简化，尽管社交媒体项目涉及的许多问题与传统实地调研中的问题相同。实地调研人员面临的另一个挑战是如何与客户密切合作，做出实地决策。在收集定性数据时，必须做出若干决策，这些决策应由实地调研人员和客户共同做出，包括确定要监控的社交媒体渠道的类型和规格、制定标准化术语、确定对话类型和内容类型、建立标准化编码方案以及设定基准。因此，实地调研组织的关键是形成一个由客户和研究人员组成的核心团队。

移动市场调研

本部分所述的实地调研过程是一般性的，每个步骤的重点将取决于数据收集的具体模式。与社交媒体调研一样，在移动市场调研（MMR）中收集和分析数据的调研人员也是公司的全职雇员。此外，可为 MMR 项目分配的操作人员或实地调研人员通常只有一人。这两个因素使得 MMR 中实地调研人员的选择、培训、监督、验证和评估更加简化。类似于社交媒体研究，尽管所涉及的许多问题与传统实地调研中遇到的问题相同。与其他数据收集模式一样，实地调研组织的关键部分是形成一个由客户和研究人员组成的核心团队。

实用市场调研

案例13.7 在客户研究项目中有绝对发言权的英国最大零售商

特易购（www. Tesco. com）是英国最大的零售商，也是世界上最大的零售商之一。杂货零售商需要一个客户体验计划，在监控商店的客户满意度的同时促进管理行为的开展。在商店进行面对面采访是获得顾客购物体验反馈的最佳方式。考虑到这个项目的巨大范围，特易购聘请了英国市场调研公司 Marketing Sciences（marketing-sciences. com）。每个月花费两周的时间，对 950 多家特易购门店分别进行了 100 次采访，包括位于农村和难以到达的地点的门店。在完成实地调研后两周内，经理需要得到门店级报告。解决方案是使用装有 Contirmit（www. confirmit. com）研究应用程序的平板电脑。为了使项目启动和运行，300 多名面试官在全国各地接受了培训。系统上线后，每月需要记录 1 900 个班次。如果天气不好或面试官生病，则需要替代方案立即就位。在监督实地工作人员方面，实施了以下质量控制程序：

- 实地调研人员是否在适当的日期、适当的时间和整个轮班期间进行访谈？
- 面试官在轮班期间是否有任何未经授权、奇怪或长时间的休息？
- 与其他采访者相比，面试官的模式如何？
- GPS（全球定位系统）是否用于显示实地调研人员进行访谈的地点？

该项目总共完成了 150 多万次访谈，节约了 24 吨纸张（相当于 581 棵树）。仪表板和报告不仅提供了国家层面的信息，还提供了微观、地方和区域层面的信息。可操作结果的快速交付使特易购能够非常接近每家商店的客户。对于营销界来说，这一结果标志着英国最大的客户研究项目之一的成功完成。

市场调研中的商业伦理

无论是内部市场调研部门还是外部实地工作机构，在收集数据时都应该高度遵守道德标准。研究人员和实地调研人员可以通过表达他们的感激使调查对象感到舒适。提高调查对象舒适度的方法之一就是向他们提供足够的关于调研机构和项目的信息，说清楚他们的疑问，并在调研开始时明确实地调研人员和调查对象双方的责任和期望。此外，调查对象有权拒绝回答让他们感到为难的问题，如果他们感到不便也可以随时终止调研。研究人员和实地调研人员有义务尊重调查对象的隐私、感受和尊严。此外，应尽量使调查对象对这次调研留下良好的印象，提高将来对类似活动的配合率。

研究者和实地工作机构还应当对客户负责，遵循可接受的程序，选拔、培训、管理、核实及评估实地工作人员。他们必须保证数据收集的完整性，详细记录实地工作过程并将信息提供给客户。合适的行动可以帮助研究者和实地调研机构处理实地调研中可能遇到的伦理问题。

案例 13.8　　　　　　　实地调研的伦理问题

回复 800 号码、使用信用卡或购买产品提供的信息通常用于编制客户和潜在客户的列表。这些名单很少出售给电话营销和直接营销组织。然而，公众的看法有所不同，许多人认为营销人员和市场调研人员滥用了他们收集的信息。这种误解给市场调研带来了负面影响。

作为回应，许多市场调研人员和实地调研机构在采访开始的时候正面解决这个问题。例如，在联系潜在受访者时，盖洛普组织（www. gallup. com）向他们提供有关公司（Gallup）和市场调研项目的信息。负责人保证盖洛普会在遵守伦理规范的前提下运作。一些市场研究公司和实地调研机构向潜在受访者提供免费电话号码和网站地址，以获取更多信息或核实实地调研人员提供的信息。这些措施使受访者认为自己知情，更舒心，也能为客户提供更高质量的数据。

小结

研究者在收集数据时有两种选择：建立自己的调研组织或者雇用实地工作机构。无论采用哪种方式，都要涉及实地调研人员。实地调研人员应该健康、开朗、健谈、友善、受过良好教育并且富有经验。他们需要经过实地调研方面的培训，包括如何初次接触调查对象、如何提问、如何追问、如何记录答案以及如何结束调研。对实地调研人员的监管涉及质量控制和编辑、样本控制、作弊控制以及中央办公室控制。在对实地调研工作进行核实时，可以回访 10%~25% 的调查对象，并询问他们是否接受过调研。对实地调研人员进行评估的标准包括成本与时间、应答率、调研质量和数据收集的质量。

由于很多国家没有本地调研机构，在国际市场营销中，对实地调研人员进行甄选、培训、监管和评估就尤为重要。实地调研涉及的伦理问题主要是使调研对象保持舒适，以便给他们留下良好的印象，同时应不惜一切代价确保收集到的数据是高质量的。

MARKETING RESEARCH

实用市场调研（原书第7版）

第 14 章　数据准备

> 数据质量是有代价的，但它在研究中建立的信任和声誉是无价之宝。
>
> ——Kantar Health 公司 全球 CEO Lynnette Cooke

Lynnette Cooke 供图

本章概要

────────

　　在确定了调研问题、调研框架（见第 2 章）、完成了调研设计（见第 3 ~12 章）并进行了实地调研（见第 13 章）之后，调研人员就可以进行市场调研的第 5 步——数据准备与分析工作。在对问卷中包含的原始数据进行统计分析之前，应当把这些数据转化成适合分析的形式。统计分析结果的质量有赖于数据准备过程。对数据准备不够重视将严重影响统计结果，甚至导致结果的偏差或对其做出不正确的解释。

　　本章讲述数据收集过程。这个过程由检查数据的完整性开始，然后讨论编辑数据，以及处理不清楚、不完整、不一致、模糊或其他令人不满意的数据。调研人员还要对数据编码、转换和清理过程进行描述，强调对缺失数据的处理并对数据进行统计调整。调研人员还要探讨如何选择适当的数据分析方法，并为统计方法分类。本章还涉及在国际市场调研中的文化内、泛文化和跨文化数据分析方法，社会媒体与移动市场调研中的数据准备，遇到与数据处理有关的伦理问题时，重点关注剔除不合格问卷、违背数据分析方法的基本假设、对分析结果的评估与解释等问题。

案例 14.1   数据清理：伯克公司的方式

据伯克公司（www.burke.com）数据采集和处理办公室经理 Damon Jones 称，由于访谈质量不一致，现场填写的问卷往往有许多小错误。例如，满足条件的回答没有圈出，或是没有正确地遵循跳转模式。

这些小错误可能代价巨大。当这些问卷的回答被输入计算机时，伯克会运行一个清洁程序，检测回答的完整性和逻辑性。制表主管识别和检查差异。一旦识别出错误，就在进行数据分析之前采取适当的措施。伯克发现这种方法大大提高了统计结果的质量。

伯克的例子描述了在分析数据之前清理数据、识别和纠正错误的重要性。数据准备过程的系统性描述如下。

14.1

数据准备过程

图 14-1 展示了数据准备过程。整个过程是在调研设计阶段形成的事先计划好的数据分析的指导下进行的。第 1 步是检查问卷的可用性，之后是编辑、编码以及数据转录、数据清洗和处理缺失的数据。为使数据便于分析，通常调研人员会对数据进行一定的统计调整。然后调研人员会选择适当的数据分析方法。由于预先计划后可能出现新信息和新想法，最终选择的数据分析方法可能与事先计划的有所不同。当实地调研工作还在进行，第一批问卷回收时，数据准备工作就应该开始了。这样如果发现任何问题，可以及时对实地调研进行适当的调整。

图 14-1   数据准备过程

14.2

问卷检查

问卷检查的第 1 步是检查所有问卷的完整性，包括填写的完整性以及数据的质量。通常这种检查应该在实地调研工作实施过程中进行。如果实地调研工作是由数据收集公司代理的，那么调研人员应该在其结束之后再进行一次独立的检查。回收的问卷可能出现以下几方面的问题：

1. 问卷的某些部分填写不完整。
2. 调查对象的回答表明其并没有理解说明，没按照说明的指示行事。例如回答了不需要回答的问题。
3. 调查对象的回答差异性不大。例如，某些调查对象填写 7 级量表时总是选择 4。
4. 返回的调研问卷本身丢失了几页。
5. 问卷回收超过了预定的期限。
6. 问卷填写不符合要求。

如果对调查对象有定额或分组的限制，经检查可使用的问卷也应该按照这些要求进行分类和计数。调研人员应当确认和纠正没有达到抽样要求的问题，如在样本编辑之前进行补充调研。

编辑

编辑（editing）是为了提高准确性和精确性而进行的问卷的再检查，编辑包括确认不清楚、不完整、不一致以及不明确的答案。

由于存在记录的问题，问卷可能会不清楚。当问卷中有大量的非结构性问题时，这种情况更容易出现。要想对数据进行正确的编码，数据就必须清晰。同样，问卷也可能存在不同程度的缺失，调查对象可能没有回答某些问题。

在这个阶段，调研人员还要对问卷一致性进行初步检查，调研人员应当检查出明显不一致的情况。例如，一个调查对象称其年收入少于 25 000 美元，但却经常出入高档百货商店，其中必有问题。

关于非结构化问题的答案，调查对象可能不明确或很难解释清楚。有时回答过于简短，或使用的词汇意思含糊。对于结构化问题，可能出现单选题中标记了多个答案的现象。想想看调查对象在一个 5 级量表上勾选了 2 和 3 两个答案，这是否意味着调查对象认为适当的答案应该是 2.5 呢？为了避免使问题变得复杂，编码时一般只能采用一位数的答案。

14.3.1　处理不合格问卷

通常，对不合格问卷的处理方式包括：退回现场以获得更好的数据、填补缺失值、剔除不合格问卷。

14.3.2　退回现场

存在不合格答案的问卷可能退回给调研现场，让调研人员与调查对象重新联系。

这种方法特别适用于样本容量较小、调查对象很容易确认的企业或是行业。然而，第二次调研获得的数据可能与第一次不同，这些差异可能是由于时间或调研方式不同（例如电话调查和人员调查）造成的。

14.3.3 填补缺失值

如果无法把问卷送回调研现场，编辑人员可以填补不合格问卷中的缺失值。这种方法适用于：①有缺失值的不合格问卷数较少；②不合格问卷中缺失值所占的比例较小；③有缺失值的变量不是关键变量。

14.3.4 剔除不合格问卷

这种方法就是将不合格的问卷直接剔除。这种方法适用于：①不合格问卷比例较小（少于10%）；②样本数量很大；③不合格问卷与合格问卷没有表现出明显的差别（比如调查对象的人口统计学特征、产品使用特性）；④不合格问卷中不合格答案占较大比重；⑤关键变量的答案缺失。然而，要注意不合格问卷与合格问卷可能在整体上存在差异，对问卷是否合格的判断也存在主观性，这些都可能导致分析结果的偏差。如果调研人员决定剔除不合格问卷，那么应当对确定不合格问卷的程序与不合格问卷的数量进行报告。

实用市场调研

案例 14.2   丢弃不合格问卷

一项对非洲国家的市场营销经理进行的跨文化调研向 565 家公司邮寄了调查问卷。回收填写完整的问卷 192 份，其中有 4 份被丢弃，因为调查对象称他们并不负责整体市场营销决策，考虑到抽样数量已经足够大，不合格问卷所占的比例很小，所以决定丢弃这 4 份问卷。

实用市场调研

14.4   数据编码

编码（coding）是为每个问题的每种可能的答案分配一个代码，通常会使用数字。如果问卷中只包含结构化问题和非常少的非结构化问题，那么可以进行提前编码。这意味着在进行实地调研之前编码工作就已经完成。如果问卷中包含非结构化问题，编码工作要在问卷回收之后进行（事后编码）。

14.4.1 问题编码

数据中的每条记录都应包括调查对象的编码和记录编号。如果每位调查对象只有一条记录，记录编号可以省略。对调查对象的编码应当包含以下信息：项目编码、调研员编码、日期和时间编码以及确认编码。**固定域编码（fixed-field code）**是指每个调查对象的记录的编号相同，并且对所有的调查对象都应当用相同的栏数记录相同的数据。如果可能的话，可以用标准码来代替缺失值。例如，用数字9表示单值缺失，99表示双值缺失。缺失值的编码要与合格值的编码相区别。

为结构化问题编码相对容易，因为备选答案事先已经确定。调研人员对于每个问题的每个回答都应当分配一个代码，并且规定正确的记录和答案代码所在的列。例如：

您目前是否持有有效的护照？
1. 是　　2. 否（1/54）

这个问题中，表示"是"的编码为1，"否"的编码为2，括号中的数字表示这些编码将出现在调查对象54列的第1条记录中。由于只能选择一个答案，并且备选答案只有两个（1或2），一列就足够用于记录了。如果结构化问题的答案是单选，通常只要一列就足以记录数据了。如果问题是多选式的，则每个备选答案都应该单独记录。这类问题可能包括对品牌占有率、使用率、杂志阅读率和电视收视率的调研。例如：

您在本银行拥有哪种账户？	（在适当的位置画"×"，×可多选）	
活期存款账户	☒	（162）
普通支票账户	☒	（163）
住房按揭账户	☐	（164）
货币市场账户	☐	（165）
储金会账户（圣诞节等）	☐	（166）
信用卡	☐	（167）
定期存款账户	☒	（168）
银行寿险	☐	（169）
住房翻修贷款	☐	（170）
汽车贷款	☐	（171）
其他服务	☐	（172）

在以上例子中，假设调查对象选择了活期存款账户、普通支票账户和定期存款账户，那么在记录#9中，162，163和168列将记录1。其他列（164，165，166，167，169，170，171和172列）将记录0。因为每个调查对象只有一条记录，因此我们省略了记录号。

为非结构化问题或开放性问题编码要困难得多。调查对象的答案将被逐字记录在问卷上，调研人员需要根据这些答案进行编码。调研人员有时也会根据以往的调研项目或者理论，在实地调研开始前进行编码，但这项工作一般要等到所有的问卷都回收之后再进行。调研人员会列出50～100份问卷中的非结构化问题答案，形成适合编码的分类。编码选好后，编码者应该能够为每一份问卷调查对象的答案正确地编码。下面是为非结构化问题编码的一般性指导。

分类编码应该是彼此独立、全面详尽的。调查对象类别之间相互独立，每一个问题都应该能被归为唯一的一种编码，类别之间不能有重叠。如果每个问题都被分配到指定的分类编码中，类别应该是穷尽的，可以增加"其他"或者是"以上都不是"分类。只有少数答案（不到10%）属于这一类，大部分答案应该属于有具体含义的类别。

关键问题即使无人提及，也应该进行编码。有时调研人员需要了解哪些信息没有人提及。例如，消费品公司的管理层希望了解消费者对一种浴皂新包装的反应，在"你最不喜欢这种浴皂的哪方面"的问题备选答案中，"包装"就应该是一个单独的选项。

数据编码应当保留尽可能多的细节。例如，如果通过问卷获得了商务人士乘坐航班的次数，那么编码就应该体现次数，而不能按照调查对象"频繁旅行"和"不频繁旅行"编码。获得具体乘坐次数使调研人员能够根据不同标准对商务旅行者进行分类，如果分类是事先定义好的，那么随后的数据分析就可能受到限制。

14.4.2　建立编码档案

回答问题的编码包括列位置（字段）和它将占用的数据记录。例如，受访者的性别可能被编码为女性 1、男性 2。字段表示单个变量值或数据项，例如单个受访者的性别。字段可以包含字母或符号信息，虽然数字信息是调研中最常见的。记录包括相关字段（即可变值，如性别、婚姻状况、年龄、家庭规模、职业等），所有这些都与受访者有关。因此，每个记录可以有多个列。尽管每个受访者可以使用多个记录，但通常一个受访者的所有数据都将存储在一个记录中。数据文件是一组记录，通常来自研究中所有受访者的数据。它们分组在一起存储在计算机中。如果每个受访者使用单个记录，则记录表示数据文件中的行。在这种情况下，数据文件可以被视为 n×m 个数字或值矩阵，其中 n 是受访者的数量，m 是变量或字段的数量。准备一个包含编码指令和有关数据集中变量的必要信息的**代码本（codebook）** 通常是有帮助的。

可以使用电子表格（如 EXCEL）输入数据，并且大多数分析软件可以导入电子表格数据。每一个受访者关于每一个域的数据都是一个单位。通常，电子表格的每一行包含一个受访者或案例的数据。每一列包含一个变量或是一个答案。

我们使用表 14-1 中的数据来说明这些概念。出于说明目的，我们选取较少的观察变量。在实际操作中，数据分析是基于大样本进行的，例如 HP 运行案例和本书中介绍的其他具有真实数据的案例。表 14-1 给出了 20 名受访者对餐馆偏好的预测试样本数据。

要求每一位受访者对在热门餐厅用餐的偏好进行评分（1 = 不喜欢，7 = 非常喜欢）。并根据菜品质量、每份菜品的量、价值和服务对餐厅进行评分（1 = 很差，7 = 很好）。家庭年收入也被纳入其中，并将其编码为：1 = 低于 20 000 美元；2 = 20 000 美元至 34 999 美元；3 = 35 000 美元至 49 999 美元；4 = 50 000 美元至 74 999 美元；5 = 75 000 美元至 99 999 美元；6 = 100 000 美元及以上。图 14-2 给出了对这些数据进行编码的编码字典。图 14-3 是一个对问卷进行编码的示例，介绍了从消费者调研中获得的人口统计学数据进行编码的过程，该问卷已提前编码。

表 14-1　餐厅偏好

编号	偏好	质量	量	值	服务	收入
1	2	2	3	1	3	6
2	6	5	6	5	7	2
3	4	4	3	4	5	3
4	1	2	1	1	2	5
5	7	6	6	5	4	1
6	5	4	4	5	4	3
7	2	2	3	2	3	5
8	3	3	4	2	3	4
9	7	6	7	6	5	2
10	2	3	2	2	2	5
11	2	3	2	1	3	6
12	6	6	6	6	7	2
13	4	4	3	3	4	3
14	1	1	3	1	2	4
15	7	7	5	5	4	2
16	5	5	4	5	5	3
17	2	3	1	2	3	4
18	4	4	3	3	3	3
19	7	5	5	7	5	5
20	3	2	2	3	3	3

列数	变量编号	变量名称	问题序号	编码说明
1	1	编号		1~20
2	2	偏好	1	输入画圈的数字 1＝不喜欢 7＝非常喜欢
3	3	质量	2	输入画圈的数字 1＝很差 7＝很好
4	4	量	3	输入画圈的数字 1＝很差 7＝很好
5	5	值	4	输入画圈的数字 1＝很差 7＝很好

图 14-2　代码本显示第一次记录的信息：百货商店项目

6	6	服务	5	输入画圈的数字 1 = 很差 7 = 很好
7	7	收入	6	将选中的号码输入 1 = 低于 20 000 美元 2 = 20 000 美元到 34 999 美元 3 = 35 000 美元到 49 999 美元 4 = 50 000 美元到 74 999 美元 5 = 75 000 美元到 99 999 美元 6 = 100 000 美元以上

图 14-2　代码本显示第一次记录的信息：百货商店项目（续）

在问卷的最后一部分，我们希望您提供一些背景信息，以便进行分类：

D 部分

1. 问卷回答人为　　　　　　　　　　　　　　　　　　　　　　　　（229）
   - （1）＿＿＿＿＿＿家庭男主人
   - （2）＿＿＿＿＿＿家庭女主人
   - （3）＿＿＿＿＿＿家庭男女主人共同完成
2. 婚姻状况　　　　　　　　　　　　　　　　　　　　　　　　　　（230）
   - （1）＿＿＿＿＿＿已婚
   - （2）＿＿＿＿＿＿未婚
   - （3）＿＿＿＿＿＿同居/分居/丧偶
3. 家庭常住人口有几人？　＿＿＿＿＿＿　　　　　　　　　　（231~232）
4. 常住家中的孩子人数
   - a. 6 岁以下的＿＿＿＿＿＿　　　　　　　　　　　　　　　　（233）
   - b. 6 岁以上的＿＿＿＿＿＿　　　　　　　　　　　　　　　　（234）
5. 不常住家中的孩子人数＿＿＿＿＿＿　　　　　　　　　　　　　（235）
6. 您（和配偶）接受正规教育的年限（请画圈）

	高中		本科		研究生

   - a. 您：8 年或以下　9　10　11　12　13　14　15　16　17　18　19　20　21　22 年或以上

     （236~237）
   - b. 配偶：8 年或以下　9　10　11　12　13　14　15　16　17　18　19　20　21　22 年或以上

     （238~239）
7. a. 您的年龄＿＿＿＿＿＿　　　　　　　　　　　　　　　　　（240~241）
   - b. 配偶的年龄＿＿＿＿＿＿　　　　　　　　　　　　　　　　（242~243）
8. 如已工作。请选择家庭成员工作行业类别

	44 男主人	45 女主人
（1）职业技术人员	＿＿＿＿＿＿	＿＿＿＿＿＿
（2）经理、管理者	＿＿＿＿＿＿	＿＿＿＿＿＿
（3）销售人员	＿＿＿＿＿＿	＿＿＿＿＿＿
（4）停职人员	＿＿＿＿＿＿	＿＿＿＿＿＿
（5）艺术家/技工/工人	＿＿＿＿＿＿	＿＿＿＿＿＿
（6）家庭主妇	＿＿＿＿＿＿	＿＿＿＿＿＿

图 14-3　人口统计数据问卷编码示例

（7）其他（请说明）_____

（8）不清楚_____   (246)

9. 您目前的住处是否为家庭所有？

（1）家庭所有_____

（2）租住_____

10. 您在亚特兰大地区住了多少年？_____年

11. 您税前的家庭年收入有多少？请画钩。

（1）低于 10 000 美元_____	（8）40 000 ~ 44 999 美元_____
（2）10 000 ~ 14 999 美元_____	（9）45 000 ~ 49 999 美元_____
（3）15 000 ~ 19 999 美元_____	（10）50 000 ~ 54 999 美元_____
（4）20 000 ~ 24 999 美元_____	（11）55 000 ~ 59 999 美元_____
（5）25 000 ~ 29 999 美元_____	（12）60 000 ~ 69 999 美元_____
（6）30 000 ~ 34 999 美元_____	（13）70 000 ~ 89 999 美元_____
（7）35 000 ~ 39 999 美元_____	（14）90 000 美元或以上

注：本记录 1 ~ 228 列为调查对象 ID、项目信息，问卷 A、B、C 部分的相关信息、每位调查对象只有一条记录。

图 14 - 3　人口统计数据问卷编码示例（续）

数据转录

数据转录包括键盘录入和用其他方法把编码数据从问卷或编码表转移到磁盘中，或直接转移到计算机内。如果数据是通过辅助电话调研（CATI）、计算机辅助人员调研（CAPI）、互联网或移动方式获得的。这一步就不用进行了，因为数据收集时就已经录入计算机了。除了键盘录入，数据转录还可以通过光学识别和数字技术、条形码或其他技术完成（见图 14 - 4）。

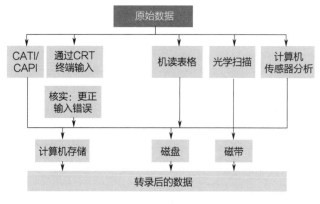

图 14 - 4　数据转录

光学字符识别能够打印的内容，翻译成代码输入计算机。光学扫描是一种数据转录过程，通过该过程，记录在计算机可读表格上的答案被扫描形成数据记录，这要求用专用铅笔将回答记录在为该回答预先编码的指定区域，然后机器可以读取数据。更灵活的是光学识别，它用电子表格读取和处理使用者创建的表单。然后，使用光学扫描仪处理这些标记的形式，并将数据存储在计算机文件中。数字技术的发展促伸了计算机传感器分析系统的形成，使数据收集过程自动化。实地调研人员使用笔记本电脑、掌上电脑和其他手提装置记录信息，然后通过内置通信调制解调器、无线局域网或蜂窝链路直接发送到现场或远程位置的另一台计算机。读取条形码的方法包括直接用设备读取条码和同步转录。一个常见的例子便是超市收银台转录的通用产品代码（UPC）。像 UPS 和联邦快递等公司就是在标签上使用条形码加快打包运输过程。

还可以使用若干其他技术来转录数据。语音识别和语音响应系统可以将记录的声音转换为数据档案。Microsoft Windows 10 软件包含高级语音识别功能，可以对着麦克风讲话来转录数据。新技术在不断发展，现在能够集成可视图像、视频流、音频数据，来记录焦点小组或是调研的信息。

当使用计算机辅助电话（CATI）、计算机辅助人员调研（CAPI）或其他高科技方法时，数据在收集时就会被核实。如果答案不合格，计算机将发出提示。如果答案合格，调研人员或调查对象可以在屏幕上看到自己的答案，可以在继续进行之前检查一下。

选择何种数据转录方法，要根据调研方式和可用设备而定。如果采用计算机辅助电话调查（CATI）或计算机辅助人员调查（CAPI）或其他高科技方法，则数据被直接输入计算机。如果采用电话调查、登门调查、商场拦截或邮件调查，键盘输入的方式是最常用的。随着计算机传感器和笔记本电脑的广泛应用，数字技术在调研中的应用也逐渐增加。光学扫描可以用于结构性的和重复性的调研，光学识别则用于一些特殊情况。条形码则用于收集扫描仪数据及其他适用的情形。

实用市场调研

案例 14.3　　　　　　　　　公主邮轮上的可扫描问卷

嘉年华公司旗下的公主邮轮（www. princess. com）为游客提供了一个机会：乘坐邮轮前往六大洲，在全球 300 多个港口和目的地停留。公主号希望了解乘客对邮轮体验的看法，并希望以成本效益高的方式获得这些信息。他们制作了一份可扫描的问卷，能够快速转录数千次调研的数据，加快数据准备和分析过程。这份问卷旨在衡量所有航程的客户满意度。

扫描与敲键盘相比节省时间，还增加了调研结果的准确性。公主邮轮的高级市场调研员 Jamie Goldfarb 说，当比较这两种方法得到的数据文件时，他们发现，虽然扫描系统会偶尔因为文件没有被正确填写而漏掉标记，扫描的数据文件仍然比通过键盘输入的文件更准确。

邮轮每月都会根据目的地来编制报告。报告确认了已经被注意到的问题，并采取措施确保这些问题得到解决。最近，根据这些调研对船上的菜单和各种自助餐进行了调整。

数据清洗

实用市场调研
14.6

数据清洗（data cleaning）包括检查数据一致性和处理缺失值。尽管在数据编辑时会对数据进行初步的一致性检查，但这个阶段的检查会更为详尽深入，因为这项工作是由计算机来完成的。

14.6.1 一致性检查

一致性检查（consistency check）是为了找出超出正常范围、逻辑上不具有合理性的数据或是极端值。超出正常值域范围的数据是不合格的，必须进行更正。例如，调查对象在回答对生活状况认可程度的问题时，备选答案为1~5，9表示缺失值，如果数据中出现0、6、7和8，则应视为超出正常值域范围。可以用 SPSS、SAS、Excel 和 Minitab 等计算机软件编程，自动识别每个变量超出正常值域的取值，并列出调查对象代码、变量代码、变量名称、记录编号、列编号以及超出范围的值。这样做可以系统地检查每个变量，更正时则需要回到问卷编辑和编码的阶段。

答案在逻辑上的不一致性可以在很多方面表现出来。例如，调查对象说她用信用卡买东西，但她并没有信用卡；或者调查对象频繁地使用一个产品，同时又说对它不熟悉。这些必要的信息（调查对象代码、变量代码、变量名称、记录编号、列编号、不一致的值等）可以用于定位回答和进行更正。

最后，还要仔细检查极端值。并非所有的极端值都是由错误造成的，极端值往往能反映出数据存在的问题。例如，对品牌评估的极端低值可能是由于调查对象在每个问题上都选择1（在一个1~7的评分量表上）。

14.6.2 处理缺失值

缺失值（missing response）表示变量值不确定，原因可能是调查对象没有回答，答案不清楚或者记录不完整。调查对象未回答也被叫做项目无应答。通常是因为内容、形式或是需要付出努力，调查对象拒绝或是不能回答特定的问题。对缺失值的处理可能带来一些问题，尤其是当缺失值超过 10% 的时候。处理缺失值的方法有以下几种：

1. 用中性值代替，用中性值，通常是某个变量取值的均值来代替缺失值。这样做不会改变变量的均值，同时诸如相关分析等统计结果也不会受到太大影响。尽管这种方法有一些优点，同样也存在一些问题，用中性值不一定能够代表调查对象对这个问题的答案，实际答案很可能会高于或低于中性值。

2. 用估计值代替，这种方法是指用调查对象对其他问题的答案估计或计算出一个值来代替缺失值。调研人员试图根据调查对象已经回答的问题来推测出缺失的可能答案。这可以通过确定有问题的变量与已知变量之间的关系实现。例如，产品使用量可能与家庭规模有关，可以根据调查对象的家庭规模推算出其产品使用量。然而，这种方法实行起来比较费劲，而且可能导致一些偏见。已经有复杂的统计程序可以用来估算缺失值。

3. 整例删除，**整例删除（casewise deletion）**是指将有缺失值的样本或问卷排除在分析之外。由于很多问卷都可能存在缺失值，因此这种做法可能导致样本变小。剔除大量数据是不可取的，因为收集数据花费了巨大的金钱和时间成本。而且，从总体上来讲，有缺失值的问卷与完整的问卷存在差异，整例删除将严重影响分析结果。

4. 结对删除，在**结对删除（pairwise deletion）**时，调研人员并没有剔除所有有缺失值的样本，而是分别在每一步计算中采用有完整答案的样本或问卷。这样，不同分析步骤采用的样本规模也有所不同。这种方法适用于以下几种情况：①样本规模很大；②缺失值很少；③变量之间的相关性不是很强。这种方法可能使分析结果不合理甚至不可行。

采用不同的方法处理缺失值可能导致不同的分析结果，尤其是当缺失值并非随机产生而且变量之间存在相关性时。因此，在调查中应当尽量减少缺失值，调研人员在选择处理缺失值的方法之前也要慎重考虑其利弊。使用不止一种方法来处理缺失值并检验不同方法对于结果的影响是个好做法。

实用市场调研

14.7 数据统计调整

对数据进行统计调整的过程包括加权、变量转换和量表转换。这些调整不总是必需的，但能够提高数据分析的质量。

14.7.1 加权

加权（weighting）是指为数据库中的每个样本或每份问卷赋予一定的权重，以反映其相对于其他样本或问卷的重要性。样本权重为 1.0 表示样本未被加权。加权的作用是提高或者降低样本中具有某种特征的个体的数量。

加权常用来使样本数据更能代表具有某种特点的目标人群。例如，加权可能被用于提高高质量问卷的数据的重要性；加权也可以被用于提高样本中具有某种特性的调查对象的重要性。如果一项调研是为了明确对现有产品应进行哪些改善，那么调研人员可能需要为该产品的频繁使用者赋予更高的权重，比如重度使用者的权重是 3.0，一般使用者的权重是 2.0，轻度使用者或不使用者的权重是 1.0。在使用赋权时要慎重，因为这样做破坏了样本的自加权性质。

案例 14.4 确定快餐店顾客的权重

调研人员在洛杉矶长滩地区进行邮件调研，目的是研究快餐店顾客的光顾情况。然而，调研人员最终获得的样本在受教育水平方面的组成与最新的人口调研数据不符，因此，需要对样本数据进行加权，这样可以更好地代表受教育水平，根据样本中受教育水平的比例以及人口中受教育水平的比例确定权重，表 14-2 列示了样本和人口统计中受教育水平的分布数据以及计算的权重。

样本中比例偏低的类别获得了较高的权重，比例过高的类别权重较低。这样，受教育 1~3 年的调查对象的权重在乘以 1.32 之后重要性提高，而受教育 7 年以上的调查对象在乘以 0.57 之后重要性降低。

表 14-2 利用赋权提高数据代表性

教育年限		样本百分比（%）	人口百分比（%）	权数
小学、初中	0~7 年	2.49	4.23	1.70
	8 年	1.26	2.19	1.74
高中	1-3 年	6.39	8.56	1.35
	4 年	25.39	29.24	1.15
大学	1~3 年	22.33	29.42	1.32
	4 年	15.02	12.01	0.80
	5~6 年	14.94	7.36	0.49
	7 年以上	12.18	6.90	0.57
合计		100.00	100.00	

zeljkodan/Shutterstock

如果在调研的过程中使用了加权方法，就必须在调研报告中记录并公布该过程。

14.7.2 变量转换

变量转换（variable respecification）包括将数据进行转换生成新变量，或者修正现有变量。变量转换的目的是形成新的变量，以便与调研目的保持一致。例如，假设原始变量是产品的使用量，共有10个类别，这些类别可以合并成为四个新类别——重度使用、一般使用、轻度使用和不使用。调研人员还可以将几个变量合并为一个新变量。例如，调研人员可以把顾客向经销商咨询的信息、促销材料、网络或其他变量进行整合，成为信息搜索指数（index of information search）。同样，调研人员也可以选用某些变量的比值生成新变量。如果调研中测量了消费者在百货商店的购物量（X_1）和信用卡支付的金额（X_2），就可以用 X_2/X_1 形成的比值生成新变量——信用卡支付比例。其他变量转换的方法还包括取平方根、取对数等，这些方法可以提高模型的拟合度。

还有一种重要的变量转换方法是采用虚拟变量对变量进行重新定义分类。**虚拟变量（dummy variable）** 又叫二分变量、哑变量、工具变量或定性变量。这类变量的取值只有两种，比如0和1。一般情况下，如果需要重新定义的变量有 K 个类别，则需要使用 $K-1$ 个虚拟变量，其原因在于只有 $K-1$ 个类别是相互独立的，第 K 个类别的情况可以从其他 $K-1$ 个变量获得。比如在分析性别这个两类别的变量时，就只需要一个虚拟变量，样本中男性所占百分比等信息可以从女性所占百分比等信息中推知。

案例14.5　　　　　　　　将冷冻食品消费者作为虚拟变量

一项对冷冻食品偏好的研究将消费者分为重度使用者、中度使用者、轻度使用者和非使用者。最初的编码为4、3、2和1。这样的编码对一些统计分析是没有意义的。所以，为了进行分析，将产品使用状况重新用3个虚拟变量 X_1、X_2、X_3 表示，如表14-3所示，注意，非使用者的 $X_1=1$，其他都是0。同样，轻度使用者的 $X_2=1$，其他都是0。中度使用者的 $X_3=1$，其他都是0，重度使用者被当成是基本类别。分析时用 X_1、X_2、X_3 定义全部使用者和非使用者组。

表14-3　转换前后的变量

产品使用	最初编码	虚拟变量		
		X_1	X_2	X_3
非使用者	1	1	0	0
轻度使用者	2	0	1	0
中度使用者	3	0	0	1
重度使用者	4	0	0	0

14.7.3　量表转换

量表转换（scale transformation） 是指对测量值进行处理，保证其相互之间具有可比性，使数据便于分析。通常情况下，不同的变量使用不同的测量尺度。例如，形象变量往往采用7级语义差异量表来测量，态度变量使用连续评分量表，生活方式变量则常采用5级李克特量表。因此，对使用不同量表的变量进行比较是毫无意义的。为了使态度得分与生活方式得分和印象得分具有可比性，有必要对不同尺度的量表进行转换。即使所有的变量都采用相同的量表，不同的调查对象也可能用不同的方法使用这些量表。比如，有些调查对象总喜欢选择每个等级尺度的上限选项，而有些调查对象总是倾向于选择下限选项。这些差异可以通过对变量进行适当的转换加以更正。

案例 14.6　　　　　医疗保健服务调研中的量表转换

在一项对细分医疗服务的调研中，要求调查对象用 3 级评分量表（非常重要、有些重要和不重要）对 18 个影响医院偏好的因素打分。分析数据前对每个评分进行了转换。计算个体 18 项评分的均值，然后在每项评分中减去均值并加上一个常数。这样，转换后的数据 X_t 如下：

$$X_t = X_i - \overline{X} + C$$

将评分减去均值可消除调查对象在使用重要性尺度上的不均衡性。加上常数的目的是使所有的评分都是正值，因为负的评分在概念上没有意义。之所以要进行这样的转换是因为有些调查对象，尤其是低收入的调查对象几乎给所有的偏好项目都打了高分，而高收入调查对象只给几个项目打了高分。因此，将打分减掉均值更准确地反映了不同项目的相对重要性。

在这个例子中，只用均值对量表进行了校正。一种使用更广泛的转换方法是**标准化（standardization）**。如果要标准化 X，首先要减去平均值 $\overline{X}$，然后再除以标准差 s。标准化后的数据平均值为 0，标准差为 1。这个过程在本质上与 z 分数是相同的。标准化使调研人员可以比较采用不同单位计量的数据。标准分 z_i 的计算公式为：

$$z_i = (X_i - \overline{X})/s$$

14.8

选择数据分析方法

选择数据分析方法的过程如图 14－5 所示。数据分析方法的选择要以市场调研之前的步骤为基础，包括了解数据特征、统计技术特性以及调研人员的背景与习惯等。

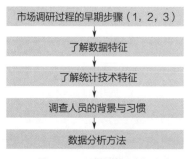

图 14－5　选择数据分析方法

调研的目的并不是单纯进行数据分析，而是提供有助于解决特定问题的信息。数据分析方法的选择必须考虑到已经进行的步骤：定义调研问题（第 1 步）、确定调研框架（第 2 步），以及进行调研设计（第 3 步），应该把调研设计部分制定的数据分析计划作为出发点，再根据调研过程后面各个步骤所获得的信息进行相应调整。

下一步是了解数据特征，数据的测量尺度对于分析方法的选择也会产生重要影响。此外，不同的调研设计可能偏好特定的分析方法。例如，方差分析就适用于分析因果调研设计的实验性数据。数据准备过程中获得的对数据的进一步认识也会影响分析方法的选择。

同时还需要了解统计技术本身的特性，尤其是其用途和基本隐含假设。一些统计技术适用于分析变量之间的差异，一些统计技术适用于评估变量之间关系的重要性，还有一些适用于预测。不同的统计技术存在不同的假设，有的统计技术比其他的方法假设条件更宽泛。下一部分我们将对统计技术进行归类。

最后，调研人员的背景与习惯也会影响数据分析方法的选择。有经验、受过统计训练的调研人员可能使用大量的统计技术，包括高级统计方法。调研人员在对待变量假设的态度方面也存在差异。比较保守的调研人员会谨慎地对待假设，选择有限的统计方法。总体来说，对于一个给定项目可能存在多种使用与分析数据的方法。

实用市场调研

14.9 统计技术的分类

统计技术可以分为单变量统计技术和多变量统计技术。**一元统计技术（univariate techniques）**适用于样本中每个元素只有一种计量指标，或者每个元素有多个计量指标，但对每个变量的分析是相互独立的情况。**多元统计技术（multivariate techniques）**则适用于分析每个元素有两个或多个计量指标以及同时分析多个变量的情况。多元统计技术关注的是两种或多种现象之间的关系。多元统计技术与一元统计技术不同，因为它已经不仅仅是了解现象的水平（均值）或分布情况（方差），还关注现象之间关系的深度（相关系数或协方差）。在后面的各章中我们将更详细地阐述一元统计技术和多元统计技术，这里我们只从总体上介绍各种统计技术的分类及相互之间的关系。

根据数据是否是定量数据可以对一元统计技术进行分类。**定量数据（metric data）**是指用定距或定比方法测量的数据，**非定量数据（nonmetric data）**则是用定类或定序方法测量的数据（见第 8 章）。这些统计技术可以根据涉及一个、两个或多个样本来进一步分类。注意，这里的样本数是由基于分析调研目的进行的数据处理工作决定的，而不是基于数据收集方法决定的。例如，男性和女性的数据可能是作为一个样本收集的，但如果分析需要体现性别差异，则要采用双样本统计分析。如果样本是从不同的人口中随机选取的，那么样本之间是相互**独立的（independent）**。从分析的角度看，通常认为属于不同调查对象分组的样本数据是相互独立的，比如男性和女性。反之，如果两个样本数据与同一个调查对象分组有关，那么这两个样本是**配对的（paried）**。

　　对于定量数据，当只有一个样本的时候，可以使用 z 检验或者 t 检验。当有两个或两个以上独立样本的时候，可以把 z 检验和 t 检验用于两个样本，将单因素方差分析（one-way ANOVA）用于两个以上样本的情况。当有两个以上相关的样本时，可以把配对 t 检验用于两个样本，单因素方差分析用于两个以上样本。对于单样本的非定量数据，频数分布、卡方检验、Kolmogorov-Smirnov（K-S）检验、二项式检验都可以使用。对于两个独立样本的非定量数据，可以使用卡方检验、Mann-Whitney 检验、均值检验、K-S 检验以及 Kruskal-Wallis 方差分析（K-W ANOVA）等。当存在两个以上相关样本时，应采用符号检验、Wilcoxon 检验、McNemar 检验和卡方检验（见图 14-6）。

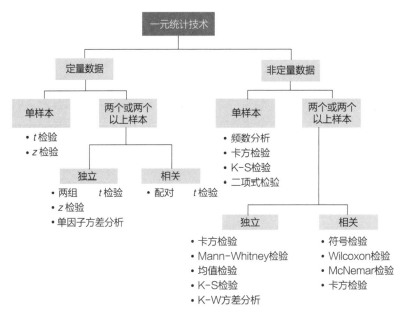

图 14-6　单元统计技术分类

　　多元统计分析技术可以分为相依技术和互相依性技术（见图 14-7）。**相依技术（dependence techniques）** 适用于一个或多个变量作为因变量、其他变量作为自变量的情况。当只有一个因变量时，可以使用交叉列联表、方差分析、协方差分析、多元回归分析、两组判别分析以及联合分析等方法。如果因变量不止一个，则可以使用多元方差和协方差分析、典型相关分析、多组判别分析、结构方程模型和路径分析等方法。**互相依性技术（interdependence techniques）** 是指不对变量进行自变量和因变量的区分，而是测试整体相互依存的关系。关注变量之间的相互依存性或对象之间的相似性。测试变量相互依存性的方法主要有因子分析，对象之间相似性的分析方法有聚类分析和多维标度分析。

MARKETING RESEARCH
AN APPLIED ORIENTATION　实用市场调研（原书第 7 版）

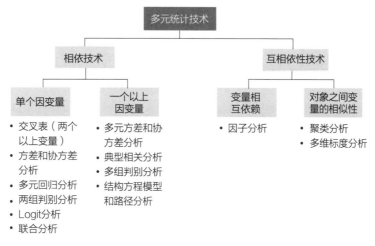

图 14 -7   多元统计技术分类

国际市场调研

在进行数据分析之前，调研人员应当确保计量单位在国家或文化单元之间具有可比性。例如，有时货币之间可能需要进行转换以便具有一致性。此外，为了使数据之间的比较具有意义，有时还需要对数据进行标准化和正态化。

实用市场调研

案例 14.7   全世界对冰淇淋的狂热

2016 年，哈根达斯（www.haagen-dazs.com）开始逐步淘汰产品中的转基因成分，并设定了一个淘汰所有转基因成分的目标。截至 2018 年，哈根达斯已成为全球现象。这是怎么发生的？刺激外国人味蕾的策略很简单。在几个欧洲国家（如英国、法国和德国）和几个亚洲国家（如日本、新加坡）进行的市场调研显示，消费者渴望高品质的冰淇淋，并愿意为此支付高价。这些一致的发现是在将每个国家冰激凌价格标准化为零平均值和统一标准差后得出的。标准化是可取的，因为价格是以不同的当地货币规定的，需要共同的基础来进行各国之间的比较。此外，在每个国家，必须根据竞争品牌的价格确定溢价。标准化实现了这两个目标。

基于这些发现，哈根达斯首先将品牌引入一些高端零售商，然后在高流量地区建立了商店，最后进入便利店和超市。对优质产品的渴求使得英国消费者愿意接受 5 美元一品脱的价格，这是一些本土品牌价格的两倍到三倍。哈根达斯凭借其商标名成为世界上最大的冰淇淋店。在美国，尽管面临激烈的竞争和健康意识的普及，哈根达斯仍然很受欢迎。这也增加了它进入国外市场的动力。

数据分析可以从 3 个层次上进行：①个体；②国家或文化单元内；③跨国家或文化单元。个体水平的分析要求对每个调查对象的数据分别加以分析。例如，可以对每个调查对象计算相关系数或进行回归分析。这意味着为了使分析能够体现出个体的水平，需要从每个调查对象处获得足够多的数据，通常是不可行的。有人提出，在国际市场营销或跨文化调研中，调研人员应该对各个文化的调查对象有充分的了解，而这就可以通过个体水平的分析完成。

国家或文化单元内的分析，数据是按照国家或者文化单元进行分析，也被称为**文化内分析（intracultural analysis）**。这种分析与国内市场调研十分相似，其目的是了解一国内或一个文化单元中人们的关系和行为方式。在跨国家分析中，需要对所有国家的数据同时进行分析。这种水平下有两种分析方法可供选择：一种是把来自所有国家所有调查对象的数据结合起来进行分析，称为**泛文化分析（pancultural analysis）**；另一种是**跨文化分析（cross-cultural analysis）**，即把数据按照国家分为几个集合，再对这些集合进行统计分析。例如，调研人员可以计算每个国家变量的均值，再计算均值之间的相关性。在这个层次分析的目的是评估在不同国家得出调研结果之间的可比性，既要研究国家之间的共性，也要研究其差异性。在检验国家之间的差异性时，不仅要计算均值上的差异性，方差和分布上的差异也要考虑。本书讨论的所有统计技术都适用于一国内或跨国家的分析，有时根据已有的数据数量，也可以用于个体水平的分析。

实用市场调研

14.11

市场调研与社交媒体

社交媒体数据收集和分析是一个非常动态的过程。大型网络小组生成的数据可供成员访问，调研人员可以使用 Web 2.0 工具集进行分析、动态组织和重塑数据。与传统的数据收集方式不同，受访者不仅仅对问题或刺激做出反应，他们还通过亲自参与生成和编辑数据。他们可以根据其他人的意见修改自己的帖子，无论其他人是调研人员、客户还是受访者。简而言之，社交媒体由受访者共同创造。"受访者"成为共享企业的"参与者"，他们拥有制定议程的权利，而不是简单地响应议程。

尽管数据准备过程基本上与前面讨论的过程相似，但在数据收集、文本编码和分类以及文本挖掘和可视化方面也存在一些独特的方面。

14.11.1 数据收集

收集数据涉及 Web 抓取过程，该过程首先可以"抓取"网站以定位和标识讨论主题、主题 ID、主题启动者和主题开始日期。然后，使用主题 ID 按主题下载帖子和消息。重要的是，在数据库中存储消息时，应从其他人的文本中删除引号，以防止重复计算。

14.11.2　文本编码和分类

文本编码和分类过程涉及对文本消息的随机样本进行人工检查，以了解所使用的首字母缩略词、速记和术语的类型，并了解数据。通过人工开发编码和分类方案，协助计算机对文本进行分类，直到编码结果令人满意。然后将开发的编码和提取规则应用于整个数据集。这一过程类似于前面说明的开放式响应编码，但范围更广。

14.11.3　文本挖掘和可视化

文本挖掘是通过将积极或消极的评论与相关术语相匹配来与产品/品牌建立联系。在讨论竞争对手品牌时，比较双方的网络帖子很有帮助。如果采集的是一个时间段内的数据，则可以纵向分析数据。

社交媒体数据准备和分析的过程可以借鉴 KDPaine&Partners 的流程。

实用市场调研

案例14.8　　　CARMA：社交媒体数据收集和分析的专家

KDPaine&Partners 现为 CARMA 公司（www.carma.com）的一部分，开展了一个项目以确定佐治亚理工学院（www.gatech.edu）及其同行机构在社交媒体中的影响和活动。数据收集和准备的相关方面如下。

数据收集　第一步是将佐治亚理工学院及其竞争对手的数据收集技术标准化。为了以最佳方式实现这一目标，他们决定在三个月的基准期内观察佐治亚理工学院以及一小部分同行学术机构预定义的社交媒体渠道。例如，调研人员总共创建了 50 个外部博客和 114 个机构博客。文章从选定的博客中手动提取，并手动导入仪表板中，然后由读者对其进行编码。收集技术是通过测试和最终确定搜索词的主列表来开发的，该列表包括所有可能在社交媒体上提到佐治亚理工学院及其同行的词。

文本编码和分类　对于文本编码和分类，必须建立标准化的术语、会话类型和内容类型。最终，一个包含 27 种对话类型和 19 种视频类型的列表被开发出来，并用于编码目的以深入了解人们通过社交媒体渠道谈论的内容。音调被定义为积极、中性或消极。此外，研究人员还检查了每一项是否包含该机构的一个或多个关键信息，以及每个项目如何在关键问题上定位该机构。

文本挖掘和可视化　另一个问题是如何简单地处理每个学校被大量提及的情况。每个月都有数千个项目需要编码和组织，因此 KDPaine 使用数字仪表板来组织大量数据，并对所有变量进行数据分析，不同的社交媒体渠道调查结果有所不同。例如，Facebook 上的讨论大多是积极或中立的，表明学生对学校的忠诚。特别是佐治亚理工学院没有负面评论，积极的评论比例低于平均水平。根据这些调研结果，向佐治亚理工学院提出了几项建议，增强其在社交媒体上的影响力。

移动市场调研

移动市场调研（MMR）中的数据准备和分析与在线（互联网）调研类似。从移动设备获得的数据可以无缝传输到计算机。可以编程并在计算机上检查回答的质量和完整性。可以使用本章讨论的标准程序处理缺失值。这同样适用于数据转换。Pollfish（www. pollfish. com）和 MFour（www. mfour. com）等公司已经开发了自己的软件来进行基本数据分析，结果将在定制仪表板上提供给客户。原始数据也以如 Excel 文件格式提供给客户。客户还可以进行额外的分析，以进一步了解问题的细节。

市场调研中的商业伦理

在市场调研过程中，进行数据准备和分析产生的伦理问题主要与调研人员有关。在对数据进行检查、编辑、编码、转换和清洗时，调研人员应当注意数据的质量，并且尝试确定提供有问题问卷的调查对象。例如，某调查对象关于体育比赛态度的一个 7 级量表上，对 20 个问题的回答都是 "7"。显然，他并没有意识到有些问题阐述的是正向态度，有些问题是负向态度。因此，其答案就表现出在正向陈述上对体育比赛表示极端肯定的态度，当陈述倒置时对体育比赛表示极端否定态度。确定这样的问卷是否应当剔除或是包含在分析当中，会引发伦理问题。解决这类问题的原则之一是在数据分析之前的数据准备过程中就应该做出决定。

假设调研人员在进行数据分析前没有检查可能存在的不合格问卷，导致研究结果没有证实预期的关系。例如，分析的结果无法显示对体育比赛的态度是否影响人们观看体育比赛。这种情况下调研人员才决定对数据质量进行分析。而在对问卷检查的过程中，调研人员检查出少量的不合格问卷。除了之前提到的不合格的问卷类型外，还有几种问题。例如，有些调查对象对所有问题都选择答案 "4"，也就是 "既非同意也非不同意"。当剔除这些不合格问卷再对缩小后的数据集进行分析时，会获得预期的结果，即对于体育比赛的态度与是否观看比赛正相关。在数据分析之后再剔除不合格问卷会产生伦理问题，尤其是在分析报告中没有说明最初的分析无效时。此外，应当披露确认不合格问卷的过程以及剔除的问卷数量。

案例14.9　　　　　　　　　　裁员调研中的商业伦理

2014～2017年缓慢的经济增长迫使许多美国公司缩减规模。一项调研研究了员工和首席执行官对裁员是否合乎伦理的看法，共向美国公司的员工邮寄了410份问卷，收回了231份已完成的问卷，其中53份无法使用。这是因为问卷要么包含对问题的不完整回答，要么由不合格的受访者完成。这导致员工样本量为178人。问卷还邮寄给179家公司的首席执行官，这些公司在过去五年中至少经历了一次裁员。在179份调研中，只有36份返回，其中5位首席执行官表示他们在裁员过程中未在公司工作。因此，只有31份CEO调研被确定可用于本研究。这个例子反映了数据编辑中的伦理问题。调研明确说明了不可用或不满意问卷的标准，在分析之前确定了不可用的问卷，并披露了排除的问卷数量。

这项研究的结果是，员工和首席执行官对裁员持有不同的看法，不同的因素会影响员工对裁员的看法。员工认为裁员是不合乎伦理的，当他们是裁员的受害者时，当信息被隐瞒时，当裁员是在假期前后进行时。如果这些观念导致员工以消极的方式看待公司，则通常会影响员工的工作。

调研人员在数据分析过程中也可能遇到一些伦理问题。分析数据使用的统计技术的基本假设必须得到满足才能得出有意义的结果。应该严格地检查所有与假设偏离的情况，以确定数据分析采用的统计技术是否恰当。调研人员有责任证明分析所使用的统计技术是恰当的，如果不这样做，就可能产生伦理问题。此外，调研人员不能有意曲解调研方法或结果。在解释调研结果、总结调研结论、说明和应用调研结果时也会产生伦理问题。尽管在解释、总结、应用的过程中会涉及主观的判断，但这种判断必须是经过严格检验，不能带有个人偏见或受客户的意愿影响。

小结

数据准备过程开始于初步检查问卷的完整性和调研质量，然后对数据进行全面的编辑工作。编辑包括浏览问卷，找出问卷中不合格、不完整、不一致和不清楚的问卷，对该类问卷的处理方法有：将问卷返回给调研现场、填写缺失值、剔除不合格问卷。

下一步是编码。用数字或字母表示具体问题的特定答案，同时包括编码占据的列数。如果有一本包含编码的说明以及关于数据集中变量必要信息的编码字典，将对编码工作有很大的帮助。编码后的数据将被存入软盘、磁带或通过键盘输入计算机，也可以用机读卡、光学扫描或计算机传感器分析。

数据清洗时要检查数据的一致性并处理缺失值。处理缺失值的方法包括用中性值替代、用估计值替代、整例删除和结对删除。使用加权、变量转换和量表转换等统计调整方法能够提高数据分析的质量。数据分析方法的选择要考虑到市场调研过程的早期步骤、数据特征、统计技术特性与调研人员的背景和习惯等。统计分析技术可以分为一元统计技术和多元统计技术。

在国际市场调研中，进行数据分析之前，调研人员应确保不同国家和文化之间的计量单位具有可比性。数据分析可以在三个水平上进行：个体、国家或文化内（文化内分析）、跨国家或跨文化（泛文化分析和跨文化分析）。当准备和分析社会媒体数据时，存在与数据收集、信息编码和分类以及文本挖掘与可视化有关的独特的角度。在移动市场调研中的数据准备和分析与线上问卷类似。数据处理过程中会存在一些伦理问题，尤其是剔除不合格问卷、违背数据分析技术假设和对分析结果的评估和解释时。

MARKETING RESEARCH

实用市场调研（原书第7版）

第15章 频数分布、交叉列联表和假设检验

频数分布和交叉列联表是了解数据的基本方法，并为进一步的分析打下基础。

——Insights 协会CEO David W. Almy

David W.Almy 供图

本章概要

————

　　一旦完成数据准备工作，调研人员就应该进行基本的数据分析。本章介绍了基本的数据分析方法，包括频数分布、交叉列联表和假设检验。首先讲频数分布，并介绍它如何提供离群值、缺失值和极端值的标志，以及关于数据集中趋势、离散趋势和分布形状的信息。接着介绍假设检验的一般步骤。假设检验的基本步骤可以分为相关性检验和差异性检验，在分析两三个变量之间的相关性时可以采用交叉列联表。相关性可以从表格中观察得到，统计量能够检验相关性的显著性和强度，接着，以单样本和双样本为例介绍了差异性假设检验。关于如何用软件进行频数分布、交叉列联表和假设检验，见本书配套网络资源。

　　很多商业调研项目只需要基本的数据分析方法，这些结论常以图表的形式显示，详细内容见本书第 23 章。这些基本分析的结果本身就有价值，而且能为进一步的多元分析提供指导，同时也有助于解释更复杂的统计技术得出的结果。为了使读者初步了解这些统计技术，本章将介绍交叉列联表、卡方分析和假设检验的使用。

案例15.1　　　　　　　不同国家电视广告中的性别角色

　　一项研究对澳大利亚、墨西哥和美国电视广告中的性别角色进行了对比，结果显示不同国家男女的形象不同。澳大利亚的广告比美国广告的性别角色差异略小，而墨西哥广告中的性别角色差异最大。对墨西哥广告进行的交叉列联表和卡方分析得到了如表15－1所示的结果。

表15－1　广告人物的性别分布

广告产品的使用者	广告中出现的人物（%）	
	女性	男性
女性	25.0	4.0
男性	6.8	11.8
女性或男性	68.2	84.2

注：$\chi^2 = 19.73$，$p \leqslant 0.001$

　　结果表明，在墨西哥的电视广告中，女性较多出现在女性产品或男女兼用的产品广告中，而很少出现在男性产品广告中，男性则较多出现在男女兼用产品的广告中。这种差异在美国广告中也有发现，但差异较小，在澳大利亚则没有发现。因此，美国公司在墨西哥做广告时不应该像他们在美国时那样。在美国，由于西班牙裔人口的增加，广告主开始更多地关注西班牙语的电视广告。西班牙文化中妇女是传统的家庭主妇，保守并对男人有依赖。但是，美国的西班牙裔家庭与这一传统的看法并不相符。2017年，一半以上的西班牙裔妇女上班工作，与美国白人人口中女性在外务工的比率相当。

pixelheadphoto digitalskillet/Shutterstock

　　上述例子说明基础数据分析是有用的。交叉列联表和卡方分析在国际电视广告中的例子和配对 t 检验在目录购物的例子使我们能够从数据中得出一些结论。这些概念和本章将讨论的其他概念可以通过对互联网使用原因的调研来说明。表15－2包含了30个调查对象的数据，包括性别（1 = 男性，2 = 女性）、互联网熟悉程度（用7级量表测量，1 = 非常不熟悉，7 = 非常熟悉）、每周互联网使用时间、对互联网和科技的态度（用7级量表测量，1 = 非常不喜欢，7 = 非常喜欢）、是否在网上购物或使用过网上银行（1 = 是，2 = 否）。为方便讲解，我们所选的样本很小。在实际操作中，频数分布、交叉列联表和假设检验是在更大的样本下进行的，正如本书中其他附有真实数据的案例所示。作为分析的第一步，对相关变量进行频数分布分析是十分有用的。

表15-2 互联网使用数据

调查对象编号	性别	熟悉程度	每周互联网使用时间	对互联网的态度	对科技的态度	使用互联网购物	使用网上银行
1	1.00	7.00	14.00	7.00	6.00	1.00	1.00
2	2.00	2.00	2.00	3.00	3.00	2.00	2.00
3	2.00	3.00	3.00	4.00	3.00	1.00	2.00
4	2.00	3.00	3.00	7.00	5.00	1.00	2.00
5	1.00	7.00	13.00	7.00	7.00	1.00	1.00
6	2.00	4.00	6.00	5.00	4.00	1.00	2.00
7	2.00	2.00	2.00	4.00	5.00	2.00	2.00
8	2.00	3.00	6.00	5.00	4.00	2.00	2.00
9	2.00	3.00	6.00	6.00	4.00	1.00	2.00
10	1.00	9.00	15.00	7.00	6.00	1.00	2.00
11	2.00	4.00	3.00	4.00	3.00	2.00	2.00
12	2.00	5.00	4.00	6.00	4.00	2.00	2.00
13	1.00	6.00	9.00	6.00	5.00	2.00	1.00
14	1.00	6.00	8.00	3.00	2.00	2.00	2.00
15	1.00	6.00	5.00	5.00	4.00	1.00	2.00
16	2.00	4.00	3.00	4.00	3.00	2.00	2.00
17	1.00	6.00	9.00	5.00	3.00	1.00	1.00
18	1.00	4.00	4.00	5.00	4.00	1.00	2.00
19	1.00	7.00	14.00	6.00	6.00	1.00	1.00
20	2.00	6.00	6.00	6.00	4.00	2.00	2.00
21	1.00	6.00	9.00	4.00	2.00	2.00	2.00
22	1.00	5.00	5.00	5.00	4.00	2.00	1.00
23	2.00	3.00	2.00	4.00	2.00	2.00	2.00
24	1.00	7.00	15.00	6.00	6.00	1.00	1.00
25	2.00	6.00	6.00	5.00	3.00	1.00	2.00
26	1.00	6.00	13.00	6.00	6.00	1.00	1.00
27	2.00	5.00	4.00	5.00	5.00	1.00	1.00
28	2.00	4.00	2.00	3.00	2.00	2.00	2.00
29	1.00	4.00	4.00	5.00	3.00	1.00	2.00
30	1.00	3.00	3.00	7.00	5.00	1.00	2.00

实用市场调研

15.1

频数分布

调研人员常常需要回答关于某一变量的各种问题,例如:

- 本品牌的使用者中有多少具有品牌忠诚度?
- 市场中重度使用者、一般使用者、轻度使用者以及不使用者的百分比各有多少?

- 有多少顾客对新产品很熟悉？多少顾客比较熟悉、知晓或者不熟悉该品牌？顾客的平均熟悉程度如何？顾客的熟悉程度是否有很大的差异？
- 品牌使用者的收入分布情况如何？其中低收入者比例是否较大？

要获得这些问题的答案，可以使用频数分布对数据进行分析。**频数分布（frequency distribution）** 一次考察一个变量，目的是获得被调研者的回答中该变量各个取值出现的次数。之后，将这个变量中不同取值的相对出现次数即频数以百分比形式表示。一个变量的频数分布可以产生一个与该变量有关的频数、百分比和累计百分比的表格。

表 15-3 给出了对互联网熟悉程度的频数分布表。表中第 1 列是不同类别变量值的标签，第 2 列是变量取值对应的数字编码，注意 9 代表数据缺失。第 3 列给出了调查对象回答中各变量取值出现的次数。例如，有 3 个调查对象的回答是数字 5，说明他们对互联网有一定的了解。第 4 列是各变量取值的调查对象比例。第 5 列是剔除缺失值后各变量取值的比例。如果没有缺失值，那么第 4 列与第 5 列的数值相同。最后一列表示调整了缺失值后的累计百分比。可以看出，在接受调查的 30 个人中，有 10% 的人选择了 5，如果剔除没有回答的调查对象，这个比例变为 10.3%。回答为数字 5 的调查对象的累计频数为 58.6%，换句话说，58.6% 的合格调查对象对互联网的熟悉程度小于或等于 5。

表 15-3　对互联网熟悉程度的频数分布

变量值标签	变量值	频数（N）	百分比（%）	有效百分比（%）	累计百分比（%）
不太熟悉	1	0	0.0	0.0	0.0
	2	2	6.7	6.9	6.9
	3	6	20.0	20.7	27.6
	4	6	20.0	20.7	48.3
	5	3	10.0	10.3	58.6
	6	8	26.7	27.6	86.2
非常熟悉	7	4	13.3	13.8	100.0
缺失	9	1	3.3		
	合计	30	100.0	100.0	

频数分布有助于了解数据缺失的程度（如表 15-2 中 30 个数据中有 1 个缺失），同时也能显示不合格答案的数量，如 0 和 8 的取值都是不合格或错误的回答。调研人员会识别出这些数据，并采取修正措施。离群值和极端值也可以通过频数分布被检验出来。在一个家庭规模的频数分布表中，家庭成员超过 9 个的家庭可能被视为离群值。

频数分布还可以显示变量的经验分布形状。根据频数数据可以画出直方图（histogram），或者条形图，X 轴表示变量值，Y 轴表示各变量值的频数或频率。图 15-1 就是根据表 15-2 中的数据画出的直方图。从这个直方图，我们可以判断观察到的分布与假设的分布形状是否一致。

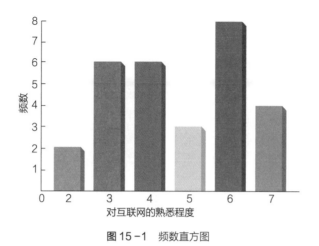

图 15-1 频数直方图

案例 15.2 奥运会观众调研结果的基本分析

科罗拉多大学博尔德分校的调研人员决定找出是什么使国际和国内游客决定赶赴现场观看奥运。通过个人访谈，对奥运会游客进行了调研。成功完成 320 份调研，并把它们用于数据分析。

结果（见表 15-4）显示，促使人们参加奥运会的前三大因素是千载难逢的机会、住房供应和门票供应。这项研究的结果帮助 2016 年里约奥运会的规划者找到了该城市需要改善的地方。例如，根据这项研究，里约将资金投入为城市增加酒店客房的项目中。他们还建造了最先进的交通工具和独特的场馆（奥林匹克公园、体育场馆、旅游景点），让游客真正享受到一生只有一次的体验。这项调研经过多年的发展，对下一个主办城市也非常有价值。事实上，东京也曾根据这些结果规划 2020 年奥运会。

表 15-4 影响参加奥运会决定的激励因素

激励因素	频数	百分数
千载难逢的机会	95	29.7
住房供应	36	11.2
门票供应	27	8.4
离家的距离	24	7.5
商业/就业	17	5.3
可用资金——总支出	17	5.3
可用时间	12	3.8
与参赛者和官员的个人关系	8	2.5
其他激励因素	8	2.5
参观主办城市	4	1.3
安全	3	0.9
没有回应	69	21.6
总计	320	100.0

请注意，上例中的数字和百分比表明了各种激励因素吸引个人参加奥运会的程度。由于涉及数字，频数分布可用于计算描述性或汇总性统计数据。

15.2

与频数分布相关的
统计量

如前所述，通过频数分布可以很方便地观察变量的取值情况。频数分布表清楚易读，并能提供基本信息，然而有时这种信息过于详细，调研人员必须用描述性统计量进行概括。与频数分布有关的最常用的统计量包括集中趋势量度指标（均值、众数、中位数），离散趋势量度指标（极差、四分位差、方差和标准差、变异系数）和分布形状量度指标（偏度和峰度）。

15.2.1 集中趋势量度指标

集中趋势量度指标（measures of location）用于描述分布的中心。如果把样本的每个观察值都加上一个固定的常数，均值、众数、中位数也会发生相同的变化。

均值 均值（mean）或平均数，是集中趋势量度指标中最常用的一个统计量，用于估计定距或定比数据的均值。数据会显示出一定的集中趋势，大部分回答应该分布在均值附近。

均值 $\overline{X}$ 的计算公式为：

$$\overline{X} = \sum_{i=1}^{n} X_i / n$$

式中，$X_i = X$ 变量的观察值；$n =$ 观察数量（样本容量）。

在没有离群值的情况下，均值是一个相对稳定的指标，增加或删除部分数据对其影响不会很大。表 15-3 中的频数分布的平均值计算如下：

$$\begin{aligned}
\overline{X} &= (2 \times 2 + 6 \times 3 + 6 \times 4 + 3 \times 5 + 8 \times 6 + 4 \times 7)/29 \\
&= (4 + 18 + 24 + 15 + 48 + 28)/29 = 137/29 \\
&= 4.724
\end{aligned}$$

众数 众数（mode）就是出现最频繁的数值，代表分布的高峰。当变量是分类变量或已对数据进行分组时，众数是一个很好的集中趋势量度指标。表 15-3 中的众数为 6。

中位数 样本的中位数（median）就是把数据按照升序或降序排列后居中的数值。如果样本容量为偶数，则中位数为居中的两个数值的均值（二者相加再除以 2）。中位数也是第 50 百分位数。中位数是定序数据的集中趋势量度指标。表 15-3 中的中位数为 5。

如表 15-2 所示，同一分布的 3 个集中趋势量度指标各不相同（均值 = 4.724，众数 = 6，中位数 = 5）。这并不奇怪，因为每个指标的计算方法不同。那么到底应该使用哪个指标呢？如果变量是用定序尺度衡量的，就应该使用众数。如果变量是以定距尺度衡量的，就应该使用中位数。如果变量是以定距或定比尺度衡量的，众数的意义就不大了，这从表15-3中可以看出。尽管6这个众数出现次数最多，但只代表27.6%的样本。通常对于定距或定比数据，中位数是一个较好的集中趋势量度指标，但它也不能充分利用所有可知的变量信息，高于或低于中位数的变量值被忽视了。均值应该是定距或定比数据最好的集中趋势量度指标，因为是根据所有样本数值计算出的，能够利用所有已知信息。但是，均值对极大或极小的数值（离群值）很敏感，如果数据中存在离群值，均值就不是一个很好的集中趋势指标了，这时就要综合考虑均值和中位数。

表15-3中的数据不存在极端值，且可以看作定距数据，因此均值4.724是反映集中趋势的很好的指标。尽管均值超过了4，但不是很高（小于5）。如果这是一个有代表性的大样本，则说明人们对互联网有一定的熟悉程度。这要求互联网服务供应商采取行动，政府制定相应的政策，以便提高公众对互联网的熟悉程度，增加互联网的使用率。

15.2.2 离散趋势量度指标

离散趋势量度指标（measures of variability）用于定距数据和定比数据，包括极差、四分位差、方差或标准差和变异系数。

极差 极差（range）测量的是数据的离散性，是样本中最大值与最小值之差。因此，极差直接受离群值的影响。

$$全距 = X_{最大} - X_{最小}$$

如果数据中所有取值乘以一个常数，那么极差也会发生相同的变化。表15-3中的极差是 $7 - 2 = 5$。

四分位差 四分位差（interquartile range）是第75百分位数与第25百分位数之间的差值。对于一组按照大小排列的数据，第 p 个百分位数就是指有 $p\%$ 的数据点小于它、有 $(100-p)\%$ 的数据点大于它的那个值。如果所有数值乘以一个常数，四分位差也以相同幅度变化。表15-3中的四分位差为 $6 - 3 = 3$。

方差和标准差 均值与样本观察值之间的差被称为离差，**方差**（variance）就是离差平方的均值，因此方差不能为负。当数据集中分布在均值附近时，方差很小；若数据分布较为分散，方差就大。如果所有数据值乘以一个常数，方差就乘以这个常数的平方。**标准差**（standard deviation）是方差的平方根。因此，标准差与数据的单位相同，而非平方单位。样本标准差 s 计算如下：

$$s = \sqrt{\frac{\sum_{i=1}^{n}(X_i - \overline{X})^2}{n-1}}$$

用 $n-1$ 而不是 n 作为除数，是因为样本来自一个总体，需要判断调查对象与总体

MARKETING RESEARCH AN APPLIED ORIENTATION 实用市场调研（原书第7版）

均值的差异，然而，总体均值是未知的，只能以样本均值来代替。样本均值的使用使样本可变性比实际更小。通过用 $n - 1$ 除，而不是 n，能够弥补样本观察到的可变性小的不足。对于表 15 – 3 给出的数据，方差计算如下：

$$s^2 = \frac{\begin{bmatrix} 2 \times (2 - 4.742)^2 + 6 \times (3 - 4.724)^2 + 6 \times (4 - 4.724)^2 + 3 \times (5 - 4.724)^2 \\ + 8 \times (6 - 4.724)^2 + 4 \times (7 - 4.724)^2 \end{bmatrix}}{28}$$

$$= \frac{(14.840 + 17.833 + 3.145 + 0.229 + 13.025 + 20.721)}{28}$$

$$= \frac{69.793}{28}$$

$$= 2.493$$

因此，标准差的计算结果是：

$$s = \sqrt{2.493} = 1.579$$

变异系数 变异系数（coefficient of variation）就是标准差与均值的比值，用百分数的形式表示，是一个无单位的相对离散性量度指标。变异系数 CV 的表达式如下：

$$CV = \frac{s}{\overline{X}}$$

变异系数只有在变量是以定比尺度量度时才有意义。若所有数据值乘以一个常数，变异系数保持不变。由于互联网熟悉程度不是定比数据，因此计算表 15 – 3 的变异系数是无意义的。从管理的角度来看，变异系数十分重要。因为如果一个市场特征显示了很好的差异性，那么根据这个特征进行市场细分就是可行的。

15.2.3 分布形状量度指标

除了离散趋势量度指标，对分布形状的量度对于理解数据分布的本质也十分重要。数据分布形状通过偏度和峰度来测量。

偏度 数据分布形状可能是对称的，也可能是偏斜的。在对称的分布中，位于中心两侧的数据值一样多，均值、中位数、众数也相等，并且相应的两个变量值与均值的正负离差相等。而在非对称的数据分布中，相应的变量值与均值的正负偏差不相等。**偏度（skewness）**是一侧的变量值与均值的离差大于另一侧的趋势。可以认为分布的一尾长于另一尾的趋势（见图 15 – 2）。表 15 – 3 中的数据偏度系数为 – 0.094，表明分布轻微左偏。

峰度 **峰度（kurtosis）**是度量频数分布曲线相对平滑或陡峭程度的指标。正态分布的峰度系数是 0。如果峰度系数为正，说明曲线分布比正态分布陡峭，峰度系数为负则说明分布比正态分布平缓。表 15 – 3 中的峰度系数为 – 1.261，说明其分布比正态分布平缓。分布形状量度指标非常重要，因为如果一个分布高度偏斜或是显著陡峭、平缓，那么以正态分布为前提的统计分析须谨慎使用。

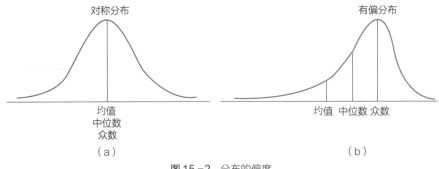

图 15-2 分布的偏度

假设检验入门

基础性统计分析常常涉及假设检验。调研中常见的假设包括：

- 百货商店能获得超过 10% 的家庭的惠顾；
- 一个品牌的重度使用者和轻度使用者在心理特征方面存在差异；
- 一个酒店比其竞争对手给人的印象更好；
- 对一家餐厅越熟悉，对餐厅的偏好越强。

第 12 章介绍了抽样分布、均值和比例的标准误以及置信区间的概念。这些概念都与假设检验有关。

假设检验的一般步骤

假设检验的一般步骤如下（见图 15-3）：

1. 建立零假设 H_0 和备择假设 H_1；
2. 选择适当的检验方法和相应的检验统计量；
3. 选择显著性水平 α；
4. 确定样本容量并收集数据，计算检验统计量的数值；
5. 用检验统计量的抽样分布来计算零假设成立时出现该统计量数值的概率，并计算分隔拒绝域和接受域的检验统计量的临界值；
6. 比较检验统计量的概率与显著性水平，并确定检验统计量是位于拒绝域还是非拒绝域；
7. 对是否拒绝零假设做出决定；

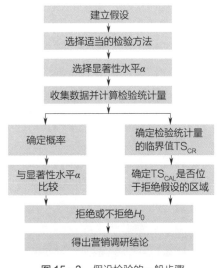

图 15-3 假设检验的一般步骤

8. 针对调研问题做出统计判断。

第1步：建立假设

假设检验的第一步是建立零假设和备择假设。**零假设（null hypothesis）** 是一种对现状的描述，说明不存在差异或影响。如果零假设没有被拒绝，就不需要进行改变。**备择假设（alternative hypothesis）** 预期存在差异或影响。如果接受了备择假设，就会导致意见或行动的改变。因此，备择假设是零假设的对立面。

零假设是需要得到检验的假设，零假设对应总体参数（如 μ，σ，π），而不是样本统计量（如 $\bar{X}$，s，p）。零假设可以被拒绝，但不能只通过简单的检验就得到证实。一个统计检验可能产生两种结果：①拒绝零假段，接受备择假设；②根据现有证据，无法拒绝零假设。然而，单凭无法拒绝零假设就接受它可能是错误的。在经典假设检验中，无法确定零假设是否真实。

在市场调研中，建立的零假设一旦被拒绝，就能接受想要的结论。备择假设代表试图寻找证据所支持的结论。例如，一家百货商店正在考虑是否引入网上购物服务，如果网络用户中超过40%的人通过网络购物，就可以引入这项服务。可以建立的相应假设为：

$$H_0: \pi \leqslant 0.40$$

$$H_1: \pi > 0.40$$

如果零假设 H_0 被拒绝，那么备择假设 H_1 就会被接受，即应当引入新的网上购物服务；如果 H_0 没有被拒绝，除非获得了其他证据，否则就不应该引入新的服务。

这个对零假设的检验称为**单尾检验（one-tailed test）**，因为备择假设是以单方向形式表述的，即进行网上购物的网络用户大于0.40。如果研究者需要检验通过网络购物的网络用户比例是否是40%，就要进行**双尾检验（two-tailed test）**，假设表述方式变为：

$$H_0: \pi = 0.40$$

$$H_1: \pi \neq 0.40$$

在商业性调研中，单尾检验较双尾检验更常用。通常，收集的证据所支持的结论都有一定的方向性。例如，利润越高，销售额或产品质量就越高。单尾检验也比双尾检验更有力。关于统计检验的力度将在第3步中说明。

第2步：选择适当的检验方法

为了检验零假设，有必要选择适当的检验方法。调研人员需要考虑检验统计量的计算以及与样本统计量（如均值）服从的抽样分布。**检验统计量（test statistic）** 能够衡量样本与零假设的接近程度。检验统计量通常服从某种常见分布，如正态分布、t 分布或者卡方分布。在我们的例子中，适用的是 z 统计量，它服从标准正态分布，其计算方法如下：

$$z = \frac{p - \pi}{\sigma_p}$$

正如第12章所说：

$$\sigma_p = \sqrt{\frac{\pi(1-\pi)}{n}}$$

第3步：选择显著性水平 α

无论何时，只要我们对总体进行推测，就有得出不正确结论的风险，会产生两种错误。

第一类错误（type Ⅰ error） 是指样本结果拒绝了实际上正确的零假设。在上例中，如果我们通过样本数据得出结论，认为偏好新的服务的顾客比例大于0.4，而实际数字却等于或小于0.4，我们就犯了第一类错误。第一类错误发生的概率 α 也叫**显著性水平（level of significance）**。我们通过可以接受的拒真风险来控制第一类错误。风险的选择要视发生第一类错误的成本而定。

第二类错误（type Ⅱ error） 是指根据样本结果接受了实际上错误的零假设。上例中，如果我们根据样本数据认为偏好新服务的顾客等于或少于0.4而实际上却大于0.4，我们就犯了第二类错误。第二类错误发生的概率用 β 表示。α 是由研究者决定的，而 β 的范围根据总体参数（比例）的真实值决定。第一类错误的概率和第二类错误的概率见图15-4。由第二类错误的发生概率计算出的 $(1-\beta)$ 被称为检验力度。

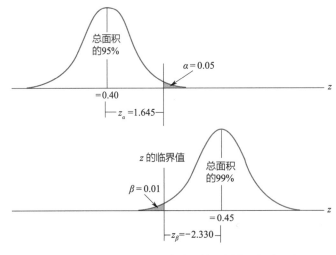

图15-4 第一类错误（α）和第二类错误（β）

检验力度（power of test） 是指当零假设错误时拒绝零假设的概率 $(1-\beta)$。尽管 β 是未知的，但它与 α 有关。α 的极低值（比如0.001）能够导致 β 很大，所以有必要平衡这两类错误。α 通常被定为0.05，有时为0.01，其他取值则比较少见。对于一个特定的实验设计，显著性水平 α 的取值和样本容量决定 β 取值。增加样本容量能够同时控制 α 和 β 的风险。对于给定的显著性水平 α，增加样本容量能够减小 β，从而提高检验力度。

第4步：收集数据并计算检验统计量

样本容量需要考虑理想的 α 和 β 值以及其他定性要求，比如预算约束之后决定。

MARKETING RESEARCH AN APPLIED ORIENTATION 实用市场调研（原书第7版）

之后，就可以收集需要的数据并计算检验统计量。上例中我们调查了 30 个用户，其中 17 人表示他们通过互联网购物，因此占样本的比例值为 $p = 17/30 = 0.567$。

σ_p 值计算如下：

$$\sigma_p = \sqrt{\frac{\pi(1-\pi)}{n}} = \sqrt{\frac{(0.40)(0.60)}{30}} = 0.089$$

检验统计量 z 计算如下：

$$z = \frac{p-\pi}{\sigma_p} = \frac{0.567 - 0.4}{0.089} = 1.88$$

第 5 步：确定检验统计量对应的概率（临界值）

利用标准正态表，可以计算出 z 值为 1.88 对应的概率（见图 15 – 5）。在 $-\infty$ 和 1.88 之间的阴影区域为 0.969 9，因此 $z = 1.88$ 右侧的区域为 $1 - 0.969 9 = 0.030 1$。这也被称为 *p* 值（*p* value），是当零假设为真时，出现与实际观察值一样以及更极端的检验统计量的概率。

临界值 z 在它的右侧给了一块 0.05 的区域。这时 z 的值介于 1.64 和 1.65 之间，是 1.645。注意，在决定检验统计量的临界值时，临界值右侧的区域为 a 或者 $a/2$，单尾检验取 a，双尾检验取 $a/2$。

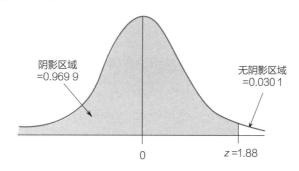

图 15 – 5　单尾检验中的 z 概率

第 6 步和第 7 步：比较概率（临界值）并做出决策

与检验统计量的观察值对应的概率为 0.030 1，这也是当 $\pi = 0.40$ 时，p 值大于 0.567 的概率，小于显著性水平 0.05，因此拒绝零假设。同样，计算出的统计量 $z = 1.88$，超过了 1.645 的值，位于拒绝假设区域，也可以拒绝零假设。注意，这两种检验零假设的方法是等价的，只是数学上比较的方向相反。如果与计算出或观察到的检验统计量（TS_{CAL}）值对应的概率小于显著性水平（α），零假设就被拒绝；如果计算出的检验统计量值大于检验统计量临界值（TS_{CR}），零假设也被拒绝。这两种方法之所以符号相反，是因为 TS_{CAL} 的绝对值越大，在零假设下得出更大检验统计量的概率越小。这种符号变化可以表示为：

如果 TS_{CAL} 的概率 < 显著性水平（α），拒绝 H_0。

如果 $|TS_{CAL}| > |TS_{CR}|$，拒绝 H_0。

第 8 步: 得出调研结论

通过假设检验得出的结论必须从市场调研的角度进行表述。上例得出的结论是网络用户中通过网络购物的比例显著大于 0.4，故建议百货商店引入新的网络购物服务。

假设检验分为相关性检验和差异性检验。在相关性检验中，零假设为变量之间不相关（H_0：……与……不相关）；在差异性检验中零假设为变量之间无差异（H_0：……与……无差异）。差异性检验与分布、均值、比例、中位数或排序有关。首先讨论与交叉列联表有关的相关性假设。

交叉列联表

尽管分析单变量的相关问题十分重要，调研中时常需要确定某一变量和其他变量的联系。为引入频数分布的概念，我们列出了一些具有代表性的调研问题。对每个问题，调研人员都可能提出该变量和其他变量关系的相关问题。例如:

- 品牌忠诚者中有多少是男性?
- 消费者的产品使用量（用重度使用者、一般使用者、轻度使用者和不使用者来划分）与对户外活动的兴趣是否相关（高、中、低）?
- 对新产品的熟悉程度与消费者的年龄和教育水平是否相关?
- 产品的拥有状况与收入（高、中、低）是否相关?

要回答这些问题，可以采用交叉列联表进行分析。频数分布表一次只描述一个变量，而**交叉列联表（cross-tabulation）**可同时描述两个或两个以上变量。交叉列联表是将两个或两个以上变量的频数分布表合并到一张表中，这有助于理解一个变量与另一个变量的关系，比如品牌忠诚与性别的关系。交叉列联表显示的是有限种类和取值下的两个或两个以上变量的联合分布。一个变量的类别和其他变量的类别相互交叉，这样一个变量的频数分布就可以根据其他变量的取值和类别进行再分类。

假设我们希望知道互联网的使用情况与性别的关系。为方便绘制交叉列联表进行分析，调查对象被分为轻度使用者和重度使用者，轻度使用者是指每天上网时间少于 5 小时的用户，其他用户为重度使用者，交叉列联表如表 15-5 所示。交叉列联表中两个变量的每个交叉组合都占据一个单元格，单元格中的数字代表调查对象中同时符合这两个类别的人数。在表 15-5 中，有 10 个女性表示她们是轻度使用者。表右侧的合计表明，30 个合格调查对象中，有 15 个是少量使用者，15 个是频繁使用者。按照性别划分，15 个是女性，15 个是男性。注意，这些信息也可以通过单独的频数分布表得出。通常来说，交叉列联表的边缘合计与单个变量频数分布表中的信息是一致的。交叉列联表又称**相依表（contingency table）**，应用于定性数据或分类数据，因为我们假定每个变量都只采用定类尺度。

表 15-5　性别和互联网使用率

互联网使用率	性别		
	男性	女性	合计
少量（1）	5	10	15
频繁（2）	10	5	15
合计	15	15	30

交叉列联表在商业调研中应用广泛，因为：①交叉列联表分析及其结果易于非统计背景的管理者理解；②清晰的解释使得交叉列联表的调研结果和管理行为密切相关；③一系列交叉列联表分析比单个多变量分析更有助于对复杂现象的深刻理解；④交叉列联表分析能够减轻离散多变量分析中单元格过于分散的问题；⑤交叉列联表分析操作简单，适用于缺乏经验的调研人员。

15.5.1　双变量交叉列联表

有两个变量的交叉列联表称为双变量交叉列联表。以表 15-5 中的互联网使用情况与性别列联表为例。使用情况与性别有关吗？从表 15-5 中看似乎是如此，我们可以看出男性较女性有更多的重度使用者。计算百分比能提供更多信息。

由于将两个变量交叉分类。既可以以列合计为总数计算纵向的百分比（见表 15-6），也可以以行合计来计算（见表 15-7）。到底哪种方式更实用，要看哪个变量是自变量，哪个变量是因变量。基本原则是沿着自变量的方向计算因变量不同组别的百分比。在我们的分析中，性别是自变量，互联网使用情况是因变量，正确计算百分比的方法如表 15-6 所示。注意，男性中有 66.7% 为重度使用者，而女性中仅有 33.3% 属于这个类别，这表明男性较女性更可能成为互联网重度使用者。

表 15-6　分性别的互联网使用情况（%）

互联网使用率	性别	
	男性	女性
少量	33.3	66.7
频繁	66.7	33.3
合计	100.0	100.0

注意，表 15-7 所示为沿着因变量的方向计算自变量不同组别的比例，在本例中没有意义。表 15-7 显示了互联网的重度使用使多少人成为男性，这显然不合理。但是，如果引入与互联网使用情况和性别有关的第三个变量，例如年龄或收入，这个结果也可能有意义。因此，有引入第三个变量的必要。

表 15-7　互联网使用对性别的影响（%）

互联网使用率	性别		
	男性	女性	合计
少量	33.3	66.7	100.0
频繁	66.7	33.3	100.0

15.5.2　三变量的交叉列联表

引入第三个变量经常能使前两个变量之间的联系变得更清晰。如图 15 - 6 所示，引入第三个变量可能形成四种结果：

1. 完善提炼两个初始变量之间的相关关系。
2. 尽管初始调研观察到了两个变量之间的相关关系，如今却可以推翻这种结论。换句话说，第三个变量的引入说明两个初始变量之间的相关关系是具有欺骗性的。
3. 尽管初始调研没有发现，如今却可以揭示两个变量之间的相关关系。在这种情况下，第三个变量挖掘了两个初始变量之间被隐藏的相关关系：一种抑制效应。
4. 对初始调研结果没有影响。

下面我们用一个 1 000 人的调研来说明上述几种情况。虽然这个例子是虚构的，但在商业性调研中也是十分常见的。

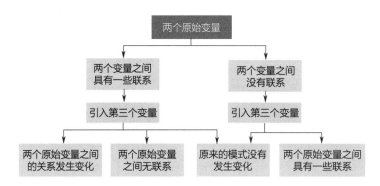

图 15 - 6　在列联表中引入第三个变量

15.5.3　提炼初始关系

为考察时装购买与婚姻状况的关系，绘制表 15 - 8。调查对象根据时装购买的频率被分为高、低两组，婚姻状况也有两类：目前已婚和未婚。从表 15 - 8 中可以看出，52% 的未婚调查对象高频率购买时装，已婚调查对象中这种情况只占 31%。在做出未婚的调查对象比已婚调查对象购买更多的时装的结论之前，将第三个变量——购买者性别引入分析。

表 15 - 8　婚姻状况对时装购买的影响

时装购买率	目前婚姻状况	
	已婚	未婚
高	31%	52%
低	69%	48%
合计	100%	100%
调查对象人数	700	300

将购买者性别作为第三个变量的决定是基于过去的调研做出的，重新考察时装购买率与婚姻状况的关系，结果见表 15 - 9。女性方面，60%的未婚女性高频率购买时装，已婚女性中则只有25%。此外，已婚和未婚男性的情况则十分接近，分别有35%和40%高频率购买时装。性别（第三个变量）的引入提炼了婚姻状况与时装购买率（初始变量）之间的关系。未婚的调查对象比已婚的调查对象更可能属于购买频率高的类别，这一特征在女性中更为显著。

表 15-9　婚姻状况和性别对时装购买的影响

时装购买率	性别			
	男性婚姻状况		女性婚姻状况	
	已婚	未婚	已婚	未婚
高	35%	40%	25%	60%
低	65%	60%	75%	40%
合计	100%	100%	100%	100%
调查对象人数	400	120	300	180

15.5.4　初始关系具有欺骗性

一家负责促销价值50 000美元以上豪华汽车的广告代理公司做了一项研究，目的是了解豪华汽车的拥有状况（见表 15 - 10）。表 15 - 10 显示具有大学学历的人中有32%拥有豪华汽车，而没有大学学历的人中只有21%拥有豪华汽车。调研人员试图得出教育程度对拥有豪华汽车有影响的结论。考虑到收入也是一个影响因素，调研人员决定把收入也作为一个变量，然后重新考察教育程度与拥有豪华汽车的关系，结果见表 15 - 11。注意每个收入层次中具有大学学历和没有大学学历的调查对象中，拥有豪华汽车的人的比例是相同的。当对高收入和低收入组分别进行考察时，教育程度和拥有豪华汽车之间的关系就不存在了，这说明原来观察到的两者之间的关系具有欺骗性。

表 15-10　教育程度对拥有豪华汽车的影响

拥有豪华汽车	教育	
	大学学历	无大学学历
是	32%	21%
否	68%	79%
合计	100%	100%
调查对象人数	250	750

表 15-11　教育程度和收入水平对拥有豪华汽车的影响

拥有豪华汽车	低收入教育程度		高收入教育程度	
	大学学历	无大学学历	大学学历	无大学学历
是	20%	20%	40%	40%
否	80%	80%	60%	60%
合计	100%	100%	100%	100%
调查对象人数	100	700	150	50

15.5.5　提示隐藏的联系

一名调研人员认为人们出国旅行的愿望会受到年龄的影响，然而，这两个变量交叉列联表分析（结果如表 15–12 所示）却显示两者之间不存在联系。引入性别作为第三个变量时，得到表 15–13。45 岁以下的男性中，60% 的人表现了出国旅行的愿望；45 岁及以上的男性中，这个比例只有 40%。女性的情况正好相反，45 岁以下的女性中，35% 的人表示有出国旅行的愿望，而 45 岁及以上的女性中，这个比例只有 65%。由于男性和女性出国旅行的愿望与年龄的关系相反，在表 15–12 中这两个变量之间的联系由于不区分性别而被掩盖了，但当性别受到控制后（见表 15–13）两者之间的联系在男女两个类别中就显露出来了。

表 15–12　年龄对出国旅行的愿望的影响

是否希望出国旅行	45 岁以下	45 岁或以上
是	50%	50%
否	50%	50%
合计	100%	100%
调查对象人数	500	500

表 15–13　年龄和性别对出国旅行的愿望的影响

是否希望出国旅行	男性		女性	
	45 岁以下	45 岁或以上	45 岁以下	45 岁或以上
是	60%	40%	35%	65%
否	40%	60%	65%	35%
合计	100%	100%	100%	100%
调查对象人数	300	300	200	200

15.5.6　初始关系没有发生变化

有时不论初始变量是否相关，第三个变量的引入并没有使开始观察到的关系发生变化，这表明第三个变量不影响前两个变量之间的关系。表 15–14 列出了家庭规模与光顾快餐店频繁程度的列联表。调查对象以家庭人口数分布的中位数为界划分为大家庭和小家庭两组，每组都有 500 个调查对象。从表中可以看出，这两个变量没有任何联系。以中位数为界将调查对象进一步分为高收入和低收入两组。将收入作为分析中的第三个变量引入后，得到了表 15–15 的结果，仍然没有观察到任何联系。

表 15–14　家庭规模对是否频繁光顾快餐店的影响

是否频繁光顾快餐店	小家庭	大家庭
是	65%	65%
否	35%	35%
合计	100%	100%
调查家庭数	500	500

（MARKETING RESEARCH AN APPLIED ORIENTATION 实用市场调研（原书第 7 版）

表 15-15　家庭规模和收入对是否频繁光顾快餐店的影响

是否频繁光顾快餐店	低收入家庭规模		高收入家庭规模	
	小家庭	大家庭	小家庭	大家庭
是	65%	65%	65%	65%
否	35%	35%	35%	35%
合计	100%	100%	100%	100%
调查家庭数	250	250	250	250

15.5.7　交叉列联表小结

我们可以绘制三个变量以上的交叉列联表，但解释起来非常复杂。同时，由于表中单元格数目成倍增加，保证每个单元格有充足的调查对象数量就十分困难。一般来说，每个单元格应该有至少5例观察样本，才能使计算的统计量比较可靠。因此，当变量较多时，交叉列联表就不是考察变量之间关系的有效方法。注意交叉列联表考察的是变量之间的相关关系而不是因果关系。为了考察因果关系，必须采用因果调研框架。

与交叉列联表分析相关的统计量见本书配套网络资源。

实用市场调研

15.6

差异性假设检验

上文讨论的是与相关关系有关的假设检验，下面继续讨论差异性假设检验。差异性假设检验的分类结果见图 15-7。注意图 15-7 与图 14-6 中对单元统计技术的分类是一致的。主要区别在于图 14-6 同时适用于两个以上样本的情况，包括单因素方差检验和 K-W 方差检验（见第 14 章），而图 15-7 只局限于不超过两个样本的情况，图 15-7 中也不涉及统计检验的单样本统计技术，如频数分布。假设检验的过程可以根据变量采用的量度尺度，分为参数检验和非参数检验。**参数检验（parametric tests）**假设变量至少是以定距尺度量度的，而**非参数检验（nonparametric tests）**假设变量是定类变量或定序变量。根据涉及的是单变量、双变量还是多变量，这些检验还可以进一步分类。正如第 14 章提到的，样本数是由分析中如何处理数据决定的，而不是由数据收集过程决定。如果样本是从不同的总体随机抽取的，则为独立样本。分析中，分别属于不同类别的调查对象（如男性和女性）一般也被视为独立样本。相反，当两组样本均与同一组调查对象有关时，称其为配对样本。

最常用的参数检验是关于均值的 t 检验。t 检验可以用于考察一个观测样本或两个观测样本的均值。当存在两个样本时，样本之间可能是独立的，也可能是配对的。单样本非参数检验包括 Kolmogorov-Smirnov（K-S）检验、卡方检验、游程检验和二项式检验。当存在两独立样本时，用于检验集中趋势假设的有 Mann-Whitney U 检验、中位数检验、Kolmogorov-Smirnov（K-S）双样本检验等。这些非参数检验与双样本 t 检验相对应。对于配对样本，非参数检验包括 Wilcoxon 配对符号秩检验和符号检验，这些检验与配对 t 检验相对应。参数检验和非参数检验都可以用于两个以上样本的假设检验，这些检验将在以后各章介绍。

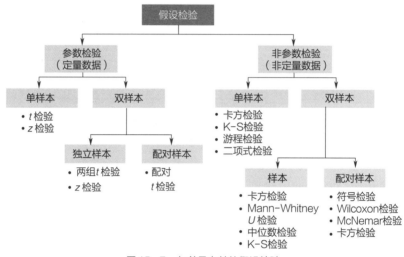

图 15-7 与差异有关的假设检验

参数检验

参数检验为我们提供关于总体的均值的信息，**t 检验（t test）** 就是一种常用的方法，以学生氏 t 统计量为基础。**t 统计量（t statistic）** 假设变量服从正态分布，均值已知（或可以估计），方差需要从样本中估计。假设随机变量 X 是正态分布的，均值为 μ，方差 σ^2 未知，根据样本方差 s^2 估计。样本均值 $\overline{X}$ 的标准差的估计值为 $s_{\overline{X}} = s/\sqrt{n}$，所以，$t = (\overline{X} - \mu)/s_{\overline{X}}$ 服从自由度为 $n-1$ 的 t 分布。

t 分布（t distribution） 形状与正态分布类似，均为对称的钟形分布。但是，与正态分布相比，t 分布两尾更长，中间区域更小，这是因为总体方差 σ^2 未知，需要根据样本方差 s^2 进行估计。由于 s^2 值存在不确定性，t 的观察值比 z 变化更大，因此 t 分布会得出比正态分布更大的标准差。随着自由度增加，t 分布趋向于正态分布。事实上，当样本大于 120 后，t 分布和正态分布几乎没有差异。尽管假设变量呈正态分布，但偏离正态性对 t 检验的影响不大。

使用 t 统计量进行假设检验的步骤如下：

1. 建立零假设（H_0）和备择假设（H_1）。
2. 选择合适的 t 统计量公式。

3. 选择用于检验 H_0 的显著性水平 a，通常为 0.05。
4. 选择 1 个或 2 个样本，计算每个样本的均值和标准差。
5. 在假设 H_0 为真的情况下，计算 t 统计量。
6. 计算自由度，并估计统计量的估计值大于表 4 中的值的概率（或者计算 t 统计量的临界值）。
7. 如果第 6 步计算出的概率小于第 3 步中选择的显著性水平，则拒绝 H_0；如果概率大于显著性水平，则不拒绝 H_0。（或者，如果第 5 步计算出的统计量值大于第 6 步中的临界值，拒绝 H_0。如果计算值小于临界值，则不拒绝 H_0。）不拒绝 H_0 并不能说明 H_0 成立，只能说明真实情况与 H_0 中假设的情况没有显著差异。
8. 根据调研问题解释 t 检验得出的结论。

15.7.1 单样本

市场调研中，调研人员常对一个变量与已知标准间的关系感兴趣。这类关系常包括：新产品的市场份额将超过 15%，至少 65% 的顾客会喜欢新的包装设计，80% 的经销商乐意接受新的定价策略。这些推论可以转化为能通过单样本 t 或 z 检验进行检验的零假设。在单样本均值的 t 检验中，调研人员感兴趣的是总体均值是否与一个给定的假设（H_0）一致。对于表 15-2 中的数据，假设要检验平均熟悉程度超过 4（7 点量表的中值）的假设，选择显著性水平 0.05。建立如下假设：

$$H_0: \mu \leq 4.0$$
$$H_1: \mu > 4.0$$

$$t = \frac{\overline{X} - \mu}{s_{\overline{X}}}$$

$$s_{\overline{X}} = \frac{s}{\sqrt{n}}$$

$$s_{\overline{X}} = \frac{1.579}{\sqrt{29}} = \frac{1.579}{5.385} = 0.293$$

$$t = \frac{4.724 - 4.0}{0.293} = \frac{0.724}{0.293} = 2.471$$

单样本均值检验中 t 统计量的自由度为 $n-1$。本例中，$n-1 = 29-1 = 28$。获得大于 2.471 的值的概率小于 0.05（自由度为 28，显著性水平为 0.05 的 t 临界值为 1.7011，小于计算值）。因此，拒绝零假设，熟悉程度确实超过 4.0。

注意，如果假设总体的标准差已知（等于 1.5），而不是根据样本进行估计。那么就应该使用 z 检验（z test），z 统计量的值为：

$$z = \frac{\overline{X} - \mu}{\sigma_{\overline{X}}}$$

式中，

$$\sigma_{\overline{X}} = \frac{1.5}{\sqrt{29}} = \frac{1.5}{5.385} = 0.279$$

并且，

$$z = \frac{4.724 - 4.0}{0.279} = \frac{0.724}{0.279} = 2.595$$

获得大于 2.595 的 z 值的概率小于 0.05（显著性水平为 0.05 的单尾 z 检验的临界值为 1.645，小于计算值）。因此，拒绝零假设，得出与之前 t 检验相同的结论。

本章前面在介绍假设检验时，已经说明过单个样本的比例检验的过程。

15.7.2 两个独立样本

市场营销中还有一些与两个不同总体参数有关的假设，例如，一个品牌的使用者和非使用者对品牌的认知存在差异，高收入消费者比低收入消费者的娱乐花费更多，或者细分市场 1 中的品牌忠诚者的比例高于细分市场 2。从不同总体中随机选取的样本被称为**独立样本**（**independent samples**）。与单样本相同，独立样本参数检验包括假设均值与比例的检验。

15.7.3 均值

对于两个独立样本均值，提出的一对假设形式如下：

$$H_0: \mu 1 = \mu 2$$
$$H_1: \mu 1 \neq \mu 2$$

从两个总体中抽样，然后根据样本容量 n_1 和 n_2 计算均值和方差。如果发现两个总体方差相同，则根据两个样本方差计算共同方差估计值的公式如下：

$$s^2 = \frac{\sum_{i=1}^{n_1}(X_{i1} - \overline{X}_1)^2 + \sum_{i=1}^{n_2}(X_{i2} - \overline{X}_2)^2}{n_1 + n_2 - 2}$$

或

$$s^2 = \frac{(n_1 - 1)s_1^2 + (n_2 - 1)s_2^2}{n_1 + n_2 - 2}$$

检验统计量的标准差估计值如下：

$$s_{\overline{X}_1 - \overline{X}_2} = \sqrt{s^2\left(\frac{1}{n_1} + \frac{1}{n_2}\right)}$$

相应的 t 值计算如下：

$$t = \frac{(\overline{X}_1 - \overline{X}_2) - (\mu_1 - \mu_2)}{s_{\overline{X}_1 - \overline{X}_2}}$$

这里自由度为（$n_1 + n_2 - 2$）。

如果两个总体方差不等，就无法为样本均值的差异计算确切的 t 值。此时可以计算近似的 t 值。在这种情况下，自由度通常不是整数，但是通过四舍五入可以得到一个较为准确的概率。

如果不知道两个总体方差是否相等，则可进行样本方差的 F 检验（**F test**）。此时提出的一对假设为：

$$H_0: \sigma_1^2 = \sigma_2^2$$
$$H_1: \sigma_1^2 \neq \sigma_2^2$$

根据样本方差计算 F **统计量**（**F statistic**）的方法如下：

MARKETING RESEARCH AN APPLIED ORIENTATION 实用市场调研（原书第 7 版）

$$F_{(n_1-1),(n_2-1)} = \frac{s_1^2}{s_2^2}$$

式中，n_1 = 样本 1 的容量；n_2 = 样本 2 的容量；$n_1 - 1$ = 样本 1 的自由度；$n_2 - 1$ = 样本 2 的自由度；s_1^2 = 样本 1 的方差；s_2^2 = 样本 2 的方差。

可以看出，**F 分布（F distribution）**的临界值由两个自由度——分子的自由度和分母的自由度决定。如果 F 的概率大于显著性水平 α，就不拒绝 H_0，从而可以使用基于共同方差的 t 检验；相反，如果 F 概率小于或等于 α，H_0 被拒绝，这时应用基于不同方差的 t 检验。

根据表 15 – 2 中的数据，假设我们希望肯定男性和女性的互联网使用率不同，则需要进行两个独立样本的 t 检验，结果见表 15 – 16。注意样本方差的 F 检验的概率小于 0.05，因此，H_0 被拒绝，应使用基于不同方差的 t 检验。得到 t 值为 – 4.492，自由度为 18.014，概率为 0.000，小于显著性水平 0.05。均值相等的零假设被拒绝。由于男性（性别 = 1）平均使用时间为 9.333，女性（性别 = 2）为 3.867，我们得出男性使用互联网的时间显著高于女性的结论。我们同样给出了基于共同方差的 t 检验，因为多数计算机程序自动进行这两种 t 检验。如果存在更大、更具代表性的样本，则对网络服务供应商例如电话和电报公司有更深远的影响。这些公式应聚焦于男性用户来瞄准互联网重度使用者的目标市场。因此，应该投入更多的广告费给吸引男性而非女性的媒体。

表 15-16　两个独立样本的 t 检验

概括性统计量			
性别	样本数	均值	标准差
男性	15	9.333	1.137
女性	15	3.867	0.435

检验方差是否相等的 F 检验	
F	双尾概率
15.507	0.000

t 检验					
假设方差相等			不假设方差相等		
t 值	自由度	双尾概率	t 值	自由度	双尾概率
-4.492	28	0.000	-4.492	18.014	0.000

实用市场调研

案例 15.3　　　　　老年消费者店铺选择中的 t 检验

一项基于 789 名 65 岁以上调查对象的全国性样本的调研希望确定消费行为的影响因素。一个主要的调研问题是依赖性强和自理能力强的老人在到达卖场前和进入卖场后的要求是否存在差异。通过两个独立样本的 t 检验（如表 15 – 17 所示）进行更详细的分析，发现依赖性强的老人更喜欢提供送货上门和电话订单服务的、交通便利的商店。他们还更有可能寻找店铺集中的商圈。现在，零售商比以往任何时候都意识到老年人市场的巨大销售潜力。随着婴儿潮一代进入退休年龄，沃尔玛等商店看到"锦上添花"之物，老年消费者一般会花费更高，并成为商店的常客。因此，为了吸引他们，商店应该提供送货上门和电话订单服务，并在选址时更注重交通便利的因素。

表15-17　依赖型和自立型老年人生理需求的差异平均数

需求项目	自立型	依赖型	t检验概率
送货上门	1.787	2.000	0.023
电话下单	2.030	2.335	0.003
交通直达商店	2.188	3.098	0.000
停车方便	4.001	4.095	0.305
离家很近	3.177	3.325	0.137
大量超市聚集	3.456	3.681	0.023

在这个例子中，我们检验了均值间的差异。也可以对两个独立样本的比例差异进行检验。

15.7.4　比例

下面来说明检验两个独立样本比例的情况。表15-2中的数据给出了男性和女性使用网络购物的人数。那么，调查对象中，男性和女性使用网络购物的比例相同吗？零假设和备择假设为：

$$H_0: \ \pi_1 = \pi_2$$
$$H_1: \ \pi_1 \neq \pi_2$$

对单样本比例进行检验可以用z检验，z值的计算如下：

$$z = \frac{p_1 - p_2}{s_{p_1-p_2}}$$

检验统计量中，分子为两个样本比例p_1和p_2之差，分母为两个样本比例之差的标准误，计算如下：

$$s_{p_1-p_2} = \sqrt{p(1-p)\left(\frac{1}{n_1} + \frac{1}{n_2}\right)}$$

式中，

$$p = \frac{n_1 p_1 + n_2 p_2}{n_1 + n_2}$$

选择显著性水平$\alpha = 0.05$，给定表15-2中的数据，检验统计量的计算如下：

$$p_1 - p_2 = \left(\frac{11}{15}\right) - \left(\frac{6}{15}\right) = 0.733 - 0.400 = 0.333$$

$$p = \frac{15 \times 0.733 + 15 \times 0.4}{15 + 15} = 0.567$$

MARKETING RESEARCH AN APPLIED ORIENTATION 实用市场调研（原书第7版）

$$s_{p_1-p_2} = \sqrt{0.567 \times 0.433 \times \left(\frac{1}{15} + \frac{1}{15}\right)} = 0.181$$

$$z = \frac{0.333}{0.181} = 1.84$$

在双尾检验下，临界值右侧的面积为 $\alpha/2$ 即 0.025。因此，检验统计量的临界值为 1.96。由于计算值小于临界值，不能拒绝零假设，所以男性和女性网络购物使用者比例（0.733 和 0.400）没有显著差异。注意，两者实际差异很大，但统计上不显著的原因是样本容量过小（每组 15 个）。

15.7.5 配对样本

在许多市场调研的实践中，两组样本的观察值可能并非来自独立的样本，而是**配对样本（paired samples）**。配对样本的两组观察值与同一调查对象相关。一个调查对象可以同时评价两个相互竞争的品牌、评价一个产品两个属性的相对重要性，或者在两个不同的时间评估同一个品牌。这些情况下的差异性通过**配对 t 检验（paired samples t test）**进行考察。为计算配对 t 统计量，以 D 表示配对差异变量，并计算其样本均值和方差。此时的自由度为 $n-1$，n 是配对数。相应的公式如下：

$$H_0: \mu_D = 0$$
$$H_1: \mu_D \neq 0$$
$$t_{n-1} = \frac{\overline{D} - \mu_D}{\frac{s_D}{\sqrt{n}}}$$

式中，

$$\overline{D} = \frac{\sum_{i=1}^{n} D_i}{n}$$

$$s_D = \sqrt{\frac{\sum_{i=1}^{n} (D_i - \overline{D})^2}{n-1}}$$

$$s_{\overline{D}} = \frac{s_D}{\sqrt{n}}$$

在使用互联网的例子中（见表 15-2），可以用配对 t 检验分析调查对象对互联网和对科技的态度之间是否存在差异，结果见表 15-18。调查对象对互联网态度的均值为 5.167，对科技态度的均值为 4.10，两个变量均值的差为 1.067，标准差为 0.828，标准误为 0.1511。t 值为 7.06，自由度为 30-1=29，对应概率小于 0.001。因此，调查对象对互联网的态度比对科技的态度在总体上更为积极。如果样本足够大且具有代表性，那么调研结果对网络服务提供商的启示是，要毫不犹豫地向对科技不持积极态度的消费者推销他们的服务，不要让他们自己去领悟。

表 15-18 配对样本 t 检验

变量	样本数	均值	标准差	标准误
对互联网的态度	30	5.167	1.234	0.225
对科技的态度	30	4.100	1.398	0.255

差异 = 互联网 - 科技

均值差异	标准差	标准误	相关系数	双尾概率	t 值	自由度	双尾概率
1.067	0.828	0.1511	0.809	0.000	7.059	29	0.000

另一个应用是确定 15 秒与 30 秒电视广告的相对有效性。

案例 15.4　　　　　　15 秒与 30 秒广告的相对效果

　　某项目对 83 位加拿大广告代理公司的媒体总监进行了调研,来确定 15 秒与 30 秒商业广告的相对效果。使用 5 级评分量表(1 分为优秀,5 分为差),让调查对象根据品牌认知、主要内容回忆、说服力和情感故事叙述四个方面对 15 秒电视广告和 30 秒电视广告分别打分。表 15-19 说明,30 秒电视广告在四个方面的评分均高于 15 秒电视广告。配对 t 检验表明这些差异十分显著,15 秒电视广告被认为是低效率的。因此,15 秒电视广告并非调研人员追求的答案。事实上,现如今的问题不是电视广告的有效性,而是消费者是否观看了广告。在 2016 年,超过 20% 的使用者从来没有看过任何广告,这一数字未来恐怕会继续增加。大型广告商要提出更多有效和创造性的方法来展示他们的商品。

表 15-19 四种传播变量上 15 秒和 30 秒广告的平均分

品牌认知		主要内容		回忆说服力		情感故事叙述	
15	30	15	30	15	30	15	30
2.5	1.9	2.7	2.0	3.7	2.1	4.3	1.9

　　在下面的非参数检验中,我们讲述涉及配对样本比例差异性的 McNemar 检验和卡方检验。

15.8 非参数检验

　　非参数检验用于自变量为定性数据的情况。与参数检验类似,非参数检验包括单样本、两个独立样本和两个相关样本的检验。

15.8.1 单样本

有时调研人员需要检验某个变量的观察值是否来源于一个特定的分布, 比如正态分布、均匀分布或泊松分布。要想判断与给定变量值对应的概率或与给定概率对应的变量值, 首先需要了解各种分布的知识。Kolmogorov-Smirnov（K-S）单样本检验 [Kolmogorov-Smirnov（K-S）one-sample test] 就是一种拟合优度检验的方法, 它将一个变量的累积分布函数与特定分布进行比较。用 A_i 表示理论 (假设) 分布每个类别的累积相对频数, O_i 表示相应的样本频数值, K-S 单样本检验是以 A_i 和 O_i 的差异的绝对值的最大值为基础的。检验统计量为:

$$K = \mathrm{Max} \left| A_i - O_i \right|$$

是否拒绝零假设取决于 K 值, K 值越大, 越有把握判断 H_0 是错误的。对于 $\alpha = 0.05$ 的显著性水平, 在大样本 (大于 35) 的情况下, K 值由 $1.36/\sqrt{n}$ 确定。也可以将 K 转化为正态分布 z 统计量及其对应的概率。

在互联网使用情况的例子中, 假设需要检验互联网使用情况是否服从正态分布, 使用 K-S 单样本检验, 结果见表 15-20。观察值与正态分布相应值差的绝对值最大值 $K = 0.222$。尽管样本容量只有 30 (小于 35), 我们仍然用近似公式, K 的临界值为 $1.36/\sqrt{30} = 0.248$。由于 K 的计算值小于临界值, 不能拒绝零假设。表 15-20 表明由正态 z 统计量决定的 K 观测值为 0.222 的概率为 0.103, 大于 0.05 的显著性水平, 因此不能拒绝零假设, 结论相同。所以, 互联网使用时间的分布没有显著偏离正态分布。这表明, 我们可以安心使用假设变量服从正态分布的检验统计量 (z 检验) 和检验方法。

表 15-20 对互联网使用率的正态性进行 K-S 单样本检验

检验分布——正态				
均值:	6.600			
标准差:	4.296			
样本:	30			
最大差				
绝对差	正向	负向	K-S z	双尾 p
0.222	0.222	-0.142	1.217	0.103

如前所述, 卡方检验也可以用于单样本中的单变量检验。这里的卡方检验为拟合优度检验, 可以检验每个变量类别中观察到的样本数与预期的样本数是否存在显著差异。其他单样本非参数检验包括游程检验和二项式检验。**游程检验 (runs test)** 是对二分变量随机性的检验, 通过判断确定观察值的顺序是否随机来进行。**二项式检验 (binomial test)** 是对二分变量的拟合优度检验, 检验每个类别中观察值的数量与特定二项式分布下预期数量的拟合优度。对于这些检验的详细信息, 请参考标准统计类文献。

15.8.2 两个独立样本

当对来自两个独立样本的观察值进行比较以判断两个总体的差异, 且变量是以定序尺度量度时，可以使用 **Mann-Whitney U 检验（Mann-Whitney U test）**。这个检验与假设两个定距变量总体方差相等的独立样本 t 检验相对应。

在 Mann-Whitney U 检验中，将两组样本进行合并，并将所有个体按照升序排列，检验统计量 U 是由组 1 的个体的排序大于组 2 中相应个体排序的次数。如果两个样本来自同一总体，那么两组样本在顺序表上排序确定的得分分布就应该是随机的。U 值很大说明两组数据不是以随机形式获取的，并由此形成了两者的不等。对小于 30 的样本，可以计算出确切显著性水平下的 U 值。对于大样本，U 需要转化为正态分布的 z 统计量，并可以根据排序相等的情况进行修正。

使用 Mann-Whitney U 检验再次考察男性和女性互联网使用率的差异，结果见表 15－21。同样，两组表现出了显著的差异，与之前的两个独立样本 t 检验结果相同。将观察值的从小到大排序，男性的平均排名（20.93）越大，说明男性比女性（平均序数 = 10.07）的互联网使用率越高。

表 15－21　Mann-Whitney U 检验——分性别的互联网使用

性别	平均序数	样本数
男性	20.93	15
女性	10.07	15
合计		30

U	W	z	根据相等情况调整的双尾 p
31.000	151.000	-3.406	0.001

注：U = Mann-Whitney 检验统计量；W = Wilcoxon W 统计量；z = 将 U 转换成正态分布的 z 统计量。

调研人员通常还需要检验两个独立样本的比例是否存在差异，除了参数 z 检验之外，还可以使用交叉列联表分析进行卡方检验。此时，可以得到一个 2×2 的表格，其中一个变量用于表示样本来源，取值为 1 时表示来自样本 1，取值为 2 表示来自样本 2；另一个变量则是需要检验的二元变量。

另外两个独立样本非参数检验为中位数检验和 Kolmogorov-Smirnov（K－S）检验。**双样本中位数检验（two-sample median test）** 判断两组样本是否来自中位数相同的总体，它不如 Mann-Whitney U 检验有力度，因为只采用每个观测值与中位数的相对位置信息，而没有应用排序信息。**Kolmogorov-Smirnov（K－S）双样本检验（Kolmogorov-Smirnov two-sample test）** 判断的是两个分布是否相同，如下面的例子所示，需要考虑两个分布中的所有差异，包括中位数、离差和偏度。

案例 15.5　实用市场调研　　　　　调研改变决策

市场调研总监和其《财富》制造业 500 强的企业客户如何看待市场调研在发起营销变革形成策略方面的作用？调研发现，与客户相比，市场调研总监更支持变革，反

MARKETING RESEARCH AN APPLIED ORIENTATION 实用市场调研（原书第 7 版）

对保持现状。表 15 - 22 给出了"无论何时，只要可能就发起变革"这个问题的回答比例。使用 Kolmogorov-Smirnov（K - S）检验发现这些差异在 0.05 水平上显著，如表 15 - 22 所示。

在 2017 年经济增长缓慢的情况下，客户更加不愿意推行营销策略变革。然而，在今天的商业环境下，委托市场调研的客户必须克服这种阻力，并对当前市场的购买力有更深刻的理解。因此，市场调研公司应该投入更多力量来说服客户（通常是营销经理）明白市场调研的价值。

表 15 - 22　市场调研在策略制定中的作用回答　　　　　　　　　　　　　　　　　　（单位：%）

样本	N	绝对必须	完全应该	可能或可能不	完全不应该	绝对不
D	77	7	26	43	19	5
U	68	2	15	32	35	16

注：K - S 显著性 = 0.05。D = 主管，U = 用户。

15.8.3　配对样本

Wilcoxon 配对符号秩检验（Wilcoxon matched-pairs signed-ranks test）是一种十分重要的根据配对样本观察值检验两个总体位置差异的非参数检验。这个检验分析配对观察值的差异以及差异的大小。它要求数据按定距尺度来测量，但不需要对测量值的分布形式进行假定。因此，当 t 检验的分布假设不能满足时应该使用这种方法。计算出配对值的差异后，按大小将其进行排序，然后将正差值和负差值的序数加总。检验统计量 z 就是根据正负差值的序数计算的。在零假设下，组间无差异，大样本的 z 应服从均值为 0、方差为 1 的标准正态分布。此检验与前面提到的配对 t 检验相对应。

再次使用配对 t 检验所用的例子，检验调查对象对互联网与对技术态度的差异。假定 t 检验的分布假设不满足，因此使用 Wilcoxon 检验，结果见表 15 - 23。变量之间再次显示出显著差异，结果与配对 t 检验一致。共有 23 个负差值（对互联网的态度优于对科技的态度），这些负差值的平均序数为 12.72；同时只有一个正差值（对科技的态度优于对互联网的态度），其平均序数为 7.50。二者相等的情况有 6 个。这些数据说明调查对象对互联网的态度更为积极。此外，z 统计量对应的概率小于 0.05，说明两者的差异显著。

表 15 - 23　Wilcoxon 配对符号秩检验——互联网与科技

（科技 - 互联网）	样本数	平均序数
- 序数	23	12.72
+ 序数	1	7.50
相等	6	
合计	30	
z = -4.207		双尾 p = 0.000 0

另一个配对样本非参数检验为**符号检验（sign test）**。由于只比较配对样本差值的符号，而不考虑差值的大小，因此这种检验不如 Wilcoxon 配对符号秩检验有力。在二元变量的情况下，调研人员需要检验比例之间的差异，可以使用 McNemar 检验，或者也可以使用卡方检验。关于差异性检验的各种参数和非参数检验在表 15 - 24 和图 15 - 7中进行了总结。表 15 - 24 又将参数检验（以定量数据为基础）进一步细分为均值和比例的检验，非参数检验（以非定量数据为基础）则进一步分为分布和序数/中位数检验。

表 15 - 24　与差异有关的假设检验概述

样本	应用	测量水平	检验/注释
单样本	分布	非定量	对拟合优度的 K - S 和卡方检验
			对随机性的游程检验
			二项变量的拟合优度的二项式检验
	均值	定量	如果方差未知，则进行 t 检验
			如果方差已知，则进行 z 检验
	比例	定量	z 检验
两个独立样本	分布	非定量	考察两个分布相等的 K - S 双样本检验
	均值	定量	两组 t 检验
			考察方差相等性的 F 检验
	比例	定量	z 检验
		非定量	卡方检验
	序数/中位数	非定量	Mann-Whitney U 检验比中位数检验更有力
配对样本	均值	定量	配对 t 检验
	比例	非定量	对二分变量的 McNemar 检验，卡方检验
	序数/中位数	非定量	Wilcoxon 配对符号序检验比符号检验更有力

关于如何用软件进行频数分布、交叉列联表和假设检验，见本书配套网络资源。

小结

基础数据分析能够提供有价值的信息，指导下一步的数据分析和对分析结果的解释。对数据中的每个变量都要进行频数分布分析，给出与该变量所有取值有关的频数、百分比和累积百分比的表格，并从中发现离群值、缺失值和极端值。均值、中位数和众数是数据集中趋势量度指标，数据离散趋势则由极差、方差或标准差、变异系数和四分位差来描述。偏度和峰度可以提供对分布形状的基本认识。

假设检验的一般程序涉及以下几个步骤：建立零假设和备择假设；选择适当的检验统计量；确定显著性水平 α；在零假设成立的条件下，计算检验统计量值；用检验统计量的抽样分布来决定检验统计量在零假设条件下的概率，以及检验统计量的临界值；

比较检验统计量计算值对应的概率与显著性水平，并确定检验统计量的是位于拒绝域还是非拒绝域，决定拒绝还是不拒绝零假设；得出结论。

交叉列联表是反映两个或多个变量联合分布的表格。在交叉列联表中，可以计算以列合计为基数的列百分比或以行合计为基数的行百分比。通常是按照自变量的方向来计算的。引入第三个变量往往能提供其他的发现。卡方统计量提供对交叉列联表中观察到的相关关系的统计显著性检验，*phi* 系数、列联系数、Cramer's *V* 和 *lambda* 系数则是衡量变量之间相关性强度的指标。

差异性假设检验的方法有参数检验和非参数检验。在参数检验中，*t* 检验用于考察与总体均值有关的假设，不同形式的 *t* 检验分别适用于单样本、两个独立样本和配对样本的假设检验。在非参数检验中，常用的单样本检验包括 Kolmogorov-Smirnov 检验、卡方检验、游程检验和二项式检验。两个独立样本的非参数检验可以使用 Mann-Whitney *U* 检验、中位数检验和 Kolmogorov-Smirnov 检验。对于配对样本，Wilcoxon 配对符号秩检验和符号检验可用于考察与位置测量相关的假设。

MARKETING RESEARCH

实用市场调研 (原书第7版)

第 16 章　方差和协方差分析

> 方差分析是一种直截了当的方法，可以用来发现用定距或定比尺度测量的调查对象组之间的差异。
>
> ——美国大都会人寿保险公司副总裁助理 Neil Marcus

Neil Marcus 供图

本章概要

————

第 15 章探讨了如何检验两个均值或两个中位数的差异。本章将讨论两个以上均值或中位数差异的检验方法,称为方差分析和协方差分析。虽然这些方法用于分析实验数据,但也可以用于对调研或观察数据的分析。

本章描述方差分析和协方差分析的方法,探讨它们与其他统计方法的关系;然后讲述单因素方差分析这个最简单的形式;接下来是多因素方差分析和协方差分析,特别关注对结果的解读,包括交互效应、因素的相对重要性和多重比较;最后,简要介绍了其他一些专题,例如重复测量方差分析、非定量方差分析和多元方差分析。

关于使用软件进行方差和协方差分析的方法,请感兴趣的读者移步本书配套网络资源。

案例 16.1　　　　　　　　　　对旅游目的地的方差分析

EgeBank 在土耳其伊斯坦布尔进行了一项市场调研，重点关注美国旅行社对选定的地中海旅游目的地（埃及、希腊、意大利和土耳其）的看法。这项研究是在内华达大学拉斯维加斯分校旅游和会议管理系（www. unlv. edu）的帮助下进行的。

运营商/旅行社收到了基于旅游地点的邮寄调研问卷，细分如下：埃及（53）、希腊（130）、意大利（150）和土耳其（65）。调研包括对四个目的地的情感和理性/认知评价问题。四个情感问题采用 7 点语义差异量表，而 14 个理性/认知评估则采用 5 点李克特量表（1 分：非常少；2 分：稍微少；3 分：既不少也不多；4 分：多；5 分：非常多）。使用单因素方差分析（ANOVA）检查了四个地点的评估差异，见表 16-1。

方差分析表显示，"不愉快 – 愉快"和"痛苦 – 放松"情感因素在四个目的地之间存在显著差异。例如，希腊和意大利被认为比埃及放松得多。至于认知因素，14 个因素中有 8 个是显著的。土耳其被认为比希腊和意大利更物有所值。土耳其的主要优势似乎是"物超所值"，该国的旅游机构应在其营销策略中加强这一点。另一方面，土耳其需要改善人们对其基础设施、卫生和娱乐的认知，以鼓励更多的美国旅行社提

表 16-1　目的地形象变化对旅游经营者和旅行社的促进作用

形象	土耳其 (n=36)	埃及 (n=29)	希腊 (n=37)	意大利 (n=34)	显著性
情感的（1～7 级）					
不愉快 – 愉快	6.14	5.62	6.43	6.50	0.047 *
困倦 – 唤醒	6.24	5.61	6.14	6.56	0.053
痛苦 – 放松	5.60	4.86	6.05	6.09	0.003 *
阴郁 – 激动	6.20	5.83	6.32	6.71	0.061
认知的（1～5 级）					
物有所值	4.62	4.32	3.89	3.27	0.000 *
美丽的风景和自然景点	4.50	4.04	4.53	4.70	0.011 *
好气候	4.29	4.00	4.41	4.35	0.133
有趣的文化景点	4.76	4.79	4.67	4.79	0.781
合适的住宿	4.17	4.28	4.35	4.62	0.125
吸引人的当地食物（料理）	4.44	3.57	4.19	4.85	0.000 *
大海滩和水上运动	3.91	3.18	4.27	3.65	0.001 *
基础设施的质量	3.49	2.97	3.68	4.09	0.000 *
人身安全	3.83	3.28	4.19	4.15	0.000 *
有趣的历史景点	4.17	4.86	4.81	4.82	0.650
未受污染的环境	3.54	3.34	3.43	3.59	0.784
丰富的夜生活和娱乐	3.44	3.15	4.06	4.27	0.000 *
标准卫生和清洁	3.29	2.79	3.76	4.29	0.000 *
有趣且友好的人们	4.34	4.24	4.35	4.32	0.956

注：* 显著性水平为 0.05。

供土耳其旅行套餐。截至 2018 年，土耳其文化和旅游局正在通过强调价值来推广该国的旅游目的地和旅游体验。

旅游目的地的例子展现了四个类别的情况。t 检验不适用于检验各类平均值的总体差异，所以我们采用了方差分析。方差分析与 t 检验和其他统计方法的关系将在下面讨论。

统计方法之间的关系

方差分析和协方差分析用于检验因变量在控制自变量作用下的均值差异，同时还考虑了非控制自变量的影响。本质上，**方差分析（analysis of variance，ANOVA）** 一般是在两组或两组以上均值差异检验时使用。通常零假设为各组均值相等。例如，假设想要了解麦片的重度使用者、中度使用者、轻度使用者和不使用者对 Total 麦片的偏好（用 9 点李克特量表测量）是否存在差异。零假设为四组使用者在对 Total 的偏好上不存在差异，可以用方差分析进行检验。

最简单的方差分析必须有一个定量（用定距或比例尺度衡量）的因变量（对 Total 麦片的偏好），以及一个或多个自变量（产品使用量：重度使用者，中度使用者，轻度使用者，不使用者）。自变量必须都是定类的（非定量的），定类自变量也叫作**因素（factors）**。因素水平或类别的特定组合称为一种**处理（treatment）**。**单因素方差分析（one-way analysis of variance）** 只涉及一个定类变量或单一因素。重度使用者、中度使用者、轻度使用者、不使用者偏好的差异可以通过单因素方差分析来考察。在单因素方差分析中，一种处理就相当于一个因素水平（如中度使用者就构成一种处理）。如果涉及两个或两个以上因素，就称为**多因素方差分析（n-way analysis of variance）**。如果除了产品使用量外，调研人员还想了解忠诚用户和非忠诚用户对 Total 麦片的偏好差异，就可以进行多因素方差分析。

如果自变量中既包含定类变量又包含定量变量，就要用**协方差分析（analysis of covariance，ANCOVA）**。例如，在考虑调查对象对营养的态度和对早餐重视程度的前提下（两个变量可以用 9 点李克特量表来衡量），调研人员希望考察各产品使用组和各忠诚度组的偏好时，就要采用协方差分析。在本例中，定类自变量（产品使用量和品牌忠诚度）仍然作为因素，同时定量自变量（对营养的态度和对早餐的重视程度）作为**协变量（covariate）**。

方差分析与 t 检验及其他技术，例如回归分析的关系如图 16-1 所示。这些统计技术都涉及一个定量的因变量，方差分析和协方差分析可以包含一个以上自变量（如产品使用量、品牌忠诚度、态度、重视程度）。至少有一个应为定类变量，该定类变量可以有两个以上类别（本例中的产品使用量有四个类别）。但是，t 检验只涉及一个二分自变量。例如，品牌忠诚的和非忠诚的调查对象的偏好差异可以用 t 检验来检验。回归分析与方差分析和协方差分析一样，也可以涉及一个以上自变量，但所有的自变量通常都是以定距尺度测量的。使用虚拟变量时，自变量可以是二分变量和定类变量。例如，对 Total 麦片的偏好与对营养的态度和对早餐重视程度之间的关系可以用回归分析加以研究。对 Total 的偏好作为因变量，对早餐的态度和重视程度作为自变量。

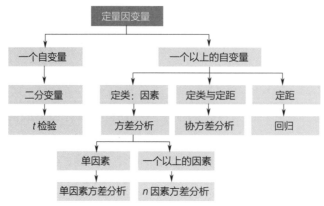

图 16-1　*t* 检验、方差分析、协方差分析和回归分析之间的关系

实用市场调研
16.2

单因素方差分析

调研人员通常需要考察因变量在单个自变量或因素的不同类别下均值的差异，例如：

- 各个细分市场的产品消费量有差异吗？
- 接触不同电视广告的五个组对品牌的评价有差异吗？
- 零售商、批发商、代理商对厂家的分销政策态度一致吗？
- 消费者购买某品牌的意向如何随价格水平变化而变化？
- 顾客对商店的熟悉程度（高、中、低）对他们对商店的偏好有什么影响？

单因素方差分析可以为以上或类似问题提供答案。在讲述分析过程之前，我们要先定义一些与单因素方差分析有关的重要统计量。

实用市场调研
16.3

与单因素方差分析
有关的统计量

***eta²*（$\boldsymbol{\eta^2}$）** 用于测量 X（自变量或因素）对 Y（因变量）作用的强度，值在 0 和 1 之间变化。

MARKETING RESEARCH AN APPLIED ORIENTATION　实用市场调研（原书第 7 版）

F 统计量（*F* statistic）用于检验总体的组均值相等的零假设，是 *X* 均方和误差均方之比。

均方（mean square）是平方和除以适当的自由度。

组间方差（$SS_{between}$）也表示为 SS_X，是与 *X* 组均值方差有关的 *Y* 方差，代表 *X* 组间的方差，或者 *Y* 的平方和中与 *X* 有关的部分。

组内方差（SS_{within}）也指 SS_{error}，是 *Y* 方差中归因于 *X* 每组内的部分，是 *X* 无法解释的部分。

总方差（SS_y）是 *Y* 的总方差。

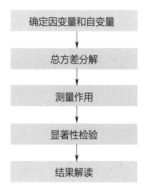

实用市场调研
16.4 进行单因素方差分析

进行单因素方差分析的过程如图 16-2 所示，包括确定因变量和自变量、总方差分解、测量作用、显著性检验和结果解读。

图 16-2　进行单因素方差分析

16.4.1　确定因变量和自变量

因变量以 *Y* 表示，自变量以 *X* 表示。*X* 是定类变量，共有 *c* 类，在 *X* 的每个类别中有 *n* 个 *Y* 的观察值。如表 16-2 所示，*X* 的每个类别中的样本规模为 *n*，总样本规模为 $N = n \times c$。为了方便，假设 *X* 各类别中的样本规模（组规模）相等，但这不是必需的。

表 16-2　总方差分解：单因素方差分析

	自变量 *X*				
	类别				总样本
组内方差 = SS_{within}	X_1	X_2	X_3 $\cdots$ X_c		
	Y_1	Y_1	Y_1	Y_1	Y_1
	Y_2	Y_2	Y_2	Y_2	Y_2
	$\vdots$			$\vdots$	
	Y_n	Y_n	Y_n	Y_n	Y_N
组均值	$\overline{Y}_1$	$\overline{Y}_2$	$\overline{Y}_3$ $\cdots$ $\overline{Y}_c$		$\overline{Y}$

总方差 = SS_y

组间方差 = $SS_{between}$

16.4.2　总方差分解

为考察组均值的差异，单因素方差分析需要对因变量中的观察值进行**总方差分解**

（decomposition of the total variation），该方差由被均值调整的平方和（SS）测量。方差分析的得名是因为它考察的是样本（因变量）的差异性或方差，并确定是否有理由相信总体的组均值存在差异。

Y 的总方差表示为 SSy，可以被分解为两部分：

$$SS_y = SS_{between} + SS_{within}$$

其中下标 between 和 within 指的是 X 的类别。$SS_{between}$ 是 Y 方差中与 X 的组均值方差有关的部分，代表 X 的类别间方差。换句话说，$SS_{between}$ 是 Y 的平方和中与自变量或因素 X 有关的部分，故 $SS_{between}$ 也可表示为 SS_x。SS_{within} 是 Y 的方差中与 X 的组内方差有关的部分，不是由 X 引起的，因此也称为 SS_{error}。Y 的总方差可以被分解为：

$$SS_y = SS_x + SS_{error}$$

$$SS_y = \sum_{i=1}^{N} (Y_i - \bar{Y})^2$$

$$SS_x = \sum_{j=1}^{c} n(\bar{Y}_j - \bar{Y})^2$$

$$SS_{error} = \sum_{j=1}^{c} \sum_{j=1}^{n} (Y_{ij} - \bar{Y}_j)^2$$

式中，Y_i = 个别观测值；$\bar{Y}_j$ = 第 j 类的均值；$\bar{Y}$ = 总样本均值或总均值；Y_{ij} = j 类的第 i 个观测值。

将 Y 的总方差 SS_y 分解为 $SS_{between}$ 和 SS_{within} 来考察组均值差异的逻辑是很容易理解的。回想第 15 章中的内容，如果变量在样本中的方差已知或可以估计，就可以根据随机方差估计组均值的变化范围。在方差分析中，存在 n 个不同的组（如重度使用者、中度使用者、轻度使用者、不使用者）。如果零假设是真实的，即样本中的各组均值相同，就可以仅根据抽样（随机）方差来估计样本均值的变化范围。如果样本均值中观察到的方差大于根据抽样方差估计的值，就有理由认为这些额外的差异与样本中的组均值差异有关。

进行方差分析时要估计两个方差指标：组内方差（SS_{within}）和组间方差（$SS_{between}$）。组内方差用于测量 Y 的观察值在同一组内的变化程度，用于估计总体中某一组内的方差。虽然假设总体中各组方差相同，但是，由于各组均值是否相等是未知的，我们无法计算所有观察值的总方差，只能分别计算每组的方差，然后合并成"平均"方差或"总体"方差。同样，通过考察各组均值间的方差，也可以估计 Y 值的方差（这一过程是给定总方差后确定组均值方差的反过程）。如果各组的总体均值相等，就可以用样本均值的方差和样本组规模估计 Y 的方差，Y 方差估计的合理性取决于零假设是否成立。如果零假设成立，总体组均值相等，则根据组间方差估计方差是正确的。另外，如果总体的各组均值不等，根据组间方差估计的方差就会过大。因此，通过比较根据组间方差和组内方差估计的 Y 方差，可以检验零假设。通过这样的方式分解总方差也可以测量 X 对 Y 的影响作用。

16.4.3 测量作用

X 对 Y 的作用可以用 SS_x 来测量。由于 SS_x 与 X 组均值的方差有关，随着 Y 在 X 各组的均值变化增大，SS_x 也随之增大，SS_x 也会随着 Y 在 X 组内的方差减少而增大。X 对 Y 的作用强度可以由以下公式衡量：

$$\eta^2 = \frac{SS_x}{SS_y} = \frac{SS_y - SS_{error}}{SS_y}$$

η^2 的值在 0 和 1 之间变动。当各组均值相等时，其值为 0，表示 X 对 Y 无作用；当 X 组内无差异而组间有差异时，η^2 的值为 1。因此，η^2 测量的是由自变量 X 解释的 Y 的方差。我们不仅能够测量 X 对 Y 的作用，还可以检验其显著性。

16.4.4 显著性检验

单因素方差分析的目的就是检验组均值相等的零假设。即：

$$H_0: \mu_1 = \mu_2 = \mu_3 = \cdots = \mu_c$$

在零假设下，SS_x 和 SS_{error} 来自同一方差，此时，Y 的总体方差既可以根据组间方差也可以根据组内方差来估计。换句话说，Y 总体方差的估计值可以是：

$$S_y^2 = \frac{SS_x}{c-1} = 归因于 X 的均方 = MS_x$$

或

$$S_y^2 = \frac{SS_{error}}{N-c} = 归因于误差的均方 = MS_{error}$$

可以用基于这两个估计量的比值计算的 F 统计量来检验零假设：

$$F = \frac{SS_x / (c-1)}{SS_{error} / (N-c)} = \frac{MS_x}{MS_{error}}$$

这个统计量服从 F 分布，自由度为 $(c-1)$ 和 $(N-c)$。正如在第 15 章提到的，F 分布是样本方差比值的概率分布，其自由度分别为分子和分母的自由度。

16.4.5 结果解读

如果没有拒绝组均值相等的零假设，自变量对因变量就没有显著影响。相反，如果零假设被拒绝，那么自变量的作用就是显著的，换句话说，因变量均值在自变量的不同组中具有差异。比较组均值能够显示出自变量作用的特点。在结果解读中还会遇到其他一些重要问题，比如对特定均值差异的考察，这将会在以后介绍。

关于方差分析的步骤和演示，详见本书配套网络资源。

实用市场调研

16.5 方差分析中的假设

方差分析中的假设可以概括如下：

1. 自变量的类别通常是固定的，因此只能对特定的类别做出推论，这种情况称为固定效应模型。此外还有其他模型。在随机效应模型中，样本随机分布于不同的类别或各处理组，因此可以对分析中没有涉及的类别做出推论。如果有些处理是固定的，而有些处理是随机的，就称为混合效应模型。

2. 误差呈正态分布，均值为0，方差固定。误差与 X 的任何一种类别无关。对这些假设的适度偏离不会严重影响分析的有效性。此外，可以对数据进行转换来满足正态分布和均方差的假设。

3. 误差项不相关。如果误差是相关的（即观察值彼此不独立），F 值可能被严重扭曲。

在很多情况下，这些假设都能大致满足，因此就像接下来的例子一样，方差分析是一个很常用的方法。

案例16.2　　　　　　　从不同角度看道德问题

为检查对道德问题的不同看法进行了一项调研。数据来自31名管理人员、21名教师、97名商科本科生和48名MBA学生。作为调研的一部分，受访者被要求对五个道德项目进行评分，评分标准为：1 = 强烈同意，5 = 强烈不同意，3 = 中性回答。表16-3所示为每组的平均值，进行了单因素方差分析，以检查各调研项目组间差异的显著性，获得以下 F 值和 p 值。

表16-3　对道德问题的不同看法

项目编号	调研项目	管理者	教师	本科生	研究生	F 值	p 值
1	被抓住作弊的学生获得 F	3.7	3.8	3.8	4.0	0.94	0.42
2	剽窃应该被公开	4.1	3.4	3.8	3.5	2.2	0.09
3	学生的成绩应该提高以获得雇主的课程报酬	1.6	1.7	2.7	2.8	18.3	0.00
4	应停止使用学校打印机进行个人打印	4.5	3.4	3.5	3.2	11.0	0.00
5	课程作业应简化以使成绩差的学生适应	1.7	1.8	2.4	2.8	13.4	0.00

调研结果表明，五个道德项目中有三个存在显著差异。四个群体之间需要更多沟通，以便更好地协调管理教育中的道德问题。

16.6　　　　　　　　　　　　　　**多因素方差分析**

在市场调研中，经常需要同时研究一个以上的因素，例如：

• 在不同价格和分销水平下，消费者对某一品牌的购买意愿有哪些差异？

- 广告水平（高、中和低）和价格水平的（高、中和低）相互作用如何影响品牌销售额？
- 教育程度（高中以下、高中、专科和本科）和年龄（35 岁以下、35 ~55 岁、55 岁以上）会影响对某品牌的消费吗？
- 消费者对百货商店的熟悉程度（高、中和低）和其品牌形象（积极的、中立的和消极的）会影响对店铺的偏好吗？

为考察以上作用，可以使用多因素方差分析。这项统计技术的主要优点在于可以考察因素之间的交互效应。**交互效应**（**interaction**）是指一个因素对因变量的作用与另一个因素的水平（类别）有关。多因素方差分析与单因素方差分析类似，相关统计量的定义也类似。现在只考虑有两个因素 X_1 和 X_2 的简单情况，每个因素有 c_1 和 c_2 个类别，样本的总方差可以做如下分解：

SS_{total} = 归因于 X_1 的 SS + 归因于 X_2 的 SS + 归因于 X_1 和 X_2 交互效应的 SS_{within}

或：

$$SS_y = SS_{x_1} + SS_{x_2} + SS_{x_1 x_2} + SS_{error}$$

如 X_1 的作用越强，将体现为 X_1 不同水平之间的均值差异越大，SS_{x_1} 也越大。X_2 也是如此。X_1 和 X_2 的交互作用越强，$SS_{x_1 x_2}$ 越大。另一方面，如果 X_1 和 X_2 相互独立，$SS_{x_1 x_2}$ 值将接近于 0。

两个因素的联合作用强度称为总效应或**多重 η^2**（**multiple η^2**），其测量如下：

$$多重 \ \eta^2 = \frac{(SS_{x_1} + SS_{x_2} + SS_{x_1 x_2})}{SS_y}$$

总效应显著性（**significance of the overall effect**）可以用 F 检验来检验，如下：

$$F = \frac{(SS_{x_1} + SS_{x_2} + SS_{x_1 x_2})/df_n}{SS_{error}/df_d}$$

$$= \frac{SS_{x_1, x_2, x_1 x_2}/df_n}{SS_{error}/df_d}$$

$$= \frac{MS_{x_1, x_2, x_1 x_2}}{MS_{error}}$$

式中，

$$df_n = 分子自由度$$
$$= (c_1 - 1) + (c_2 - 1) + (c_1 - 1)(c_2 - 1)$$
$$= c_1 c_2 - 1$$
$$df_d = 分母自由度$$
$$= N - c_1 c_2$$
$$MS = 均方$$

如果总效应显著，下一步就要考察**交互效应显著性**（**significance of the interaction effect**）。在无交互效应的零假设下，适用的 F 检验为：

$$F = \frac{SS_{x_1 x_2}/\mathrm{df}_n}{SS_{error}/\mathrm{df}_d} = \frac{MS_{x_1 x_2}}{MS_{error}}$$

式中，

$$\mathrm{df}_n = (c_1 - 1)(c_2 - 1)$$
$$\mathrm{df}_d = N - c_1 c_2$$

如果交互效应显著，那么 X_1 的作用取决于 X_2 的水平，反之亦然。由于此时一个因素的作用并非一定，而取决于另一个因素，那么检验主效应意义就不大了。但是，如果交互效应不显著，检验每个因素的主效应就是有意义的。

X_1 的各因素的**主效应显著性**（**significance of the main effect**）检验如下：

$$F = \frac{SS_{x_1}/\mathrm{df}_n}{SS_{error}/\mathrm{df}_d}$$
$$= \frac{MS_{x_1}}{MS_{error}}$$

式中，

$$\mathrm{df}_n = c_1 - 1$$
$$\mathrm{df}_d = N - c_1 c_2$$

以上分析假设调研是正交设计或者平衡设计（各组的样本数相等）。如果数目不等，分析就要复杂得多。

关于多因素方差分析的应用演示，详见本书配套网络资源。

实用市场调研

案例 16.3   电视产品的重大变量分析

一项研究考察了原产国对电视产品属性可信度的影响。因变量包括以下产品属性：良好音质、可靠程度、清晰画面和时尚设计。可控自变量包括价格、国家和商店分布。采用 2 × 2 × 2 组间设计。两种价格：949.95 美元（低）和 1 249.95 元（高）；两个国家：韩国和美国；并指定了两个级别的商店分销，有百思买和无百思买。

数据收集自美国一个大城市的两个郊区商场。240 名受访者被随机分配到 8 个单元，每个单元 30 名受访者。表 16 - 4 给出了对每个因变量具有显著影响的变量。

国家和分销对三个因变量的交互作用的方向如表 16 - 5 所示。通过百思买而不是其他分销商分销韩国制造的电视机可以提高清晰画面、可靠程度和时尚设计的可信度，美国制造的电视机却并非如此。同样，良好音质与可靠程度两个因变量的国家和价格交互效应的方向如表 16 - 6 所示。在 1 249.95 美元的价格下，美制电视机的"良好音质"和"可靠程度"声明的可信度评级高于韩国同类产品，但当产品定价为 949.95 美元时，与原产国的关系几乎没有差异。

本研究表明，如果新兴工业化国家的公司通过美国知名零售商分销出口到美国的产品并且考虑在美国进行制造业投资，可以显著提高产品属性的可信度。具体而言，如果韩国制造的电视通过美国知名零售商分销，三个产品属性（清晰画面、可靠程度和时尚设计）会被认为更可信。人们认为，高价出售的美国电视的"良好音质"和"可靠程度"的说法更可信，这可能抵消了美国制造成本较高的潜在劣势。

表16-4　对每个因变量具有显著影响的变量

效果	因变量	单变量F	自由度	p 值
国家×价格	良好音质	7.57	1.232	0.006
国家×价格	可靠程度	6.57	1.232	0.011
国家×分布	清晰画面	6.17	1.232	0.014
国家×分布	可靠程度	6.57	1.232	0.011
国家×分布	时尚设计	10.31	1.232	0.002

表16-5　国家－分销交互均值

国家×分销	清晰画面	可靠程度	时尚设计
韩国			
有百思买	3.67	3.42	3.82
无百思买	3.18	2.88	3.15
美国			
有百思买	3.60	3.47	3.53
无百思买	3.77	3.65	3.75

表16-6　国家－价格交互均值

国家×价格	良好音质	可靠程度
949.95 美元		
韩国	3.75	3.40
美国	3.53	3.45
1 249.95 美元		
韩国	3.15	2.90
美国	3.73	3.67

实用市场调研

16.7

协方差分析

考察与控制变量作用有关的因变量均值差异时，通常有必要考虑非控制自变量的影响。例如：

- 研究不同价格水平下消费者购买某品牌的意愿时，可能需要考虑对该品牌的态度。
- 研究收看不同电视广告的组别对品牌的评价时，可能有必要控制对该品牌的已有知识。
- 研究不同价格水平如何影响家庭麦片消费量时，考虑家庭规模也很重要。

在这些情况下，可以使用协方差分析。协方差分析至少包括一个定类的自变量和一个定距或定量的自变量。前者称为因素，后者称为协变量。协变量最常用于去除因变量中的额外方差，因为我们主要关心的是因素的作用。通过调整因变量在每种处理下的均值来去除由协变量产生的因变量方差，然后对调整后的数据进行方差分析。可以用合适的 F 检验来检验协变量联合效应以及单个协变量作用的显著性。通过协变量的系数可以判断协变量对因变量的作用。当协变量与因变量线性相关而与因素无关时，协方差分析最有用。

从表 16-7 可以看出，协变量造成的平方和很小（0.838），自由度为 1，均方也是 0.838。相关 F 值为 0.838/0.972 = 0.862，自由度为 1 和 23，在 0.05 的水平下不显著。因此，结论为客源多少对百货商店的销售额没有影响。如果协变量的作用是显著的，原始系数的符号就可以用于解释协变量对因变量作用的方向。

表 16-7　协方差分析

变差来源	平方和	自由度	均方	F	F 显著性
协变量					
客源	0.838	1	0.838	0.862	0.363
主效应					
促销	106.067	2	53.033	54.546	0.000
赠券	53.333	1	53.333	54.855	0.000
联合	159.400	3	53.133	54.649	0.000
交互效应					
促销 × 赠券	3.267	2	1.633	1.680	0.208
模型	163.505	6	27.251	28.028	0.000
残差（误差）	22.362	23	0.972		
合计	185.867	29	6.409		
协变量	原始系数				
客源	-0.078				

MARKETING RESEARCH AN APPLIED ORIENTATION　实用市场调研（原书第 7 版）

实用市场调研

16.8

结果解读

解读方差分析结果时可能遇到的重要问题包括交互效应、因素的相对重要性和多重比较。

16.8.1 交互效应

对两个或两个以上因素进行方差分析，交互效应的情况不同，如图 16－3 所示。变量间可能无交互效应（交互效应不显著），或交互效应显著。当一个自变量对因变量的作用随着另一个自变量的类别或水平变化时，就存在交互效应。交互效应可能是同序的，也可能是非同序的。**同序交互效应（ordinal interaction）** 中一个因素发生作用的排序不随另一个因素变化。**非同序交互效应（disordinal interaction）** 相反，一个因素发生作用的排序会因另一个因素的不同水平而变化。既可能非交叉，也可能交叉。

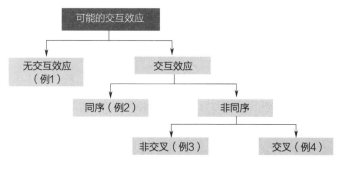

图 16－3　交互效应分类

这些不同交互效应如图 16－4 所示，假设有两个因素，X_1 分为三种状态（X_{11}，X_{12} 和 X_{13}），X_2 分为两种状态（X_{21}，X_{22}）。例 1 显示无交互效应，X_1 对 Y 的作用在 X_2 的两种状态下是平行的，虽然这种平行存在微小偏差，但处于可接受的范围内。平行说明 X_{22} 比 X_{21} 多出的净作用在 X_1 的三种状态下相同。在没有交互作用时，X_1 和 X_2 的联合作用就是二者各自主效应的简单加总。

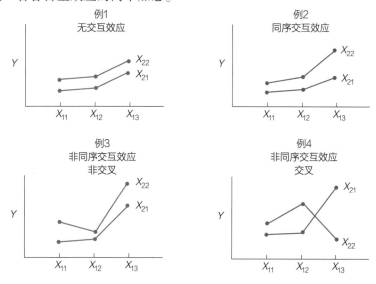

图 16－4　交互效应分类

例 2 表示同序交互效应，图中显示 X_1 和 X_2 作用的线段不是平行的。X_{22} 和 X_{21} 之间的差异从 X_{11} 到 X_{12} 再到 X_{13} 逐渐增加，但 X_1 作用的排序在 X_2 的两种状态下相同。这种排序为升序，是 X_{11}，X_{12}，X_{13}，这一排序从 X_{21} 到 X_{22} 保持不变。

例 3 中显示的是非交叉的非同序交互效应。在 X_{21} 状态下考察 X_1 的作用，X_{11} 最低，其作用排序为 X_{11}，X_{12}，X_{13}。但是，在 X_{22} 的状态下，X_{12} 最低，其排序为 X_{12}，X_{11}，X_{13}。由于作用排序发生了变化，非同序交互效应比同序交互效应要强。

在交叉的非同序交互效应中，两条线段互相交叉，如图 16 - 4 中例 4 所示。图中一个因素不同水平的相对作用大小随着另一个因素的不同水平而变化。注意当 X_1 为 X_{11} 和 X_{12} 时，X_{22} 比 X_{21} 的作用大；当 X_1 为 X_{13} 时，情况正好相反，X_{21} 比 X_{22} 作用大。（注意在例 1、例 2 和例 3 中，X_{22} 在 X_1 的三种状态下都比 X_{21} 作用大。）因此，交叉的非同序交互效应代表最强的交互效应。

16.8.2 因素的相对重要性

实验设计通常是平衡的，每个单元都包含相同数量的调查对象，这就形成正交设计，即因素之间互不相关。因此，就可以清楚地确定各因素在解释因变量方差方面的相对重要性。方差分析中最常用的指标是 **omega 平方**（omega squared，ω^2），这个指标能够表明因变量方差中有多少比例与特定自变量或因素相关。因素 X 的相对贡献计算如下：

$$\omega_x^2 = \frac{SS_x - (\mathrm{df}_x \times MS_{error})}{SS_{total} + MS_{error}}$$

通常，ω^2 只用于解释统计上显著的那些作用。

16.8.3 多重比较

方差分析中的 F 检验只能考察均值的总体差异。拒绝均值相等的零假设，只能认为并非所有组的均值都相等，但是，可能只有部分组的均值存在统计上的差异。我们有时需要考察特定组均值之间的差异，这时就要应用适当的**对照**（contrasts）或比较来确定哪些均值存在统计差异。对照可以是事前的，也可以是事后的。**事前对照**（apriori contrasts）是在分析之前依据调研人员的理论框架确定的。一般来说，事前对照用于代替方差分析的 F 检验，而且选出的对照应该是不相关的（在统计上独立）。

事后对照（aposteriori contrasts）在分析之后进行，通常是**多重对比检验**（multiple comparison test），这使研究者可以建立对各处理组均值进行配对对比的置信区间。这些检验按照检验功效降序排列，包括最小显著差异、邓肯多重范围检验、纽曼 – 科伊尔斯检验、Tukey 交替过程检验、真实显著差异、修正的最小显著差异检验，以及 Scheffe 检验。在这些检验中，最小显著差异是最有力的检验，Scheffe 检验是最保守的检验。关于事前和事后对照的更深入探讨请参考相关文献。

到目前为止，我们的讨论都假设每个被试只处于一种处理或实验状态下，但实际上被试有时可能处于一种以上的实验状态下，这时要使用重复测量方差分析。

实用市场调研

16.9

重复测量方差分析

在市场调研中，调查对象的背景和特征往往有很大差异，如果源于个体上的差异能够与处理作用（自变量作用）和实验误差有效区分的话，就能大大提高实验的灵敏度。要控制调查对象的差异，方法之一就是对每个对象在各种实验条件下进行观察（见表 16-8），此时，每个对象以自身为对照组。例如，在针对不同航空公司评价差异的一项调查中，要求调查对象评价相互竞争的所有主流航空公司。由于从每个调研对象处可获得重复的评价，这种设计称为被试内设计或者**重复测量方差分析**（**repeated measures analysis of variance**）。而前面假设每个调查对象只被置于一种处理下，称为被试间设计，二者截然不同。重复测量方差分析也可以看作两个以上相关样本 t 检验的一种延伸。

若只有一个因素是重复测量的，总方差可以分为被试间（*between - people*）方差和被试内（*within - people*）方差，自由度为 $nc-1$。

$$SS_{total} = SS_{between\ people} + SS_{within\ people}$$

表 16-8 总变量分解：重复测量方差分析

被试间方差是指和人与人之间均值差异有关的方差，自由度为 $n-1$，被试内方差的自由度为 $n(c-1)$。被试内方差可以进一步分为两个来源的变差：一个与处理间均值差异有关，另一个由残差或误差变差构成。处理方差的自由度为 $c-1$，残差方差的自由度为 $(n-1)(c-1)$。因此，

$$SS_{within\ people} = SS_x + SS_{error}$$

第16章 方差和协方差分析

413

对于组均值相等的零假设，检验方法如下：

$$F = \frac{SS_x / (c-1)}{SS_{error} / (n-1)\ (c-1)} = \frac{MS_x}{MS_{error}}$$

到目前为止，我们假设因变量由定距或定比尺度衡量，但如果因变量是非定量的，则应采用其他方差分析方法。

非定量方差分析

实用市场调研

16.10

非定量方差分析（**nonmetric analysis of variance**）用于在因变量为定序变量的情况下，检验两个以上组别的集中趋势。一种方法是 *k* 样本中位数检验（**k-sample median test**）。从名字就可以看出来，这是第 15 章讲到的双样本中位数检验的延伸，零假设是 *k* 组的总体中位数相等。检验涉及计算 *k* 个样本组的共同中位数，然后根据各组中观察值高于或低于这个共同中位数的情况建立有 $2 \times k$ 个单元的表格，之后计算卡方统计量，并根据其显著水平判断是否拒绝零假设。

比 *k* 样本中位数检验更有力的检验是 **Kruskal-Wallis 单因素方差分析（Kruskal-Wallis one-way analysis of variance）**，这是对 Mann-Whitney 检验（见第 15 章）的拓展。这个检验也是考察中位数的差异，其零假设与 *k* 样本中位数检验一样，但检验过程不同。其先把来自 *k* 组的所有样本都按照一定的次序排列，如果 *k* 组总体是相同的，那么每组内的排序也应该是类似的。计算每组的序数之和，并算出服从卡方分布的 Kruskal-Wallis *H* 统计量。

Kruskal-Wallis 检验比 *k* 样本中位数检验更有力，原因在于前者采用了每个样本的排序值，而不仅仅是中位数的相对位置。但是，如果数据中出现大量序数相同的情况，*k* 样本中位数检验可能更合适。

对于两个以上重复测量的相关样本，并且数据是非定量的，可以采用 Freidman 程序。非定量方差分析在市场调研中不经常使用，还有一个很少用到的方法是多元方差分析。

多元方差分析

实用市场调研

16.11

多元方差分析（**multivariate analysis of variance，MANOVA**）与方差分析（ANOVA）类似，只不过有两个或两个以上定量的因变量。二者的目的相同，多元方差分析也是为了检验组间差异。方差分析检验的是一个因变量的组间差异，而多元方差分析是同时检验多个因变量的组间差异。方差分析的零假设为各组因变量的均值相等，而多元方差分析的零假设为各组因变量的均值向量相等。多元方差分析适用于存在两个或两个以上相关因变量的情况，如果各个因变量不相关或者正交，对每个因变量进行方差分析比多元方差分析更合适。

假设有四个组，每组包括100个随机抽取的样本，分别观看四个不同的汰渍洗衣粉广告。每人看完广告后，就自己对汰渍、对宝洁（生产汰渍的公司）和对广告本身的偏好进行评分。由于这三个偏好变量是相关的，可以采用多元方差分析来考察哪个广告最有效（对三个偏好变量产生最高的偏好）。下例说明了国际市场调研中对方差分析和多元方差分析的运用。

实用市场调研

案例16.4　　　　　　　全球不道德市场调研活动的共性

2018 年，大众媒体继续关注不道德市场调研活动，这给专业市场调研人员提出了严峻的挑战。有一项跨国研究考察了营销专业人员对不道德市场调研实践的认识。营销专业人员的样本来自澳大利亚、加拿大、英国和美国。

用 MANOVA 和 ANOVA 计算机程序对调查对象的评价进行了分析，调研对象所在的国家作为分析中的预测变量，15 个共性的评价作为标准变量。ANOVA 中的 F 值表明 15 个共性评价中只有两个是显著的（$p < 0.05$），同时 MANOVA 的 F 值在统计上不显著，说明四个国家调查对象的共性评价缺乏总体差异。因此，结论为四个国家的营销专业人员对不道德研究实践的共性具有相似的认识。这四个国家的组织表现出相似的企业文化，所以这一结论并不令人奇怪。这些国家的市场调研行业应该采用一个共同平台，与不道德的市场调研行为做斗争。

小结

方差分析和协方差分析的因变量是定量的，自变量或者全是定类的，或者既有定类也有定量变量。单因素方差分析只涉及一个定类的自变量，目的是检验组均值在总体中相等的零假设是否成立。因变量的总方差可以分解为两个部分：与自变量有关的方差和与误差有关的方差，用根据均值调整的平方和（SS）测量。通过用 SS 除以相关自由度（df）可以得到均方。均值相等的零假设用 F 统计量检验，F 统计量是与自变量有关的均方和与误差有关的均方之比。

多因素方差分析涉及同时考察两个或两个以上定类自变量，其优点之一是可以考察自变量之间的交互效应。总效应、交互效应、单因素的主效应显著性可以用适当的 F 检验来检验，只有当因素之间的交互效应不显著时，主效应的显著性检验才有意义。

协方差分析包括至少一个定类自变量和至少一个定距或定量自变量。定量自变量即协变量，通常用来去除因变量中的额外方差。

当对两个或两个以上的因素进行方差分析时，可能产生交互效应。交互效应指一个自变量对因变量的作用随着另一个自变量的类别或水平的变化而发生变化。如果交互效应是显著的，它可能是同序的，也可能是非同序的，后者又可以分为交叉的和非交叉的。在平衡的实验设计中，对因变量方差进行解释时每个因素的相对重要性可以用 ω^2 来测量。事前或事后对照中的多重比较可以用于检验特定组均值之间的差异。

重复测量方差分析要在各种处理条件下观察各个调查对象，这种设计有助于控制调查对象在实验前存在的差异。非定量方差分析涉及在因变量为定序变量时，考察两个或两个以上组集中趋势的差异。多元方差分析则涉及两个或两个以上定量的因变量。

MARKETING RESEARCH

实用市场调研 （原书第7版）

第 17 章　相关分析与回归分析

Ginny Kevorkian 供图

　　对于研究者来说，相关分析是用于了解两个定量变量之间线性关系最简单又有用的方法。这是确定因变量驱动因素的第一步。使用高相关性建立多元回归，从偶然事件中剔出真正的预测因素。将相关性结果合并到你的发现中去，这样它们更容易被非研究者所接受。

　　——Emory Healthcare 高级市场研究经理 Ginny Kevorkian

本章概要

————————

第 16 章研究了 t 检验、方差和协方差分析与回归之间的关系。本章主要讲述回归分析，回归分析经常用于理解由广告、价格、分销和产品质量等营销管理变量造成的营销结果差异，包括市场份额、销售额和品牌偏好等。

介绍回归分析时，首先讨论简单双变量的情况，包括回归系数的估计和标准化，对变量间相关关系强度的确定、显著性的检验和考察，预测精度和回归模型的前提假设等；接着讨论多元回归模型，重点在于参数解释、关联强度、显著性检验和对残差的考察。

关于回归分析中的一些特殊内容，比如逐步回归、多重共线性、自变量的相对重要性和交叉验证，以及如何利用含虚拟变量的回归分析进行方差和协方差分析，如何使用软件进行相关分析和回归分析，详见本书配套网络资源。

案例 17.1　　　　　　　回归分析为雅芳找到正确的方向

雅芳公司（www. avon. com）在销售方面遇到了严重的问题。公司的业务发展主要依靠销售代表，现在却出现了销售代表短缺的情况，而且短期内似乎很难找到新的销售代表。因此，雅芳公司建立了回归模型来分析造成这种情况的变量。模型显示最重要的变量是销售代表为获得资料而支付的费用，其次是销售代表的福利。有了数据的支持，公司降低了资料费用，还聘用了高级经理以改善新聘员工待遇。公司重新设计了新员工福利计划，提供了一个信息丰富且易读的"个人福利指南"。这些措施改善了招聘状况和销售代表的保留率。2016 年 3 月 1 日，雅芳拆分为两家公司。这两家运营实体分别是 Avon Products（一家在 70 多个国家经营的上市公司）和 New Avon LLC（一家在美国、波多黎各、加拿大经营并被 Cerberus Capital Management 私人持有的公司）。

案例 17.2　　　　　　　　零售革命

许多零售专家认为在线购物是零售业的下一次革命。在 2000 年，许多传统零售商经历了缓慢的、个位数的销售增长，而在线销售却已经打破纪录。电子商务是 2017 年欧洲和北美增长最快的零售市场。一个调研这一趋势的研究项目在寻找消费者在线购物服务偏好的相关性。文献中用心理、人口学和沟通变量来解释消费者偏好。

采用多元回归来分析数据。总体多元回归模型在 0.05 水平下显著。单变量 t 检验表明，模型中的以下变量在 0.05 或更高水平上具有显著性：价格取向、性别、年龄、职业、种族和教育程度。三个传播变量（大众媒体、口碑和宣传）均未与因变量消费者偏好显著相关。

研究结果表明，年龄较大、受教育程度较高、从事管理或高级职业的白人女性和以价格为导向的购物者更倾向于在线购物。此类型的信息对于以在线销售为目标的营销工作很有价值。

以上例子说明了回归分析的一些用途，包括决定哪个自变量对因变量的影响最显著、自变量和因变量关系的结构和形式、关系的强度以及因变量的预测值。关于回归分析的基础，感兴趣的读者可以移步本书配套网络资源，进一步了解积矩相关系数和偏相关系数这两个概念。

积矩相关

在市场调研中，通常需要概括两个定量变量之间关系的强度，例如：

1. 销售额与广告支出的关系有多强？
2. 市场份额与销售队伍的规模是否存在联系？
3. 消费者对质量的认知和对价格的认知是否有关？

在这些情况下，**积矩相关系数 _r_**（**product moment correlation, _r_**）是最常用的概括两个定性定量（定距或定比尺度）变量 X 和 Y 之间关系强度的统计量，也是确定 X 与 Y 是否存在线性关系的指标，能够表明 X 变量变差与 Y 变量变差的相关程度。这一指标最早由卡尔·皮尔逊（Karl Pearson）提出，因此也称为 Pearson 相关系数。同时也叫简单相关系数、双变量相关系数或直接叫相关系数。对于具有 n 个观测值的样本，变量为 X 和 Y，积矩相关系数 r 的计算公式为：

$$r = \frac{\sum_{i=1}^{n}(X_i - \overline{X})(Y_i - \overline{Y})}{\sqrt{\sum_{i=1}^{n}(X_i - \overline{X})^2 \sum_{i=1}^{n}(Y_i - \overline{Y})^2}}$$

分子、分母同除以 $n-1$，则为：

$$r = \frac{\dfrac{\sum_{i=1}^{n}(X_i - \overline{X})(Y_i - \overline{Y})}{n-1}}{\sqrt{\dfrac{\sum_{i=1}^{n}(X_i - \overline{X})^2}{n-1} \dfrac{\sum_{i=1}^{n}(Y_i - \overline{Y})^2}{n-1}}} = \frac{COV_{xy}}{s_x s_y}$$

在这些等式中，$\overline{X}$ 和 $\overline{Y}$ 表示样本均值，s_x 和 s_y 表示标准差。COV_{xy} 为 X 和 Y 的**协方差**（**covariance**），测量 X 与 Y 相关的程度。协方差可能为正，也可能为负。COV_{xy} 被 $s_x s_y$ 除相当于标准化，这使得 r 的值在 -1.0 和 $+1.0$ 之间变动。因此，相关系数是协方差的一种特殊形式，是用标准化的数据得到的。注意相关系数是个绝对数值，不用任何测量单位表示。不论两个变量各自的测量单位是什么，相关系数都保持不变。

偏相关

积矩相关系数或简单相关系数用于测量两个变量之间的线性相关；**偏相关系数**（**partial correlation coefficient**）则用于测量两个变量在控制或调整一个或多个其他变

量作用时的关系。这个统计量可用于分析以下问题：

- 在控制了价格的影响后，销售额与广告支出的相关性有多强？
- 在考虑了促销的作用后，市场份额与销售队伍的规模是否有关？
- 在控制了品牌形象的作用后，消费者对价格的认知与对质量的认知是否相关？

如上所述，调研人员需要在控制了第 3 个变量 Z 的前提下，计算 X 与 Y 之间的关系。理论上，需要先从 X 中去除 Z 的影响，为此，需要依据 X 与 Z 的积矩相关系数 r_{xz}，利用 Z 来预测 X 的值，然后将 X 的预测值与 X 的实际值相减，所得的差为 X 的调整值。用同样的方法，可以得到 Y 去除 Z 的影响后的调整值。X 的调整值与 Y 的调整值之间的积矩相关系数就是控制了 Z 的影响后 X 和 Y 之间的偏相关系数，以 $r_{xy.z}$ 表示。从统计上看，两个变量之间的简单相关系数完全描述了二者之间的线性关系，因此偏相关系数也可以根据简单相关系数中计算出来，而不必考虑个体观察值。

$$r_{xy.z} = \frac{r_{xy} - r_{xz}\, r_{yz}}{\sqrt{1 - r_{xz}^{\,2}}\ \sqrt{1 - r_{yz}^{\,2}}}$$

计算偏相关系数时需要考虑"阶数"，阶数说明有多少变量被控制或调整。简单相关系数 r 是零阶的，因为在测量两个变量之间关系时不需要控制任何其他变量；而偏相关系数 $r_{xy.z}$ 是一阶的，因为需要控制一个额外变量 Z 的作用；二阶偏相关系数则需要控制两个变量的作用；三阶偏相关系数需要控制三个变量的作用，依此类推。高阶偏相关系数的计算方法类似，第 ($n+1$) 阶偏相关系数可以通过将前述方程右侧的简单相关系数替换为 n 阶相关系数来计算。

偏相关系数有助于发现变量之间的欺骗关系（见第 15 章）。如果 X 与 Y 之间的关系仅是由于事实上 X 与 Z 之间有关联，而 Z 才是 Y 的真实自变量，X 与 Y 之间的关系就是欺骗性关系。此时，如果控制 Z 的影响，X 与 Y 之间的关系就会消失。例如，某品牌麦片的消费量（C）与收入（I）正相关，$r_{ci} = 0.28$。由于该品牌价格比较大众化，收入对消费量应该没有显著影响，故调研人员怀疑这种关系是欺骗性的。样本结果也显示收入与家庭规模（H）正相关，$r_{hi} = 0.48$，并且家庭规模与麦片消费量有关，$r_{ch} = 0.56$。这些数字似乎说明，麦片消费量的真正自变量是家庭规模而不是收入，为了检验这个论断，需要计算控制了家庭规模后麦片消费量与收入之间的一阶偏相关系数，$r_{ci.h} = 0.02$，说明在控制了家庭规模后，消费与收入的关系大大减弱了。因此，收入和麦片消费量之间的关系是欺骗性的。有一种特殊情况是偏相关系数大于各自零阶相关系数，此时涉及抑制（见第 15 章）。

另一个有用的相关系数为**部分相关系数（part correlation coefficient）**，它代表从 X 而非 Y 中去除其他自变量的线性影响后，X 与 Y 之间的相关性。部分相关系数 $r_{y(x.z)}$ 的计算如下：

$$r_{y(x.z)} = \frac{r_{xy} - r_{yz} r_{xz}}{\sqrt{1 - r_{xz}^{\,2}}}$$

由于偏相关系数可以用于确定虚假效应和抑制效应，因此通常认为偏相关系数比部分相关系数重要。积矩相关系数、偏相关与部分相关都假设数据是定距或定比数据。如果数据不满足该要求，研究者应该考虑使用非定量相关。

非定量相关

当调研人员需要计算两个非定量变量之间的相关系数时，必须考虑到非定量变量不具有定距或定比的特征，也无正态分布假定。如果非定量变量是定序的而且是用数值表示的，则可以使用斯皮尔曼秩相关系数（Spearman's rho，ρ_s）以及肯德尔秩相关系数（Kendall's tau，τ），二者均可用于考察变量之间的**非定量相关**（**nonmetric correlation**）。这两个指标都采用变量的排序而非绝对值，二者隐含的基本概念十分相似，并且值都在 -1.0 和 $+1.0$ 之间变化（见第 15 章）。

若排序后没有结（tie），ρ_s 比 τ 更接近皮尔逊积矩相关系数 ρ。此时，τ 的绝对值往往小于皮尔逊积距相关系数 ρ。相反，当数据包含大量结的情况下，τ 则更合适。按照经验，τ 更适用于大样本且类别较少的情况（因此有很多结的情况）。相反，ρ 更适用于类别比较多的数据（因此结较少）的情况。

积矩相关系数、偏相关系数和部分相关系数构成了二元或多元回归分析的概念基础。

回归分析

回归分析（**regression analysis**）是分析定量因变量与一个或多个自变量之间相关关系的有效且易用的方法，可以用于以下方面：

1. 确定自变量是否能够解释因变量的重要方差，即二者之间是否存在关系。
2. 确定因变量中有多大比例的方差可以由自变量解释，即关系的强度有多大。
3. 确定二者关系的结构或形式，即关联自变量和因变量的数学方程式。
4. 预测因变量的值。
5. 在评估特定变量的贡献时，控制其他自变量的作用。

尽管自变量可以解释因变量的方差，但这并不一定暗示着二者存在因果关系。在回归分析中，使用因变量或标准变量，以及自变量或预测变量，是根据变量之间的数学关系决定的。这些术语并不表示因变量在因果关系上依赖于自变量。回归分析关注变量之间关系的强度和性质，而并不暗示或假设二者之间存在任何因果关系。

二元回归

实用市场调研

17.5

二元回归（bivariate regression）是在一个定量因变量与一个定量自变量之间建立数学关系等式的方法。这一分析方法在很多方面与确定两个变量之间简单相关的分析类似。但是，由于需要建立一个等式，必须确定一个变量为因变量，另一个变量为自变量。之前提过的关于简单相关的例子也可以用于回归分析。

- 可以用广告支出的方差来解释销售额的方差吗？二者关系的形式和结构如何？能够建模为直线关系的数学等式吗？
- 市场份额的方差是否能由销售队伍的规模来解释？
- 消费者对质量的认知是由其对价格的认知决定的吗？

在讨论二元回归之前，首先定义一些重要的统计量。

实用市场调研

17.6

与二元回归分析有关的统计量

以下是一些与二元回归分析有关的统计量和统计术语。

二元回归模型（bivariate regression model）。基本的回归等式为 $Y_i = \beta_0 + \beta_1 X_i + e_i$，其中 Y 为因变量或标准变量，X 为自变量或预测变量，β_0 为直线截距，β_1 为直线斜率，e_i 为第 i 个观察值的误差。

决定系数（coefficient of determination）。变量之间联系的强度由决定系数 r^2 表示，其值在 0 和 1 之间变化，表示 Y 的总方差中能被 X 方差解释的比例。

估计值或预测值（estimated or predicted value）。Y_i 的估计值或预测值为 $\hat{Y}_i = a + bx$，$\hat{Y}_i$ 为 Y_i 的预测值。a 和 b 分别为 β_0 和 β_1 的估计值。

回归系数（regression coefficient）。估计的参数 b 通常是指非标准化回归系数。

散点图（scattergram）。根据两个变量的所有观察值绘制的图。

估计标准误（standard error of estimate）。表示 Y 的实际值与预测值 $\hat{Y}_i$ 之间的标准差。

标准误（standard error）。b 的标准差 SE_b 被称作标准误。

标准化回归系数（standardized regression coefficient）。也被称为 beta 系数或 beta 权数，是 X 与 Y 均为标准化数据时的斜率。

误差平方和（sum of squared errors）。将所有偏离回归拟合线的点的距离的平方加总就得到误差平方和，是总误差的测量指标，记做 $\sum e^2 j$。

第17章 相关分析与回归分析

423

t 统计量（t statistic）。自由度为 $n-2$ 的 t 统计量，可用于检验 X 与 Y 不存在线性关系的零假设，即

$$H_0: \beta_1 = 0, \quad t = b/SE_b$$

进行二元回归分析

进行二元回归分析的步骤见图 17-1。假设调研人员要根据居住年限来分析对城市的态度，在研究类似关系时，首先考察散点图往往是有用的。相关计算过程见本书配套网络资源。

图 17-1　进行二元回归分析

17.7.1　绘制散点图

散点图是根据两个变量的所有观察值绘制的图表，通常以因变量为纵轴，自变量为横轴。散点图有助于判断变量之间关系的形式，提示关于数据形态、可能存在的问题等信息，同时也很容易发现两个变量之间不正常的组合。根据 Y（对城市的态度）和 X（居住年限）绘制的散点图见图 17-2。图中的点看上去是从左下端到右上端呈带状分布，规律是：当一个变量增加时，另一个变量也会增加。从散点图中可以看出 Y 与 X 之间的关系是线性的，可以很好地用一条直线表示。然而，如图 17-3 所示，通过数据可以绘制多条直线，如何以最好的方式拟合来描述数据呢？

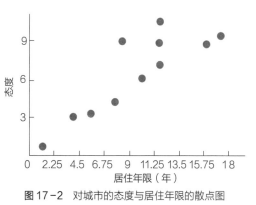

图 17-2　对城市的态度与居住年限的散点图

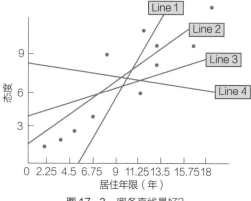

图 17-3　哪条直线最好？

用一条直线对散点图进行拟合的最常用方法为**最小二乘法（least-squares procedure）**，这个技术通过使所有点距直线的垂直距离的平方最小化来确定最佳拟合直线，

最佳拟合直线被称为"回归线"（regression line）。任何一个未落在回归线上的点都没有得到完全的解释。点与直线之间的垂直距离就是误差 e_j（见图 17-4）。将所有点距离直线的距离的平方加总就得到误差平方和，也就是总误差的测量指标 $\sum e^2 j$。为找到最佳拟合直线，最小二乘法令误差平方和最小。如图 17-4 所示，以 Y 作为纵轴，X 作为横轴，由于垂直距离已经最小化了，最佳拟合线就是 Y 对 X 的回归。散点图可以表明 Y 与 X 之间的关系是否能够以直线表示，以及二元回归模型是否恰当。

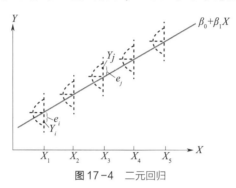

图 17-4　二元回归

17.7.2　建立二元回归模型

在二元回归模型中，直线的一般形式为：

$$Y = \beta_0 + \beta_1 X$$

式中，Y = 因变量或标准变量；X = 自变量或预测变量；β_0 = 直线的截距；β_1 = 直线的斜率。

这个模型隐含一种确定关系，Y 完全是由 X 决定的。如果知道 β_0 和 β_1 的值，就可以完美预测 Y 的值。但是在市场调研中，几乎不存在确定性关系，所以回归分析中需要加上误差项，以便解释变量之间关系的或然性和随机性。基本回归等式如下：

$$Y_i = \beta_0 + \beta_1 X_i + e_i$$

式中，e_i 为与第 i 个观察值的误差项。回归参数 β_0 和 β_1 的估计则相对比较简单。

17.7.3　估计参数

在大多数情况下，β_0 和 β_1 是未知的，需要根据等式从样本观察值中估计：

$$\hat{Y}_i = a + bX_i$$

$\hat{Y}_i$ 为预测值 Y_i 的估计值，a 和 b 分别为 β_0 和 β_1 的估计值。常数 b 通常指非标准化的回归系数，是回归线的斜率，表示 X 变动一个单位引起的 Y 的预期变动。计算 a 和 b 的公式很简单。斜率 b 可以通过 X 与 Y 的协方差（COV_{xy}）和 X 的方差计算：

$$b = \frac{COV_{xy}}{s_x^2} = \frac{\sum_{i=1}^{n}(X_i - \overline{X})(Y_i - \overline{Y})}{\sum_{i=1}^{n}(X_i - \overline{X})^2} = \frac{\sum_{i=1}^{n}X_iY_i - n\overline{X}\,\overline{Y}}{\sum_{i=1}^{n}X_i^2 - n\overline{X}^2}$$

截距 a 则可以计算如下：

$$a = \overline{Y} - b\overline{X}$$

17.7.4 估计标准化回归系数

标准化就是将原始数据转换为均值为 0、方差为 1 的新变量的过程（见第 14 章）。数据进行标准化后，截距等于 0。beta 系数用来表示标准化回归系数。此时，Y 对 X 回归的斜率 B_{yx} 与 X 对 Y 的回归斜率 B_{xy} 是相同的。此外，它们也等于 X 和 Y 之间的简单相关系数。

$$B_{yx} = B_{xy} = r_{xy}$$

标准化和非标准化回归系数的关系可以简单表述如下：

$$B_{yx} = b_{yx} \left(\frac{s_x}{s_y} \right)$$

17.7.5 显著性检验

X 和 Y 之间线性关系的统计显著性可以通过以下假设进行检验：

$$H_0 : \beta_1 = 0$$

$$H_1 : \beta_1 \neq 0$$

零假设为 X 与 Y 之间没有线性关系，备择假设则为二者存在正向或负向线性关系。通常采用双尾检验，对此要使用自由度为 $n-2$ 的 t 统计量公式如下：

$$t = \frac{b}{SE_b}$$

SE_b 表示 b 的标准差，称为标准误。t 分布在第 15 章中已有讨论。

17.7.6 确定相关关系的强度和显著性

在确定 Y 与 X 关系的强度及显著性时涉及一个有关的推论。关联强度由决定系数 r^2 表示。在二元回归中，r^2 就是两变量简单相关系数的平方，在 0 和 1 之间变动，表明 Y 全部方差中被 X 的方差解释的部分。Y 总方差分解与方差分析（见第 16 章）类似。如图 17-5 所示，总方差 SS_y 可以分解为回归方差 SS_{reg} 和残差 SS_{error} 或 SS_{res}，即：

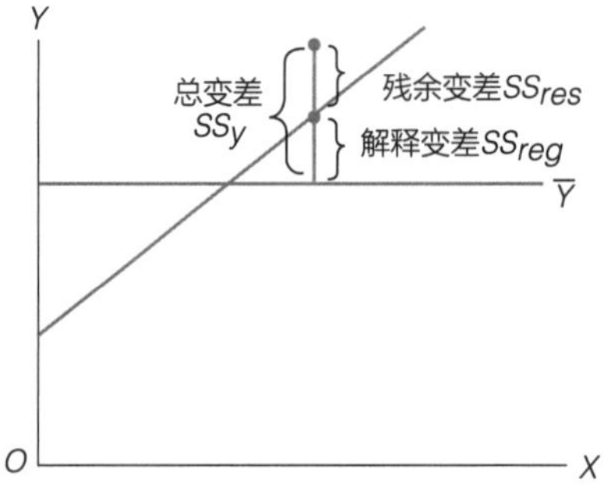

图 17-5 二元回归中的总变差分解

$$SS_y = SS_{reg} + SS_{res}$$

式中，

$$SS_y = \sum_{i=1}^{n} (Y_i - \overline{Y})^2$$

$$SS_{reg} = \sum_{i=1}^{n} (\hat{Y}_i - \overline{Y})^2$$

$$SS_{res} = \sum_{i=1}^{n} (Y_i - \hat{Y}_i)^2$$

MARKETING RESEARCH AN APPLIED ORIENTATION 实用市场调研（原书第 7 版）

关联强度可用下式计算：

$$r^2 = \frac{SS_{reg}}{SS_y} = \frac{SS_y - SS_{res}}{SS_y}$$

17.7.7 检查预测精度

为估计预测值 $\hat{Y}$ 的精度，有必要计算估计的标准误即 SEE。这个统计量表示 Y 实际值与预测值 $\hat{Y}$ 之间的标准差。

$$SEE = \sqrt{\frac{\sum_{i=1}^{n}(Y_i - \hat{Y}_i)^2}{n-2}}$$

或：

$$SEE = \sqrt{\frac{SS_{res}}{n-2}}$$

如果有 k 个自变量，更一般的形式为：

$$SEE = \sqrt{\frac{SS_{res}}{n-k-1}}$$

SEE 可以解释为通过回归方程预测 Y 时的平均残差或误差。

调研人员希望在给定的 X 值如 X_0 值下，预测所有样本 Y 的平均值；或者预测某一个例样本的 Y 值。这是预测的两种可能情况。两种情况的预测值一样，都是：

$$\hat{Y} = a + bX_0$$

然而，尽管两种情况下标准误都取决于 SEE，但它们却是不同的。对于大样本来说，Y 的预测平均值的标准误为 $SEE/\sqrt{n}$，而预测单个 Y 值时则为 SEE。因此，预测值的置信区间（见第 12 章）也因预测均值或单个值而不同。

二元回归分析的最后两个步骤为残差检验和模型交叉验证，这些将放在以后讨论。现在集中讨论回归模型中的前提假设。

17.7.8 假设

回归模型在参数估计和显著性检验中有许多假设，如图 17-4 所示：

1. 误差项呈正态分布，对于每个 X 的固定值，Y 均呈正态分布。
2. 对于给定的 X，所有正态分布的 Y 的均值都位于一条斜率为 b 的直线上。
3. 误差项的均值为 0。
4. 误差项的方差固定，方差不随 X 值变化。
5. 误差项彼此不相关，即观察值是相互独立的。

通过残差检验可以更深入地了解这些假设的满足程度，我们将在多元回归部分进行讨论。

多元回归

多元回归（multiple regression） 涉及一个因变量与两个或两个以上的自变量。二元回归提出的问题也可以通过增加自变量构建多元回归来回答：

- 销售额的差异是否可以用广告支出、价格和分销层次来解释？
- 市场份额的差异是否能够用销售队伍的规模、广告支出和促销预算来解释？
- 消费者对质量的认知是否取决于他们对价格、品牌形象和品牌属性的认知？

此外，多元回归还能回答以下问题：

- 销售额差异有多大比例能够由广告支出、价格和分销层次来解释？
- 在控制价格水平和分销的情况下，广告支出对解释销售额差异的作用有多大？
- 对于给定的广告支出、价格和分销层次，预计能实现的销售额是多少？

实用市场调研

案例 17.3 　　　　　　　*全球品牌，本土广告*

　　欧洲人很乐于接受外来品牌，但对于广告，却只欣赏本地品牌。Kantar Futures 公司（thefuturescompany.com）所做的一项调研发现，尽管多数欧洲消费者更倾向于购买外国品牌，却最喜欢本地品牌产品的广告。来自法国、德国和英国的调查对象认为可口可乐是他们最常购买的软饮料，但是法国人选择法国 Perrier 瓶装水的广告为最佳广告，德国人认为德国的一种名为 Clausthaler 的无酒精啤酒的广告最好，只有英国人同时选择可口可乐作为最佳饮料和最佳广告。

　　从这些发现，我们可以提出一个重要问题：广告是否有用？广告能否提高某品牌被购买的可能性，还是仅仅维持了品牌知晓率？解决这个问题的方法之一就是进行多元回归分析，将品牌购买可能性作为因变量，将品牌属性评价和广告评价作为自变量。通过分别建立有广告和无广告的模型来比较二者的显著差异，还可以采用 *t* 检验来找出品牌属性和广告的显著贡献。结果就能够说明广告在品牌购买决策中是否发挥了重要作用。综合这些结果，一项研究显示，通过促销来建立品牌忠诚并不是一个理想的方法。根据这项研究，促销仅仅导致一时的品牌转换和公司短期绩效的提升，此外，从长远的角度看，促销可能给人低质量、不稳定的印象，使消费者感到困惑，这将导致品牌忠诚度的降低，并最终减少对品牌的重复购买。这项研究的结果表明，牺牲广告和依赖促销会减少品牌联想，并最终导致品牌忠诚购买的减少。

　　多元回归模型（multiple regression model） 的一般形式如下：

$$Y = \beta_0 + \beta_1 X_1 + \beta_2 X_2 + \beta_3 X_3 + \cdots + B_k X_k + e$$

该模型通过以下公式进行估计：

$$\hat{Y} = a + b_1 X_1 + b_2 X_2 + b_3 X_3 + \cdots + b_k X_k$$

如前所述，系数 a 代表截距，b 现在是偏回归系数。估计参数的最小二乘法的原理是使总误差 SS_{res} 最小化，同时使 Y 的实际值与预测值之间的相关性最大化。二元回归的基本假设同样适用于多元回归。我们来定义一些相关统计量，然后描述多元回归分析的过程。

与多元回归有关的统计量

二元回归中的大部分统计量和统计术语也适用于多元回归。此外，多元回归还会用到以下统计量：

调整的 R^2（adjusted R^2）。考虑到贡献递减，对多元决定系数 R^2 根据自变量个数和样本规模进行调整，在前几个自变量之后的新增变量贡献不大。

多元决定系数（coefficient of multiple determination）。多元回归中变量之间关系的强度由多元相关系数的平方 R^2 来测量，也称为多元决定系数。

F 检验（F test）。F 检验用于检验样本总体多元决定系数 R^2_{pop} 为 0 的零假设。这相当于检验零假设 H_0：$\beta_1 = \beta_2 = \beta_3 = \cdots = \beta_k = 0$ 是等价的。检验统计量服从 F 分布，自由度为 k 和 $(n - k - 1)$。

偏 F 检验（partial F test）。指增量 F 统计量对 X_i 的偏回归系数 β_i 进行显著性检验。增量 F 统计量是在所有其他自变量都包含在模型中时，向回归方程引入新自变量 X_i 时可解释平方和的增量。

偏回归系数（partial regression coefficient）。偏回归系数 b_1 表示在 X_2 到 X_k 均固定为常数时，改变一个单位的 X_1 引起的预测值 $\hat{Y}$ 的变化。

进行多元回归分析

进行多元回归分析的步骤与二元回归分析相似，这里重点讨论偏回归系数、联系的强度、显著性检验和残差检验。

17.10.1 偏回归系数

为理解偏回归系数的含义，假设有两个自变量，构成如下方程：

$$\hat{Y} = a + b_1 X_1 + b_2 X_2$$

首先需要注意的是，一个自变量的偏回归系数的相对大小总体上不如二元回归系数，换句话说，偏回归系数 b_1 与 Y 对 X_1 单独回归得到的回归系数 b 是不同的。原因在于 X_1 和 X_2 往往是相关的。在二元回归中，X_2 没被纳入考虑，因此 X_1 和 X_2 对 Y 的方差的共同影响全部归于 X_1。但是，在有多个自变量的情况下，这点就不再成立。

偏回归系数 b_1 所代表的意义是，在 X_2 被固定为常量或被控制时，X_1 变化一个单位所引起的 Y 的预期变化。同样，b_2 代表在 X_1 不变时，X_2 变化一个单位所引起的 Y 的预期变化。因此，将 b_1 和 b_2 称作偏回归系数很合适。X_1 和 X_2 对 Y 的合并作用是累加的，即如果 X_1 和 X_2 都改变一个单位，Y 的预期变化就等于 $(b_1 + b_2)$。

从概念上，二元回归系数和偏回归系数的关系可以解释如下。假设我们希望从 X_1 中去除 X_2 的影响，办法是 X_1 对 X_2 回归，即估计方程 $\hat{X}_1 = a + bX_2$，并计算残差 $X_r = X_1 - \hat{X}_1$。偏回归系数 b_1 就相当于方程 $\hat{Y} = a + b_r X_r$ 得到的二元回归系数 b_r。换句话说，偏回归系数 b_1 等于 Y 和 X_1 去除 X_2 影响的残差之后的回归系数 b_r。偏回归系数 b_2 的解释与 b_1 类似。

若延伸到 k 个变量，道理也同样简单。偏回归系数 b_1 代表当 X_2 到 X_k 固定不变时，X_1 变化一单位所引起的 Y 的预期变化，也可以理解为 Y 对去除 X_2 到 X_k 影响后的 X_1 的残差回归所得的二元回归系数 b。

$beta$ 系数代表的偏回归系数是在估计回归方程之前，对所有变量（Y，X_1，X_2，…，X_k）进行了均值为 0、方差为 1 的标准化。标准化与非标准化系数之间的关系与之前一样，即：

$$B_1 = b_1 \frac{s_{x_1}}{s_y}$$
$$\vdots$$
$$B_k = b_k \frac{s_{x_k}}{s_y}$$

截距和偏回归系数的估计方法是为一组联立方程求解，这些方程区分不同的偏导函数并指定其等于零。这些系数可以通过各种计算机程序自动进行估计，因此不赘述。但在以下情况下，对方程进行求导是没有意义的：①样本规模 n 小于或等于自变量个数 k；②一个自变量与另一个完全相关。

17.10.2 联系的强度

回归方程中联系的强度可用适当的联系指标来确定。在二元回归的例子中，总方差可以分解为：

$$SS_y = SS_{reg} + SS_{res}$$

式中，

$$SS_y = \sum_{i=1}^{n} (Y_i - \bar{Y})^2$$
$$SS_{reg} = \sum_{i=1}^{n} (\hat{Y}_i - \bar{Y})^2$$

$$SS_{res} = \sum_{i=1}^{n} (Y_i - \hat{Y}_i)^2$$

变量之间联系的强度可用多元相关系数的平方 R^2 来测量，也称为多元决定系数。

$$R^2 = \frac{SS_{reg}}{SS_y}$$

多元相关系数 R 还可以看作 Y 和 $\hat{Y}$ 的简单相关系数。关于 R^2 的几点特性值得提及。多元决定系数 R^2 不会小于单个自变量与因变量之间最高的二元决定系数 r^2。当自变量之间的相关性较小时，R^2 就会较大。如果自变量在统计上是独立的（不相关），那么 R^2 就等于每个自变量与因变量之间二元决定系数 r^2 的和。向回归方程中引入新的自变量不会降低 R^2。由于收益递减，除了前几个变量，其他自变量的贡献不大，因此，R^2 可以根据自变量的数量和样本规模按照如下公式进行调整：

$$调整\ R^2 = R^2 - \frac{k(1 - R^2)}{(n - k - 1)}$$

17.10.3　显著性检验

显著性检验既涉及包括对整体回归方程的检验，也涉及对特定偏回归系数的检验。整体检验的零假设为总体多元决定系数 R^2_{pop} 为零：

$$H_0: R^2_{pop} = 0$$

这等同于以下零假设：

$$H_0: \beta_1 = \beta_2 = \beta_3 = \cdots = \beta_k = 0$$

整体检验用 F 统计量，公式为：

$$F = \frac{SS_{reg}/k}{SS_{res}/(n - k - 1)} = \frac{R^2/k}{(1 - R^2)/(n - k - 1)}$$

一些计算机程序提供一种等价的 F 检验，通常称为偏 F 检验。这涉及将总回归平方和 SS_{reg} 分解为与每个自变量相关的部分。根据标准的做法，假定每个自变量都是在所有其他自变量加入方程之后添加的。由此得到的解释平方和增量就成为该变量引起的方差，用 SS_{xi} 表示。该变量的偏回归系数 bi 可以用增量 F 统计量检验，如下：

$$F = \frac{SS_{xi}/k}{SS_{res}/(n - k - 1)}$$

服从自由度为 1 和 $(n - k - 1)$ 的 F 分布。

尽管 R^2 较高且偏回归系数显著能一定程度上表明回归模型的效果，但还需要进一步进行残差检验。

17.10.4　残差检验

残差（residual） 是观测值 Y_i 与回归方程预测值 $\hat{Y}_i$ 之间的差，可用于计算与回归有关的一些统计量。此外，将残差与预测值 $\hat{Y}_i$、时间或自变量绘图，所得残差散点图有助于考察基本假设及拟合的回归模型是否恰当。

　　误差项呈正态分布的假设可以通过标准化残差的直方图进行检验，从视觉上就可以判断分布是否为正态形式。考察标准化残差的正态概率图也很有用。正态概率图显示观察的标准化残差与正态分布下预期的标准化残差相比如何。如果观察到的残差是正态分布的，它们将落在 45 度线上。此外，考察残差统计表，从中发现那些落在 ±1 和 ±2 个标准差之内的标准化预测值或标准化残差的百分比，并将其与正态分布下的百分比（分别为 68% 和 95%）进行比较。更为正式的检验方法是 K – S 单样本检验。

　　误差项方差固定的假设可以通过为标准化残差与因变量的标准化预测值 $\hat{Y}_i$ 绘图，考察所得散点图。如果散点图表明残差项不是随机的，就说明误差项的方差并非固定的。图 17 – 6 显示的就是方差随值 $\hat{Y}_i$ 变化的情形。

　　对误差项相互独立的假设，残差与时间或观察序列的散点图能够提供一些启示，如果假设成立，散点图就应当呈现随机形式。如图 17 – 7 所示的是残差与时间存在线性关系的情况。检验误差项相关性更正规的方法是 Durbin-Watson 检验。

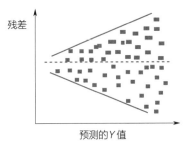

图 17-6　表示方差不固定的残差图

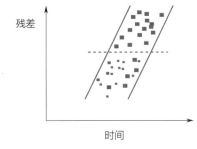

图 17-7　表示残差与时间之间呈线性关系的残差图

　　残差与自变量的散点图能够表明使用线性模型是否恰当。此时，散点图也应该是随机形式的。残差应呈随机分布，相对于 0 的上下偏离度基本相等，不应该呈现出任何正向或负向趋势。

　　为了检验新引入的变量是否应该纳入回归方程，可以用该变量对残差进行回归，如果变量能够有效解释残差，就应该考虑纳入。同时，调研人员还需要为新纳入的变量找到强有力的理论支持。因此，残差检验能够为假设及模型的恰当性提供有价值的启示。图 17 – 8 表明，基本假设得到满足，线性模型是合适的。如果残差检验显示线性回归的基本假设没有得到满足，调研人员可以对变量进行转换，以尽量满足假设。比如取对数、平方根或倒数能够稳定方差，得到正态分布，或使关系线性化。

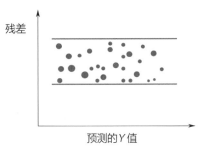

图 17-8　表示拟合模型恰当的残差图

逐步回归法

逐步回归（stepwise regression） 的目的是从大量自变量中选出能够解释因变量或标准变量大部分方差的少数几个变量。在这个过程中，每次向回归方程中引入或者移除一个自变量。逐步回归中包含以下几种方法：

1. 前向引入（forward inclusion）。初始的回归方程中没有自变量，然后每次引入一个自变量，只有当引入的变量符合 *F* 值的特定标准时才保留。变量引入的顺序由其对解释方差的贡献来决定。
2. 后向移出（backward elimination）。开始时，将所有自变量都引入回归方程，随后根据 *F* 比率每次移出一个自变量。
3. 逐步法（stepwise solution）。前向引入并根据特定标准在每一步移出不合格的自变量。

从给定数目的自变量产生最大的意义上来讲，逐步回归无法得出最佳的回归方程。由于自变量之间存在相关性，可能造成某个重要变量一直不被引入，或者引入相对不重要的变量。为获得最佳回归方程，调研人员应考虑各种组合的可能性，计算各种组合的结果。然而，当样本规模远远大于自变量数时，逐步回归就很有用。

多重共线性

多重共线性的存在会使逐步回归和多元回归变得复杂。实际上，在市场调研中涉及的所有多元回归其预测变量或自变量之间都会相关。但是，**多重共线性（multicollinearity）** 指的是自变量之间高度相关。多重共线性可能导致若干问题，包括：

1. 偏回归系数可能估计不准确，标准误可能很大。
2. 偏回归系数的大小和符号随样本的不同而有差异。
3. 难以评估各个自变量在解释因变量方差中的相对重要性。
4. 逐步回归中可能不正确地引入或移出自变量。

虽然文献提出了一些经验规则和办法，但具体是什么原因造成严重多重共线性的问题，并不总是很清楚。对于多重共线性的处理也存在一些固定的方式，最简单的办法就是从高度相关的变量中只选取一个引入回归方程中，另一种办法是把一组自变量通过主成分分析（见第 19 章）等统计技术转化为新的自变量。此外，还可以使用一些特殊方法，比如岭回归（ridge regression）和特征根回归（latent root regression）等。

自变量的相对重要性

存在多重共线性时，评估自变量相对重要性时就要格外注意。在实际市场调研中，确定自变量的相对重要性是十分重要的，即每个自变量在解释标准变量或因变量方差时的重要性有多大。遗憾的是，由于自变量相关，回归分析中对自变量的相对重要性没有一个明确的指标来衡量。不过，人们常用以下一些方法来评估自变量的相对重要性。

1. 统计显著性。如果增量 F 统计量确定某个变量的偏回归系数不显著，则说明这个变量不重要。只有存在强力的理论支持时才可以推翻这种判断。
2. 简单相关系数平方。r^2 表示的是在二元回归中，因变量的方差有多大比例能够由自变量来解释。
3. 偏相关系数平方。$R^2_{yx_i \cdot x_j x_k}$ 是在控制了其他自变量作用下，因变量和自变量之间的决定系数。
4. 部分相关系数平方。这个系数表示向已经包含其他自变量的回归方程引入一个新的自变量后，R^2 的增加。
5. 以标准化系数或 beta 系数为基础的衡量指标。最常用的测量指标是系数的绝对值 $|Bi|$ 或者平方值 Bi^2，二者都是偏系数，考虑到了其他自变量的影响。当自变量之间相关性增大（多重共线性增加）时，这些测量指标变得越来越不可靠。
6. 逐步回归。回归方程引入或去移出自变量的顺序可以用来推断它们的相对重要性。

几乎在所有回归分析中，自变量之间至少在某种程度上是相关的，因此上述指标无一令人满意。而且不同指标还可能得出不同的重要性排序结果；但是，如果将所有指标结合使用，就可能得到关于自变量相对重要性的有用信息。

交叉验证

在评估自变量相对重要性或得出其他任何推论之前，有必要对回归模型进行交叉验证。回归分析和其他多元分析方法都利用了数据中的偶然变异，这可能导致回归模型或方程对于建立模型的特定数据过于敏感。解决这些问题的方法之一是交叉验证。**交叉验证（cross-validation）**考察回归模型对于未用于估计的其他类似数据是否仍然成立。通常市场调研中，典型的交叉验证步骤如下：

1. 采用整个数据集来估计回归模型。
2. 将现有样本分为估计样本和验证样本两部分，前者通常占总样本的 50%~90%。
3. 单独使用估计样本来估计回归模型，将此模型与整个样本估计的模型进行比较，

MARKETING RESEARCH
AN APPLIED ORIENTATION

实用市场调研（原书第7版）

确定偏回归系数的符号和大小是否一致。

4. 将估计模型应用于验证样本，根据验证样本中的观察值来预测因变量 $\hat{Y}_i$ 的值。

5. 对验证样本中的观察值 Y_i 和预测值 $\hat{Y}_i$ 进行相关分析，计算简单相关系数 r^2。将这一指标 r^2 与总体样本的决定系数 R^2 和估计样本的决定系数 R^2 进行比较，估计收缩程度。

另外，还有一种特殊形式的验证，称为双重交叉验证。双重交叉验证（double-cross-validation）中，样本被分为估计样本和用于进行交叉验证的验证样本，执行完典型步骤后将估计样本和验证样本互换，再进行一次交叉验证。

有虚拟变量的回归

交叉验证广泛应用于多种回归中，包括含有虚拟变量的回归。定性或分类变量编码为虚拟变量，作为预测变量或自变量进入回归方程。第 14 章已经介绍了虚拟变量的概念，解释了如何将含有四个类别的变量（重度使用者、中度使用者、轻度使用者和非使用者）编码为三个虚拟变量 D_1、D_2、D_3，如表 17-1 所示。

假设调研人员希望用回归分析了解对品牌态度如何影响品牌使用量，虚拟变量 D_1、D_2、D_3 可以作为自变量。含有虚拟变量的回归模型如下：

$$\hat{Y}_i = a + b_1 D_1 + b_2 D_2 + b_3 D_3$$

上例中，"重度使用者"作为参照类没有直接出现在回归方程中。注意对重度使用者，为 D_1，D_2，D_3 的值均为 0 的情形，此时回归方程变为：

$$\hat{Y}_i = a$$

对于不使用者，$D_1 = 1$ 且 $D_2 = D_3 = 0$，回归方程变为：

$$\hat{Y}_i = a + b_1$$

因此，系数 b_1 是不使用者的预测值与重度使用者的预测值之差，系数 b_2 和 b_3 也有类似含义。这里"重度使用者"被作为参考类别，其他三类也可以作为参考类别。

表 17-1 转换前后的变量

产品使用量类别	原始变量编码	虚拟变量编码		
		D_1	D_2	D_3
非使用者	1	1	0	0
轻度使用者	2	0	1	0
中度使用者	3	0	0	1
重度使用者	4	0	0	0

回归中的方差与协方差分析

含虚拟变量的回归为方差和协方差分析提供了理解框架。虽然有虚拟变量的回归所提供的是方差和协方差分析的一般方法，这里只显示含虚拟变量的回归与一元方差分析等同的情况。在含虚拟变量的回归分析中，每一类别的预测值 $\hat{Y}_i$ 是每个类别 Y 的均值。表17-2说明如何使用虚拟变量对刚才提到的产品使用量进行编码，每个类别的预测值 $\hat{Y}$ 和均值如表17-2所示。

表17-2　使用虚拟变量进行编码

产品使用量类别	预测值 $\hat{Y}$	均值 $\overline{Y}$
非使用者	$a + b_1$	$a + b_1$
轻度使用者	$a + b_2$	$a + b_2$
中度使用者	$a + b_3$	$a + b_3$
重度使用者	a	a

由于二者相等，不难看出有虚拟变量回归和一元方差分析的进一步关系，见表17-3。

表17-3　虚拟变量回归与一元方差分析

虚拟变量回归	单因子 ANOVA
$SS_{res} = \sum_{i=1}^{n} (Y_i - \hat{Y}_i)^2$	$= SS_{within} = SS_{error}$
$SS_{reg} = \sum_{i=1}^{n} (\hat{Y}_i - \overline{Y})^2$	$= SS_{between} = SS_x$
R^2	$= \eta^2$
总体 F 检验	$= F$ 检验

因此可见，含有 c 个类别的某单个自变量编码为 $c-1$ 个虚拟变量，等同于一元方差分析。同理，也可以解释如何用含虚拟变量的回归进行 n 元方差和协方差分析。

回归分析的类型多样，应用也很广泛。下一个例子介绍了国际市场调研背景下的应用，之后的示例展示了如何用回归来调研市场调研中的伦理道德。

之前的例子中，一些自变量的作用往往是不显著的。当存在很多自变量时，研究人员会假设它们作用都不显著，然后使用逐步回归法。

实用市场调研

案例17.4　　　　　　　　飞行常客计划

长期以来，亚洲航空公司一直面临来自美国航空公司的激烈竞争。亚洲航空公司受到全球经济放缓的影响和竞争协议的打击，意识到他们可以联合起来增加乘客量。二手数据显示，消费者选择航空公司的重要因素包括：价格、航班是否准时、目的地、优惠、厨房和食品服务、航班服务等。亚洲航空公司提供的这些服务即使不是最好的，也是平价的。事实上，研究表明，飞机和厨房服务可能更好。那么，他们为什么会有竞争压力？以访谈小组形式进行的定性研究表明，对于广泛的细分市场，尤其是商业细分市场来说，飞行常客计划是一个重要因素。他们对国际乘客进行了一项调研，并使用一系列多重回归分析来分析数据。把选择飞机的可能性和其他指标作为因变量，把包括常客计划在内的一系列服务因素作为自变量。结果表明，飞行常客计划确实对航空公司的选择有重大影响。基于这些调研结果，国泰航空、新加坡国际航空和泰国国际航空升级了他们的常客计划。截至 2017 年，国泰航空提供名为 Aisa Miles 的常客计划，新加坡国际航空公司提供 Kris Flier，泰国航空公司提供 Royal Orchid Plus。为了推广这些项目，他们启动了价值数百万美元的营销和广告计划。因此，亚洲航空公司增加了旅客量。尽管常客计划对亚洲航空公司来说是成功的，但 2017 年经济的不确定性仍然将他们推向危机。亚太航空协会（AAPA）在其年度大会上表示，目前行业状况并不乐观。尽管 2018 年至 2025 年亚洲航空公司面临挑战，但许多人相信，未来仍有可能恢复增长和盈利能力。亚洲航空业应该抓住机遇，想不敢想的事情，并建立一个更加集中和更健康的行业。

实用市场调研

案例 17.5　　　　　　　　不道德市场调研行为的原因

截至 2018 年，互联网被越来越多地用于市场调研。因此，在线上环境下进行研究时，研究团队必须遵循标准的伦理规范。许多在线调研人员对一些调研人员滥用互联网收集数据感到苦恼。有人推测，当调研人员选择参与不道德的活动时，该决定可能受到了组织的影响。因此，设计了一项使用多元回归分析的研究，以检查组织因素是否是发生不道德研究的决定因素。六个组织变量被用作自变量，即组织内伦理问题的程度，高层管理人员的道德行为、伦理规范、组织等级、行业类别和组织角色。受访者对不道德市场调研行为发生的评估作为因变量。对数据的回归分析表明：四个组织变量影响了不道德研究的程度：组织内伦理问题的程度、高层管理人员的道德行为、组织角色和行业类别。因此，为了减少不道德研究行为的发生，管理层应采取严厉措施，阐明组织扮演的角色和违反道德行为的后果，并解决组织内的伦理问题。

小结

积矩相关系数 r 测量的是两个定量（定距或定比尺度）变量之间的线性关系，其平方 r^2 测量一个变量方差中多大比例可以被另一个变量所解释。偏相关系数测量在控制了一个或多个其他变量的作用后，两个变量之间的关系。偏相关系数的阶数表面有几个变量被控制或调整。偏相关系数对于发现变量间的虚假关系也非常有用。

二元回归是在一个定量因变量和一个定量自变量之间建立数学方程，建立的方法是采用最小二乘法求得直线方程。对标准化数据进行回归分析时，截距假设为 0，回归系数则称为 beta 权数。变量间联系的强度可以用 SS_{reg} 和 SS_y 之比计算出的决定系数 r^2 来测量。估计的标准误被用于评价预测的精度，并且可以解释为回归方程在预测 Y 时的平均误差。

多元回归包含一个因变量和两个或两个以上自变量。偏回归系数 b_1 表示 X_2 至 X_k 保持不变的情况下，改变 X_1 一个单位引起的 Y 的变化。变量间联系的强度由多元决定系数 R^2 来测量。总回归方程的显著性可以用总体 F 检验来考察，单个的偏回归系数可以用 t 检验、增量 F 检验来考察。残差散点图表示残差随预测值 $\hat{Y}_i$、时间或者自变量的变化而变化，有助于考察隐含假设和拟合的回归模型是否恰当。同时，考察标准化残差的直方图、正态概率图和残差统计表也很有用。

在逐步回归中，每次向方程增加或移出一个自变量，目的是用尽可能少的自变量解释尽可能多的因变量方差。多重共线性或自变量之间的高度内部相关性可能导致一些问题，由于自变量相关，回归分析无法明确测量自变量之间的相对重要性。交叉验证检查回归模型对于非建模数据是否同样适用，有助于评估回归模型的优劣。

定类或分类变量可以编码为虚拟变量而作为回归分析的自变量。有虚拟变量的多元回归提供了方差和协方差分析的一般方法。

MARKETING RESEARCH

实用市场调研 | (原书第7版)

第 18 章　判别分析与 Logit 分析

判别分析是确定多个定量变量下不同组别差异的好方法。同时也有助于预测某个调查对象的组别。

——Ipsos 北美 CEO Pierre Le Manh

Pierre Le Manh 供图

本章概要

————

　　本章讨论了判别分析和 logit 分析。首先考察判别分析和 logit 分析与方差分析（第 16 章）和回归分析（第 17 章）的关系，然后提出了一个模型并描述判别分析的一般过程，重点在于定义问题、估计判别函数系数、确定判别函数的显著性、解释和验证结果。我们通过两组判别分析的例子来说明这一过程。之后讨论逐步判别分析。当因变量是二元变量时，可以采用二项 logit 模型替代两组判别分析。我们对二项 logit 模型进行了解释并说明它相对于判别分析和回归分析的优点。

　　关于如何使用软件进行判别分析和 logit 分析，详见本书配套网络资源。

退税券的兑现者

对 294 名消费者进行了一项调研，希望了解影响消费者兑现退税券的因素，或者说什么样的消费者更乐于去兑现退税券。预测变量是为与家庭购物态度和行为以及相应的人口统计特征（性别、年龄和收入）有关的四个因素。因变量是调查对象倾向兑现退税券的程度，分为三种情况。在过去 12 个月中没有因为退税券而导致购买行为的调查对象被称为非使用者，使用过一两次退税券进行购买的调查对象被称为少量使用者，那些使用过两次以上退税券的人被称为频繁使用者。数据分析采用了多组判别分析。

本次研究有两个主要发现。第一，消费者对努力/价值关系的看法是判断退税券的频繁使用者、少量使用者和非使用者最有效的变量。很明显，对退税券敏感的消费者觉得满足使用退税券的要求不是很费力，他们比其他顾客更乐于接受小优惠。第二，了解产品正常价格的消费者能够感受到退税券带来的优惠，也比其他人更乐于使用退税券。

戴尔公司（www. dell. com）在为其 2016 年感恩季推出的笔记本电脑提供高达 800 美元的现金退税券时参考了上述结果。公司觉得这将鼓励那些对退税券敏感的顾客选择戴尔笔记本电脑。

使用退税券的例子考察了三个组别（非使用者、少量使用者和频繁使用者）。在这个研究中，采用了多个预测变量，发现组间差异显著。判别分析的核心就是考察组别之间的差异。

判别分析的基本概念

18.1

判别分析（discriminant analysis）是一种数据分析技术，适用于标准变量或因变量为定类数据、预测变量或自变量为定量数据的情况。例如，因变量可能是对个人电脑品牌的选择（品牌 A、B 或 C），自变量为用 7 点李克特量表对个人电脑属性的评分。判别分析有如下目标：

1. 建立**判别函数**（discriminant functions），即能对标准变量或因变量的类别（组别）进行最佳区别，预测变量或自变量的线性组合。
2. 检验不同组之间在自变量方面是否具有显著差异。
3. 判断哪些自变量对组间差异贡献较大。
4. 根据自变量的值将样本分类。
5. 评估分类的精确度。

　　判别分析根据因变量的类别数进行描述。如果标准因变量有两类，则称为**两组判别分析**（two-group discriminant analysis），如果有三个以上类别，则称为**多组判别分析**（multiple discriminant analysis）。二者的主要区别在于，两组判别分析可能只需要用到一个判别函数，而多组判别分析则可能需要计算一个以上的判别函数。

　　市场调研中有大量判别分析的例子，这一技术可用于回答以下问题：

- 对店铺忠诚的顾客与其他顾客在人口特征方面有何差异？
- 软饮料的重度、中度和轻度使用者在消费冷冻食品方面是否有差异？
- 哪些心理特征有助于区分日用品价格敏感型和非价格敏感型顾客？
- 不同细分市场在媒体消费习惯上有差异吗？
- 经常光顾地方性百货连锁店的顾客与光顾全国性百货连锁店的顾客在生活方式上有何差异？
- 对直邮广告有回应的消费者的显著特征是什么？

判别分析和 logit 分析与回归分析和方差分析的关系

　　判别分析与回归分析和方差分析的关系见表 18-1。举例来说，调研人员试图用年龄和收入来解释人们购买人身保险的数量的差异。三种分析方法都只涉及一个标准变量或因变量以及多个预测变量或自变量。但这些变量的性质不同，在方差分析和回归分析中，因变量为定量或定距变量（购买人身保险的数量以美元计），而在判别分析中则为定类变量（购买人身保险的数量分为高、中、低三组）。方差分析中的自变量为定类变量（年龄和收入均分为高、中、低三组），而回归分析和判别分析中的自变量为定量变量（年龄以年表示，收入以美元计，都是定比尺度）。

　　两组判别分析的因变量只有两个类别，与多元回归分析十分类似。这种情况下，多元回归的因变量是赋值为 0 和 1 的虚拟变量，得到的回归系数与判别函数系数成比例（见以下判别分析模型）。二元 Logit 模型中自变量和因变量的性质与两组判别分析类似。

表 18-1　方差分析、回归分析和判别分析的异同

	方差分析	回归分析	判别分析
相同			
因变量个数	一个	一个	一个
自变量个数	多个	多个	多个
不同			
因变量性质	定量	定量	定类
自变量性质	定类	定量	定量

实用市场调研

18.3

判别分析模型

判别分析模型（**discriminant analysis model**）体现为如下的线性组合：

$$D = b_0 + b_1X_1 + b_2X_2 + b_3X_3 + \cdots + b_kX_k$$

式中，D = 判别分数；b = 判别系数或权重；X = 预测变量或自变量。

估计的判别系数或权重（b）应当使组与组之间的判别函数值差异最大化，要实现这一点，判别分的组间平方和与组内平方和的比值要最大化，对于自变量的任何其他线性组合，这一比值都更小。

我们给出了两组判别分析的简要几何解释。假设有 G1 和 G2 两个组，每个组的成员用两个变量 X_1 和 X_2 进行测量。如图 18-1 是以 X_1 和 X_2 为两轴绘制的散点图，G1 的组员用 1 表示，G2 的组员用 2 表示。得到的椭圆假设包含各组中 93% 的点。从两个椭圆相交的点引一直线，并将椭圆投影到新轴 D 上面。图 18-1 中阴影区域表示单变量分布 G1′ 和 G2′ 的重叠部分，这一阴影小于从两个椭圆引出的其他任何直线所得的阴影。因此，在 D 轴上组间差异最大。一些统计量与判别分析相关。

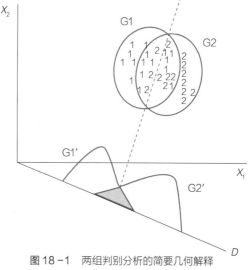

图 18-1　两组判别分析的简要几何解释

实用市场调研

18.4

与判别分析有关的统计量

与判别分析有关的重要统计量如下：

典型相关系数（canonical correlation）。典型相关系数测量判别分与组别之间的关联

程度，是测量单个判别函数与界定分组的一组虚拟变量之间关联度的指标。

重心（centroid）。重心就是某一组判别分的均值。一个组有一个重心，有多少组就有多少个重心。各判别函数在一个组的均值称为"组重心"。

分类矩阵（classification matrix）。有时也称为"混淆矩阵或预测矩阵"，分类矩阵包括正确分类和错误分类的样本数。正确分类数位于矩阵对角线上，因为预测的和实际组相同；对角线以外是未正确分类的样本。对角线元素之和除以总样本为"命中率"。

判别函数系数（discriminant function coefficient）。当变量以原有单位测量时，判别函数系数（非标准化）等于变量的乘积。

判别分（discriminant scores）。非标准化系数乘以变量值，乘积加上常量就是判别分。

特征值（eigenvalue）。对于每个判别函数，特征值是组间平方和与组内平方和的比值。特征值大表示函数的区分度好。

F 值及其显著性（F values and their significance）。这些值是从单因素方差分析中计算出来的，其中分组变量为定类自变量。每个自变量轮流作为定量因变量。

组均值和组标准差（group means and group standard deviation）。这些值是根据每个组中的每个自变量计算的。

组内相关系数矩阵（pooled within-group correlation matrix）。组内相关系数矩阵是根据所有组的各自协方差矩阵进行平均而得。

标准化判别函数系数（standardized discriminant function coefficient）。是变量标准化为均值 0、方差 1 后的作为乘数的判别函数系数。

结构相关系数（structure correlation）。也称为"判别载荷"，代表的是自变量与判别函数之间的简单相关系数。

总相关系数矩阵（total correlation matrix）。如果这个矩阵指的是对象被视为来自单一样本而计算出的相关系数矩阵。

Wilks'λ，有时也称为 U 统计量，每个预测变量的 Wilks'λ 就是组内平方和与总平方和的比值，其值处于 0 和 1 之间。λ 值大（接近于 1），说明组均值没有区别，λ 值小（接近 0），说明组均值差别越大。

判别分析的假设是每组样本都来自同一个多元正态分布的总体，而且所有样本总体的协方差矩阵相同。通过考察以下的判别分析过程，可以更好地理解这些假设和上述统计量的作用。

进行判别分析

判别分析的步骤包括定义问题、估计判别函数系数、确定判别函数的显著性、解读结果和评估判别分析的效度（见图 18 - 2），本书配套网络资源中以两组判别分析的例子来讨论和说明这些步骤。

18.5.1　定义问题

判别分析的第一步就是通过明确分析目标、因变量和自变量来定义问题。因变量必须包含两个或两个以上互相排斥且涵盖所有情况的类别。当因变量是定距或定比尺度，必须要先转换为定类尺度。例如，用 7 点量表测量的品牌态度，可以分为不喜欢（1～3）、中立（4）和喜欢（5～7）3 个类别。此外，也可以根据因变

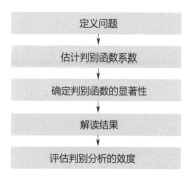

图 18-2　进行判别分析

量的取值分布图确定每一类别恰当的分界点，使各类别的样本规模相同。调研人员应该根据理论或已有的研究来选择自变量，在进行探索性调研时也可以根据自己的经验来选择。

下一步就是将样本分为两部分，一部分作为估计或**分析样本（analysis sample）**，用于估计判别函数；另一部分作为保留或**验证样本（validation sample）**，用于验证判别函数。如果样本足够大，可以拆分为二，一半用来分析，另一半用来验证，然后将两部分样本互换，重新分析。这一方法称为双重交叉验证，与回归分析所讨论的类似（见第 17 章）。

通常分析样本和验证样本的结构要遵循总体样本的结构。例如，如果总样本含有50% 的忠诚消费者、50% 的非忠诚消费者，那么分析样本和验证样本中也应该包含50% 的忠诚消费者和非忠诚消费者。相反，如果样本中含有 25% 的忠诚者、75% 的非忠诚者，那么选择分析样本和验证样本时也必须反映相同的分布。

最后，对判别函数的验证应该重复进行，样本应该每次都分为不同的分析样本和验证样本，进行判别函数估计和验证分析。因此，验证的效度基于多次实验。可能的话建议采取一些更严格的验证方法。

18.5.2　估计判别函数系数

一旦确认了分析样本，就可以估计判别函数系数。有两种方法可供选择。**直接法（direct method）**就是将所有自变量同时纳入判别函数的估计，因此不考虑判别能力大小，每个自变量都被包括进去。当分析是基于理论或以往调研时，这一方法是恰当的。另一种方法是逐步判别分析，在**逐步判别分析（stepwise discriminant analysis）**中，自变量依据判别能力依次进入模型。这种方法适用于调研人员希望选择一部分自变量纳入判别函数的情况，后面将会详细讨论。

18.5.3　确定判别函数的显著性

如果估计的判别函数不显著，解读分析结果将毫无意义。可对判别分析的零假设，

即总体的各组判别函数均值相等进行统计检验。在 SPSS 中可以根据 *Wilks' λ* 进行检验。如果同时检验多个函数（如多组判别分析），*Wilks'λ* 统计量是各函数单变量 *λ* 的乘积，通过将统计量转换为卡方来估计显著性水平。

18.5.4 解读结果

对判别权重或判别函数系数的解释与多元回归类似，特定自变量的系数值取决于包含在判别函数中其他自变量。系数的符号可以是正的或负的，但系数值能表示每个变量对函数值影响的大小以及与特定组的关系。

由于自变量存在多重共线性，它们用于区分不同组的相对重要性并无十分明确的指标。尽管如此，通过考察标准化判别函数系数的绝对值大小，我们仍然可以初步了解自变量的相对重要性。一般来说，标准化判别函数系数较大的自变量对函数的判别能力贡献也较大，因此更为重要。

通过考察结构相关系数（也叫典型载荷或判别载荷），可以粗略判断变量的相对重要性。每个自变量与判别函数之间的简单相关系数代表自变量与函数共享方差部分。结构相关系数的绝对值越大，相应的自变量越重要。和标准化判别函数系数类似，对这些相关系数的解读也需慎重。

自变量相对重要性的确定将在下一个例子中进一步阐明。

实用市场调研

案例18.2

哪些员工会留下来

最近的一项调研询问了商务人员在不确定的经济环境下对雇佣和留住员工的问题。据报道，85%的受访者对招聘员工感到担忧，81%的受访者表示，考虑到经济增长缓慢，他们对留住员工很担忧。一般来说，如果一个组织想要留住员工，它必须了解人们为什么离职，其他人为什么留下来并对工作感到满意。判别分析被用于确定哪些因素解释了离开大型计算机制造公司的销售人员与留下来的人之间的差异。自变量包括公司评级、工作保障、七个工作满意度维度、四个角色冲突维度、四种角色模糊维度和九个销售绩效指标。因变量是对留下的人和离开的人之间的二分法。典型相关系数（$R = 0.457\,2$）是显著的（$Wilks'λ = 0.790\,9$，$F_{(261\ 73)} = 1.758\,8$，$p = 0.018\,0$）。这一结果表明，这些变量区分了离开者和留下者。

在判别分析中同时输入所有变量的结果见表 18−2。由结构相关性的相对大小确定的重要性顺序在第一列中给出。工作满意度和晋升机会是两个最重要的区别因素，其次是工作保障。那些留在公司的人认为这份工作更令人兴奋、更令人满意、更具挑战性、更有趣。

MARKETING RESEARCH
AN APPLIED ORIENTATION

实用市场调研（原书第7版）

表18-2 判别分析结果

变量	相关系数	标准相关系数	结构相关系数
1. 工作[a]	0.090 3	0.391 0	0.544 6
2. 晋升[a]	0.028 8	0.151 5	0.504 4
3. 工作保障	0.156 7	0.138 4	0.495 8
4. 顾客关系[b]	0.008 6	0.175 1	0.490 6
5. 公司排名	0.405 9	0.324 0	0.482 4
6. 与其他人工作[b]	0.001 8	0.036 5	0.465 1
7. 总体表现[b]	−0.014 8	−0.325 2	0.451 8
8. 时间–地区管理[b]	0.012 6	0.289 9	0.449 6
9. 生产销售[b]	0.005 9	0.140 4	0.448 4
10. 演讲技巧[b]	0.011 8	0.252 6	0.438 7
11. 技术信息[b]	0.000 3	0.006 5	0.417 3
12. 薪酬福利[a]	0.060 0	0.184 3	0.378 8
13. 实现的配额[b]	0.003 5	0.291 5	0.378 0
14. 管理[a]	0.001 4	0.013 8	0.357 1
15. 信息收集[b]	−0.014 6	−0.332 7	0.332 6
16. 家庭[c]	0.068 4	0.340 8	0.322 1
17. 销售经理[a]	−0.012 1	−0.110 2	0.290 9
18. 同事[a]	0.022 5	0.089 3	0.267 1
19. 顾客[c]	−0.062 5	−0.279 7	−0.260 2
20. 家庭[d]	0.047 3	0.197 0	0.218 0
21. 工作[d]	0.137 8	0.531 2	0.211 9
22. 工作[c]	0.041 0	0.547 5	0.102 9
23. 顾客[d]	−0.006 0	−0.025 5	0.100 4
24. 销售经理[c]	−0.036 5	−0.240 6	−0.049 9
25. 销售经理[d]	−0.060 6	−0.333 3	0.046 7
26. 顾客[a]	−0.033 8	−0.148 8	0.019 2

[a] 满意度

[b] 绩效

[c] 角色模糊

[d] 角色冲突

注意,在本例中,根据结构相关系数,晋升被确认为第二重要变量。然而,它不是基于标准化判别函数系数绝对值的第二重要变量。这种异常是多重共线性导致的。

在解读判别分析结果时还可以对每个组进行**特征描述**(**characteristic profile**),即用自变量的组均值描述各组的特征。如果已识别出重要的自变量,就可以对这些变量的组均值进行比较,这样做有助于了解组与组之间的差异。但是,需要首先对结果进行验证,这样对结果进行解读才更有信心。

18.5.5 评估判别分析的效度

许多计算机程序,例如 SPSS,都包含去掉一个样本的交叉验证选项。在这个选项下，对判别模型进行重新估计的次数就等于样本数。每个重新估计的模型去除一个样本，然后用模型预测去除的那个样本。如果不可能有大的验证样本，这一方法将每个对象作为验证样本，从而能对估计的稳定性进行大致判断。

如前所述，应当尽可能将数据随机分成两个子样本：分析样本用于估计判别函数，验证样本用于形成分类矩阵。根据分析样本估计出判别权重，然后乘以验证样本中的自变量值，就得出验证样本的判别分。将每个样本按照判别分并根据适当的原则进行分组。例如，在两组判别分析中，样本的分组是根据其与组重心的接近程度决定的。**命中率（hit ratio）** 或称正确分类的样本百分比，就是分类矩阵对角线元素之和与总样本数的比例。

还应当比较判别分析的命中分类百分比与随机命中分类百分比。当各组规模相同时，随机分组的正确率就是 1 除以组数。判别分析的正确率应该提高多少，对此并没有统一的标准。但一些调研人员建议判别分析的分组精度应该比随机分类提高至少 25%。

大部分判别分析程序还会根据分析样本计算分类矩阵。由于使用的是数据中的随机方差，其结果总是好于去掉一个样本的交叉验证或根据验证样本计算的分类矩阵。

从两组判别分析到多组判别分析的延伸包含类似步骤，详见本书配套网络资源。

实用市场调研

案例18.3　　　　　　　　　　对医疗服务体系的判别分析

截至 2018 年，美国经济中规模最大的行业是医疗服务业。到 2025 年，预计医疗保健服务支出增长将快于经济增长。当前的人口数据对行业前景有积极影响，特别是随着人口老龄化，人们对长期护理的需求增加。预计到 2025 年，85 岁及以上的美国人口数量将增加，随着这一增长，医疗保健系统的正面形象对这一部分人口至关重要。根据 10 项属性调研了消费者，以确定他们对四种医疗服务体系（家庭医疗、医院、疗养院和临床门诊）的态度。共获得 102 个回复，并使用多重判别分析对结果进行分析，确定了三个判别函数。对结果进行卡方检验表明，所有三个判别函数在 0.01 水平上均显著。第一个函数占总辨别力的 63%，其余两个函数占 29.4% 和 7.6%。

表 18-3 给出了判别方程中 10 个变量的标准化判别函数系数。系数范围从 -1 到 +1。使用绝对值来确定每个属性对服务体系进行分类的能力。在第一个判别函数中，系数最大的两个变量是舒适度（0.53）和隐私（0.40）。因为两者都与个人关注和护理相关，第一个维度被标记为"个性化护理"。在第二个函数中，系数最大的两个变量是医疗质量（0.67）和恢复快（0.32）。因此，这个维度被标记为"医疗保健的质量"。在第三个判别函数中，最重要的属性是卫生设施（-0.70）和开支（0.52）。因为这两个属性代表价值和价格，所以第三个判别函数被标记为"价值"。

MARKETING RESEARCH AN APPLIED ORIENTATION 实用市场调研（原书第 7 版）

表 18-3 标准判别函数系数

变量	判别函数		
	1	2	3
安全	-0.20	-0.04	0.16
便利	0.08	0.08	0.07
医疗并发症的可能性[a]	-0.27	0.10	0.16
开支[a]	0.30	-0.28	0.52
舒适度	0.53	0.27	-0.19
卫生设施	-0.27	-0.14	-0.70
医疗质量	-0.25	0.67	-0.10
隐私	0.40	0.08	0.49
恢复快	0.30	0.32	-0.15
配备最好的医务人员	-0.17	-0.03	0.18
解释方差百分比	63.0	29.4	7.6
卡方	663.3[b]	289.2[b]	70.1[b]

[a] 这两个项目在问卷中的措辞都是负面的，为了数据分析，对其进行反编码。

[b] $p < 0.01$。

四组重心如表 18-4 所示。该表显示，家庭医疗在个性化护理维度上的评价最高，医院最低。在医疗质量方面，疗养院与其他三个系统之间存在着实质性的差异。与门诊相比，家庭医疗在医疗质量方面得到了更高的评价。另一方面，临床门诊被认为是最有价值的。

表 18-4 判别空间中健康保健系统的重心

系统	判别函数		
	1	2	3
医院	-1.66	0.97	-0.08
疗养院	-0.60	-1.36	-0.27
临床门诊	0.54	-0.13	0.77
家庭医疗	1.77	0.50	-0.39

对表 18-5 中 102 份答复的分类分析显示，对医院的分类正确率是 86%，门诊是 68%。对疗养院和临床门诊的分类错误率为 6%，家庭医疗为 2%。疗养院显示了以下分类错误：9% 用于医院，10% 用于临床门诊，3% 用于家庭医疗。对于临床门诊，9% 的分类错误发生在医院，13% 发生在疗养院，10% 发生在家庭医疗。对于家庭医疗，医院、疗养院和门诊的分类错误率分别为 5%、4% 和 13%。结果表明，判别函数在预测群体组别方面相当准确。

表 18-5 分类表

系统	分类			
	医院	疗养院	临床门诊	家庭医疗
医院	86	6	6	2
疗养院	9	78	10	3
临床门诊	9	13	68	10
家庭医疗	5	4	13	78

逐步判别分析

逐步判别分析与逐步回归（见第 17 章）类似，因为都是根据自变量的判别能力逐步加入方程的。对每个自变量用单变量方差分析计算 F 值，其中组作为类别变量，自变量作为标准变量。在满足显著性和容许标准前提下，F 值最高的自变量首先进入判别函数。然后根据最高的调整 F 值，加入第二个自变量。

对每个选中的自变量，还需要根据其与其他入选自变量的相关度确定是否保留。选择与保留的过程持续进行，直到将所有符合加入与保留显著性要求的自变量全部引入判别函数。每一步都要计算若干统计量。此外，最后还提供进入和移出的自变量的汇总。逐步判别分析也能得出直接法的标准输出结果。

选择逐步判别分析的基础是标准的最优化。**Mahalanobis 方法（Mahalanobis procedure）**就是基于最大化最接近的两组间距离的广义度量，可以使调研人员能够最大限度地利用现有信息。

Logit 模型

当因变量为二项变量、同时又有数个定量的自变量时，除了两组判别分析之外，还可以使用普通最小二乘法（OLS）回归、logit 模型和 probit 模型。这些方法在数据准备方面类似，因变量都被编码为 0 或 1。第 17 章讨论了普通最小二乘法回归，probit 模型较为少用，不在此讨论，下面对二项 logit 模型进行解释。

进行二项 logit 模型分析

进行二项 logit 分析的步骤如图 18 – 3 所示。

18.8.1 确定问题

如之前的判别分析基本概念部分所述，在营销中有时需要用定量的自变量来解释一个二项因变量（注意，logit 模型也能处理第 14 章和 17 章讨论的虚拟变量编码后的定类自变量）。判别分析研究某一观测更有可能归入哪一组。相反，**二项 logit 模型（binary logit model）**通常涉及某一观测对象有多大可能归入每一组，估计的是观测对象属于某一特定组的概率，因此 logit 模型在应用上介于回归分析和判别分析之间。该模型也称为 logistic 回归，可进行二项事件发生的概率估计。假设某一事件有两种可能的结果：成功和失败，成功的概率可以用二项 logit 模型表示为：

$$\log_e\left(\frac{p}{1-p}\right) = a_0 + a_1 X_1 + + a_2 X_2 + + a_3 X_3 \cdots + a_k X_k$$

或：

$$\log_e\left(\frac{p}{1-p}\right) = \sum_{i=0}^{k} a_i X_i$$

或：

$$p = \frac{\exp\left(\sum_{i=0}^{k} a_i X_i\right)}{1 + \exp\left(\sum_{i=0}^{k} a_i X_i\right)}$$

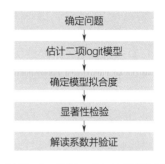

图 18-3 进行二项 logit 模型分析

式中，p = 成功的概率；X_i = 自变量 i；a_i = 估计的参数。

从第三个公式可以看出，X_i 的取值范围可以从 $-\infty$ 至 ∞，p 被限制在 $0 \sim 1$ 之间。当 X_i 接近于 $-\infty$ 时，p 接近 0。当 X_i 接近于 ∞ 时，p 接近 1。这正是我们所希望看到的，因为 p 是概率，必然位于 $0 \sim 1$ 之间。相反，使用普通最小二乘法回归时，估计模型为：

$$p = \sum_{i=0}^{n} a_i X_i$$

因此，当使用普通最小二乘法回归时，p 不被限制在 0 和 1 之间；可以获得小于 0 或大于 1 的 p 的估计值。当然，这些值从直觉上和概念上来看都不理想。我们在示例应用中展现了这一现象。与判别分析相同，调研人员必须明确调研目标，清楚地界定分析中的二项因变量和自变量。此外，样本需要分为分析和验证样本。

18.8.2 估计二项 logit 模型

第 17 章讨论的线性回归模型是用普通最小二乘法估计的，该方法估计出来的参数使预测误差的平方和最小。回归的误差项可以取任意值，并假设呈正态分布。相反，在二项 logit 模型中，各误差只有两个值。如果 $Y=0$，误差为 p。如果 $Y=1$，则误差为 $1-p$。参数估计的原则是：当 $Y=0$ 时，p 的估计值接近 0，当 $Y=1$ 时，p 接近 1。能达到这一要求的二项 logit 模型参数估计的方法称为极大似然法，之所以这样叫是因为它可以使观测到实际数据的概率最大化。

18.8.3 确定模型拟合度

多元回归的模型拟合用多元相关系数的平方，也叫多元决定系数（见第 17 章）R^2 衡量。logistic（二项 logit 模型）回归的模型拟合通常采用基于似然函数的指标，如 Cox & Snell R^2 和 Nagelkerke R^2。这两个指标与多元回归中的 R^2 类似。即使模型与数据的拟合是完美的，Cox & Snell R^2 也达不到 1，Nagelkerke R^2 克服了这个缺陷。

正如本章前面所讨论的，判别分析中根据预测命中率来评估模型拟合。logit 模型也可以采用类似的方法。如果估计概率大于 0.5，Y 的估计值就定为 1。另一方面，如果估计概率小于 0.5，Y 的估计值就定为 0。然后将 Y 的估计值与实际值相比较，以确定预测正确的比率。

18.8.4　显著性检验

二项 logit 模型中单个估计参数（系数）的显著检验与多元回归类似。估计系数显著性检验基于 Wald 统计量。该统计量建立在极大似然估计的近似正态分布基础上，可以对 logistic 回归系数进行显著性检验，使用下式估算

$$\text{Wald} = \left(\frac{a_i}{\text{SE}_{ai}}\right)^2$$

式中，a_i = 某个预测变量的 logistic 回归系数；SE_{ai} = 该系数的标准误。

Wald 统计量服从卡方分布。如果是定量变量，自由度为 1；如果是非定量变量，自由度为类别数减 1。

实际上，也可以用 t 检验来检验 $a_i = 0$ 的零假设的显著性，其中自由度等于样本数减去估计参数的数目，计算系数与标准误差之比与 t 临界值进行比较即可。对于大样本，可以使用 z 检验。

18.8.5　解读系数并验证

对系数或估计参数的解读与多元回归类似，当然也要考虑到二者的因变量性质不同。在二项 logit 模型回归中，对数概率 $\log_e\left(\frac{p}{1-p}\right)$ 是估计参数的线性组合。因此，如果 X_i 增加一个单位，其他自变量不变，$\log_e\left(\frac{p}{1-p}\right)$ 会变化 a_i 个单位。因此，a_i 是当相应的自变量 X_i 增加一个单位且其他自变量的影响保持不变时，因变量的对数几率增加的大小。a_i 的符号将决定概率是否增加（如果符号为正）或减少（如果符号为负）。

验证过程与判别分析非常相似。分析样本用于估计模型系数；验证样本用于生成分类矩阵。命中率是正确分类的样本百分比。

二项 logit 模型回归示例见本书配套网络资源。

实用市场调研

案例 18.4　惠普：判别分析在国际市场调研中的应用

如今，越来越多的计算机公司强调客户服务，而不是过去强调的计算机功能和能力。惠普公司（www.hp.com）在欧洲开展业务时吸取了这一经验。对欧洲市场进行的研究表明，各年龄段对服务需求的重视程度存在差异。焦点小组发现，40 岁以上的客户在计算机技术方面遇到了困难，并且非常需要客户服务计划。另一方面，较年轻的客户欣赏产品的技术层面，这提升了他们的满意度。进一步的研究是以大型的单一横截面调研的形式进行的，以揭示导致这两个部分差异的因素。把满意和不满意的顾客分为两组，技术信息、操作简便性、客户服务计划的种类和范围等作为自变量，进

MARKETING RESEARCH
AN APPLIED ORIENTATION
实用市场调研（原书第 7 版）

行了判别分析。结果证实，客户满意度计划的种类与范围确实是一个强有力的区分因素。这是一个至关重要的发现，因为惠普可以通过更多地关注客户服务而不是技术细节来应对不满意的客户。惠普成功地开启了三个客户满意度计划：客户反馈、客户满意度调研和全面质量控制。这一努力提高了客户满意度。在看到欧洲这些计划的成功后，惠普制定了一个目标，即赢得并保持客户的满意度、信任和忠诚度，并使客户能够成功地应用技术来满足其业务和个人需求。为了实现这一目标，惠普建立并实施了客户全面体验和质量（TCE & Q）领导框架，该框架在 2017 年仍在运行。

小结

判别分析用于分析标准变量或因变量为定类变量而自变量为定距变量的数据。当因变量为两元变量时，称为两组判别分析，当涉及三个或三个以上的类别时，则称为多组判别分析。

进行判别分析共有 5 个步骤。第 1 步是定义问题，这需要明确调研目标、因变量、自变量。然后将样本分为两部分：一部分作为分析样本，用于估计判别函数；另一部分作为验证样本，用于验证结果。

第 2 步是建立判别函数，即建立使自变量组间差异最大化的判别函数，判别函数是自变量的一个线性组合。

第 3 步是确定判别函数的显著性，对各组判别函数均值相等的零假设进行检验。如果零假设被拒绝，解读结果就是有意义的。

第 4 步是解读结果，与多元回归相似。由于自变量存在多重共线性，因此自变量对分组的相对重要性并没有一个十分明确的判断。但是，通过考察标准化判别函数系数的绝对值以及结构相关系数或判别荷载，也可以从侧面了解变量的相对重要程度。每个自变量与判别函数之间的简单相关系数表示自变量与函数的共享方差。另外，基于自变量的各组均值刻画各组特征，也有助于解释判别分析结果。

第 5 步是评估判别分析的效度，涉及建立分类矩阵。分析样本得到的判别权数乘以验证样本中自变量的取值，就得出验证样本的判别分。然后，根据判别分和分类规则将验证样本分配至各组，确定正确分组的百分比，并且与随机分类的命中率进行比较。

有两大类估计系数的方法。直接法将所有自变量同时纳入来估计判别函数，逐步法则是根据自变量判别的能力逐步进入模型。

进行多组判别分析时，如果存在 G 个组和 k 个自变量。就可以估计出 $G-1$ 和 k 中较小的数值那么多个判别函数。第 1 个函数的组间与组内平方和的比率最大，第 2 个函数应该与第 1 个函数无关，且比率次大，以此类推。

Logit 分析也叫 logistic 回归，当因变量是二元变量时可以代替判别分析。二项 logit 模型估计某个二项事件发生的概率。和普通最小二乘法回归不同，二项 logit 模型将概率限制在 0 ~ 1 之间。和判别分析不同，二项 logit 模型回归输出参数的标准误，因此可以评估显著性。

MARKETING RESEARCH

实用市场调研｜（原书第7版）

第 19 章　因子分析

因子分析使我们能够考察相互关联的变量组并发现解释这些相关关系的潜在维度。

——Olinger 集团首席执行官 Jude Olinger

Jude Olinger 供图

本章概要

────────────

　　在方差分析（第 16 章）、回归分析（第 17 章）和判别分析（第 18 章）中，都有一个变量被明确确定为因变量。本章所讨论的因子分析不区分自变量和因变量，而考察变量之间的相互关系。首先讨论因子分析的基本概念和因子分析模型；然后描述因子分析的步骤，并以主成分分析为例加以说明。关于因子分析的应用以及软件在因子分析中的应用，请感兴趣的读者移步本书配套网络资源。

案例 19.1　　　　　　　　因子分析使 J. P. Morgan 获利

消费者如何对银行进行评价？一项调查用 5 分制让受访者按相对重要性给银行的 15 项指标打分，然后对评分结果进行了主成分分析。

结果获得了 4 个因子，分别标为传统服务因子、便捷因子、可见因子和业务水平因子。传统服务因子包括贷款利率、社区声望、低支票服务费、友好和个人化的服务、易读的每月账单和获得贷款的容易程度。便捷因子包括便捷的营业网点分布、便捷的自动柜员机分布、服务速度和方便的营业时间。可见因子包括亲朋好友的推荐、建筑与外观的吸引力、社区参与和获得贷款的容易程度。业务水平因子包括员工的业务水平和辅助服务种类。结论是，消费者用 4 方面的标准评价银行，即传统服务、便捷、可见度和业务水平，银行必须在这几个方面做得很好才能树立好的形象。通过强调这些因素，J. P. Morgan Chase & Co. 成为美国第二大银行，在 2016 年拥有 23 500 亿美元的资产。

Pierro Cruciatti/Alamy Stock Photo

19.1

基本概念

因子分析（factor analysis）是一组主要用于数据缩减与概括的分析方法的统称。市场调研可能涉及大量的变量，其中大多是相关的，因此需要将变量的数目缩减到合适的水平，以便进一步分析。因子分析考察多组相互关联变量直接的关系，并表述为若干个潜在因子。例如，衡量商店形象时，可以让调查对象用语义差异量表对商店的一系列指标打分，评分可以用来做因子分析，从而确定影响商店形象的主要因子。

进行方差分析、多元回归和判别分析时，要确定一个因变量或标准变量，而将其他的变量作为自变量或预测变量。但是，因子分析并不做此类划分，它是考察全体变量之间互依关系的一种**互依性技术（interdependence technique）**。

因子分析常用于下列情况：

（1）识别解释一组变量之间相关关系的潜在维度或**因子（factors）**。例如，可以用一组有关生活方式的陈述句测量消费者的心理特征，然后对这些陈述句进行因子分析，找出主要心理测量因子。如百货公司顾客的例子所说明的。基于经验分析得出的图 19-1 也说明了这一点，七个心理学变量可以用两个因子来表示。在这个图中，因子 1 可以解释为居家（与社交相对），而因子 2 可以解释为运动（与电影/戏剧相对）。

（2）用一组数目较少的、相互独立的因子替代原始变量，用于进一步的多元分析（回归分析或判别分析）。例如，可以将心理测量因子作为自变量，解释忠诚顾客与非忠诚顾客之间的差别。因此，在随后的分析中，我们可以使用两个不相关的因素，即居家（与社交相对）和运动（与电影/戏剧相对）来代替图19-1中的七个相关的心理学变量。

（3）从一大组变量中找出数量较少的一组主要变量，用于进一步的多元分析。例如，可以选择一组与已知因子高度相关的生活方式原始陈述句作为自变量，解释忠诚顾客与非忠诚顾客之间的差别。具体来说，根据理论和经验结果（图19-1），我们可以选择"家是最好的地方"和"足球"作为自变量，而放弃其他五个变量，以避免由于多重共线性引起的问题（见第17章）。

因子分析在市场调研中具有广泛的用途，例如：

（1）市场细分。可以用因子分析确定顾客细分的潜在变量。例如，可以根据顾客对经济、便捷、性能、舒适和豪华的重视程度，为新车购买者分组。这可能会产生5个细分市场，即追求经济、便捷、性能、舒适和豪华的消费群。

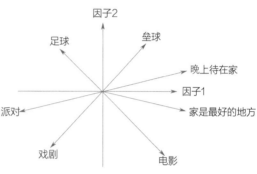

图19-1　部分心理特征和生活方式的因子构成

（2）产品调研。可以用因子分析确定影响消费者选择的品牌属性。例如，可以从防蛀牙、洁齿、口味、使口气清新和价格等几方面评估牙膏品牌。

（3）广告调研。可以用因子分析了解目标市场的媒体消费习惯。例如，经常食用冷冻食品的人可能经常看有线电视和电影，听乡村音乐。

（4）价格调研。可以用来发现价格敏感顾客的主要特征。例如，这类消费者可能很有条理，注重经济实惠，重视家庭。

实用市场调研

19.2

因子分析模型

从数学角度来看，因子分析与多元回归分析有点类似，即每个变量用潜在因子的线性组合来表示。每个变量与分析中包括的其他变量共有的方差称为共同度（communality）。变量之间的协方差可用一组数量较少的共同因子加每一变量的特殊因子组成，这些因子并不能直接观察到。经标准化后的变量，因子模型可用下式表示：

$$X_i = A_{i1}F_1 + A_{i2}F_2 + A_{i3}F_3 + \cdots + A_{im}F_m + V_iU_i$$

式中，X_i＝第 i 个标准化变量；A_{im}＝第 i 个变量对第 m 个共同度的标准多元回归系数；F＝共同因子；V_i＝第 i 个变量对第 i 个特殊因子的标准化多元回归系数；U_i＝第 i

个变量的特殊因子；m = 共同因子数。

特殊因子之间以及特殊因子和共同因子之间是彼此独立的。共同因子也可用观察变量的线性组合表示：

$$F_i = W_{i1}X_1 + W_{i2}X_2 + W_{i3}X_3 + \cdots + W_{ik}X_k$$

式中，F_i = 第 i 个因子的估计值；W_i = 权重，又叫因子得分系数；k = 变量数。

可以选择一组合适的权重或因子得分系数，使第 1 个因子解释的总方差比例最大；然后选择第 2 组权重，使第 2 个因子对剩余方差的解释比例最大，且与第 1 个因子彼此独立；以此类推，继续选择权重，获得更多因子。因此，可以得到一组因子，其因子分与原始变量值不同，它们彼此之间是相互独立的。此外，第 1 个因子解释的数据方差最大，第 2 个因子次之，以此类推。图 19 – 2 展示了针对两个变量的因子分析。

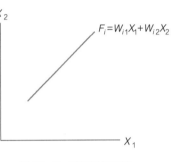

图 19 – 2　因子分析图解

实用市场调研

主要统计量

19.3

因子分析的重要统计量有：

Bartlett 球形检验（Bartlett's test of sphericity）。检验各变量总体独立，即总体相关系数矩阵是单位矩阵，每个变量与自己完全相关（$r = 1$），与其他变量完全不相关（$r = 0$）。

相关系数矩阵（correlation matrix）。所有变量中任一对变量之间的简单系数（r）构成的下三角形矩阵，对角线上的值都是 1，因此通常省略掉。

共同度（communality）。一个变量与其他所有变量共有的方差，也是变量被公因子解释的方差比例。

特征值（eigenvalue）。每个因子所解释的总方差。

因子载荷（factor loading）。变量与因子之间的简单相关系数。

因子载荷图（factor loading plot）。原始变量以载荷因子载荷为坐标的散点图。

因子矩阵（factor matrix）。全体变量在所有析出因子上的载荷所构成的矩阵载荷。

因子得分（factor scores）。对每一调查对象在析出因子上的组合的得分估计。

因子得分系数矩阵（factor scores coefficient matrix）。包含权重或因子得分系数，可将标准化变量合并为因子得分。

KMO 抽样充足性测量（Kaiser-Meyer-Olkin measure of sampling adequacy）。用于检验因子分析是否合适的指标，值越大（0.5 ~ 1.0），表示因子分析越合适，小于 0.5 表示因子分析可能不合适。

方差百分比（percentage of variance）。每个因子解释的总方差的比例。

残差（residual）。进入分析的相关系数矩阵所给出的相关系数观察值与因子矩阵所估计的相关系数预测值之间的差异。

碎石图（screeplot）。特征值按次序提取的因子所做的散点图。

下面结合因子分析的步骤描述各项指标的使用。

进行因子分析

因子分析的步骤见图 19-3。首先定义问题，明确进行因子分析的变量；然后构造相关系数矩阵，选择因子分析方法，确定析出的因子个数和旋转方法；接着解释旋转后的因子，并根据调研目的计算因子分或选择替代变量，作为多元分析所考虑的因素；最后判断因子分析模型的拟合情况。下面将详细讨论这些步骤，相应示例分析见本书配套网络资源。

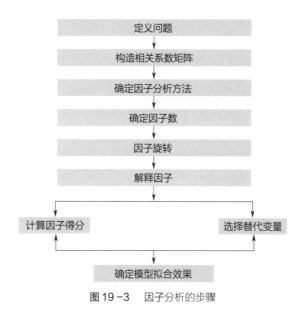

图 19-3　因子分析的步骤

19.4.1　定义问题

定义问题涉及几方面的工作。首先，要明确因子分析的目的，根据以往的调研、相关理论和调研人员的判断选择用于因子分析的变量。变量应当是用合适的定距或定比尺度测量的，这一点很重要。应当有一个合适的样本量，通常样本数应至少是变量数的 4~5 倍。许多市场调研的样本较小，比例可能明显低于此值。在这种情况下，对结果的解释应当慎重。

19.4.2　构造相关系数矩阵

变量间的相关系数矩阵是因子分析的基础，通过对相关系数矩阵的考察可以获得非常有价值的见解。只有当变量之间相关时，才适合进行因子分析。如果所有变量之间的相关系数很小，那么因子分析就不合适了。可以预期，彼此高度相关的变量通常也会与某一个或几个因子高度相关。

有正规的统计量检验数据是否适合进行因子分析。Bartlett 球形检验可用来检验变量之间彼此不相关，即总体相关系数矩阵是单位矩阵这一假设。单位矩阵中，斜对角线上的所有元素均为 1，而其他元素均为 0。Bartlett 球形检验统计量是根据相关系数矩阵行列式的卡方转换求得的，该统计量取值大时表示拒绝零假设。当不能拒绝原假设时，因子分析是否合适就有疑问了。另一个有用的统计量是 KMO 值，该值比较观察变量之间相关系数与偏相关系数的相对大小。KMO 值小时表示每一对变量之间的相关不能用其他变量来解释，因此因子分析可能不合适。通常，要求 KMO 值大于 0.5。

19.4.3　确定因子分析方法

确认因子分析是最合适的数据分析方法之后，还必须选择合适的因子分析方法。不同因子分析方法的区别在于其估算权重即因子分系数的方法不同。主成分分析和共因子分析是两种基本的因子分析方法。**主成分分析（principal component analysis）**考虑数据的总方差，其相关系数矩阵的斜对角线元素均为 1，全部方差进入因子矩阵。如果主要目的是用尽可能少的变量解释尽可能多的方差，且将这些因子用于后续多元分析时，则建议使用主成分分析。此时，因子被称为主成分。

共因子分析（common factor analysis）只根据公方差估计因子，其相关系数矩阵的斜对角线由共同度构成。当主要目的是发现潜在维度或公方差时，建议使用共因子分析。该方法也称为主轴因子法（principle axis factoring）。

还有一些其他的因子分析方法，包括最小二乘法、广义最小二乘法、极大似然法、alpha 法和映象因子法。不过，这些方法比较复杂，不建议没有经验的人使用。

19.4.4　确定因子数

理论上，主成分的数目可以和变量一样多，但这样达不到精简数据的目的。为了精要概括原始变量中所含的信息，应当提取比变量数少的因子。确定因子数目的方法有好几种，包括事先确定，以及根据特征值、碎石图、方差百分比、折半信度和显著性检验确定。

事先确定。调研人员有时依据以往知识，知道大概应当提取几个因子，因此可以事先确定提取的因子数目。当得到了事先设定的因子数时，提取过程就终止了。许多计算机程序允许用户指定提取的因子数，从而使这种方法很容易实施。

根据特征值确定。这种方法保留特征值大于 1 的因子，其余因子不包含在模型中。

MARKETING RESEARCH AN APPLIED ORIENTATION　实用市场调研（原书第 7 版）

某一因子的特征值代表与该因子有关的方差的大小，因此只保留特征值大于 1 的因子。特征值小于 1，表明因子并不优于原始变量，因为标准化后的变量方差为 1。当变量数小于 20 时，根据这一方法确定的因子数比较保守。

根据碎石图确定。碎石图是根据特征值与顺次提取的因子所做的散点图，根据图的形状确定保留的因子数。通常该图在特征值大的因子所处的陡坡与其余因子所处平缓的尾部（称为碎石）之间有明显的折点。经验证明，碎石开始处代表真实的因子数。根据碎石图确定的因子数通常比根据特征值确定的多 1 个或几个。

根据方差百分比确定。这一方法根据提取因子解释的累计方差达到满意水平时的因子数来确定保留多少个因子。解释方差多少算是达到满意水平，取决于调研的问题。但是，通常建议提取的因子至少能解释 60% 的方差。

根据折半信度确定。这一方法将样本分为两半，然后对每组样本分别进行因子分析，只保留两个子样本的载荷因子载荷高度一致的因子。

根据显著性检验确定。可以检验不同特征值的统计显著性，然后仅保留统计上显著的因子。该方法的缺点是，当样本量较大（大于 200）时，许多因子都可能呈统计显著性，但从实际角度，其中不少因子仅解释了很小比例的方差。

19.4.5 因子旋转

因子分析的一项重要输出结果是因子矩阵。因子矩阵由载荷因子载荷构成，是用因子表示标准化变量时所用的系数。这些系数表示因子与变量之间的相关度，系数绝对值大意味着相应的因子和变量之间密切相关。因子矩阵中的系数可用来解释因子。

尽管最初未经旋转的因子矩阵可以表示因子与变量之间的关系，但它一般不能给出易于理解的因子，因为一个因子与很多变量相关。例如，图 19-4 中，因子 1 至少与 5~6 个变量有某种程度的相关（载荷因子载荷的绝对值大于 0.3）。同样，因子 2 至少与 6 个变量中的 4 个有某种相关（见图 19-4a））。此外，变量 2 和变量 5 至少与两个因子都有一定程度的载荷。应该如何解释这些因子呢？很难根据这样一个复杂的矩阵对因子进行解释，因此要通过旋转因子矩阵来获得更容易理解的矩阵。

因子		
变量	1	2
1	X	
2	X	X
3	X	
4	X	X
5	X	X
6		X

a) 旋转前的高载荷

因子		
变量	1	2
1	X	
2		X
3	X	
4		X
5	X	
6		X

b) 旋转后的高载荷

图 19-4　旋转前后的因子矩阵

进行因子旋转时，我们希望每个因子只有部分变量的系数不等于0或显著；同时，我们也希望每个变量只有部分，最好是一个因子有不等于0的，或显著的载荷。如果数个因子与同一变量具有较大的载荷，就很难解释这些因子的意义。旋转不影响共同度和解释的总方差百分比，但每一个因子单独解释的方差比例会发生变化（见图19－4）。每一个因子解释方差的比例通过旋转而重新分配，因此不同旋转方法可能导致不同因子的产生。

若旋转时每个轴保持相互垂直，则称为**正交旋转（orthogonal rotation）**。最常用的旋转方法是**方差极大法（varimax procedure）**。这是一种使某一个因子所含高载荷的变量数最小、以便理解因子意义的正交旋转。正交旋转所产生的因子是相互独立的。在旋转时，若每个轴不保持相互垂直，则称为**斜交旋转（oblique rotation）**，这时因子之间是相关的。有时允许因子之间相关可以使因子矩阵变得简单。当总体的因子之间可能高度相关时，应当采用斜交旋转。

19.4.6　解释因子

确认在某一因子上有高载荷的变量，可以帮助理解因子的意义。另一个有用的方法是用载荷因子载荷作为坐标，将变量在图中标出。位于某一轴末端的变量仅在这一因子上有高载荷，因此可用来描述这一因子；接近原点的变量是在两个因子上的载荷都很小的变量；不靠近任何轴的变量是与两个因子都相关的变量。如果无法用原始变量定义某一因子，则应当将这一因子标为无定义因子或一般因子。

19.4.7　计算因子得分

在弄清因子的含义之后，若需要的话，可以计算因子得分。因子分析本身具有其自身价值。但是，如果因子分析的目的是将原始变量转换成一组数目较小的复合变量（因子），再用于下一步的多元分析的话，计算每一个调查对象的**因子得分（factor scores）**就有用处了。因子其实就是原始变量的线性组合，第i个因子的因子分可由下式算出：

$$F_i = W_{i1}X_1 + W_{i2}X_2 + W_{i3}X_3 + \cdots + W_{ik}X_k$$

式中符号的定义见前文。

用于将标准化变量组合在一起的权重也称标准化系数，来自因子分系数矩阵。多数计算机程序可以应用户的要求计算因子分。此外，仅在主成分分析中，才有可能计算精确的因子得分，而且它们是不相关的。共同度分析的因子分不一定彼此独立。在进一步的多元分析中，可以用因子得分代替原始变量。

19.4.8　选择替代变量

调研人员有时需要选择替代变量，而不是计算因子得分。选择替代变量（surrogate variables）就是将一些原始变量挑选出来，用于进一步的分析。通过考察因子矩阵，可

MARKETING RESEARCH AN APPLIED ORIENTATION 实用市场调研（原书第7版）

以将每个因子上载荷最大的变量挑出来，作为相关因子的替代变量。但是，这一方法只有当某一个变量的载荷明显高于所有其他变量时才好操作，而当 2 个或 2 个以上变量的载荷因子载荷接近时，替代变量的选择就不那么容易了。在这种情况下，应当根据理论和测量上的考虑选择替代变量。例如，理论可能提示某一个载荷稍小的变量可能比载荷稍大一点的变量更重要；此外，如果某一变量的载荷稍小但测量得更准确，也应选择这一变量作为替代变量。

19.4.9　确定模型拟合效果

因子分析的最后一步涉及确定模型拟合效果。因子分析的一项基本假设是观察到的变量之间的相关性可以归因于某些共同度。因此，变量之间的相关性可以从变量与因子之间的估计相关性推导出来，通过计算相关系数的观察值（如输入相关性矩阵所给出的）和估算值（如从因子矩阵中估计的）之间的差异以确定模型拟合效果，这些差异称为残差。如果较大的残差比较多，则因子模型不能很好地拟合数据，应该重新考虑模型。

实用市场调研

案例 19.2　　　　　　　　　返利促销的"共识"

返利在吸引新用户、防止现有用户转换品牌和促进重复购买等方面很有效。2017 年，BestBuy 网站（www.bestbuy.com）推出了一个返利查找器，帮助买家在购买商品时申请返利。是什么使返利有效呢？

一项以确定消费者对返利这一促销手段的认知因素为目的的调研于是展开了。该调研提出了 24 项测量消费者对返利的认知的问题，消费者用 5 分制表示对这些陈述语的赞同程度。通过区域电话调查在 Memphis 地区收集数据，共获得 303 份有效问卷。

用公因子分析方法对 24 项返利认知数据进行了分析，因子分析的最初结果没有给出有关返利认知的简单因子结构，因此将一些载荷较小的项目删除，然后对剩下的项目进行因子分析。第二次分析给出了 3 个可以解释的因子，其载荷因子载荷见表 19-1。如载荷因子载荷所示，这 3 个因子分别包含 4、4 和 3 个项目。第 1 个因子似乎与消费者对兑现返利所需付出的努力和困难程度的认知有关（努力因子），第 2 个因子代表消费者对返利系统的信任程度（信任因子），第 3 个因子代表消费者时厂商返利动机的认识（动机因子）。各项目在因子上的载荷介于 0.527 与 0.744 之间。

因此，像微软这样提供返利促销的公司应当尽可能降低使消费者享受返利优惠所要付出的努力和遇到的困难，还要努力建立消费者的信心，使消费者相信优惠的背后没有不良的动机。

表 19-1　返利券认知的因子分析

测量项目[a]	因子载荷		
	因子1	因子2	因子3
厂商使返利券兑现过程过于复杂	0.194	<u>0.671</u>	-0.127
以邮寄方式兑现返利券不值得所花费的工夫	-0.031	<u>0.612</u>	0352
收到厂商返利支票的等待时间太长	0.013	<u>0.718</u>	0.051
厂商能够使返利券的使用更加容易	0.205	<u>0.616</u>	0.173
厂商发放返利券是因为顾客有这种要求[b]	<u>0.660</u>	0.172	0.101
现在厂商确实关心顾客福利[b]	<u>0.569</u>	0.203	0.334
在设计返利券时主要考虑的是消费者利益[b]	<u>0.660</u>	0.002	0.318
一般来讲，厂商在返利时是真诚的[b]	<u>0.716</u>	0.047	-0.033
厂商返利的目的是使顾客买不需要的东西	0.099	0.156	<u>0.744</u>
厂商利用返利券诱使消费者购买滞销产品	0.090	0.027	<u>0.702</u>
获得厂家返利要求消费者购买超过需要的产品	0.230	0.066	<u>0.527</u>
特征值	2.030	1.344	1.062
解释万差百分比	27.500	12.200	9.700

[a] 全部项目的答案是非常同意（1）、同意（2）、既不同意也不反对（3）、不同意（4）、非常不同意（5）、不知道。

[b] 这些项目的得分是相反的。

数据分析中不包括回答"不知道"的样本。

对于该项得分进行反向处理。

注意，在这一例子中，当初始因子分析结果难以解释时，将载荷低的变量删除，并对剩下的变量进行因子分析。如果变量数目很大（大于15），主成分分析和公因子分析的结果接近。但是，主成分分析不太会导致错误的理解，因此建议非专家使用。下一个例子说明了主成分分析在国际市场调研中的应用，之后的例子介绍了其在伦理领域的应用。

> 实用市场调研
>
> **案例 19.3**　　　　　甲壳虫的狂热追随者

消费者的需求和品味会随着时间的推移而变化，因此需要不断地跟踪消费者对汽车的偏好以确定不断变化的需求。然而，有一辆车是个例外——大众甲壳虫。这款车自1938年推出以来，已经生产了2200多万辆。通过在不同的国家进行调查确定了人们购买甲壳虫的原因。对拥有甲壳虫汽车原因变量进行主成分分析，显示出一个主导因素——狂热追随者。公司长期以来一直希望该车自然退出市场，但事与愿违。这款嘈杂而拥挤的"小虫子"激发了人们的奉献精神。现在，即便是旧车也很抢手。佛罗里达州西棕榈滩的旧甲壳虫回收商杰克·芬恩说："日本人简直为甲壳虫疯狂。"由于客户对甲壳虫的忠诚度，大众公司在1998年以新甲壳虫的名义重新推出了它。新甲壳虫已经证明自己不仅仅是继承了这个充满传奇色彩的名字，它已经赢得了几个杰出的自动驾驶奖项。2017 年甲壳虫在市场上的口号是"Shift into overjoy"，基本车型在美国的起售价为 19 995 美元。

小结

因子分析是一种用于简化和概括数据的方法。在因子分析模型中，每一个变量是一组潜在因子的线性组合；同样，因子本身也可用观察变量的线性组合表示。提取因子时，第 1 个因子解释数据的方差量最大，第 2 个因子次之，以此类推。此外，也有可能使因子之间彼此独立，正如主成分分析那样。

在定义因子分析问题时，要根据以往的调研和调研人员的判断设置分析时所包括的变量。这些变量应具有定距或定比尺度。因子分析是以变量之间的相关系数矩阵为基础的，可以对该矩阵是否适于因子分析进行统计检验。

因子分析的两个基本方法是主成分分析和共因子分析。主成分分析考虑数据的全部方差。当主要目的是以最少的因子数解释数据中尽可能多的方差，并将这些因子用于进一步的多元分析时，建议使用主成分分析。共因子分析仅根据公共方差对因子进行估算。当主要目的是发现数据的潜在维度和主要对公共方差感兴趣时，共因子分析比较合适。该方法也叫主轴因子法。

可以根据事先判断、特征值、碎石图、方差百分比、折半信度或显著检验确定提取的因子数。尽管未旋转的因子矩阵表示因子与变量之间的关系，但它很少能够提供容易解读的因子，因为这些因子与许多变量相关。因此，常对因子初始矩阵进行旋转，将其简化，使之更加容易理解。最常用的旋转方法是方差极大法，该方法产生相互垂直的因子。如果因子在总体中高度相关，可以采用斜交旋转法。旋转后的因子矩阵是解读因子的基础。

可以计算每位调查对象的因子分。也可以根据因子矩阵，选择在每一个因子上有最大或接近最大载荷的变量，作为该因子的替代变量。可以比较观察到的相关系数矩阵与根据因子矩阵重构的相关系数矩阵之间的差值，作为评价模型拟合情况的依据。

MARKETING RESEARCH

实用市场调研（原书第7版）

第 20 章　聚类分析

聚类分析是一种发现群体的方法，这些群体的内部成员之间比他们与其他群体成员之间更相似。

——佐治亚大学特里学院市场调研顾问和高级讲师 John C. Wurst 博士

Dr.John C.Wurst 供图

本章概要

————————

　　与因子分析一样，聚类分析考察一组变量间的相互关系，不区分自变量和因变量。聚类分析的主要目的是根据聚类变量将对象分为相对同质的群组。某一组的组内对象彼此相似，组间对象彼此不同。聚类分析的这一用途与因子分析不同，它通过将对象聚为数目更少的群组来减少对象的数目，而不是减少变量的数目。

　　本章描述聚类分析的基本概念。先用一种流行的计算机程序进行分层聚类分析，讨论和说明聚类分析的步骤；然后讨论变量的聚类。

　　关于非分层聚类的应用和聚类分析中软件的使用，请感兴趣的读者移步本书配套网络资源。

案例 20.1　　　哈根达斯：用聚类分析获得同质细分市场

　　哈根达斯品牌（www.haagendazs.us）于 2016 年在全球开展调研，目的是找出可以产生更多销量的潜在顾客群。为此采用了地理人口学方法，即一种根据地理、人口和生活方式将消费者聚类的方法。为了描述哈根达斯消费者的人口学和心理特征，包括购买频率、购买时间和其他产品使用变量，调研人员进行了原始调研，获取了受访者的邮编和地址，然后根据 Claritas 公司开发的方法将受访者分配到 40 个地理人口集群。对于每个地理人口集群，将哈根达斯顾客的特征与本群的特征进行比较，以确定市场渗透的程度。利用这种方法，哈根达斯确认了数个有潜力的人群，除了扩大消费人群，哈根达斯还针对新顾客推出了相应的产品广告，介绍了他们的新产品。截至 2017 年，哈根达斯品牌的产品已在 50 个国家的 900 多家哈根达斯商店零售。

IVY PHOTOS/Shutterstock

20.1

基本概念

　　聚类分析（cluster analysis）是一组将调查对象分为相对同质的群组（clusters）的统计分析技术。每群内部成员彼此比较相似，而与其他群成员不同。聚类分析也叫分类分析（classification analysis）或数值分类（numerical taxonomy）。在此仅讨论将每一个对象归为一群且仅归为一群的聚类方法。图20-1表示的是一种理想的聚类情形：有2个变量，而且质量意识（变量1）和价格敏感度（变量2）将各组完全分开。注意每位消费者均只属于一组，组与组之间没有任何重叠。图20-2显示的是在实践中更可能遇到的聚类情形：有些组之间的边界并不很清晰，消费者的分组也不那么显而易见，因为其中部分消费者的归属并不那么清楚。

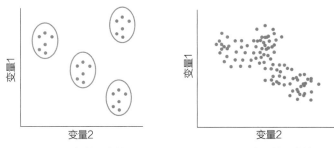

图20-1　理想的聚类情形　　　　图20-2　实际的聚类情形

聚类分析和判别分析都涉及分类问题。但是，判别分析要求事先知道每一调查对象的组别，以便制定分组规则；相反，聚类分析不要求事先知道任何一个对象的组别，群组是根据数据定义的，而不是事先确定的。

聚类分析在市场营销中有广泛的应用，包括：

- 市场细分。例如，可以根据购买产品时追求的利益对消费者进行分类，每组由追求利益相似的消费者构成。这种细分方法叫利益细分（benefit segmentation）。
- 了解消费者行为。可以用聚类分析确定同质的消费者群，然后分别调研不同消费者群体的购买行为，正如百货商店顾客调查项目那样，该项目根据消费者对选择商店的不同标准的重视程度聚类。聚类分析曾用于确认消费者在购买汽车时获得信息的不同策略。
- 识别新产品机会。对品牌和产品的聚类，可以识别市场中相互竞争的一组品牌和产品。同类品牌之间比不同类品牌之间的竞争更加激烈。公司可以将自己的产品与竞争者的相比较，发现新产品的潜在机会。
- 试销市场选择。通过将城市分为同质的组，可以选择可比的城市，对不同的营销策略进行测试。
- 数据缩减。聚类分析作为一种通用的数据缩减工具，可用来生成比单个观察更容易管理的数据群组，然后对群组而不是个体进行进一步的多元分析。例如，为了描述消费者在产品使用方面的差别，可以首先将消费者分组，然后用多元判别分析调研不同组之间的差别。

实用市场调研

案例20.2　　　　　度假需求者、教育家和逃避现实者

在一项调查国际度假者决策模式的调研中，260名受访者中包含了六种相关心理倾向：精神、教育、社交、放松、生理和审美。基于以上信息的聚类分析，将受访者

分为三组。第一组（53%）由几乎所有方面得分都很高的人组成，这个群体被称为"度假需求者"。第二组（21%）的教育倾向很高，被称为"教育家"。最后一组（26%）放松程度高，社交能力低，被称为"逃避现实者"。制定不同的营销策略可以吸引每个细分市场的度假者，比如为了从2015~2016年经济增长缓慢的后果中恢复过来，泰国在2017年特别努力争取"逃避现实者"市场，该国自然风景优美，对这些度假者的吸引力最大。

実用市场调研

20.2

有关统计量

在讨论与聚类分析有关的统计量之前，需要指出的是，多数聚类分析方法都是相对简单的，没有大量的统计推论的支持。因此，聚类分析与方差分析、回归、判别分析和因子分析形成了鲜明的对照。尽管聚类分析具有重要的统计特性，仍然需要认识到这一方法的简单性。下面是与聚类分析有关的统计量：

聚合过程表（agglomeration schedule）：提供分层聚类过程中每一步聚合的对象的信息。

群重心（cluster centroid）：某一群中全部成员的变量均值。

群中心（cluster centers）：非分层聚类时的初始值，群组围绕这些中心（种子）形成。

群组归属（cluster membership）：表示每一对象所属的群。

树状图（dendrogram）：显示聚类结果的树状图。垂直线代表聚在一起的群组，水平尺度的位置表示群组聚合时的距离，该图一般从左向右读。

群中心间距离（distance between cluster centers）：表示某一对群之间的距离，群间距离宽的两群容易区分，因此比较理想。

冰柱图（icicle diagram）：一种表示聚类结果的示意图，因为与屋檐下挂的一组冰凌相似，因此得名。列代表聚合的对象，行代表群编号，该图由下向上读。

相似度/距离系数矩阵（similarity/distance coefficient matrix）：由每对对象之间的距离构成的下三角矩阵。

実用市场调研

20.3

进行聚类分析

图20-3列出了聚类分析的步骤。第1步，确定聚类变量，定义调研问题；第2步，选择一个恰当的距离指标，距离决定了对象之间的相似或者相异程度。第3步，选择最适合调研问题的聚类方法；第4步，调研人员通过判断确定群组的数目；第5步，根据聚类变量解释聚类结果，并结合其他重要变量描述聚类的群组；第6步对聚类过程的信度与效度进行评估。

MARKETING RESEARCH AN APPLIED ORIENTATION 实用市场调研（原书第7版）

相应示例见本书配套网络资源。

图20-3 聚类分析的步骤

20.3.1 定义调研问题

定义聚类分析问题的关键是聚类变量的选择。将一两个无关变量加入进来可能会扭曲原本有用的聚类结果。原则上所选变量应能够描述调查对象与调研问题相关的相似程度。应当根据以往的调研、理论或假设检验的考虑选择变量。进行探索性调研时，调研人员可以根据自己的判断和直觉选择变量。

20.3.2 选择距离指标

由于聚类分析的目的是将相似的对象聚到同一组中，因此需要一些衡量对象之间相似或相异程度的指标。最常用的方法是测量一对对象之间的距离，相互之间距离较小的对象比距离较大的对象更加相似。有数种计算两个对象之间距离的方法。

最常用的测量相似程度的指标是欧氏距离或其平方。**欧氏距离（euclidean distance）**是每一变量差值平方和的平方根。此外，还有一些其他的距离指标，例如两个对象之间的马氏距离（city-block or Manhattan distance）是每一变量绝对差值之和，两个对象之间的切氏距离（Chebychev distance）是全体变量绝对差值的极大值。

使用不同的距离指标可能导致不同的聚类结果，因此最好使用不同指标并比较其结果。选择距离或相似程度指标后，下一步就是选择聚类方法。

20.3.3 选择聚类方法

图20-4为聚类分析方法的分类。聚类分析可以分为分层聚类和非分层聚类。**分层聚类（hierarchical clustering）**是建立分层或树状结构，分层方法进一步分为聚合法和分解法。**聚合聚类（agglomerative clustering）**开始时每个对象单独构成一群，不同群逐步聚合在一起，形成越来越大的群，直至所有对象成为同一群的成员。**分解聚类（divisive clustering）**开始时所有对象同属一群，然后不断分解直至每一对象单独构成一群。

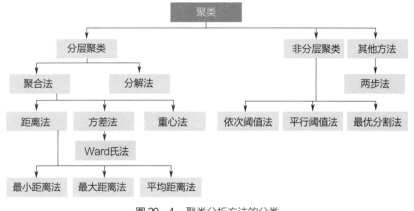

图20-4 聚类分析方法的分类

市场调研通常采用聚合聚类法。聚合聚类又包括距离法、误差平方和法（即方差法）和重心法。**距离法（linkage methods）** 包括最小、最大和平均距离法。**最小距离法（single linkage methods）** 首先依照最小距离将两个距离最短的对象聚合在一起；然后寻找下一个最短距离，或将第三个对象与前两个对象聚合在一起，或形成一个新的由两个对象组成的群。在聚类的每一步，两群间的距离是两群之间最近两点之间的距离（见图 20 - 5），根据最短距离将两群合并。**最大距离法（complete linkage methods）** 与最小距离法相似，只不过它是依照最大距离聚类，两群间的距离是两群之间最远的两点。**平均距离法（average linkage methods）** 也与上述两种方法相似，该方法是根据两群中全部对象对子之间的平均距离定义两群间的距离。如图 20 - 5 所示，平均距离法利用了所有对象之间的距离信息，而不仅仅是距离的极小值或极大值。因此，它比最小距离法和最大距离法更常用。

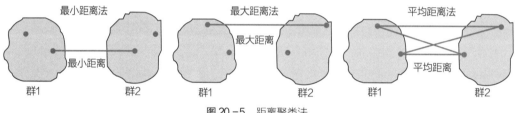

图 20 - 5　距离聚类法

方差法（variance methods） 的目的是得到群内方差最小的群组，其最常用的方法是 **Ward 氏法（Ward's procedure）**。该方法计算每群全部变量的均值，然后计算每一对象与群均值的欧氏距离的平方（见图 20 - 6），并加总在一起。在聚类的每一步，新形成群的群内距离平方和增加最小的两群被合并在一起。**重心法（centroid methods）** 的群间距离是两群重心（所有变量的均值）之间的距离（见图 20 - 6）。每次聚类后重新计算群重心。分层聚类法中平均距离法和 Ward 氏法比其他方法更好。

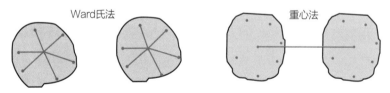

图 20 - 6　其他聚类方法

第二类聚类方法是**非分层聚类（nonhierarchical clustering）**，也叫 k 均值法，包括依次阈值法、平行阈值法和最优分割法。**依次阈值法（sequential threshold method）** 是指首先选择一个群中心，所有距中心一定距离内的对象被聚合在一起形成一个群；然后再选择一个新的群中心（种子），并在还未归类的对象中重复同样的过程。一旦某一对象与一个种子聚为一群，那么在以后的与其他种子聚类时就不再考虑。**平行阈值法（parallel threshold method）** 的原理与顺序聚类法相似，不过它是同时选择多个群中心，将位于一定距离内的对象与最近的中心形成一群。**最优分割法（optimizing-partitioning method）** 与阈值法不同，对象可以被重新分配，以优化某一综合指标，如当群数一定时的平均群内距离。

非分层聚类的两个主要缺点是要事先确定群数和主观地选择群中心。此外，聚类的结果可能取决于中心的确定方法。许多非分层聚类以前 k 个没有缺失值的样本（$k =$ 群数）为群中心，故聚类的结果可能取决于数据中样本的顺序。但对于大样本，非分层聚类的速度比分层聚类的快，因此具有一定的优势。可以将分层聚类与非分层聚类配合起来使用：先用分层聚类（如平均距离法或 Ward 氏法）得到初步聚类结果，然后根据分层聚类产生的群数和群重心作为最优分割法的输入。

还有一些其他的聚类分析方法，其中特别值得一提的是两步法。该方法通过比较各群的模型选择标准值，自动确定最佳的群数，还能够根据分类变量和连续变量建立聚类模型。除了欧氏距离，两步法还使用似然函数指标，该指标提供各变量的概率分布。它还能处理两种聚类标准：Schwarz 的贝叶斯信息标准（BIC）或 Akaike 的信息标准（AIC）。

聚类方法的选择和距离指标的选择是相互关联的，例如欧氏距离的平方应与 Ward 氏法和重心法一起使用。数种非分层聚类法也用欧氏距离的平方作为距离指标。

20.3.4 确定群组数目

进行聚类分析时面临的一个重要的问题就是确定群组数。对此没有固定的规则可循，但有下列原则可供参考：

（1）理论、概念和实际的考虑可能提供确定群数的依据。例如，如果聚类分析的目的是市场细分，管理层可能希望获得某一特定的群数。

（2）分层聚类时，各群合并时的距离可以作为确定群数的标准。可以从聚合表或树状图获得这一信息。

（3）非分层聚类时，可以将群内总方差与群间方差的比值和相应的群数制图。折点处就是合适的群数，群数超过这一点后通常是不值得的。

（4）群的相对大小应当合适。

20.3.5 解释与描述群组

对群的解释与描述涉及对群重心的考察。群重心代表该群成员每个变量的均值，可以根据群重心给每一群起一个合适的名字来描述该群的特点。如果聚类软件不直接提供这一信息，则可以通过判别分析获得。

20.3.6 评估信度与效度

由于聚类分析涉及一些主观因素，因此在接受其结果时必须先对其信度与效度进行评估。评估聚类分析信度与效度的正式方法非常复杂，而且并非没有局限性，因此不在此介绍。但是，以下方法可以对聚类分析的质量进行充分核实：

（1）用不同的距离指标对同一数据进行聚类分析，然后对结果加以比较，以确定其稳定性。

（2）采用不同的聚类方法并比较其结果。

（3）将数据随机地分为两半，分别进行聚类分析，然后比较两个子样本的群重心。

（4）随机删除一些变量，用剩下的变量进行聚类分析，将结果与保留全部变量的聚类结果相比较。

（5）非分层聚类的结果可能取决于数据中样本的排列顺序，用不同的顺序反复进行聚类分析直至结果稳定。

我们可通过对美国、日本和英国公司之间的营销战略差异的调研进一步说明分层聚类。

实用市场调研

案例20.3　　　　　　　　　　*分层聚类：世界很小*

美国、日本和英国企业的调研数据来自90家公司的特定产品组的首席执行官和顶级营销决策者的详细个人访谈。为了控制市场差异，该方法将30家英国公司与其主要的美国和日本竞争企业进行匹配，这项调研涉及30组公司，每组三个成员，由英国、美国和日本的企业组成，它们彼此直接竞争。

大多数关于公司绩效、战略和组织特征的数据都是在5点语义差异量表上收集的。分析的第一阶段是对公司战略和营销活动变量的因子分析。使用Ward氏层次聚类程序，使用因子得分来识别相似公司的群组，组群数目为6。然后根据绩效、战略和组织变量来解释六个组群中的成员（见表20-1）。所有组群都包含一些成功的公司，尽管其中一些组群包含的公司数量明显多于其他。因为在所有集群中都可以找到美国、英国和日本的公司，这些组群支持了这样的假设，即成功的公司无论国籍如何都是相似的。然而，在较成功的组群中，日本公司占优势，而在两个最不成功的集群中，英国公司占优势。显然，日本公司并没有部署它们独有的战略。相反，它们更多地追求在英国市场有效的策略。

表20-1　战略群组

群组	Ⅰ	Ⅱ	Ⅲ	Ⅳ	Ⅴ	Ⅵ
名称	创新者	质量营销者	价格促销者	产品营销者	成熟营销者	激进的推动者
数量	22	11	14	13	13	17
成功率（%）	55	100	36	38	77	41
国籍（%）:						
日本	59	46	22	31	15	18
美国	18	36	14	31	54	53
英国	23	18	64	38	31	29

调查结果表明，无论行业如何，都存在成功公司的通用战略。可以确定三种成功的战略。首先是质量营销者战略，这些公司在营销和研发方面具有优势，它们将技术开发集中在实现高质量而不是纯粹的创新上，这些公司的特点是具有创业精神、长远的规划和良好沟通的使命感。第二种通用战略是创新者战略，它们在先进研发方面较弱，但具有创业精神并驱动创新。最后一个是成熟营销者战略，它们以利润为导向，具有丰富的营销技巧。这三者似乎都由高度营销导向的企业组成。英国的外国投资保持强劲，截至 2018 年，英国在外国直接投资方面领先其他欧洲国家，美国和日本也是主要投资国。

实用市场调研

20.4 对变量进行聚类

有时用聚类分析对变量进行聚类，以便将变量分为同质的变量组。在这种情况下，分析单位是变量，计算的是所有变量对子之间的距离指标。例如，可以用相关系数作为相似程度（距离的反面）的指标。

对变量的分层聚类有助于识别特殊的变量，即对数据有特殊贡献的变量，还可以用聚类分析压缩变量的数目。每一群的变量的线性组合称为群成分，可以用群成分代替原有的一大组变量而不损失多少信息，但同样数量的群成分解释的方差一般没有主成分多。那么为什么还要用变量的聚类分析呢？因为一般来说，群成分比主成分更容易解释，即使是在对后者进行了旋转的情况下。

聚类分析，特别是对象的聚类经常用于国际市场调研。

实用市场调研

案例 20.4　　　　产品感知平价：曾经的稀有与如今的现实

不同国家的消费者是如何看待不同产品类别的品牌的？令人惊讶的是，答案是产品感知平价率相当高。产品感知平价意味着消费者认为一个产品类别中的所有/大部分品牌都是相似的，或者是平价的。BBDO Worldwide（www.bbdo.com）的一项调研显示，在 28 个国家或地区接受调查的消费者中，有三分之二的人认为 13 个产品类别中的品牌处于同等地位。

产品类别包括从机票到信用卡到咖啡。在所有国家或地区的所有类别中，感知平价平均为 63％。在所有产品类别中，日本人对平价的感知度最高，为 99％，哥伦比亚人最低，为 28％。按产品类别来看，信用卡的平价认知度最高，为 76％，香烟最低，为 52％。

BBDO 根据产品平价认知对各国或地区进行了分组，得到表现出类似平价认知水平和模式的组群。最高的感知平价数据来自亚太地区（83%），其中包括澳大利亚、日本、马来西亚、韩国以及法国等。法国名列其中并不奇怪，因为对于大多数产品，法国人使用高度情感化的视觉广告，以感觉为导向。下一个组群是受美国影响的市场（65%），其中包括阿根廷、加拿大、科威特、墨西哥、新加坡和美国。第三组主要是欧洲国家（60%），包括奥地利、比利时、丹麦、意大利、荷兰、南非、西班牙、英国和德国。

这一切意味着，为了使产品/品牌与众不同，广告不能只关注产品的性能，还必须以重要的方式将产品与用户的生活联系起来。在亚太地区和法国，为了使品牌在竞争中脱颖而出并树立独特的形象，将需要付出更大的营销努力。

小结

聚类分析用于将调查对象（有时是变量）分为相对同质的组，这些组群是通过对数据的分析，而不是根据事先的定义形成的。

应当根据以往的调研、理论、待检验的假设和调研人员的判断，选择作为聚类依据的变量；也应当选择合适的距离指标，最常用的是欧氏距离或其平方。

聚类方法可分为分层的和非分层的。分层聚类的特征是可以产生一个树状结构，该聚类方法又可分为聚合法和分解法两大类。聚合法包括距离法、方差法和重心法。距离法又包括最小、最大和平均距离法。常用的方法是 Ward 氏法。非分层聚类又常称为 k 均值法，可分为依次阈值法、平行阈值法和最优分割法。可以将分层和非分层聚类配合起来使用。两步法可以通过比较不同聚类结果的模型，选择标准值自动确定最佳的组群数目。聚类方法的选择和距离指标的选择密切相关。

MARKETING RESEARCH

实用市场调研（原书第7版）

第 21 章　多维标度分析与联合分析

如果你能画一幅说明关系的图，则通常更容易看清楚关系，这正是多维标度分析的目的；另外，当一个人在由众多属性构成的不同选择之间进行选择时，联合分析可以帮助我们发现哪些属性的贡献最大。

——Burke 公司决策科学高级顾问 Kunal Gupta

Kunal Gupta 供图

本章概要

———————

本章将介绍与消费者感知与偏好相关的两种数据分析技术——多维标度分析和联合分析。首先简要介绍和说明多维标度分析的步骤，并讨论它与因子分析和判别分析的关系；然后描述联合分析并说明其具体步骤。关于混合联合分析以及多维标度分析和联合分析中软件的使用，请感兴趣的读者移步本书配套网络资源。

案例 21.1　　　　　　　　可乐的碰撞

在一项调查中，受访者被要求根据相似性对所有可能的 10 种品牌的软饮料进行排序。图 21 - 1 所示的是通过多维标度分析软饮料的空间展示。

从问卷中获得的其他信息来看，横坐标为"可乐味"，无糖汽水（Tab）被认为最有可乐味，而七喜被认为最没有可乐味。纵坐标是"减肥度"，无糖汽水被认为热量最低，而胡椒博士（Dr. Pepper）热量最高。注意，百事可乐和可口可乐被认为非常相似，在感知图上位置非常靠近。其他比较相似的品牌有七喜和雪碧、健怡雪碧和健怡七喜，无糖汽水、健怡可乐和健怡百事可乐。注意，胡椒博士被认为与其他品牌不同。这类多维标度分析图有助于了解软饮料市场的竞争格局。可口

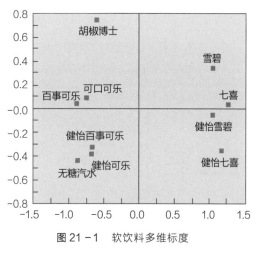

图 21 - 1　软饮料多维标度

可乐公司利用多维标度分析方法了解消费者如何认识本公司及其竞争者的产品，通过牢牢抓住美国碳酸软饮料市场而获得了丰厚的回报。该品牌 2017 年的市场总量达 1000 亿美元。

21.1　多维标度的基本概念

多维标度分析（multidimensional scaling，MDS） 是一组通过直观图示方式反应调查对象的感知和偏好的分析方法。对刺激的感知或心理关系体现为一张多维图上不同点之间的几何关系。这种几何表示方法称为空间图（spatial map）。一般认为空间图的轴代表调查对象对刺激物形成感知和偏好时的心理基础或潜在维度。在市场营销方面，多维标度分析可用于识别：

（1）消费者对不同品牌感知维度的数目与性质。

（2）现有品牌在这些维度上的定位。

（3）消费者的理想品牌在这些维度上的定位。

多维标度分析提供的信息已经应用于营销的多个方面，包括：

- 形象评价。比较顾客与非顾客对公司的感知，并与公司自己的感知相比较，从而识别出感知距离。

- 市场细分。调研品牌与消费者在同一空间图上的位置，由此确认在感知方面相对同质的消费者群。
- 新产品开发。寻找空间图上的空隙，这通常代表定位新产品的潜在机会；此外，在测试的基础上对新产品和已有产品进行评估，以便确定消费者对新产品概念的感知，每一新产品的消费者偏好比例是其成功的一项指标。
- 广告效果评估。可以用空间图确定广告是否成功地实现了理想的品牌定位。
- 定价分析。对分别在标价和不标价情况下建立的空间图进行比较，以便确定价格的影响。
- 渠道决策。对品牌与不同零售类型匹配程度的判断可用于产生有助于渠道决策的空间图。
- 态度量表构建。可以用多维标度分析方法确定态度空间的合适维度和结构。

多维标度分析相关统计量

与多维标度分析有关的重要统计量和术语包括：

相似度判断（similarity judgment）：用李克特量表对品牌或其他刺激物的相似度进行评分。

偏好排序（preference ranking）：将品牌或其他刺激物按最喜欢到最不喜欢的顺序排序，一般通过调查获得。

应力（stress）：反映模型的拟合程度的指标，取值大时表示拟合不好。

R^2（R-square）：相关系数的平方，表明最优化标度数据的方差有多大比例可以被多维标度分析所解释，属于拟合优度指标。

空间图（spatial map）：用多维空间中的点表示对不同品牌等刺激物之间感知关系的一种图。

坐标（coordinates）：表示某一品牌等刺激物在空间图中的位置。

展开（unfolding）：将品牌和调查对象当作同一空间中的点来展示。

进行多维标度分析

图 21-2 列出了多维标度分析的步骤。调研人员应当仔细确定多维标度分析的问题，因为多维标度分析的输入数据有多种；还要决定获取数据的合适形式并选择多维标度分析方法；处理分析结果的一个重要方法是确定空间图的维数；还要命名空间图的各轴并解释图的结构；最后要对数据质量进行评估。下面从定义问题开始依次描述每个步骤。

21.3.1 定义问题

定义问题时，调研人员需要明确多维标度分析结果的
用途，选择纳入分析的品牌或其他刺激物。所选品牌等刺
激物的数目和具体包括哪些品牌，将决定空间图的维度和
结构。最少需要 8 个品牌等刺激物才能得到定义良好的空间
图，但有 25 个以上的数据将使数据收集工作过于繁重，并
使调查对象疲倦。

图 21-2　多维标度分析的步骤

调研人员在考虑包括哪些品牌等刺激物时应当慎重。
例如，了解消费者对汽车的感知时，如果刺激集中没有包括豪华车，那么这一维度就
可能不会出现在结果中。应当根据营销问题、理论和调研人员的判断决定应包括多少
和包括哪些品牌。

下面以 10 个牙膏品牌的空间分析为例，说明如何进行多维标度分析。这 10 个牙膏
品牌是 Aqua-Fresh、Crest（佳洁士）、Colgate（高露洁）、Aim、Tom's、Plus White、
Ultra Brite、Close-up，Pepsodent 和 Sensodyne（舒适达）。接下来的问题是如何获取这
10 个品牌的数据。

21.3.2 获取输入数据

如图 21-3 所示，调查对象输入的数据可能是感知数据，也可能是偏好数据。首先
讨论感知数据，获取此类数据的途径有直接和间接两种。

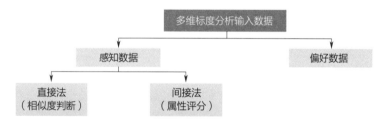

图 21-3　MDS 的输入数据

感知数据：直接法

用直接法收集感知数据时，要求调查对象根据自己的标准判断不同品牌等刺激物
的相似或相异程度。通常要求用李克特量表对所有成对品牌或其他刺激物的相似度打
分，所的数据为相似度判断数据。例如，对所有牙膏品牌对子的相似度判断可能通过
以下方式获得：

需要评估的对数是 $n(n-1)/2$，其中 n 是刺激物的数量。还有一些其他的方法，比
如要求调查者将所有对数按最相似到最不相似的顺序排序，或依次以每一品牌作为标
准品牌，按其他品牌与标准品牌之间的相似度排序。

本例采用直接法，要求调查对象用 7 级量表对 45 对（$10 \times 9/2$）牙膏品牌做出相
似度评分。某一调查对象的数据见表 21-1。

表 21-1 牙膏品牌的相似度评分

	Aqua-Fresh	Crest	Colgate	Aim	Tom's	Plus White	Ultra Brite	Close-Up	Pepso-dent	Senso-dyne
Aqua-Fresh										
Crest	5									
Colgate	6	7								
Aim	4	6	6							
Tom's	2	3	4	5						
Plus White	3	3	4	4	5					
Ultra Brite	2	2	2	3	5	5				
Close-Up	2	2	2	2	6	5	6			
Pepsodent	2	2	2	2	6	6	7	6		
Sensodyne	1	2	4	2	4	3	3	4	3	

感知数据：间接法

收集感知数据的**间接法**（derived approach）属于以属性为基础的方法，要求调查对象用语义差异量表或李克特量表对品牌等刺激物的指定属性打分。例如，对不同牙膏品牌的以下属性打分：

使牙齿洁白	＿＿＿＿＿＿＿＿＿＿＿＿＿＿＿＿＿＿	不能使牙齿洁白
预防蛀牙	＿＿＿＿＿＿＿＿＿＿＿＿＿＿＿＿＿＿	不能预防蛀牙
口味怡人	＿＿＿＿＿＿＿＿＿＿＿＿＿＿＿＿＿＿	口味不佳

有时在刺激集中还会包括一个理想品牌，要求调查对象对其心目中的理想品牌的同一组属性进行评估。有了属性评分，就可以计算每对品牌之间的相似度指标（例如欧氏距离）。

直接法的一个优点是调研人员不需要确定一组重要属性，调查对象如他们在正常情况下一样，依据自己的标准做出相似度判断。直接法的缺点是判断标准受评估的品牌等刺激物本身的影响，如果评估的不同汽车品牌都属同一价位，那么价格就不会作为一个重要因素出现。而且分析前可能难以确定每个调查者的判断能否以及如何进行合并。此外，空间图的各个维度也可能难以命名。

以属性为基础的间接法的优点是容易识别具有同质感知的调查对象，可以根据不同属性的评分对调查对象进行聚类，维度也比较容易命名。缺点是调研人员需要识别全部重要的属性，这是一项艰巨的任务，所得到的空间图取决于对属性的确认。

直接法比以属性为基础的间接法更常用，但最好同时使用这两种方法，以便相互补充。可以用直接法获得空间图，用属性评分有助于解释空间图各维度的含义。类似的做法也适用于偏好数据。

偏好数据

根据调查对象对某些属性的偏好，将品牌等刺激物排序。获得这类数据的一个常用的方法是偏好排序，即让调查对象将品牌按最喜欢到最不喜欢的顺序排序；另一种方法是让调查对象进行成对品牌的比较，指出一对品牌中更喜欢哪个；还有一种方法是获得不同品牌的偏好评分。（第 8、9 章有关量表部分讨论了排序顺序、配对比较和打分量表的内容。）当空间图为根据偏好数据构造时，距离代表偏好程度的差距。根据偏好数据获得的空间图的结构可能与相似度数据的结构非常不同。两个在感知图上不同的品牌在偏好图上可能接近，反之亦然。例如，一组调查对象可能觉得 Crest 和 Pepsodent 是不同的品牌，因此在感知图上相距较远；但是，对这两个品牌的偏好可能接近，因此在偏好图上接近。我们将在牙膏的例子中继续用感知数据来说明多维标度分析方法，然后再考虑偏好数据的标度。

21.3.3 选择多维标度分析方法

具体多维标度分析方法的选择取决于分析的是感知数据还是偏好数据，或者是否同时要求这两种数据。输入数据的性质也是一个决定因素。**非定量多维标度分析**（**nonmetric MDS**）方法假设输入数据是定序的，但输出结果是定量的，空间图上的距离可假设为定距尺度。这些方法寻求在给定的维度下，空间图中品牌等刺激物之间距离的等级秩序能最好地保存或复制输入的等级秩序。而**定量多维标度分析**（**metric MDS**）方法假设输入数据是定量的，输出也是定量的，因此输入与输出之间的关系更强，同时保存了输入数据的定量（定距或定比）性质。定量与非定量方法的结果类似。

影响方法选择的另一个因素是在个体水平还是在群体水平上进行多维标度分析。个体水平分析对每一调查对象的数据分别进行分析，为每一对象生成空间图。尽管从调研的角度，个体层面的分析是有用的，但从管理的角度来看却没有太大的用处。一般都是在细分市场或群体的层面，而不是在个体水平制定营销策略。如果在群体水平进行分析，则将个体数据汇总时需要一些假设。通常假设所有调查对象用同样的维度评估品牌，但他们为这些共同维度赋予的权重不同。

表 21 - 1 的数据被当作等级序列数据处理，用非定量方法进行标度分析。由于这些数据是由一个调查对象提供的，因此分析是在个体水平上进行的。首先生成 1 至 4 维的空间图，然后决定合适的维数。

21.3.4 确定维数

进行多维标度分析的目的是生成用尽可能小的维数对数据进行最佳拟合的空间图。但是，随着维数的增加，空间图的拟合优度也相应提高，因此有必要在维数和拟合优度之间平衡。拟合优度通常用应力（stress）表示，这是一个表示拟合不佳的指标。应力值越大，表示拟合得越差。在确定维数时，建议遵循如下原则：

- 先验知识。理论或以往的调研可能表明合适的维数。
- 空间图的可解释程度。一般来说，难以解读三维以上的空间图。
- 拐点（elbow criterion）。应当审阅应力对维数做的图。如图 21 - 4 所示，图中的点通常形成一条凹形线，拐点通常代表合适的维数，维数超过这一点带来的拟合的改进通常得不偿失。

- 方便使用。通常二维图比多维图用起来更方便。
- 统计学方法。有一些确定维数的统计方法,可供熟悉统计学的人采用。

根据应力维数图(见图21-4)、空间图的可解释性和方便使用标准,决定保留二维结果,如图21-5所示。

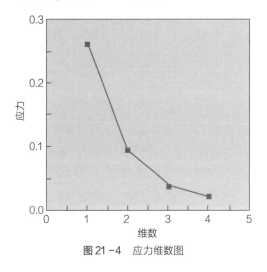

图21-4　应力维数图

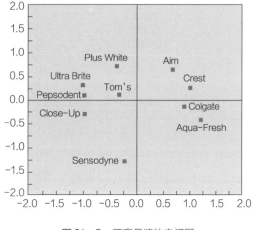

图21-5　牙膏品牌的空间图

21.3.5　命名各维度和解读结构

空间图生成之后,需要对各维度命名,并对结构进行解读。各维度的命名需要调研人员做出主观判断。以下原则可供参考:

- 即使获得了直接相似度判断数据,仍然可以收集品牌的某些属性评分,用回归等统计方法对这些属性矢量在空间图中进行拟合(见图21-6),然后用最接近的属性命名坐标轴。

- 在调查对象提供直接相似度判断或偏好数据后;可以询问他们所用的评价标准,然后主观地将这些标准与空间图相联系,为各维度命名。

- 可能的话,将空间图展示给调查对象,请他们进行解读并命名维度。

- 如果有品牌的客观特征(例如汽车的马力、耗油量等),可用这些特征帮助解读空间图的主观维度。

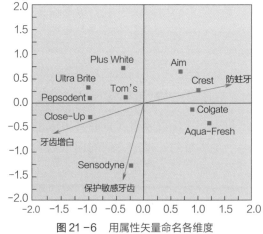

图21-6　用属性矢量命名各维度

通常空间图的各维度代表一个以上的属性,可以通过坐标轴和品牌的相对位置解读空间图。例如,位置接近的品牌之间相互竞争更激烈,一个孤立的品牌具有独特的形象,位于坐标轴末端的品牌在相应的属性上表现更为突出。这样,可以了解不同产品的优缺点。空间图中的空隙可能表示引入新产品的潜在机会。

在图 21−6 中，横轴可以标记为防蛀牙程度和牙齿增白程度。在这个轴上具有高正值的品牌包括 Aqua-Fresh、Crest、Colgate 和 Aim，它们的防蛀功能突出。在这个维度上有较大负值的品牌包括 Ultra Brite、Close-Up 和 Pepsodent，表明它们在牙齿增白方面有明显功效。纵轴可以解释为保护敏感牙齿的强弱。请注意，以保护敏感牙齿著称的 Sensodyne 在纵轴上是负值。空间图中的空隙表明，一个既能防蛀牙又能保护敏感牙齿的品牌有潜在的机会。

21.3.6　评估信度和效度

输入数据和多维标度分析的结果不可避免地有很大的随机波动，因此有必要对多维标度分析结果的信度和效度进行评估。建议采用以下办法：

- 考察拟合指数 R^2 值，这是相关系数的平方，表示多维标度分析可以解释的最优标度数据方差的比例，因此可以反映多维标度分析对数据的拟合情况。一般要求 R^2 大于或等于 0.6。
- 应力值也能反映多维标度分析结果的质量。R^2 是拟合优度的指标；而应力值是拟合不佳的指标，表示最优标度数据方差不能被多维标度分析解释的部分，应力值的大小因多维标度分析的方法及分析的数据有差异对于 Kruskal 应力值，建议按如下标准判断。

应力（%）	拟合优度
20	差
10	一般
5	好
2.5	很好
0	完美

- 如果是集合层面的分析，则应当将原始数据分为两组或多组，分别对每一组进行多维标度分析并比较其结果是否相同。
- 从输入数据中有选择性地删除部分刺激物，然后观察用剩余数据所得到的结果。
- 可以在输入数据中加入随机误差项，然后进行多维标度分析，并比较结果。
- 在两个不同时点收集数据，然后确定其重复测试信度。

还有一些评估多维标度分析效度的正式方法。本例的应力值为 0.095，表明拟合情况一般。Sensodyne 与其他品牌差别很大，去掉之后对其他品牌的相对位置有何影响？图 21−7 是去掉之后的空间图。其他品牌，尤其是 Tom's 和 Plus White 的相对位置有些变化，但变化幅度不大，表示结果比较稳定。

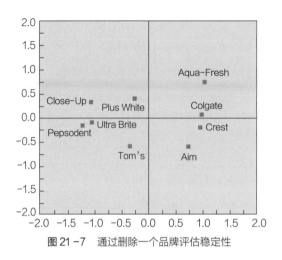

图 21-7 通过删除一个品牌评估稳定性

多维标度分析的假设与局限性

多维标度分析的一些假设和局限性值得注意。一般假设刺激物 A 与刺激物 B 的相似度和刺激物 B 与刺激物 A 的相似度相同,但情况并不总是如此,例如,一般认为墨西哥与美国的相似度大于美国与墨西哥的相似度。多维标度分析假设两个刺激物之间的距离(相似度)是二者在几个感知维度上的部分相似度的某种函数,但几乎没什么调研来检验这一假设。获得空间图后,一般假设点与点之间的距离拥有定比尺度,坐标轴是多维定距尺度。多维标度分析的一个局限是很难将品牌等刺激物的实际变化与其在感知空间图上的变化联系起来解释,甚至完全不可能。这一局限性也适用于偏好数据的标度分析。

偏好数据的标度分析

偏好数据的分析可分为内部和外部两类。**内部偏好分析(internal analysis of preference)**完全依据偏好数据生成表示品牌和调查对象的点或矢量的空间图。因此,通过收集偏好数据,可以在同一空间图中标出品牌和调查对象的位置。**外部偏好分析(external analysis of preference)**将依据偏好数据得到的理想点或矢量标在根据感知(相似度)数据得到的空间图上。为了进行外部分析,必须收集偏好数据和感知数据。用外部分析方法将品牌和调查对象在同一空间图上表示出来,叫做展开(unfolding)。

多数情况下调研人员倾向于采用外部分析。因为进行内部分析时,感知上的差别与偏好上的差别混在一起,而感知空间和偏好空间各维的性质和相对重要性有可能不同。两个品牌可能被认为相似(在感知空间上靠近)。但其中一个品牌可能远比另一个受欢迎(在偏好空间上相距较远)。内部分析不能解决这一问题,除此之外,内部分析的计算非常困难。

我们将调查对象的偏好数据在其空间图上标出,以此说明外部分析。调查对象按其偏好顺序(最喜欢的排在最前)对品牌排序:Colgate、Crest、Aim、Aqua-Fresh、Tom's、Pepsodent、Ultra Brite、Plus White、Close-Up 和 Sensodyne。将这些偏好排序,连同排序图 21-6 的坐标轴作为偏好标度的输入数据,得到图 21-8。请注意理想点的位置离 Colgate、Crest、Aim 和 Aqua-Fresh 这 4 个最喜欢的品牌近,而离 Close-Up 和 Sensodyne 这两个最不喜欢的品牌

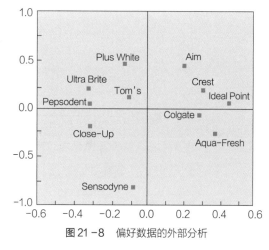

图 21-8 偏好数据的外部分析

远。如果在图上为一新品牌定位的话,其偏好程度将取决于它相对其他品牌而言距离理想点的远近。

尽管目前为止只考虑了定量数据,但也可以用对应分析等方法将定性数据制图。

案例21.2 汽车市场的消费者细分

2017 年的一项调研通过使用多维量表评估了消费者对汽车的看法,受试者评价了几种汽车属性以及这些属性对最终选择产品的影响。评价采用 5 分制,并将每个受试者的回答在每个维度上求和,总体得分最高的五个属性是价格、燃油经济性、净马力、制动和加速。使用多维缩放可以帮助汽车制造商更好地了解哪些属性对消费者最重要,他们可以利用这些知识来调整在行业中的定位。多维标度分析图显示了选定汽车品牌的相似性,在这种空间表示中,每个品牌都通过与其他品牌的距离来识别,两个品牌越接近(例如 VW 和 Chrysler),它们被认为越相似;两个品牌(例如 VW 汽车和Mercedes)距离越远,它们被认为越不相似,也可能表明存在竞争。举例来说,Honda与 Toyota 密切竞争,但与 Mercedes 或 Porsche 没有竞争。这些维度可以解释为经济/豪华程度和运动/非运动,可以很容易地确定各个品牌汽车的相对位置。

偏好数据包括根据消费者偏好对品牌进行的简单排名(如图 21-9 所示)。受访者的理想点也位于相同的空间表示中,每个理想点代表特定受访者的偏好点。因此,受访者 1(用 I1 表示)更喜欢运动型汽车:Porsche、Jaguar 和 Audi。受访者 2(用 I2 表示)更喜欢豪华车:Lincoln、Mercedes、Lexus 和 Cadillac。

这种分析可以在个体受访者层面进行，使调研人员能够根据受访者的理想点的相似性对市场进行细分。另外，受访者可以根据他们与原始偏好排名和为每个细分市场建立的理想点的相似性进行聚类。

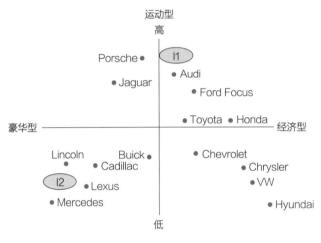

图 21 -9　汽车品牌偏好

21.6　对应分析

对应分析（correspondence analysis）是一种用于定性资料的多维标度分析技术。对应分析的输入数据是表示行与列之间定性相关程度的列联表。对应分析对相应单元的行和列进行标度，以便在同样的低维空间中将其以图形方式显示。这类空间图有助于了解：①不同行内某一列的类别的异同；②不同列内某一行的类别的异同；③行与列的关系。

由于算法相似，对应分析结果的解读与主成分分析类似。对应分析将交叉表中的类别（活动、品牌等刺激物）进行组合，主成分分析则是将变量进行分组。对应分析的结果依据交叉表中行与列的接近程度进行解读，相互靠近的类别在潜在结构上更类似。

与多维标度分析相比，对应分析的优点是减轻了调查对象提供数据的负担，因为只收集二分数据或定类数据，只要求调查对象回答某属性是否适用于某品牌。输入数据是调查对象对每一品牌的每一属性答"是"的频数，然后在同一多维空间里展示品牌和属性。对应分析的缺点是很难就行与列间的距离给予有意义的解释。对应分析属于探索性调研数据分析技术，不宜用于假设检验。

多维标度分析，包括对应分析，不是获得感知图的唯一方法。我们已经讨论的另外两种方法——判别分析和因子分析——也可用于这一目的。

多维标度分析、因子分析和判别分析的关系

对于属性数据，也可以用因子分析或判别分析获得空间图。这时，每一调查对象对 n 个品牌的 m 个属性打分。通过对数据的因子分析，可以得到每一调查对象的 n 个因子分（每个品牌 1 个）。对品牌的因子分作图，可以生成每个调查对象的空间图。如果想要汇总的空间图，可以计算全部调查对象每一品牌的每一因子的平均分。应当根据载荷因子载荷命名空间图的各轴，载荷因子载荷是估计属性分和潜在因子的相关度的指标。

判别分析的目的是选择能将不同品牌最有效地区分开的一个属性的线性组合。为了用判别分析制作空间图，可将评估的品牌作为因变量，将属性作为自变量（也叫预测变量）。对品牌的判别分作图可以得到空间图。判别分是根据能最有效地区分品牌的属性而计算的感知维度得分，可以根据构成判别函数的属性的权重命名不同的维度。

联合分析的基本概念

联合分析（conjoint analysis） 希望确定消费者对各属性赋予的权重以及不同属性水平的效用，这些信息来自消费者对品牌或者这些属性水平组合的评价。收集数据时，向调查对象展示由不同属性水平组合成的选项，然后让他对其渴望程度进行评价。联合分析试图为每一属性的不同水平赋值，以使据此估计的某一选项效用与调查对象的评价尽可能吻合。最基本的假设是任何刺激物，例如产品、品牌或商店都是作为一组属性的组合加以评价的。

和多维标度分析一样，联合分析依赖于调查对象的主观评价。但是，多维标度分析的刺激物是产品或品牌，而联合分析的刺激物是调研人员确定的不同属性水平的组合；多维标度分析的目的是生成描述刺激物的多维感知或偏好空间的空间图，而联合分析是建立描述每一属性的不同水平的消费者效用的效用函数。这两种方法是互补的。

在市场营销中，联合分析已有广泛应用，包括：

- 确定消费者选择过程中不同属性的相对重要性。联合分析的标准输出包括评价时用来构造刺激物的所有属性的相对重要性权重的估计值，这些权重表示哪些属性对消费者的选择有重要影响。
- 估计具有不同属性水平的品牌的市场份额。联合分析所估计的效用可作为模拟选择的输入，以便确定不同品牌的被选择比例，并由此估算不同品牌的市场份额。

- 确定最受欢迎品牌的属性构成。可以通过属性水平以及相应的效用来调整品牌特性。产生最高效用的品牌特性代表最受欢迎品牌的构成。
- 根据属性水平偏好的相似度进行市场细分。属性的效用函数可作为调查对象聚类的依据，以便得到偏好相同的细分市场。

联合分析已用于消费品、工业品和其他服务的调研。此外，其应用还涵盖市场营销的各个领域。

与联合分析有关的统计量和术语

与联合分析有关的统计量和术语包括：

部分值函数（part-worth function）：又叫效用函数，描述消费者对每一属性的不同水平所感知的效用。

相对重要性权重（relative importance weight）：反映哪些属性对消费者的选择有重要影响，这些权重是估计的。

属性水平（attribute elevel）：属性各个的假设值。

完整轮廓（full profile）：根据所有属性和调研设计指定的属性水平所构造的品牌的完整属性组合。

结对表（pairwise tables）：调查对象一次评估两个属性，直至将所有需要评估的属性对评估完毕。

循环设计（cyclical design）：为了减少比较的对数所采用的设计。

部分析因设计（fractional factorial design）：用来减少完整轮廓方法中的刺激组合数所采用的设计。

正交组合（orthogonal arrays）：部分析因设计的一种特殊类型，能够用来有效地估计所有主效应。

内部效度（internal validity）：保留或检验刺激的预测值与调查对象报告值之间的相关性。

进行联合分析

图 21-10 列出了联合分析的步骤。定义问题包括确定重要的属性及其水平，并以此构建用于联合评价任务的刺激集。调查对象用合适的量表为刺激物打分，然后对数据进行分析。最后，解读结果并评价其信度和效度。相应示例见本书配套网络资源。

21.10.1 定义问题

定义联合分析问题时，调研人员必须确定用于构建刺激物的属性及属性水平。属性水平指的是属性可以取的假设值。从理论上讲，所选的属性对消费者的偏好和选择有重要影响，例如. 选择汽车品牌时应包括价格、耗油量、内部空间等。从管理的角度看，属性及其水平应当是可操作的。告诉管理层相对外观保守的车而言消费者更喜欢有运动感的车是没什么用处的，除非能用管理层能够控制的属性及其水平定义运动感和保守程度。可以通过与管理层和业内专家的讨论、二手数据分析、定性调研和预调查来确定属性。典型的联合分析一般涉及 6~7 个属性。

图 21-10 联合分析的步骤

一旦确定了重要属性，就要选择其恰当的水平。属性水平的数目决定待估计参数的数目，并影响调查对象需要评估的刺激数。为了尽可能减少调查对象的评估工作量，同时又能保证合理的参数估计精度，最好能限制属性水平的数目。属性水平的效用函数可能是非线性的，例如，消费者可能最喜欢中型车，而不是大型车或小型车。同样，价格的效用也可能是非线性的，从低价位到中价位效用的损失可能比从中价位到高价位要小得多。在这种情况下，起码要用 3 个水平。当然，有些属性的自然水平数是 2，例如一辆车是否有天窗。

属性水平的选择会影响消费者的评价。如果一个汽车品牌的价格在 20 000 美元、22 000 美元和 24 000 美元之间变化，价格将相对不重要。另一方面，如果价格在 20 000美元、30 000 美元和 40 000 美元之间变化，它将是一个重要因素。因此，调研人员应当考虑市场流行的价格水平和调研目的。使用超出市场上可见范围以外的属性水平会降低评价工作的可信度，但是可以增加估计参数的准确度。一般的原则是所选属性水平的变动范围比市场上流行的大，但又不至于大到对评价工作产生不利的影响。

21.10.2 构建刺激物

构建联合分析刺激物的方法有两大类：结对法和完整轮廓法。结对法也叫双因素评价，该方法要求调查对象一次评价两个属性，直至将所有可能的属性对评估完。调查对象就每一对属性，对所有属性水平组合（用矩阵表示）进行评价。完整轮廓法也叫多因素评价法，该方法构建品牌所有属性的完整组合。通常，用单独的索引卡表示各组合。

没有必要对所有的组合进行评估，而且这也并非总是可行。用结对法时，有可能用循环设计减少比较的对数。同样，用完全轮廓法时，可以用部分析因设计大大减少选项数目。部分析因设计的一个特殊类别叫正交组合法，可以用来有效地估计全部主效应。正交组合允许在相互独立的基础上测量全部主效应，该设计假设所有交互作用可以忽略不计。正交数组是在基本的完全因子设计的基础上，用一个新因子替代所有认为可以忽略的交互效应而构成的。一般收集两组数据：一组为估算集，用于计算属性水平的效用函数；一组为保留集，用于评估信度与效度。

结对法的优点是调查对象容易做出判断，但缺点是需要比完整轮廓法更多的评估次数。另外，一次只同时评估两个属性，使评估工作显得不很真实。调研表明，两种方法估计的效用接近，但是完整轮廓法更常用。

21.10.3　决定输入数据形式

与多维标度分析一样，联合分析的输入数据可以是定量的，也可以是非定量的。收集非定量数据时，一般要求调查对象做出等级序位评估：根据称心的程度对结对法矩阵中的各格进行排序，或对完整轮廓法的全部刺激组合进行排序。排序涉及对属性水平的相对评价。定序数据的倡导者认为，这类数据准确地反映了消费者的市场行为。

收集定量数据时，消费者给的是分值而不是排序。在这种情况下，判断一般是独立做出的。评分数据的倡导者认为，这对调查对象来说更方便，也比定序数据更便于分析。近年来，评分数据变得越来越常用。

联合分析的因变量通常是偏好或购买意愿。换句话说，被调查者根据偏好或购买意愿排序或打分。但是，联合分析方法比较灵活，可以接受一系列其他的因变量，包括实际购买和选择。

21.10.4　选择联合分析方法

基本的**联合分析模型（conjoint analysis model）**可用下式表示：

$$U(X) = \sum_{i=1}^{m} \sum_{j=1}^{k_i} a_{ij} x_{ij}$$

式中，$U(X)$ = 某一选择的总效用；a_{ij} = 属性 i（$i = 1, 2, \cdots, m$）的第 j 个水平（$j = 1, 2, \cdots, k_i$）贡献的效用；k_i = 属性 i 的水平的数目；m = 属性数；x_{ij} = 如果属性 i 的水平 j 存在则为 1，如不存在则为 0。

第 i 个属性的重要性 I 由其效用函数的全距表示，即：$I_j = \{\max(a_{ij}) - \min(a_{ij})\}$，对全体 i 成立。

对属性的重要性进行标化，以便能准确翻译相对其他属性而言的重要性，即：

$$W_i = \frac{I_i}{\sum_{i=1}^{m} I_i}$$

以便：

$$\sum_{i=1}^{m} W_i = 1$$

有多种方法可以估算基本模型。最简单的且正变得流行的方法是虚拟变量回归。该模型的预测变量由表示属性水平的虚拟变量构成。如果某一变量有 k 个水平，该变

量将用 $k-1$ 个虚拟变量表示。如果用的是定量数据，假设定距变量的评分为因变量；如果用的是非定量数据，可以通过成对比较将排序转变成 0 或 1，这时预测变量表示比较品牌属性水平的差值。其他适用于非定量数据的方法包括 LINMAP 和二项 LOGIT 模型。

调研人员还要决定是在个体还是在群体水平上对数据进行分析。在个体水平分析中，需要对每一调查对象的数据单独分析，群体层面分析要求考虑如何将调查对象并组。常用的方法是先估算个体水平的效用函数，然后根据效用函数的相似度将调查对象聚类，再对每一群进行集合分析。应当定义一个合适的参数估计模型。

21.10.5　解读结果

将属性的效用函数绘图对解读结果很有帮助。

21.10.6　评估信度与效度

以下方法可用来评估联合分析的信度与效度：

- 估算模型的拟合优度。例如，虚拟变量回归的 R^2 可以表示模型与数据的拟合程度。拟合不佳的模型应受到置疑。
- 可以在数据收集时获得几个重复的判断来评估重复测试信度。换句话说，在访谈后期要求调查对象对几个有意挑选的刺激再次做出评价，然后对这些刺激的两次评价值进行相关分析，以确定重复测试信度。
- 可以根据估计的部分值函数预测保留或验证刺激的评分，然后对评分的预测值和报告值进行相关分析以确定其内部效度。
- 对于群体水平的分析，可以将估算样本分为数组，然后对每一个子样本进行联合分析。通过比较不同子样本的结果，可以对联合分析结果的稳定性做出评估。

实用市场调研

21.11

联合分析的假设与局限性

尽管联合分析和多维标度分析一样是一项常用的技术，但它需要满足一些假设条件，并有一定的局限性。联合分析假设某一产品的重要属性是可识别的，它还进一步假设消费者根据这些属性对不同的抉择进行评价并做出取舍。但是，当品牌形象和名称很重要时，消费者可能不根据属性对品牌进行评价。即使消费者考虑产品属性，取舍模型也可能无法很好代表选择过程。另一个局限性是数据收集可能非常复杂，尤其是当涉及大量的属性和必须在个体水平对模型进行估算时。交互性或适应性联合分析和混合联合分析可以部分解决这一问题。还应注意，部分值函数不是唯一的。

混合联合分析

混合联合分析 （hybrid conjoint analysis） 试图减轻传统的联合分析所要求的数据收集负担。每一个被调查者要对大量的属性组合进行评价，但通常只估算简单部分值，而不估算其交互效应。在简单部分值或主效应模型中，组合的效用就是其各独立主效应（简单部分值）的加总。实际上，两个属性之间可能有交互作用，即消费者对某一组合的偏好可能大于两个独立部分的平均贡献。混合联合分析的发展主要有两个目的：①通过减轻每位被调查者的负担而简化数据收集工作；②可以估算个体水平的全部主效应（简单效应）以及亚组水平的部分交互效应。

进行混合联合分析时，被调查者对有限的（通常不超过 9 个）联合刺激物（如完整轮廓）进行评价。这些属性组合来自一个大型主设计，不同的被调查者评价不同的属性组合，这样，全组将覆盖所有的属性组合。此外，被调查者还对每一属性的相对重要性和对每一属性不同水平的渴望程度直接做出评价，通过将直接评价与联合刺激评价相结合，可以在集合层面上对模型进行估计，同时保留一些个体差异。

多维标度分析和联合分析是互补的，可以一起使用。

如下例所示，多维标度分析和联合分析对国际市场调研很有用处。

实用市场调研

案例 21.3　　欧洲的汽车：传统时代还是性能时代

欧洲的汽车制造商越来越重视竞争对手无法购买和建立的一个属性——所继承的传统。对于宝马（BMW）来说是卓越的工艺，瑞典的沃尔沃（Volvo）以安全闻名，意大利的阿尔法·罗密欧（AlphaRomeo）靠的是为其赢得无数赛车比赛的强有力的发动机，法国的雷诺（Renault）拥有的是灵活；另一方面，日本车在技术上很先进，但缺乏格调和传承。例如，雷克萨斯（Lexus）和英菲尼迪（Infiniti）性能卓越但缺乏格调。雷诺认为，日本品牌缺乏汽车制造商的设计和信誉的"法国风格"。最近雷诺正打造一款强调舒适的车；宝马试图强调的不是拥有一辆豪华车的声望，而是车的"内在价值"。传递价值正变得越来越重要，宝马拥有德国传统的优势。

由于性能和传统是决定欧洲人汽车偏好的重要属性或维度，图 21-11 显示了不同的欧洲车在这两个维度上的定位，注意，宝马在这两个维度上均占据了最佳位置。2017 年，大多数美国和日本汽车都强调质量、可靠性和效率。然而，为了应对欧洲市场21世纪的竞争，日本和美国面临新挑战——传承性，这就要求美国和日本汽车制造商采取新的营销策略。例如，通用汽车在2005年第一次宣布，在美国的每一个人都可以享受通用汽车员工的折扣，每个人都只需支付通用汽车员工支付的车价，不会多一分钱。这一营销策略有助于通用汽车与欧洲和日本品牌开展有效的竞争。

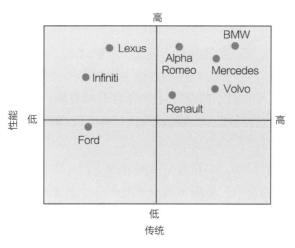

图21-11　不同的欧洲汽车的性能和传统

案例21.4　　　　　　Fab 精彩的泡沫大战

洗涤剂市场的竞争正在泰国酝酿。截至2017年，超浓缩洗涤剂正迅速普及。泰国的市场潜力调研表明，尽管洗涤剂市场增长已经放缓，但超浓缩产品将继续高速增长。此外，这一品类已经主导了其他亚洲市场。高露洁以 Fab Power Plus 进入这一新的竞争领域，目标是获得4%的市场份额。该市场的主要参与者是花王公司的 Attack，Lever Brothers 的 Breeze Ultra 和 Omo，以及 Lion Corp 的 Pao Hand Force 和 Pao M. Wash。基于定性调研和二手数据，高露洁评估了超浓缩洗涤剂成功的关键因素。其中一些因素是环境吸引力、手洗和机洗的便利性、卓越的清洁能力、手洗时的最佳泡沫水平和品牌名称。市场调研还显示，没有一个品牌同时具备手洗和机洗功能。Hand Force 是手洗产品，M. Wash 是机洗版本，Breeze Ultra 也针对机器使用。因此，一种同时具有手洗和机洗功能的配方是可取的。公司设计了一个联合调研，这些因素在两个或三个层面上变化。从受访者那里收集了偏好评级，并在个人和团体层面对这些因素进行了部分价值评估。结果显示，"手洗机洗能力"这一因素有很大的贡献，支持了先前的说法。基于这些发现，Fab Power Plus 成功进入市场，成为一个兼具手洗和机洗功能的品牌。

小结

多维标度分析用来展示调查对象的感知和偏好，用多维空间中点与点之间的几何关系表示不同刺激物之间感知或心理上的关系。定义多维标度分析问题需要确定所包括的品牌、所选品牌的数量和性质对多维标度分析的结果有影响。从调查对象获得的输入数据与感知或偏好有关,前者可以通过直接和间接两种方式获得,而直接方式在市场调研中更为常用。

多维标度分析方法的选择取决于输入数据的性质(定量或非定量),以及分析的是感知数据还是偏好数据。另一个决定因素是在个体水平还是群体水平上进行分析。确定多维标度分析解的维数需要依据有关理论、可解读性、拐点和易用性等考虑。给不同维度命名是一项艰巨的任务,需要一定的主观判断。有数种评价多维标度分析结果的信度和效度的办法。可对偏好数据进行内部或外部分析。当输入数据是定性数据时,可以用对应分析方法进行分析。如果输入数据是通过以属性为基础的方法获得的,还可以通过因子分析或判别分析得到空间图。

联合分析的基本假设是,消费者对品牌轮廓进行评价时,能够确定属性的相对重要性和不同属性水平的效用,品牌轮廓由这些属性及其水平的不同组合构成。拟定问题需要确定这些重要属性及其水平。常用结对法或完整轮廓法构建刺激集。用一些统计设计方法可以减少评价工作。输入数据可以是非定量的(排序)也可以是定量的(评分)。因变量通常是偏好或购买意愿。

尽管还有其他的分析联合分析数据的方法,虚拟变量回归正变得越来越重要。结果的解读需要考察部分值函数和相对重要性权重。有若干种方法评估联合分析结果的信度和效度。

MARKETING RESEARCH

实用市场调研|（原书第7版）

第 22 章　结构方程模型和路径分析

结构方程模型为测试结构化理论和多元关系提供了一个强有力的工具，随着我们希望对所用数据获得更全面的理解，这一点越来越重要。

——Burke 公司高级咨询师 Alex Mangoff

Alex Mangoff 供图

本章概要

——————

    本章简要介绍了结构方程模型,这种方法可用来估计由多个观察变量代表并纳入一个整合模型(见第 2 章)的一组概念或概念间的一系列依存关系。第 17 章的回归分析和第 19 章的因子分析是理解结构方程模型的基础。首先讨论结构方程模型的基本概念,接下来解释其中的关键统计量和术语,然后描述结构方程模型的运用过程。最后描述了路径分析的有关技术。此外,还介绍了二阶验证性因子分析。

    关于结构方程模型的应用和软件在结构方程建模与路径分析中的应用,请感兴趣的读者查看本书配套网络资源。

关于互联网用户数据隐私的担忧

尽管具有巨大的潜力，但电子商务在全球商业中所占的份额仍然很小，截至2017年不到10%。互联网相关业务的信息隐私问题已被确定阻碍电子商务的发展。因此，本书作者和他的同事开发并发布了一个衡量互联网用户信息隐私问题的量表（Internet users' information privacy concerns，IUIPC）。基于社会契约理论，IUIPC被概念化为三个维度：收集、控制和意识。在探索性因子分析的基础上，收集由四个项目或变量测量，控制和意识分别由三个观察变量表示。然后设计了另一项实证调研，并使用结构方程模型（SEM）来评估量表的特性（见第9章）。首先使用CFA估计测量模型。该模型用于建立量表的复合信度、收敛效度和判别效度。然后，通过证明IUIPC与信任、风险和行为意图等结构的理论关系得到数据的支持，估计了结构模型并建立了量表的理论效度。

Minerva Studio/Shutterstock

基本概念

在许多情况下，调研人员必须回答相互关联的一组问题。例如，一家服务型企业可能对下列问题感兴趣：哪些变量决定服务质量？服务质量如何影响顾客对服务的态度和满意度？服务满意度如何导致光顾意向？对服务的态度和其他变量如何共同影响光顾意向？这些相互关联的问题，不可能依靠之前第14～21章所讨论的任何单一统计工具来解决。为了以统一的、整合的方式来解决这些问题，调研人员必须利用**结构方程模型**（structural equation modeling，SEM）。结构方程模型用一个工具就可以估计测量量表性质，并对假设的理论关系进行检验。例如，根据理论和以往调研，可以假设服务质量具有5个维度或因子：有形性、信度、响应性、保障性和移情性。服务治理可以看作一个无法直接观察或测量的潜在构念，但可通过这5个可观察和测量的维度来体现。结构方程模型能够确定各个维度在代表服务质量方面的贡献度，并评估用于测量这些维度的一组观察变量能否很好地代表服务质量，即各概念的信度。然后可将这些信息纳入服务质量和其他概念的关系中并进行估计。服务质量对于顾客对服务的态度和满意度均有直接的正向影响，而服务态度和满意度又对光顾意向产生影响。因此，在我们的理论中，服务态度和满意度既是因变量也是自变量。一个假设的因变量（态度或满意度）在其后的依存关系（解释光顾意向）中又成为自变量。

结构方程模型考察由一系列结构方程所表述的这些相互关系，概念上类似于估计一组多元回归方程。这些方程表达构念之间的所有关系，不管构念是自变量还是因变量。在结构方程模型中，**构念（construct）** 是由多个变量所代表的不可观察的或潜在的因子构成，其类似于因子分析中变量所代表的因子。但结构方程模型明确地将测量误差纳入考虑。**测量误差（measurement error）** 指在多大程度上观察变量不能描述结构方程模型中的潜在构念。与第 14 ~ 21 章中的其他多元统计分析技术相比，结构方程模型有以下特点：

1. 构念在依存关系中被表述为不可观察的或潜在的因子。
2. 多个依存关系被纳入一个整合模型中进行估计。
3. 明确包含测量误差。结构方程模型能够明确考虑到观察变量不是完全可靠的，能对由测量误差引起的衰减和估计偏差进行分析。
4. 解释观察变量之间的协方差。结构方程模型能发现由假设潜在模型定义的少量结构参数，并试图通过结构参数来代表观察数据均值、方差和协方差的有关假设。

结构方程模型也称协方差结构分析（covariance structure analysis）、潜变量分析（latent variable analysis）、因果模型（causal modeling）等。但需要指出，结构方程模型本身不能用于确立因果关系，只能对这一过程提供帮助。为了建立因果推断，必须满足第 7 章讨论的因果关系的全部三个条件，而结构方程模型很少能满足这些条件，因为这类模型通常在一个时点上利用调查法、用横截面数据进行估计。结构方程模型可为系统共变性提供证据。

结构方程模型主要是一种验证性而非探索性技术。总体而言，结构方程模型可用于证明某个模型是否有效，而不是用来"发现"合适的模型。当然，结构方程模型也经常涉及探索性分析。

结构方程模型相关统计量

绝对拟合指数（absolute fit indices）。这些指数衡量测量模型和结构模型的总体拟合程度，拟合优度值越高，拟合劣度值越低，说明拟合越好。

平均析出方差（average variance extracted，AVE）。用于衡量聚合效度和判别效度，指潜在构念在多大程度上解释观察变量的方差。

卡方差值统计量（chi-square difference statistic，$\Delta\chi^2$）。用于比较两个嵌套结构方程模型的优劣，计算时采用的卡方值与自由度分别为两模型的卡方值之差与自由度之差。

组合信度（composite reliability，CR）。定义为真分数方差与总分数方差之比，相当于经典测量理论中的信度。

验证性因子分析（confirmatory factor analysis，CFA）。用于估计测址模型，验证因子（或构念）的个数和观察变量（或指标）的因子载荷与理论预计是否相符合。指标的选择以理论为基础。结构方程模型则用来验证指标在预计的若干因子上的载荷。

内生构念（endogenou sconstruct）。是多指标的、潜在的因变量，由模型中的构念或变量决定，因而依赖于其他构念。

估计的协方差矩阵（estimated covariance matrix）。表示为 Σ_k，以结构方程模型所估计的方程为基础，是全部观察变量之间的估计协方差。

外生构念（exogenous construct）。是多指标的潜变量，相当于传统多元分析中的自变量，由模型之外的因素决定，不能被模型中的任何构念或变量解释。

一阶因子分析（first-order factor analysis）。由一层潜在因子或构念解释观察变量的协方差。

递增拟合指数（incremental fit indices）。用来衡量调研人员构念的模型与基准模型相比时的拟合程度，典型的基准模型是所有观察变域互不相关的零模型（null model）。

测量模型（measurement model）。是结构方程模型所估计的第一类模型，以理论为基础构建各构念的测最量表并进行效度检验。

修正指数（modification index）。是针对任一限定的非自由估计的可能关系进行计算所得的指数，表明该路径若自由估计，模型的总体卡方值将如何改进。

嵌套模型（nested model）。若某一模型与另一模型的构念和变量个数一致，并且可以通过增减变量关系的方式由另一模型发展而来，则称该模型嵌套于另一模型。

非递归模型（nonrecursive model）。包含反馈环或双向依存关系的结构模型。

简约拟合指数（parsimony fit indices）。根据复杂性评价模型拟合度比较竞争性模型的指数，属于拟合优度指数，拟合得好表明估计参数少，模型更简约。

简约率（parsimony ratio）。模型自由度与所有可用自由度之比。

路径分析（path analysis）。因果模型中每个变量都只包含一个指标的一种特殊结构方程模型，换言之，路径分析只包含结构方程模型中的结构模型，无测量模型。

路径图（path diagram）。对反映构念之间全部关系的模型的图示，依存关系用直箭头表示，相关关系用弯箭头表示。

递归模型（recursive model）。不包含任何反馈环或双向依存关系的结构模型。

样本协方差矩阵（sample covariance matrix）。用 S 表示，包含观察变量的方差和协方差。

二阶因子模型（second-order factor model）。有两个层次，二阶潜变量引起多个一阶潜变量，后者又引起观察变量，因而一阶潜变量相当于二阶潜变量的指标或观察变量。

复相关系数平方（squared multiple correlations）。与共同度类似，该指标反映观察变量方差在多大程度上被某个潜在构念或因子解释。

结构误差（structural error）。类似回归分析中的误差项，在完全标准化估计中，某观察变量的复相关系数平方＝1－结构误差。

结构模型（structural model）。结构方程模型所估计的第二类模型，反映根据理论所构建的潜变量间的彼此关系。

结构关系（structural relationship）。内生构念和外生构念，或内生构念之间的依存关系。

单维性（unidimensionality）。一组观察变量仅反映一个潜在构念，所有交叉载荷均为零。

22.3 结构方程模型的基础

实用市场调研

理论、模型、路径图、外生与内生构念、依存与相关关系、模型拟合和模型识别等概念是理解结构方程模型的基础。接下来将讨论这些基本概念。

22.3.1 理论、模型和路径图

第 2 章讨论了理论和模型在开发解决问题的方法中的作用。理论被定义为基于假设为真的基本陈述或公理的概念方案，它是开发模型的概念基础。结构方程模型以理论为基础是非常重要的，因为必须先指定所有关系，然后才能估计结构方程模型。结构方程模型通常从理论中得出。结构方程模型由两部分组成：测量模型和结构模型。

测量模型描述了观察（测量）变量如何表示构念。它代表了为每个构念指定观察变量并允许评估构念的效度（第 9 章）。观察变量由调研人员测量，也称为测量变量（measurement variables）、显变量（manifest variables）、指标（indicators）或构念的项目（items）。一般认为观察变量依赖于构念。因此，箭头从构念出发，指向观察变量（图 22 - 1），即构念的指标。任何单个指标无法完全代表某个构念，仅是后者的反映。测量模型使用验证性因子分析（CFA）进行估计，调研人员指定哪些变量解释哪个构念（或因子），试图验证因子（或构念）的数量和观察变量（指标）的因子载荷是否符合基于预期的理论。因此，CFA 用于验证一组观察变量的因子结构，检验观察变量与隐含潜变量之间关系假设是否正确。调研人员使用理论知识、实证调研或综合利用二者提出先验的关系模式，然后对假设进行统计检验。在理论的基础上选择观察变量，并使用 CFA 来检验它们是否符合预期数量的因子载荷。术语"构念"和"因子"可以互换使用。换句话说，在检验测量模型时，调研人员可以完全控制哪些指标反映了构念。另一方面，结构模型显示了构念如何相互关联，通常具有多重依存关系，结构模型指定某个关系是否存在，如果理论假设存在，则在二者间绘制箭头；如果关系不存在，则不绘制箭头。

MARKETING RESEARCH AN APPLIED ORIENTATION 实用市场调研（原书第 7 版）

结构方程模型的图示成为路径图（参见第 2 章）。在结构测量模型的路径图时遵循以下规范。构念由椭圆或圆形表示，而观察变量由正方形表示。如图 22 - 1a）所示，从构念到观察变量的直线箭头表示依存关系，相关关系用曲线箭头表示。

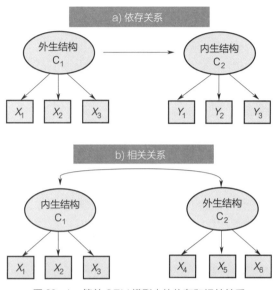

图 22-1　简单 SEM 模型中的依存和相关关系

22.3.2　外生构念与内生构念

如前所述，在结构方程模型中，构念指不可观察的潜变量，可用概念术语解释，但无法通过回答调查问卷中的问题等方式直接测量，而且其测量必然存在误差。因此，对构念只能通过考察多个观察变量的一致性进行近似的间接测量。

外生构念对应传统多元分析中的自变量，不同在于前者是多指标的、潜在的变量。外生构念用多个观察变量或项目来反映，是结构模型中的自变量，取决于模型以外的因素，因而不能被模型中任何构念或变量解释。体现在图形中，只有始于外生构念的路径（单向箭头），而没有任何路径（单向箭头）从其他构念或变量指向外生构念。在测量模型中，外生构念的指标或观察变量称为 X。因此，图 22 - 1a）中的潜变量 C_1 是一个外生构念。

相反，内生构念对应因变量，只不过是多指标的潜在因变量。内生构念由模型中的构念或变量所决定，路径图中通常包含从一个或多个外生构念或其他内生构念指向某个内生构念的一条或多条路径（单向箭头）。在测量模型中，内生构念的指标或观察变量称为 Y，如图 22 - 1a）中的构念 C_2。

22.3.3　依存和相关关系

依存关系用直箭头表示，箭头由前因（自变量）指向后果（因变量），后果可能是测量变量或潜在构念。在测量模型中，直箭头从构念出发指向其测量变量；在结构模型中，构念之间有依存关系，因而直箭头也画在构念间（见图 22 - 1a)）。如前所述，构建依存关系也需考虑构念属于外生变量或内生变量，图中构念 C_2 属于内生变量。需要指出，某一内生变量也可能是其他内生变量的前置因素。

相关关系也称协方差关系（covariance relationship），表明外生变量之间存在简单相关。一般是有理论依据的相关，但不假定有依存关系。相关关系用双向弯箭头表示，如图 22 – 1b）所示。注意，其中的 C_1 和 C_2 都是外生构念。

路径图一般会涉及内生和外生构念之间的依存及相关关系，这些关系是根据理论来设定的。

22.3.4 模型拟合

结构方程模型检验由多元方程表示的一系列关系。因此，必须为整个模型确定拟合或预测精度，而不是针对任何一元关系。如第 16 章的方差和协方差分析以及第 17 章的多元回归分析等会涉及方差分解，而结构方程模型分析涉及相关性或协方差，需确定理论在多大程度上解释了观察变量之间的相关矩阵或协方差矩阵。结构方程数据分析主要基于项目级别的相关或协方差矩阵，因此结构方程模型的准备步骤之一是生成这类矩阵。现在，大多数结构方程模型程序会自动生成相关性或协方差矩阵以进行后续分析，因此，对于此类软件的大多数用户而言，此步骤可能并不明显。重要的是要注意结构方程模型分析是基于相关或协方差矩阵而不是原始数据，与相关矩阵相比，建议基于协方差的结构方程模型估计。当数据标准化时，相关系数矩阵是协方差矩阵的一种特殊情况（见第 17 章），与相关性相比，协方差包含更多信息并提供更大的灵活性。基于所提出的测量和结构模型，可以估计观测变量之间的协方差矩阵 Σ_k。然后通过比较估计的协方差矩阵 Σ_k 与观察到的协方差矩阵 S 的匹配程度来确定**模型拟合**（model fit），即拟合统计量基础是 $|S - \Sigma_k|$。结构方程模型中的**残差**（residuals）是指协方差观察值与估计值之间的差异。本章后面将讨论结构方程模型中使用的特定拟合指数。

22.3.5 模型识别

模型识别（model identification）涉及协方差矩阵中是否有足够的信息使我们能够估计一组结构方程。我们可以为观察变量之间的每一个独特的方差或协方差估计一个模型参数。如果有 p 个观察变量，那么最多可以估计 $[p(p+1)] > 2$ 个参数。请注意，这个数字是所有独特的协方差 $[p(p-1) > 2]$ 和所有方差的总和，因此：

$$[p(p+1)]/2 = p(p-1)/2 + p$$

如果实际估计的参数数 k 小于 $[p(p+1)] > 2$，则模型被过度识别。在这种情况下，自由度为正。反之，如果 k 大于 $[p(p+1)] > 2$，则模型识别不足，无法得到单一解。作为一般准则，每个潜在结构至少有三个观察变量有助于模型识别（即导致过度识别的模型）。因此，我们推荐这种做法。

结构方程模型建模

图 22－2 描述了进行结构方程模型的过程。进行结构方程模型的步骤是：①定义每一个构念；②确定测量模型；③评估测量模型的信度和效度；④如果测量模型有效，确定结构模型；⑤评估结构模型的效度；以及⑥如果结构模型有效，得出结论并提出建议。以下将描述每一个步骤，并讨论其相关问题。

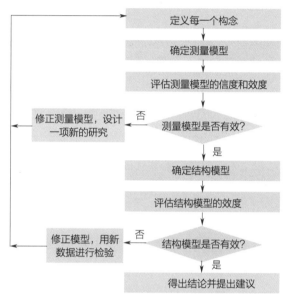

图22-2 结构方程模型的运用步骤

22.4.1 定义每一个构念

如前所述，结构方程模型分析以理论为基础是非常重要的。具体的结构，每个构念如何被定义和测量，以及构念之间的相互关系，都必须在理论的基础上加以明确。一般来说，对于结构方程模型理论，既要检验测量理论，也要检验结构理论。测量理论设定了测量变量的代表方式；结构理论则提出了构念之间的相互关系。由理论提出的构念关系转换为假设（见第 2 章），然后接受结构方程模型的检验。只有当确定构念测量方式的潜在测量模型效度令人满意时，这些假设检验才是有效的。因此，在对理论所确定的相关变量进行操作、测量和缩放时，应该非常谨慎。第 8 章和第 9 章讨论了所涉及的测量和标度的考虑，包括多项量表的开发，由此可得到用来测量观察变量或指标的量表。

22.4.2 确定测量模型

一旦定义了构念，测量了其观察变量或指标，就可以确定测量模型。这涉及将相关的观察变量分配给每个潜在构念。如图 22－3 所示，测量模型通常用图形来表示。

图22-3代表一个简单的测量模型，它有两个相关的构念，每个构念由三个指标或观察变量反映。将观察变量分配给每个潜在构念，在图形上相当于从每个构念到代表该构念的观察变量之间绘制箭头。图22-3显示了每个被测变量与其构念的相关程度，即该变量的载荷。我们只对箭头所指的将每个被测变量与其潜在构念联系起来的载荷进行估计；所有其他的载荷都被设置为零。由于潜在因子并不能完全解释被测变量，所以要加入测量误差项。在测量模型中，不区分外生和内生构念，二者被视为同一类型，与因子分析（第19章）相似。

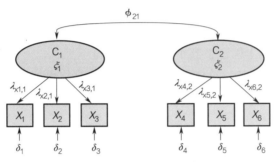

图22-3 简单测量模型的路径图

在测量模型中，通常用希腊字母来表示构念，用英文字母来表示测量变量。常用的符号如下：ξ = 潜在因子；X = 测量变量；λ_x = 因子载荷；δ = 误差；ϕ = 构念间相关关系。

可以看出，图22-3与图22-1b)相似，只是增加了符号。测量模型可以用方程表示为：

$$X_1 = \lambda_{x1,1}\xi_1\delta_1$$

在图22-3所示的模型中，总计需要估计13个参数，包括6个载荷、6个测量误差和1个构念间相关关系。其他路径均未设定，即未显示任何箭头。这些路径将被固定为0，即不进行估计。对模型中的任何参数，调研人员都应当设定是否要估计。自由参数指需要估计的参数；对于固定参数，结构方程模型不估计，其值由调研人员设置。通常，固定参数赋值为0，表明不估计某些关系。为每个潜在构念确定观察变量或指标，需要"设定"潜在构念的量表。因为潜在构念不可被观察，所以它没有度量尺度（即没有数值范围）。因此，必须提供一些数值，可以使用以下两个选项中的任何一个。

1. 固定某个因子的载荷，通常为1。
2. 固定潜变量方差，通常为1。在这种情况下，构念之间的关系由相关系数矩阵来表示。

样本量要求

结构方程模型的样本量取决于模型复杂程度、估计方法、缺失值多少、指标或测量变量平均误差方差大小、数据的多元分布等多方面因素。就复杂程度而言，包含较多构念或测量变量的模型需要较大的样本。如果每个构念的测量变量少于3个，则需要大样本。也要考虑估计方法，极大似然估计需要200~400个样本，具体数量取决于

MARKETING RESEARCH AN APPLIED ORIENTATION 实用市场调研（原书第7版）

其他一些因素。如果缺失值比例大于 10%，就可能有问题。指标的平均误差方差可通过**共同度（communality）**来理解。与因子分析中的共同度概念相似，这里共同度指测量变量的方差多大程度上由其负载的构念解释。调研发现，当共同度变小时，就要求用大样本。这一问题在构念的测量变量不足 3 个时会进一步加剧。最后，数据越偏离多元正态分布的前提，就越需要大样本。为了使偏离正态分布带来的问题最小化，建议模型中的各个估计参数应当至少有 15 个样本。

有一些简化法则：当结构方程模型含有 5 个或 5 个以下构念、每个构念有 3 个以上测量变量、共同度为 0.5 以上时，至少需要 200 个样本；若模型含有 5 个或者更少构念，但其中有的含不到 3 个测量变量，或者共同度小于 0.5，那么至少需要 300 个样本；若模型包含 5 个以上构念，其中有的测量变量不足 3 个，且多个共同度低于 0.5，那么所需样本量至少为 400。总体而言，大样本能够获得更加稳定的结果，调研人员应当确保能用充足的样本运行结构方程模型。

22.4.3　评估测量模型的信度和效度

测量模型的效度取决于拟合度值、可靠性和构念效度，特别是聚合效度和判别效度。

评估测量模型是否适合

如前所述，拟合优度是指所设定的模型能否很好地重构指标项的方差矩阵，即指标变量（Σ_k）的估计协方差与观察样本的协方差（S）的相似程度。两个矩阵的值越接近，模型拟合得越好。如图 22-4 所示，用于评估拟合的各种度量包括绝对拟合指数、递增拟合指数和简约拟合指数。绝对拟合指数只衡量模型本身，不考虑其他可能模型，直接测算所设定模型与观察样本的数据之间的吻合度。该类指标既可测量拟合优度，也可测量拟合劣度。拟合优度指数表明确定模型与观测数据或样本数据的拟合程度，因此取值越大越好。常用的有拟合优度指数（GFI）和调整后的拟合优度指数（AGFI）。后者指某种形式的误差或偏差，因此数值越小越好。常用的拟合差度量是卡方（χ^2）、残差均方根（RMSR）、标准化残差均方根（SRMR）和近似误差均方根（RMSEA）。

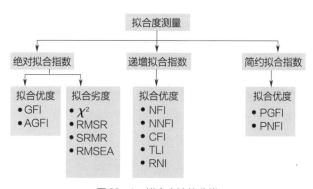

图 22-4　拟合方法的分类

与绝对拟合指数相反，递增拟合指数所衡量的设定模型与样本数据的拟合程度是相对于某个基准模型而言的。通常采用零模型，即假设变量互不相关的模型为基准模型。递增拟合指数测量的是拟合优度，常用的有规范拟合指数（normed fit index，NFI）、非规范拟合指数（non-norrned fit index，NNFI）、相对拟合指数（comparative fit index，CFI）、Tucker Lewis 指数（Tucker Lewis Index，TLI）和相对非中心指数（relative noncentrality index，RNI）。

简约拟合指数用来评估与模型复杂程度有关的拟合，在比较竞争模型时十分有用，也属于拟合优度测量。拟合更好或者模型更简单（估计参数更少），都有助于改进简约拟合指数。简约拟合指数的基础是简约率，即模型所用自由度与全体可用自由度之比。常用的简约拟合指数有简约拟合优度指数（parsimony goodness-of-fit index，PGFI）和简约正态拟合指数（parsimonynormed fit index，PNFI）。我们简要介绍一下这些指数，并提出使用规则。首先讨论卡方值（χ^2），因为它最为基础，接下来是其他指数。

卡方值（χ^2）：卡方检验提供了对协方差矩阵差异的统计检验方法，如 $\chi^2 = (n-1)$（观察到的样本协方差矩阵 – 估计的协方差矩阵），其中 n 是样本量，即：

$$\chi^2 = (n-1)(S - \Sigma_k)$$

由于特定自由度对应的卡方分布临界值已知，因此可得到观察样本协方差等于总体估计协方差的概率水平。概率越低（$p < 0.05$），两个协方差矩阵不相等的可能就越大，类似于第 15 章中讨论的 χ^2 检验。结构方程模型的自由度（df）由以下公式确定：

$$df = 1/2\left[(p)(p+1)\right] - k$$

其中 p 是观察变量的总数，k 是估计参数的个数。尽管卡方检验是唯一基于统计学的拟合度量，但其局限性在于它随着样本量和观察变量数量的增加而增加，在模型拟合中会出现偏差。因此，我们应该调研其他的模型拟合指标。

其他绝对拟合指数：拟合优度指数（GFI）是衡量绝对拟合度，而调整后的拟合度指数（AGFI）则是对模型中自由度的考虑。如果 F_k 是估计模型的最小拟合函数，F_0 是没有自由参数的基线模型的拟合函数，那么 GFI $= 1 - F_k/F_0$，随着模型拟合度的提高，F_k/F_0 降低，GFI 提高。AGFI 根据自由度进行调整，对于比较不同复杂度的模型非常有用。AGIF $= 1 - \left[p(p+1)/2df\right](1 - GFI)$，其中 p 是观察变量的总数，df 是模型的自由度。GFI 和 AGFI 在 0.90 左右被认为是可以接受的。GFI 和 AGFI 受到样本量的影响，对于设定不好的模型来说，GFI 和 AGFI 值可能很大，因此很少使用。

其他绝对拟合指数：拟合劣度指数。残差的概念在前面已经讨论过了。残差均方根（RMSR）是残差协方差的均值，是观察变量测量单位的函数。因此，除非进行标准化处理，否则在不同模型间比较 RMSR 是有问题的。标准化残差均方根（SRMR）是残差均平方根的标准化值，有助于在不同模型间比较拟合度。与 RMSR 一样，较低的 SRMR 值表示较好的模型拟合，0.08 或更低的值是理想的。近似误差均方根（RMSEA）考察了实际和预测的协方差（即残差，或者具体地说，残差平方平均值的平方根）之间的差异。

$$RMSEA = \sqrt{\left[(\chi^2/df - 1)/(n-1)\right]}$$

MARKETING RESEARCH AN APPLIED ORIENTATION 实用市场调研（原书第 7 版）

它通过考虑自由度和样本量来调整卡方值。RMSEA 值越低表明模型拟合越好，RMSEA 值小于等于 0.08 可以接受。

递增拟合指数： NFI 和 CFI 也是广泛使用的模型拟合指标，代表了递增拟合指数，即确定模型与假定变量不相关的零模型（即独立模型）进行比较。NFI 是理论模型卡方值（χ^2_{prop}）和零模型卡方值（χ^2_{null}）的之差除以零模型（χ^2_{null}）的卡方值，即 NFI $= (\chi^2_{\text{null}} - \chi^2_{\text{prop}})/\chi^2_{\text{null}}$。

当所设定的理论模型的卡方值接近 0 时，NFI 接近 1，拟合接近完美。NFI 不反映简约性；模型中的参数越多，NFI 越大，现在更多使用 NNFI。

$$\text{NNFI} = (\chi^2_{\text{null}}/\text{df}_{\text{null}} - \chi^2_{\text{prop}}/\text{df}_{\text{prop}})/\left[(\chi^2_{\text{null}}/\text{df}_{\text{null}}) - 1\right]$$

其中 df_{prop} 和 df_{null} 分别为理论模型和零模型的自由度。NFI 和 NNFI 的值大于等于 0.90 即可接受。

CFI 与 NFI 有关，考虑影响模型复杂度的自由度，计算公式为：

$$\text{CFI} = 1 - (\chi^2_{\text{prop}} - \text{df}_{\text{prop}})/(\chi^2_{\text{null}} - \text{df}_{\text{null}})$$

其中 χ^2_{prop} 和 df_{prop}，χ^2_{null} 和 df_{null} 分别是理论设定模型和零模型的卡方值和自由度。CFI 取值范围是（0，1），0.90 以上的值通常视为拟合良好。CFI 的含义与 NFI 相似，只是样本量不同。

CFI 与 NFI 在概念上相似，只是未进行标准化，因此其值可能会超出 0~1 的范围。拟合度高的模型的 TLI 值接近于 1。相对非中心指数（RNI）是另一个递增拟合指数，其取值一般在 0 到 1 之间，数值在 0.90 以上表示拟合良好。

简约拟合指数： 应该强调，简约拟合指数不适合于评价单一模型的拟合度，但对比较不同复杂度的模型很有用。简约拟合指数（PGFI）通过使用前面定义的简约率来调整拟合优度指数。PGFI 的值在 0 到 1 之间。基于拟合度和复杂性，具有较高 PGFI 的模型是首选。PNFI 将 NFI 与简约率相乘来调整 NFI。与 PGFI 类似，PNFI 的数值越高，说明模型在拟合度和简约度方面越好。PGFI 和 PNFI 都应该只在相对意义上使用（即用于模型的比较）。与 PGFI 相比，PNFI 的使用的更多。

以上我们讨论的指数中，CFI 和 RMSEA 受样本量影响最小，因而使用广泛。强烈建议使用至少类型不同的 3 个指数，而且报告卡方值与有关自由度总是好的。此外，应当考虑至少使用 1 个绝对拟合优度指数、1 个绝对拟合劣度指数和 1 个递增拟合指数。如果涉及比较复杂程度不同的模型，则还应当考虑简约拟合指数。

评估测量模型的信度和效度

第 9 章所讨论的多项目量表的准确度、信度、效度和可推论性也适用于结构方程模型，建议重温这些概念。这里讨论结构方程模型独具的信度、聚合效度和判别效度评估方法。

信度 构念若缺乏信度，则不可能有效度，因此首先评估测量模型中的构念信度。与第 9 章相同，信度可用 alpha 系数来衡量。还可计算组合信度，即真分数方差总值与总分数方差的关系，如以下公式所示：

$$CR = \frac{\left(\sum_{i=1}^{p} \lambda_i\right)^2}{\left(\sum_{i=1}^{p} \lambda_i\right)^2 + \left(\sum_{i=1}^{p} \text{var}(\delta_i)\right)}$$

其中 CR = 组合信度；λ 为完全标准化因子载荷；δ 为误差方差；p 位指标或观察变量数。

因此，组合信度相当于经典测量理论中的传统的信度概念。按一般规则，组合信度大于 0.7 即可认为信度良好。

聚合效度如第 9 章所述，聚合效度衡量某一量表与同一构念的其他测量正相关的程度。因此，因子载荷大小就能反映聚合效度。高因子载荷表明多个观察变量聚合于同一个构念，最低要求是载荷必须具有统计显著性，而且大于 0.5，若大于 0.7 则更理想。值高于 0.7 的因子载荷表明构念解释观察变量 50% 以上的方差，因为 $(0.71)^2 \approx 0.5$。有时 0.6 被视为临界值。

评估聚合效度的另一个指标是平均析出方差（AVE），定义为潜在构念所解释的指标或观察变量方差的比例。平均方差是根据完全标准化的载荷计算的，即：

$$AVE = \frac{\sum_{i=1}^{p} \lambda_i^2}{\sum_{i=1}^{p} \lambda_i^2 + \sum_{i=1}^{p} \text{var}(\delta_i)}$$

式中：AVE = 平均析出方差；λ = 完全标准化因子载荷；δ = 误差方差；p = 指标或观察变量数。

AVE 的取值范围为 (0, 1)，代表了潜变量所引起的方差占总方差之比。依据前文所述，AVE 大于 0.5 代表聚合效度令人满意，即潜在构念平均解释了观察变量 50% 以上的方差。倘若 AVE 小于 0.5，表明大多数方差是由测量误差而非构念引起的，那么指标以及构念都有问题。注意 AVE 比 CR 更为保守，只看 CR 的话可能聚合效度足够，但可能 50% 以上方差归于误差。另外还需要解释标准化的估计参数，保证参数有意义，而且与理论相符。

判别效度 确定判别效度要求明确构念与其他构念不同，具有独特贡献。首先，每个观察变量应当只负载 1 个潜在构念，交叉负载说明缺乏区分，会影响判别效度。结构模型方程一般假定一组观察变量只代表 1 个潜在构念，称为单维性，所有交叉负载被指定或固定为 O。

显示区分性的正规方法是将任何 2 个构念的相关系数设定为 1，即设定测量 2 个构念的观察变量也可仅用 1 个构念代表。如果 2 个构念的模型的拟合显著优于 1 个构念的模型，就可证明判别效度。但是，这一检验不够强，因为拟合差异在 2 个构念高度相关时也会显示为显著。

另一检验方法的思想是某一构念能比其他任何构念更好地解释其观测变量，具体表现为平均析出方差大于相关系数平方。与此一致，如果平均析出方差的平方根大于

MARKETING RESEARCH AN APPLIED ORIENTATION 实用市场调研（原书第 7 版）

相关系数，也认为构念具有判别效度。

诊断效度不足问题　如果对测量模型效度不满意，可以通过验证性因子分析提供的诊断信息进行恰当的修正，诊断线索包括：①路径估计或载荷；②标准化残差；③修正指数；④设定探求。

路径估计或载荷连接各构念与其指标或观察变量，应当考查完全标准化载荷，因为标准化考虑了不同指标所用的度量可能不同，排除了不同度量可能造成的影响。完全标准化载荷值在（−1，1）以外是不可行的，出现的话表明有问题，需要做进一步调研。载荷应当具有统计显著性，若不显著就应当删除相应的指标，除非保留指标得到强有力的理论支持。如之前所讨论的，载荷绝对值最好大于0.7，至少也得大于0.5。若载荷小于0.5，即使显著，也应考虑删除相应指标。载荷的方向应当与理论假设一致，而且载荷应具有理论意义。评估复相关系数平方也有用。复相关系数平方（squared multiple correlation）代表在多大程度上观察变量的方差能被所关联的潜在构念解释。

前面提到，残差指样本数据协方差观察值与估计值之差。**标准化残差（standardized residual）**则指残差除以其标准误差。标准化残差的绝对值遵守以下规则：大于4.0有问题；在2.5~4.0之间，需认真检查，但若有关指标或观察变量没发现其他问题的话，也可能不需要修正模型。

结构方程模型还对任何固定的、非自由估计的参数计算修正指数（modification index）。修正指数指该路径自由估计总体模型的卡方值的改进。该指数一般应当小于4.0，若大于等于4.0，则表示自由估计该关系或路径可提高模型拟合度。

设定探求（specification search）是一种利用模型诊断值不断试错、以发现一个有更佳的拟合模型的实证方法，用结构方程模型软件很容易操作。但这一方法需谨慎使用，因为仅仅依据实际数据来确定最佳拟合模型是有问题的。经验不足的用户不建议使用此法。

必须指出，上述修正，不管基于路径估计、标准化残差、修正指数还是设定探求，都与验证性因子分析的内在验证性本质相悖。修正更符合探索性因子分析。尽管如此，倘若修正幅度不大（例如，只删除10%的观察变量），就可以在修正后继续运行模型；如果修正幅度很大，就必须修改测量理论，设定一个新的测量模型，并收集新数据来检验新模型。

22.4.4　确定结构模型

一旦证明测量模型具有效度，就可以继续确定结构模型。由测量模型转向结构模型，重点也相应由潜在构念与观察变量间的关系转向构念之间关系的性质和大小。因此，测量模型会随潜在构念间的关系改变，当测量模型改变，估计的协方差矩阵也会改变，但以样本数据为基础的观察的协方差矩阵保持不变，因为其是用同一组数据估计结构模型。总体而言，拟合指数也会变化，即结构模型的拟合与测量模型的拟合不同。

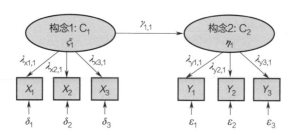

图 22-5　简单结构模型的路径图

　　图 22-5 是基于图 22-3 的测量模型的结构模型。虽然在图 22-3 中构念 C_1 和 C_2 是相关的，但现在存在一种依赖关系，C_2 依赖于 C_1。请注意，图 22-3 中的双头弧线现在被代表从 C_1 到 C_2 的单头箭头所取代。在记号和符号上也有一些变化。构念 C_2 现在用 η_1 表示。这一变化有助于我们区分内生构念（C_2）和外生构念（C_1）。请注意，只有外生构念 C_1 观察变量才用 X 表示（X_1 到 X_3）。另一方面，内生构念（C_2）的观察变量由 Y（Y_1 至 Y_3）表示。Y 变量的误差方差项用 ε 表示，而不是用 δ 表示。载荷也反映了内生和外生的区别。与之前一样，外生构念的载荷仍由 λ_x 表示。然而，内生构念的载荷由 λ_y 表示。结构模型的图形表示，如图 22-5 所示，被称为路径图。在路径图中用单头箭头表示的潜在构件之间的关系是通过估计结构参数来检验的。请注意，路径图中只有自由参数是用单头箭头表示的；固定参数（通常设置为零）没有显示。结构参数可分为两组。如图 22-5 所示，代表从外生构念（ξ）到内生构念（η）之间关系的参数，用符号 γ（gamma）表示。代表从内生构念到内生构念的关系的参数用符号 β（beta）表示。

　　只要递归模型不存在反馈回路或双向依存关系，此外也不存在交互项，则如果测量模型可识别，那么结构模型也可识别。在这种情况下，一般来说，结构模型是嵌套在测量模型中的，包含的估计参数较少。如果一个模型具有相同数量的构念和变量，并且可以通过改变关系（如增加或删除关系）从另一个模型中派生出来，那么这个模型就是嵌套在另一个模型中。当 C_1 和 C_2 互相依赖时，存在双重依赖关系，包含这种关系的模型被称为非递归模型。在确定结构模型时，最好是在估计结构参数的同时估计因子载荷和误差方差。然后，这些来自结构模型的标准化估计值可以与来自测量模型的相应估计值进行比较，以确定任何不一致的地方（差异大于 0.05）。这种方法也使我们能够将测量模型的拟合度作为评价结构模型拟合度的基础。不建议采用另一种方法，即把测量模型中得到的因子载荷和误差方差的估计值作为结构模型的固定参数。原因是测量模型和结构模型之间的拟合度变化可能是由于测量理论的问题，而不是结构理论的问题。

22.4.5　评估结构模型的效度

　　评估结构模型的效度包括：①评估拟合度；②比较所提出的理论模型与竞争模型；③检验结构关系和假设。

MARKETING RESEARCH AN APPLIED ORIENTATION　实用市场调研（原书第 7 版）

评估拟合度

结构模型拟合度检验与前面所讲的测量模型相同。通常一个递归的结构模型比相应的测量模型包含的关系要少，最多相等，因此结构模型所估计的参数相对较少。因此，递归结构模型的卡方值不可能低于对应测量模型的卡方值。换言之，递归结构模型的拟合不可能更好。因此，测量模型的拟合构成了结构模型拟合优度的一个上限，结构模型的拟合越接近测量模型则越好。评估拟合度的其他统计量和规则与前面测量模型所讨论的类似，也使用相同的拟合指数。

与竞争模型比较

在确定结构模型拟合良好之外，最好还能证明所提模型比其他可能的竞争模型拟合更好。拟合良好不能证明所提理论或结构模型对样本数据（协方差）解释力最好，别的模型也可能有相同的甚至更好的拟合。因此，拟合不能证明理论模型会提供唯一的真实解释，但通过与竞争模型比较可使我们提高对理论模型的信心。理论模型（M1）与竞争模型（M2）可通过卡方值、递增或简约拟合指数（见图 22 – 4）来比较。

倘若模型属于嵌套模型，可通过估计卡方值之差（$\Delta\chi^2$）来比较，具体为用所提理论模型 M1 的卡方值减去一个限制更少的模型 M2 的卡方值。M2 与 M1 相比，路径增多了。χ^2 的差异的自由度也被确定为 M1 和 M2 的自由度之差。所涉及的方程可以表示为：

$$\Delta\chi^2_{\Delta df} = \chi^2_{df(M1)} - \chi^2_{df(M2)}$$

且：

$$\Delta df = df（M1） – df（M2）$$

两个卡方分布值之差也服从卡方分布，因此可以检验自由度为 Δdf 的 $\Delta\chi^2$ 的统计显著性。该方法也可用来检验结构模型与测量模型的拟合度之差。结构模型比测量模型的限制更多，嵌套于后者。如果结构模型的拟合度大幅、显著地劣于测量模型，则结构模型的效度值得怀疑；反之，如果结构模型的拟合度不比测量模型显著变坏，则证明结构模型效度良好。

检验假设的关系

在结构方程模型中，理论关系通常被转化为可以被实证检验的假说。只要这些假设在结构方程模型分析中得到支持，结构理论就被认为是有效的。假设关系的估计参数在统计学上应该是显著的，并且有正确的符号。还应该检查内生构念的方差解释估计值，这种分析类似于方差分析中的 η^2（第 16 章）或多元回归中的 R^2（第 17 章）。如果结构方程模型被用来检验一个新开发的量表的名义效度，那么假设就会被已知的关系所取代，这些关系被实证调查，以提供名义效度的支持。

结构模型诊断

结构模型诊断类似于测量模型，可依据模型诊断信息做更多分析。例如，可新增原理论未曾假设的一条或多条路径。但应该强调，若修正后的结果缺乏理论基础，则不应当将其与基于结构理论的原有关系等同对待，即修正应具有理论意义并通过新的数据来验证修正模型。

22.4.6　得出结论并提出建议

如果测量模型和结构模型的效度令人满意，就可以得出结论。结论恰当的话，就可以向管理者提建议。结论可能关于以验证性因子分析为基础的关键构念测量，例如，某个新开发量表具有信度和效度，应当用于未来调研；也可能是结构参数估计显著而有意义，支持假设关系，此时就可讨论这些关系在理论、管理及公共政策方面的意义。以管理意义为基础就可以提出恰当的管理建议。

图 22-3 所示的测量模型是一个一阶因子模型，即观察变量（X）的协方差只用一层潜在构念解释。高阶因子模型包含 2 个或更多层潜在构念。最常见的高阶因子模型是二阶因子模型，包含 2 个层次。其中，1 个二阶潜在构念引起多个一阶潜在构念，后者继而引起观察变量。一阶潜在构念因此成为二阶因子的指标或观察变量。图 22-6 和图 22-7 中说明了一阶和二阶测量模型之间的区别。这些图描述了衡量网民信息隐私问题的量表（IUIPC）的表示。IUIPC 有三个维度，即收集（COL）、控制（CON）和知晓（AWA），分别由 4 个、3 个和 3 个观察变量测量。请注意，在一阶模型中，COL、CON 和 AWA 这三个潜在构念之间的协方差是自由估计的，如双头箭头所示。另一方面，二阶模型通过确定另一个导致一阶构念（COL、CON 和 AWA）的高阶构念（IUIPC）来说明这些协方差。

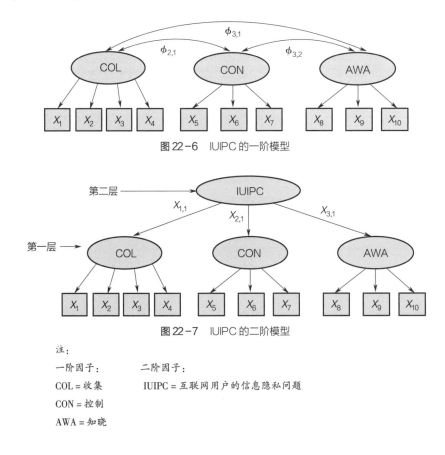

图 22-6　IUIPC 的一阶模型

图 22-7　IUIPC 的二阶模型

注：

一阶因子：　　　　　二阶因子：

COL = 收集　　　　IUIPC = 互联网用户的信息隐私问题

CON = 控制

AWA = 知晓

当我们从测量模型转移到结构模型时，信息隐私问题和另一个潜在构念如信任（TRU）之间的结构关系将由一阶模型中的多个路径（COL→TRU、CONL→TRU 和 AWAL→TRU）来表示。然而，在二阶模型中，它将由一条路径代表（IUIPC→TRU）。因此，二阶模型假设所有的一阶维度（COL、CON 和 AWA）将以同样的方式影响其他理论上相关的潜在构念（如 TRU）。如果这个假设不合理，那么首选一阶因子模型。

如果有四个或更多的一阶构念，二阶模型就会更简明，因为它使用的路径比一阶模型少。然而，它不一定更简单，因为它涉及更高的抽象水平。我们强调，对一阶和二阶因子模型之间的选择应该根据理论来进行。

22.5 结构方程模型与其他多元分析方法的关系

结构方程模型需要同时分析多个变量，并用外生构念来预测内生构念，因此既属于一项多元分析技术，也属于一项依存技术，类似于第 17 章多元回归及其他多元相关技术。每个内生构念方程的构成类似于多元回归方程，其中内生构念是因变量，箭头指向它的那些构念是自变量。但是，结构方程模型与其他多元相关技术有两点主要区别：第一，某一关系中的因变量可以成为另一关系中的自变量；第二，所有方程同时进行估计。同理，当结构方程模型中用到类型变量时，就可认为与多因素方差分析类似。

结构方程模型中的测量模型与因子分析相似，二者均涉及变量的因子载荷，也都用到相关和协方差概念。但二者也存在一个主要区别。结构方程模型根据理论确定哪些变量与哪个构念相关，只针对这些确定关系进行载荷估计，其余载荷全部假设为零，因此估计目的在于验证测量理论。从这一角度来看，结构方程模型是一种验证性技术，之前也已指出，用于估计测量模型的方法称为验证性因子分析。与此相反，第 19 章讨论的因子分析是一种探索性技术，通常称为探索性因子分析。探索性因子分析能识别解释一组变量之间相关性的潜在维度或因子，各变量在析出的各因子上都有载荷，因子载荷包含在因子矩阵中。因此，探索性因子分析不需要确定因子结构，而是通过数据来揭示潜在的结构。探索性因子分析的结果可用来建立某个理论，由理论引出假设的测量模型，然后用验证性因子分析进行验证。

当结构方程模型用于检验结构理论时，其分析类似于一次性完成因子分析及一系列多元回归。关于结构方程模型的应用，详见本书配套网络资源。

路径分析

22.6

若因果模型中每个变量都只有一个指标，就可采用路径分析，它是结构方程模型的一种特殊形式。路径分析可视为结构方程模型中的结构模型，不包含测量模型，又称因果模型（causal modeling）协方差结构分析（analysis of covariance structures）和潜变量模型（latent variable models）等路径分析还可看作回归分析的延伸。路径分析模型用长方形和箭头进行图示，其中单向箭头表示因果关系。模型中各个因变量对其他设定为原因的变量进行回归，将模型估计的回归系数与观察到的变量相关矩阵进行比较，计算出拟合优度指数。路径分析只使用相关或协方差矩阵作为输入变量来计算关系强度。

路径分析实例

假设我们观察到三个变量 Y_1，X_1 和 X_2 之间的相关系数矩阵如下。

	X_1	X_2	Y_1
X_1	1.0		
X_2	0.40	1.0	
Y_1	0.50	0.60	1.0

第一步是构建一个路径图，如图 22-8 所示。这与结构方程模型中的结构模型类似，应该由调研人员根据理论来确定。图 22-8 描述了一个简单的模型，两个外生构念 X_1 和 X_2 都与内生构念 Y_1 有因果关系。相关路径 A 是 X_1 与 X_2 相关。路径 B 是 X_1 预测 Y_1 的效果，路径 C 显示 X_2 预测 Y_1 的效果。Y_1 的值可以被建模为：

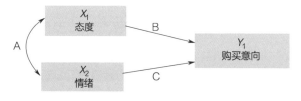

图 22-8　路径分析图解

$$Y_1 = b_1 X_1 + b_2 X_2$$

请注意，这类似于一个回归方程。现在可以确定我们模型中的直接和间接路径。

直接路径	间接路径
A = X_1 到 X_2	AC = X_1 到 Y_1（由 X_2 介导）
B = X_1 到 Y_1	AB = X_2 到 Y_1（由 X_1 介导）
C = X_2 到 Y_1	

路径分析将两个变量之间的简单相关分解为连接它们的直接和间接路径之和。在我们的说明性例子中，三个概念之间的独特相关性可以被证明是由直接和间接路径组成的，如下所示：

$$\text{Corr}_{x_1, x_2} = A$$
$$\text{Corr}_{x_1, y_1} = B + AC$$
$$\text{Corr}_{x_2, y_1} = C + AB$$

X_1 和 X_2 的相关性简单地等于 A。X_1 和 Y_1 的相关性（Corr_{x_1,y_1}）可以用两条路径表示：B 和 AC。B 代表从 X_1 到 Y_1 的直接路径。AC 是一条间接路径，沿着弯曲的箭头从 X_1 到 X_2，然后到 Y_1。同样，X_2 和 Y_1 的相关性可以被证明是由两条因果路径组成的：C 和 AB。鉴于我们观察到的相关系数矩阵，这些方程可以变成：

$$0.40 = A$$
$$0.50 = B + AC$$
$$0.60 = C + AB$$

代入 A = 0.40：

$$0.50 = B + 0.40C$$
$$0.60 = C + 0.40B$$

得到 B 和 C：

$$B = 0.310$$
$$C = 0.476$$

路径代表构念之间的相关估计或因果关系，其解释与结构方程模型中的解释相似。我们通过国际市场调研和道德领域的例子来结束对结构方程模型的讨论。

实用市场调研

案例22.2　　　　　　　通往国际化的成功道路

最近的一项调研试图解释专业服务企业的国际化。其基本理论框架是基于归因理论搭建的。该结构模型认为，有三个因果结构或因素（例如：产品的独特性、财政资源和竞争性定价）影响了认知心理后果（例如：对成功的期望）和由此产生的行为后果（例如：国际成功）。这个模型如图 22-9 所示。

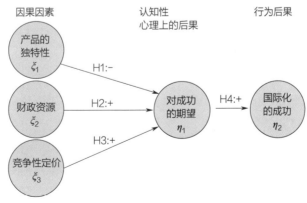

图 22-9　专业服务企业国际化的归因模型

这些数据是通过邮件调查的方式从 152 家美国专业服务公司的样本中获得的。首先，使用 CFA 确定并估计了一个测量模型。结果显示了可接受的综合信度、收敛性和效度。然后，对结构模型进行了估计，发现它是有效的。结构模型的结果为所有四个假设提供了支持（H1 到 H4），从而为归因框架提供了支持。同时，我们从中获得了一些管理方面的启示。例如，从认知心理后果对行为后果的影响可知期望在国际化方面取得成功的管理者往往会取得成功。

因此，希望在国际市场上取得更大进展的专业服务公司可能希望寻找到并提拔这样的管理人员。

实用市场调研

案例 22.3　　　　　个人价值观、道德意识和道德信仰

使用结构方程模型调研了个人的价值观、道德意识和道德信仰之间的关系。数据被收集在一个互联网调查中，并获得了 609 个完成调查的最终样本。首先，一个测量模型被测试为关键的效度维度。然后，在几个路径模型中检验了假设的因果关系。结果表明，价值观的个体差异直接和间接地（通过理想主义）影响了对有道德问题的消费行为的判断。这些发现不仅对道德决策的理论基础做出了贡献，而且具有管理意义。例如，了解不道德的态度和行为的基础是什么，将使零售商能够通过呼吁个人价值观来积极地影响购物者的行为。这应该会减少不道德行为，如入店行窃。

小结

结构方程模型是对一组概念或构念建立一系列依存关系的过程，这些概念或构念由多个观察变量所代表并纳入一个整合模型。结构方程模型主要作为一种验证性而非探索性技术。

结构方程模型以理论为基础，这一点非常重要，因为在估计结构方程模型之前必须确定所有关系。构念是不可观察的潜变量，可以用概念术语进行定义但无法直接测量，只能通过考察多个观察变量的一致性进行近似的、间接的测量。建议每个构念用至少三个观察变量来测量。结构方程模型分析的步骤包括：①定义每一个构念；②确定测量模型；③评估测量模型的信度和效度；④如果测量模型有效，确定结构模型；⑤评估结构模型的效度；⑥如果结构模型有效，得出结论并提出建议。

通过比较估计的协方差矩阵 Σ_k 与观察样本的协方差矩阵 S 之间的匹配程度来确定模型的拟合度，即拟合度统计量的基础是 $|S - \Sigma_k|$。有各种不同指标衡量拟合度，包括绝对拟合指数、递增拟合指数和简约拟合指数。对于绝对拟合指数，模型的评价独立于其他可能的模型。递增拟合指数评价设定模型相比于作为基准模型的其他模型在多大程度上与样本数据相吻合。通常采用的基准模型是零模型，即所有变量之间互不

相关。简约拟合指数根据复杂性来评价模型拟合程度，多用于比较竞争模型，计算基础是模型所用自由度与全部可用自由度之比，即简约率。

为了评估测量模型的效度，有必要考察组合信度、聚合效度和判别效度。组合信度定义为真分数方差总值与总分数方差之比。较高的因子载荷表明观察变量聚合于同一构念，衡量聚合效度的另一指标为平均析出方差，即指标或观察变量的方差被潜在构念所解释的百分比。交叉负载意味着缺乏差异，可能造成判别效度方面的问题。如果平均析出方差高于相关系数平方，则可以证明测量模型具有判别效度。

如果测量模型的效度不令人满意，那么可以采用验证性因子分析所提供的诊断信息来进行修正。可用来进行恰当修正的诊断线索包括：①路径估计或载荷；②标准化残差；③修正指数；④设定探求。如果修正幅度较大，那么必须修正测量理论并设定新的测量模型，还需收集新数据对模型进行检验。

一旦确定了测量模型的效度，就可以进而设定结构模型。从测量模型转向结构模型，相应地分析重点也由潜在构念和观察变量之间的关系转到构念之间的关系性质和强度。评价结构模型的效度与测量模型类似，包括考察拟合度、比较所设定模型与其他竞争性模型以及检验结构关系和假设。

有一些计算机程序可用于结构方程模型，比较流行的包括 LISREL, AMOS, CALIS 和 EQS。

MARKETING RESEARCH

实用市场调研 | (原书第7版)

第 23 章　报告准备与演示

在任何报告和汇报中，都要开门见山地点出为什么这些结果对公司是重要的。新手倾向于报告所有的数据和结果，不管它们是否相关。分析员的作用是过滤和提纯，以便受众能够获得精华。

——Decision Analyst 公司总裁、首席执行官 Jerry Thomas

Jerry Thomas 供图

本章概要

———————

　　报告的准备与演示构成了市场调研项目的第 6 步，亦是最后一步。前 5 步分别是定义调研问题、设计调研框架、进行调研设计、实地调研以及数据准备与分析。本章描述了报告的准备和演示作为最后一步的重要性及其过程；提供了包括报告撰写和图表设计等在内的报告准备准则；讨论了报告的口头演示；并描述了客户支持、调研过程评估等市场调研的后续工作；还讨论了国际市场调研中报告的准备和演示的特殊考虑，以及相关伦理道德问题的识别。我们先通过案例来认识报告准备和演示的重要性。

案例 23.1　　　　　　　　联合航空公司的调研报告

市场调研的任务是评估信息需求、提供所需信息并帮助决策者做出正确的决策。总部位于芝加哥的联合航空公司（United Airlines）进行航班乘客服务满意度的追踪时就是这样理解的。每个月在 900 次航班中有 192 000 名乘客被挑选出来，参与可扫描的问卷以及互联网调查，旨在了解乘客对地勤服务（航班预订、机场服务）和空中服务（飞机乘务员、食品、飞机）的满意度。表格由乘务员在飞行刚开始时分发，以便乘客能有时间填写问卷。互联网调查问卷则会在飞行结束时以链接的方式发送到乘客的邮箱。

联航内部的市场调研部门每个月都写一份报告来总结顾客的满意度，报告也被上传到互联网上，使全世界的联航管理者都能看到，由于样本量很大，数据具有较好的代表性，公司所有的部门都可以使用：

- 营销部门进行战略性规划、产品定位和目标市场选择；
- 财务部门衡量产品投资是否成功；
- 机场部门评估地勤服务，包括办理登机手续的速度和效率（服务代表、候机路线）；
- 管理者评估联航内部目标的完成和外部与竞争者比较之下的业绩。

这个覆盖面很广的消费者满意度调查的结果是联航的所有部门都能时刻了解顾客需求。在所有公司都具有同样的航程、同类的服务和同样的价格的情况下，这有助于将联航与其他公司区别开来。2017 年冬季，联合航空公司的调查显示在不确定的经济和政治环境下许多乘客正在寻找低价机票，因此公司降低了许多航线的价格。

Nieuwland Photography/Shutterstock

联合航空公司的例子强调了定期进行报告的重要性。

报告和演示的重要性

市场调研**报告（report）**：是指给特定受众制作的关于调研过程、结果、建议及结论的书面或口头报告。市场调研报告以及报告的演示是市场调研项目的重要组成部分，其理由如下：

1. 市场调研报告以及报告的演示是调研所付出的努力的可见成果。在完成调研项目、管理层做出决策之后，调研报告几乎是唯一的文件性质的证据，调研报告相当于一个市场调研项目的历史记录。
2. 市场调研报告及其演示可指导管理决策。如果认真地完成了一个调研项目的前5步但没有充分地注意到第6步，对管理层来说，整个项目的价值将大大降低。
3. 许多营销管理人员仅通过最终撰写的报告和口头演示来认识整个市场调研项目，他们通常会根据报告和演示的质量来衡量整个项目的质量。
4. 管理层对报告和演示有用性的判断将影响今后是否进行市场调研以及是否再次选择某一特定市场调研公司的决策。

报告准备和演示过程

图23-1描绘了报告准备和演示的过程，此过程始于根据调研问题、调研方法、调研设计和实地调研等对数据分析结果进行解释。调研人员不应仅仅总结统计结果，而应使调研的结果能够直接应用于决策中，只要条件允许，应该得出结论，并提出切实可行的建议。在撰写报告之前，调研人员应该与核心决策者一起讨论调研的主要结果、结论和建议。这些讨论在保证报告满足客户需求并最终得到认可的过程中扮演重要角色，并且在讨论中确定书面报告及其他数据的提交日期。

整个市场调研过程可由一个单独的报告进行总结，调研人员也可以分别撰写几份报告提供给不同的读者。一般来说，演示是对书面报告的补充。调研人员应该使客户有机会审阅报告，并且在此之后调研人员应进行一些必要的后续工作。调研人员应该协助客户理解报告，将调研结果付诸实施，并进行进一步的调研以及对调研过程进行评估。以下案例突出了调研人员在报告准备和演示过程中紧密参与的重要性。

图23-1 报告准备和演示过程

案例 23.2　　　　　　　　焦点小组主持人的代笔在欺骗客户

托马斯·格林鲍姆是市场营销公司量化调研部门的主管，他注意到近年来焦点小组服务领域出现令人不安的趋势，一些主持人和焦点小组在欺骗他们的客户，因为他们的报告实际上是由没有参加小组讨论的代笔人写的。

可能有超过一半的主持人使用代笔为客户撰写报告，这些代笔通常是学习业务的初级调研人员或兼职员工。格林鲍姆批评这种代笔行为，是因为焦点小组参与者的非语言反应以及群体协同作用通常不能被那些只听焦点小组会议录音或看视频的人准确地报告。他呼吁主持人就焦点小组报告的真实作者向客户直言不讳，并呼吁客户对他们的外部市场调研公司提出更高的要求。

虽然有些业内人士为代笔辩护，称他们会在报告审查后再发给客户，或者某些关键部分是由他们自己来写。在客户不知情的情况下这种做法仍然是不合乎伦理的，如果客户提前知道是其他人来写他们的报告，一个更明显的问题是，他们没有得到与他们支付的价钱相应价值的服务。

除了有可能降低报告的质量外，格林鲍姆观察到代笔会推迟最终报告的提交。自己写报告的主持人会尽量在讨论结束后的几天内完成报告，所以当他们写报告的时候，这些信息在他们脑海中仍然是新鲜的。然而，大多数使用代笔的主持人在最终讨论后的三到四个星期内都无法为客户提供最终报告，从而耽误了信息的传达。

23.3

报告准备

不同调研人员准备调研报告的方法迥然相异。调研人员与决策制定者的个性、背景、专业和责任感相互作用，赋予每一份报告独一无二的特质。但是，在设计和撰写报告以及制作图表方面仍然存在着一些统一的规则。功能强大的幻灯片经常被呈现和提交给客户，尽管如此，仍有一些关于格式化、报告编写、表格和图表设计的规则是应当遵循的。

23.3.1　报告的格式

报告的格式会因调研人员或进行调研项目的市场调研公司、调研项目的顾客及项目本身的性质不同而有所不同，下列内容可以作为确定调研报告格式的规则，调研人员可借鉴这一格式为具体调研项目的报告确定格式。大部分调研报告包括下列要素：

前言部分

（1）封面

（2）提交信

（3）授权信

（4）内容目录

（5）表目录

（6）图目录

（7）附件目录

（8）展示目录

（9）执行总结

- 主要结果
- 结论
- 建议

主体部分

（10）调研问题

- 问题背景
- 问题的陈述

（11）调研方法

（12）调研设计

- 调研设计的类型
- 信息要求
- 二手数据收集
- 原始数据收集
- 量表技术
- 问卷设计和预测试
- 抽样技术
- 实地调研

（13）数据分析

- 数据分析方法
- 数据分析方案

（14）调研结果

（15）调研局限和声明

（16）结论和建议

附加部分

（17）附件

- 问卷和图表
- 统计分析结果
- 清单

这一格式遵循市场调研项目的步骤，可以用数章的篇幅叙述调研结果。例如，在一个全国性调查中，可能先进行所有样本的数据分析，然后再对 4 个地区的数据分别加以分析。这样一来，调研结果就可能分 5 个章节而不是在一章中叙述。

封面。封面应包括报告题目、调研人员或组织的相关信息（姓名、地址和电话）、委托单位的名字和报告完成日期。报告的题目应指明调研项目的性质，如下案例所示。

实用市场调研

案例23.3 关于标题页的全球准则

在标题中使用客户语言——避免使用调研人员的语言：

- "无线运营商采取的做法"比"无线运营商服务调研"更好
- "客户对加强与银行关系的反应"比"关系调研"好

改编自 Kantar TNS（www.tnsglobal.com）

提交信。正式的报告一般包括提交信。提交信将报告转给委托方，并总结调研人员在完成项目中的体会，但不提及调研结果。信中还应确认委托方未来需要采取的行动，比如调研结果的实施或应当进行进一步的调研。

授权信。授权信是由委托方在调研项目开始之前写给调研人员的，其授权调研人员调研项目，并确定项目的范围和合同的有效期。通常用提交信便可以代替授权信，但有时候在报告中有必要包括一份授权许可的副本。

内容目录。内容目录应该列出标题和相应的页码，在许多报告中只列出主要的标题和子标题。紧接着内容目录之后的是表目录、图目录、附件目录和展示目录。

执行总结。执行总结是报告中极其重要的部分，因为高层管理人员通常只阅读报告的这一部分。执行总结应准确地描述调研问题、调研方法和调研设计，应包括主要结果、结论和建议。执行总结应在报告完成之后撰写。

调研问题。这一部分提供有关所调研问题的背景，突出与决策者和行业专家进行的讨论，并讨论二手数据分析和定性分析的结果及所考虑的各个因素。另外，这一部分还应包括对管理决策问题和市场调研问题的明确陈述（见第 2 章）。

调研方法。这部分应讨论解决所调研的问题的概括性方法。还应包括对指导这一调研的理论基础、所采用的分析模型、调研问题、假设和影响调研设计的因素的描述。

调研设计。调研设计应详尽说明调研是如何进行的（见第 3～13 章）。应包括所采用的调研设计的类型、信息要求、二手数据和原始数据收集、量表技术、问卷设计和预测试、抽样技术和实地调研。应尽量采用一种非技术性的、易于理解的方式阐述这些问题，技术性的细节可包含在附录中。这一部分应证实所选择的特定方法是合理的。

数据分析。这部分应描述数据分析方案并证实所采用的数据分析策略和技术是合理的。应使用简单、非技术性的语言对数据分析技术进行描述。

MARKETING RESEARCH AN APPLIED ORIENTATION 实用市场调研（原书第 7 版）

调研结果。这部分通常是报告中最长的部分，可能由几章构成。通常来说，结果不仅会在总体层面上得以展示，还会在细分的层面上（细分市场、地理区域等）层面得以展示。例如，一份医疗服务的市场调研报告分成4章来阐述调研结果：第1章阐述整体结果，第2章检验不同地理区域之间的差异，第3章阐述营利性医院和非营利性医院的差异，第4章阐述床位数量不同的医院之间的差异。调研结果的阐述应与市场调研问题和所确认的信息需求直接关联。主要的成果在正文中讨论，而细节则通过图表来阐明。

调研局限和声明。由于时间、预算和其他组织性约束，所有的市场调研项目都带有一些局限性。另外，调研设计可能由于各种误差的存在（见第3章）而有所局限，有些误差可能是很严重的，必须加以讨论。调研人员应该带着认真的态度和公正的视角去撰写报告此部分内容。一方面，调研人员必须保证管理层不会完全依赖调研结果，或把结果应用于调研目的以外的领域，比如说把调研结果延伸到调研项目之外的人群。另一方面，这一部分不应损害调研结果的可信度或降低调研结果的重要性。

结论和建议。仅仅对统计分析结果进行总结是不够的。调研人员应根据所调研的问题，利用调研结果得出主要的结论。在调研结果和结论的基础上，调研人员可以向决策制定者提出建议。有时候，调研人员所调研的只涉及一个领域，无法理解委托单位更多的情况，这样，他们就不需要提出建议了。所提出的建议应该可行、实际、可操作，并可直接被用到决策制定中去。以下案例中可以看到撰写结论和建议的一些指导原则。

实用市场调研
案例23.4

撰写调研结论和建议的指南

结论

结论应包括不同方面，例如：

- 消费者行为和产品消费

- 顾客态度、看法和偏好

- 市场和渠道的特点

  通常在调研中，选取的样本可以代表整个被调研市场。应避免出现与结论无关但有趣的结论。

- 可采用要点、陈述或段落的形式撰写

- 可使用小标题来标明所涵盖的不同细分市场的结论

建议

- 根据调研结论考虑可采取的行动建议有：

  增加/减少一个产品

  在广告中应传达的信息：广告主题和定位

选择哪些细分市场作为主要目标市场

如何进行产品定价和定价方案

未来应考虑的调研方向

- 应与所述的调研目的和调研问题有关
- 有时建议部分可以省略——例如：

客户希望提出的建议

调研是探索性的，例如，只是为了让客户熟悉一个市场

- 尽管我们可能不熟悉内部组织因素，但大多数客户对我们的建议感兴趣

改编自 Kantar TNS。

23.3.2 报告撰写

读者　报告应该写给特定的读者，即那些使用调研结果的营销管理者。应该考虑读者的技术水平，他们对调研项目的兴趣，他们在什么情况下阅读报告，以及他们如何使用报告。

应该避免使用技术术语和行话。正如一个专家所说的："你所撰写的报告的读者都很忙，他们几乎不可能在拿着一杯咖啡看着调研报告的同时，去翻阅专业字典。"应进行叙述性的解释，而不是使用诸如"最大似然""异方差""非参数"之类的技术术语。进行调研时，人们往往宁愿接受一个不能解决的问题，也不愿接受一个无法理解的答案。

调研人员经常要迎合那些具有不同技术水平和兴趣的读者的需要，为了满足这些相互冲突的需要，可以在一个报告中包括不同的部分，或干脆准备几个不同的报告。

易于理解　报告应该易于理解。报告应该在结构上具有逻辑性并且叙述清楚。报告所包含的资料，特别是报告的主体应该按逻辑关系安排结构，使读者能够很容易地看出内在的联系。应该用标题表示主题，用子标题表示次级主题。

富于逻辑性的组织也有利于产生前后一致的报告。使用短小且切中要害的句子可以使报告更加明晰。所使用的词语应该正好能够表达调研人员希望传达的东西，应该避免晦涩的词语、术语和陈词滥调。检查报告明晰度的一个很好的方法是让两三个不熟悉项目的人去阅读报告，并提出批评意见。在最终的报告定稿之前，进行几次修订是很必要的。

美观和专业的外观　报告的外观是很重要的。应该用高质量的纸张，进行高质量的打印和装订，从而得到专业的报告。印刷的格式应该多样化，字号大小的多样化和空白的有效使用可以使报告显得更漂亮，且增加可读性。

客观　客观性是指导报告撰写的重要准则。调研人员可能过于着迷于项目本身，以至于忽略了他们在项目中应承担的任务。报告应该准确地叙述调研项目所采用的方法、调研结果和结论，而不应该歪曲调研结果以迎合管理层的期望。决策者当然不希望调研结果与他们的判断和行为相悖，但调研人员应该有勇气客观地展示调研结果，

并为其辩护。

用图表来强化正文内容 用图、表和其他视觉工具来加强正文中的关键信息是非常重要的。视觉工具可以在很大程度上促进信息的传达并提高报告的明晰度和影响力。关于绘制图表的规则将在下文中加以讨论。

简洁 报告应该简明扼要，任何不必要的东西都应该去掉。如果报告包含了太多的信息，那么重要的信息反而会被忽略。应该避免对常规性问题进行冗长的讨论，但是报告的简要性不应该以损害报告的完整性为代价。

23.3.3 表格绘制指南

统计表格是报告的重要组成部分。我们通过表23-1中美国汽车销售量的例子来说明制表的规则。下列段落中括号内的数字与表23-1中相应数字所指的部分相对应。

标题和编号 每一个表都应该有编号（1a）和标题（1b）。标题应该简短，但应清楚地叙述表中所提供的信息。用阿拉伯数字对表格进行编号，以便在正文中引用它们。

数据的排列 表格中数据的排列应强调数据最重要的方面。因此当数据与时间相关时，数据应该按适当的时期进行排列；当数字的大小次序很重要时，数据应该按大小次序进行排列（2a）；如果查找项目的便利性很重要，则适于按字母顺序或常规顺序进行排列。

基本度量单位 应该清楚地注明基本度量单位（3a）。

引导线、分隔线和空格 引导线，即指引水平方向的圆点或连字符可以使表格显得统一，增加可读性（4a）。最好用空白区（4b）而不是垂直或水平分割线来安排数据。在不同部分的数据之后所加的空行也可以有助于阅读。表头之后通常加水平线（4c）。

解释与说明：列标题、行标题、脚注和来源 可用列标题、行标题和脚注的形式进行注解，从而使表格变得明晰。在垂直列上的叫列标题（5a），位于表格左侧一列的叫作行标题（5b），无法包含在表格内的信息应该用脚注（5c）加以解释。应该用字母或符号而不是用数字来表示某个地方加了脚注。脚注应该放在表格主体之后、数据来源之前。如果表中的数据是二手数据，则应注明数据来源（6a）。

表23-1　2016年6月至2016年10月美国机动车单位零售额

类别	6月	7月	未经季节性调整（千辆） 8月	9月	10月
国内汽车	451.666	435.745	431.882	416.620	376.555
国外汽车	152.803	154.993	148.038	137.543	128.080
国内轻型卡车	726.841	731.250	729.080	703.146	693.126
国外轻型卡车	181.690	194.684	197.233	171.154	166.533
重型卡车	35.722	30.147	33.556	32.357	31.792
*总和	1 548.722	1 546.819	1 539.789	1 460.820	1 396.086

*所有类别的总和
数据来源：经济分析局（BEA），2016年11月2日

23.3.4 绘图指南

总的来说，只要有实际需要就可以使用图表。信息的图形化描绘可以有效地对正文和表格进行补充，从而增加信息传达的明晰度和影响力。正如俗话所说，一图抵千言。绘图的规则与绘制表格的规则很相似，因此这里重点介绍图的不同类型。我们用表 23 - 1 中美国汽车销量的数据来描述几种图的特点。

地理和其他地图 地理和其他地图，如产品定位图，可以传达相对位置和其他比较信息。地理地图可以按国家、州、县、销售区域等进行划分。例如，假设想传达关于可口可乐与百事可乐及其他竞争者的相对销量的信息，就可以用一张图来传达这一信息。在这张图中，每一个地区按可口可乐、百事可乐和其他品牌的销量被分成 3 个部分。每一部分有不同的颜色。第 21 章提供了产品定位图的例子（见图 21 - 5）。

饼图（pie chart） 在饼图中，每个部分的面积占圆形总面积的百分比反映了与某一特定变量值相关的百分比。饼图不能用于表示跨时期或跨变量的关系。总的来说，饼图不应被分成多于 7 个部分。图 23 - 2 是一个代表美国汽车销售量的饼图。

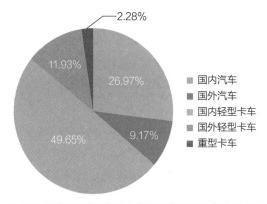

图 23 - 2 美国按类别划分的机动车单位零售额饼图（2016 年 10 月）

折线图（line chart） 折线图用连续的线连接一连串的数据点。折线图适于描绘跨时期的趋势和变化，几串数据可以在同一张图中进行比较，并从中得出预测、变化和推断。如果几串数据同时出现，则每条线应该有不同的颜色或形式（见图 23 - 3）。

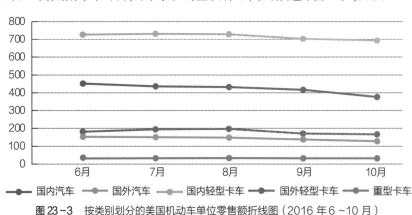

图 23 - 3 按类别划分的美国机动车单位零售额折线图（2016 年 6 ~ 10 月）

层状图（stratum chart） 是折线图的一种。在层状图中一串串数据被连续地求和，各条线之间的面积表示相对变量的大小（见图 23-4）。

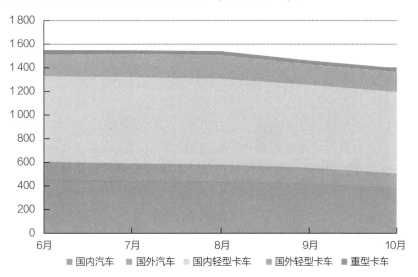

图 23-4　按类别划分的美国机动车单位零售额层状图（2016 年 6～10 月）

象形图（pictograph） 象形图用小图形或符号表示数据。如图 23-5 所示，象形图不能精确地叙述结果，因此，应谨慎使用象形图。

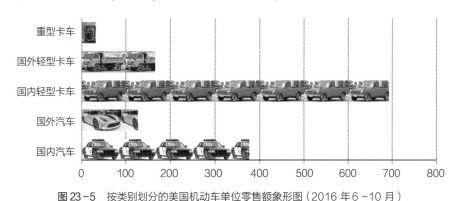

图 23-5　按类别划分的美国机动车单位零售额象形图（2016 年 6～10 月）

注：照片（从上到下）TainaSohlman/Shutterstock；nitinut380/Shutterstock；nitinut380/Shutterstock；Like 3d Design/Shutterstock；jamesteohart/Shutterstock

条形图（bar chart） 和 **直方图（histogram）** 条形图用水平或竖直的条形来表示数据。条形图可以用来表示绝对和相对数量、差异和改变。直方图是竖直排列的条形图，每一条的高度代表某一变量的相对或累计频率（见图 23-6）。

示意图（Schematic Figures） 和 **流程图（Flowcharts）** 示意图和流程图有多种形式。它们可以用来展示某一过程的步骤和组成部分，如图 23-1 所示。这种图的另外一种有用的形式是分类图，第 4 章（见图 4-1 至图 4-4）提供了划分二手数据的分类图的例子。在第 10 章中给出了问卷设计流程图的例子（见图 10-2）。

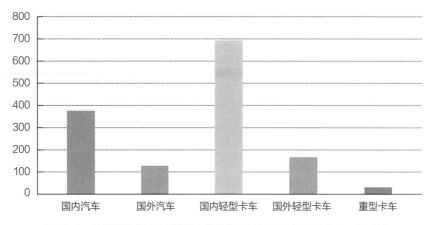

图23-6　按类别划分的美国机动车单位零售额直方图（2016年6~10月）

23.3.5　数据可视化和大数据

数据可视化是以图形、图表等形式呈现数据，如本章前面的图表部分（参见图23-2至图23-6）。它可以让读者看到可视化的数据分析结果，以便理解复杂的概念，甚至识别新的模式。交互式可视化通过使用技术分析图表和图形以获取更多信息，可以在不同的场景下交互式地选择或者处理数据，并进行更多的微观分析。这些分析可以被快速地执行，以可视化的方式呈现结果、突出显示重点，允许查询和探索，这使得管理人员能够做出更快、更好的决策。

可视化大数据

大数据可视化需考虑数据产生的速度、大小和多样性，这带来了新的挑战。如第4章讨论的，大数据具有海量性、多样性和及时性的特点，这对数据收集、处理和管理发布能力提出了更高的要求。

数据量、多样性和速度可能成为问题，因为传统架构和软件可能无法有效地处理大量数据。面对大数据，即使是最基本的描述性统计（参见第15章）和本章前面讨论的常用图表的计算也可能是有问题的。假设一个数据集里有10亿行，想要创建一个关于两个变量的散点图（参见第17章，图17-2），人类是不可能看到这么多数据点的，创建可视化图表的软件也可能无法绘制10亿个点。一种可能的解决方案是在两个轴上使用分组数据，这样就可以可视化大数据。

还有其他选择，比如箱形图。如果数据是非结构化的，可以使用词云（其中单词的大小表示其在文本体中的频率）显示高频或低频单词。另一种可用于半结构化或非结构化数据的可视化技术是网络图。网络图根据节点（代表网络中的个体参与者）和纽带（代表个体之间的关系）来查看关系，在这些图中，节点表示为点，纽带表示为线。关于这些方法和其他可视化大数据的方法的详细信息可以在SAS可视化分析网站（www.sas.com）上找到。

SAS 可视化分析

SAS 可视化分析具有自动制图功能，可以查看导入数据，然后根据数量、种类和速度提供最合适的可视化。此外，用户还可以对数据进行交互探索，并选择不同的方式显示数据，以处理特定的问题或解决新的问题。其中一个功能即"它的意思是什么"会显示已经完成分析的信息，并标识和解释所显示变量之间的关系，极大促进了数据可视化的创建和解释。

23.3.6 报告的分发

市场调研报告应当分发给客户机构的合适的人员。可以通过各种形式分发报告，包括纸质的和电子的。现在越来越多的报告直接在网上发布，通常不是在公众能够接触到的地方，而是受口令或公司内部网的保护。各种文字处理、电子表格和演示软件包具有产生能直接放在网上的材料的能力，因此使这一过程更加便捷。

在网上发布市场调研报告有许多优点：报告可以综合各种多媒体演示，包括图画、照片、动画、音频和视频；报告可以立刻被得到授权的人员在全球各地获取；还可以通过电子检索查到想要的特定材料，例如，位于吉隆坡的通用电气的一位经理可以找到与南亚有关的报告内容；存取方便快捷；很容易将这些报告进行整合，成为决策支持系统的一部分。此外，新兴互联网应用程序允许公司内的特定成员共享信息。

实用市场调研

23.4

口头演示

整个市场调研项目得出的结论应该向委托公司的管理层进行演示，这一演示将有助于管理层理解和接受书面报告。管理层可能提出的任何基本问题都可以在演示过程中加以讨论。因为许多管理者对项目的第一印象和持久的印象都建立在演示的基础上，所以演示的重要性不可低估。

有效演示的关键在于准备，应该按所写报告的格式准备草稿或详细的提纲。演示必须适合于特定的受众，因此需要确定受众的背景、兴趣、对项目的关切程度以及他们在多大程度上可能被报告所影响。在向管理层进行演示之前，应该预演几次。

诸如图表之类的视觉手段应该借助多种媒体工具进行展示。黑板或白板使调研人员可以进行演算，在回答技术性问题时特别有用。磁板和毛板尽管不够灵便，但可以迅速地展示事先准备好的资料。翻页纸板是一个挂在架子上的大的空白硬纸簿，它可以当作黑板或白板来用，事先将图示放置在每一页上，然后发言者在演示时翻阅每一页。投影仪可以展示简单的图表和复杂的、由于连续地添加新的图像而产生的重叠式图形。一些计算机程序可以用来制作有吸引力的胶片，也可以准备彩色胶片。幻灯片适用在屏幕上放映照片，录像机和大屏幕放映机在展示专题组和动态的现场工作时特别有效。配合个人电脑使用的投影仪可以在屏幕上放映终端图像，它可以用于制作电脑控制的演示或展示，诸如分析模型等技术性信息。

在演示过程中保持与受众的目光交流是十分重要的。在演示中和演示后，应给受众足够的机会提问。应该借助适当的故事、例子、体验和引语使演示变得有趣并可信。应该避免使用诸如"唔""你知道的""不错"之类的口头语。**总分总原则（Tell'Em principle）** 对于构筑一场演示是很有效的。这一原则是指：①告诉他们你将要讲什么；②讲给他们听；③告诉他们你都讲了些什么。另一个有用的原则是**简洁明了原则（KISS'Em principle）**，它是指：让演示变得简洁和直接。

演示过程中应该使用身体语言。描述性的手势有助于使语言传达更加清晰，强调性的手势可以用于强调所说的东西，建议性的手势是想法和情绪的标志，鼓励性的手势用于产生所期望的受众反应。发言者在发言过程中的音量、音调、音质、发音和语速应是不相同的，演示应该以一个强有力的结尾告终。为了强调演示的重要性，演示应该得到委托方的高层管理者的支持，如后面案例所示。

实用市场调研

案例23.5   向高管汇报演示

KantarTNS（www.tnsglobal.com）开展了一项调研项目，以衡量电视、纸媒和广播作为客户公司的广告媒体的相对效度。另外，还对电视广告、广播广告、平面广告等10类广告的效果进行了评价。鉴于该项目的性质，口头提出的报告对于传达调研结果特别重要。使用一台笔记本电脑和一台投影仪播放幻灯片和电视和广播广告。使用一个展示板展示平面广告。这个演示是在客户的月度会议上向客户的高级公司管理人员（包括总裁、所有副总裁和所有助理副总裁）发布的。

在演示之后，应该给委托公司的关键人员足够的时间详细地审阅报告。审阅报告也有几个原则。

实用市场调研

23.5   **审阅调研报告**

美国广告调研基金会（Advertising Research Foundation）提出了一系列审阅报告和评估调研项目的指导原则。

23.5.1 提出调研问题

读者应该关注报告是否明确提出了调研问题并提供相关背景信息。报告应清楚地说明调研项目的委托方和执行机构；不要假设读者了解有关问题，而应该提供所有的相关信息。一份没有提供这些信息的报告错失了重点，也不能抓住读者的眼球。

23.5.2 调研设计

如果报告的目标读者不能理解调研设计过程，这是调研人员的失误。读者应该能够至少在非技术方面理解调研设计过程，并特别注意对所需要的信息、数据收集方法、量表技术、问卷设计和预测试、抽样技术和实地调研等过程的讨论。报告中应证明所使用的方法是合理的，读者应该特别注意那些没有包含有关方法的细节或没有指明方法来源的报告。

23.5.3 调研程序的实施

读者应该特别注意调研程序的实施方式。调研项目的工作人员应该有资格承担这一工作，且受到正规的培训。应当遵循适当的指导和可控的程序，这对于数据收集、数据准备和统计分析是特别重要的。

23.5.4 数字和统计资料

读者应该认真地检查包含在图表中的数字和统计资料。不正确的数字和统计资料具有很大的误导性，比如说以小样本为基础的百分比和定序数据的均值。遗憾的是，在报告中这些误导性统计信息很常见。

23.5.5 解释和结论

读者应该评估报告是否以客观和真实的方式叙述了调研结果。对基本结果的解释应区别于结果本身，解释结果时的任何假设都应该被清楚地确认。报告应该讨论调研的局限，提醒读者对任何缺乏对重要假设或局限具体说明的结论或建议应慎重对待。

23.5.6 可推广性

调研人员有责任证明调研结果的信度、效度和可推广性。报告应该明确地指出调研结果所适用的目标群体，应该清楚地指明那些限制结果的可推广性的因素，比如样本的特征和代表性、数据收集方法和时间以及误差的多种来源。读者不应在没有明确考虑这些因素的情况下推广调研的结果。

23.5.7 信息披露

最后，读者应认真检查所写报告是否诚实且完整地反映了调研过程和结果。尤为重要的是保证读者被告知那些由调研人员主观判断的程序，例如对缺失值和权重等的处理，如果得到任何负面的或意料之外的结果，也应该报告。读者可以自由地询问未包含在报告之内的任何相关信息。

应用这些原则对报告进行认真的审阅，将有助于委托方有效地参与后续调研。

调研人员的工作并没有随口头演示而告终，还有其他两项任务需要完成：首先，调研人员应帮助委托方理解和执行调研的结果并进行后续工作。此外，应该在调研人员对项目的记忆仍清晰时及时对整个市场调研项目进行评估。

23.6.1 帮助客户

在客户详细审阅报告之后，可能会出现一些问题。报告的某些部分，特别是有关技术方法的那些部分可能没有被理解，此时调研人员应该提供所需的帮助。有时调研人员还帮助执行调研结果，客户经常聘请调研人员帮助他们选择新产品或广告代理商、制定定价策略、细分市场或开展其他营销活动。委托方要求后续行动的一个重要的原因是讨论今后的调研计划，例如，调研人员和管理层可能达成协议在两年以后重复这一调研。最后，调研人员应该帮助委托单位把市场调研项目中所得到的信息变成公司营销信息系统（MIS）或决策支持系统（DSS）的一部分。

23.6.2 调研项目评估

尽管市场调研是科学的，但也涉及创造力、直觉和专业知识。因此，每一个市场调研项目都提供了一个学习的机会，调研人员应该批判地评估整个调研项目，从而获得新的启示和知识。评估中需要回答的关键性问题是："有没有可能更有效且更高效地完成这一项目？"当然，这个问题可以细化为几个具体的问题。是否可以定义与原来不同的调研问题来增加项目在委托方心目中的价值并降低成本？与原来不同的方法是否可以带来更好的结果？最好的调研设计应是什么样的？所采用的数据收集方法效果怎么样？是否应该采用商场拦截而不是电话访谈？所采用的抽样方案是最合适的吗？是否正确预测并控制了可能的设计误差来源？如果没有，可能做出哪些改变？怎样做才可能改善实地调研人员的挑选、培训和指导，从而改进数据的收集？数据分析策略在获取对于决策制定有用的信息方面是否有效？结论和建议是否恰当并且对委托方有用？报告是否被恰当地撰写和演示？项目是否在预期内和预算内完成？如果没有，哪里出了问题？从这样的评估中所得到的启示将有益于调研人员和以后进行的项目。

国际市场调研

　　尽管不同国家和不同语言的管理层的差异使报告的准备显得较为复杂，但本章前面所述的规则同样适用于国际市场调研。在国际市场调研中，调研人员应该准备不同版本的报告，每一个版本针对特定的读者。不同的报告尽管格式可能不同，但应该具有可比性。口头演示的规则也与先前给出的规则类似，只不过增加了一个附带条件，即演示者应该对文化规范有敏感度。例如，开玩笑这种在美国很常用的手段并非在所有文化中都适合。许多营销决策是借助市场调研所得到的事实和数字制定出来的，但是这些数字必须经过决策者的逻辑思维、主观体验和个人感受的检验并受其约束。不同国家的管理者的主观体验和个人感受可能有很大不同，因此，为了使调研结果在不同的国家得以实施，有必要提出不同的建议。当提出诸如广告战之类革新性或创造性的建议时，这一点尤为重要。

实用市场调研

案例 23.6   凯美瑞的鸡打败了福特

　　2017 年，丰田澳大利亚公司（Toyota Australia）称其凯美瑞（Camry）汽车"从各个角度看都令人印象深刻"。丰田凯美瑞在澳大利亚使用的广告与在日本的广告截然不同。丰田在澳大利亚连续播出的一系列电视广告中问："鸡为什么要过马路？"答案是："当然是为了卖出更多的丰田凯美瑞。" Saatchi & Saatchi 广告公司制作了这些动画

广告，展示了一只鸡试图过马路，一辆路过的凯美瑞吹掉了它的羽毛。当丰田的营销总监鲍勃·米勒试图向日本的同行解释这则广告时，他们认为他疯了，但这则广告的效果令人难以置信地好。这个古老的笑话帮助丰田推翻了福特在澳大利亚的统治地位。作为一个连续的系列，下一支广告展示了这只没有羽毛的鸡坐在路中间的一堆鸡蛋上孵小鸡，凯美瑞飞驰而过。这种

幽默手法对日本人或许是一种冒犯，但它得到了澳大利亚人的赞许。通过在每种文化中定制其广告和营销工作，丰田在 2017 年仍然是澳大利亚最大的汽车销售商，拥有一些最畅销的车型，比如凯美瑞。

市场调研与社交媒体

社交媒体，尤其是博客和 Twitter，可以在传播市场调研项目的结果、报告以及公司决策方面发挥关键作用。Nielsen Wire 是尼尔森公司的博客，包含大量来自其出版物和调研单位的重要信息，涵盖消费者行为和媒体的最新每日消息以及营销趋势。尼尔森公司使用 Twitter 发布最新调研、全球新闻以及与公司最新调研相关的见解。同样，谷歌广泛使用社交媒体向公众宣传其新举措和有关公司的其他信息，谷歌的博客平台 Blogspot（www.blogger.com）允许个人和公司以很少费用或免费的方式向他人传播信息。谷歌本身有一个博客（blog. google），可以让消费者了解最新的信息、见解和技术改进，它还将谷歌文化融入博客，博客还可以为公司提供获取消费者对调研结果的反映的途径，得到公司根据调研结果做出的决定和采取的行动的反馈。社交媒体调研结果可以使用图表有效地呈现，例如 Twitter 趋势的统计图，当用于报告或执行演示时，社交媒体成员的故事通常可以有效地说明统计结果。

移动市场调研

在当前的移动环境中，公司需要通过移动设备快速提供市场调研项目的结果，并让他们的经理能够实时自行探索数据。SAS Visual Analytics 与 SAS Mobile BI 配合使用，能让管理人员和一线员工等用户在其移动设备上查看大量不同类型的报告，并快速轻松地对结果进行更深入的分析理解。

市场调研中的商业伦理

报告的准备和演示涉及许多伦理方面的问题。这些问题包括为达到不可告人的目的而定义市场调研问题，故意错用统计数据，伪造数字，更改调研结果，为了支持个人或公司的观点而曲解调研结果，隐瞒信息等。一个包括 254 名调研人员的调查显示：33% 的调查对象认为他们所面对的最难的道德问题是调研的真实性。调研人员在准备报告和展示结果时必须考虑这些问题，传达给委托方和其他利益相关者的市场调研结果必须诚实、准确且完整。

调研人员在整个市场调研过程中的每个阶段都应是客观的。有些调研步骤和分析可能没有产生任何新的、重大的发现，例如，判别函数可能不比随机分类的结果更好

（见第18章）。如果调研人员还是试图从这样的分析中得出结论，则会出现道德困境。为了避免不道德的行为，必须抵制这种获得结论的诱惑。

委托方同样对完整和准确地公开调研结果负有责任，并且应有道德地使用调研结果。例如，一些委托单位歪曲调研结果，开展不公平的广告活动，发布没有被市场调研所证实的有关品牌的说法，损害公众的利益。这些活动受到美国营销学会和其他专业调研协会的谴责（见第1章）。当委托公司使用市场调研结果去制定可疑的营销计划时，也会产生伦理问题。

实用市场调研

案例23.7　　　　　　　　烟草业是"确凿证据"

通过数据发现：吸烟导致美国30%的癌症死亡，是导致心脏病的重要原因，并与感冒、胃溃疡、慢性支气管炎、肺气肿等其他疾病相关。但烟草公司对这一后果承担道德责任了吗？利用市场调研去创造一个对目标市场有强烈吸引力的迷人形象，这种做法对于烟草公司来说是合乎伦理的吗？据估计，烟草业以系统的调研为基础所做的广告每天在美国吸引超过3 000个青少年烟民。借助卡通人物老乔（Old Joe）所做的骆驼牌（Camel）香烟的广告，使骆驼公司在非法的儿童香烟市场上的份额从0.5%提高到32.8%，预计年销售额为4.76亿美元。这种有害的后果不仅限于美国。烟草业不仅引诱儿童吸烟，而且瞄准了信息匮乏的人群，比如第三世界国家。烟草公司通过这些途径来创造新的烟民，替代那些戒烟的人和死去的烟民。

半个多世纪以来，吸烟者、他们的家人和政府一直对烟草公司提起诉讼。多年来，烟草诉讼在许多方面发生了变化——从原告使用的责任理论到香烟制造商提出的法律辩护。在2014年提起的针对雷诺兹公司的非正常死亡诉讼中，佛罗里达州的一个陪审团将超过230亿美元的惩罚性赔偿金判给一名前吸烟者的遗孀。然而，在2015年，佛罗里达州的上诉法院将这一赔偿金大幅减少到略低于1 700万美元。

小结

报告准备和演示是市场调研项目的最后一步。这一过程从解释数据分析结果开始，并由此产生结论和建议。接着，撰写正式的报告并做口头演示。在管理层审阅了报告之后，调研人员应进行后续工作，协助管理层并对市场调研项目进行全面的评估。

在国际市场调研中，由于需要为不同国家和语言的管理者准备报告，因此报告准备变得较为复杂。这一过程涉及一些道德问题，特别在向委托方报告和解释调研过程和结果，以及委托方对这些结果的使用时。网络和计算机的使用可以在很大程度上使报告准备和演示变得便利。

术语表

第1章

[1] **市场调研（marketing research）**：通过系统、客观地识别、收集、分析和传播信息，协助管理层做出与识别和解决市场调研相关的问题（和机遇）的决策。

[2] **识别问题的调研（problem-identification research）**：为了识别不明显但实际存在或将来可能出现的问题而开展的调研。

[3] **解决问题的调研（problem-solving research）**：为了解决特定的营销问题而开展的调研。

[4] **市场调研过程（marketing research process）**：定义在市场调研中需要完成的工作，共包含6个步骤，包括定义调研问题、确定调研方法、制定调研设计、现场工作与数据收集、数据准备与分析、撰写与提交报告。

[5] **竞争性情报工作（competitive intelligence）**：更好地了解公司的竞争对手和竞争环境，从而增强市场竞争力。

[6] **内部机构（internal supplier）**：企业内部的市场调研部门。

[7] **外部机构（external supplier）**：受雇开展市场调研的外部公司。

[8] **完整服务供应商（full-service suppliers）**：提供全方位市场调研服务的公司。

[9] **定制化服务（customized services）**：定制调研程序以最好地满足特定客户需求的公司。

[10] **辛迪加服务（syndicated services）**：收集和销售可满足多个客户需求的公共数据池的公司，一般通过订阅的方式提供服务。

[11] **互联网/社交媒体服务（internet/social media services）**：专门开展互联网市场调研的公司。

[12] **部分服务提供商（limited-service suppliers）**：

[13] **实地调研服务（field services）**：专门为调研项目收集数据的公司。

[14] **定性调研服务（qualitative services）**：为焦点小组和其他形式的定性调研，如一对一深度访谈提供设施、招聘受访者等服务的公司。

[15] **技术与分析服务（technical and analytical services）**：提供问题设计或对从大型调查等方式中获取的定量数据进行计算机分析等服务的公司。

第2章

[1] **问题定义（problem definition）**：对一般问题进行广泛的陈述并对市场调研问题的具体组成部分进行识别。

[2] **问题审查（problem audit）**：全面地审查调研问题，进而了解问题的产生原因和性质。

[3] **经验调查（experience survey）**：采访对调查主题非常了解的人。

[4] **关键报告人技术（key-informant technique）**：经验调查的别称。

[5] **关键用户调查（lead-user survey）**：对技术的关键使用者进行采访。

[6] **二手数据（secondary data）**：出于对当前问题以外的目的而收集的数据。

[7] **原始数据（primary data）**：调研人员为了当前问题而收集的数据。

[8] **定性调研（qualitative research）**：一种基于小样本的非结构化探索性研究方法，旨在了解问题的背景。

[9] **试点调查（pilot survey）**：与大规模调查相比结构化程度较低的调查，通常包含更多开放式问题并且样本量要小得多。

MARKETING RESEARCH AN APPLIED ORIENTATION 实用市场调研（原书第7版）

［10］**案例分析（case study）**：针对感兴趣的现象，对少数选定案例进行深入调查。案例可以是客户、商店或其他对象。

［11］**问题的环境背景（environmental context of the problem）**：影响调研问题定义的一系列因素，包括过去的信息和对未来的预测、公司的资源和约束、决策者的目标、购买者行为、法律环境、经济环境、营销和技术能力。

［12］**目标（objectives）**：为了开展成功的市场调研，组织或决策者必须考虑实现的目标。

［13］**购买者行为（buyer behavior）**：根据个人的具体特征来理解和预测消费者反应的知识体系。

［14］**法律环境（legal environment）**：组织必须遵守的监管政策和规范。

［15］**经济环境（economic environment）**：收入、价格、储蓄、信贷和一般经济状况。

［16］**管理决策问题（management decision problem）**：决策者面临的问题。

［17］**市场调研问题（marketing research problem）**：需要获取的信息，以及如何以最可行的方式获取信息。

［18］**宽泛的陈述（broad statement）**：市场调研问题的初始陈述，提供看待问题的视角。

［19］**具体组成部分（specific components）**：市场调研问题的第二部分定义，具体组成部分侧重于问题的关键方面，并就如何进一步开展工作提出明确指引。

［20］**理论（theory）**：正确的基础陈述或公理的概念化表述。

［21］**客观证据（objective evidence）**：实证结果支持的无偏见证据。

［22］**分析模型（analytical models）**：一组变量及其相互关系的明确说明，用于整体或部分地表示某些真实的系统或过程。

［23］**语言模型（verbal models）**：以书面的形式表示变量之间的关系的分析模型。

［24］**图像模型（graphical models）**：以可视化图像表示变量之间关系的分析模型。

［25］**数学模型（mathematical models）**：以方程等形式描述变量之间关系的分析模型。

［26］**调研问题（research questions）**：更详细地陈述问题的具体组成部分。

［27］**假设（hypothesis）**：关于研究人员感兴趣的因素或现象的但未经证实的命题。

［28］**自我参照标准（self-reference criterion）**：不受主观影响的个人文化价值观。

第3章

［1］**调研设计（research design）**：开展市场调研的框架，详细说明了获取用以构建或解决市场调研问题的信息所需的步骤。

［2］**探索性调研（exploratory research）**：用于了解调研人员所面临的问题的研究设计。

［3］**结论性调研（conclusive research）**：帮助决策者确定、评估并选择在特定情形下采取的最佳行动方案。

［4］**描述性调研（descriptive research）**：一种结论性调研，用以描述市场特征或功能。

［5］**横截面设计（cross-sectional design）**：一种从给定总体特征的样本中收集信息的调研设计。

［6］**一次性横截面设计（single cross-sectional design）**：从目标总体中只抽取一个样本，对该样本只获取一次信息的横截面设计。

［7］**重复性横截面设计（multiple cross-sectional design）**：从目标总体中抽取两个及以上的样本，每个样本信息只获取一次的横截面设计。

［8］**队列分析（cohort analysis）**：以恰当的时间间隔进行的一系列调查组成的重复性横截面设计。队列是指在同一时间间隔内经历同一事件的一组受访者。

［9］**纵向设计（longitudinal design）**：在一段时间内，对一组涉及总体特征的固定样本反复测量，动态地描述了情景随时间变化的过程。

［10］**固定样本（panel）**：同意在较长的时间范围内，按照指定的时间间隔提供信息的受访者样本。

［11］**因果调研（causal research）**：一种结论性

调研，目标是获得有关因果关系的证据。

[12] **总误差（total error）**：目标变量的总体真实平均值与市场调研项目中观测到的平均值之间的差异。

[13] **随机抽样误差（random sampling error）**：由于选定的样本不能完全代表目标总体而造成的误差，可以定义为样本真实平均值与总体真实平均值之间的差异。

[14] **非抽样误差（nonsampling error）**：随机或非随机的，来源于抽样之外的误差。

[15] **无应答误差（nonresponse error）**：样本中一些调查对象没有回答问题时而产生的非抽样误差，可以定义为原始样本中变量的真实平均值与净样本中真实平均值之间的差异。

[16] **回答误差（response error）**：因调查对象给出的答案不准确或答案被错误记录、分析错误等原因而造成的非抽样误差，可以定义为样本中变量的真实均值与市场调研项目中获得的观察均值之间的差异。

[17] **替代信息误差（surrogate information error）**：市场调研问题所需信息与调研人员收集的信息之间的差异。

[18] **测量误差（measurement error）**：所寻求的信息与调研人员测量过程中产生的信息之间的差异。

[19] **总体定义误差（population definition error）**：真正与调研问题相关的总体与调研人员定义的总体之间的差异。

[20] **抽样框架误差（sampling frame error）**：调研人员所定义的总体与所用的抽样框架代表的总体之间的差异。

[21] **数据分析误差（data analysis error）**：将问卷的原始数据转化为调研结果的过程中所产生的误差。

[22] **调查对象选择误差（respondent selection error）**：调查人员选择的调查对象不是抽样设计所指定的，或者与抽样设计不一致时产生的误差。

[23] **提问误差（questioning error）**：在提问调查对象时或者在需要更多信息而没有进一步追问的情况下可能带来的误差。

[24] **记录误差（recording error）**：在倾听、解释和记录调查对象的答案时所产生的误差。

[25] **作弊（cheating error）**：调查对象捏造部分或全部答案所引起的误差。

[26] **无能力回答误差（inability error）**：调查对象无法准确回答而造成的误差。

[27] **不愿意回答误差（unwillingness error）**：调查对象不愿意准确回答而造成的误差。

[28] **预算与排期（budgeting and scheduling）**：确保市场调研项目在现有的资源条件下完成的管理工具。

[29] **关键路径法（critical path method）**：将调研项目划分为一组活动，确定各项活动的顺序和所需时间。

[30] **计划评审技术（program evaluation and review technique）**：项目完成时间不确定的情形下的关键路径法。

[31] **图形评审技术（graphical evaluation and review technique）**：同时考虑各项活动的完成概率和成本的关键路径法。

[32] **市场调研计划书（marketing research proposal）**：管理者关于的市场调研项目的正式计划，描述了调研问题、方法、调研设计、数据收集方法、数据分析方法和报告方法，并给出了完成项目的预估成本和时间表。

第4章

[1] **原始数据（primary data）**：调研人员为解决调研问题而产生的数据。

[2] **二手数据（secondary data）**：出于与当前调研问题之外的目的而收集的数据。

[3] **内部数据（internal data）**：调研的委托方组织内部产生的数据。

[4] **外部数据（external data）**：源自组织外部的数据。

[5] **心理统计（psychographics）**：个人的量化心理特征。

[6] **数据仓库（data warehouse）**：一个集中式的数据库，用来整合全公司各种业务系统的数据。

MARKETING RESEARCH AN APPLIED ORIENTATION 实用市场调研（原书第 7 版）

[7] **数据挖掘（data mining）**：数据挖掘使用强有力的计算机与先进的统计软件包和其他软件来分析大型数据库，以发现数据中的隐藏信息。

[8] **客户关系管理系统（customer relationship management systems）**：一种用于管理组织与客户之间的交互的决策支持系统。

[9] **数据库营销（database marketing）**：使用计算机获取和跟踪客户及购买信息的营销。

[10] **辛迪加服务（syndicated services）**：收集和销售公共数据池的公司，这些数据池旨在满足不同客户在订阅基础上共享的信息需求。

[11] **调查（surveys）**：用预先设计的问卷采访大量的调查对象。

[12] **辛迪加固定样本组调查（syndicated panel surveys）**：一种调查方法，在一段时期内对同一组调查对象进行测量，但不一定基于相同的变量。

[13] **生活方式（lifestyles）**：由人们参与的活动、兴趣以及人生观和世界观（AIO）体现的独特生活方式。

[14] **购买固定样本组（purchase panels）**：一种数据收集方法，调查对象通过在线或日报记录他们的购买行为。

[15] **媒体固定样本组（media panels）**：一种数据收集方法，由电子设备自动记录调查对象观看电视的行为，用以补充在线或日报中记录的购买信息。

[16] **扫描仪数据（scanner data）**：通过激光扫描仪从包装上读取 UPC 代码而获得的数据。

[17] **销量追踪数据（volume tracking data）**：关于品牌、规格、价格、种类或配方的扫描仪数据。

[18] **扫描仪固定样本组（scanner panels）**：组内成员可以通过 ID 卡识别，允许成员可以以个人身份存储购买信息。

[19] **有限电视扫描仪固定样本组（scanner panels with cable TV）**：将扫描仪数据与可操纵的电视广告播放结合在一起的方法。

[20] **审计（audit）**：根据记录对库存进行盘点的数据收集过程，数据一般由调研人员亲自或者指派人员收集。

[21] **行业服务（industry service）**：提供关于工业品公司、商业企业和其他机构的辛迪加数据。

[22] **单一来源数据（single-source data）**：对同一组调查对象，收集各个家庭的营销数据并将之综合。

[23] **大数据（big data）**：大数据指的是海量的结构化、半结构化和非结构化数据，具有可挖掘信息的潜力。

第5章

[1] **定性调研（qualitative research）**：一种基于小样本的非结构化探索性调研方法。

[2] **定量调研（quantitative research）**：对量化数据进行统计分析的调研方法。

[3] **直接法（direct approach）**：一种定性研究方法，将调研项目的目的明确地告知调查对象。

[4] **间接法（indirect approach）**：一种定性研究方法，对调查对象隐瞒调研目的。

[5] **焦点小组（focus group）**：由训练有素的主持人以非结构化、自然的方式与一小部分调查对象开展访谈。

[6] **深度访谈（depth interview）**：一种非结构化的、直接的个人访谈，由专业的访谈者对单个被访者提问，获得其关于某一主题的潜在动机、信念、态度和感受。

[7] **梯式提问（laddering）**：一种深度访谈方法，从产品特性到用户特性进行一系列的提问。

[8] **隐藏式提问（hidden issue questioning）**：一种深度访谈方法，试图找出调查对象深刻关心的痛点。

[9] **象征意义分析（symbolic analysis）**：一种深度访谈方法，通过将调查对象的回答与其相反面进行比较，来分析回答的象征性意义。

[10] **扎根理论（grounded theory）**：扎根理论使用归纳和更结构化的方法，在这种方法中，

每一次后续深度访谈都会根据之前深度访谈的累积结果进行调整，目的是得出一般性的概念或结论。

[11] **协议访谈（protocol interview）**：将调查对象置于决策情境中，并要求其描述做出决策的过程和活动。

[12] **影射法（projective technique）**：一种非结构化的、间接的提问方式，鼓励调查对象表达对自己关心的问题潜在的动机、信念、态度或感受。

[13] **联想法（association technique）**：一种影射法，给予调查对象一个刺激，要求他们回答最先联想到的事物。

[14] **字词联想法（word association）**：一种影射法，向调查对象提供一系列的单词，要求其回答第一个想到的词。

[15] **完成法（completion technique）**：一种影射法，要求调查对象完成一个不完整的刺激场景。

[16] **句子完成法（sentence completion）**：一种影射法，给调查对象不完整的句子，要求其补充完整。

[17] **故事完成法（story completion）**：一种影射法，提供给调查对象一部分的故事，要求调查对象用自己的话给出结局。

[18] **构筑法（construction technique）**：一种影射法，要求调查对象以故事、对话或描述的形式构建一个回答。

[19] **图片法（picture response technique）**：一种影射法，向调查对象展示一个图片并要求其讲述一个描述该图片的故事。

[20] **漫画测试（cartoon test）**：一种影射法，图片中的卡通人物出现在与问题相关的特定情境中，要求调查对象给出其中一个卡通人物可能对另一个卡通人物的回答。

[21] **表达法（expressive technique）**：向调查对象提供一个对话或视觉场景，要求其将场景与别人的感受和态度联系起来。

[22] **角色扮演（role playing）**：一种影射法，要求调查对象假扮别人的行为。

[23] **第三者法（third-person technique）**：一种影射法，向调查对象提供对话或视觉的情境，要求其将第三者的信念和态度与特定情境联系起来。

第6章

[1] **询问调查法（survey method）**：向调查对象提供的结构化问卷，用以获取特定的信息。

[2] **结构化的数据收集（structured data collection）**：按照预先设定的方式发布正式问卷。

[3] **固定选项问题（fixed-alternative question）**：要求调查对象从一组事先设定的选项中选择答案。

[4] **邮寄固定样本组（mail panel）**：大量同意定期参与邮寄问卷调查、产品测试和电话调查的调查对象构成的全国性家庭样本。

[5] **超文本标记语言（hypertext markup language，HTML）**：用于 Web 编码的语言。

[6] **样本控制（sample control）**：指调查方法能高效地控制样本中每个特定单元的能力。

[7] **抽样框（sampling frame）**：表示目标人群，由用以识别目标人群的列表等构成。

[8] **应答率（response rate）**：已完成的采访占总数的百分比。

[9] **拒答偏差（nonresponse bias）**：调查对象拒绝参与采访而导致的偏差。

[10] **关键要求（critical request）**：调查的实际目标。

[11] **实地调研人员（field force）**：参与数据收集的实际调查员和监管人员。

[12] **感知到的匿名程度（perceived anonymity）**：调查对象认为调查人员不会识别出他们的身份。

[13] **符合社会期望（social desirability）**：调查对象倾向于给出不真实但在社会上更容易被接受的回答。

[14] **发生率（incidence rate）**：满足条件的人数占调查对象的百分比。

[15] **观察法（observation）**：系统地记录人、物和事件的类型来获取所关注对象的信息。

[16] **结构化观察（structured observation）**：一

MARKETING RESEARCH AN APPLIED ORIENTATION 实用市场调研（原书第 7 版）

种观察法，研究人员可以明确定义要观察的行为和测量方法。

[17] **非结构化观察（unstructured observation）**：不事先指定观察内容，观察者需要观察与问题相关的所有方面。

[18] **自然观察（natural observation）**：在自然条件下实施观察。

[19] **实验观察（contrive observation）**：在人为设计好的环境下观察被观察者的行为。

[20] **人员观察（personal observation）**：人类观察者将观察到的现象记录下来。

[21] **机械观察（mechanical observation）**：采用机械设备而不是人类观察者记录观察到的现象。

[22] **音调分析仪（voice pitch analysis）**：通过调查对象声音的变化来分析其情绪反应。

[23] **反应时滞（response latency）**：调查对象回答问题的时间。

[24] **神经营销调研（neuromarketing research）**：将神经科学原理应用于市场调研，以检测消费者对营销激励的感知变化、认知和情感反应。

[25] **储物间审计（pantry audit）**：调研人员清点消费者家中商品的品牌、数量和包装尺寸。

[26] **内容分析（content analysis）**：对交流内容的客观、系统、定量性的分析。

[27] **追踪分析（trace analysis）**：一种基于过去行为的物理痕迹或证据的数据收集方法。

[28] **神秘访客法（mystery shopping）**：训练有素的观察员装作消费者到自己公司或竞争对手的商店中购物，以收集有关顾客和员工之间的互动及其他营销变量的数据。

第7章

[1] **因果关系（causality）**：当 X 出现时，Y 出现的概率增加。

[2] **相从变动（concomitant variation）**：一种推断因果关系的条件，它要求原因 X 和结果 Y 一起发生或一起变化，正如所考虑的假设所预测的那样。

[3] **自变量（independent variable）**：由研究人员操纵的变量，其影响被测量和比较。

[4] **测试单位（test unit）**：正在研究对自变量或处理的反应的个人、组织或其他实体。

[5] **因变量（dependent variable）**：测量自变量对测试单位的影响的变量。

[6] **外生变量（extraneous variable）**：除自变量外，影响测试单位响应的变量。

[7] **实验（experiment）**：操纵一个或多个自变量并测量它们对一个或多个因变量的影响，同时控制无关变量的过程。

[8] **实验设计（experimental design）**：指定①测试单位和抽样程序，②自变量，③因变量和④如何控制外来变量的实验程序集。

[9] **内部效度（internal validity）**：衡量实验准确性的指标，用于确定自变量的操作或处理是否实际导致了对因变量的影响。

[10] **外部效度（external validity）**：确定是否可以推广实验中发现的因果关系的决定因素。

[11] **历史（history，H）**：实验外部但与实验同时发生的特定事件。

[12] **成熟（maturation，MA）**：一个无关的变量，可归因于测试单元本身随时间推移而发生的变化。

[13] **主测试效应（main testing effect，MT）**：当先前的观察影响后一个观察时发生的测试效果。

[14] **互动测试效应（interactive testing effect，IT）**：先前的测量会影响测试单元对自变量的响应的效应。

[15] **工具化（instrumentation，I）**：涉及测量工具、调研人员或评分本身变化的外生变量。

[16] **统计回归（statistical regression，SR）**：在实验过程中，当具有极端分数的测试单位向平均分数靠近时发生的外生变量。

[17] **选择偏差（selection bias，SB）**：由于测试单位未正确分配到处理条件而导致的外生变量。

[18] **流失率（mortality，MO）**：由于实验过程

中测试单位的损失造成的外生变量。

[19] 干扰变量（confounding variables）：与无关变量同义，用于说明外生变量可以通过影响因变量来混淆结果。

[20] 随机化（randomization）：一种控制外生变量的方法，该方法涉及使用随机数将测试单位随机分配给实验组处理条件也随机分配给实验组。

[21] 匹配（matching）：一种控外生变量的方法，涉及在将测试单位分配给处理条件之前，在一组关键背景变量上匹配测试单位。

[22] 统计控制（statistical control）：一种通过测量外生变量并通过统计方法调整其影响来控制外生变量的方法。

[23] 设计控制（design control）：一种控制外生变量的方法，涉及使用特定的实验设计。

[24] 预实验设计（preexperimental design）：不通过随机化控制外生因子的设计。

[25] 真实验设计（true experimental design）：实验设计的特点是研究人员可以将测试单位随机分配给实验组，也可以将处理条件随机分配给实验组。

[26] 准实验设计（quasi-experimental design）：应用部分真实实验程序但缺乏完全实验控制的设计。

[27] 统计设计（statistical design）：允许对外生变量进行统计控制和分析的设计。

[28] 一次性个案研究（one-shot case study）：一种预实验设计，其中将一组测试单位暴露于处理条件 X，然后对因变量进行单次测量。

[29] 单组前后对比设计（one-group pretest-posttest design）：一种实验前设计，其中一组测试单位被测量两次。

[30] 静态组（static group）：实验前设计，其中有两组：暴露于处理的实验组（EG）和对照组（CG）。两组的测量仅在处理后进行，并且测试单位不是随机分配的。

[31] 实验前后对照设计（pretest-posttest control group design）：真正的实验设计，其中实验组暴露于处理条件，但对照组没有。对

两组都采取了测试前和测试后措施。

[32] 实验后对照设计（posttest-only control group design）：真正的实验设计，其中实验组暴处理条件，但对照组没有，并且不采取预测试措施。

[33] 时间序列设计（time series design）：一种准实验设计，涉及对一组测试单位的因变量进行定期测量。然后处理由研究人员管理或自然发生。处理后，继续进行定期测量以确定处理效果。

[34] 多重时间序列设计（multiple time series design）：包括另一组测试单位作为对照组的时间序列设计。

[35] 随机区组设计（randomized block design）：一种统计设计，其中测试单位基于外部变量进行阻塞，以确保各种实验组和对照组在该变量上紧密匹配。

[36] 拉丁方设计（Latin square design）：一种统计设计，除了对自变量进行操作外，还允许对两个非相互作用的外生变量进行统计控制。

[37] 因子设计（factorial design）：一种统计实验设计，用于测量两个或多个自变量在不同水平上的影响，并允许变量之间的相互作用。

[38] 实验室环境（laboratory environment）：研究人员在其中构建所需条件的人工实验设置。

[39] 现场环境（field environment）：在实际市场条件下设置的实验位置。

[40] 迎合假象（demand artifact）：调查对象试图猜测实验目的并做出相应反应的现象。

[41] 试销（test marketing）：在有限但精心挑选的测试市场中进行的对照实验的应用。包括在测试市场中复制产品的全国性营销计划。

[42] 试销市场（test market）：精心挑选的特别适合测试营销的市场部分。

[43] 事后通报（debriefing）：实验结束后，告知测试对象实验的内容以及如何进行实验操作。

第 8 章

[1] **测量（measurement）**：根据某些预先指定的规则将数字或其他符号分配给对象的特征。

[2] **标度（scaling）**：生成被测对象所在的连续统一体。

[3] **描述（description）**：用于指定刻度的每个值的唯一标签或描述符；所有尺度都有描述。

[4] **顺序（order）**：描述符在一个尺度上的相对大小或位置；顺序由描述符表示，例如大于、小于和等于。

[5] **距离（distance）**：指示尺度描述符之间的绝对差异的尺度的特征是已知的，并且可以用单位来表示。

[6] **起点（origin）**：刻度的特征，表明刻度有一个唯一的或固定的起点或真正的零点。

[7] **定类尺度（nominal scale）**：一种标尺，其数字仅作为识别和分类物体的标签，数字和物体之间严格一一对应。

[8] **定序尺度（ordinal scale）**：一种等级表，将数字分配给物体，以表明某种特征所具有的相对程度。因此，可以确定一个物体是否比其他物体具有更多或更少的特征。

[9] **定距尺度（interval scale）**：一种标度，其中数字用于对物体进行评级，使得标度上数值相等的距离表示被测特性中的相等距离。

[10] **定比尺度（ratio scale）**：最高级别的等级。它允许研究人员识别或分类对象，对对象进行排序，并比较间隔或差异。计算标度值的比率也是有意义的。

[11] **比较量表（comparative scale）**：两种缩放技术中的一种，将刺激物彼此直接进行比较。

[12] **非比较量表（noncomparative scale）**：两种缩放技术之一，其中每个刺激物独立于刺激集中的其他事物进行缩放。

[13] **配对比较量表（paired comparison scaling）**：一种比较缩放技术，一次向调查对象呈现两个事物，并要求他们根据某种标准从这

对事物中选择一个。所获得的数据本质上是有序的。

[14] **偏好可传递性（transitivity of preference）**：为了将成对的比较数据转换为排名顺序数据而做出的假设。它假设，如果品牌 A 比品牌 B 更受青睐，品牌 B 比品牌 C 更受欢迎，那么品牌 A 比品牌 C 更受青睐。

[15] **等级顺序量表（rank-order scaling）**：一种比较缩放技术，即同时向调查对象呈现几个事物，并要求他们根据某种标准对其进行排序或排序。

[16] **常量总和量表（constant sum scaling）**：一种比较缩放量表，要求调查对象根据某些标准在一组刺激物中分配一个恒定的单位总和，如积分、美元、钞票、贴纸或筹码。

[17] **Q 分类量表（Q-Sort scaling）**：一种比较量表技术，它使用排序顺序根据某个标准的相似性对事物进行排序。

第 9 章

[1] **非比较量表（noncomparative scale）**：两种缩放技术之一，其中每个刺激物独立于刺激集中的其他事物进行缩放。

[2] **连续评分量表（continuous rating scale）**：也被称为图形评级量表，这种测量量表让调查对象通过在从标准变量的一个极端到另一个极端的线上放置标记来对目标进行评分。

[3] **分项评分量表（itemized rating scale）**：具有与每个类别相关联的数字和/或简要描述的测量量表。类别按比例位置排序。

[4] **李克特量表（Likert scale）**：一种测量量表，有五种反应类别，从"强烈不同意"到"强烈同意"，要求调查对象表明对与刺激物相关的一系列陈述中的每一种的同意或不同意程度。

[5] **语义差异量表（semantic differential scale）**：一种 7 分评分量表，其终点与具有语义的两极标签相关。

[6] **斯坦普尔量表（Stapel scale）**：测量态度的垂直标尺，由一个位于偶数值范围中间的单

个形容词组成，从 – 5 到 + 5，没有中性点（零）。

[7] **平衡量表（balanced scale）**：有利类别和不利类别数量相等的量表。

[8] **强制性评分量表（force drating scale）**：由于没有提供"没有意见"或"不知道"选项，迫使调查对象表达意见的评分表。

[9] **多项量表（multi-item scale）**：由多个项目组成的量表，其中一个项目是要评估的单个问题或陈述。

[10] **构念（construct）**：一种特定类型的概念，存在于比日常概念更高的抽象层次。

[11] **测量误差（measurement error）**：研究人员寻求的信息和所采用的测量过程产生的信息的偏差。

[12] **真实得分模型（true score model）**：一种数学模型，为理解测量的准确性提供了一个框架。

[13] **系统误差（systematic error）**：以恒定方式影响测量的误差，代表每次测量时以相同方式影响观察到的分数的稳定因素。

[14] **随机误差（random error）**：由于调查对象或测量情况的随机变化或差异而产生的测量误差。

[15] **信度（reliability）**：如果对特性进行重复测量，量表产生一致结果的程度。

[16] **重测信度（test-retest reliability）**：一种评估可靠性的方法，即在尽可能接近同等的条件下，在两个不同的时间对调查对象进行相同的量表项目。

[17] **复本信度（alternative-forms reliability）**：一种评估可靠性的方法，需要构建两种等效的量表，然后在两个不同的时间测量相同的调查对象。

[18] **内部一致性信度（internal consistency reliability）**：一种评估一组项目内部一致性的方法，当几个项目相加以形成量表的总分时。

[19] **分半信度（split-half reliability）**：一种内部一致性可靠性形式，其中构成量表的项目被分为两半，所得的一半分数相互关联。

[20] **α系数（coefficient alpha）**：内部一致性可靠性的一种衡量标准，是由量表项目的不同拆分产生的所有可能的拆分半系数的平均值。

[21] **效度（validity）**：观察到的量表得分的差异在多大程度上反映了被测对象在被测特征上的真实差异，而不是系统或随机误差。

[22] **内容效度（content validity）**：一种效度，有时称为表面效度，包括对手头测量任务量表内容的代表性进行主观但系统的评估。

[23] **标准效度（criterion validity）**：一种效度类型，用于检查测量量表相对于被选为有意义标准的其他变量是否如预期那样表现。

[24] **建构效度（construct validity）**：一种效度类型，它解决了量表所测量的结构或特征的问题。试图回答为什么量表有效以及可以对量表背后的理论进行哪些推导的理论问题。

[25] **收敛效度（convergent validity）**：构念效度的一种衡量标准，衡量量表与同一构念的其他衡量标准正相关的程度。

[26] **判别效度（discriminant validity）**：一种结构效度类型，用于评估一个度量与其他应该不同的结构之间的相关性。

[27] **法则效度（nomological validity）**：一种评估理论结构之间关系的效度类型。它试图证实理论预测的结构之间的重要关系。

[28] **可推论性（generalizability）**：基于样本的研究在多大程度上适用于概括的普遍度。

第 10 章

[1] **问卷（questionnaire）**：一种结构化的数据收集技术，由调查对象回答的一系列书面或口头问题组成。

[2] **双重问题（double-barreled）**：一个试图涵盖两个问题的单一问题。这样的问题可能会让调查对象感到困惑，并导致模棱两可的回答。

[3] **过滤性问题（filter question）**：筛选潜在调查对象以确保他们满足研究人员要求的问卷中的问题。

MARKETING RESEARCH AN APPLIED ORIENTATION 实用市场调研（原书第 7 版）

[4] 近移（telescoping）：一种心理现象，当一个人通过记忆某个事件发生的时间比实际发生的时间晚而产生望远镜现象或压缩时间时发生。

[5] 非结构化问题（unstructured question）：调查对象用自己的话回答的开放式问题。

[6] 结构化问题（structured question）：预先指定一组备选答案和答案格式的问题。一个结构化的问题可以是多选、二分或量表。

[7] 顺序或位置偏差（order or position bias）：调查对象倾向于仅仅因为某个备选方案占据了某个位置或按某个顺序列出而对其进行检查。

[8] 二项问题（dichotomous question）：一个只有两个回答选项的结构化问题，如是和否。

[9] 引导性问题（leading question）：给调查对象提供所需答案的线索或引导调查对象以某种方式回答的问题。

[10] 顺从偏差（acquiescence bias）：由于一些调查对象倾向于同意一个主要问题的方向产生的偏差（顺从，yes-saying）。

[11] 隐含选项（implicit alternative）：未明确表示的替代方案。

[12] 分类信息（classification information）：用于对调查对象进行分类的社会经济和人口特征。

[13] 标志信息（identification information）：调查问卷中获得的一种信息，包括姓名、邮政地址、电子邮件地址和（手机）电话号码。

[14] 漏斗方法（funnel approach）：一种在问卷中对问题进行排序的策略，其中顺序从一般问题开始，然后是渐进的特定问题，以防止特定问题对一般问题产生偏见。

[15] 分叉问题（branching question）：用于指导调查对象完成调查的问题，根据给出的答案将他们引导到问卷上的不同位置。

[16] 预调查（pretesting）：对一小部分调查对象进行问卷测试，目的是通过识别和消除潜在问题来改进问卷。

第 11 章

[1] 总体（population）：所有元素的集合，共享一些共同的特征，构成了市场营销研究问题的基础。

[2] 普查（census）：一个群体或研究对象的元素的完整列举。

[3] 抽样调查（sample）：被选中参与研究的人群中的一组子元素。

[4] 目标总体（target population）：拥有研究人员所寻求的信息的元素或物体的集合，并对其进行推断。

[5] 个体（element）：拥有研究人员所寻求的信息以及要进行哪些推断的对象。

[6] 抽样单位（sampling unit）：包含要采样的总体元素的基本单位。

[7] 抽样框架（sampling frame）：目标人群要素的表示。它包括一个用于识别目标人群的列表或一组方向。

[8] 贝叶斯抽样方法（Bayesian approach）：一种按顺序选择元素的选择方法。贝叶斯方法明确地结合了有关总体参数的先验信息以及与做出错误决策相关的成本和概率。

[9] 替换抽样（sampling with replacement）：一种抽样方法，其中一个元素可以多次包含在样本中。

[10] 非替换抽样（sampling without replacement）：一种抽样方法，其中一个元素不能多次包含在样本中。

[11] 样本容量（sample size）：研究中要包含的个体数量。

[12] 非概率抽样（nonprobability sampling）：不使用机会选择程序的采样技术。相反，他们依赖于方便或研究人员的个人判断。

[13] 概率抽样（probability sampling）：一种抽样程序，其中种群中的每个元素都有固定的概率被选中作为样本。

[14] 便利抽样（convenience sampling）：一种非概率采样技术，试图获得方便元素的样本。抽样单位的选择主要留给采访者。

[15] 判断抽样（judgmental sampling）：一种方

便抽样的形式，根据研究人员的判断有意选择总体要素。

[16] **配额抽样（quota sampling）**：一种非概率抽样技术，是一种两阶段的限制性判断抽样。第一阶段包括制定人口要素的控制类别或配额。在第二阶段，基于方便性或判断来选择样本元素。

[17] **滚雪球抽样（snowball sampling）**：一种非概率抽样技术，随机选择最初的一组调查对象。随后的调查对象是根据最初的调查对象提供的推荐或信息选择的。这个过程可以通过从推荐中获得推荐来分波进行。

[18] **简单随机抽样（simple random sampling, SRS）**：一种概率抽样技术，其中种群中的每个元素都有已知且相等的选择概率。每个元素都是独立于其他元素进行选择的，并且样本是由采样帧中的随机过程绘制的。

[19] **系统抽样（systematic sampling）**：一种概率采样方法，选择一个随机起始点，然后从采样帧中连续选取第 i 个元素来选择样本。

[20] **分层抽样（stratified sampling）**：一种概率抽样技术，使用两步过程将种群划分为子种群或层。通过随机程序从每个层中选择元素。

[21] **整群抽样（cluster sampling）**：一种概率抽样技术，将目标群体划分为互斥和共同穷举的子总体或群，从中选择随机样本。对于每个选定的群，要么所有元素都包含在样本中，要么以概率组成个体样本。

[22] **区域抽样（area sampling）**：一种常见的整群抽样形式，其中群由地理区域组成，如县、住宅区、街区或其他区域描述。

[23] **与规模成比例的概率抽样（probability proportionate to size sampling）**：一种选择方法，其中以与大小成比例的概率来选择群，并且在所选择的群中选择采样单元的概率与群的大小成反比。

[24] **顺序抽样（sequential sampling）**：一种概率抽样技术，其中按顺序对总体元素进行抽样，在每个阶段进行数据收集和分析，并决定是否应对其他总体元素进行采样。

[25] **双重抽样（double sampling）**：一种抽样技术，其中某些总体元素被抽样两次。

第 12 章

[1] **参数（parameter）**：对目标人群的固定特征或衡量标准的简要描述，表示如果进行人口普查而不是抽样，将获得的真实值。

[2] **统计量（statistic）**：对样品的特征或测量的简要描述；样本统计被用作总体参数的估计。

[3] **有限总体校正（finite population correction, FPC）**：对总体参数方差估计过高的一种校正，例如，当样本量为总体量的 10% 或更多时，平均值或比例。

[4] **精确度（precision level）**：估计区间的期望大小；样本统计和总体参数之间的最大允许差异。

[5] **置信区间（confidence interval）**：假设给定的置信水平，真实总体参数将落入的范围。

[6] **置信水平（confidence level）**：置信区间将包括总体参数的概率。

[7] **抽样分布（sampling distribution）**：为每个可能的样本计算的样本统计值的分布，这些样本可以在指定的采样计划下从目标人群中提取。

[8] **统计推断（statistical inference）**：将样本结果概括为总体结果的过程。

[9] **正态分布（normal distribution）**：钟形的、对称的经典统计推断的基础分布。它对中心趋势的衡量标准都是相同的。

[10] **标准误（standard error）**：平均值或比例的抽样分布的标准偏差。

[11] **z 值（z value）**：一个点偏离平均值的标准误差的数量。

[12] **发生率（incidence rate）**：有资格参与研究的人的发生率，以百分比表示。

[13] **完成率（completion rate）**：完成面试的合格调查对象的百分比。它使研究人员能够考虑到符合条件的人的意外拒绝。

[14] **置换（substitution）**：一种程序，用于替

MARKETING RESEARCH AN APPLIED ORIENTATION 实用市场调研（原书第 7 版）

换采样中预期会响应的其他无响应元素。

[15] **趋势分析（trend analysis）**：一种调整无应答的方法，研究人员试图辨别早期和晚期应答者之间的趋势。这一趋势被预测到非响应者，以估计他们感兴趣的特征。

[16] **加权（weighting）**：一种统计过程，根据应答率对数据分配不同的权重，试图解释无应答的原因。

[17] **推算（imputation）**：根据非应答者和应答者可用变量的相似性，将感兴趣的特征分配给非应答者，从而对不应答进行调整的方法。

第13章

[1] **追问（probing）**：提出调研问题时使用的一种激励技巧，目的是鼓励调查对象扩展、说明和解释他们的答案，并帮助调查对象专注于调研的特定内容。

[2] **样本控制（sampling control）**：监管工作的重要方面，目的是确保调查人员严格按照样本计划进行样本选择，而不是基于方便或容易获得来选取样本。

第14章

[1] **编辑（editing）**：对问卷的检查，目的是提高数据的准确性和精确性。

[2] **编码（coding）**：为每个问题的每种答案分配一个代码。

[3] **固定域编码（fixed-field code）**：每个调查对象的记录的编号相同，并且对所有的调查对象都应当用相同的栏数记录相同的数据。

[4] **代码本（codebook）**：一个包含编码指令和有关数据集中变量的必要信息的本子。

[5] **数据清洗（data cleaning）**：为处理数据一致性和缺失值而进行的详尽深入的检查。

[6] **一致性检查（consistency check）**：数据清洗的一部分，目的是找出超出正常范围、逻辑上不具有合理性的数据或者是极端值。超出正常值域范围的数据是不合格的。

[7] **缺失值（missing responses）**：指变量值不确定，原因可能是调查对象没有回答、答案

不清楚或者记录不完整。

[8] **整例删除（casewise deletion）**：指将有缺失值的样本或问卷排除在分析之外。

[9] **结对删除（pairwise deletion）**：并非自动剔除有缺失值的样本，而是采用每一步计算中有完整答案的样本或问卷。

[10] **加权（weighting）**：一种对数据的统计调整，对数据库中的每个样本或每份问卷赋予一定的权重，以反映其相对于其他样本或问卷的重要性。

[11] **变量转换（variable respecification）**：将数据进行转换生成新变量，或者修正现有变量，以便与调研目的保持一致。

[12] **虚拟变量（dummy variable）**：一种变量转换方法，这类变量的取值只有两种，通常是0和1。

[13] **量表转换（scale transformation）**：对测量值进行处理，保证其相互之间具有可比性，使数据便于分析。

[14] **标准化（standardization）**：通过减去平均值，然后再除以标准差对数据进行校正。

[15] **一元统计技术（univariate techniques）**：适用于样本中每个元素只有一种计量指标，或者每个元素有多个计量指标，但对每个变量的分析是相互独立的情况。

[16] **多元统计技术（multivariate techniques）**：适用于分析每个元素有两个或多个计量指标以及同时分析多个变量的情况。多元统计技术关注的是两种或多种现象之间的关系。

[17] **定量数据（metric data）**：用定距或定比方法测量的数据。

[18] **非定量数据（nonmetric data）**：用定类或定序方法测量的数据。

[19] **独立的（independent）**：如果样本是从不同的总体中随机选取的，那么样本之间是相互独立的。

[20] **配对的（paried）**：如果两个样本数据与同一个调查对象分组有关，那么这两个样本是配对样本。

[21] **相依技术（dependence techniques）**：相依

技术适用于一个或多个变量作为因变量，其他变量作为自变量的情况。

[22] **互相依性技术（interdependence techniques）**：指不对变量进行自变量和因变量的区分，而是测试整体相互依存的关系。

[23] **文化内分析（intracultural analysis）**：对数据按照国家进行分析。

[24] **泛文化分析（pancultural analysis）**：对来自所有国家所有调查对象的数据结合起来进行分析。

[25] **跨文化分析（cross-cultural analysis）**：把数据按照国家分为几个集合，再对这些集合进行统计分析。

第15章

[1] **频数分布（frequency distribution）**：一种数学分布，目的是获得调查对象的回答中变量各个取值出现的次数，并且把频数以百分比的形式表示。

[2] **集中趋势量度指标（measures of location）**：描述数据集中某个位置的统计量，中心趋势的度量描述了分布的中心。

[3] **均值（mean）**：把数据集中所有元素的值相加后除以元素的个数得到的值。

[4] **众数（mode）**：测量集中趋势的一个指标，是在样本分布中出现次数最多的值。

[5] **中位数（median）**：测量集中趋势的一个指标，是把数据按照升序或降序排列后居中的数值。

[6] **离散趋势量度指标（measures of variability）**：衡量分布的分散程度的统计量。

[7] **极差（range）**：样本分布中最大值与最小值的差。

[8] **四分位差（interquartile range）**：第75百分位数与第25百分位数之间的差值。

[9] **方差（variance）**：离差平方的均值。

[10] **标准差（standard deviation）**：方差的平方根。

[11] **变异系数（coefficient of variation）**：标准差与均值的比值。

[12] **偏度（skewness）**：度量分布关于均值对称

性的指标。

[13] **峰度（kurtosis）**：度量频数分布曲线相对平滑或陡峭程度的指标。

[14] **零假设（null hypothesis）**：说明不存在差异或影响的假设。如果零假设没有被拒绝，就不需要进行改变。

[15] **备择假设（alternative hypothesis）**：预期存在差异或影响的假设。如果接受了备择假设，就会导致意见或行动的改变。

[16] **单尾检验（one-tailed test）**：对原假设的检验，其中备择假设是以单方向形式表述的。

[17] **双尾检验（two-tailed test）**：对原假设的检验，其中备择假设不是以单方向形式表述的。

[18] **检验统计量（test statistic）**：衡量样本与零假设的接近程度。检验统计量通常服从某种常见分布，如正态分布、t分布或者卡方分布。

[19] **第一类错误（type I error）**：也叫作 α 错误，根据样本结果拒绝了实际上正确的零假设。

[20] **显著性水平（level of significance）**：犯第一类错误的概率。

[21] **第二类错误（type II error）**：也叫作 β 错误，根据样本结果接受了实际上错误的零假设。

[22] **检验力度（power of test）**：当零假设错误时拒绝零假设的概率。

[23] **P 值（P value）**：当零假设为真时，出现与实际观察值一样以及更极端的检验统计量的概率。

[24] **交叉列联表（cross-tabulation）**：将两个或两个以上变量的频数分布表合并到一张表中，显示的是有限种类和取值下的两个或两个以上变量的联合分布。

[25] **相依表（contingency table）**：它为每个变量类别的组合提供单元格。

[26] **参数检验（parametric tests）**：假设检验的步骤，它假设变量至少是以定距尺度量度的。

MARKETING RESEARCH AN APPLIED ORIENTATION 实用市场调研（原书第7版）

[27] 非参数检验（nonparametric tests）：假设检验的步骤，它假设变量是定类变量或定序变量量度的。

[28] t 检验（t test）：单变量假设检验中，当标准差未知且样本数量很小时，可以使用 t 分布。

[29] t 统计量（t statistic）：t 统计量假设变量服从对称钟形分布，均值已知（或可以估计），方差需要从样本中估计。

[30] t 分布（t distribution）：对称的钟形分布，在小样本（n < 30）检验时很有用。当均值已知，总体方差可以从样本中估计时，可以使用 t 分布。

[31] z 检验（z test）：使用标准正态分布的单变量假设检验。

[32] 独立样本（independent samples）：从不同总体中随机选取的样本叫作独立样本。一般来说，属于不同组别调查对象的数据被看作独立样本。

[33] F 检验（F test）：对两个总体的方差相等性的统计检验。

[34] F 统计量（F statistic）：F 统计量是两个样本方差之比，其中较大的样本方差在分子上。

[35] F 分布（F distribution）：依赖于两个自由度的频数分布，它们分别是分子的自由度和分母的自由度。

[36] 配对样本（paired samples）：在假设检验中，配对样本是指样本的两组观察值与同一调查对象相关。

[37] 配对 t 检验（paired samples t test）：对配对样本均值差异的检验。

[38] Kolmogorov-Smirnov（K-S）单样本检验［Kolmogorov-Smirnov（K-S）one-sample test］：是一种单样本非参数拟合优度检验的方法，它将一个变量的累积分布函数与特定分布进行比较。

[39] 游程检验（runs test）：对二分变量随机性的检验。

[40] 二项式检验（binomial test）：是对二分变量的拟合优度检验，检验每个类别中观察

值的数量与特定二项式分布下预期数量的拟合优度。

[41] Mann-Whitney U 检验（Mann-Whitney U test）：当变量是以定序尺度量度且对来自两个独立样本的观察值进行比较以判断两个总体的差异时，可以使用 Mann-Whitney U 检验。

[42] 双样本中位数检验（two-sample median test）：判断两组样本是否来自中位数相同的总体，它不如 Mann-Whitney U 检验有力度。

[43] Kolmogorov-Smirnov（K-S）双样本检验（Kolmogorov-Smirnov two-sample test）：判断两个分布是否相同，需要考虑两个分布中的所有差异，包括中位数、离差和偏度。

[44] Wilcoxon 配对符号秩检验（Wilcoxon matched-pairs signed-ranks test）：是一种根据配对样本观察值检验两个总体位置差异的非参数检验。它会分析配对观察值的差异以及差异的大小。

[45] 符号检验（sign test）：只比较配对样本差值的符号，而不考虑差值的大小的非参数检验。

第 16 章

[1] 方差分析（analysis of variance, ANOVA）：用来对两组或两组以上均值差异检验时使用的统计方法。

[2] 因素（factors）：定类自变量，进行方差分析时，自变量必须都是定类的。

[3] 处理（treatment）：因素水平或类别的特定组合。

[4] 单因素方差分析（one-way analysis of variance）：只有一个因素的方差分析。

[5] 多因素方差分析（n-way analysis of variance）：涉及两个或更多因素的方差分析。

[6] 协方差分析（analysis of covariance, ANCOVA）：一种高级的方差分析方法，在进行方差分析前，从因变量中去除一个或多个定量尺度的无关变量的影响。

[7] 协变量（covariate）：在协方差分析中使用的定量自变量。

[8] 总方差分解（decomposition of the total variation）：在单因素方差分析中，将因变量中观察到的差异分离为自变量引起的差异和误差引起的差异。

[9] 交互效应（interaction）：评估两个变量之间的关系时，如果 X1 的作用依赖于 X2 的水平，或者 X2 的作用依赖于 X1 的水平时，就产生了交互效应。

[10] 多重 η^2（multiple η^2）：两个因素的联合作用强度，或称为总效应。

[11] 总效应显著性（significance of the overall effect）：对存在一些差异的处理组进行的测试。

[12] 交互效应显著性（significance of the interaction effect）：对两个或更多自变量之间交互效应显著性的测试。

[13] 主效应显著性（significance of the main effect）：对每个因素主效应显著性的测试。

[14] 同序交互效应（ordinal interaction）：一个因素发生作用的排序不随另一个因素而变化。

[15] 非同序交互效应（disordinal interaction）：一个因素发生作用的排序会因另一个因素的不同水平而变化。

[16] omega 平方（omega squared，ω^2）：表明因变量方差中有多少比例能够被特定自变量或因素解释。

[17] 对照（contrasts）：在方差分析中，用来确定两个或两个以上处理组均值差异的方法。

[18] 事前对照（apriori contrasts）：在分析之前，依据调研人员的理论框架确定的。

[19] 事后对照（aposteriori contrasts）：在分析之后进行，通常是多重对比检验。

[20] 多重对比检验（multiple comparison test）：使研究者可以建立对各处理组均值进行配对对比的置信区间。

[21] 重复测量方差分析（repeated measures analysis of variance）：方差分析的一种方法，每个调查对象被置于超过一种处理的

环境下，并可以从中获得重复的评价。

[22] 非定量方差分析（nonmetric analysis of variance）：在因变量为定序变量的情况下，检验两个以上组别的集中趋势。

[23] k 样本中位数检验（k-sample median test）：在因变量为定序变量的情况下，检验组别差异的非参数检验方法。

[24] Kruskal-Wallis 单因素方差分析（Kruskal-Wallis one-way analysis of variance）：采用了每个样本的排序值，而不仅仅是中位数的相对位置。

[25] 多元方差分析（multivariate analysis of variance，MANOVA）：使用两个或两个以上定量的因变量的方法。

第 17 章

[1] 积矩相关系数 r（product moment correlation，r）：概括两个定量变量之间关系强度的统计量。

[2] 协方差（covariance）：一种系统性的关系：当一个变量变化时，另一个变量也会有相应的变化。

[3] 偏相关系数（partial correlation coefficient）：测量两个变量在控制或调整一个或多个其他变量作用时的关系。

[4] 部分相关系数（part correlation coefficient）：表示从 X 而非 Y 中去除其他自变量的线性影响后，X 与 Y 之间的相关性。

[5] 非定量相关（nonmetric correlation）：两个非定量变量的相关性度量，依赖于排名来计算相关性。

[6] 回归分析（regression analysis）：分析定量因变量与一个或多个自变量之间相关关系的方法。

[7] 二元回归（bivariate regression）：在一个定量因变量与一个定量自变量之间建立数学关系等式的方法。

[8] 最小二乘法（least-squares procedure）：通过使所有点距直线的垂直距离的平方最小化来确定最佳拟合直线。

[9] 多元回归（multiple regression）：为两个或

MARKETING RESEARCH AN APPLIED ORIENTATION 实用市场调研（原书第 7 版）

两个以上的自变量与一个定距因变量之间建立数学关系的方法。

[10] 多元回归模型（multiple regression model）：说明多元回归分析结果的等式。

[11] 残差（residual）：观测值 Y_i 与回归方程预测值 $\hat{Y}_i$ 之间的差。

[12] 逐步回归（stepwise regression）：每次向回归方程中引入或者移除一个自变量的回归方法。

[13] 多重共线性（multicollinearity）：自变量之间高度相关的状态。

[14] 交叉验证（cross-validation）：考察回归模型对于未用于估计的类似数据是否仍然成立。

[15] 双重交叉验证（double-cross-validation）：样本被分为估计样本和用于进行交叉验证的验证样本，执行完典型步骤后将估计样本和验证样本互换，再进行一次交叉验证。

第18章

[1] 判别分析（discriminant analysis）：一种数据分析技术，适用于标准变量或因变量为定类数据、预测变量或自变量为定量数据的情况。

[2] 判别函数（discriminant functions）：能对标准变量或因变量的类别（组别）进行最佳区别预测变量或自变量的线性组合。

[3] 两组判别分析（two-group discriminant analysis）：标准变量有两类的判别分析技术。

[4] 多组判别分析（multiple discriminant analysis）：标准变量有三类或更多类的判别分析技术。

[5] 判别分析模型（discriminant analysis model）：判别分析所基于的统计模型。

[6] 分析样本（analysis sample）：总样本的一部分，用于估计判别函数。

[7] 验证样本（validation sample）：总样本的一部分，用于验证估计的结果。

[8] 直接法（direct method）：一种判别分析的方法，它将所有自变量同时纳入判别函数的估计。

[9] 逐步判别分析（stepwise discriminant analysis）：自变量依据判别能力依次进入模型。

[10] 特征描述（characteristic profile）：一种解释判别分析结果的方法，用自变量的组均值描述各组的特征。

[11] 命中率（hit ratio）：经过判别分析后，正确分类的样本百分比。

[12] Mahalanobis 方法（Mahalanobis procedure）：逐步判别分析的一种方法，方法是最大化最接近的两组间距离的广义度量。

[13] 二项 logit 模型（binary logit model）：这个逻辑回归模型涉及某一观测对象有多大可能归入每一组，估计的是观测对象属于某一特定组的概率。

第19章

[1] 因子分析（factor analysis）：一类主要用于数据缩减和总结的程序。

[2] 互依性技术（interdependence technique）：多变量统计技术，其中整套的相互关系得到了审查。

[3] 因子（factors）：解释一组变量之间相互关系的基本维度。

[4] 主成分分析（principal component analysis）：一种考虑数据总方差的因素分析方法。

[5] 共因子分析（common factor analysis）：一种因素分析的方法，只根据共同方差来估计因素。

[6] 正交旋转（orthogonal rotation）：因子的旋转，其轴线保持为直角。

[7] 方差极大法（varimax procedure）：一种正交的因子旋转方法，将因子上高负荷的变量数量减到最小，从而提高因子的解释能力。

[8] 斜交旋转（oblique rotation）：当轴线不保持为直角时，因子的旋转。

[9] 因子得分（factor scores）：每个受访者在衍生因素上的综合得分。

第20章

[1] 欧氏距离（euclidean distance）：每个变量的值的平方差之和的平方根。

[2] 分层聚类（hierarchical clustering）：一种聚类程序，其特点是发展出一种层次或树状结构。

[3] 聚合聚类（agglomerative clustering）：层次式聚类在这个过程中，每个对象都是在一个单独的群组中开始的。群集是通过将对象分组到越来越大的群集中而形成的。

[4] 分解聚类（divisive clustering）：层次聚类法，所有对象开始时都是一个巨大的聚类。聚类是通过将这个聚类分成越来越小的聚类而形成的。

[5] 距离法（linkage methods）：分层聚类的聚合方法，根据对象之间的距离计算进行聚类。

[6] 最小距离法（single linkage methods）：基于最小距离或最近邻规则的联结方法。

[7] 最大距离法（complete linkage methods）：联动方法是基于最大限度的不确定性。

[8] 平均距离法（average linkage methods）：一种基于所有对象对之间的平均距离的联系方法，其中一对对象中的一个成员来自每个聚类。

[9] 方差法（variance methods）：层次聚类的聚类方法，簇的产生是为了最小化簇内方差。

[10] Ward 氏法（Ward's procedure）：其中对聚类平均值的平方欧几里得差异最小。

[11] 重心法（centroid methods）：层次结构聚类的差异方法，其中两个聚类之间的距离是其中心点（所有变量的平均值）之间的距离。

[12] 非分层聚类（nonhierarchical clustering）：一个程序，首先分配或确定一个聚类中心，然后将所有对象在距中心一个预先指定的阈值范围内分组。

[13] 依次阈值法（sequential threshold method）：非层次性聚类方法，即选择一个聚类中心，并将离该中心在预设阈值范围内的所有对象归为一类。

[14] 平行阈值法（parallel threshold method）：非层次性聚类方法，一次指定七个聚类中

心。所有与中心在一个预先指定的阈值范围内的对象都被归为一组。优化分区法非层次性聚类方法，允许以后将对象重新分配到聚类中，以优化整体标准。

[15] 最优分割法（optimizing-partitioning method）：非层次性聚类方法，允许以后将对象重新分配到聚类中，以优化整体标准。

第21章

[1] 多维标度分析（multidimensional scaling, MDS）：是一组通过直观图示方式反应调查对象的感知和偏好的分析方法。

[2] 间接法（derived approach）：在 MDS 中，基于属性的方法收集感知数据，要求受访者使用语义差异或李克特量表在确定的属性上给刺激物评分。

[3] 非定量多维标度分析（nonmetric MDS）：一种多维缩放方法，假定输入数据为序数。

[4] 定量多维标度分析（metric MDS）：一种多维缩放方法，假定输入数据为定量。

[5] 拐点（elbow criterion）：MDS 中使用的应力与尺寸的关系图。出现弯头或急剧弯曲的点表示合适的尺寸。

[6] 内部偏好分析（internal analysis of preferences）：一种配置空间图的方法，使空间图同时代表品牌或刺激物和应答点或矢量，并仅由偏好数据得出。

[7] 外部偏好分析（external analysis of preferences）：一种配置空间图的方法，使基于偏好数据的理想点或矢量在由感知数据得出的空间图中被拟合。

[8] 对应分析（correspondence analysis）：是一种用于定性资料的多维标度分析技术。对应分析的输入数据是表示行与列之间定性相关程度的列联表。对应分析对相应单元的行和列进行标度，以便在同样的低维空间中将其以图形方式显示。

[9] 联合分析（conjoint analysis）：一种试图确定消费者对突出属性的相对重要性以及他们对属性水平的效用的技术。

[10] 联合分析模型（conjoint analysis model）：

表示联合分析中属性与效用基本关系的数学模型。

[11] **混合联合分析 （hybrid conjoint analysis）**：一种联合分析的形式，可以简化数据收集任务，估计选定的交互作用以及所有主要影响。

第22章

[1] **结构方程模型 （structural equation modeling，SEM）**：用于估计由多个测量变量代表的一组概念或结构之间的一系列依赖关系，并将其纳入一个综合模型的程序。

[2] **构念 （construct）**：一个潜在的或不可观察的概念，可以在概念上定义，但不能直接或无误差地测量。一个概念也被称为一个因素，由多个指标或观察变量来衡量。

[3] **测量误差 （measurement error）**：观察到的变量不能描述 SEM 中感兴趣的潜在构念的程度。

[4] **模型拟合 （model fit）**：通过比较估计的协方差矩阵 Σ_k 与观察到的协方差矩阵 $|S|$ 的匹配程度来确定模型的拟合度，即拟合统计量基础是 $|S - \Sigma_k|$ 残留物。

[5] **残差 （residuals）**：在 SEM 中，观察到的和估计的协方差矩阵之间的差异。

[6] **模型识别 （model identification）**：模型识别是指协方差矩阵中是否有足够的信息，使我们能够估计一组结构方程。

[7] **共同度 （communality）**：测量模型所能解释的指标或被测变量之间的平均方差量。

[8] **标准化残差 （standardized residual）**：作为模型拟合的诊断性确定，这些是残差，每个残差除以其标准误差。

[9] **设定探求 （specification search）**：一种经验性的方法，使用模型图和试错来寻找更适合的模型。

第23章

[1] **报告 （report）**：给特定受众制作的关于调研过程、结果、建议及结论的书面或口头报告。

[2] **饼图 （pie chart）**：一个圆形的图表，分为几个部分。

[3] **折线图 （line chart）**：用连续线连接一系列数据点的图表。

[4] **层状图 （stratum chart）**：一组折线图，其中的数据被连续汇总到系列中。线状图之间的区域显示相关变量的大小。

[5] **象形图 （pictograph）**：利用小图片或符号来显示数据的一种图形描述。

[6] **条形图 （bar chart）**：以水平或垂直定位的条形显示数据的图表。

[7] **直方图 （histogram）**：一种垂直条形图，条形的高度代表相对或累积的发生频率。

[8] **总分总原则 （Tell'Em principle）**：对于构筑一个演示是很有效的。这一原则是指：①告诉他们你将要讲什么；②讲给他们听；③告诉他们你都讲了些什么。

[9] **简洁明了原则 （KISS'Em principle）**：报告表达的一个原则，保持简单和直接。